CONTE *verlag*

Albert Christian Sellner

Immerwährender Heiligenkalender

Die erstaunlichen Geschichten der »Rebellen Gottes«

CONTE

opus dedicatum piae uxori et amicis fidelibus

Bibliografische Information der Deutschen Nationalbibliothek
Die Deutsche Nationalbibliothek verzeichnet diese Publikation in der Deutschen Nationalbibliografie; detaillierte bibliografische Daten sind im Internet über http://dnb.d-nb.de abrufbar.

ISBN 978-3-95602-215-9

Am Rech 14
66386 St. Ingbert
Tel: (06894) 1664163
Fax: (06894) 1664164
E-Mail: info@conte-verlag.de
Verlagsinformationen im Internet unter www.conte-verlag.de

Korrektorat: Amelie Schröder, Christina Wolfrum
Umschlag und Satz: Markus Dawo
Umschlagbild: *Die Fischpredigt des hl. Antonius von Padua* (1892)
von Arnold Böcklin (1827–1901)
Druck und Bindung: Conte, St. Ingbert

Inhaltsverzeichnis

Hinweis zu den Abkürzungen unter den Heiligengeschichten:
A *steht für Attribute, also für jene Kennzeichen, an denen die Heiligen in der bildlichen Darstellung erkannt werden können.*
P *bezeichnet die Patronate.*
F *steht für die anderen Festtage, an denen die betreffenden Heiligen ebenfalls verehrt werden. Auf die Unterscheidung »heilig« (hl.) und »selig« (sel.) geht das Nachwort ausführlich ein.*

Vorbemerkung

Mitte der 70er Jahre hätte ich jeden ausgelacht, der mir prophezeit hätte, mein erstes größeres Werk würde einmal ein *Immerwährender Heiligenkalender* sein. Als Aktivist der 68er Bewegung gab ich im Erlanger *Politladenverlag* dickleibige Reprints über Sozialismus und Kommunismus heraus, und verfasste etliche Klappentexte und Vorworte, deren Sinn mir beim heutigen Wiederlesen schleierhaft ist. Erhalten blieb mir die Obsession mit Weltgeschichte, was wohl von meinem familiären »Migrationshintergrund« herrührt – entstamme ich doch einer bayrisch-böhmisch-tschechisch- wienerischen Ahnenreihe, deren genealogische Zusammenhänge mir ohne die Kenntnis des historischen Kontexts unverständlich geblieben wäre.

Die kläglich-komische Wirklichkeit der linken Sekten jener Zeit und ein kritischer Blick zurück auf den eigenen Umgang mit den Revolutionsmythen und den Geschichtsklitterungen der Neuen Linken trieb mir das Pathos von *1968* aus.

Es war nicht wirklich ein lebensgeschichtlicher Bruch, als mich Mitte der 80er Jahre die Faszination mit Religionsgeschichte und den damals sich mächtig ausbreitenden Jugendkulten überkam. In den großen Kirchen und Orden der Vergangenheit ebenso wie in den zeitgenössischen Sekten spielte Charisma, die Ausstrahlungskraft der Meister, Gründer und Verkünder eine zentrale Rolle. Und im Widerspruch zu den damals gängigen Auffassungen über die »Rolle der Persönlichkeit in der Geschichte« galt dies ebenso für fast alle revolutionären Bewegungen, für ihre Wortführer, sogar für die von ihnen erwählten Feinde. Auf Transparenten und in Sprechchören wurden zwar die »Herrschenden« attackiert, auch als »Lügner«, »Diebe« oder »Mörder« gebrandmarkt. Doch nach der geltenden »materialistischen« Theorie waren sie nur »Charaktermasken«, fremdbestimmte Akteure einer Struktur, Zahnrädchen in der Automatik eines von ehernen Gesetzen gesteuerten Systems. Damit trugen sie genau genommen keine Verantwortung, waren eigentlich schuldunfähig – wie man selber auch nur Produkt der »Verhältnisse«. Eine derart mechanistische Theorie konnte auf Dauer die aufgewirbelten Emotionen nicht befriedigen. Das Vertrauen in den vorbestimmten Gang der Geschichte verflog selbst bei den meisten Aktivisten. Es wurde abgelöst von einem überbordenden Heldenkult. Che Guevara, Fidel Castro, Ho Tschi Minh, Mao wurden als wahre Wegweiser zum Glück der Massen gefeiert. Nicht nur in den eigenen Ländern wurde ihnen eine fast hysterische Verehrung zuteil. Ganz vorne mit dabei: die studentische Jugend der westlichen Welt.

Es bedarf keiner großen Nachforschung, um zu entdecken, dass Helden und Märtyrer Zwillinge sind. Das wiederholte sich auch in der politischen Idolatrie. Ganz nach dem Muster der religiösen Vorläufer produzierten die großen umstürzlerischen Massenbewegungen eine genuine Märtyrerverehrung – gleichgültig ob sie sozialen, kommunitären, antiimperialistischen, nationalen oder faschistischen Heilserwartungen folgten. Der Pariser Pöbel plünderte zwar 1793 die Kirchen und riss die Gebeine der Heiligen aus den Grabmälern, aber als der Volkstribun Marat von Charlotte Corday in der Badewanne erstochen wurde, wurden seine »Reliquien« die Quelle für Heilungswunder. Jacques Louis David malte den Ermordeten im Stil des toten Christus und inszenierte für Robespierres Religion der Vernunft die feierliche Einsetzung des »Kults des Höchsten Wesens«.

Der verbreitete Fortschrittsoptimismus, der sich auf den steilen Aufstieg von Wissenschaft und Technik berufen konnte, versprach eine bevorstehende Ära der Prosperität, des Humanismus, der Freiheit. Aber es kam ganz anders. Die Menschheit im 20. Jahrhundert wurde von den größten Schrecknissen der bisherigen Weltgeschichte heimgesucht. Die Täter in diesen Katastrophen folgten meist ihren Anführern beim Marsch ins Verderben mit glühender Inbrunst. Auf der Rechten wie auf der Linken gab man sich einem maßlosen Personenkult hin. Absolute Macht, gnadenlose Gewalt und das zerstörerische Chaos des Kriegs strahlten eine magische Verführungskraft aus. In den Glaubensvorstellungen der Alten Welt galt so etwas als dämonisch oder satanisch. Hitler, Mussolini, Franco und die Diktatoren der zweiten und dritten Reihe wurden von ihren Parteigängern in größenwahnsinnigen Ritualen und Inszenierungen glorifiziert. Davon verstand man besonders viel in Moskau, wo endlose Prozessionen von ergriffenen Sowjetfamilien an den einbalsamierten Leichnamen Lenins und später Stalins vorbeizogen. Der geistige Weihrauch, der von linken Autoren und Künstlern in der ganzen Welt dem Massenmörder im Kreml geschwenkt wurde, konterkariert die Mär vom wesenhaft *kritischen* Intellektuellen. Bei Stalins Ableben schwappte eine Welle des Wahnwitzes hoch, Nekrologe von absurder, unfreiwilliger Komik. Ein Zitat für unzählige andere: »Dein Name ist im Weltraum eingetragen/ Wie der Gestirne Schein und Widerschein.« (Johannes R. Becher, expressionistischer Dichter und späterer Kulturminister der DDR)

Was drängte da aus der Tiefe des kollektiven Unbewussten an die Oberfläche? Hatten die Befunde eines Eric Voegelin oder Paul Tillichs, hatten die literarischen Visionen von Hermann Broch und Robert Musil recht, wenn sie Faschismus und Kommunismus gleichermaßen für »Ersatzreligionen« hielten?

»Die Guten« im politischen Kosmos waren häufig explizit normativ orientiert. Die Bürgerrechtsbewegung in den USA, die weltweiten Studentenrevolten der 60er Jahre, aber auch Solidarnosc in Polen und die anderen osteuropäischen Dissidentenbewegungen waren von moralischen Leidenschaften getrieben und hatten meist charismatische Wortführer. Diese bezogen ihre mentale Kraft oft aus religiöser Fundierung: wie Martin Luther King, Alexander Solschenizyn, Lech Walesa, Helder Camara, sogar Rudi Dutschke. Von allen Kritikern totaler Macht, die ich über Presse, TV und bei seinem Deutschlandbesuch in persona genauer zur Kenntnis nahm, beeindruckte mich jedoch am meisten Karel Wojtyla, Papst Johannes Paul II. Vor seinem Charisma fürchteten sich die Kremlherrscher mehr als vor den polnischen Arbeitern. Das Scheitern des von ihnen angezettelten Attentats von 1981 war ein Omen für den Untergang des Sowjetsystems. Stalins höhnische Frage – »Wieviele Divisionen hat der Vatikan?« – war von der Weltgeschichte auf überraschende Weise beantwortet worden. Der charismatische Priester ohne Waffen war stärker als die Gebieter über die größte Militärmacht der Welt. 1990/1991 brach das Imperium moralisch morsch und geistig wehrlos auseinander.

Ich lernte in diesen aufregenden Jahren einige Menschen mit einer starken spirituellen Ausstrahlung kennen: den Sufimeister Pir Inayat Vilayat Khan, die Jesuitenpadres Berrigan, den Benediktinermönch und Zenmeister Willigis Jäger, und meinen Redakteurskollegen Paul Badde, den »Indiana Jones des Katholizismus«, der in seinen Büchern über das himmlische Jerusalem, das Antlitz Jesu und die Hl. Muttergottes von Guadeloupe vielen modernistischen Katholiken den Sinn für das Wunderbare wiedergab. Sie weckten meine Sensibilität für eine Gegenwelt.

Es war keine rational begründete Entscheidung, vielleicht sogar eine romantische Eingebung, verbunden mit Politikverdrossenheit, die mich in den 80ern zum emsigen Sammler von Heiligenerzählungen werden ließ. Ich las amüsiert und gebannt die sonderbaren Geschichten, in denen die alten Viten und Kalendersammlungen schwelgten. Sie malten in bunten Farben die befremdlichsten Lebensläufe. Begebenheiten, über die in der heutigen christlichen Alltagsunterweisung der Mantel des Schweigens gebreitet wird, die aber den Fächer des Menschlichen viel weiter aufspannten, als dem kirchenfrommen Verstand oder »gesunder« bürgerlicher Anständigkeit fassbar ist. Sie enthielten, ob real, ob erfunden, jedenfalls von den Autoren und ihren Lesern geglaubt, jenes Numinose, das bekanntlich sowohl das »mysterium fascinans« (Anziehung) wie das »mysterium tremendum« (Schauder) in sich vereinigt.

Die Heiligen sind der »subjektive Faktor« der Religionen. Denn Religionen sind auch eine Objektivierung des Geistes – in der Bildung von Institutionen, Bauten, Ritualen, Vergemeinschaftungen und Kirchen. Die Gläubigen brauchen sie, sie geben ihnen seelischen Halt und mentale Kraft, um mit den unverfügbaren Anteilen des Lebensschicksals fertig zu werden.

Die Institutionen in allen Weltreligionen neigen aber nach gewissen Zeitspannen zu Abgehobenheit und Erstarrung. Deshalb werden sie – nicht nur im Christentum – periodisch mit dem Erscheinen heiliger Männer und Frauen konfrontiert, mit Eremiten, Seherinnen, Heilerinnen, Mystikern, Wunderrabbis, Derwischen, Yogis, Ordensgründern, heiligen Narren, ekstatischen Nonnen und askesevirtuosen Mönchen. Die überkommenen Institutionen der Theologen und Schriftgelehrten, sogar manchmal die gesellschaftliche Ordnung insgesamt, werden durch den Einbruch »schwärmerischer« Eruptionen erschüttert. Zwischen Hierarchie und spiritueller Expressivität kommt es zu Auseinandersetzungen, die in Gewalt umschlagen können. Als Illustration kann man die Bewegungen der Katharer und Albigenser, der Hussiten oder der Münsteraner Wiedertäufer nehmen, deren radikale »terroristische« Negation der herrschenden Ordnung die brutale Gegengewalt eben dieser Ordnung provozierte. Religiös motivierte Gewalt kann schrecklichere Erscheinungsformen hervorbringen als säkulare Kriege.

Die Mehrheit der christlichen Heiligen und ihrer Anhänger allerdings waren keine Bellizisten, sondern haben den »heiligen Krieg«

gegen das Böse in sich geführt. Aber der Grat zum Abgrund zerstörerischer Vernichtungsphantasien nach außen ist sehr schmal. In den beim Volk geliebten Legenden reiten auch St. Jakobus oder der hl. Georg an der Spitze der Ritterheere, die gegen die Ungläubigen, Heiden oder Ketzer zu Felde gezogen sind.

Es gibt eine weitere Seite des sakralen Blitzschlags. Altes heidnisches Mythengut kehrt aus den Kellern unterdrückter Volksreligiosität wieder ans Tageslicht. Die Botschaft der Heiligen wird von der oft anarchischen (»abergläubischen«) Volksfrömmigkeit adaptiert und mit alten heidnischen Ritualen und Bräuchen versöhnt. Pilgerströme ergießen sich zu den Wirkungsstätten und Grabmälern, und sie machen aus der Handlung der Verehrung ein Fest der Alltagsunterbrechung. Das ärgert die gelehrten Theologen und Dogmatiker, obwohl es doch den Glauben lebendig und populär macht. Kirchen und Religionsgemeinschaften, die diese Impulse aufnehmen und kreativ verwandeln, entwickeln sich weiter. Institutionen die sich diesem Anruf verweigern, erstarren und sterben aus.

Die Heiligen sind alles andere als Stoff für frömmlerische Traktätchen. Ein großes, ein ethnologisch wie kulturhistorisch, politisch wie soziologisch unerschöpfliches, ein weltgeschichtliches Thema. Alles Gründe für einen Heiligenkalender, der weder das Gute und Fromme, noch das scheinbar Absonderliche und Deviante unterschlägt. 1993 erschien die erste Version in der von Hans Magnus Enzensberger herausgegebenen »Anderen Bibliothek«. Eine fünfte, um weitere Geschichten erweiterte Fassung liegt mit diesem Buch vor.

Einleitung

Friedrich Nietzsche, »Godfather« (zu deutsch Pate) der modernen Religionskritik, warnte vor einer damals um sich greifenden vulgäratheistischen Mentalität mit den Sätzen: »Die eine, gewiss sehr hohe Stufe der Bildung ist erreicht, wenn der Mensch über abergläubische und religiöse Begriffe und Ängste hinauskommt und zum Beispiel nicht mehr an die lieben Englein oder die Erbsünde glaubt, auch vom Heil der Seelen zu reden verlernt hat; ist er auf dieser Stufe der Befreiung, so hat er auch noch mit höchster Anspannung seiner Besonnenheit die Metaphysik zu überwinden. *Dann aber ist eine rückläufige Bewegung* nötig: Er muss die historische Berechtigung, ebenso die psychologische in solchen Vorstellungen begreifen, er muss erkennen, wie die größte Förderung der Menschheit von dorther gekommen sei und wie man sich, ohne eine solche rückläufige Bewegung, der besten Ergebnisse der bisherigen Menschheit berauben würde…« (»Menschliches, Allzumenschliches«)

Die vorliegenden Geschichten bieten reiches Material für eine solche *rückläufige Bewegung.*

Die Heiligenverehrung gehörte einst für katholische und orthodoxe Christen zu den bestimmenden Elementen des Volksglaubens. Um die Jahrhundertwende 1900 gab es in Deutschland an die 1200 Wallfahrtsorte, heute sind einige wenige, meist Marienstätten, übriggeblieben.

Heiligenverehrung war jahrhundertelang die Grundlage für eine gewaltige Fülle gemeinschaftsstiftender Rituale: Heiligenfeste gewährten arbeitsfreie Feiertage, heilige Stätten waren das Ziel wallfahrender Volksmassen, Regionen gewannen in einem viel fältigen Brauchtum ihren Zusammenhalt.

Es ist ein allgemeines, aber durchaus falsches Vorurteil, dass Heiligenverehrung etwas speziell Katholisches sei. Die orthodoxe Kirche im Osten etwa stand der römischen allenfalls hinsichtlich der institutionellen Ausgestaltung nach.

Es gibt zwar kaum einen artifizielleren juristischen Vorgang als den Kanonisierungsprozess eines Heiligen in der lateinischen Kirche. Was aber die volkskulturelle, die emotionale, die theologische, die künstlerische und die literarische Seite des Heiligenkultes anbelangt, weist die griechische und die russische Kirche ebenbürtige Gestaltungen auf. Die Heiligenverehrung im Volke überlebte da in den schlimmsten Zeiten kommunistischer Religionsunterdrückung.

Auch die evangelische Tradition steht der Heiligenverehrung nicht so feindselig gegenüber, wie die hitzigen Kämpfe gegen Reliquienkult und Bilderverehrung im ersten Jahrhundert der Reformation nahezulegen scheinen. Heilige Frauen und Männer gelten offizieller lutherischer, anglikanischer und gemäßigt reformierter Auffassung als Glaubenszeugen, als vorbildliche Menschen, die den Weg der Nachfolge Christi authentisch beschritten haben.

Der Protestantismus setzte sich nach den frühen Extremismen der Bilder- und Reliquienzerstörung theologisch nur behutsam von der Heiligenverehrung der alten Kirchen ab. Er kennt die Rolle von Heiligen als Fürbitter vor Gottes Thron und betont, dass der Christ in ihnen ein Vorbild für sein eigenes Leben sehen sollte. Die vielfältige Welt der protestantischen Kirchen, Gemeinden und Sekten hat sogar zahllose Biographien religiös ergriffener Männer und Frauen vorzuweisen, die trotz anderer Konfession durchaus in den katholischen oder orthodoxen Heiligenkosmos aufgenommen zu werden verdienten. Ich nenne nur eine Gestalt wie George Fox, den Gründervater der Quäker, oder in Afrika Simon Kimbangu, den Heiligen der zehn Millionen Kimbanguisten, die ihn (mit einer gewissen biographischen Plausibilität) für eine Wiedererscheinung Jesu halten. Seine für jeden Angehörigen einer ehemaligen Kolonialmacht an die Nieren gehende Leidensgeschichte kann man in David Van Reybroucks großartiger Geschichte des Kongo nachlesen.

Die fromme Literatur aller großen Konfessionen lieferte einen ganzen Kosmos an pädagogischen und unterhaltenden Erzählstoff, an Geschichten, Legenden, Sagen und Anekdoten. Die bildende Kunst versorgte die Phantasie mit Gemälden und Statuen, Altarplastik und Totenschreinen; die Musik lieferte Messen und Lieder; der Devotionalienhandel und das Geschäft mit den Hinterlassenschaften der Heiligen, den Reliquien, wurde zeitweise zu einem der mächtigsten Wirtschaftszweige. Frühe religiöse Entwicklungsstufen lebten in der Heiligenverehrung fort, etwa Magie und Totenkult im Reliquienwesen, Totemismus in den Standes-, Berufs- und Namenspatronaten, das Tabu in den Asyl- und Friedensgeboten heiliger Stätten.

Die Heiligenverehrung verbindet die christliche Volksfrömmigkeit mit der Volksfrömmigkeit der anderen großen Weltreligionen. Das chassidische Judentum kennt unzählige Wunderrabbis. Im Islam werden nicht nur vom niederen Volk Derwische und andere Persönlichkeiten verehrt, denen Fähigkeiten wie die willentliche Versetzung an andere weit entfernte Orte, die Herrschaft über Geister und Tiere, die Erweckung von Toten zugeschrieben werden. In Pakistan und Indien kommen zu den großen Sufifesten Hunderttausende Pilger – inzwischen oft unter Inkaufnahme von Terroranschlägen islamistischer Fanatiker. Eindrucksvolle Schilderungen dieses sehr lebendigen Heiligenkults in der islamischen Welt gibt der Leiter der Orientabteilung im Münchner Völkerkundemuseums »Fünf Kontinente«, Prof. Jürgen Wasim Frembgen in seinen Büchern, Reportagen und Filmen über den Sufismus. Bekannt ist dessen enge Verbindung mit Musik, ekstatischen Tänzen und einer berauschenden Festkultur, die näher kennenzulernen heute über das Internet und Portale wie Youtube allen Neugierigen jederzeit offensteht.

Bei den Sufis wie den Heiligen anderer Weltreligionen verbreitet ist auch der Typus des »Heiligen Narren«. Ein Autor hat sich besonders dieses Themas angenommen. Der sprachartistische Ulrich Holbein gewährt seinen Lesern in zahlreichen Artikeln, vor allem aber in seinem umfangreichen Opus »Narratorium«, einen seelenverwandten Einblick in die innere Erlebniswelt dieser Heiligenspezies.

Der Hinduismus benutzt die Gestalt des Avatar, in dem er Inkarnationen des Göttlichen sieht. Er verehrt sie – ebenso wie die Asketen und Seher der Frühzeit – als Heilige. Dabei werden auch große religiöse Gestalten aus anderen Religionen eingemeindet. Christus etwa wird oft als Avatar des Gottes Vishnu bezeichnet. Der Volkstaoismus kennt neben Lokalgöttern und Naturgeistern auch Heilige, die man als »wahrhaftige Menschen« (tschen-jen) bezeichnet.

Religionsgeschichtlich am bedeutsamsten für die Ausbildung des christlichen Heiligenkultus wurde neben der jüdischen Märtyrer- und Prophetentradition das spätantike Heidentum. Das Gedenken an die Opfer der staatlichen Verfolgungen vermischte sich mit der polytheistischen Volksreligiosität. Das Tragen von Amuletten gegen den bösen Blick, Dämonenabwehr, Totenbeschwörungen, Hausgötterverehrung, Wunderheilungen an religiösen Kurorten wie den Asklepiosheiligtümern von Epidauros und der Insel Kos, Wetter- und Feldzauber und geheime Mysterien, all dies wird im Ausgang der Antike in die zur Macht gelangte neue Staatsreligion eingemeindet.

Auf die noch viel weiter zurückreichenden Glaubensinhalte vor allem der bäuerlichen Kulturen hat schon der Religionswissenschaftler Mircea Eliade hingewiesen: »Wohl ist in Europa der größte Teil der Landbevölkerung seit mehr als tausend Jahren christianisiert, doch hat sie in ihr Christentum einen großen Teil des vorchristlichen religiösen Erbes eingewoben. Man darf nun nicht glauben, dass die europäischen Bauern deshalb keine Christen seien; aber ihre Religiosität beschränkte sich nicht auf die historischen Formen des Christentums... Bei ihrer Christianisierung haben die europäischen Ackerbauern dem neuen Glauben die uralte kosmische Religion einverleibt.« (»Das Heilige und das Profane«, 1957)

Diese Art religiöser Kultur ist allerdings im Laufe der letzten Jahrzehnte unwiederbringlich dahin. Blasiussegen und Leonardiritt, Ignatiuswasser und Walpurgisöl überleben zwar noch in manchen Enklaven, aber doch wesentlich als Folklore. Von der Gnadenwirkung heiliger Gebeine sind nur noch wenige überzeugt, obgleich ein gewisses Glaubenspotential nie verschwindet, trotz des ungebrochenen Säkularisierungstrends. Die Sehnsucht nach dem Beistand überirdischer Mächte sucht sich in der globalisierten, vernetzten Gesellschaft andere Quellen, etwa in der esoterischen Subkultur, der ihr verwandten Fantasy-Literatur, bei neuheidnischen Naturkulten, bei Geistheilern, Astrologen oder Okkultisten der unterschiedlichsten Disziplinen.

Die fromme Literatur hat diesen Trend – ebenso wie die dem Zeitgeist affine Klerikerelite – unfreiwillig verstärkt. Unter dem Druck positivistischer, psychoanalytischer, darwinistischer und naturwissenschaftlicher Deutungsmuster waren auf fast allen religiösen Diskursfeldern Entmythologisierer in der Offensive. Der Tradition wurden die vertrauten Glaubensinhalte, die Märchen und legendenhaften Elemente, die alten Riten und Bräuche ausgetrieben. Im Gefolge des Vatikanischen Konzils (1962 – 1965) verstärkte sich diese Tendenz. Mit Kalenderreformen zugunsten eines einheitlichen Todestagsprinzips (womit andere Festtage der Heiligen unter den Tisch fielen) und der Streichung historisch zweifelhafter Heiliger zerrüttete man das klassische System. Zudem verleitete der – soziologisch erklärbare – Siegeszug der Mittelstandsgesittung auch in den bäuerlichen und Arbeiter-Milieus die volksnahe Seelsorge und ihre Textlieferanten zur Tilgung des Anstößigen, Sonderbaren, Skandalösen in der Heiligenliteratur. Das phantastische Material an Obsessionen, Devianzen, paranormalen Geisteszuständen, Mirakeln und algolagnischen Biographien wurde so lange gesiebt und verdünnt, bis nur noch der philanthropische Gesinnungsappell zur dringenden Weltverbesserung übrig blieb. Aus Erzählungen vom Einbruch des ganz Anderen in die Wirklichkeit wurde in der konfessionellen Pädagogik die Propagierung eines bürgerlichen Wohlanständigkeitsideals.

Der (nach Selbstauskunft atheistische) Frankfurter Sozialpsychologe Alfred Lorenzer beklagte 1981 in einem aufsehenerregenden Text den »Vandalismus« des Zweiten Vatikanischen Konzils, seine »Phantasiezerstörung, seine kontraemanzipatorische Unterwerfungsgeste unters schlechte Bestehende« (»Das Konzil der Buchhalter – Die Zerstörung der Sinnlichkeit«). Sein Einspruch: Die Religion als »sinnliches Symbolsystem der nicht sprachunterworfenen Sehnsüchte und Wünsche« zerstört sich selbst, wenn sie sich zur reinen, durch »Wissenschaft« sich legitimierenden Weltanschauung wandelt. Wenn sie die imaginationsträchtigen religiösen Codes durch institutionell fundamentierte Ethik und Moralismus ersetzt.

Auch wenn die religiösen Symbolsysteme weltweit in langsamer Zersetzung begriffen sind, der sakrale Raum der Mythen, Legenden und Riten gehört immer noch für einen großen Teil der Weltbevölkerung zu einer der wichtigsten Orte überfamilialer Sozialisation – ein gesellschaftlich bedeutsamer Prozess, der von der wissenschaftlichen Psychologie und Psychoanalyse bisher nur unzureichend erschlossen ist. Wo die sekundäre Sozialisation scheitert, ist das Gelände frei für Selbstzerstörungsmechanismen und totalitäre Ideologien, die sich, wie der terroristische Islamismus, auch in das Gewand der Religion kleiden können.

Eine ähnliche Kritik wie die Lorenzers kam vom (sich selbst als »Ultramontanen« bezeichnenden) Schriftsteller Martin Mosebach. Er führte seit den 1990er Jahren einen anfangs einsamen publizistischen Kampf gegen die Verbannung der alten Liturgie aus dem kirchlichen Alltag (»*Häresie der Formlosigkeit. Die römische Liturgie und ihr Feind.*«). Der von den herrschenden Meinungsträgern in der Kirche apologetische Verweis auf das Konzil ist eigentlich irreführend. Die Verbannung der alten kirchlichen Sakralsprache Latein aus der Messe fußte auf keinem expliziten Beschluss des Vaticanum II. Es war vielmehr Papst Paul VI., der in einer eigenwilligen Interpretation des Konzilgeistes eine neue Messeliturgie und die Ersetzung des Latein durch die jeweilige Nationalsprache dekretierte. Bei Teilen der Gläubigen stellte sich eine Art Verlustgefühl ihrer religiösen Heimat ein. Langsam aber stetig fanden Mosebachs Thesen nicht nur im konservativen Lager Anhang. Auf die wachsende Unzufriedenheit reagierte schließlich Benedikt XVI. mit einer Art Toleranzedikt. Das Quasiverbot der lateinischen Liturgie wurde aufgehoben und ihr ein kleines Schutzgehege innerhalb des dominierenden nationalsprachlichen Messestandards zugebilligt.

Begünstigt wurde diese Wendung durch ein gewisses Umdenken im Umgang mit der vom Konzil abgewerteten Volksfrömmigkeit. Karel Wojtyla, als Papst Johannes Paul II., kampfererprobt im Widerstand gegen den kommunistischen Totalitarismus, erfahren in der Kommunikation mit den polnischen Volksmassen, versuchte der Kirche neuen Optimismus durch neue Vorbilder einzuhauchen. Als probates Mittel nutzte er als erster Pontifex seit Pius X. wieder ausgiebig die Kanonisation. In seiner Amtszeit wurden nicht weniger als 1338 Seligsprechungen und 482 Heiligsprechungen vorgenommen, mehr als doppelt so viele als in den 400 Jahren zuvor. Darunter finden sich große Zugeständnisse an nationale und regionale Traditionen, etwa des polnischen, irischen, lateinamerikanischen oder arabischen (maronitischen) Katholizismus. Vor allem aber sind Vertreter der Ecclesia militans, der kämpfenden Kirche, zur Heiligenwürde emporgehoben: Märtyrer der Mission und des Widerstands (Maximilian Kolbe, Edith Stein, koreanische, vietnamesische und chinesische Märtyrergruppen), Opfer protestantischer Katholikenverfolgungen, Vorbilder heroischer Nächstenliebe (Mutter Teresa, Maria Euthymia Üffing) oder Ordensgründer wie Agostino Roscelli, Joseph Vaz, Katharine Drexel, Paulina »vom Herzen Jesu im Todeskampf« oder Josemaría Escrivá (Opus Dei).

Unter Benedikt XVI. wurde diese Praxis fortgesetzt. Eine hohe Zahl an Gruppen-Seligsprechungen entfällt auf japanische Blutzeugen (113) und die Märtyrer des spanischen Bürgerkriegs (über 500). Bei den übrigen dominieren Ordensgründer, Frauen und Männer, die in der Regel wegen ihrer »heroischen Tugend« beatifiziert werden. Dies meint selbstlose, eigenes Leibeswohl hintan stellende Nächstenliebe oder rastloses, aufopferungsvolles Engagement und unermüdliche Organisationsarbeit für die Kirche.

Auch Papst Franziskus verfolgt bei den Kanonisationen diese Linie. Bis Ende 2021 sind 52 neue Heilige (Darunter die Päpste Johannes XXXIII. und Johannes Paul II.) und 64 Selige (darunter Papst Paul VI.) hinzugekommen. Wie sehr sich solche Politik mit dem liturgischen Alltag der Gemeinden verbinden wird, ist allerdings nur zu einem geringeren Teil zentralistisch zu steuern. Darüber werden mannigfache historische, regionale, ethnische und andere kulturelle Faktoren entscheiden.

Das vorliegende Buch will mit der üppigen Produktivität der religiösen Phantasie in ihrer überlieferten Form bekannt machen. Ich habe die Arbeitsweise der hagiographischen Tradition gewählt, das heißt, ich erzähle aus der Überfülle des Materials diejenigen Geschichten nach, die ich stofflich und dramaturgisch für bemerkenswert halte. Es geht mir nicht um Quellenkritik, sondern um die Wiedergabe bedeutsamer Geschichten, die über das Weltverständnis unserer christlich geprägten Kultur oft überraschende Auskunft geben. Ich halte mich an die alten Überlieferungen, an die Märtyrerakten, die Kirchenväter, die Bücher Gregors des Großen und des Gregor von Tours, an die *Kirchengeschichte* des Beda Venerabilis, die *Legenda Aurea* des]acobo de Voragine, die mittelalterlichen Heiligenviten. Ich habe verschiedene Regionalkalender benutzt und viele Heiligenkalender aus Barock, Romantik und Restauration, oft von Jesuiten oder anderen Ordensleuten verfasst, die meist das Monumentalwerk der seit 1643 erscheinenden *Acta Sanctorum* ausgewertet und gelegentlich mit regionalen Recherchen angereichert haben. All diese Geschichten sind nicht zu verwechseln mit Historie. Sie gehören zum größten Teil in die Abteilung Genre, sie folgen oft vorgegebenen Konventionen. Es ging ihnen selten um historische Faktizität, sondern um wirkungsvolle Erzählung. Ich habe die individuellen Elemente in den jeweiligen Geschichten versucht kenntlich zu machen, was nicht mit biographischer Realität zu verwechseln ist. Kirchengeschichtliche Fakten müssen interessierte Leser in Lexika nachschlagen.

Die Digitalisierungswelle unserer großen Bibliotheken hat eine riesige Fülle von Texten der Volksfrömmigkeit und der hagiographischen Literatur vom 16. bis zum 19. Jahrhunderts zugänglich gemacht. (Die kompletten Acta Sanctorum kann man zuhause auf seinem Computer lesen – wenn man mit dem Kirchenlatein der »Bollandisten«, der jesuitischen Herausgeber, zurechtkommt.) Dies führte zu einer stark wachsenden akademischen Beschäftigung mit dem Thema. Die Arbeiten zu Heiligenverehrung, Reliquienkult, Wallfahrten und Volksfrömmigkeit haben sich in den letzten Jahrzehnten potenziert.

Germanistik, Mediävistik, Ethnologie und Soziologie haben neue Forschung-Schneisen in das kaum überschaubare Gebiet geschlagen. Stellvertretend für viele möchte ich nur die Arbeiten von Arnold Angenendt, Peter Dinzelbacher, Peter Brown und Klaus Schreiner nennen, die neben ihren eigenen maßstabschaffenden Werken einer ganzen Schar produktiver Schüler die Richtung gewiesen haben.

Von Ausnahmen abgesehen, habe ich mich auf Heilige konzentriert, die bis zur Reformation oder unabhängig vom Konfessionsschisma wirkten, und gewissermaßen als gemeinchristlich gelten können. Ein Blick in protestantische Versuche zu Heiligenkalendern (etwa J örg Erbs vierbändige *Wolke der Zeugen* oder Ferdinand Pipers ebenfalls vierbändige *Zeugen der Wahrheit*) bestätigt das. Verzichtet habe ich auf die Schar der angeblich von Juden ritualgemordeten heiligen Knaben, die Anderl, Simon, Werner, Richard, Rudolf, Hugo usw., deren Stories sich zwar durch eine bemerkenswert blutrünstige Phantasie auszeichnen, aber doch eher in Karl Deschners *Kriminalgeschichte des Christentums* denn in einen *Immerwährenden Heiligenkalender* gehören. Aus anderen Gründen fehlt die allerseligste Jungfrau Maria in diesem Buch; ihre Auftritte würden den zugestandenen Umfang bei weitem überdehnen. Formell gehören auch die Patriarchen des Alten Testaments zu den Heiligen, und sie spielen für die christliche Ikonographie eine bedeutende Rolle, aber die Heiligenliteratur erzählt über sie nirgendwo mehr als die Bibel selbst.

Bei der kalendarischen Zuordnung habe ich mich an die vorkonziliare Tradition gehalten – und die modernistische Reform nach dem 2. Vatikanum nicht nachvollzogen, das heißt, verbindlich waren für dieses Buch das *Römische Martyrologium* (von 1914), für Regionalheilige und Zusatzfeste Stadlers *Vollständiges Heiligenlexikon* (1858-1882), Franz Doyés *Heilige und Selige der röm.-kath. Kirche* (1929), Thrasolts *Martyrologium Germaniens* (1939) und Torsys *Lexikon der deutschen Heiligen* (1959), D'Arcys *Saints of Ireland* (1974), das *Oxford Dictionary of Saints* (1978), Baudot-Chaussins *Vies des Saints* (1935-1959) sowie das *Herder Lexikon der christlichen Ikonographie* (1973).

Im klein gedruckten Nachsatz am Ende der Geschichten steht »A« für Attribute, also für jene Kennzeichen, an denen die Heiligen in der bildlichen Darstellung erkannt werden können; »P« bezeichnet die Patronate; »F« die anderen Festtage, an denen die betreffenden Heiligen ebenfalls verehrt werden. Auf die Unterscheidung »heilig« (hl.) und »selig« (sel.) geht das Nachwort ausführlich ein.

Albert Christian Sellner, Frankfurt 2022

Hl. Fulgentius

Bischof von Ruspe, Kirchenvater, 467–532

Fulgentius, aus reichem Hause stammend, hatte schon als junger Mann die Stelle eines römischen Obersteuereinnehmers in Nordafrika erhalten. Die Ermahnungen seiner Vorgesetzten zu immer mehr Härte ließen ihn jedoch bald seines Amtes überdrüssig werden. Bei Besuchen in Klöstern lernte er, dass mit dem Verzicht auf die Freuden auch der Ekel an der Welt schwindet. Er bat deshalb den Abt Faustus von Byzacene um Aufnahme in dessen Kloster.

Die Nachricht von diesem Ereignis verbreitete sich in der ganzen Provinz mit Windeseile. Völlig außer sich geriet die Mutter, der er das liebste Kind gewesen war. Sie eilte zum Abt und überhäufte ihn mit Schmähungen. Faustus hörte sie gleichmütig an, aber zu ihrem Sohn ließ er sie nicht. Da lief sie Stunde um Stunde vor den Klostermauern auf und ab und schluchzte ohne Unterlass, als ob er gestorben wäre.

Das Weinen seiner Mutter rührte Fulgentius zutiefst. Aber mit frommer Herzenshärte überwand er diese erste schwere Anfechtung. Und der Abt sprach zu den übrigen Mönchen: »Leicht wird dieser junge Mann jede Last ertragen können, die wir ihm auferlegen, da er sich bereits über den Schmerz der Mutter hinwegsetzen kann.«

Fulgentius fastete nun hart und kasteite sich zur Abtötung aller Leidenschaften.

Die arianischen Häretiker, die unter dem Vandalenkönig Hunerich Nordafrika beherrschten, verfolgten damals die Rechtgläubigen. Auch Fulgentius und sein Freund Felix wurden gefangen genommen. Dessen flehentliche Bitten für seinen schwächlichen Mitbruder ersparten Fulgentius die Marter. Felix aber wurde öffentlich aufs Schwerste ausgepeitscht. Man schor ihnen Bart- und Haupthaare ab und trieb sie ohne Kleider, nackt und mittellos, vor die Stadt.

Fulgentius wurde 508 zum Bischof von Ruspe geweiht. Seine Schriften gegen die verschiedenen Irrlehren der Zeit machten ihn zu einem berühmten Kirchenlehrer. Am meisten zitiert wird stets sein »unerschütterlicher Glaubenssatz«: »Nicht nur alle Heiden, sondern auch alle Juden, alle Häretiker und Schismatiker, die außerhalb der katholischen Kirche ihr Leben beschließen, werden in das ewige Feuer eingehen.«

A: *in einer Höhle betend; mit seinen Schriften in der Hand.*

2. Januar

Hl. Odilo

Abt von Cluny, 961–1048

Als Kind wurde Odilo vor einem Marienbild plötzlich von einer Lähmung geheilt und er beschloss, sein Leben der Gottesmutter zu weihen. Mit 29 Jahren kam er nach Cluny und wegen seiner Frömmigkeit und Tugendhaftigkeit erwählte ihn der hl. Abt Majolus als Gehilfe. Nach dessen Tod übertrug man ihm die Leitung der berühmten Abtei.

Eines Tages kam ein Mönch von einer Pilgerfahrt aus dem Heiligen Land zurück. Er berichtete, dass er auf dem Rückweg am Berge Ätna einem Einsiedler begegnet sei. Dieser habe ihm erzählt, in dem Vulkan würden viele Seelen gemartert, man könne ihr Jammern und Seufzen hören. Er habe ihn zum Rand des Kraters geführt, und wirklich seien aus der Tiefe schauderhafte Laute der Klage und der Qual nach oben gedrungen.

Odilo ordnete daraufhin regelmäßige Gebete und Messen für die Verstorbenen an. Später begründete er in seinem Kloster die Einrichtung, am ersten Tage nach dem Fest Allerheiligen das Andenken der Verstorbenen mit Messen und durch Übung guter Werke zu feiern. So entstand der Feiertag Allerseelen.

A: *mit Krummstab, neben sich das Fegefeuer, aus dem Engel arme Seelen in den Himmel führen; auch Mönche unterrichtend.*
P: *von Cluny, Souvigny; gegen Gelbsucht, Glasbruch (weil er zersprungenes kostbares Glas wieder heil machte); der armen Seelen im Fegefeuer.*

Hl. Gordius

Märtyrer, † 303

In der Verfolgung unter Kaiser Diokletian gab der christliche Hauptmann Gordius seinen Dienst auf und floh in eine wüste Einöde. Doch je länger er hier in Andacht und Askese ausharrte, desto mehr wuchs in ihm der Drang, für Jesus sein Blut zu vergießen. An den Festspielen zu Ehren des Mars kehrte er nach Cäsarea zurück, suchte sich im Amphitheater eine gut sichtbare Stelle, und kurz vor dem Beginn der Wagenrennen erhob er sich und bekannte sich als Christ. »Ein Mann von verwahrlostem Aussehen«, beschreibt ihn der hl. Basilius, »schmutzig und zerwühlt die Haare, wild wuchernd der Bart, zerrissen sein Gewand, dürr und hager der ganze Leib«. Doch ging eine Würde von ihm aus, die seine Glaubensgefährten freudig stimmte. Der Präfekt ließ ihn vor sich treten und versuchte ihn mit allen Mitteln der Drohung und Bestechung zum Widerruf zu bewegen. Doch Gordius blieb unbeugsam und nahm freudig den Urteilsspruch entgegen: Tod durch das Schwert.

A: *jung mit Bart.*
P: *von Cäsarea.*

4. Januar

Sel. Angela von Foligno

1249–1309

Angela war von vornehmer Geburt, schön, gebildet und viel umschwärmt. Jung wurde sie mit einem reichen Patriziersohn verheiratet und hatte nun ein großes Haus zu führen. Trotz reichen Kindersegens fand sie genug Zeit für Geselligkeit, modischen Putz und Repräsentation. Doch dann trafen sie schwere Schicksalsschläge. Zuerst starb ihr Gemahl und kurz darauf musste sie alle ihre Kinder zu Grabe tragen. Da bestimmte sie ihr Vermögen zur Unterstützung der Armen und

Kranken, legte ein Keuschheitsgelübde ab und trat dem Dritten Orden (der weniger strengen Laiengemeinschaft) des hl. Franziskus bei.

Sie streifte ihre frühere Gefallsucht ab und wollte nur mehr Jesu Dienerin sein. Dieser Vorsatz erfüllte sich so vollkommen, dass sie von einem nicht enden wollenden Gefühl des Mitleidens mit dem Gekreuzigten erfasst wurde und unablässig bittere Tränen vergoss. Mit der Zeit trocknete ihre Gesichtshaut völlig aus, sprang auf und entzündete sich, was ihr große Schmerzen bereitete.

Ihre Dienerin entfernte schließlich das Kruzifix aus dem Zimmer, da sie ernsthaft um Leben und Verstand ihrer Herrin fürchtete. In vielfachen Erscheinungen hatte Angela unter grausamen Schmerzen demütig und dankbar teil am Leidensweg Jesu. Auch gegenüber heftigen Versuchungen, die ihren Geist und ihr Fleisch peinigten, bewährte sich ihre Glaubensstärke. Sie klagte einmal: »Es wäre mir erträglicher, alle Krankheiten zu leiden, welche nur immer den Leib durchwühlen können, und die härtesten Martern, welche die Bosheit von Tyrannen zu ersinnen vermag, als mich satanischen Versuchungen ausgesetzt zu sehen.« Auf eindringliche Veranlassung ihres Beichtvaters schrieb sie schließlich die Geheimnisse ihres inneren Lebens auf. Der Kardinal Colonna las die Aufzeichnungen und setzte trotz ihres Widerstrebens durch, dass sie zur Leiterin einer kleinen, ordensnahen Gemeinschaft von Brüdern und Schwestern bestimmt wurde. In den letzten zwölf Jahren ihres Lebens war sie häufig so entrückt, dass sie tagelang tränenüberströmt und regungslos am Boden kniete. Sie schrieb darüber: »Ich bekomme eine so große Wonne im Gebet, dass ich alles Verlangen nach dem Essen verloren habe und wünsche, niemals mehr essen zu müssen, um stets im Gebet zu verbleiben.« Auf ihrem Totenbett verabschiedete sie sich mit den Worten: »Sucht klein und wahrhaftig, demütig und sanft zu sein.«

A: *mit Teufel an der Kette.*

Hl. Paulus von Theben

um 228–341

Paulus von Theben (in Ägypten) gilt als der Vater des Einsiedlerlebens. Er entfloh als 22-Jähriger der Christenverfolgung des Decius und ließ sich in der thebaischen Wüste nieder. Dort lebte er in einer Felsenhöhle, die eine Öffnung nach oben hatte, so dass er stets gen Himmel blicken konnte. In der Höhle sprudelte eine Quelle und davor wuchs eine mächtige Palme. Diese nährte ihn mit ihren Früchten und bot ihm mit ihrer Bastrinde Kleidung. Nach 30 Jahren grünte sie nicht mehr, aber von da an flog allabendlich ein Rabe herbei und brachte dem Eremiten ein halbes Brot.

Paulus war schon 113 Jahre alt geworden, als endlich die Menschen von seiner Tugend und Heiligkeit erfuhren. In einer anderen Region der Wüste hauste der 90-jährige Einsiedler Antonius, der von dem selbstgefälligen Gedanken heimgesucht wurde, es habe noch keiner so lange und standhaft in der Wüste ausgeharrt wie er selbst. Gott aber offenbarte ihm, dass ein noch älterer Eremit in der Thebais lebe, der ihn an Vollkommenheit weit übertreffe. Den solle er besuchen. Er machte sich auf die Reise und fand wie durch ein Wunder den Weg. Die beiden Greise umarmten sich zur Begrüßung und Paulus fragte Antonius, ob es in der Welt immer noch Menschen gebe, die sich vom Teufel verführen ließen. Während des Gesprächs flatterte der Rabe heran und legte ein ganzes Brot vor sie hin.

Am nächsten Tag offenbarte Paulus seinem Gefährten, dass Gott ihn nun in sein Reich heimholen werde. Antonius weinte und bat darum, mitgenommen zu werden, aber Paulus ermahnte ihn, nicht den Weg der Bequemlichkeit zu gehen, sondern den Frommen als Vorbild zu dienen. Zwei Tage später fand Antonius seinen Lehrmeister bewegungslos kniend im Sande vor. Erst wollte er mitbeten, aber dann merkte er, dass die Seele den Körper verlassen hatte. Er sann darauf, wie er ohne Werkzeug den Leichnam begraben könne. Da liefen aus der Tiefe der Wüste zwei Löwen heran. Beim Leichnam des Heiligen blieben sie stehen, heulten kläglich und gruben mit ihren Tatzen eine gerade so große Grube, dass man den Toten hineinbetten konnte. Antonius nahm als Andenken an Paulus dessen Palmenrock mit.

A: *in Palmblätter gekleidet, mit Raben, mit zwei Löwen.*
P: *der Korb- und Mattenmacher.*

6. Januar

Hl. Nilammon

Eremit, † 404

Nilammon lebte als Eremit in einer mit Steinen versiegelten Hütte in der ägyptischen Wüste. Der Ruf seiner Heiligkeit war so groß, dass ihn die Stadt Geras als Bischof erwählte. Er weigerte sich jedoch, seine Zelle verlassen. Selbst den Bitten des Patriarchen von Konstantinopel setzte er Widerstand entgegen. Die Gläubigen aber wollten sich nicht mit seiner Hartnäckigkeit abfinden und machten Anstalten, ihn mit sanfter Gewalt aus seiner Behausung zu holen. Da kniete er unter Tränen nieder und flehte zu Gott, ihm eher das Leben zu nehmen, als zuzulassen, dass ihm eine so furchtbare Last aufgebürdet würde. Er wurde erhört: Noch bevor er sein Gebet beendet hatte, starb er.

A: *in der Zelle vor einem Kruzifix betend.*

7. Januar

Hl. Raimund von Peñafort

Ordensgeneral der Dominikaner, 1175–1275

Schon in jungen Jahren wurde Raimund Professor an der ehrwürdigen Universität von Bologna, wo er allgemein gefeierte juristische Werke schrieb. Der Bischof von Barcelona holte den Gelehrten als Domherr in die Heimat zurück. Auch der Orden des hl. Dominikus umwarb ihn und zog ihn schließlich in seine Reihen. Papst Gregor IX. wurde auf ihn aufmerksam und beorderte ihn als Berater und Beichtvater nach Rom. Eine glückliche Entscheidung: Innerhalb von nur drei Jahren gab Raimund eine Sammlung sämtlicher päpstlicher Verordnungen heraus.

Sein grenzenloser Arbeitseifer untergrub seine Gesundheit und schließlich erkrankte Raimund so schwer, dass er dem Tod nahe war. Die Ärzte befanden, der einzige Weg zur Heilung sei seine Rückkehr in die Heimat. So musste ihn Gregor widerstrebend nach Barcelona entlassen, wo sich Raimunds Gesundheitszustand tatsächlich wieder besserte.

Im Jahre 1238 wählten ihn die Dominikaner zu ihrem Ordensgeneral. Dieses Amt legte er allerdings zwei Jahre später wieder nieder, nicht ohne in dieser Zeit die gesamte Konstitution neu überarbeitet und kodifiziert zu haben. Besonderen Nachdruck legte er auf die Mission unter Mauren und Juden. Auf seine Anregung hin wurde im Generalkapitel seines Ordens Arabisch und Hebräisch gelehrt. Er stiftete zwei Genossenschaften in Tunis und Murcia und bewirkte dadurch den Übertritt Tausender zum Christentum. Seinen Ordensbruder Thomas von Aquin regte er zum Verfassen der *Summe gegen die Heiden* an.

Der Ruhm Raimunds war so groß, dass ihn Jakob I. von Aragon als Berater und Beichtvater haben wollte. Er nahm ihn mit auf eine Reise nach Mallorca. Heimlich führte der König jedoch auf dem Schiff eine Mätresse mit sich, deretwegen Raimund ihm schon des Öfteren Vorhaltungen gemacht hatte. Als er bei der Ankunft in Mallorca feststellte, dass der König ihn hintergangen hatte, drohte er mit seiner Abreise. Jakob verbot daraufhin allen Schiffern bei Todesstrafe, den heiligen Mann überzusetzen, und verschwand händereibend im Boudoir seiner Geliebten.

Raimund eilte empört in den Hafen, merkte, was die Stunde geschlagen hatte, und betete zu Gott. Hierauf suchte er sich eine versteckte kleine Bucht, breitete seinen Mantel über das Wasser, schlug das Kreuzzeichen und fuhr mit dem seltsamen Gefährt wie auf einem festen Schiff nach Barcelona zurück, wo er trockenen Fußes an Land stieg.

A: *auf einem Mantel über das Meer fahrend; im Boot auf dem Wasser, mit dem Mantel als Segel.*
P: *von Barcelona, des Königreichs Navarra; der Kirchenrechtler.*

Hl. Severin

Abt und Apostel von Österreich, † 482

Die meisten Biografen vermuten, dass der hl. Severin aus einem vornehmen Geschlecht Nordafrikas stammte. Zunächst als Einsiedler in der Wüste, dann als Missionar ergab er sich in dem Willen Gottes. Es trieb ihn nach Norden, damit auch bei den Völkerschaften an der Donau das Evangelium aufs Neue verbreitet würde. Diese Regionen, die damalige römische Provinz Noricum, wurden von wilden Horden heimgesucht. Alemannen, Rugier, Heruler und schließlich die Hunnen plünderten und brandschatzten die fruchtbaren Landstriche. Der Glaube der alteingesessenen Bewohner war am Erlöschen.

In der Stadt Asturis (dem heutigen Stockerau) herrschte große Sittenverderbnis. Severin warnte in leidenschaftlichen Predigten vor dem gänzlichen Untergang, wenn man nicht Buße tue und durch Gebet, Fasten und Almosen den nahenden Zorn Gottes zu besänftigen suche. Doch er wurde nur verspottet und verhöhnt. Kurz danach eroberten die Hunnen die Stadt und hinterließen Blut, Rauch und Ruinen. Severin predigte nun in Comagenis (Greifenstein), wo man ihm nach den vorangegangenen Ereignissen glaubte und schleunigst Buße tat. Der Feind, der sich schon genähert hatte, zog sich, von einem Erdbeben erschreckt, überraschenderweise zurück. Verstockt zeigten sich im Weiteren Vilshofen und Passau, während Lorch durch Einsicht und Buße gerettet wurde.

Da Severins Vorhersagen stets eintrafen und meist von Wundern begleitet waren, verbreitete sich sein Ruf. Als er nach Wien kam, herrschte dort gerade große Hungersnot. Eine reiche, geizige Witwe, die aus Gewinnsucht riesige Mengen Getreide gehortet hatte, fühlte sich von einer Strafpredigt Severins derart angerührt, sie alles an die Darbenden verteilte. Außerdem erreichte der Heilige durch sein Gebet, dass die gefrorene Donau auftaute, wodurch die Kornschiffe wieder bis zur Stadt gelangen konnten. Selbst auf die Fürsten der wilden Völker begann Severin Eindruck zu machen.

So empfing er den Herulerhäuptling Odoaker mit den Worten: »Du bist zwar noch mit abgetragenen Fellen bedeckt, aber in Italien wirst du sie dereinst gegen königlichen Schmuck umtauschen und in der

Lage sein, Vielen Vieles zu schenken.« Als sich die Weissagung erfüllte, schrieb ihm Odoaker einen Brief und gewährte ihm die Erfüllung eines Wunsches. Severin bat um die Freilassung verschiedener Gefangener und Verbannter und Odoaker hielt sein Versprechen.

Bis an sein Lebensende wanderte Severin mahnend und predigend durch die Lande. Er starb an heftigem, unheilbarem Seitenstechen (womit damals auch Blinddarmentzündungen bezeichnet wurden).

A: *als Abt an einem Grabmal, mit Kruzifix, Heiden unterrichtend; mit Odoaker.*
P: *von Bayern, Erzherzogtum Österreich, Wien; der Leinweber, Winzer; der Gefangenen; für Fruchtbarkeit der Weinstöcke; gegen Hungersnot.*

9. Januar

Hl. Julian von Antinoë

Märtyrer

Hl. Basilissa

Klostergründerin

† 304

Der fromme Jüngling Julian aus Antinoë wurde gegen seinen Willen von den reichen Eltern verheiratet, damit der Familienstamm nicht aussterbe. Seine Braut war die ihm an Tugend und Geist ebenbürtige Basilissa.

Am Hochzeitstag, während die Musik spielte und die Gäste Reigen tanzten, war dem jungen Bräutigam bang ums Herz. In stillen Seufzern flehte er den Himmel um Rettung seiner Keuschheit an. Als das Paar das Schlafgemach betreten hatte und zum gemeinsamen Gebet niederkniete, wehte ein wundersamer Duft von Rosen und Lilien durch den Raum. Seltsam berührt fragte Basilissa, woher dieser Wohlgeruch ströme. Julian fasste sie zärtlich bei der Hand und sprach: »Meine geliebte Braut, dies ist der süße Duft der jungfräulichen Reinheit. Er gibt uns eine Ahnung von der ewigen Seligkeit, die Gott für diejenigen bereithält, die hienieden in Keuschheit leben. Wie wunderbar wäre es, wenn du dich entschließen könntest, in mir nur den Bruder zu sehen.« Basilissa konnte ihre Tränen nicht zurückhalten, aber schließlich küsste sie ihn auf die Stirne und gelobte ihm, stets seine treue Schwester zu sein.

Nach dem Tode ihrer Eltern öffneten sie ihr Haus den Hilfe- und Trostbedürftigen, so dass es schnell zu einem wahren Pflegeheim wurde. All ihre beträchtlichen Einkünfte verwendeten sie nun zur Unterstützung der Armen und Kranken. Basilissa widmete sich den Frauen, Julian den Männern. So entstand mit der Zeit ein zweigeteiltes Kloster, an dessen Spitze das edle Paar stand.

Doch nun brachen schreckliche Zeiten an. Basilissa erkrankte an einem ansteckenden Fieber, dem sie mitsamt ihren Genossinnen erlag. Dadurch blieben ihr jedoch die grässlichen Qualen erspart, die auf Julian warteten. Denn unter dem neuen Präfekten Marcian begann eine schwere Christenverfolgung.

Julian gehörte zu den ersten, die von Marcian zum Opfer aufgefordert wurden. Als er sich weigerte, brannten die Schergen des Präfekten das gesamte Kloster nieder. Alle noch nicht verhafteten Bewohner kamen in den Flammen um. Julian aber wurde auf Geheiß des Statthalters nackt zwischen vier Pfähle gespannt und vor einer gaffenden Menge aufs Grausamste gefoltert. Von seinem Beispiel angefeuert, festigten sich jedoch die Reihen der Gläubigen umso mehr. Aus Angst vor einem drohenden Aufruhr ließ Marcian den Märtyrer daher schnell enthaupten. Er selbst wurde kurz danach wahnsinnig und bei lebendigem Leibe von Würmern zernagt.

A: *als jugendlicher Märtyrer mit Schwert und Palme; im Gebet, das die nackten Götzenstatuen durch Flammen zerstört.*
F: *auch 21. Juni.*

Hl. Wilhelm

Erzbischof von Bourges (von Donjeon), um 1150–1209

Wilhelm Beruyer war ein Sohn der berühmten Grafen von Nevers, die in der Geschichte Burgunds eine beherrschende Rolle spielten. Er entschied sich hingegen früh für das geistliche Studium, wurde Chorherr und lebte in den Klöstern von Soissons und Grandmont. Wegen eines Streits mit den Laienbrüdern wechselte er zu den Zisterziensern, wo er bald nacheinander in zwei Klöstern zum Abt gewählt wurde – 1184 in Fontaine-Saint-Jean, 1187 in Châlis.

Als in Bourges der Stuhl des Erzbischofs neu besetzt werden musste, wurde Wilhelm neben zwei gleichermaßen würdigen Kandidaten vorgeschlagen. Der Bischof von Paris ließ die drei Namen auf drei Lose schreiben und zog, nachdem er um den Beistand des Hl. Geistes gebeten hatte, mit dem ersten Zettel den Namen Wilhelms aus der Urne. In der Regel hielt es die Kirche für unziemlich, Gottes Willen durch das Los zu erproben. Es gab jedoch Ausnahmen, wie die Wahl des Mathias in die Apostelrunde durch Losentscheid beweist.

Wilhelm erfüllte alle Hoffnungen, die in seine Amtsführung gesetzt worden waren. Er verteidigte die Rechte der Kirche auch gegenüber dem König von Frankreich, dem er andererseits in allen weltlichen Dingen gehorsam war. Schon zu Lebzeiten bewirkte er viele Heilungen durch Händeauflegen. Ein schwer verwachsenes Kind wurde gesund, als es seinen Leichnam umarmte.

Wegen der vielen Wunder an seinem Grabe forderten die Gläubigen des Erzbistums bald seine Heiligsprechung, aber Papst Innozenz III. verweigerte sie zunächst. Doch sein Nachfolger Honorius III. gab den Wünschen der französischen Seite nach und erhob ihn 1218 in den Heiligenstand. Das Kloster Chablis erhielt vom Domkapitel in Bourges, wo seine Reste in einem kostbaren Schrein aufbewahrt wurden, einen Armknochen, das Collegium von Navarra in Paris eine seiner Rippen. 1562 verbrannten Hugenotten die Reliquien und streuten die Asche in alle Winde.

A: *in Bischofskleidung, sterbend auf dem Boden liegend.*
P: *für Kinder, die schwer gehen lernen.*

Hl. Theodosius

Abt, um 423–529

Theodosius war Vorleser in der Kirche einer kleinen Stadt Kappadoziens. Einmal las er der Gemeinde Gottes Worte an Abraham vor: »Geh aus deinem Land, aus deiner Verwandtschaft und aus deines Vaters Haus und komme in das Land, das ich dir zeigen will.« Der junge Lektor empfand diesen Befehl an sich gerichtet und pilgerte nach Jerusalem. Unterwegs besuchte er auch den berühmten Säulensteher Symeon. Wie erstaunte war er, als ihn dieser schon von Weitem mit dem Ruf begrüßte: »Theodosius, du Geschenk Gottes, sei mir willkommen!« Symeon ließ ihn zu sich auf die Säule steigen, umarmte ihn und gab ihm guten Rat für seinen weiteren Weg.

Theodosius vertraute sich zunächst der Leitung des Mönchs Longinus an, der als Rekluse, als Eingeschlossener, in einer Kammer des Turmes Davids lebte und als erfahrener Lehrmeister der Abtötung und Versenkung galt. Die Fortschritte des Jüngers waren bald so groß, dass dieser es wagte, ganz allein zu leben. Er suchte sich eine verborgene Höhle auf einem öden Berg, nicht weit von Bethlehem. Hier brachte er 30 Jahre mit Fasten, Abtötung und Beten zu.

Mit der Zeit stießen mehrere Schüler zu ihm, die wie er Gott in stiller Abgeschiedenheit dienen wollten. Anfangs versuchte er ihre Zahl auf sieben zu begrenzen, aber schließlich wies er keinen zurück, dessen körperliche Verfassung und seelische Reife ausreichend erschienen, das harte mönchische Dasein zu ertragen.

Gegenstand der ersten Unterweisung, die er seinen Novizen gab, war die Notwendigkeit, beständig an den Tod zu denken. Er ließ sie ein Grab ausheben und fragte vor der offenen Grube: »Wer wird es wohl einweihen?« »Ich«, rief da der Priester Basilius, warf sich zu Füßen des Abtes und bat um seinen Segen. Und in der Tat, 40 Tage später starb Basilius, ohne vorher krank gewesen zu sein.

Da sich die Zahl der Mönche ständig vergrößerte, baute Theodosius bei Bethlehem ein großes Kloster, das aus drei Anstalten bestand. Eines für die Pflege von Kranken, eines für alte, gebrechliche Leute und eines, das für ehemalige Eremiten bestimmt war, die in der Einsamkeit den Verstand verloren hatten. Etliche waren auch von Teufeln besessen. Theodosius sah den Anfang aller Übel in der Untätigkeit. Deshalb hielt er die Mönche dazu an, sich einer nützlichen Arbeit zu widmen und damit auch von fremder Vorsorge unabhängig zu sein.

Als Kaiser Anastasius häretische Strömungen begünstigte, versuchte er den inzwischen 90-jährigen Heiligen für sich zu gewinnen und übersandte ihm viel Geld. Dieser aber verteilte es auf der Stelle und ließ dem Kaiser ausrichten, er werde dessen Irrtümer nicht unterstützen. Im Gegenteil, er predigte im ganzen Lande gegen die Ketzer und verfluchte ihre Lehren. Eine Frau, deren Körper ganz von offenen Krebsgeschwüren bedeckt war, wurde bei der Berührung der Kleider des Heiligen gesund. Solche Wunder und der Eifer des greisen Abtes belebten den Glauben der Vielen, die unter dem staatlichen Druck wankend geworden waren. Anastasius verbannte den Heiligen außer Landes, aber der plötzliche Tod des Kaisers machte den Vollzug der Strafe hinfällig. So wurde Theodosius 106 Jahre alt und war bis zu seinem Tod allen Gläubigen ein Beispiel.

A: *mit Geldbeutel; Totenschädel; eiserne Fesseln um Hals und Arme; mit einer knienden, dankbaren Mutter; Almosen spendend.*
P: *der Feilenhauer.*

12. JANUAR

Hl. Arcadius

Märtyrer, † 260

In einer Zeit heftigster Verfolgungen entzog sich der Christ Arcadius den Häschern durch die Flucht in die Wälder. Der Präfekt aber ließ einen Verwandten als Geisel für den Gesuchten festnehmen. Arcadius war zu edel, um den anderen für sich leiden zu lassen, und stellte sich dem Statthalter.

Dieser befahl angesichts der Glaubenstreue des Bekenners, ihn so zu foltern, dass er den eigenen sterbenden Körper noch mit Bewusstsein ansehen müsse. Die Henker schnitten ihm Gelenk um Gelenk ab, von den Fingerkuppen angefangen, über die Wurzeln, dann die Hände, die Unterarme, die Oberarme. Und in gleicher Weise die Zehen, die Füße, die Beine bis zu den Knien und endlich die Schenkel unterhalb der Hüften.

In seinem Blute schwimmend, betete Arcadius mit lauter Stimme: »All meine Glieder opfere ich dir, mein Herr, du wirst sie mir wieder zurückgeben bei der Auferstehung der Toten vor dem Jüngsten Gericht. Oh meine Glieder, ich habe euch nie so geliebt, als ihr noch an meinem Körper angewachsen wart. Wir müssen für kurze Zeit getrennt sein, damit ihr, jetzt sterblich, unsterblich wiederauferstehen werdet.«

Zuletzt legte man ihn auf den Rücken, weil nun dem gliederlosen Rumpf auch noch der Bauch aufgeschnitten und die Eingeweide herausgerissen werden sollten. Da gab Arcadius, erschöpft von dem gewaltigen Blutverlust, seinen Geist auf. Die Christen sammelten alle Teile des verstümmelten Leibes und beerdigten ihn.

A: *hält brennende Kerze; mit Schwert und Keule.*

⁕

Hl. Tatiana von Rom

Jungfrau und Märtyrerin, † um 200

Die Jungfrau Tatiana wurde unter der Regierung des Septimius Severus ergriffen und, als sie sich zu opfern weigerte, zur Folter verurteilt. Man entkleidete sie und schor sie am ganzen Körper kahl. Dann zerfleischten die Henker ihren Leib mit eisernen Haken und Kämmen. Man warf sie den Löwen vor, die sie jedoch verschonten, und brachte sie auf einen Scheiterhaufen, dessen Flammen in einem plötzlichen Gewitter verloschen. Unter dem Schwert hauchte sie schließlich ihr Leben aus. Tatiana wurde besonders in der griechischen und später in der russischen Kirche verehrt.

A: *Jungfrau mit langem Gewand; mit kahl geschorenem Kopf; mit Löwen, die sie nicht angreifen.*

Hl. Hilarius von Poitiers

Bischof, 315–367

Der hl. Hilarius wurde 315 in Pictavium (Poitiers) geboren und entstammte einem gebildeten, reichen, heidnischen Elternhaus. Er war aufgeweckt und lernbegierig und studierte mit Feuereifer die Schriften der Klassiker. Bei seiner mit jugendlicher Maßlosigkeit betriebenen Lektüre stieß er auf das Evangelium des Johannes. Der Prolog erschütterte seine Seele bis auf den Grund. Immer wieder dachte er über die einfachen Worte nach: »Und das Wort ist Fleisch geworden und hat unter uns gewohnt.« Von da an schritt er langsam, aber beharrlich auf dem Pfad des Christentums voran.

In der Osternacht 345 ließ er sich mit Frau und Tochter, der späteren heiligen Apra, taufen. (Sie starb schon – nach einem heiligmäßigen Leben – mit 17 Jahren. Ihrer wird in Poitier am 12. Dezember gedacht.) Wegen seiner vorbildlichen Lebensart erwählten ihn 354 die Christen von Pictavium zu ihrem Bischof. Hilarius trennte sich von seiner Frau und nahm den Hirtenstab.

In jener Zeit wurde die junge Kirche, die seit Konstantin dem Großen zur römischen Staatskirche erhoben worden war, durch die arianische Häresie erschüttert. Die Geistlichen, die gebildeten Damen der höheren Stände, das Volk auf der Straße, alle stritten über Einheit, Zweiheit oder Dreiheit, Wesensgleichheit oder Wesensähnlichkeit.

Als sich Kaiser Konstantius, der zweite Sohn Konstantins, auf der Mailänder Synode zugunsten der Arianer entschied, nahm Gallien unter Führung des Hilarius den Kampf gegen die neue Lehre auf. Die »Realencyklopädie für protestantische Theologie und Kirche« rühmt seine theologische Meisterschaft: »An Feinheit des Geistes, an Tiefe der Speculation, an Scharfsinn und an Gründlichkeit des theologischen Wissens sucht Hilarius seinesgleichen.«

Er besaß zweifelsohne eine lebhafte Vorstellung von den Gefahren des Häretikertums. »Die plötzliche Verwüstung von Städten und die Vernichtung ihrer gesamten Einwohnerschaft«, schrieb er, »ist nicht so schrecklich wie diese unheilvolle Irrlehre, die aus der Kirche die Gemeinde des Antichrists macht.«

Er verfasste eine flammende Anklage gegen den Imperator und zog

Vergleiche mit den Christenverfolgern Nero, Decius und Maximian. Allerdings veröffentlichte er die Schrift erst nach dem Tode von Konstantius.

Von seiner Heiligkeit gaben schon zu Lebzeiten mancherlei Wunder Zeugnis. So befreite er auf der Durchreise eine Insel vor Genua von einer Schlangenplage. In Pictavium erweckte er ein ungetauftes Kind wieder zum Leben, dessen Eltern ihm das traurige Schicksal des Kleinen vor Augen geführt hatten (ungetaufte Kinder kamen nach damaliger kirchlicher Auffassung zwar nicht in die Hölle, jedoch auch nicht in den Himmel).

A: *Schlangen niedertretend oder Drachen mit Bischofsstab durchbohrend (Symbol der Irrlehren); mit Buch; mit von den Toten auferwecktem Kind.*
P: *von La Rochelle, Poitiers; für Kinder, die schwer gehen lernen; der Gebärenden; der Totgeborenen; gegen Schlangen.*
F: *auch 14. und 31. Januar, 19. Februar, Juni, 22. August, 1. November.*

14. JANUAR

Hl. Felix von Nola

Priester, † 260

In einer der großen Verfolgungen wurde der Priester Felix von Nola verhaftet. Sein Bischof Maximus war geflüchtet, da er es für eine höhere Pflicht hielt, dem ersehnten Märtyrertod auszuweichen, um sich seiner Gemeinde zu erhalten. Felix wurde in Ketten geschlagen und in ein dunkles Loch geworfen, dessen Fußboden mit Scherben bedeckt war. Der Bischof litt unterdessen in einem öden Gebirge, ohne Obdach, im Schnee frierend, ohne Nahrung und ausreichende Kleidung.

Um Mitternacht erschien in der Zelle des Felix ein strahlender Engel, der ihn weckte und aufforderte, Maximus zu helfen. Felix wies nur traurig auf seine Fesseln, aber der Engel hob den Arm und schon fielen die Ketten von dem Gefangenen ab. Durch offene Türen, an eingeschläferten Wächtern vorbei, führte der Gottesbote den Priester auf verborgenen Pfaden zum Aufenthalt des Bischofs – und verschwand. Ohne ein Lebenszeichen lag Maximus auf dem Boden.

Während Felix ein Stoßgebet zum Himmel sandte, sah er eine Traube mitten in einem Dornengesträuch hängen. Ihren Saft presste er durch die bleichen Lippen des Greises. Plötzlich öffneten sich dessen Augen, die Lebenswärme kehrte langsam zurück und mit ihr die Sprache. Er bat Felix, ihn nach Nola zu tragen. Dieser fühlte in sich eine ungeahnte Kraft und schaffte noch in derselben Nacht seinen Bischof auf dem Rücken in die Stadt zurück. Ein altes Mütterchen verbarg ihn, bis die Verfolgung aufhörte.

Felix aber suchten die Häscher, fanden seine Spur und sahen ihn sogar von Ferne. Im letzten Moment versteckte er sich in einer Höhle. Da sich aber bei der Ankunft seiner Verfolger über die Öffnung wunderbarerweise ein dichtes Spinnennetz spannte, hielten sie es für ausgeschlossen, dass er da hineingeflohen sein könnte.Felix starb lange Jahre danach in Frieden. Wenn Beklagte an seiner letzten Ruhestätte ihren Eid leisteten, so stellte sich stets heraus, ob der Schwur recht oder falsch war. Vom Grabe des Heiligen tropfte außerdem eine Flüssigkeit, die gegen Augenkrankheiten half.

A: *Höhle mit Spinngewebe; mit Scherben und im Fußblock; mit Traube.*
P: *der Haustiere; gegen Augenkrankheiten; gegen Meineid.*

*

Hl. Felix in Pincis

Priester und Märtyrer

Die genaue Lebenszeit dieses Heiligen ist unbekannt. Er war Lehrer und Priester in Rom. Da er seine Schüler mit großer Strenge zur Tugend und zum Glauben anhielt, schuf er sich unter den nichtsnutzigen, zum Teil heidnischen Knaben viele Feinde. Als er einmal mehrere gerecht, aber hart züchtigte, erhoben sie sich wider ihn. In der Gegend des Monte Pincio lauerten sie ihm auf, fielen über ihn her und erstachen ihn mit ihren spitzen Griffeln.

A: *Darstellung eines Martyriums.*

*

Sel. Englmar (Engelmar)

Einsiedler und Märtyrer, † 1096

Englmar entstammte einer bäuerlichen Familie aus dem Passauer Umland. Er lernte beim Schafehüten einen frommen Einsiedler kennen, einen gewissen Gregor, ein armenischer Bischof, den es auf der Flucht vor den Seldschuken ins Niederbayrische verschlagen hatte. Der lebte in freiwilliger Armut in einer Waldklause und Englmar wurde sein Schüler und Helfer.

Gregor sagte – von göttlicher Offenbarung unterrichtet – die Stunde seines Todes vorher: Am 24. September des Jahres 1093 werde er um die Mittagsstunde sterben. An diesem Tag und um die bezeichnete Zeit war eine große Sonnenfinsternis, die das ganze Land mit Furcht und Schrecken erfüllte. Während der Dunkelheit verschied der Bischof. Viele führten die kurz danach ausbrechende Pest auf das angsterregende Ereignis zurück.

Nach dem Tod seines geistigen Lehrers durchwanderte Englmar den Bayrischen Wald, nur begleitet von einem jungen Gefährten, und suchte einen geeigneten Ort, um sich ganz der Gottesschau widmen zu können. Endlich fanden sie in einer schauerlichen Waldöde zwischen Predigtstuhl und Pröller den richtigen Ort. Sie bauten eine Hütte, pflanzten einen kleinen Garten und lebten von dessen Früchten und Nahrung, die sie im Wald sammelten. Dieses heiligmäßige Leben zog bald die Aufmerksamkeit der Gläubigen in der Gegend auf sich. Viele besuchten die Klause und suchten Rat bei Englmar. Sie brachten auch viele Gaben mit, die den Unterhalt erleichterten und den Eremiten mehr Zeit für das Gebet ließen.

Die Verehrung aber, die man Englmar entgegenbrachte, erweckte in seinem Gefährten den Stachel des Neides. Seine Missgunst wuchs mit jedem Geschenk, das die Gläubigen brachten. Am ersten Sonntag nach Dreikönig fasste er den Entschluss, seinen Lehrer zu beseitigen. Während dieser in eine innige Beschauung vertieft war, erschlug ihn der Meuchler von hinten mit einer Axt. Den mit Blut überronnenen Leichnam verscharrte er im Schnee und warf einen Haufen Reisig darüber. Den Leuten aber sagte er, Englmar sei zu einer Wallfahrt aufgebrochen, und er wisse nicht, wann dieser zurückkehre. In seiner Verblendung hatte er gemeint, jetzt werde er von den Besuchern geehrt und beschenkt. Aber er hatte sich getäuscht. Niemand kümmerte sich um ihn. Da erwachte endlich sein Gewissen, die Erinnerung an das blutüberströmte Haupt seines Meisters folterte seine Seele. Wie Kain irrte er in den Wäldern umher. Von seinem Ende ist nichts bekannt.

In der Woche nach Pfingsten entdeckte der vorbeikommende Priester Ruodbertus – der Schnee war längst geschmolzen – unter den Reisern einen Körper hervorschimmern. Es war der noch unverweste Leichnam des Seligen. Der eilends davon unterrichtete Graf von Bogen wollte ihn auf dem Bogenberg bestatten lassen, aber die vor den Karren gespannten Ochsen verweigerten den Dienst. So begrub man ihn an der Stelle seiner Klause und errichtete eine kleine Kapelle. Wanderer, deren Weg sie des Nachts an dem Ort vorbeiführte, sahen öfter die Kapelle von himmlischen Lichtern erhellt. Wenn sie eintraten, gewahrten sie einen wunderbar lieblichen Wohlgeruch. Viele Kranke und Bedrängte strömten herbei und fanden Heilung und Hilfe. Bischof Kuno von Regensburg hörte von dem Wunderort und ließ dort ein Kirchlein bauen. Der selige Diener Gottes wurde in einem Zinnsarg unter dem Hochaltar beigesetzt. Heute ruht er in einem Schrein in der Pfarrkirche St. Englmar. Viele Wunder sind seither berichtet.

A: *als Mönch betend mit Beil im Kopf; Leichnam unter Reisig.*
P: *gegen Krankheiten bei Mensch und Vieh; gegen Blitz, Hagel, Gewitter und Trockenheit.*
Brauch: *An jedem Pfingstmontag feiert Sankt Englmar seine Entstehung mit dem Englmari-Suchen.*

15. Januar

Sel. Francisco Fernández de Capillas

Märtyrer, 1607–1648

Der Dominikanerpater Capillas missionierte seit 1641 in China. Im Jahre 1647 gab es heftigen Volksaufruhr gegen die Christen, den die Mandschu-Tataren zu ihren Zwecken ausnutzten. Capillas fiel in die Hände eines Tatarenmandarins, der von chinesischen Gelehrten gegen die Christen aufgestachelt worden war. Er ließ den Pater der Kiakuen-Folter unterwerfen. Sie bestand darin, dass man die Füße zwischen drei Holzklötze legte und diese durch Zudrehen eines darumgeschlungenen Strickes so gewaltsam zusammenpresste, dass die Knöchel plattgedrückt und ins Innere des Fußes getrieben wurden. Capillas gab unter dieser Qual keinen Laut von sich, selbst dann nicht, als die erbitterten Tataren mit Hämmern auf die Klötze einschlugen.

Man warf ihn in den Kerker der zum Tode Verurteilten, wo er noch viele Mitgefangene taufte. Am 15. Januar 1648 wurde er enthauptet. Sein Mitbruder García konnte später den Kopf des Märtyrers an sich bringen, der bis heute in Valladolid aufbewahrt wird. Pater Capillas wurde 1909 als erster Märtyrer in China seliggesprochen.

16. Januar

Hl. Honoratus von Arles

Abt, 365–430

Vor der Küste von Cannes liegen die Iles de Lérins, die am Anfang des 5. Jahrhunderts als kahle, unwirtliche Einöde und wegen ihrer zahllosen Schlangen gemieden wurden. Auf der zweitgrößten der Felseninseln landete um das Jahr 410 ein Mann und blieb dort. Er hieß Honoratus, entstammte einer adeligen Familie, war äußerst gebildet und beredt, dabei schon von Jugend an den religiösen Dingen zugetan.

Zum Priester geweiht, begann er auf dem erwähnten Eiland ein Kloster zu errichten. Es sammelten sich zahlreiche Jünger, die Arbeit und Gebet unter der Anleitung des Honoratus verbanden. Die

Schlangen wichen vor seiner Beschwörung und der menschenfeindliche Ort wandelte sich. Aus Ödland wurden üppige Felder und saftige Wiesen, begrenzt von Schatten spendenden Bäumen und von frischen Bächen durchrieselt.

Ein Jüngling schrieb über seinen Abt Honoratus nach Hause auf einem der damals üblichen Wachstäfelchen: »Es ist lauter Honig, den er wieder in dies Wachs eingegossen hat, Honig aus seiner unerschöpflichen Herzensgüte.« Fromme Schriftsteller glaubten beim Anblick der heiteren Mönche eine Heerschar ruhender Engel zu erblicken. Die Diözese Arles nötigte den bewunderten Abt von Lérins, ihr Erzbischof zu werden. Doch nur vier Jahre lang reichten seine von harter Askese geschwächten Kräfte für dieses Amt. Dann starb er im Kreise seiner Jünger.

A: *über Schlangen oder Drachen schreitend.*
P: *für und gegen Regen; bei Unglück jeglicher Art.*

17. Januar

Hl. Antonius von Ägypten

Einsiedler, 251–356

Im Süden Ägyptens, in der thebaischen Wüste, wo zur Pharaonenzeit die Toten in natürlichen Höhlen und künstlichen Grabkammern bestattet wurden, begannen sich im 3. Jahrhundert christliche Einsiedler niederzulassen. Hierher zog auch der junge Antonius.

Er nahm seine Wohnung in einer schauerlichen Grabhöhle. Der Teufel aber, in seinem Hass gegen das Gute, konnte es nicht ertragen, einen jungen Mann so standhaft auf dem Wege der Tugend wandeln zu sehen. Um ihn von der Askese abzubringen, erregte er einen Sturm sorgenvoller Gedanken im Innern des Frommen. Er rief in ihm die Erinnerung an seine kleine verwaiste Schwester wach, an seinen unbestellten Besitz, an die Verwandten und Freunde. Als dies nichts nützte, führte er Antonius die Schwachheit des Leibes, die mannigfachen Lüste des Gaumens und alle anderen Freuden des Lebens vor Augen. Auch diese Versuchungen vermochten den Eremiten nicht irre zu machen.

So griff der Teufel zu den Waffen »am Nabel seines Bauches«, wie es bei Hiob heißt. Er gab ihm schmutzige Gedanken ein – Antonius verscheuchte sie durch sein Gebet. Jener erregte sein Fleisch – Antonius bekämpfte den lüsternen Stachel durch Fasten und Kasteiung. Die bösen Geister wiederholten ihre Angriffe und veranstalteten um ihn einen Reigen von ungeheuer schönen unzüchtigen Weibern. Antonius aber erwog bei sich die Drohung des ewigen Feuers und die Plage des Wurms, der an den Verdammten nagt.

Einst lag Antonius in einem Grab zu kurzer Ruhe, da kam eine ganze Schar von Dämonen, zerrte ihn heraus und schlug ihn derart roh, dass Vorüberkommende ihn am nächsten Morgen für tot hielten. Kaum hatte er das Bewusstsein wiedererlangt, da stürmte der Teufel abermals heran in der Gestalt grauenhafter Tiere und versetzte dem Heiligen Bisse und Hiebe. Der jedoch betete laut zu Gott und plötzlich verjagte ein heller Schein von oben den bösen Spuk.

Als Antonius den Feind besiegt hatte, kamen immer mehr heilsbegierige Schüler zu ihm. Innerhalb von zehn Jahren war die thebaische Wüste so mit Mönchen bevölkert, dass Antonius ein Kloster ums andere erbauen ließ. Obgleich er aus Demut dem leisesten Schein des Ruhmes entfloh, genoss er am Ende seines Lebens ein solches Ansehen, dass ihn sogar die Kaiser um Rat fragten. Auch der heroische Mahner gegen den Irrglauben, der hl. Athanasius, holte sich bei ihm in seinem Kampf gegen die Arianer Stärke und Mut.

Als Antonius im Alter von 105 Jahren gestorben war, erhielt er bald von den Geschichtsschreibern den Beinamen »der Große«.

Das Schwein, das dem Heiligen in der Verehrung oft beigegeben wird, ist eine Personifikation des Teufels. Da aber im Mittelalter die Antonius-Chorherren Landbau trieben und das Privilegium der Schweinemast in den Eichenwäldern hatten, wurde Antonius allmählich als Beschützer der Haustiere verehrt (im Rheinland als »Schwietünnes«, in Tirol als »Fackentoni« bekannt).

A: *mit ägyptischem T-Kreuz; mit geöffnetem Buch in einer Höhle, mit Glöckchen behangenem Kreuzstab; mit Schwein; in Szenen aus seinem Leben.*

P: *von Äthiopien, der Dauphine, Hildesheim, Menorca, Neapel, Paderborn, Paris; der Bauern, Büchsenmacher, Bürstenbinder, Glöckner, Handschuh- und Korbmacher, Metzger, Pächter, Hirten, Schweinehändler,*

Totengräber, Anstreicher, Tuchscherer und Weber, Wurstmacher (Fleischseicher), Zuckerbäcker; der Haustiere, Schweineherden; gegen Rotlauf und Entzündungen, Epilepsie, Furunkel, Hautkrankheiten, Jucken, Krätze, Rose, Seuchen, Skorbut, Warzen, Kopfweh, Viehseuchen; gegen Furcht; gegen die Qualen des Fegefeuers.

18. Januar

Hl. Margareta

Prinzessin von Ungarn, 1242–1270

Als die Gemahlin des ungarischen Königs IV., Maria Laskaris, eine byzantinische Prinzessin, schwanger war, schlugen mongolische Reiterhorden das Heer Ungarns am Sajo-Fluss. Wehrlos lag das Land vor den grausamen Eroberern. In ihrer Not versprachen die Eltern das noch ungeborene Kind Gott, wenn er sie vor der tödlichen Gefahr rette. Da starb der Großkhan in der fernen Mongolei und Batu-Khan, der Führer der Goldenen Horde, befahl den schnellen Rückzug, um bei der Verteilung des Erbes nicht leer auszugehen.

Maria Laskaris gebar kurz danach ein Töchterchen, Margareta, und gab sie mit vier Jahren den Dominikanerinnen von Vesprin zur Erziehung. Der König ließ auf der Donauinsel zwischen Buda und Pest ein Kloster erbauen und die Tochter dorthin bringen.

Margareta stürzte sich mit Eifer in das Ordensleben. Während frommer Versenkungen empfing sie Mitteilungen des Heiligen Geistes, die nur Wenigen zuteil werden. Von klein an trug sie beständig einen Splitter des Kreuzes von Golgatha bei sich. Ihre größte Freude fand sie in der Ausübung gänzlicher Selbsterniedrigung. Wenn eine andere Schwester wegen einer Übertretung bestraft wurde, wünschte sie sehnlichst die Demütigung an ihrer Stelle erleiden zu dürfen. Schien eine Schwester auch nur den geringsten Unmut gegen sie zu hegen, so warf sie sich ihr zu Füßen und bat sie um Verzeihung. Am liebsten pflegte sie Kranke mit Ekel erregenden oder ansteckenden Leiden. Aufopfernd verband sie stinkende Gebresten und fürchtete sich auch bei Aussätzigen nicht vor der Berührung.

Margareta starb 28-jährig einen sanften Tod. Ihr Leib ruht in

Pressburg, dem heutigen Bratislava. Die Insel aber, wo ihr später von den Türken zerstörtes Kloster stand, heißt bis heute Margareteninsel.

A: *als Prinzessin mit Lilienstab; mit kugelförmiger Flamme über ihrem Haupt.*
P: *gegen Überschwemmung.*

19. JANUAR

Hl. Launomar (Laudomar, Laumer, Leomer)

Abt, † 593

Launomar wuchs als einfacher Hirte auf, erregte jedoch durch seine Frömmigkeit die Aufmerksamkeit eines Priesters von Chartres, der ihn für die geistliche Laufbahn gewann. Als Gründer und Abt des Klosters Corbion wurde er im ganzen Lande berühmt, denn er wirkte die verschiedensten Wunder. Sein Gebet besaß die seltene Kraft, die hartnäckigsten Sünder zu bekehren und die schlimmsten Krankheiten zu heilen. Einmal wurde er von Räubern heimgesucht, die verborgene Schätze bei ihm vermuteten. Beim Anblick des Heiligen überkam sie jedoch schlagartig die Panik und sie fielen ihm zu Füßen und baten um Verzeihung. Nach einer eindringlichen Ansprache bekehrten sie sich völlig und baten darum, in seine Schülerschar aufgenommen zu werden.

Der Bischof von Chartres ließ sich von ihm die Zukunft prophezeien. Launomar sagte die Katastrophen, die Chartres treffen sollten, richtig vorher, aber er tröstete den Bischof, dass er sie nicht mehr erleben werde. Und wirklich starb dieser 594, während Chartres erst im Jahre 600 von den Soldaten Theuderichs und Theudeberts geplündert und verwüstet wurde.

Die Gebeine Launomars dienten als heilige Reliquien zur Gründung der Abtei Saint-Laumer (bei Blois) im Jahre 874. Die Hugenotten verbrannten 1567 die Reliquien des Heiligen, aber ein Armknochen konnte für die Nachwelt gerettet werden. Außerdem wird das Haupt des Heiligen verehrt, das sich seit 912 in der Prioratskirche Saint-Laumer von Maissac, Auvergne, befindet.

*

Hl. Wolstan (Wulfstan) von Warwick

Bischof von Worcester, 1008–1095

Ein tanzendes Weib führte einst den jungen, frommen Wolstan in Versuchung. Weinend eilte er davon und legte sich nackt auf Dornengesträuch. Seit jener Zeit besaß er die Gnade der vollkommenen Beherrschung seiner sinnlichen Triebe. Wolstan wurde Priester, Prior von Worcesterabbey und schließlich 1062 mit der Zustimmung von König Eduard Bischof von Worcester.

Als sich Wilhelm der Eroberer 1066 des Throns von England bemächtigte, ersetzte er alle angelsächsischen Bischöfe durch Normannen. Unter dem Vorwand, es mangle ihm an wissenschaftlicher Bildung, sollte auch Wolstan abgelöst werden. Man befahl ihm, Stab und Ring abzuliefern, er aber ließ antworten: »Da mir mein Amt von König Eduard verliehen wurde, kann nur er es mir wieder nehmen.« Und er ging nach Westminster und legte den Bischofsstab auf den Grabstein Eduards. Wilhelm wollte ihn von dort holen lassen, aber keine menschliche Hand war in der Lage, den Stab von der Stelle zu bewegen. Da befahl der König, Wolstan möge sein Eigentum zurücknehmen, und wie von selbst glitt der Stab in seine Hände. Von da an hielt Wilhelm den Bischof in großen Ehren. Wenn sich die Engländer bei Wolstan über die normannische Unterdrückung beklagten, so antwortete ihr geliebter Bischof stets: »Es ist eine Züchtigung, die euch Gott wegen eurer Sünden geschickt hat.« Wolstan wurde 87 Jahre alt. Ein Jahrhundert nach seinem Tode fand man in seinem Grab Leib und Kleider unversehrt.

A: *mit Dornenzweig.*

Hl. Sebastian

Märtyrer, † 288

Sebastian war Hauptmann der Prätorianergarde des Kaisers Diokletian. Dieser hatte ebenso wie sein Mitkaiser Maximian Gefallen an der schönen Gestalt und der Klugheit des Offiziers gefunden. Sie ahnten beide nicht, dass ihr Günstling Christ war. Während die beiden Kaiser die Bekenner des dreieinigen Gottes verfolgen ließen, bestärkte Sebastian heimlich die Zaudernden und Ängstlichen, tröstete die Hinterbliebenen und lehrte die Unwissenden. Viele gingen dank seiner geistlichen Hilfe freudig wie Sieger in den Tod.

Eines Tages erfuhr Diokletian durch einen abtrünnigen Christen, dass sein liebster Soldat ebenfalls Anhänger dieser Religion sei, ja, dass er zu den eifrigsten gehöre und schon viele Vornehme den Göttern abspenstig gemacht habe. Außer sich vor Zorn schickte der Kaiser nach Sebastian und überhäufte ihn mit Vorwürfen.

Er sah aber bald ein, dass er Sebastian nicht umstimmen konnte, und übergab ihn wütend den mauretanischen Bogenschützen. Diese rissen ihm die Kleider vom Leib und fesselten ihn nackt an einen Pfahl. Zahllose Pfeile bohrten sich in seinen Körper, doch kein Schmerzenslaut kam über Sebastians Lippen, bis er scheinbar tot in seinem Blute zusammensank.

In der Nacht kam die fromme Witwe Irene heimlich an die Richtstätte. Sie beugte sich über den Leichnam und küsste weinend die Wunden. Da gewahrte sie überrascht noch leise Herzschläge. Sie brachte den Bewusstlosen in ihr Haus, pflegte ihn liebevoll und sah ihn unter ihrer Obhut vollständig genesen.

Auf Bitten der christlichen Gemeinde, sein Leben durch die Flucht zu retten, erwiderte Sebastian nur: »Ich werde tun, was Gott will.« Dann betete er lange und stellte sich an den Eingang des Jupitertempels. Als der Kaiser im festlichen Zug an das Portal kam, redete er ihn unerschrocken an und sagte: »Die Götzendiener betören deine Seele durch ruchlosen Betrug. Sie verleumden uns Christen als Feinde des Imperiums. Dabei beten wir unablässig für das Heil von Kaiser und Reich!«

Diokletian fragte: »Bist du nicht Sebastian, den wir jüngst hinrichten ließen?«

»Der bin ich«, antwortete dieser, »Christus machte mich wieder leben, damit ich dir das Unrecht vorhalte, seine Diener zu verfolgen«.

Die freimütige Sprache reizte den Kaiser aufs Äußerste und er ließ Sebastian in der Arena so lange mit Geißeln, Ruten, Bleikolben und Knüppeln schlagen, bis er den Geist aufgab. Die Christen bestatteten den Leichnam zu Füßen des Grabes der Apostel Petrus und Paulus. Der Name des Märtyrers wurde besonders zu Pestzeiten angerufen. Mit außerordentlichem Erfolg in Rom 680, in Mailand 1575 und in Lissabon 1599. Im oberbayerischen Ebersberg wurde früher während der Wallfahrten die Hirnschale des Heiligen als Weinbecher verwendet.

A: *als entblößter, an Baum oder Säule gebundener Jüngling, von Pfeilen durchbohrt; in Ritterrüstung, Pfeile in der Hand.*
P: *gegen Pest; von Asti, des Bistums Chiemsee, von Deutschland, Gent, Lamego, Lodi, Oppenheim, Grafschaft Oettingen, Rom, St. Sebastiano, Soissons; der Armbrustschützen, der Athleten, Büchsenmacher und Pfeilschnitzer, Schützen, Soldaten, der Bürstenbinder, Eisenhändler, Gärtner, Gerber, Kornhändler, Leichenträger, Nadler, Raketenmacher, Steinmetzen, Töpfer, Tuchmacher, Zinngießer; der Frauen und Sterbenden; gegen Ketzerei und Religionsfeinde; Seuchen, Viehseuchen.*

21. Januar

Hl. Agnes

Jungfrau und Märtyrerin, † 258 oder 304

Agnes stammte aus vornehmer, reicher Familie und wuchs zu einer berückend schönen Jungfrau heran. Vor allem ihr langes blondes Haar entzündete die Sehnsucht der jungen Römer. Doch sie hatte schon im Alter von zehn Jahren ewige Keuschheit gelobt. Der Sohn des Stadtpräfekten Symphronius bemühte sich mit besonderer Hartnäckigkeit um ihre Hand. Er sprach zu ihr von der Glut seiner Gefühle und wollte sie mit Gold und Edelsteinen gewinnen. Doch Agnes beschied ihn höflich, aber bestimmt mit den Worten: »Lass ab von mir, du Speise des Todes, ich bin einem Unsterblichen verlobt, in dessen sanften Armen ich ewig keusch bleibe und den ich unaussprechlich liebe.«

Die Qual seiner unerfüllten Wünsche machte den Jüngling schließlich sterbenskrank, und der Vater wurde bei Agnes vorstellig. Als sie ihm denselben Bescheid gab, bedrängte er sie, ihm den Namen des geheimen Bräutigams zu offenbaren. Schließlich erkannte er aus ihren Reden, dass er eine Christin vor sich hatte. Ergrimmt stellte er sie vor die Wahl, entweder in die Ehe einzuwilligen oder unter die jungfräulichen Priesterinnen der Göttin Vesta aufgenommen zu werden. Als sie beides ablehnte, ließ er sie verhaften und strengte den Prozess gegen sie an.

Man riss ihr die Kleider vom Leibe, um ihren Willen zu brechen, und führte sie nackend, zur Kränkung ihres Schamgefühls, in ein Freudenhaus. Doch auf dem Weg dorthin wuchsen ihre Haare so schnell, dass sie im Nu ihre Blöße bedeckten. Und Agnes sprach zum Präfekten: »Jesus ist um die Makellosigkeit seiner Bräute sehr besorgt. Du magst mich peinigen oder morden, meinen Leib zu entweihen, wird dir nie gelingen.« Tobend vor Wut stachelte der Richter einige wüste Gesellen auf, an der zarten Jungfrau ihre unzüchtigen Gelüste zu befriedigen. Doch der erste, der sich auf sie stürzte, fühlte sich von einem Feuerstrahl so getroffen, dass er geblendet und halb tot niedersank. Seine Kumpane hoben ihn auf und baten Agnes um Verzeihung. Da segnete sie ihn, und sofort erlangte er seine Sehkraft wieder.

Nur der Sohn des Präfekten, den seine Leidenschaft vom Krankenlager getrieben hatte, wagte einen erneuten Versuch. Als er sie brutal an sich ziehen wollte, traf ihn ebenfalls ein Feuerstrahl und ließ ihn auf der Stelle leblos zu Boden stürzen. Daraufhin rottete sich eine große Volksmenge zusammen und schrie: »Tötet die Zauberin!« Agnes wurde auf einen Scheiterhaufen gezerrt. Hell loderten die Flammen auf, doch Kleid und Leib des Mädchens blieben unversehrt. Da überfiel alle Anwesenden große Furcht. Sie befreiten Agnes und flehten sie an, den Jüngling wieder lebendig zu machen. Wortlos schlug sie das Kreuzzeichen über der Leiche, worauf sich der Jüngling sofort erhob und den Gott der Christen pries.

Sein Vater, der Präfekt, wollte Agnes nun freilassen, doch die Götzenpriester drohten ihm mit einer Anzeige beim Kaiser. Da verurteilte der feige Mann die Retterin seines Sohnes zum Tod durch das Schwert. Als sie ihren Nacken dem kalten Stahl entgegenneigte, zögerte der Henker. »Schlag zu«, rief sie, »töte endlich den Leib, der so vielen Augen gefällt, denen ich nicht gefallen will«. Und so empfing sie den Todesstreich.

A: *auf Scheiterhaufen und mit Schwert; nackt mit langen Haaren; mit Lamm; mit Blumenkranz um den Hals.*
P: *von Kloster Neuburg; Ordensheilige der Trinitarier; der Gärtner; der Jungfrauen und der Keuschheit, der Verlobten.*

22. JANUAR

Hl. Vinzenz von Saragossa

Diakon, † 304

In seiner Jugend oblag Vinzenz aus Saragossa mit heiligem Eifer dem Studium der Wissenschaften, weshalb er schon in seinem 20. Jahr zum Diakon gewählt wurde. Als eine erneute Christenverfolgung in Spanien wütete, wurde er zu einem der heldenmütigsten Märtyrer. Der Präfekt Dacian ließ ihn während des Prozesses entkleiden und an Händen und Füßen mit Stricken dehnen. Das geschah mit solcher Gewalt, dass die Glieder aus den Gelenken sprangen. Dazu bürstete man den Körper des Heiligen mit eisernen Krallen, die ihn grauenvoll zurichteten.

Vinzenz aber machte den Schergen Vorwürfe, dass sie kraftlos und feigherzig verführen. Zur Strafe ließ Dacian die Knechte auspeitschen, worauf diese mit Rachegelüsten im Herzen an die Foltergeräte zurückkehrten und Vinzenz dergestalt zerfleischten, dass man an mehreren Stellen die Gebeine und Eingeweide sah.

»Habe doch Mitleid mit dir selbst«, sagte Dacian zu dem Gemarterten, »opfere den Göttern, und du wirst sofort freigelassen«. Der Märtyrer aber antwortete, er fürchte falsches Mitleid mehr als alle Qual und Pein. Aufs höchste erzürnt, befahl Dacian, ihn auf einen glühenden Rost zu legen. Vinzenz aber bestieg selbst das Martergerät, das mit nach oben ragenden Spitzen versehen war, und ließ sich ausgestreckt darauf festbinden. Alle Teile seines Körpers, die dem Feuer nicht zugewandt waren, wurden mit Geißeln geschlagen, mit glühendem Blech versengt und obendrein mit Salz bestreut.

Das Feuer selbst wurde durch das herabtropfende Fett immer

heftiger angefacht. Während all dieser Martern verlor Vinzenz nie seine heitere Seelenruhe. Schließlich ließ ihn der Präfekt in einen finsteren Kerker werfen. Dort legte man ihn auf Scherben und spannte seine Füße in einen Knochen brechenden Stock. Es wurde streng verboten, mit dem Gefangenen zu sprechen. Doch der Kerkermeister sah durch einen Türspalt, wie der Heilige, ungeachtet der Scherben, auf und ab wandelte, mit Engeln lobsingend. Der Augenzeuge bekehrte sich auf der Stelle zum Christentum und empfing wenig später die Taufe.

Dacian aber gab sich geschlagen und erlaubte den Christen, ihren Märtyrer in der Zelle zu besuchen. Sie sammelten sein Blut mit Tüchern auf, um sie später als Reliquien zu verehren. Dann legten sie ihn auf ein weiches Bett. Kaum war dies geschehen, ging Vinzenz lächelnd in die ewige Ruhe hinüber. Der Präfekt ließ den Leichnam auf einen sumpfigen Anger werfen, wo ein Rabe ihn gegen wilde Tiere verteidigte, bis er endlich von seinen Glaubensgenossen bestattet werden konnte.

A: *auf Rost mit emporragenden Nadelspitzen nebst anderen Marterwerkzeugen; mit Raben und Kreuz.*
P: *von Aragonien, Badajoz, Bern, Bayeux, Chälons-sur-Saone, Cortona, Grenoble, Huesca, Lamego, Leon, Lissabon, Macon, Magdeburg, Mailand, Oporto, Portugal, Salzburg, Saragossa, Valencia, Viviers; der Backsteinmacher, Brotverwalter, Cafetiers, Dachdecker, Essigbrauer, Holzhauer, Küfer, Schüler, Seeleute, Winzer, Ziegelbrenner; für das Wiederfinden gestohlener Sachen; gegen Diebstahl, Körperschwäche und Krankheiten der Eingeweide.*

23. Januar

Hl. Salamanes

Einsiedler, † um 390

Gegenüber seinem Heimatdorf, dem Ort Kapersama am westlichen Ufer des Euphrat, fand der Einsiedler Salamanes eine Hütte ohne Türe und Fenster. Dort schloss er sich ein. Einmal im Jahr bepflanzte er das Land um die Hütte und zog daraus seine ganze Nahrung. Mit Menschen sprach er nie.

Der Bischof hörte von seiner Tugend und kam, um ihn zum Priester zu weihen. Er ließ eine Öffnung die Hütte brechen, trat ein, legte dem Salamanes die Hände auf, betete und erklärte ihm die Gnade seines neuen Amtes. Da aber dieser kein Wort sprach, entfernte sich der Bischof und ließ die Öffnung wieder verschließen.

Ein andermal kamen die Bewohner seines Geburtsortes nachts über den Fluss, brachen seine Wohnung auf und trugen ihn in ihr Dorf. Er widersetzte sich nicht, stimmte aber auch nicht zu. Morgens bauten sie ihm eine ähnliche Hütte und schlossen ihn ein. Auch dazu schwieg er wie gewohnt.

Nach einiger Zeit setzten die Bewohner des Dorfes am anderen Flussufer über, brachen die Hütte auf und führten ihn wieder in seine alte Behausung zurück. Auch da äußerte der Heilige keinen Widerspruch, jedoch auch keine Freude über die Rückkehr.

A: *Hütte mit vermauertem Eingang.*

24. Januar

Hl. Babylas

Bischof von Antiochia, Märtyrer, † um 250

Babylas war einer der frömmsten und berühmtesten Bischöfe Antiochiens. Während der Verfolgung des Decius starb er im Kerker an den zuvor erlittenen Misshandlungen unter der Folter. Auf eigenen Wunsch hin begruben ihn die Christen mit seinen Ketten. 351 ließ Cäsar Gallus die Gebeine des Märtyrers in die Burg Daphne bei Antiochia überführen, wo man ein Orakel des Apollo verehrte. Unter dem Vorwand heiliger Rituale veranstaltete man dort regelmäßig Orgien und blutige Spektakel. Neben diesem berüchtigten Tempel wurde den Reliquien des Babylas nun eine Kirche errichtet, und von da an verstummte der höllische Geist.

Als Julian 362 nach Daphne kam, brachte er dem Apollo viele Opfer dar, um die Ursache des Stillschweigens zu erfahren. Endlich erhielt er vom Teufel die Antwort, er könne so lange nicht reden, als die Leiche in der Nähe sei. Julian verstand dies sofort und ließ die Reliquien des hl. Bischofs wegschaffen. In der folgenden Nacht fuhr der Blitz in Apollos prächtigen Tempel und er brannte bis auf die Außenmauern nieder. Aus Furcht stellte der Kaiser den Tempel nicht wieder her. Er fasste aber den festen Vorsatz, nach dem persischen Feldzug an den Christen Rache zu nehmen. Doch dazu kam es nicht mehr, denn in eben diesem Kriege ereilte Julian ein elender Tod.

A: *als Bischof mit dünnem Bart.*
P: *mehrerer Kirchen Frankreichs, Italiens und Spaniens.*

25. Januar

Hl. Praejectus (Prix, Priest und Preils)

Bischof von Clermont, Märtyrer, † 676

Als Priester zeichnete sich Praejectus durch sein tiefes Verständnis des Kirchengesanges aus, der zur damaligen Zeit als wesentlicher Teil der geistlichen Ausbildung angesehen wurde. Als Bischof der Auvergne bemühte er sich um einen zivilisierenden Einfluss auf den Merowingerkönig Childerich II.

Zu den berüchtigsten Fürsten jener Zeit gehörte Hector, der Graf von Marseille. Er mordete und raubte, wie und was ihm beliebte. Eines Tages entführte und schändete er sogar eine adelige Jungfrau. Außerdem eignete er sich widerrechtlich Kirchengüter an. Childerich ließ Hector festnehmen und hinrichten.

Dessen Anhänger gaben Praejectus die Schuld dafür und schworen Rache. Sie legten einen Hinterhalt und fielen über den Zug des Bischofs her. Zuerst erschlugen sie aus Versehen seinen Begleiter, den hl. Amarin. Der Bischof aber stellte sie zur Rede, worauf ihn sofort ein Dolchstich traf. Und kaum hatte Praejectus sein letztes Stoßgebet gesprochen, »Herr, vergib ihnen, denn sie wissen nicht, was sie tun!«, da spaltete ihn ein Kriegsknecht mit dem Säbel von Kopf bis Fuß in zwei Teile.

P: *gegen Fieber und unheilbare Krankheiten.*

*

Hl. Dwynwen (Dwyn, Donwenna, Dunwen)

Prinzessin von Wales, 5./6. Jahrhundert

Die walisische Königstochter Dwynwen gilt in ihrer Heimat als Schutzherrin der Liebenden. Sie hatte früh Keuschheit gelobt. Ein fremder Prinz namens Maelon entbrannte jedoch wegen ihrer Schönheit in heftigster Begierde zu ihr. Unermüdlich warb er um sie und bot ihr die Heirat an. Sie aber, obgleich sie seine Gefühle erwiderte, wies ihn wegen ihres Gelübdes ab und betete inbrünstig, vom Schicksal einer Ehefrau verschont zu bleiben.

Eines Nachts hatte sie einen seltsamen Traum: Man kredenzte ihnen beiden einen Heiltrunk. Während sie sofort von der Leidenschaft befreit war, erstarrte Maelon zu einer Eissäule. Dwynwen fiel in bitterste Verzweiflung, denn sie fühlte sich mitschuldig am Tod des Geliebten. Da erschien ein Engel und gewährte ihr drei Wünsche, die in Erfüllung gehen würden. Nach eingehender Besinnung trug sie ihre Bitten vor: Maelon solle dem Leben wieder geschenkt werden, alle unglücklich Liebenden sollten vereint werden oder Befreiung von ihrer Leidenschaft erfahren, und sie selbst solle zeitlebens ehelos bleiben dürfen.

Als sie aufwachte, fühlte sie sich stark genug, um Maelon endgültig zu entsagen und den Schleier zu nehmen. Dwynwens Kloster auf Anglesey blieb Zeit ihres Lebens Zuflucht für Kranke und unglücklich Liebende. Ihr Name ist erhalten in den Ortsnamen von Llanddwyn und Porthddwyn.

P: *der Liebenden von Wales.*

Hl. Paula

Witwe, 347–404

Paula stammte aus dem höchsten römischen Adel; unter ihren Ahnen waren die Scipionen und die Gracchen. Sie wurde nach damaliger Sitte früh vermählt mit Toxotius, der seinen Stammbaum von Äneas herleitete. Aus dieser Ehe gingen fünf Kinder hervor, vier Töchter und ein Knabe.

Paula war gerade 31, da starb ihr Gemahl, und die Trauer ergriff sie mit solcher Gewalt, dass sie beinahe selbst gestorben wäre. Erst als sie den Entschluss fasste, sich ohne Rückhalt Gott zu weihen, wurde sie wieder gesund.

Sie verteilte den größten Teil des reichen Erbes unter Arme und Kranke. Bald war ihre Frömmigkeit stadtbekannt. Als man sie einmal wegen ihres unentwegten Evangeliumlesens, auch bei Dämmerung und Kerzenlicht, aufforderte, wenigstens ihr Augenlicht zu schonen, antwortete sie: »Im Gegenteil, ich muss ein Gesicht entstellen, auf das ich die Künste der Eitelkeit verwendet habe.«

In jener Zeit lernte sie den hl. Hieronymus kennen, dessen Seelenführung sie sich anvertraute. Ihre Beziehung wurde so eng, dass sich viel böser Klatsch um sie spann. Wegen der anhaltenden Verdächtigungen verließ Hieronymus nach dem Tode des ihm günstig gesonnenen Papstes Damasus die Hauptstadt und gründete in Bethlehem ein Kloster. Als kurz nacheinander zwei ihrer Töchter starben, schöpfte Paula aus dem Briefwechsel mit Hieronymus den einzigen Trost. Schließlich reiste sie zusammen mit ihrer jüngsten Tochter Eustochium nach Bethlehem, wo sie ihn endlich wieder traf. Bevor sie sich jedoch endgültig niederließ, wallfahrte sie zu heiligen Orten wie Jerusalem, Jericho, Nazareth, Tabor und suchte auch die Einsiedler in der Wüste Ägyptens auf. Danach gründete sie zu Bethlehem ein Pilgerhospiz und ein Kloster, dem sie persönlich vorstand. In ihrer Tugendhaftigkeit war sie stets allen ein Vorbild. Sie speiste niemals zusammen mit einem Mann, selbst mit Hieronymus nicht. Bäder besuchte sie nur bei gefährlicher Krankheit. Weiches Bettzeug gestattete sie sich selbst bei heftigstem Fieber nicht.

Trotz ihrer vielen Pflichten erlernte sie noch das Hebräische, um tiefer in die Heilige Schrift eindringen zu können. 20 Jahre lebte sie so in Bethlehem, in ihrer letzten Zeit sehr krank und schwach. Ihre Tochter pflegte sie mit zärtlichster Sorgfalt. Als Paula gestorben war, konnte Eustochium von der Leiche nicht fortgebracht werden; sie küsste ihre Augen, schlang die Arme um sie und verlangte, gemeinsam mit der Mutter begraben zu werden. Aber schließlich fügte sie sich in das Schicksal und trat die Nachfolge Paulas im Kloster an – eine Lebensaufgabe, die sie würdig erfüllte, ehe sie an der Seite ihrer Mutter die letzte Ruhestätte fand.

A: *mit dem Pilgerstab in der Hand, in Betrachtung der Hl. Schrift versunken; von ihren Kindern Abschied nehmend; auch mit Geißel, Kürbisflasche oder Weihwasserwedel.*

27. Januar

Hl. Angela Merici

Gründerin der Ursulinen, 1474–1540

Blondes Haar gilt in Italien als Zeichen großer Schönheit. Die kleine Angela färbte es sich dunkel, als man sie deswegen mehrfach bewunderte. Sie spielte als Kind mit ihrer Schwester gerne Kloster und versagte sich den Genuss von Lieblingsspeisen, schlief auf der blanken Erde und stand nicht selten um Mitternacht zur Andacht auf.

Nach dem Tode ihrer Eltern hatte Angela eine Erscheinung. Sie sah eine leuchtende Leiter, auf deren Sprossen Jungfrauen in reichem Schmuck und mit Strahlenkronen zum Himmel hinaufstiegen, zur Rechten und zur Linken von Engeln geleitet. Und eine Stimme ertönte: »Angela, du wirst die Erde nicht verlassen, bis du eine Gesellschaft von Jungfrauen gegründet haben wirst.«

Angela trat dem Laienorden des hl. Franziskus bei und begann mit einigen Freundinnen in ihrer Wohnung armen Mädchen Unterricht zu geben. Neben dem Unterricht für die weibliche Jugend widmete sie sich der Kranken- und Armenpflege. Angela arbeitete nach einigen Jahren eine Regel aus, die den Grund zum Orden der Ursulinen legte. Im Gegensatz zu den damaligen strengen Vorstellungen über

Erziehung empfahl sie ihren Mitschwestern: »Bemüht euch, die Mädchen mit Liebe an euch zu binden und sie mit sanfter und milder Hand zu führen, nicht gebieterisch und mit Härte.« Besonders liebte Angela das Wallfahren und kannte bald jedes der zahlreichen Heiligtümer ihrer näheren und ferneren Heimat. Schließlich erfüllte sie sich den langgehegten Wunsch einer Pilgerfahrt nach Jerusalem. Auf der Hinreise wurde sie während eines Zwischenaufenthalts auf Kreta plötzlich blind, setzte aber ungeachtet dessen die Reise fort. Im Heiligen Land ließ sie sich an die geweihten Orte führen. Am Kalvarienberg, den der Heiland einst mit seinem Blut färbte, netzte sie mit ihren Tränen die Erde. Auf der Rückreise kehrte vor dem Bild des Gekreuzigten in einer kretischen Kirche ihr Augenlicht ebenso überraschend zurück, wie es verschwunden war.

A: *in Ordenstracht, mit Regelbuch; manchmal mit Himmelsleiter; junge Mädchen unterrichtend.*
F: *auch 21. Februar und 31. Mai.*

⁕

Sel. Walter

Ritter und Zisterzienser, † 1220

Die Rittersitte, sich eine edle Dame zu küren, zu deren Preis man seine Taten vollbrachte, übte auch Walter von Birbeke in Brabant. Seine Dame hieß jedoch Maria, die allerseligste Jungfrau und Gottesmutter.

Einst ritt er zu einem Turnier aus, aber er wollte zuvor eine Messe zu Ehren seiner Lieben Frau lesen. Während die Gefährten ihren Weg zogen, verrichtete Walter seine Andacht. Als er sie einholte, kam ihnen ein Ritter entgegen, der schon wieder nachhause unterwegs war. »Hat es schon begonnen?«, fragten sie ihn. »Ja. Herr Walter von Birbeke ist in aller Mund.« Andere, die ihnen begegneten, äußerten das gleiche. Am Schluss des Turniers stellten sich sogar einige Kämpfer bei Walter als Gefangene ein. »Ich habe euch doch gar nicht gefangen.« »Wir haben euch unseren Handschlag gegeben, wir haben eure Waffen mit eigenen Augen gesehen, eure Stimme mit unseren Ohren gehört.« Da erkannte der fromme Ritter, dass niemand anderes als Maria an seiner statt am Turnier teilgenommen hatte.

Walter genügte es bald nicht mehr, Maria nur in der Welt zu dienen. Er trat in das Zisterzienserkloster Himmerod (Eifel) ein.

28. JANUAR

Sel. Karl der Große

Kaiser, 747–814

Karl der Große ist aus den Geschichtsbüchern bekannt. Der Erzbischof Turpin beschreibt ihn als schön von Leib, aber wild von Angesicht. Seine Gestalt war acht Fuß hoch, sein Gesicht anderthalb Hand lang und seine Stirn einen Fuß hoch. Einen gewappneten Ritter zu Roß spaltete er mit einem Schwerthieb vom Scheitel mitsamt dem Roß. Vier Hufeisen vermochte er mit seinen Händen auf einmal zu dehnen. Er konnte einen ganzen Hasen oder zwei Hühner oder eine Gans auf einmal essen, aber im Trinken war er mäßig und genoss Wein nur vermischt mit Wasser. Er stand den Päpsten gegen ihre Feinde bei und gründete viele Klöster. Doch in seinem geistlichen Leben gibt es manche dunkle Flecken; so machte er sich schwerster Sünden der Unzucht schuldig. Der Mönch Wettin von Reichenau sah Karl kurz nach dessen Tod in einer Vision, wie er an einem Strafort in großer Not seine Unzuchtssünden büßen musste. Er wurde ohne Pause auf schmerzhafteste Weise an seinem Zeugegliede gezwickt. Walafried von Strabo, der die Vision des Mönches überlieferte, hielt es allerdings für offenbar, dass es sich nur um zeitliche Strafe handele. Ein schlagender Beweis für die Existenz des Fegefeuers, dessen läuternde Qualen die Sünder rein brennen für die schließliche Aufnahme in den Himmel.

Schon der Erzbischof Turpin hatte in der Todesstunde Karls eine bezeichnende Vision: Da ritten viele schwarze, hässliche Krieger nach Aachen und wollten des Kaisers Seele holen. Aber sie kehrten unverrichteter Dinge zurück. Grimmig berichteten sie, der »Galicier ohne Kopf« – der hl. Jakob von Santiago de Compostela – habe an der Gerichtswaage so viele Steine von den Kirchenstiftungen Karls aufgehängt, dass sie die Unzuchtssünden überwogen.

Karl wurde schon zu Lebzeiten manch seltene Gnade zuteil. Ein Engel übergab ihm die Vorhaut Jesu, die seit dessen Beschneidung im Tempel verschollen gewesen war. Karl nahm sie ehrfürchtig entgegen und ließ sie im Dom zu Aachen beisetzen. Später aber überführte er sie nach Carosium; in unseren Tagen soll sie in der Kirche Sancta Sanctorum in Rom ruhen – zusammen mit Jesu Nabelschnur und seinen Schuhen.

A: *in kaiserlichem Mantel mit Krone, Schwert und Reichsapfel; auch mit einem Modell des Aachener Domes.*
P: *von Aachen, Halberstadt, Hildesheim, Bistum Münster, Nimwegen, Osnabrück, Ostfriesland, Paderborn, Sitten und des Kantons Zürich; der Universitäten von Paris und Pavia; der Lehrer, Handelsmakler und Zinngießer.*

29. Januar

Hl. Franz von Sales

Kirchenlehrer, 1576–1622

Er wird der »sanftmütige Heilige« genannt. Als Siebenmonatskind in ein savoyardisches Fürstenhaus geboren, überlebte der kleine Franz dank der aufopfernden Pflege und Liebe der ganzen Familie. Die Mutter überwachte seine Erziehung und legte größte Sorgfalt in die Ausbildung der vortrefflichen Anlagen, insbesondere seines Scharfsinns, seiner angenehmen Gestalt und seiner natürlichen Sanftmut.

Der dem Papst treu anhängende Vater schickte den Sohn auf das Jesuitenkolleg von Paris, wo Franz mit glänzendem Erfolg Rhetorik und Philosophie studierte. Auch die Ausbildung höfischer Manieren kam nicht zu kurz. So manche Dame begehrte den weltgewandten Jüngling. Dass er sogar mit dem Degen dreinzuschlagen wusste, erfuhren einige Mitstudenten, als sie ihn eines Abends überfielen. Sie hatten sich an der Feigheit ergötzen wollen, die sie bei einem »Frömmling« voraussetzten.

Unvermutet geriet Franz in eine schwere Krise. Calvins Lehre, nach der Gott von Ewigkeit her Rechtfertigung oder Verdammnis eines jeden Menschen festgesetzt hat, und die bange Frage nach der eigenen Bestimmung stürzten den jungen Studenten in tiefe Niedergeschlagenheit. Als er jedoch vor dem Bild der Mutter Gottes ewige Keuschheit gelobte, fühlte er sich mit einem Mal wunderbar getröstet und gefestigt. Nun leuchtete ihm die theologische Lösung seines Problems durch die Jesuiten ein, wonach Gott zwar des Menschen Los vorherbestimmt, aber nur weil er gleichzeitig die künftige freie Entscheidung seines Geschöpfes sieht.

Dem Vater zuliebe studierte Franz nun in Padua Rechtswissenschaften, obwohl er längst im Geheimen den Entschluss gefasst hatte, Priester zu werden. Nach vorübergehender Beschäftigung am savoyardischen Staatsgerichtshof verhalf ihm die Empfehlung eines einflussreichen Vetters zur Stelle des Vorsitzenden im Domkapitel von Annecy. Gegen eine Zukunft des Sohnes als hoher geistlicher Würdenträger sperrte sich auch der Vater nicht länger.

1594 wurde Franz zum Priester geweiht. Im Gebiet von Thonon, das nach der Eroberung durch die Berner gewaltsam zum Calvinismus bekehrt worden war, aber nun wieder zum katholischen Savoyen gehörte, missionierte er unter den Abtrünnigen, wobei er jede Herbheit und Strenge ablehnte. »Ein Tropfen Honig«, sagte er, »ist hier wirksamer und erfolgreicher als ein Fass mit Essig«.

Unbeirrbar und phantasievoll warb er für seine Sache, ließ Flugblätter drucken und Schauspiele aufführen. Insgesamt soll er über 72 000 Protestanten bekehrt haben.

Bei seinem Freund, dem Erzbischof von Bourges, fiel sein Blick auf eine in Trauer gekleidete Dame – und sie ging ihm von da an nicht mehr aus dem Sinn. Es war die Schwester des Bischofs, Jeanne Françoise Fremiot de Chantal. Die Anziehung war beidseitig. Françoise beichtete bei ihm und er wurde ihr Seelenführer.

Mit seiner Hilfe gründete sie den Orden von der Heimsuchung Mariens, einen recht milden Orden, dem auch ältere und kränkliche Personen beitreten konnten. Aus der glücklichen Beziehung der beiden Ordensstifter erwuchs eine große Gemeinschaft mit zahlreichen Niederlassungen. Obwohl Franz die äußeren Bußwerke zu schätzen wusste und den Weltdamen auch die Geißel empfahl, zog er doch Milde und Sanftmut vor. Man dürfe im Kampf gegen Fehler nicht die Übung der Tugend selbst vergessen. Obwohl immer kränklich, bereiste Franz unablässig Pfarreien und Sprengel. Das Volk schätzte seine Gabe zu heilen und seine geistlichen Kollegen schätzten die heroische Geduld, mit der er auch den wirrsten und umständlichsten Bittstellern sein Ohr lieh. Von seiner Gefährtin zog er sich in den letzten Jahren weitgehend zurück, nicht aus Groll, sondern weil er fürchtete, sie ebenso sehr zu lieben wie Gott. 1622 brach er mit einer Gehirnblutung zusammen. Alle Bemühungen der Ärzte waren vergebens.

In Annecy liegt Franz unverwest in einem Glasschrein neben dem Altar, gegenüber seiner Seelenfreundin Franziska.

A: *als Bischof mit durchbohrtem und dornenumwundenem Herz in der Hand; mit Franziska zusammen unter dem Kreuz.*
P: *der Schriftsteller; der katholischen Presse; von Annecy und Chambery.*

30. Januar

Hl. Andreas Corsini

Bischof von Fiesole, 1302–1373

Einer der berühmtesten Familien von Florenz angehörend, neigte der Jüngling Andreas zu Ausschweifung und schlechter Gesellschaft. Seine Mutter war darüber so betrübt, dass sie ihr Leid der Gottesmutter klagte. Als sie einmal aus der Kirche trat, begegnete ihr der Sohn, der festlich gekleidet und geschmückt eben zu einer Lustbarkeit eilte. Weinend redete sie ihn an: »Wahrlich, du bist der Wolf, den ich in einem Traum gesehen habe. Aber die Jungfrau hat mir offenbart, dass aus dem Wolf ein Lamm werden wird!« Andreas war von diesen Worten tief berührt. Er eilte in eine Karmeliterkirche, betete und fühlte sich so mächtig ergriffen, dass er gar nicht mehr ins Elternhaus zurückkehrte, sondern gleich im Kloster blieb. Zwei Jahre später sandte man ihn zum Studium nach Paris. Als Doktor der Theologie kam er zurück und wurde Sekretär seines Vetters, des Kardinals Corsinus.

Früh stellten sich die besonderen Gaben des jungen Priesters heraus. Ein Verwandter wurde vom Knochenfraß befallen, einer langwierigen, schmerzhaften Krankheit. Um sie zu vergessen, machte er aus seinem Haus eine wahre Spielhölle, in der sich alle Kartenspieler und Würfler der Stadt ein Stelldichein gaben. Andreas besuchte ihn und fragte: »Willst du nicht gesund werden?« Der Verwandte dachte, Andreas wolle ihn verspotten, und wies ihm die Tür. Aber der ließ nicht ab und sagte: »Wenn du gesund werden willst, so verzichte sieben Tage auf das Spiel. Bete und faste stattdessen, und ich verspreche dir Hilfe und Linderung.« Obgleich der Kranke keineswegs fromm war, befolgte er den Rat, und am achten Tag war er völlig gesund. Von da an führte er ein gottesfürchtiges Leben.

Auch als er zum Bischof ernannt wurde, blieb Andreas demütig. Er wusch jeden Donnerstag einigen Armen die Füße. Und als sich einer wegen der Geschwüre an seinen Beinen zierte, redete Andreas so lange auf ihn ein, bis er nachgab. Kaum aber hatte der Bischof die Fußwaschung beendet, da war der Kranke vollkommen geheilt. Besonders gerühmt wurde die Fähigkeit des Heiligen, hasserfüllte Herzen zu versöhnen.

Wegen der vielen Wunder nach seinem Tode verehrte ihn das Volk sogleich als Heiligen. Sein Leib liegt noch heute unversehrt in der Kirche S. Maria del Carmine.

A: *als Karmeliter oder Bischof, mit Wolf und Schaf zu Füßen.*
P: *der Karmeliter.*

31. Januar

Hl. Marcella

Witwe, † 410

Zahlreiche Konsuln und Präfekten hatte der Stammbaum Marcellas aufzuweisen. Nach dem frühen Tod ihres Mannes weihte sie sich der Keuschheit und verschloss sich allen Werbungsversuchen. Ihr vorbildlicher Lebenswandel ließ auch die klatschsüchtigsten Lästermäuler verstummen. Sie schminkte sich nie, trug stets züchtige Kleider, an Gold nur einen Siegelring, und besuchte selbst Geistliche nie ohne fromme Begleiterinnen. Das Fasten übte sie in mäßiger Weise durch Enthaltung von Fleisch. Wein kannte sie wegen ihres schwachen

Magens mehr dem Geruch als dem Geschmack nach. Ihrer Mutter gehorchte sie so sehr, dass sie ihr nicht widersprach, als diese Schmuck und Wertsachen den Kindern ihres Bruders zukommen ließ, obgleich Marcella diese Schätze für die Armen bestimmt hatte.

Als sie von den ersten Eremiten in Ägypten hörte, zog sie sich mit anderen Frauen in ein Landhaus vor der Stadt zurück und begann mit ihnen, als erste Frau der Kirche im Okzident, eine Art Klosterleben. Der hl. Hieronymus verkehrte gerne mit Marcella, denn sie unterstützte ihn in verschiedenen dogmatischen Streitigkeiten, die öffentlich und erbittert ausgefochten wurden. Zudem schätzte er die anregenden geistlichen Gespräche mit ihr und empfahl sie seiner Schülerin Principia als Lehrerin in der Hl. Schrift.

410 verwüsteten die Westgoten unter Alarich Italien. Plünderer drangen in das Kloster ein und forderten von Marcella Gold. Man schenkte ihrer Behauptung, sie lebe in freiwilliger Armut, keinen Glauben und schlug sie mit Stöcken und Geißeln. Auf den Knien flehte sie die Barbaren an, die ihr anvertrauten Jungfrauen zu schonen, und wunderbarerweise erweichte sie das Herz der blutrünstigen Krieger. Sie zogen ab, ohne Principia und die anderen Mädchen zu schänden oder in die Sklaverei zu entführen. Marcella aber starb wenige Tage nach der Misshandlung.

A: *ein Mädchen unterrichtend.*

*

Hl. Johannes (Giovanni) Don Bosco

Jugendpriester und Ordensgründer,
16. August 1815 – 31. Januar 1888 in Turin

Als junger Priester bereitete sich Don Bosco auf die Messe vor. Da kam ein schmutziger, zerlauster Bengel in die Sakristei. Der Küster wollte ihn hinauswerfen, aber Don Bosco schalt ihn wegen seiner groben Manieren und sagte: »Dieser Junge ist mein Freund.« Mit diesem Wort legte der Heilige den Grund für sein Programm: Seine »vorbeugende Erziehungskunst« holte die verwahrlosten Jungen von der Straße und schenkte ihnen das Gefühl der Zugehörigkeit. Dem ersten folgten andere, tausende im Laufe der Jahre. Je mehr sie an Zahl zunahmen, desto ausgelassener wurden sie. Flink wie die Eidechsen, laut wie die Spatzen und rauflustig wie Paviane stellten sie die ganze Kirche auf den Kopf. Don Bosco erlaubte ihnen Tag und Nacht den Zutritt sogar in sein Schlafzimmer, zwei Knirpse durften sogar auf seinem Bettvorleger nächtigen.

Don Bosco verlor schließlich wegen der umtriebigen Schlingel die Pfarrstelle. Nun wanderte er als frommer Bandenführer, umgeben von Schwärmen aufgelesener Gassenlümmel, durch die Dörfer, verfolgt von den Flüchen und Anzeigen der Einheimischen. Da verlegte er sein »Oratorium«, wie er sein mobiles Jugendzentrum nannte, auf eine Wiese. Dort setzte er sich auf einen Hügel, erzählte fesselnde Geschichten, verblüffte sein Publikum mit der Vervielfältigung von Eiern oder der Verwandlung von Wasser in Wein. Er spielte mit ihnen Ball und Verstecken, ging auf den Händen und konnte kunstvoll pfeifen. Doch vor dem Vergnügen betete er stets mit allen zusammen und hörte die Beichte ab. Dabei setzte sich immer ein Bub zu ihm, der Heilige legte seine Hand um seine Schulter und ließ sich die Sünden ins Ohr flüstern. Nachdem er einen jeden eindringlich vor den Anfechtungen des Teufels gewarnt hatte, absolvierte er ihn sichtbar für alle anderen und entließ ihn zum fröhlichen Spiel. Die Jungen vergötterten ihn und liefen ihm bis zu sechzig Kilometer entgegen.

Da er sich als armer Bauernjunge sein Priesterstudium selbst verdient hatte, verfügte er über die erstaunlichsten Kenntnisse. Er konnte mit Schreinerhobel und Säge umgehen, Schuhwerk flicken, schmieden, Hosen nähen und Pasteten backen, zaubern, Geige und Orgel spielen, am Seil tanzen und Salto mortale springen.

Den Stellenlosen besorgte er Arbeit und hungernden Waisen Freiplätze in frommen Familien. Als er von dem anstrengenden Leben todkrank wurde und schon die Sterbesakramente erhalten hatte, kam seine alte Mutter an sein Bett. Sie brachte ihn dazu, zu beten: »Herr, wenn es dir gefällt, mache mich gesund!« Danach schlief er lange und war am nächsten Tag auf dem Weg der Genesung.

Bald darauf stiftete er die Kongregation der Salesianer, gründete 57 Häuser, die bis zur Jahrhundertwende weit über 200.000 Zöglinge betreut hatten. Jährlich wurden 18.000 Lehrlinge ausgebildet, 6.000 Priester waren aus den salesianischen Einrichtungen bis 1900 hervorgegangen und hatten noch den Heiligen persönlich kennengelernt.

Nicht nur bei den Ordensangehörigen, sondern in ganz Norditalien stand Don Bosco im Ruf der Heiligkeit. Man berichtete von seinen wunderbaren Fähigkeiten, etwa der seltenen Gabe der Bilokation. Folgende Begebenheit ist in seinem Heiligsprechungsprozeß bezeugt: Einem Pater in Barcelona erschien er nachts im dortigen Jugendheim, weckte ihn und führte ihn in den großen Schlafsaal. Dort deutete er auf einen Musiklehrer, in dessen Nähe zwei Knaben schliefen: »Statt seine Kunst und die Tugend zu lehren, verführt er diese Jungen, treibt mit ihnen Unkeuschheit, manchmal in seinem Zimmer, manchmal im Musiksaal. Und alle drei verbreiten gemeine Reden.« Als er sich verabschiedet hatte, ging der Pater den Vorwürfen nach und fand sie alle bestätigt. Der Lehrer wurde entfernt und die beiden Jungen zu ihren Familien zurückgeschickt. Don Bosco aber weilte zu dieser Zeit nachweislich in Turin.

Don Bosco wurde 1934 heiliggesprochen. Papst Johannes Paul II. bestätigte ihn als »Vater und Lehrer der Jugend«.

P: *der Jugend und ihrer Seelsorger, der katholischen Verleger, des Fußballs.*

Hl. Brigida von Kildare (Efraid, Birgit, Bridget)

Äbtissin, um 453–525

Der irische König Dubtach schwängerte einst eine Sklavin, verkaufte sie aber aus Rücksicht auf seine Gemahlin an einen Mann namens Magus. Bei ihm wurde Brigida geboren, die zu einer ausnehmend schönen Jungfrau heranwuchs. Ihren Vater reute es, sie verstoßen zu haben, und er versuchte vergeblich, sie an seinen Hof zu ziehen. Viele begehrten sie zur Frau, aber sie hatte sich Jesus anverlobt und betete zu ihm, dass er sie hässlich mache. Ihre Bitte wurde erhört und ihr Gesicht durch den Verlust eines Auges gänzlich entstellt. Nun rieten ihr auch die Angehörigen, in ein Kloster zu gehen.

Von einem Schüler des hl. Patrick, dem hl. Mel of Ardagh, empfing sie im Kloster Meath den Schleier. Als sie bei der Professfeier den hölzernen Altar berührte, fing dieser zu grünen an. Und in dem Augenblick, da man ihr den Schleier auflegte, wurden ihr das verlorene Auge und die Schönheit ihres Antlitzes wieder geschenkt. Später zog sie mit sieben Jungfrauen in die Einöde und baute für sich und die Gefährtinnen unter einer großen Eiche eine Klause. Nicht nur verfolgte Menschen, auch Tiere fanden an dieser Stätte Zuflucht, so etwa Enten und Hühner, die dem Messer des Schlächters entflogen waren. Wenn die Heilige eine Kuh molk, dann gab diese hinfort soviel Milch wie drei Kühe.

Aus der Klause ging das Kloster Kildare hervor. Es zog fromme Jungfrauen in so großer Zahl an, dass im Laufe der Jahre die Gründung weiterer Abteien notwendig wurde.

Es gibt eine Geschichte, der König von Leinster habe Brigida einen Wunsch freigegeben: Sie bat um soviel Land, wie ihr Mantel bedecken könne. Lachend gewährte ihr der Herrscher die Bitte. Aber auf wunderbare Weise wurde das Kleidungsstück bei der Ausfaltung immer größer und bedeckte schließlich ein ganzes fruchtbares Tal. Von dem Wunder beeindruckt, hielt der König sein Wort.

Kildare wurde bald zum religiösen und geistigen Zentrum mit einer Kathedrale. Brigida gelang es, den hl. Conleth zu überzeugen, das Bischofsamt einzunehmen. Mit ihm gemeinsam leitete sie das Bistum und ein Doppelkloster für Mönche und Nonnen. Es entstand daraus eine jahrhundertelange Tradition, nach der Kildare von einer geistlichen Doppelspitze, dem Bischof und der Äbtissin, geleitet wurde. Der Ruf Kildares verbreitete sich über ganz Irland: »Durch die Verdienste beider«, berichtet die Vita des Cogitosus, »breitete sich ihr Bischofs- und Klostersitz wie ein Ertrag bringender Weinstock mit auf allen Seiten sprießenden Zweigen aus und schlug auf der ganzen Insel Irland Wurzeln.« Berühmt wurde das Scriptorium Kildares, aus dem manche der prächtigen illuminierten keltischen Bücher hervorgingen, unter anderem das gerühmte, aber verschollene *Book of Kildare.*

Zahlreiche Wunder vermehrten den Ruf der Heiligen. Als sie einmal erfuhr, dass heidnische Männer einen Mann zu ermorden planten, bildete sich auf ihre Gebete hin ein virtueller Doppelgänger, den die Meuchler vermeintlich abschlachteten. Wie groß aber war ihr Schrecken, als sie ihn im Gespräch mit der Heiligen vor der Kirche stehen sahen? Sie bereuten ihre Taten und ließen sich von der Äbtissin taufen.

Auf einer Visitationsreise durch verschiedene Klöster erkrankte Brigida und starb bald darauf. Inmitten von »Choren von Patriarchen und Propheten und Aposteln und Märtyrern und von sämtlichen heiligen Jungfrauen und inmitten von Scharen von Engeln und Erzengeln« stieg sie zum Himmel auf.

Um ihr Grab wurde ein Feuerkreis angezündet, den die Nonnen ihres Klosters jahrhundertelang unterhielten. Männlichen Personen war es unmöglich, in diesen Kreis einzudringen.

A: *als Äbtissin mit Kerze oder Lampe; mit Feuerflamme über dem Haupt; mit Krone; mit Enten und Gänsen; mit Haus oder Scheune.*
P: *von Irland und Kildare; der Wöchnerinnen, der unehelichen und der kranken Kinder; der Geflügelhöfe, für sonstiges Vieh und Kühe; gegen Unglück und Verfolgung.*

Hl. Laurentius von Canterbury

Bischof, † 619

Laurentius war einer der Gefährten des hl. Augustin, des Apostels Englands, den Papst Gregor als Missionar nach Britannien gesandt hatte. Nach dem Tode Augustins wurde Laurentius Nachfolger auf dem Bischofsstuhl von Canterbury. In jener Zeit erlebte die noch junge Kirche einen herben Rückschlag. Auf König Ethelbert von Kent, der sie sehr gefördert hatte, folgte sein Sohn Eadbald. Dieser lehnte es nicht nur ab, den Glauben zu übernehmen, sondern er lebte zudem in einer Art schmutziger Buhlerei, die damals nicht nur von der Kirche, sondern sogar von den Heiden auf das Schärfste verworfen wurde. Er teilte nämlich sein Bett mit der Frau seines verstorbenen Vaters. Sein Geist wurde durch häufige Anfälle von Wahnsinn verdunkelt.

Schwer hatten es auch Laurentius' Mitbischöfe Mellitus und Justus bei den Ostsachsen, wo der Dämonenkult mit seinen finsteren Riten wieder um sich griff. Als sie gar des Landes verwiesen wurden, kamen sie zu Laurentius und besprachen mit ihm, was zu tun sei. Einstimmig befanden sie es für besser, in die Heimat zurückzukehren und in einer zivilisierten Umwelt dem Herrn zu dienen, als erfolglos unter abtrünnigen Barbaren zu leben. Als erste reisten Justus und Mellitus nach Gallien heim, Laurentius sollte ihnen folgen.

In der letzten Nacht auf britannischem Boden, als er nach vielen Tränen und Bitten zu Gott seine Glieder zur Ruhe gebettet hatte und eingeschlafen war, erschien ihm der Apostel Petrus. Er fragte ihn zornig, wie er als Hirte seine Schafe den Wölfen überlassen könne. Dann zog er eine Geißel hervor, versetzte dem Bischof damit derbe Hiebe und sprach: »Hast du mein Beispiel vergessen, der ich als Hirt meiner anvertrauten Herde Fesseln, Schläge, Kerker, Beleidigungen und schließlich den Kreuztod ertragen habe?« Daraufhin peitschte er ihn erneut so stark, dass sich am ganzen Leibe Striemen bildeten und an einigen Stellen sogar das Blut hervorschoss.

Durch diese Geißelung und die Ermahnungen des Apostels gleichermaßen erregt, eilte Laurentius sofort nach Tagesanbruch zum König und riss sich die Kleider vom Leibe. Erstaunt nahm dieser die deutlichen Spuren einer schweren Züchtigung wahr. Er wunderte sich sehr und fragte, wer es gewagt habe, einem so großen Mann solche Wunden zuzufügen. Als er hörte, dass Laurentius um seines Seelenheiles willen solche Qualen und Schmerzen von der Hand des aus dem Himmel herabgestiegenen Apostels erduldet habe und er sich darüber auch noch äußerst fröhlich zeigte, erschrak der König zutiefst. Er verfluchte auf der Stelle den Götzenkult und nahm den Glauben an Christus an. So begann die Kirche in England langsam wieder zu wachsen.

Elf Jahre lang stand Laurentius dem Bischofsamte in Canterbury vor, bis er sich, zufrieden mit der Entwicklung des Glaubens in seinem Bistum, zur ewigen Ruhe niederlegte.

3. Februar

Hl. Ansgar (Anscharius, Anskar, Oskar)

Erzbischof von Hamburg–Bremen, »Apostel des Nordens«, 801–865

Ansgar stammte aus einem nordfranzösischen Adelsgeschlecht. Da ihm früh die Mutter starb und er sich durch besondere Zartheit auszeichnete, bestimmte ihn der Vater zum geistlichen Stand. Sein jugendlicher Leichtsinn wurde rasch von hohem Ernst verdrängt, was bei anderen erst in reiferen Jahren beobachtet wird. Ursache war ein wunderbarer Traum: Der Jüngling steckte in einem schlammigen Moorgrunde, fast ohne Halt für die Füße. Drüben aber, auf einer blumigen Wiese, wandelten in festliches Weiß gekleidete Frauen, unter denen er auch seine Mutter gewahrte. Anführerin war eine sich durch Schmuck und Hoheit auszeichnende Dame. Ansgar wollte hinüberlaufen, vermochte jedoch nicht, sich aus dem Morast zu befreien. Da sprach die Dame, in der er sogleich die allerseligste Jungfrau erkannte: »Mein Sohn, willst du zu deiner Mutter?« Und als er rief: »Gerne, gerne!«, da sagte jene zu ihm: »Wenn du bei uns sein willst, dann fliehe alle Eitelkeit und lass die Kinderpossen fahren. Denn wir verabscheuen alles, was eitel und böse ist, und keiner kommt zu uns, der daran Gefallen hat.«

Ansgar nahm sich dies zu Herzen und erhielt schon mit fünfzehn das Ordenskleid der Benediktiner. Fünf Jahre später weihte man ihn zum Priester und entsandte ihn in die neugegründete Abtei Corvey in Westfalen.

Als König Harald von Dänemark, der zum Christentum übergetreten war, einen begabten Glaubensprediger für sein Land suchte, entschied sich der Orden für Ansgar. Eigentlich hielt man es für kaum möglich, ein Volk zu bekehren, dessen höchste Tugenden Krieg, Seeräuberei, Brandschatzen und Plündern waren. Ein gekreuzigter Erlösergott, der Frieden gepredigt hatte, musste diesem rauen Stamm verächtlich und unannehmbar vorkommen. Doch Ansgar missionierte mit gewaltigem Erfolg in Dänemark. Das nächste Ziel war Schweden. Auf dem Weg dahin wurde freilich das Handelsschiff, auf dem Ansgar mit seinem Ordensbruder Witmar fuhr, von Seeräubern überfallen. Die beiden Missionare sprangen ins Meer und konnten schwimmend die Küste erreichen. König Björn nahm sie zwar freundlich auf, aber die Bekehrungsarbeit gestaltete sich so mühsam, dass Ansgar bald wieder nach Deutschland zurückkehrte, um zunächst einmal eine bessere Ausgangsbasis für seine Arbeit zu schaffen. Er überzeugte Kaiser Ludwig, Hamburg als Stützpunkt für die Zivilisierungsarbeit in den Küstenländern auszubauen.

Als Erzbischof von Hamburg-Bremen wirkte er rastlos für die Mission des Nordens. Unter seiner Anleitung wurden Kirchen, Klöster und Schulen eingerichtet. Aber alles ging in Flammen auf, als 845 die Normannen Hamburg verheerten und plünderten. Viele Einwohner wurden niedergemacht oder verschleppt. Was Ansgar jedoch am meisten traf, war der Brand der wertvollen und mit viel Mühe gesammelten Bibliothek.

Die Wikinger verwüsteten Europa entlang seiner Wasserstraßen bis nach Paris hinab. Auf der Rückfahrt aber ereilte sie in Jütland eine entsetzliche Seuche. Sie erschien ihrem Häuptling Erik als eine Strafe Gottes und änderte seine Gesinnung.

Als Ansgar seinerzeit Dänemark verlassen hatte, war schnell das Heidentum zurückgekehrt. Unter dem Schutz des reuigen Erik begab sich Ansgar erneut nach Dänemark und verschaffte der christlichen Religion wieder eine große Anhängerschaft. Schwieriger war die Lage in Schweden. Alte Kaufleute, die auf ihren Reisen die zivilisierende Macht des Christentums kennengelernt hatten, traten zwar auf der Volksversammlung für Ansgar ein. Doch Olav, ein abergläubischer Fürst, bestand darauf, die Frage der Glaubensentscheidung dem Würfel anzuvertrauen. Ansgar stimmte zu und betete zuvor um Gottes Beistand. Sein Bitten wurde erhört, und die Würfel fielen zu seinen

Gunsten. Durch Klugheit und Sanftmut gelang es ihm nun, eine große Zahl Anhänger zu gewinnen. Bei all diesen frommen Werken befürchtete Ansgar, am Ende doch selbst vor dem ewigen Gericht verworfen zu werden. Deshalb hielt er seinen Leib kurz, trug ein härenes Bußkleid und nährte sich nur von Wasser und Brot. Er hatte keine größere Freude, als Arme zu speisen und ihnen die Füße zu waschen.

Eines Tages überkam ihn eine Vision: Er war gestorben, und zwei Männer führten ihn durch himmlischen Glanz an einen verlassenen Ort, wo sie ihn allein ließen. Eine unbeschreibliche Angst befiel ihn, es war, als ob alle Sünden der Welt auf ihm lasteten und ihn zermalmten. Nach drei Tagen heftigster Seelenqualen kamen die beiden – er erkannte sie als die Apostel Petrus und Johannes – wieder und forderten ihn freundlich auf, ihnen zu folgen. Sie wandelten gemeinsam durch immer höhere Regionen von stets zunehmender Klarheit bis zum Urquell des Lichts. Noch höher traf Ansgar mit seinen Begleitern auf 24 Stühle, auf denen mit goldenen Kronen geschmückte Greise saßen. Sie sangen ein Lied, dessen himmlische Töne noch kein menschliches Ohr gehört hatte. Endlich erblickte er den Allerhöchsten, dessen Thron ganz von Glanz umflossen wurde, dessen Leuchten so stark war, dass Ansgars Augen es nicht ertrugen. Doch er fühlte sich von höchster Wonne erhoben. Aber aus dem Innersten des Lichtes kam eine Stimme, die sagte: »Gehe jetzt wieder zur Erde zurück und komme einst mit der Krone der Märtyrer geschmückt wieder.«

Von nun an trug er kein glühenderes Verlangen in sich, als den Märtyrertod zu erleiden. Und als ihn eine schwere Krankheit aufs Lager warf, da war er untröstlich, dass er sein Ziel nun nicht mehr erreichen konnte. »Meine Sünden«, seufzte er, »sind wohl schuld, dass mir diese Ehre verwehrt wurde«. Nach seinem Tode geschahen auf seine Fürbitte in Bremen so viele Wunder, dass sein Name bald dem Verzeichnis der Heiligen hinzugefügt wurde. Die Hauptkirche in Bremen wurde St. Ansgarkirche genannt, das Kollegiatstift in Hamburg mit gleichem Namen verwandelten die Protestanten in ein Waisenhaus.

A: *trägt einen Hirtenstab und eine Kirche; um sich bekehrte Heiden; Pelzwerk an der Kleidung.*
P: *von Bremen, Hamburg und Dänemark.*
F: *auch 4. Februar.*

*

Hl. Blasius

Bischof von Sebaste, Märtyrer, † um 316

Blasius war Bischof im armenischen Sebaste. Während einer Verfolgung der Christen wollte Blasius seine Herde keinesfalls verlassen. Erst als ihn Gott selbst in einer Erscheinung ermahnte, den Bitten seiner Freunde Folge zu leisten und sich dem politischen Ungewitter eine Zeit lang zu entziehen, floh er in eine Einöde. Er wohnte in einer Höhle und rüstete sich durch Andacht und Bußübungen zu Standhaftigkeit. Vögel brachten ihm täglich etwas Speise. Die wilden Tiere kamen ganz zahm zu ihm, und er legte ihnen die Hand auf und segnete sie. Auch viele Menschen mit Gebrechen heilte Blasius – meist durch das Kreuzzeichen und ein kurzes Gebet.

Eines Tages ritten Jäger, die auf der Suche nach Wild waren und im ganzen Wald kein einziges Tier angetroffen hatten, an der Höhle vorbei und fanden dort alle Tiere um den sonderbaren Einsiedler geschart. Es gelang ihnen nicht, auch nur ein einziges zu fangen oder zu erlegen. Bei ihrer Rückkehr meldeten sie ihr Erlebnis dem Präfekten, der sofort seine Häscher aussandte. Blasius wurde ergriffen und in den Kerker geworfen.

Dorthin kamen auch viele Kranke, auch ein Weib mit ihrem kleinen Sohn, der zu ersticken drohte, weil ihm eine Fischgräte in der Kehle stecken geblieben war. Blasius legte ihm seine Hände auf den Hals und bat für ihn und alle anwesenden Kranken um Heilung. Und sofort wurden alle gesund. Ein armes Weib hatte ein einziges Schwein, das ihr ein Wolf raubte. Sie bat Blasius, dass er ihr das Schwein wieder beschaffe. Da lächelte der Heilige und sprach: »Geh nach Hause, du sollst dein Schwein wiederhaben.« Und alsbald trabte der Wolf heran und trieb das Schwein vor sich her zu ihrer Hütte.

Als Blasius vor den Präfekten geführt wurde, begrüßte ihn dieser mit den Worten: »Heil dir, Blasius, den ich und die Götter lieben.« Dieser antwortete: »Heil auch dir, Statthalter, aber die du Götter nennst, das sind Teufel, die wie alle ihre Verehrer die ewige Pein erleiden müssen.« Da wurde der Präfekt sehr zornig und ließ ihn aufs grausamste mit Ruten und Stöcken schlagen. Drei Stunden mit nur kurzen Unterbrechungen dauerte diese Marter, dann warf man Blasius wieder ins Verließ. Die Witwe aber litt mit dem Bischof, und sie ging nach Hause und schlachtete ihr Schwein. Die größten Leckerbissen von dem

Tier sowie Brot und eine Kerze brachte sie dem Gefangenen. Er nahm dankbar die Gaben der armen Frau, aß und sagte zu ihr: »Opfere nach meinem Tod zu meinem Gedenken jährlich eine Kerze, dies wird dir und allen, die so tun, zum Segen gereichen.« Sie tat, wie ihr geheißen, und es brachte ihr viel Glück.

Am nächsten Tag wurde Blasius erneut aus dem Kerker geholt und mit den Händen an ein Holzgestell gehängt. Mit eisernen Kämmen riss man ihm nun das Fleisch von den Knochen. Als man ihn zurückschleifte, sammelten gläubige Frauen seine Blutstropfen am Wege mit feinen Linnen auf. Über Blasius wurde schließlich das Urteil gefällt, im Wasser ersäuft zu werden. Die Schergen führten ihn an das Ufer eines Sees und stießen ihn hinein. Er aber ging trockenen Fußes bis zur Mitte und setzte sich dort auf dem Wasser nieder. »Wenn ihr glaubt, eure Götter haben dieselbe Macht, so kommt mir nach«, rief er von dort den Häschern zu. Alle, die dies versuchten, versanken sofort im Wasser. Nach einiger Zeit kehrte Blasius ans Ufer zurück, wo er enthauptet wurde.

A: *mit Chorknaben, der eine Kerze hält; mit eisernem Kamm; mit Schwein; mit Tieren des Waldes; mit zwei Kerzen, die er kreuzweise über Kind hält; mit Modell einer Stadt (Ragusa).*
P: *gegen Halsentzündungen, Angina, Husten, Blähungen, Kropf und Zahnweh; der Ärzte, Bäcker, Maurer, Gerber, Steinhauer, Schneider, Schuster, Spinnereibesitzer, Strumpfwirker, Weber, Rinder-und Schweinehirten, Seifensieder, der Windmüller; der Packpferde, Schweine und der wilden Tiere sowie deren Krankheiten; gegen Sturm; gegen Gewissensbisse; von St. Blasien, Braunschweig, Mühlhausen/ Thür., Neapel, Ragusa (Dubrovnik); »Nothelfer«.*

4. Februar

Hl. Gilbert von Sempringham

Ordensstifter, 1083–1189

Wegen Gilberts körperlicher Gebrechlichkeit, die ihm das Ritterleben verwehrte, wurde er schon als Knabe für den geistlichen Beruf erzogen. Er studierte in Paris und erbte nach seiner Rückkehr die väterlichen Besitzungen in Sempringham und West Torrington, wo er als Pfarrer wirkte. Als eine Gruppe von sieben jungen Frauen sich an ihn wandte und ihn um geistliche Unterweisung und Seelenführung bat, wies er ihnen ein Haus zu und gab ihnen eine eigene Regel.

1131 wurde der Gilbertistenorden vom Papst anerkannt. Er hatte bis zur Reformation in England Bestand. Bezeichnend für ihn waren Doppelklöster mit einer gemeinsamen Kirche und zwei durch hohe Mauern getrennte Wohngebäude für Nonnen und Mönche. Einem solchen Kloster stand immer ein Abt vor, Äbtissinnen gab es nicht. Im Laufe seines langen Lebens gründete Gilbert noch weitere dreizehn Klöster, sie beherbergten zum Zeitpunkt seines Todes über 1500 Insassen. Gilbert behielt auch als Ordensleiter seine gewohnte Strenge und asketische Lebensweise bei. Er zimmerte Möbel, half beim Hausbau und kopierte viele Bücher. Als 90-Jähriger sah er sich einer Rebellion der Laienbrüder gegenüber, die sich über die harte Arbeit bei allzu karger Ernährung empörten und ihre Anklagen sogar in Rom vortrugen. Obgleich der Papst Gilbert nicht fallen ließ, milderte dieser nun die strenge Zucht ein wenig.

Blind, aber ungebeugt im Geiste, starb er im Patriarchenalter von 106 Jahren. An seinem Grabmal geschahen bald zahlreiche Wunder. So saßen einmal eine arme Witwe und ihr blindes Söhnchen, die beide vom Betteln lebten, an den Stufen des Schreins. Da fiel einem Laienbruder auf, dass der Kleine oft den Blick zu einer brennenden Lampe hob. Überglücklich stellte die Mutter fest, dass ihr Kind wieder sehen konnte. Alle jubelten und wollten das Wunder begrüßen, aber die Kleriker warnten vor verfrühten Erklärungen. So kehrte die Mutter mit dem Knaben in das Heimatdorf zurück, wo alle ihn als blind kannten. Und da er seine Sehkraft behielt, bezeugten die Bewohner des Ortes das Wunder.

1202 schon wurde der Kult des hl. Gilbert von Innozenz III. bestätigt.

A: *als väterliche Gestalt im Gewand des Ordens; mit langem Gewand und Siegel des Generalpriors.*

Hl. Agatha

Jungfrau und Märtyrerin, † um 251

Agatha stammte aus einer vornehmen christlichen Familie Palermos. Den Präfekten Quintian gelüstete es sowohl nach der Schönheit wie dem Reichtum der 14-jährigen Jungfrau, die schon als Mädchen immerwährende Keuschheit gelobt und ihn mehrmals abgewiesen hatte. Als die Edikte des Kaisers gegen die Christen erlassen wurden, sah Quintian seine Stunde gekommen. Er ließ Agatha festnehmen und stellte sie vor die Wahl, entweder ihm anzugehören oder die schrecklichsten Qualen zu erleiden. Agatha lehnte sein Ansinnen wiederum ab. Nun versuchte Quintian mit einem besonders hinterhältigen Mittel, die Tugend der Widerspenstigen zu besiegen. Er lieferte sie einer erfahrenen Kupplerin aus, die zusammen mit ihren Töchtern ein vielbesuchtes Freudenhaus unterhielt. Doch Agatha verlor nicht den Mut. Unablässig flehte sie zum Heiland, ihre Reinheit zu bewahren. Und mit seiner Hilfe vermochte sie ihre Keuschheit vor den Nachstellungen gemeiner Schandbuben wie lüsterner Buhldirnen zu retten. Als Quintian dies erfuhr, ließ er ihr zahlreiche Backenstreiche geben und sie in den Kerker werfen. Nach einem weiteren Tag fruchtloser Drohungen befahl er seinen Schergen, sie zu packen und ihr die Kleider vom Leibe zu reißen. Einer hielt sie fest, ein anderer nahm ein Instrument zur Hand, das wie ein Mohnkopf aussah. Es öffnet sich an drei Stielen wie ein Mund. Mit diesem Werkzeug schnitt er ihr erst die eine, dann die andere Brust ab. Das Blut spritzte in vielen Strählchen heraus. Die Marterknechte besaßen die Grausamkeit, ihr die Brüste höhnend vor das Angesicht zu halten. Dann warfen sie sie ihr vor die Füße. Die Brüste waren klein und noch gar nicht voll ausgereift, die Wunden ganz rund und fast glatt.

»Errötest du nicht, den Teil eines Menschen zu zerreißen, der dir an deiner Mutter einmal Nahrung gegeben hat?«, rief Agatha unter diesen Qualen Quintian zu. Sie blieb während der ganzen Folter stark und ruhig und sagte: »Meine Seele hat edlere Brüste, die kannst du mir nicht nehmen.« Quintian schickte sie in den Kerker zurück und untersagte es, sie zu verbinden. Doch des Nachts erschien ihr der Apostel Petrus und heilte ihre Wunden. Agatha spürte, dass ihre beiden Brüste vollkommener und schöner als zuvor wiederhergestellt waren.

Nach vier Tagen holte man sie aufs Neue zur Folter. Zuerst wälzte man sie nackend auf Glasscherben, dann steckte man sie in einen Eisenkasten, der innen mit lauter Spitzen gespickt war und unten von einem Feuer erhitzt wurde. Da entstand ein gewaltiges Erdbeben, das zwei Freunde des Quintian erschlug. Man brachte die Jungfrau wieder in den Kerker, wo sie endlich verschied.

Der größte Teil ihrer Gebeine und ihre Brüste liegen in Catania (jene gibt es auch in wunderbarer Vervielfachung in Rom, Paris und Capua). Mehrmals konnten die Einwohner Ausbrüche des Ätna dadurch aufhalten, dass sie in einer Prozession den Schleier der hl. Agatha um den Vulkan trugen. Die Einwohner Maltas schreiben ihrer Hilfe die Rettung der Insel 1551 vor den Türken zu.

A: *mit Palme, Zange oder Schere, in welcher die abgeschnittenen Brüste stecken, oder die Brüste auf einem Tablett; auch mit glühenden Kohlen neben sich und einer Fackel; mit dem Horn eines Einhornes (als Zeichen der Jungfräulichkeit).*
P: *von Catania, Malta und Mirandola; der Malteser, der Römerinnen; der Glockengießer, der Ammen, der Geschmeidemacher und Weber; gegen Brustkrankheiten, rektales Wundsein (»Wolf«) und gegen Pest; gegen Feuer, Erdbeben, Vulkanausbrüche und Hungersnot; für schönes Wetter, gegen Blitz und Gewitter, zu langen Regen; für Fruchtbarkeit der Felder; gegen allgemeines Unglück.*

6. Februar

Hl. Dorothea (Doris, Dora, Dorit)

Jungfrau und Märtyrerin, † um 305

Während einer schweren Christenverfolgung verließ der reiche römische Senator Dorus um seines Glauben willen all seine Besitzungen und floh zusammen mit seiner Gattin Thea und den Töchtern Chresta und Kalliste über das Meer nach Kappadozien. Hier wurde ihm eine Tochter geboren, die der Bischof heimlich auf den Namen Dorothea taufte. Schon im Kindesalter klug, fromm und gesittet, wuchs sie zur schönsten Jungfrau der Stadt heran.

Ihr Anblick entflammte den Statthalter Sapricius, der bald seine gesamten Schätze aufbot, um sie als Gemahlin zu erlangen. Sie aber erklärte auf das Bestimmteste, dass ihr einziger Bräutigam Jesus sei und es immer bleiben werde. Sapricius lud sie nun vor seinen Richterstuhl und hieß sie, den Göttern zu opfern. Dorothea weigerte sich mit der Erklärung, dass es nur einen Gott gebe.

Da zeigte ihr der Statthalter die Folterwerkzeuge, um sie zu erschrecken. Sie blieb jedoch ruhig und forderte ihn auf, mit der Folter endlich zu beginnen. Nachdem die Jungfrau einem Bottich mit siedendem Öl nicht nur unverletzt, sondern schöner denn je entstiegen war, ließ Sapricius sie wegen Zauberei in den Kerker werfen. Neun Tage lang bekam sie weder Speise noch Trank, doch Christus erschien ihr und speiste sie verschwenderisch. Als am zehnten Tag Dorothea vor einer Statue des Apollo opfern sollte, zermalmte ein Blitzstrahl das Götzenbild. Da ließ der Statthalter die Jungfrau zu ihren Schwestern bringen, die beide aus Furcht vor Folter und Tod vom Glauben abgefallen waren. Er versprach ihnen höchste Belohnung, wenn sie Dorothea zur Vernunft brächten. Und sie versuchten es mit allen Mitteln; allein Dorothea sprach mit solcher Begeisterung von den ewigen Freuden des Himmels, dass die Schwestern bange wurden und weinend fragten: »Können wir denn noch Gnade bei Gott erlangen, wo wir ihn verleugnet haben?« Sie antwortete: »Der Zweifel an seiner Barmherzigkeit wäre eine größere Sünde als euer Götzenopfer.«

Als Sapricius die Jungfrauen neugierig zu sich befahl, gestanden ihm Chresta und Kalliste ihren Sinneswandel. Außer sich vor Zorn, ließ er sie zugleich von zwei Henkern packen, rücklings zusammenbinden und in einen Kessel voll brodelnden Schwefels werfen. Dorothea traf der Grimm des Statthalters mit doppelter Gewalt. Grässlich wurde sie auf die Folter gespannt, mit Geißeln zerfleischt, in siedendes Öl getaucht, mit Zangen gekniffen und mit Dornen ins Angesicht geschlagen. Aber sie achtete nicht der Wunden, sondern dachte nur an die Wonnen des Himmels, um so mehr beglückt, als sie doch dem Teufel ihre Schwestern entrissen hatte.

Ratlos befahl Sapricius ihre Enthauptung. Auf dem Gang zur Richtstätte äußerte sie: »In dieser Welt ist es kalt. Ich bin froh, in ein Land gehen zu dürfen, in dem es keinen Winter und keinen Schnee gibt und wo die Sonne nie untergeht.« Ein junger Mann namens Theophil hörte dies und rief ihr spöttisch zu: »Wenn du in dieses schöne Land kommst, dann schicke mir doch Rosen und Äpfel aus dem Garten deines Bräutigams.« Dorothea blickte ihn milde an, kniete zum letzten Gebet nieder und empfing den tödlichen Streich.

Wie erschrak jedoch der junge Mann, als ein schöner Knabe vor ihn trat mit einem Körbchen in der Hand, in dem drei duftende Rosen und köstliche Äpfel sich befanden. Er bekehrte sich sofort zum Glauben und starb kurz darauf ebenfalls den Martertod für Christus.

A: *Blumen und Früchte zur Seite, auch mit Knaben.*
P: *der Bierbrauer, Blumengärtner; der Bräute, Neuvermählten, Wöchnerinnen; gegen falsche Anschuldigungen.*

7. Februar

Hl. Romuald

Stifter des Camaldulenserordens, um 952–1027

Der Sprössling aus dem herzoglichen Hause Ravennas lebte bis zum 20. Jahre so, als ob er nur für Gelage, Reiten, Jagen, Fechten und Lustbarkeiten auf der Welt wäre, und er überließ sich völlig dem Ungestüm seiner Leidenschaften. Doch fühlte er sich oft seltsam leer, weshalb ihm gelegentlich der Gedanke vorschwebte, einmal eine Heldentat zur Ehre Gottes auszuführen. Seine endgültige Bekehrung bewirkte ein unglückliches Ereignis, dessen Zeuge Romuald wurde. Sein Vater Sergius lag mit einem Verwandten im Zwist und forderte ihn zum Duell. Von seinem Sohn verlangte er, dem Kampf als Zuschauer beizuwohnen. Der weigerte sich zuerst, aber aus Angst vor Enterbung gehorchte er schließlich. Der Vater traf in diesem »Gottesurteil« seinen Gegner tödlich. Beim Anblick des Leichnams wurde Romuald von Entsetzen gepackt. Er hielt sich für mitschuldig an dem Mord und beschloss, die Sünde zu sühnen. An Stelle des Vaters nahm er die strenge Kirchenstrafe von 40 Tagen freiwillig auf sich und büßte im Kloster des hl. Apollinaris mit Selbstgeißelung, Fasten und Nachtwachen. Während eines Gebets zu später Nacht strahlte auf einmal die Kirche in himmlischem Glanz. Apollinaris erhob sich aus seinem Sarg unter dem Marienaltar, schritt in der Kirche mit einem goldenen Rauchfass umher und entzündete die Kerzen an allen Altären. Dann kehrte er wieder in seinen Sarg zurück.

Die Erscheinung machte auf Romuald einen solchen Eindruck, dass er sogleich um Aufnahme in die Gemeinschaft bat. Mit derselben Leidenschaft, mit der er sich zuvor den Vergnügungen gewidmet hatte, unterzog er sich in den nächsten sieben Jahren der härtesten Askese. Er eilte so rasch auf dem Weg zur Vollkommenheit voran, dass sein Überschwang den anderen Mönchen bald lästig wurde. Als er – der Jüngste der Brüder – sie gar zu ermahnen begann, wenn sie die Regel weniger streng auslegten, steigerte sich der Ärger darüber bei manchen zum Hass. Einige fassten sogar den heimlichen Entschluss, ihn zu beseitigen, aber einer der Verschwörer fühlte Gewissensbisse und entdeckte Romuald den Plan. Dieser ging daraufhin zum Abt und bat um seine Entlassung.

Romuald schloss sich nun dem in der Nähe Venedigs hausenden Eremiten Marinus an, der ihn willig aufnahm, aber mit äußerster Strenge behandelte. Er überlud ihn mit den verdrießlichsten Arbeiten, nötigte ihn, täglich 150 Psalmen zu beten, und schlug ihn für jeden Lesefehler mit einer Rute aufs linke Ohr. Romuald nahm die Züchtigungen gelassen hin, bis ihn doch einmal der Schmerz besiegte. »Meister«, bat er, »erweise mir die Liebe und schlage mich auf das rechte Ohr, damit ich auf dem linken nicht ganz taub werde.« Voller Bewunderung für seinen Schüler verminderte Marinus von da an seine strenge Zucht. Gemeinsam schlossen sie sich einer Gruppe venezianischer Adeliger an, die der Welt entsagt hatten und nach Kusan in Katalonien wollten, um dort ins Kloster St. Michael einzutreten. Der Abt Guerin nahm sie freundlich auf, aber bald kam es wegen der unerbittlichen Askesevorstellungen Romualds zu einem Aufstand der Mönche. Er wurde mit seinen Gefährten vertrieben. In einer nahe gelegenen Wüstenei ließen sie sich nieder und gaben sich als Regel das härteste Bußregiment. Dennoch wuchs ihre Gemeinschaft schnell so sehr an, dass Romuald bald verschiedene Klöster in Spanien und Italien gründen konnte. Als ihr Vorsteher züchtigte er sich selbst, als ob er der größte Sünder wäre. Stets trug er unter der Kutte ein raues Bußkleid, und oft geißelte er sich unbarmherzig. Seine Sinne tötete er ab, indem er ihnen alles versagte, was ihnen schmeichelte. Seine Nahrung bestand aus schlecht zubereiteten Kräutern. Stieg ihm ein angenehmer Essensduft in die Nase, so pflegte er zu sagen: »Sinneslust, wie, Sinneslust – willst du mich berücken? Ich kündige dir Krieg an, ewigen Krieg!«

Zahlreiche Wunderheilungen und sein Lebenswandel bewirkten, dass sich Tausende und Abertausende bekehrten. Der Ruf Romualds drang sogar bis zu Kaiser Otto III., der ihn bei der Gründung mehrerer Klöster unterstützte; das bedeutendste wurde Camaldoli in der Toskana. Ein Traumgesicht, in welchem er seine Freunde weiß gekleidet auf einer Leiter in den Himmel steigen sah, veranlasste ihn, dem neuen Orden einen weißen Ordenshabit zu geben.

Unter seinen Schülern befand sich ein junger Edelmann, der sich den Ausschweifungen der Unkeuschheit hingab. Romuald versuchte ihn mit Strenge auf den Weg der Pflicht zurückzuführen, aber statt sich zu bessern, trieb jener es noch wüster und bezichtigte sogar Romuald selbst solcher Verfehlungen. Dies war eine Verleumdung, doch die beschränkten Mönche schenkten der Anklage Glauben, ohne den mindesten Beweis zu haben. Sie schlossen Romuald von der Messe aus und belegten ihn mit schwersten Bußen, worin er sich schweigend und duldend fügte. Erst als Gott selbst ihm offenbarte, er solle diese Ungerechtigkeit nicht hinnehmen, legte er Beweise seiner Unschuld vor.

Von Arbeit und Alter gebeugt, begab sich Romuald ins Kloster Val de Castro bei Ancona. Dort baute er sich eine eigene Zelle samt einem Kirchlein und bereitete sich auf den Tod vor, den er auf die Stunde genau vorhersah. An seinem Grab geschahen zahllose Wunder. Als man 1466 seinen Sarg öffnete, war der Leichnam noch völlig unversehrt und ohne Merkmale von Verwesung. Als er aber 1480 durch gottesschänderische Hände entwendet wurde, zerfiel er in Staub.

A: *in weißem Ordenshabit, eine Himmelsleiter zu Füßen, als Eremit mit Kruzifix, Buch und Totenschädel.*

Hl. Hieronymus Aemiliani

Ordensstifter der Somasker, 1486–1537

Der vornehme Venezianer Hieronymus wurde schon mit fünfzehn Jahren Soldat und der Kriegsdienst machte ihn zu einem Raufbold und Wüstling. Einmal geriet er in Gefangenschaft und wartete in einem finsteren Verließ, angekettet und mit einer Steinkugel beschwert, auf seine Hinrichtung. Er fürchtete sich nicht vor dem Tod, wohl aber vor dem himmlischen Richter. In seiner Verzweiflung sandte er ein Gebet zur Jungfrau Maria, und plötzlich wurde es ganz hell im Gewölbe. Die Muttergottes erschien, gab ihm einen Schlüssel zu seinen Ketten und zur Gefängnistür – und verschwand. Hieronymus entkam.

In der Kirche von Treviso hängte er die mitgenommenen Ketten sowie den Schlüssel zum Andenken an das Wunder neben dem Altar auf und kehrte nach Venedig in die Arme seiner Familie zurück.

Nun trat ein grundsätzlicher Wandel in seinem Verhalten ein. So jähzornig und rachsüchtig er früher gewesen war, so sanftmütig und heiter war er jetzt. Einmal benahm sich ein Geschäftsmann sehr grob gegen ihn und drohte, ihm die Barthaare einzeln auszureißen. Der frühere Haudegen aber blieb ganz ruhig, lächelte nur und hielt ihm fröhlich das Kinn hin: »Da ist mein Bart. Reiß ihn nur aus, wenn du das für gottgefällig hältst.« Da zog jener beschämt von dannen.

Während Hieronymus vorher das Geld mit vollen Händen verschwendet hatte, gab er nun alles, was er nur konnte, für die Armen aus. Besonders half er jenen Familien, die arm waren, aber sich schämten zu betteln. Von so manchem Mädchen wendete er sittliche Gefahren ab, indem er es mit Heiratsgut unterstützte.

Während einer großen Hungersnot, der sogleich eine schwere Seuche folgte, waren die Straßen Venedigs voll von bettelnden Waisenkindern. Hieronymus sammelte sie von der Straße auf und richtete ein Haus für sie ein. Er stellte Handwerker an, die den Kindern Unterricht in nützlichen Tätigkeiten gaben. Auch um ihr Seelenheil bemühte er sich. So führte er ein, dass während der Arbeit aus religiösen Büchern vorgelesen wurde.

Um seinem Werk die Zukunft zu sichern, stiftete er zu Somasca bei Bergamo ein Kloster zur Heranbildung neuer Mitstreiter. In kurzer

Zeit verbreitete sich die Kongregation der Somasker über Italien und arbeitete an der Verbesserung des Loses von Waisen, Armen und Kranken.

A: *mit Kette und Kugel.*
P: *von Venedig und Treviso; der Waisen, der verwahrlosten Jugendlichen.*
F: *seit Heiligsprechung durch Papst Clemens XIII., auch 20. Juli.*

9. Februar

Hl. Apollonia

Jungfrau und Märtyrerin, † um 249

Gegen Ende der Regierung des Kaisers Philippus Arab hetzte in Alexandria ein heidnischer Sternendeuter das Volk gegen die Christen auf. Er behauptete, die Stadt werde vernichtet, weil jene die Götter als Dämonen lästerten. Viele Gläubige retteten in eiliger Flucht wenigstens das blanke Leben, doch diejenigen, die in die Hände der blutdürstigen Menge fielen, erlitten Entsetzliches. Unter ihnen leuchtete besonders das Martyrium der Jungfrau Apollonia hervor. Der entfesselte Mob stieß sie mit Kolben, schlug ihr mit Steinen auf den Kopf und ins Gesicht. Schon war die Nase zerschmettert, von Wangen und Hals quoll das Blut in Strömen, da packte sie ein Scherge von hinten und zwang sie, sich auf einen Stein zu setzen. Er riss ihr den Kopf zurück, ein anderer sperrte ihr den blutenden Mund auf und zwängte ihr einen bleiernen Klotz hinein. Nun brachen sie ihr nacheinander mit einer Beißzange die Zähne aus und rissen ihr dabei noch Stücke der Kinnlade weg.

Inzwischen hatten andere aus der Menge ein gewaltiges Feuer entzündet. Der Anführer des Pöbels höhnte: »Wo ist dein Gott der Liebe, der dir jetzt die Schmerzen wegnehmen könnte? Widerrufe, dann bist du frei.« Apollonia tat, als ob sie sich besinnen müsste, sprang aber plötzlich leichtfüßig, wie von einer unsichtbaren Hand gehoben, in die lodernden Flammen.

A: *mit rotem Unterkleid und grünem Mantel, mit Palme, Zange mit Zahn; Scheiterhaufen.*
P: *der Zahnärzte; gegen Zahnweh.*

⁂

Hl. Alto

Einsiedler und Klostergründer, † um 760

Einen schwierigen Auftrag erteilte um die Mitte des 11. Jahrhunderts die Äbtissin des Benediktinerinnen-Stifts Altomünster dem Regensburger Mönch Otloh. Dieser sollte ganz ohne schriftliche Dokumente (die leider verschwunden waren) eine Vorgeschichte des Nonnenklosters verfassen. Es blieb ihm nur die mündliche Überlieferung, und er begann mit Nachforschungen über die Geschichte des hl. Klostergründers Alto. Der war nach dem Hörensagen ein schottischer Missionar gewesen, den es nach Bayern verschlagen hatte.

Man berichtete folgendes: Alto ließ sich als Einsiedler in einem Waldgebiet zwischen Augsburg und Dachau nieder, wo er sofort fleißig mit Rodungen begann. Pippin, der Vater des Großen Karl, wurde auf den emsigen Eremiten ausmerksam und beschenkte ihn mit einem Teil des Waldes. Das spornte diesen zu noch größerer Betriebsamkeit an, worauf der himmlische Segen nicht ausblieb. Alto mußte mit seinem Messer nur noch die einzelnen Bäume bezeichnen, und schon fielen sie von selbst um. Vögel pickten Äste und Zweige auf und flogen sie zur Kirchenbaustelle.

Die fruchtbare Erschließung unwirtlicher Landstriche regte andere Edle an, Pippins Vorbild zu folgen und abgelegene Waldungen der Obhut des heiligen Mannes zu übergeben.

So kam mit der Zeit ein beträchtlicher Grundbesitz zusammen, den Alto zu Gründung eines Klosters nutzen wollte. Von diesem Vorhaben erfuhr der hl. Bonifatius – »der Apostel der Deutschen« – in einer Vision. Er reiste persönlich an und weihte das »Monasterium Altonis« zu einem Mönchskloster nach der Regel des hl. Benedikt.

Der Himmel belohnte Altos Arbeitsfreude mit Wunderkräften. Als es beim Klosterbau an Wasser mangelte, stieß er mit seinem Stab in den trockenen, steinigen Boden. Sogleich sprudelte eine klare, nie mehr versiegende Quelle ihr kostbares Naß aus der Erde. Alto bestimmte, dass die heiltätige Quelle und der bald darauf gebaute Brunnen nur Männern vorbehalten sei. Aber dieser absonderliche Wunsch sollte sich nicht erfüllen. Das Quellwasser wirkte bei beiden Geschlechtern. Ein herzanrührendes Wunder ereignete sich, während Alto eine feierliche Messe zelebrierte: Da schwebte aus dem Kelch plötzlich das Jesuskind empor und segnete alle Gläubigen in der Kirche – Männer wie Frauen.

1047 wurde das Kloster Nonnen übergeben – den Benediktinerinnen. 1497 übernahm es der Orden der hl. Birgitta von Schweden (die 1999 von Papst Johannes Paul II. zusammen mit Katharina von Siena und Edith Stein zur Mitpatronin Europas erhoben wurde). Altomünster blieb bis 2002, als in Bremen ein zweites Ordenskloster eröffnet wurde, die einzige deutsche Abtei dieser weltweit agierenden Schwestern. In der Pfarrei Altomünster herrscht der beliebte Brauch, am Festtag des Heiligen die schmuckvoll eingefaßte Reliquie seiner Hirnschale allen Gläubigen, die dies wünschen, aufs Haupt zu legen. Dieser Einzelsegen wird für wirksam gegen alle Kopfleiden und Krankheiten gehalten.

A: *als Abt oder Bischof mit Stab; als Einsiedler mit einem Messer; mit Kelch aus dem das Jesuskind steigt.*
P: *gegen Kopfleiden.*

10. Februar

Hl. Scholastika

Äbtissin, um 480–547

In Italien lebte ein frommes Ehepaar, dem lange keine Kinder vergönnt waren. Mit Gebet, Fasten und reichlichen Almosen flehten sie unermüdlich den Himmel um Nachkommenschaft an. Und endlich wurde die Frau schwanger und gebar ein außergewöhnliches Zwillingspaar: der hl. Benedikt von Nursia wurde Stifter des Benediktinerordens, und auch die hl. Scholastika weihte ihr Leben Gott.

Sie war die schönste Jungfrau der ganzen Gegend, hatte jedoch früh ein Keuschheitsgelübde abgelegt. Obgleich von fröhlicher, lebhafter Natur, mied sie Gesellschaften und liebte die Einsamkeit. Als ihr Bruder das Kloster Monte Cassino gestiftet hatte, war sie begierig, ihm nachzufolgen. Sie verschenkte ihr Hab und Gut und machte sich mit einer Dienerin auf den Weg.

Benedikt, der weiblichen Personen den Zutritt zum Kloster versagt hatte, ging seiner Schwester entgegen, um allen Argwohn zu vermeiden. Er ließ ihr eine kleine Zelle unweit des Klosters bauen. Später sammelten sich noch andere Jungfrauen um sie, und es entstand ein Frauenkloster. Lange Jahre leitete Scholastika als Äbtissin ihre zahlreichen Nonnen zu einem gottseligen Leben an.

Einmal im Jahr trafen die Geschwister in einem Landhaus zusammen, das gleich weit von ihren jeweiligen Klöstern entfernt war. Hier berieten sie sich und pflegten in vertrauter Weise die Kunst der geistlichen Betrachtung. Bei einem dieser Gespräche war es schon dunkel geworden, und Benedikt wollte aufbrechen. Scholastika aber bat ihren Bruder, noch die Nacht über zu bleiben, um bis zur Frühe von den Freuden des himmlischen Lebens sprechen zu können. Er antwortete, er könne unter keinen Umständen außerhalb des Klosters übernachten. Sie war darüber sehr betrübt, legte ihr Gesicht in die Hände und weinte bittere Tränen. Im Stillen flehte sie zu Gott, dass er ihr helfen möge. Kaum hatte sie ihr Gebet geendet, als aus heiterem, wolkenlosem Himmel ein heftiges Gewitter hereinbrach. Es blitzte und donnerte so fürchterlich, dass Benedikt das Haus nicht verlassen konnte. »Der Himmel mag dir verzeihen, was du getan hast!«, mahnte er seine Schwester. Sie aber antwortete: »Du hast mir eine Bitte abgeschlagen, und ich habe meine Zuflucht zum Herrn genommen. Er hat mich im Gegensatz zu dir erhört.« Benedikt musste also bleiben und die Nacht mit ihr in geistlichem Gespräch verbringen. Drei Tage später schaute Benedikt aus seiner Zelle und sah eine weiße Taube zum Himmel fliegen. Da wusste er sofort, dass die Seele seiner Schwester auf dem Weg in die ewige Glückseligkeit war. Er ordnete an, sie auf Monte Cassino im selben Grab zu beerdigen, das er für sich selbst bestimmt hatte.

Bei der Zerstörung des Klosters 883 durch einen Sarazeneneinfall wurde auch das Grab der Heiligen verschüttet. Nur einige Reliquien Scholastikas gelangten nach Le Mans und Juvigny-sur-Loison. Erst nach der neuerlichen Zerstörung des Klosters im Zweiten Weltkrieg fand man auf der Rückseite des Altars das Grab der Heiligen wieder.

A: *als Äbtissin mit Taube; zusammen mit ihrem Bruder.*
P: *von Le Mans und Vique in Katalonien; der Benediktiner und Benediktinerinnen; gegen Blitz und für Regen.*

*

Hl. Austreberta

um 630–704

Der Weg der hl. Austreberta war wie vorgezeichnet. In Gottesfurcht erzogen von ihrer adeligen Mutter, der hl. Franchildis, beschloß das fromme Mädchen früh, Christus als Bräutigam zu wählen. Als sie wahrnahm, dass ihr Vater sie mit einem hochstehenden Edelmann verheiraten wollte, flüchtete sie in Nacht und Nebel aus dem Elternhaus. Sie schlug sich zum hl. Bischof Audomar von St.-Omer durch, warf sich ihm zu Füßen und flehte ihn an, ihr den Nonnenschleier zu geben. Audomar zögerte, denn der Vater der Schutzsuchenden war ein hoher Gefolgsmann des Königs Dagobert. Aber schließlich sah er ein, dass Austrebertas Liebe zur Jungfräulichkeit zu leidenschaftlich war, als dass sie sich in das Ehebett eines Mannes hätte zwingen lassen. Der Segen des berühmten Bischofs und die vermittelnde Güte der Mutter bewogen den stolzen Vater am Ende, den Entschluß seiner Tochter hinzunehmen. Sie durfte ins Elternhaus zurückkehren und führte dort ein ihrem neuen geistlichen Stand gemäßes Leben in Andacht und Ergebung. Als der hl. Abt Philibert von Jumieges ein Nonnenkloster zu Pavilly stiftete, wollte er niemanden anders als Austreberta für das Amt der Äbtissin haben. Nach langem Sträuben fügte sie sich dem ehrenvollen Ansinnen und wurde vom hl. Bischof Audoenus feierlich als Leiterin des Nonnenklosters eingesetzt. Bei einer Herberge auf ihrer Reise nach Pavilly fiel des Nachts ein Wolf über ihren Gepäckesel her und tötete ihn. Austreberta eilte herbei und drohte in heiligem Zorn dem gefräßigen Räuber mit einer himmlischen Strafe. Da wälzte sich das Tier winselnd am Boden und bat um

Vergebung. Sie gewährte ihm diese, aber hinfort musste der Wolf bis an sein Ende die Lasten des Esels übernehmen. Pavilly entwickelte sich unter ihrer Führung zu einem geistlichen Musterort. Viele fromme Eltern gaben ihre Töchter der ehrwürdigen Äbtissin in Obhut. Nach ihrem Tode wuchs der Ruf ihrer Heiligkeit stetig, weshalb nach drei Jahrzehnten ihre Gebeine in das berühmte Kloster von Montreuil überführt wurden. Dort werden sie bis heute neben den Reliquien ihrer Mutter Franchildis, der Heiligen Godegrandus und Vulflagius, Opportuna und Juliana und vieler anderer Dienerinnen und Diener Gottes verehrt.

A: *als Äbtissin mit Stab, mit Wolf und Esel im Hintergrund.*

11. FEBRUAR

Hl. Benedikt von Aniane

um 750–821

Als Sohn einer vornehmen Familie diente Benedikt am Hofe Pippins und Karls des Großen. Obwohl ihn beide mit Gunst und Reichtümern überhäuften, ekelte ihn die Eitelkeit der Welt. Endgültig entsagte er ihr, als sein Bruder tödlich verunglückte und trotz aller Rettungsversuche vor seinen Augen in einem Fluss ertrank. Daraufhin nahm Benedikt in der Abtei St. Seine bei Dijon das Ordenskleid.

Zwei Jahre lebte er dort in strengster Askese. Seinen Leib behandelte er wie einen widerspenstigen Sklaven. Wasser und Brot waren seine einzige Nahrung. Als Kellermeister übte er sein Amt mit solcher Tugend aus, dass ihn die Mönche nach dem Tode des Abtes zu dessen Nachfolger haben wollten. Aber weil er ihre Abneigung gegen strengere Regeln kannte, lehnte er ab und verließ das Kloster.

Im Languedoc erbaute er auf einem Landgut seiner Familie am Fluss Aniane eine Klause. Schüler wies er zunächst aus Demut zurück, endlich nahm er aber einige Gefährten an, darunter den frommen Greis Guimer. Benedikt als Vorsteher unterschied nichts von den anderen als seine außerordentliche Tugend; wie sie unterzog er sich den mühseligsten Arbeiten.

Seine Liebe zur Armut war so groß, dass er sich beim Messopfer nur hölzerner, gläserner oder zinnener Kelche bediente. Wenn man ihm kostbaren Schmuck schenkte, gab er ihn anderen Kirchen.

Mit den Jahren wurde Benedikt jedoch milder gegenüber den Schwächen seiner Mitmenschen. Er ließ eine prachtvolle Klosterkirche errichten, mit Marmorpfeilern, reichen Ornamenten und silbernen Kelchen auf dem Altar. Auch sammelte er eine große Bibliothek.

Karl der Große beauftragte den Heiligen, für die Wiederherstellung der Sitten in den Klöstern des Frankenreiches zu sorgen. Unter seinem Einfluss fasste das Konzil von Aachen zahlreiche Beschlüsse zur Besserung der Mönche. Ludwig der Fromme stiftete für ihn das Kloster Kornelimünster bei Aachen, wo Benedikt am 11. Februar 821 starb. Sowohl während seines Lebens wie auch nach seinem Tode löschte er bei Anrufung auf wunderbare Weise Brände.

A: *als Abt mit Feuer neben sich.*
P: *gegen Feuersnot.*

12. Februar

Hl. Eulalia von Barcelona

Jungfrau und Märtyrerin, † um 305

Eulalia war von ihren Eltern christlich erzogen und hörte als 14-jähriges Mädchen von den Martern erzählen, mit welchen der Statthalter Dacian ihre Glaubensgenossen quälte. Da erwachte in ihr das Verlangen, ihnen nachzueifern. Heimlich verließ sie das Elternhaus und eilte nach Barcelona, wo sie kühn vor Dacian trat. Freimütig gab sie sich als Christin zu erkennen und klagte ihn wegen seiner Grausamkeit an. Sofort befahl Dacian den bereitstehenden Schergen, ihr die Kleider vom Leib zu reißen und sie aufs Schärfste zu geißeln. Die Jungfrau aber sprach: »Schlagt mich, so lange ihr wollt, Gott ist in mir, Gott stärkt mich.«

Ihre Haut wurde mit eisernen Kämmen zerrissen, man drückte Fackeln in Achselhöhlen und andere Stellen ihres Körpers, goss geschmolzenes Blei über ihr Haupt und ihre Glieder. Die Wunden wusch man mit Essig aus, und schließlich wurden ihr die Augen mit Wachslichtern ausgebrannt. »Brenne, schneide, zerteile die aus Erde gemachten Glieder«, rief Eulalia ihren Henkern zu, »aber meine Seele ist nicht zu zerstören. Ich leide für meinen geliebten Jesus.« Der Statthalter sah ein, dass er sie nicht bezwingen würde, und verurteilte sie zum Kreuzestode. Das Mädchen jubelte noch im Sterben darüber, gerade diese Todesart erleiden zu dürfen.

A: *als Jungfrau mit Lilie und Buch; mit Taube und Kreuz; mit Folterknecht, der sie mit Fackel brennt.*
P: *von Barcelona; der Schwangeren und Wöchnerinnen; der Reisenden; Ruhr; für Regen; gegen Unglück.*

13. Februar

Hl. Martinian

Einsiedler, † 487

Eine Lebedame aus Cäsarea, Zoe, schloss mit ihren liederlichen Bekannten eine Wette gegen die Keuschheit des schönen und tugendhaften Einsiedlers Martinian ab. Sie verkleidete sich als Bettlerin, packte ihr schönstes Gewand und ihre teuersten Schmucksachen in ein Bündel und machte sich bei starkem Regen auf den Weg. Durchnässt und durchfroren kam sie am späten Abend bei der Höhle Martinians an. Jammernd klopfte sie an seine Tür und bat ihn, ihr für die Nacht ein Lager zu gewähren. Obwohl er die Versuchung fürchtete, folgte der Jüngling schließlich der Stimme seines Herzens. Er öffnete ihr seine Klause, setzte ihr einige Kräuter zur Erquickung vor, zündete ein Feuer zum Trocknen ihrer Kleider an und zog sich dann ohne ein weiteres Wort in den innersten Winkel seiner Höhle zurück. Während der Nacht nun wechselte Zoe ihre Kleider, legte ihren Schmuck an und begrüßte den erwachenden Einsiedler mit gleisnerischem Gebaren. Dieser zitterte vor Schrecken, denn er erkannte sie nicht wieder. Zoe erklärte ihm, sie sei die Bettlerin, die er aufgenommen habe. Wie er für sie Mitleid gezeigt habe, so empfinde sie auch für ihn innigste Gefühle: »Wie willst du das Vergraben deiner Manneskraft in der Einöde rechtfertigen? Wo sagt die Heilige Schrift, dass man nicht essen, nicht trinken, nicht fröhlich in Gesellschaft mit anderen leben, nicht heiraten darf, wenn man in den Himmel gelangen will? Waren nicht Abraham und Jakob, Isaak und selbst Moses verheiratet, und sind sie nicht jetzt im Himmel? Ich bin eine christliche Jungfrau, und ich liebe die Tugend. Deine Frömmigkeit könnte mich beglücken.« Und damit warf sie ihm die zärtlichsten Blicke zu und nahm eine verführerische Haltung ein.

Martinian schwirrte es vor den Augen. Er verließ die Klause, trug dürres Holz zusammen, entzündete ein Feuer und legte seine Füße hinein. Bald musste er jämmerlich schreien, und erschrocken lief Zoe herbei. Auf ihre entsetzten Fragen sprach er ernst: »Bevor ich mein Gelübde breche und mit dir den Freuden der Wollust erliege, wollte ich die Probe machen, ob ich auch die Peinigungen der Hölle ertrage. Dies Feuer hier kann man mit Wasser löschen, aber die Flammen der Hölle brennen ewig. Möge Gott mir mein Verweilen in sündhafter Gelegenheit verzeihen und dir deine Bosheit.« Dieses Erlebnis erschütterte Zoe derart, dass sie strenge Buße tat und nach zwölf Jahren im Kloster der heiligen Paula starb.

Martinian tat das Gelübde, sobald er von den Brandwunden geheilt sei, wolle er seinen ständigen Wohnsitz in der Einsamkeit aufgeben, um überall fremd und vor einer Wiederholung dieser Versuchung sicher zu sein. Er genas und beschloss nach mühsamen Jahrzehnten immerwährender Pilgerschaft sein frommes Leben in Athen.

A: *als Eremit, Korb flechtend.*

*

Hl. Castor von Karden

Einsiedler und Klostergründer, † um 400

Es mangelt an sicherer Kunde über Heimat und Herkunft des hl. Castor. Man nimmt jedoch an, dass er ein Sohn des sonnigen Rheingaus ist. Die auffällige Frömmigkeit des Knaben bewog seine Eltern, ihn zum heiligmäßigen Bischof Maximin in Trier zu bringen, der dort eine weithin gerühmte geistliche Schule unterhielt. Castors unermüdlicher Eifer für die himmlischen Dinge erwarb ihm die Achtung aller Frommen und das Herz des Bischofs. Man sprach über ihn nur mit den schmeichelhaftesten Prädikaten: seltene Ordnungsliebe, stiller Fleiß, heiliger Ernst, Reinheit des Wandels, höchste Begeisterung für die Lehre des Evangeliums – es schien fast zu unwirklich, wie da über einen Jüngling geurteilt wurde. Castor aber, bald zum Priester geweiht, scheute das grelle Licht der öffentlichen Bewunderung und das überschwängliche Lob, das ihm überall zuteil wurde. Er fürchtete, dass sein Herz vom Geist des Dünkels beschlichen werde. Er beschloß, sich in die Einsamkeit zurückzuziehen, weil er hoffte, die feine Stimme Christi werde da nicht vom Geräusch der Welt und den Stürmen der Leidenschaften übertönt. Er verließ Trier und wanderte über Berg und Tal, durch Wald und Felder, unter Mühen und Beschwerden, bis er in die damals öde Gegend von Karden an der Mosel, nahe Koblenz, kam. Hier baute er sich in einer Waldlichtung eine dürftige Klause, und lebte in stiller Beschauung des Göttlichen und in tiefer Vertraulichkeit mit der Natur. Hier fand er alles, was er sich ersehnt hatte: Die Geist bedrückenden Erdensorgen waren ihm fern, die das Herz berückenden Freuden der Welt waren verbannt. Alle verkehrten Neigungen schwiegen, die sinnlichen Wünsche ruhten. Er fühlte sich den Grillen und Schmetterlingen, den Vögeln und Fischen, den Hasen, Rehen und Hirschen brüderlich verbunden, und liebte sie alle als Geschöpfe Gottes.

Auf Dauer war es jedoch nicht zu vermeiden, dass sich der Ruf des ehrwürdigen Einsiedlers im Lande verbreitete. Heilsbegierige Jünglinge und weltenttäuschte Männer besuchten ihn und baten um seine geistliche Führung. Nach manch innerem Ringen entschloss er sich, sie nicht abzuweisen und seine priesterliche Hirtenpflicht wahrzunehmen. Er gründete eine kleine Abtei, in der stete geistliche Beschauung gepflegt wurde, deren strenge Regeln aber den Brüdern große Opfer abverlangten.

Castor selbst trug Kälte, Nässe, Not, allen Mangel freudig. Aber manchmal dauerten ihn doch die dürren Hände, die wankenden Schritte und hohlen Augen seiner Schutzbefohlenen. Er zog aus Liebe zu ihnen in den Dörfern der Umgebung umher und bat um Essensreste und alte Kleider für seine Mitbrüder. Da musste er manche Beschämung erdulden, wenn Schimpf mit der Härte der Abweisung verbunden war, wenn verunglimpfend über »die Faulpelze und Müßiggänger« gelästert wurde. Eines Tages arbeitete er mit seinen Brüdern in anstrengender Arbeit am Ufer der Mosel, als ein mit Salz beladenes Schiff den Fluß heraufkam. Castor rief den Schiffern die Bitte hinüber, ein wenig Salz für die Abtei zu spenden, denn es war kaum ein Körnchen mehr in der Vorratskammer. Doch schnöde wurde er mit häßlichen Worten abgewiesen. Da erhob sich ganz plötzlich ein stürmischer Wind, die Wellen schlugen hoch und das Schiff drohte zu sinken. Die Schiffer schrien um Hilfe. Castor eilte mit seinen Brüdern hinzu, sie erhaschten ein ausgeworfenes Seil und zogen das Fahrzeug ans rettende Ufer. Sie erhielten nun das Salz, die hartherzigen Schiffer hingegen eine Lehre: Wer den Armen die spendende Hand verschließt, der zieht Gottes strafenden Arm auf sich.

Als Castor im hohen Alter – geliebt und verehrt – starb, trauerten nicht nur seine Mitbrüder. Sein Grab wurde zu einem Ort des Gebets und mancher Wunder. Seine Reliquien wurden in späterer Zeit nach Koblenz überführt und in einer prachtvollen, seinem Namen gewidmeten Basilika beigesetzt.

A: *als Priester oder Mönch, der ein sinkendes Schiff an Land zieht.*
P: *von Koblenz.*

14. Februar

Hl. Valentin

Priester und Märtyrer, † um 269

Der römische Priester Valentin wurde wegen seines Glaubens vor den Kaiser Claudius II. gerufen. Als der Herrscher ihn fragte, warum er nicht die alten Götter ehre, sprach Valentin: »Diese Götter waren arme Menschen voll Unreinheit und Sünden. Christus allein ist der wahre Gott. Wenn du an ihn glaubst, wird deine Seele gerettet und du siegst über alle deine Feinde.« Dem Kaiser gefiel das, doch seine Berater überzeugten ihn, dass er die Religion seiner Ahnen nicht beleidigen lassen dürfe. Da wendete sich der Sinn des Herrschers wieder, und er übergab den Priester dem Richter Asterius. Sobald Valentin in dessen Haus angelangt war, warf er sich auf die Knie und betete laut für die Bekehrung des Richters und seiner Familie mit den Worten: »Christus, der du uns zum Licht führst, entreiße die Bewohner dieser Wohnstätte der Finsternis.« Nach einigem Nachdenken sagte Asterius zu seinem Gefangenen: »Ich werde dich auf die Probe stellen. Wenn du ein Betrüger bist, stirbst du.« Er holte seine Tochter, die schon seit zwei Jahren blind war, und verlangte, dass Valentin sie wieder sehend mache. Der legte seine Hände auf die Augen des Mädchens und sprach: »Erleuchte deine Dienerin, Jesus Christus!« Und sogleich erlangte sie ihr Augenlicht wieder.

Durch dieses Wunder überzeugt, bat Asterius um die Taufe. Valentin trug ihm auf, die alten Götzenbilder zu zerbrechen, seinen Feinden zu verzeihen und drei Tage zu fasten. Danach taufte er ihn mitsamt Frau, Kindern und Gesinde. Asterius ließ sogleich alle gefangenen Christen in seinem Machtbereich frei.

Als der Kaiser von den Vorgängen erfuhr, sandte er seine Büttel aus. Asterius und seine Familie, der Perser Marius mit Frau und zwei Kindern sowie viele von den Dienstboten wurden in Ostia hingerichtet. Valentin aber wurde mit Knütteln geschlagen und an der Flaminischen Straße enthauptet. Die an dieser Stelle im vierten Jahrhundert erbaute Kirche wurde wegen zahlreicher Wunder von vielen Pilgern besucht.

A: *mit Schwert und Palme, manchmal mit Epileptiker zu Füßen.*

⁕

Hl. Valentin

Bischof zu Terni in Umbrien, Märtyrer, † 273

Als bekannt wurde, dass der Bischof Valentin mehrere Pestkranke geheilt hatte, wurde er nach Rom eingeladen, um dem verkrüppelten Sohn des Rhetors Craton Hilfe zu bringen. Valentin vollbrachte auch dieses Wunder, worauf sich der Rhetor mit seiner gesamten Familie taufen ließ. Als auch noch der Sohn des Präfekten Abundius und andere Edle zum Christentum übertraten, wurden die Behörden auf Valentin aufmerksam und ließen ihn festnehmen. Nach einem kurzen Prozess wurde er enthauptet. Die Bollandisten, die Heiligenforscher der katholischen Kirche, sind der Meinung, dass es sich bei dem Bischof

Valentin um den nämlichen Märtyrer wie den Priester Valentin handelt.

Warum in Frankreich, Belgien, England und vor allem in den Vereinigten Staaten der Valentinstag als Tag der Liebenden gefeiert wird, lässt sich aus dem Leben des oder der Heiligen nicht erklären. Manche glauben, dass es an der alten, schon in dem berühmten Langgedicht *Parlament der Vögel* des Geoffrey Chaucer bezeugten Meinung liegt, die Vögel begännen sich am 14. Februar zu paaren. Andere halten den Brauch, nach dem Liebende sich beschenken, für die überlebenden Elemente des um die Mitte des Monats gefeierten altrömischen Luperkalienfestes. Im englischen und französischen Adel des ausgehenden Mittelalters gab es am Vorabend des 14. Februar die Konvention, eine kleine Liebeslotterie zu veranstalten. Die zusammengelosten Paare mussten sich kleine Geschenke machen. Unter dem Tudorkönig Heinrich VIII. von England wurde 1537 – nachdem er sich 1534 von Rom losgesagt und sich selbst zum geistlichen Oberhaupt der Kirche in England ernannt hatte – der Valentinstag zum Feiertag erhoben.

Papst Franziskus I. signalisierte freilich katholisches Wohlwollen für den Brauch, als er 2014 am Valentinstag 10 000 Paare auf dem Petersplatz segnete.

A: *mit Hahn neben einem verkrüppelten Knaben.*
P: *der Bienenzüchter; der Reisenden, der Jugend, der Verlobten; der Fallsüchtigen und Gichtbrüchigen; gegen Epilepsie, Ohnmachten, Pest; für gute Heirat.*

15. Februar

Hl. Sigfrid

Apostel der Schweden, † um 1045

Auf Bitte König Olavs wurde der Priester Sigfrid aus York als Missionar nach Schweden gesandt, um den heidnischen Nordländern das Christentum zu bringen. Auf langen Reisen bekehrte er viele Menschen, weshalb die Anhänger der alten Religion ihn zu hassen begannen. Sie ermordeten drei seiner Neffen, die er an seinem Bischofssitz in Wexlow im südlichen Gotland zurückgelassen hatte.

König Olav war aufs Höchste erzürnt, ließ die Mörder ausforschen und verurteilte sie zum Tode. Doch Sigfrid war von solcher Menschenliebe beseelt, dass er den König bewog, sie zu begnadigen. Dieser gab endlich den Bitten des Heiligen nach und erlegte den Schuldigen stattdessen eine hohe Geldbuße auf. Sigfrid lehnte es jedoch ab, etwas davon anzunehmen, obwohl er in großer Armut lebte und das Geld für den Kirchenbau nötig gehabt hätte. Der Heilige starb um das Jahr 1045, und an seinem Grab geschahen sogleich zahlreiche Wunder. Papst Hadrian IV., der die Schwierigkeiten der Missionsarbeit in Norwegen aus eigener Erfahrung kannte, sprach ihn 1158 heilig.

A: *als Bischof, der die Köpfe seiner drei Neffen auf den Händen trägt; auf Schiff, das Meer segnend.*

16. Februar

Hl. Ludanus Peregrinus

Pilger, † 1202

Ludanus war ein Sohn des schottischen Herzogs Hildebold. Nach dem Tod seines Vaters verteilte er seine Erbschaft unter die Armen, stiftete ein Spital für Verkrüppelte, Gebrechliche, Ausländer und unheilbar Trübsinnige. Um seine Tugend weiter zu stärken, reiste er ins Heilige Land, besuchte auf dem Weg alle heiligen Orte, in deren Nähe er kam, und pilgerte zu den Apostel- und Heiligengräbern nach Rom.

Der Rückweg führte ihn über das Elsass, wo er eines Abends erschöpft unter einer Eiche Rast machte. Er fiel in einen tiefen Schlaf und träumte, dass seine letzte Stunde geschlagen habe. Erschrocken erwachte er und betete inniglich zu Gott, er möge ihn nicht ohne die Tröstung der Kommunion sterben lassen. Da schwebte ein Engel vom Himmel und brachte ihm die ersehnte Hostie, nach deren Empfang er mit den Worten: »Herr, in deine Hände empfehle ich meine Seele« seinen Geist aushauchte. Bei seinem Tode läuteten ohne menschliches Zutun alle Glocken in den Ortschaften umher. Man fand in seinem

Reisesack ein Papier mit der Inschrift: *Ich heiße Ludanus, bin der Sohn des Schottenfürsten Hiltebold, von Geburt Christ, und um des Namens und der Ehre Gottes willen Peregrinus, d.i. »Pilger«, geworden.* Sein Leichnam verbreitete den lieblichsten Wohlgeruch. An dem Ort entstand später das Dorf St. Ludan. Seine Gebeine ruhen in der Pfarrkirche von Hipsheim. Die Schweden zerstörten 1632 sein Grabmal, aber nach dem Dreißigjährigen Krieg wiederhergestellt wurde es zu einem beliebten Wallfahrtsort.

A: *in Pilgertracht, sterbend unter einer Eiche.*
P: *gegen Fußschmerzen und Beinleiden.*
F: *auch 12. Februar.*

17. FEBRUAR

Hl. Fintan

Abt von Clonenagh in Leinster, † 603

Fintan übertraf in der Strenge seines Lebens und der Regel in seinem Kloster alle Äbte und Einsiedler seiner Zeit. Dies erzürnte seine geistlichen Nachbarn. Unter der Führung des hl. Kenneth verabredeten sie sich zu einer Visite in Clonenagh. Ein Engel aber warnte Fintan. Als die besorgte Gesandtschaft eintraf, empfing Fintan sie mit ausnehmender Freundlichkeit. Statt der erwarteten Düsternis herrschte in Clonenagh Fröhlichkeit und Gastfreundschaft. Die Tafel war reichlich, der Wein gut und die Laune der Clonenaghmönche heiter. Die Besucher trauten dem Frieden nicht und blieben mehrere Tage. Aber die Verbindlichkeit der Gastgeber änderte sich ebenso wenig wie die Güte der Küche und des Kellers.

Kaum waren sie jedoch abgereist, kehrte das alte Bußregiment mit voller Härte zurück. Dennoch, oder vielleicht deswegen, zog Clonenagh die Jugend Irlands an. Fintan konnte sich der vielen Novizenanwärter kaum erwehren. Unter seinen Schülern befand sich auch der hl. Comgall, welcher seinerseits Lehrer des hl. Columban wurde.

Hl. Constantia

Jungfrau, 4. Jahrhundert

Der Feldherr Gallicanus verlangte vom Kaiser Konstantin als Lohn für viele zu dessen Zufriedenheit geleistete Dienste die Hand der Tochter Constantia. Diese hatte aber während einer tödlichen Krankheit, von der sie am Grab der hl. Agnes durch ein Wunder errettet worden war, ewige Keuschheit gelobt. Sie überredete den Vater, dem Heerführer in den bevorstehenden Krieg gegen die Skythen zwei christliche Diener mitzugeben.

Gallicanus wurde von den Feinden in der ersten Schlacht geschlagen und mit großer Übermacht in einer thrakischen Stadt belagert. Die beiden Diener drängten ihn, er möge Hoffnung auf den Gott der Christen setzen. In der Nacht erschien ihm ein überirdisch strahlender Jüngling mit einem Kreuz auf der Schulter und redete ihn an: »Nimm dein Schwert und komm mit mir.« Gallicanus folgte ihm ins feindliche Lager, tötete den Skythenkönig und unterwarf durch den Schrecken dessen Heer. Nach diesem Sieg wurde er Christ und verzichtete auf Constantia, ja, er zog sich bald ganz aus der Welt zurück und schloss sich den Wüstenmönchen in Ägypten an. Constantia aber nahm seine Töchter Attika und Artemia zu sich und trat mit ihnen gemeinsam in ein Kloster ein.

A: *als vornehme Römerin mit kaiserlichen Insignien, mit Taube.*

19. Februar

Hl. Konrad von Piacenza (Conradus, Corrado)

Franziskanereremit, † 1351

Das Liebste auf der Welt war dem reichen Edelmann Konrad die Jagd. Um Wild aus dem Unterholz zu vertreiben, zündete er das Dickicht an, aber der Wind schlug um, und bald stand der ganze Wald in Brand. Man ergriff einen armen Landmann, der mit Holzscheiten unterm

Arm in der Nähe angetroffen worden war, erzwang unter der Folter ein Geständnis und verurteilte ihn zum Tode. Nach der Hinrichtung begann das Gewissen Konrad so sehr zu peinigen, dass er alle Lust an weltlichen Dingen verlor und beschloss, den Rest seines Lebens zur Buße für seine Feigheit zu verwenden.

Seine Gattin hatte schon länger ihren Sinn auf den himmlischen Bräutigam gerichtet und willigte gerne in die Trennung ein. Während sie bei den Klarissinnen eintrat, verschenkte er sein Vermögen an die Armen, pilgerte nach Rom und fand Aufnahme im Laienorden des hl. Franziskus. Dann reiste er weiter nach Sizilien, wo er in der Nähe von Syrakus ein strenges, entbehrungsreiches Einsiedlerleben führte. Er erlangte die Gabe der Weissagung und vollbrachte manches Wunder.

A: *im Franziskanerhabit, mit kleinen Vögeln neben sich; mit Pilgerstab, Kürbisflasche und Bußgeißel.*
P: *von Piacenza, von Noto in Sizilien; der Jäger; gegen Bruchleiden.*

⁕

Hl. Quodvultdeus, Bischof von Karthago

† um 450

Der Heilige, dessen Name übersetzt »Was Gott will« bedeutet, war ein Freund und Schüler des hl. Augustinus. Als Bischof von Karthago geriet er nach der Eroberung durch die Vandalen auf die Liste der unerwünschten Personen. Die Vandalen unter ihrem grausamen König Genserich hingen dem arianischen Bekenntnis an, und dessen Kirchenmänner verfolgten die katholischen Kleriker mit allen Mitteln. Die Abneigung war wechselseitig – man beschuldigte die jeweils andere Seite der abscheulichsten Irrlehren. Wer im Stande der Ketzerei sterbe, der sei unrettbar den schlimmsten Höllenqualen ausgeliefert. Solche unheilbaren Übel galt es von den eigenen Schutzbefohlenen fernzuhalten. In diesem Sinne machten die nun herrschenden Arianer kurzen Prozeß mit den Unterlegenen. Quodvultdeus wurde mit mehreren Priestern wie dem hl. Gaudiosus und anderen einflußreichen Katholiken auf einen seeuntüchtigen, abgetakelten Handelssegler gebracht. Während eines aufziehenden gewaltigen Sturms wurden die Anker gelichtet. Das Schiff trieb weit auf die See hinaus. Während schon Wasser durch die Lecks hochstieg, kniete der Bischof mit seiner Herde unter Deck vor dem Zeichen des Heilands und betete in der Zuversicht, dass wie immer es enden würde, es nur ein glückliches Ende sein könne. Entweder werde man in der ewigen Seligkeit oder auf festem Boden landen. Gott »wollte« die irdische Alternative. Wunderbarerweise landete das mehr einem Wrack als noch einem Schiff gleichende Gefährt am kampagnischen Ufer. Alle Passagiere konnten – seekrank, aber wohlbehalten – in das gastliche Neapel einziehen.

Quodvultdeus wurde von seinen Klerikerkollegen ehrenvoll aufgenommen und diente der Kirche in hoher Stellung. An der Seite des hl. Augustinus bekämpfte er eifrig eine andere gefährliche Irrlehre – den Pelagianismus. Der vertrat die nach ihrer beider theologischen Überzeugung abseitige Auffassung, der Mensch könne göttliche Gnade durch gute Werke erlangen.

Nach seinem Tod wurde Quodvultdeus von den Gläubigen bald als Heiliger verehrt. Sein Grab liegt in den Katakomben des Januarius.

A: *als schwarzhäutiger Bischof mit Evangelium.*
P: *der Schiffbrüchigen, gegen Irrlehren.*

20. Februar

Hl. Sadoth (Schahdost, Sadoc, Sciadustus, Zaduk) und Gefährten

Märtyrer in Persien, † um 345

Sadoth war der Nachfolger des hl. Bischofs Simeon von Seleukia und Ktesiphon. Während einer großen Verfolgung wurde er zusammen mit 128 anderen Christen ergriffen und für fünf Monate in den Kerker geworfen. Mehrfach bedrängte man sie mit Daumenschrauben und anderen harten Foltern, dass sie der Sonne opfern sollten. Aber alle blieben standhaft.

Der König ließ ihnen melden, er schenke ihnen das Leben, wenn sie gehorchten, aber sie antworteten: »Du hast das Schwert, wir haben den Nacken. Säume nicht eine Stunde, unser Blut zu vergießen.« Auf dem Weg zur Richtstätte beteten sie laut zu Gott: »Räche uns an dem erbarmungslosen Volk und erlöse uns von den Meuchlern und Betrügern.« Und während einem nach dem anderen der Kopf abgeschlagen wurde, priesen die übrigen Christus – so lange, bis auch der letzte hingerichtet war.

A: *im Todeskampf, durch Erscheinung Jesu und Mariens getröstet.*

21. Februar

Sel. Leodegar

Graf von Lechsgemünd, Domherr in Eichstätt, † um 1080

Leodegar war ein reicher und sehr mächtiger Graf, aber aus unbekannten Gründen tat er Buße, entsagte allen irdischen Ehren und wurde schließlich Priester. An die vierzig Jahre diente er in Demut und wurde endlich Domherr in Eichstätt. Fünf Jahre vor seinem Tode aber verlor er das Augenlicht. Er tröstete sich mit dem Schicksal des Tobias. Damit nicht genug, begann sein Fleisch zu faulen. Aber Leodegar gedachte der Heimsuchung des Hiob und pries geduldig und heiter den Herrn.

Der Priester, der ihm das Sterbesakrament spendete, sah im Augenblick seines Todes eine Flamme aus seinem Mund aufsteigen, gleichwie das Licht einer Kerze.

Hl. Petrus Damiani

Kirchenlehrer, 1007–1072

Petrus wuchs in einer kinderreichen, aber güterarmen Bürgerfamilie in Ravenna auf. Die Mutter versagte ihm die Brust, der Vater starb früh, und ein Onkel schmähte und züchtigte ihn täglich. Nur in der Schule war er vor Misshandlung sicher, wo sich ein Pater Damian seiner annahm. Ihm zuliebe nannte er sich später Damiani.

Er wurde ein glänzender Lehrer und Prediger, trat in das Benediktinerkloster Fonte Avellana in Umbrien ein, dessen Leitung er bald übernahm. Als Reformator seines eigenen Ordens, als päpstlicher Legat in schwierigen diplomatischen Aktionen und schließlich als Kardinal von Ostia gehörte er zu den einflussreichsten Persönlichkeiten der zeitgenössischen Kirche. Er kämpfte gegen die Verwilderung der Sitten, die Käuflichkeit der geistlichen Ämter und den Hang zu Macht, Luxus und Reichtum beim hohen Klerus. Die Würde von Bischöfen bestehe nicht in hohen Mützen von Zobelfell, schrieb er einmal, nicht in prächtigen Marderpelzen, mit Edelsteinen unter dem Kinn befestigt, sondern in der Übung heiliger Tugenden. Den späteren Papst Nikolaus II., dem er im Übrigen gewogen war, hielt er der öffentlichen Geißelung für würdig, weil dieser einmal nachts in einer Herberge öffentlich Schach gespielt hatte.

Die leidenschaftliche Bußgesinnung predigte er jedoch nicht nur anderen, sondern unterzog sich selbst unbarmherziger Züchtigung. Stets trug er unter dem Gewand einen eisernen Bußgürtel, fastete streng, schlief wenig und speiste täglich Arme an seinem Tisch. Wollüstige Versuchungen bekämpfte er, indem er solange in eiskaltes Wasser eintauchte, bis sein Körper völlig erstarrt war. Von Mönchen und Nonnen forderte er die regelmäßige Selbstgeißelung, wie er sie an sich selbst mit nie erlahmendem Eifer vollzog. Nach seiner Lehre galt das Absingen von zehn Psalmen mit tausend Streichen für ein Jahr Buße und das Absingen des gesamten Psalters mit den damit verbundenen Streichen für fünf Jahre Buße.

Dabei hielt er es für unerlässlich, dass die Züchtigung im Zustand völliger Nacktheit zu erfolgen habe. Wegen dieser Auffassung war er heftigen Angriffen von Klerikern ausgesetzt, die dies für unzüchtig hielten. Er aber verteidigte sich mit dem Hinweis auf Jesu öffentliche Entkleidung und Geißelung: »Was werdet ihr tun, wenn ihr Ihn, dessen Blöße ihr geringschätzt, auf einem erhabenen Thron sitzen seht, mit Feuer umgeben, und wenn er alle Menschen auf schreckliche Art richten wird? Was werden dann euer Gewand und eure Kleider für einen Nutzen bringen, mit welchen ihr euch jetzt bedeckt und die ihr nicht ablegen wollt? Wie könnt ihr hoffen, an der Größe dessen teilzunehmen, dessen Nacktheit und Schande ihr nicht habet teilen wollen?«

Petrus starb im Ruf der Heiligkeit und wurde als »ein zweiter Hieronymus« verehrt. Leo XII. zeichnete ihn 1828 mit dem Ehrentitel »Kirchenlehrer« aus.

A: *als Einsiedler mit Geißel und Kardinalshut, im Hintergrund Bücher; betend oder schreibend; mit Kruzifix und Totenkopf.*
P: *von Faenza; gegen Kopfweh und Migräne.*

23. Februar

Hl. Milburga

Äbtissin, † um 722

Die hl. Milburga war die Tochter des Königs Merewald von Mercia und seiner Gattin, der hl. Ermenburga, sowie die älteste Schwester der hl. Mildreda und der hl. Mildgitha. An der Grenze zwischen den Angelsachsen und den Kelten Cambriens lag am Flusse Severn das Kloster Wenlock. In diese wilde und unwirtliche Gegend sandte der Erzbischof Theodor die tugendhafte Prinzessin als Äbtissin. Kaum hatte sie ihr Amt angetreten, war sie schon den Nachstellungen eines benachbarten jungen Fürsten ausgesetzt, der sie durchaus heiraten und deshalb mit bewaffneter Hand in seine Gewalt bringen wollte. Wie sie vor der Meute der Verfolger über einen Bach floh, schwoll dieser plötzlich so an, dass der um seine Beute geprellte Jäger aufgab und Milburga in Frieden ließ.

Eines Tages, als Milburga alleine in ihrer Kapelle betete, kam eine arme Witwe herein, warf sich vor ihr zu Füßen und wies ihr totes Kind vor. Weinend beschwor sie die Heilige, den Leichnam wieder zum

Leben zu erwecken. Diese aber sprach: »Begrabe dein Kind und bereite dich selbst zum Sterben vor, denn wir sind alle nur geboren, um zu sterben.« Doch die junge Mutter antwortete starrsinnig, sie werde nicht weggehen, bevor das Kind nicht wieder lebendig sei. Da kniete Milburga neben dem Leichnam nieder und begann zu beten. Der armen Frau erschien sie wie von einem himmlischen Feuer umgeben. Einen Augenblick später begann das Kind wieder zu atmen und kehrte ins Leben zurück.

350 Jahre nach ihrem Tode wurde ihr von den Dänen zerstörtes Kloster durch Kolonisten aus Cluny wieder aufgebaut. Bei den Renovierungsarbeiten offenbarte ein himmlischer Wohlgeruch den Ort des Grabes der heiligen Milburga. Ihre Reliquien wurden in einem kostbaren Schrein unter dem Altar der Klosterkirche eingesetzt. Aus allen Landesteilen strömten die Pilger herbei, und Blinde und Aussätzige verließen als Gesunde die heilige Stätte. Ebenso erfolgreich erwies sich ihre Anrufung gegen einen gefährlichen Wurm, von dem böse Krankheiten ausgingen.

A: *als Nonne mit Kerzen und mit ihren Schwestern.*

24. Februar

Hl. Mathias (Matthias, Mattias, Mathes, Hias)

Apostel

Als die Apostel nach dem Tode des Herrn auf die Herabkunft des Hl. Geistes warteten, forderte Petrus, einen zwölften Apostel an Stelle des Verräters Judas zu wählen. Sowohl Joseph, genannt Barsabbas, wie Mathias wurden dieser Auszeichnung für würdig erachtet. Man betete sogleich, um den Willen des Himmels zu erkennen, und warf dann das Los. Es fiel auf Mathias.

Dieser predigte in Judäa, heilte Blinde und Aussätzige, trieb den Teufel aus und erweckte Tote wieder zum Leben. Nach einer alten Überlieferung predigte er später in Kappadozien, am Schwarzen Meer und in Makedonien. Einmal wurde ihm ein giftiger Trank gereicht, von dem alle blind zu werden pflegten. Mathias aber leerte den Becher in Christi Namen und nahm keinen Schaden. Als verstockte Zuhörer gegen ihn schrien, prophezeite er ihnen, sie würden lebendig zur Hölle fahren. Und die Erde tat sich auf und verschlang sie. Da bekehrten sich die anderen.

Über den Tod des Apostels gibt es unterschiedliche Erzählungen. Die einen berichten, er sei in Frieden entschlafen. Andere schreiben, er sei gekreuzigt, noch andere, er sei gesteinigt und wieder andere, es sei ihm das Haupt mit dem Beil abgeschlagen worden. Dieses soll in Rom in der Kirche Santa Maria Maggiore ruhen. Einen Anspruch auf die eigentliche Grabstätte des Apostels reklamiert allerdings Trier. Sie wäre das einzige (komplette) Apostelgrab nördlich der Alpen. Es war neben den Grab des hl. Simeon und des Bischofs Paulinus und dem Hl. Rock einer der Wallfahrtesmagnete seit dem Mittelalter.

A: *mit einem blutigen Beil auf der Schulter; auch mit Buch, Schwert, Lanze und Steinen.*
P: *von Goslar, Hannover, Hildesheim, Bistum Trier; der Metzger, Schmiede, Schneider, Zimmerleute, Bauhandwerker, Zuckerbäcker, Schulknaben; gegen Blattern und eheliche Unfruchtbarkeit.*

25. Februar

Hl. Margareta von Cortona

Büßerin, 1247–1297

Ein reicher Kaufmann aus Montepulciano verführte die putz- und gefallsüchtige 16-jährige Margareta. Heimlich verließ sie das elterliche Haus und lebte neun Jahre mit ihm in Reichtum und Glanz, doch im Stand der Sünde, ohne das Sakrament der Ehe.

Da ereignete es sich, dass der Kaufmann von einer Reise nicht wie angekündigt zurückkam. Margareta wurde immer unruhiger und begann schließlich nach ihm zu suchen. Vor der Stadt stürzte plötzlich sein Hund auf sie zu, zupfte sie jaulend am Rock und sprang in das nahe Wäldchen. Sie folgte ihm zu einem Reisighaufen, wo er winselnd scharrte. Als sie ein paar Zweige entfernte, lag vor ihren Augen der ermordete Geliebte. Räuber hatten ihn überfallen, ausgeplündert und abgeschlachtet. Würmer krochen schon in den klaffenden Wunden, der Modergeruch der begonnenen Verwesung war betäubend. Stumm vor Schmerz starrte die junge Frau auf den Leichnam, bis es plötzlich aus ihr brach: »Um dieses faulenden, stinkenden Körpers willen habe ich gesündigt. Ich habe Gott verachtet. Barmherziger, ich will Buße tun.«

Mit einem Strick um den Hals kniete sie am Sonntag vor der Kirchentüre. So begann ihre Sühne. Im Frauenkloster des hl. Franziskus zu Cortona tat sie Buße bis an das Ende ihres Lebens. An ihrem Grab geschahen viele Wunder, und als man nach vierhundert Jahren ihren Sarkophag öffnete, fand man ihren Leib ohne das kleinste Merkmal der Verwesung in ausnehmender Schönheit.

A: *als Franziskaner-Terziarin mit Kreuz und Marterwerkzeugen Christi; mit Hund; kniet vor Kruzifix, einen Strick um den Hals.*
P: *von Cortona (Toskana); der Büßerinnen und reuigen Dirnen.*
F: *auch 22. Februar*

26. Februar

Sel. Edigna

Einsiedlerin, † um 1109

Edigna war eine Prinzessin aus Frankreich, möglicherweise eine Tochter König Heinrichs I. oder Philipps I. Da sie sich von ihren Eltern nicht zur Ehe zwingen lassen wollte, fuhr sie eines Nachts heimlich auf einem Ochsenkarren davon. Sie hatte einen Hahn mitgenommen und ein Glöcklein aufgehängt und ließ dem Gespann freien Lauf. Die Fahrt ging immer weiter ostwärts, bis nach Bayern hinein. Bei Fürstenfeldbruck im Orte Puch krähte plötzlich der Hahn ganz laut und das Glöcklein bimmelte von selbst. Edigna erkannte, dass dies der ihr bestimmte Platz war, und bezog in einer hohlen Linde Wohnung. Dort betete und fastete sie 35 Jahre. Den Menschen, die sie wegen Leiden und Unglücksfällen aufsuchten, schenkte sie Rat, Hilfe und Heilung. Nach ihrem Tode mehrten sich die Wunder. Aus ihren Gebeinen und aus der Linde floss ein Öl, das viele Kranke heilte. Als aber die Bewohner der Gegend damit Handel zu treiben anfingen, versiegte der Ölfluss.

A: *in der Linde mit Lilie, auch mit Pilgern; auf Ochsenkarren mit Hahn und Glocke; mit Buch, Hahn und Krone.*
P: *zur Wiedererlangung verlorener oder gestohlener Gegenstände.*

27. Februar

Hl. Baldomer (Galmier)

† um 650

Von allen Geboten, die das Christentum den Franken auferlegte, war für sie die Heiligung des Sonntags am schwersten zu begreifen. Dass man an einem bestimmten Tag der Woche die Arbeit gänzlich unterlassen solle, wollte ihnen nicht eingehen. Verschiedene Ereignisse, von denen der hl. Gregor von Tours berichtet, offenbarten hingegen die verderblichen Folgen der Sonntagsarbeit. Bauern wurden blind, Mägden verdorrte die Hand, und Hausfrauen wurden von schrecklichem Ausschlag befallen. In der Sonntagsnacht gezeugte Kinder kamen als Missgeburten auf die Welt, denn in dieser Nacht sollte man sich auch des Beilagers enthalten.

Umso bemerkenswerter erscheint in solcher Umgebung die Tugend des hl. Baldomer. Er war von Stande ein Schlosser und hielt sich schon als Geselle von Frauen und Lustbarkeiten fern. Jeden Tag verrichtete er vor der Arbeit sein Morgengebet und suchte danach die Kirche auf. Bekannt war er für seinen Wahlspruch, den er zu allen Anlässen gern im Munde führte: »Im Namen des Herrn, Gott sei allzeit gedankt.« Die Arbeit ging ihm stets leicht von der Hand, und er erwarb sich ein hübsches Vermögen. Da er unverheiratet war, wählte er die Armen zu seinen Kindern. Er besorgte ihnen Nahrung und Unterkunft, im Winter schenkte er ihnen Kleidung. Seine Lehrjungen hielt er zu Zucht und Anstand an, lehrte sie alle Fertigkeiten seines Handwerks und ermahnte sie zum häufigen Besuch des Gottesdienstes.

Als Baldomer schon ein hohes Alter erreicht hatte, sah ihn an einem Sonntag der Abt Viventius in der Kirche beten. Die Andacht, die aus dem Antlitz des frommen Meisters leuchtete, machte ihn aufmerksam, und er redete ihn nach der Messe an. Als er im Gespräch feststellte, welch seltenen Menschen er vor sich hatte, empfahl er ihm, sich in sein Kloster aufnehmen zu lassen. Baldomer befolgte den Rat, verschenkte seine Habe an die Armen und führte im Kloster ein so heiligmäßiges Leben, dass sogar die Vögel seine Herzensgüte bemerkten, zu seinen Mahlzeiten herbeiflogen und Brotsamen aus seinen Händen pickten.

Die Reliquien des Heiligen bewirkten zahlreicheWunder, sein Grab wurde zu einem vielbesuchten Wallfahrtsort.

A: *mit Schurzfell, Hammer und Zange in der Hand.*
P: *der Schlosser.*

28. (29.) Februar

Hl. Romanus

Abt von Condat, † um 460

Gemeinsam mit seinem Bruder Lupicinus zog sich Romanus in die Einsamkeit zurück, um ein frommes, beschauliches Leben zu führen. Sie siedelten sich in der Bergwildnis nahe der Stadt Aventicum an und füllten ihre Tage damit, Psalmen zu singen und nach Wurzeln zu suchen, ihrer einzigen Nahrung. Oft wurden sie jedoch in ihrer Andacht durch Steinschläge gestört und vermuteten darin das Werk böser Dämonen. Als sie sogar ernstliche Verwundungen erlitten, wichen sie in ein bewohntes Tal und nahmen Herberge bei einer armen, gottesfürchtigen Frau. Nach einiger Zeit machte ihnen ihre Gastgeberin Vorwürfe, dass sie zu schnell vor den Dämonen kapituliert hätten. Da kehrten sie in die Wälder zurück und gründeten das Kloster Condat, dessen Ruf sich bald im Lande verbreitete und das viele heilsbegierige Männer anzog. Der Andrang war so groß, dass noch zwei weitere Niederlassungen gebaut wurden. Der strenge und raue Lupicinus führte die Gesamtleitung, während Romanus mit seinem stillen, sanften Wesen das geistliche Leben in den Klöstern beförderte.

Romanus besaß auch die Gabe des Heilens. Als er einmal unterwegs war, musste er, von einem Unwetter überrascht, in einem Siechenhaus einkehren. Darin wohnten neun Aussätzige. Er verlangte sofort nach warmem Wasser und wusch ihnen mit eigener Hand die Füße. Dann ließ er ein großes Bett bereiten, um mit ihnen allen gemeinsam zu schlafen. Während die Siechen schlummerten, berührte Romanus unter Gebeten die offenen Eiterbeulen an der Seite des einen. Dieser erwachte und tat desgleichen mit seinem Nachbarn, jener wiederum mit dem nächsten und so fort, bis sich alle gesund fühlten. Sie standen auf und stellten fest, dass ihre Haut heil und frisch geworden war.

Als sich Romanus auf den Tod vorbereitete, wollte sein Bruder eine gemeinsame letzte Ruhestätte im Kloster anlegen. Aber Romanus wandte dagegen ein, dass dann keine Frauen Zugang zum Grabe hätten. Und so wurde er nach seinem Hinscheiden etwa zehn Meilen abseits auf einem kleinen Berg bestattet. Lupicinus überlebte ihn um 20 Jahre und wurde in der Klosterkirche beigesetzt. Sein Fest wird am 21. März gefeiert.

A: *als Mönch mit Kette um den Leib; als Einsiedler unter einem Feigenbaum, ein Buch lesend; vom Teufel mit Steinen beworfen; heilt Kranke mit Kruzifix; mit Handglocke und Brotkorb an einem Seil.*

Hl. Suitbert (Swidberd, Suitbrecht, Swibert)

Missionar, † 713

Suitbert war geborener Engländer und wurde vom hl. Wilfried zum Wanderbischof geweiht. Er kam zusammen mit dem hl. Willibrord nach Deutschland und missionierte hauptsächlich am Niederrhein. Unter freiem Himmel predigte er dem heidnischen Volk und lehrte die Wahrheiten des christlichen Glaubens. Als einige verstockte Zuhörer ihn einmal auslachten, rief er: »Wenn ihr mir nicht glaubt, so glaubt wenigstens dem Zeugnis der Natur.« Und er hob einen Stein auf, preßte ihn mit der Hand, bis er weich wie Lehm wurde und den Abdruck seiner Finger annahm.

Bekehrungen gelangen ihm vor allem unter den an Lippe und Ruhr siedelnden Brukterern. Er zeigte ihnen zunächst, wie man Land rodet, ertragreich Getreide anbaut und Pferdezucht betreibt, und weckte auf diese Weise ihre Aufgeschlossenheit für die neue Religion. Bald aber drangen die Sachsen aus ihren dichten Wäldern hervor und schlugen die Brukterer vernichtend.

Suitbert musste fliehen und rettete sich auf fränkisches Gebiet. Pippin von Heristal schenkte ihm die Rheininsel Kaiserswerth bei Düsseldorf. Dort baute Suitbert ein Kloster, in dem viele junge Missionare für die Zivilisierung der barbarischen Germanenstämme ausgebildet wurden. Er sorgte außerdem dafür, dass nachts auf der Insel stets ein großes Feuer brannte, um den Schiffen den Weg zu weisen.

Nach dem Tode des Heiligen fiel einmal das Töchterchen eines Rheinschiffers über Bord und ertrank. Der verzweifelte Vater begab sich mit der Leiche auf den Armen zum Altar des hl. Suitbert und rief sein Mitleid an. Sogleich erschien ihm dieser, lächelte tröstend und berührte das Mädchen mit der Hand. Das Kind regte sich, setzte sich auf und fragte verwundert, was geschehen sei. Aber der Heilige war schon verschwunden.

A: *als Bischof mit Stab und Stern; einen Toten erweckend; Gefangene befreiend.*

2. März

Hl. Ceadda (Chad, Cedda)

Abt von Lastingham, Bischof von Lichfield, † 672

Ceadda war ein Schüler des hl. Aidan und ein Bruder des hl. Cedd. Als Abt von Lastingharn in Yorkshire und später als Bischof von Lichfield wirkte er segensreich für die Festigung des Glaubens im Königreich Mercia.

Einst hatte er sich allein zum Gebet in die Kapelle zurückgezogen. Da hörte der Mönch Owine, der sich gerade als einziger in der Nähe befand und Gartenarbeiten verrichtete, plötzlich ein lautes Singen und Jauchzen vom Himmel herabkommen. Die Musik drang über das Dach in die Kapelle ein und erfüllte sie. Nach Ablauf etwa einer halben Stunde stieg der Freudengesang wieder durch das Dach nach oben und kehrte in den Himmel zurück. Während Owine noch verzückt der Musik nachlauschte, öffnete Ceadda ein Fenster und winkte ihn zu sich. Er vertraute ihm an, dass seine Todesstunde bevorstehe, und bat darum, die anderen Geistlichen zu verständigen, damit sie für ihn beteten und auch künftig die Regeln einhielten. Owine aber fragte ihn nach der Bedeutung des überirdischen Gesanges. Ceadda gebot ihm, darüber bis zu seinem Tod zu schweigen, und gab ihm dann die Antwort: »Es waren tatsächlich die Engel. Sie haben versprochen, in sieben Tagen wiederzukommen und mich in den Himmel zu holen.« Und so geschah es.

An Ceaddas Grab ereigneten sich zahlreiche Heilungen. So erlangte, wie der hl. Beda erzählt, ein Wahnsinniger, der nachts umhergeirrt und schließlich dort eingeschlafen war, am anderen Morgen wieder seinen Verstand.

A: *im Messornat mit Mitra und Stab.*

Hl. Kunigunde

Kaiserin, † 1033

Kunigunde von Luxemburg war eine fromme Jungfrau von außerordentlicher körperlicher Schönheit und glänzenden Geistesgaben. Von ihren Eltern mit dem späteren Kaiser Heinrich II. verheiratet, entdeckte sie in der Hochzeitsnacht ihrem Gemahl den Wunsch nach ewiger Reinheit. Der Bräutigam war weit davon entfernt, ihr zu zürnen. Im Gegenteil, er legte selbst sofort das gleiche Gelöbnis ab. Diese Verpflichtung erwies sich der Eintracht der beiden Gatten keineswegs nachteilig. Sie knüpfte das Band der Liebe nur umso enger, denn nach den Worten des einzig eingeweihten Beichtvaters wurde sie »nicht verunreinigt von sinnlichen Genüssen«.

Nachdem Heinrich 1014 in Rom zum Kaiser gekrönt worden war, eiferten sie weiterhin geradezu im Wettstreit miteinander darum, wer Gott durch Andacht, Unterstützung der Armen und Ausschmückung der Kirchen mehr erfreuen könne. Doch erregte solche Tugendhaftigkeit auch Missgunst. Boshafte Menschen flüsterten dem Kaiser Gerüchte ins Ohr, seine Gemahlin unterhalte ein sündiges Verhältnis zu einem jungen Ritter am Hofe. Tatsächlich begann Heinrich an der Keuschheit seiner Gattin zu zweifeln. Kunigunde litt schwer unter diesen Anschuldigungen. Um sich zu rechtfertigen, erklärte sie sich bereit, ein Gottesurteil auf sich zu nehmen.

Man hatte auf fünfzehn Schritt rotglühende Pflugscharen aneinandergelegt. Mit den Worten »Herr, sei mein Zeuge, dass ich weder mit meinem Gemahl noch mit einem anderen Mann ehelichen Umgang gepflogen habe«, schritt sie barfüßig, ohne den geringsten Schmerzenslaut über die Leidensstrecke. Ärzte bezeugten nach sorgfältiger Untersuchung, dass sie nicht die geringsten Brandwunden aufweise. Unter nicht enden wollendem Jubel des Volkes verließ die Kaiserin an der Seite des reumütigen Gemahls die Richtstätte.

Heinrich starb 1024. Kunigunde verschenkte ihr gesamtes Erbe an die Kirche, an Arme und Sieche, und gegen Ende ihres Lebens nahm sie den Schleier und zog sich ins Kloster Kaufungen zurück.

Als sie im Sterben lag, bemerkte sie, dass man ein kostbares, goldgesticktes Tuch herrichtete, um ihre Leiche damit zu bedecken. Da bot sie ihre letzte Kraft auf und gab nicht länger Ruhe, bis man ihr versprochen hatte, sie im gewöhnlichen Ordenskleid zu bestatten. Erst dann entschlief sie heiter. Ihr Haupt wird in einem prachtvollen Schrein als Reliquie im Bamberger Dom aufbewahrt.

A: *mit Kaiserkrone und Kirchenmodell; Pflugschar neben sich; als Nonne mit Buch.*
P: *der Franken, Kinder und schwangeren Frauen.*

4. März

Hl. Kasimir

Königssohn in Polen, 1458–1484

Kasimir war ein Sohn des polnischen Königs und mit vortrefflichen Anlagen ausgezeichnet: scharfsinnig und klug, ernst und gefällig, bescheiden und züchtig, gehorsam und eifrig. Von der Pracht und Weichlichkeit des Hofes hielt er sich fern. Wenn der Hofmeister seinen Fleiß belohnen wollte und ihn nach einem Wunsch fragte, antwortete Kasimir stets: »Ich finde nirgends mehr Freude als in der Kirche vor dem Altar.« Auf bloßem Leibe trug er ein Bußhemd aus rostigen Eisenringen, und er fastete mit erfinderischer Strenge. Stets schlief er auf dem kalten Steinfußboden und ließ das fürstliche Daunenbett neben sich unberührt.

Maria zu Ehren legte er das Gelübde ab, seine Reinheit unversehrt zu bewahren. Mit 24 Jahren wurde Kasimir lebensgefährlich krank. Die zu Hilfe gerufenen Ärzte erklärten, es gebe nur ein Mittel: Der Prinz müsse heiraten. Diese Zumutung rötete das bleiche Antlitz des Kranken, und er sprach: »Selbst wenn ich tausend Leben hätte, so würde ich in keinem einzigen meine Keuschheit aufs Spiel setzen.« Trotz der flehentlichen Bitten von Verwandten und Volk bewahrte er sein Gelübde. Sterbend bat er, ein selbstverfasstes Marienlied in den Sarg gelegt zu bekommen.

Als nach 120 Jahren der in einem feuchten Gewölbe abgestellte Sarkophag geöffnet wurde, fand man Kasimir unversehrt vor, in frischen Kleidern, das Papier mit dem Lied auf der Brust.

Viele Wunder ereigneten sich nach seinem Tode. Als 1518 der russische Zar mit einer starken Streitmacht die Stadt Polozk belagerte, eilten ihr die Polen zu Hilfe. Aber zwischen ihnen und der Festung lag die tiefe und reißende Dwina. Vergeblich bemühten sich die Heerführer, eine Furt aufzuspüren. In ihrer Not riefen sie den hl. Kasimir an. Plötzlich erschien ein Jüngling in weißer, glänzender Rüstung auf einem Apfelschimmel und rief: »Hierher mir nach!« Er leitete sie durch die Fluten. Die Polen überraschten den Feind, errangen einen großen Sieg und befreiten Polozk, das sich schon verloren glaubte.

A: *in polnischer Tracht mit Zepter und Königskrone, mit Lilie.*
P: *der Jugend, Keuschheit; Polens und Litauens; bei Kämpfen gegen Religions- und Vaterlandsfeinde; gegen Pest.*

5. März

Hl. Gerasimus

Eremit in Palästina, † 475

Der Ruf von der strengen Lebensweise des Gerasimus durchdrang alle Länder des Orients. Seine Speise bestand in der Fastenzeit nur aus der hl. Hostie.

Als er eines Tages am Jordan entlang wanderte, begegnete er einem Löwen. Dieser schrie jämmerlich und streckte eine Pfote in die Höhe, denn er hatte sich einen Stachel eingetreten. Der fromme Greis nahm unerschrocken die wunde Tatze der Bestie, zog den Stachel heraus, reinigte die Wunde von Eiter und verband sie. Dann wollte er wieder seines Weges gehen, aber der Löwe verließ nun seinen Wohltäter nicht mehr. Er folgte ihm brav und treu wie ein Hund und verrichtete manche Botendienste für ihn.

Gerasimus gab ihm fünf Jahre lang täglich Nahrung und lebte mit ihm bis zu seinem Tod zusammen. Am Tag jedoch, als er verschied und begraben wurde, war der Löwe gerade nicht zugegen. Nach einiger Zeit kam er zurück und suchte seinen Wohltäter. Er nahm Nahrung an und brüllte immer mehr. Ein Mönch führte schließlich das Tier zum Grab des Heiligen, kniete davor nieder, weinte und betete.

Da warf sich auch der Löwe zu Boden, schlug das Haupt in den Sand und verließ den Ort nicht mehr, bis er ebenfalls starb.

A: *mit Löwen, der ihm einen Korb nachträgt.*
F: *auch 20. März.*

6. März

Hl. Perpetua und Felicitas

Märtyrerinnen, † 202/203

Die edle Perpetua aus Karthago war zusammen mit ihrer Sklavin Felicitas des Christentums verdächtig. Im Gefängnis blieben beide Frauen standhaft, aber Felicitas fürchtete, nicht mit den übrigen Christen gemeinsam den Martertod sterben zu können; denn sie war schwanger. Nun vereinigten alle Mitgefangenen ihre Gebete, und bald gebar sie ein Mädchen, das von einer Schwester aufgenommen und erzogen wurde.

Ein Bruder Perpetuas war im Alter von sieben an einem Gesichtskrebs gestorben. Alle, die diesen gesehen hatten, waren von Grauen geschüttelt worden. Nun sah Perpetua des Nachts in einer Erscheinung, wie der Bruder an einem düsteren Orte an Hitze und Durst litt, im Gesicht das riesige Geschwür, an dem er gestorben war. Perpetua betete inbrünstig für ihn, und in der nächsten Nacht hatte sich das Bild gänzlich verwandelt. Ihr Bruder erfrischte sich wohlgekleidet und in lichter Umgebung an einem reinen Wasser, und wo das Gebresten gewesen, war nur noch eine Narbe. Als er schließlich davonlief, um nach Kinderart zu spielen, erkannte Perpetua, dass er von seiner Strafe befreit worden war.

Diese Geschichte wurde später oft als Zeugnis dafür angeführt, dass schon die alten Christen ein Fegefeuer kannten.

Am Tage ihrer Prüfung schritten sie freudig entschlossen aus dem Kerker zur Arena. Das Volk forderte die übliche öffentliche Geißelung vor dem eigentlichen Zirkusschauspiel.

So mussten alle nackend durch ein Spalier der Tierwärter laufen, die mit Geißeln zuschlugen, an deren Ende eiserne Kugeln befestigt waren. Nur mit einem Netz bekleidet, wurden Felicitas und Perpetua einem besonders bösartigen Stier preisgegeben. Das Volk aber murrte, weil die eine so zart war, die andere erst vor drei Tagen entbunden hatte. Man warf ihnen daher ein flatterndes Gewand ohne Gürtel zu. Der Stier griff an und stieß als erste Perpetua zu Boden. Sie bemerkte, dass ihr beim Sturz das Kleid über den Lenden aufgerissen worden war, und zog es schamhaft über die entblößten Schenkel. Dann eilte sie zu der ebenfalls hingestreckten Felicitas, gab ihr die Hand und richtete sie auf.

Einem menschlichen Gefühl folgend, begnadigten die Zuschauer alle Gefangenen zum Schwerttod. Ohne einen Laut von sich zu geben, starben Felicitas und die anderen Christen. Perpetua aber fiel in die Hände eines jungen Gladiators, den man durch solche Übungen an Blutvergießen gewöhnen wollte. Sein Schwert rutschte ab und traf sie zwischen die Rippen. Laut schrie sie auf, und ihr Schrei ließ die Zuschauer erbeben. Dann aber führte sie selbst die zitternde Hand des Athleten und richtete die Schwertspitze gegen die eigene Kehle.

A: *beide mit Stier neben sich. Perpetua, in der Arena zum Himmel weisend. Felicitas mit Kreuz in der Hand und Kind auf dem Schoß.*

7. März

Hl. Thomas von Aquin

Kirchenlehrer, 1225–1274

Thomas von Aquin war von klein an unerhört gescheit und wurde schon als 14-Jähriger für fähig befunden, die Universität zu besuchen. Als er sich später dem Bettelorden der Dominikaner anschließen wollte, war die Familie, das vornehme Grafengeschlecht der Aquino, empört. Seine Brüder nahmen ihn gefangen, warfen ihn in den Schlossturm und schnitten seinen Habit in Stücke.

Weil Thomas festen Sinnes blieb, schickten sie ihm eine der schönsten Buhlerinnen des Landes auf sein Zimmer, der sie reichen Lohn versprachen, wenn sie ihn umstimmen könne. Sie setzte alles ein, was sie an Verführungskunst und schamlosen Reizen aufzubieten hatte, aber Thomas ergriff eine Fackel, ging damit auf sie los und jagte sie schließlich in die Flucht. Trotz seines Sieges empfand er jedoch eine geheime Beschämung und dankte dem Herrn, dass er dieser demütigenden Lage entronnen war. Und von nun an blieb er während seines ganzen Lebens nicht nur von allen Versuchungen frei, sondern sogar von der mindesten Regung des Fleisches.

Einige verkleidete Ordensbrüder ermöglichten ihm die heimliche Flucht aus dem Kerker, und als der Papst selbst zugunsten des jungen Gelehrten eingriff, fügte sich die Familie. Thomas, von seinem Orden nach Paris und Köln geschickt, studierte dort bei Albertus Magnus und wurde zum größten Gelehrten des Mittelalters. Sein philosophisches Werk dient bis heute vielen Theologen als Grundlage.

Thomas starb auf einer Reise zum Konzil von Lyon 1274 im Zisterzienserkloster Fossanuova nahe Aquino. Manche Chronisten berichten von dem verbreiteten Gerücht, er sei vergiftet worden. Ein Leibarzt Karls I. von Anjou habe im Auftrag oder in dessen Interesse den Auftritt des Heiligen auf dem Konzil verhindern wollen. Teilnehmer der Reise hingegen wollten keinerlei Anzeichen für einen meuchlerischen Anschlag bemerkt haben.

Sein Tod stellte die Zisterzienser des Sterbeortes vor eine schwierige Aufgabe. Sie wollten den Besitz des wertvollen Leichnams für ihren Orden sichern und mußten dafür sorgen, dass er nicht von den Mitbrüdern des Heiligen, den Dominikanern, geraubt würde. Deshalb wurde ihm zunächst das Haupt abgeschlagen, das Papst Urban als »himmlische Schatzkammer« gerühmt hatte, dann seine gewaltige Leibesfülle von über 150 Kilogramm nach fachgerechter Küchenmeistermanier zerteilt und, wie die *Acta Sanctorum* verzeichnen, »gekocht, gesotten und eingemacht«. Den Kopf lagerten sie an einem vom Rest getrennten Ort, da sie befürchteten, dass Reliquienjäger aus dem Klerus oder aus Adelskreisen sich des kostbaren Guts bemächtigen könnten. Andere Gliedmaßen mußten sie denn auch frühzeitig herausgeben. Für eine einflußreiche Gräfin wurde »die rechte Hand abgenommen«. Der Ehemann der Gräfin stahl das wertvolle Glied und versteckte es zehn Jahre lang vor der Welt, bis Thomas der Mutter des Frevlers erschien und mit schrecklichen Folgen drohte. Nach dem Tod der Gräfin wurde die Hand lange im Dominikanerkonvent von Salerno »unversehrt und ohne Verwesung« aufbewahrt. Das sachgerechte Kochen und Sieden hatte sie wunderbar konserviert. Die Gebeine des Heiligen schillerten in »gleichsam rötlicher Farbe«, weil sie »durch die Kraft des Feuers vollständig vom Fleische getrennt« worden waren. Den Besitz von Körperteilen des Aquinaten reklamierte schon wenige Monate nach seinem Tod die Artistenfakultät von Paris.

Einen weiteren Arm erhielten die Dominikaner der französischen Hauptstadt. Für die Ordensbrüder von Neapel trennte man eine Hand ab. Sie wurde in San Severino aufbewahrt, wohin nach Jahrzehnten ein Reliquienhändler kam. Als man ihm die Hand zeigte, äußerte er sich ungebührlich darüber, und augenblicklich befiel ihn ein Zittern am ganzen Leib. Sein Kopf dünkte ihn dick und schwer wie ein Fass. Da erkannte er seine Sünde, fiel auf die Knie und bereute. Sogleich verschwand das Übel. Beim Weggehen nahm er einen so starken Wohlgeruch mit sich, dass alle sich wunderten.

A: *im Dominikanerhabit mit Buch und Kelch, mit Monstranz; mit Taube; Sonne auf der Brust; mit Lilie, Mitra, Stab und Kardinalshut zu Füßen (weil er alle geistlichen Ehren abwies); mit Fackel gegen eine Versucherin; von Engel gegürtet.*
P: *von Neapel; der Keuschheit; der katholischen Wissenschaft und der studierenden Jugend; der Dominikaner, der Buchhändler und Bleistiftfabrikanten; gegen Blitz und Sturm.*

*

Hl. Paulus der Einfältige (Simplex)

† um 338

Paulus war ein frommer Taglöhner, der das zweifelhafte Glück hatte, mit einer viel jüngeren, sehr schönen Frau verheiratet zu sein. Während er des Tags schwerste Fronarbeiten auf den Feldern verrichtete, vergnügte sie sich zuhause mit Liebhabern. Bei dem sich einstellenden Nachwuchs war es denn auch wenig verwunderlich, dass die Kinder sich nach Hautfarbe und Aussehen stark unterschieden. Keines sah dem braven Ehemann ähnlich. Paulus aber schien dies nicht zu bemerken und in seinen Vaterpflichten zu beeinträchtigen. Eines Tages jedoch kam er früher nach Hause und fand auf dem Ehelager seine

Frau im leidenschaftlichen Verkehr mit einem Fremden vor. Nach damaliger Sitte hätte der betrogene Ehemann seine Ehre blutig rächen können. Aber Paulus stellte seine Sense beiseite, lächelte und sprach zu dem Besucher: »Ich sehe wohl, dass du der Kunst mächtig bist, eine Frau zufrieden zu stellen. Da ich dazu wohl viel weniger geeignet bin, überlasse ich dir mein Weib und die Kinder. Sorge du für sie.« Damit verließ er das Haus und eilte ohne weiteres Verweilen in die thebaische Wüste. Dort irrte er acht Tage lang ziellos umher, bis er durch himmlische Fügung auf die Klause des hl. Antonius stieß. Als er abgewiesen wurde, verharrte er vier Tage lang, beständig betend, vor der Behausung des heiligen Eremiten und erreichte schließlich doch dessen Nachgeben. Antonius forschte Paulus gründlich aus, gewährte ihm eine Probezeit und wies ihm eine nahe gelegene Höhle zu. Zur weiteren Prüfung trug er ihm allerlei der Natur zuwiderlaufende Verrichtungen auf. So sollte er Körbe auseinandertrennen und wieder zusammenflechten, Kleider zerstückeln und wieder zusammennähen. Paulus kam allen Befehlen ohne Widerrede aufs Genaueste nach.

Nun waren einmal gelehrte Geistliche zu Besuch und unterhielten sich über schwierige theologische Probleme. Da meldete sich plötzlich Paulus, der mit einem Packen Holz auf der Schulter zur Runde stieß, mit der Frage, ob Jesus vor den Propheten oder die Propheten vor Jesus gelebt hätten. Antonius wurde schamrot, schalt ihn einen Toren und verwies ihm jede weitere Rede. Von diesem Augenblick an verfiel Paulus in andauerndes Schweigen.

Wunderbarerweise stand jedoch der unbeirrte Gehorsam des »Einfältigen« unter einem besonderen Segen: Paulus ward zunehmend die Gabe zuteil, Besessene zu heilen. Seine Macht über die Dämonen war so groß, dass sogar Antonius bei Fällen, in denen er nicht helfen konnte, Paulus hinzuzog. Bei einem außerordentlich widerspenstigen Teufel, der aus dem Leibe eines Befallenen nicht weichen wollte, stieg Paulus schließlich auf eine Felsenspitze, betete zu Gott und gelobte, diesen Ort solange nicht mehr zu verlassen, bis der Ungeist sein Opfer verlassen habe. Offenbar gefiel Gott diese Hartnäckigkeit, denn schon nach kurzer Zeit stellte sich die Heilung ein. Gegen sein Lebensende hin entwickelte Paulus eine so tiefe Kenntnis des Innersten der menschlichen Herzen, dass ihn sogar Antonius hierin als Ratgeber anerkannte.

A: *mit Antonius in der Wüste betend.*

Hl. Johannes von Gott

Ordensgründer, 1495–1550

Der Portugiese Johannes diente als spanischer Soldat. Die Ausschweifungen des Lebens im Felde verdarben seinen ursprünglich keuschen Sinn, und er befleckte sich mit mancherlei Sünden. Im Krieg gegen die Türken errang er sich vor Wien eine Ehrenmedaille. Nach dem Friedensschluss reiste er zurück in die Heimat und erfuhr, dass seine Eltern an Gram gestorben waren.

Da ging Johannes wieder in die Fremde und wurde bei einer frommen Witwe Schäfer. Auf einsamen Weiden fand er Muße, sein Leben zu überdenken, und es keimte der Wunsch in ihm, anstelle unvernünftiger Schafe unsterbliche Seelen zu hüten. Er verfiel der Idee, den unter muslimischer Herrschaft leidenden afrikanischen Christen zu helfen, aber dazu brauchte er Geld. So begann er auf den Dörfern mit Heiligenbildern, Gebetbüchern und Katechismen zu hausieren. Er gab manch guten Rat dabei und machte besonders auf Kinder großen Eindruck.

Das Geschäft entwickelte sich so erfolgreich, dass er in Granada einen Buchladen eröffnen konnte. Ebenfalls mit Erfolg, denn Johannes war höflich, leutselig und wusste seine Kunden vom Nutzen des Lesens und der Ehre des Wissens zu überzeugen. Im Schaufenster legte er aber auch schlechte und unzüchtige Romane aus, um Neugierige in den Laden zu locken. Verlangten sie danach, dann belehrte er sie über die Gefährlichkeit solcher Schriften und brachte es fast stets zustande, dass die eben noch Lüsternen mit frommen Werken unter dem Arm davonzogen.

1539 erschütterten ihn die Worte eines Bußpredigers so sehr, dass er Ströme von Tränen vergoss, laut seine Sünden hinausschrie und sich ächzend, die Haare raufend und die Brust zerkratzend im Straßenkot wälzte. Der Pöbel und die Gassenbuben verhöhnten ihn und schlugen auf ihn ein. Er aber spornte sie an: »Mehr, mehr, Schimpf und Schläge verdiene ich, der ich Gott beschimpft und geschlagen habe!« Im Irrenhaus wurde er acht Monate von den Ärzten, die seinen »Wahn« brechen wollten, aufs Entsetzlichste traktiert.

Nach der Entlassung begann er einen erfolgreichen Holzhandel, aus dessen Erlösen er die Armen und Kranken unterstützte. Schließlich stellte ihm der Bischof von Tuy ein größeres Spital nebst reichen Almosen zur Verfügung. So entstand der Orden der »Barmherzigen Brüder«, der schnell anwuchs. Die ungeheuren Anstrengungen verzehrten rasch die Kräfte des Gründers. Als er todkrank auf seinem Strohsack lag und man ihn zu besserer Pflege in das Haus einer reichen Dame übersiedeln wollte, bat er, allein gelassen zu werden. Am nächsten Tag fand man ihn angekleidet auf der Betbank kniend. Er war tot.

A: *Körbe auf dem Rücken tragend, mit Quersack, zwei Töpfe an den Hals gebunden (als Almosensammler); mit Kruzifix und Rosenkranz in der Hand; mit Jesuskind auf dem Arm, das einen Granatapfel hält (es sagte ihm den Tod in Granada voraus).*
P: *der Buchdrucker, Buchhändler und Papiermüller; der Kranken und des Krankenhauspersonals.*

*

Hl. Juan de Avila

Prediger »Apostel Andalusiens«, 1500–1569

Der Jüngling aus reichem Hause fand sein Bekehrungserlebnis bei einem Stierkampf, dessen Grausamkeit ihn bewog, der Welt zu entsagen. Sein Vater war jedoch ein jüdischer Konvertit, was der geistlichen Laufbahn des jungen Asketen viele Hindernisse in den Weg legen sollte. Er studierte an der Universität von Alcala und verteilte, nachdem er Priester geworden war, sein beträchtliches Erbe unter die Armen. Juan wollte nun Missionar in der Neuen Welt werden, aber wer jüdischer Abstammung war, wurde nicht als Missionar zugelassen.

Der Erzbischof von Sevilla hörte von dem begabten jungen Priester und setzte ihn nach strenger Prüfung als Prediger ein.

Neun Jahre bereiste Juan Andalusien. Vor ungeheuren Menschenmengen verkündete er das Evangelium und bewirkte so viele Bekehrungen, dass sie nicht zu zählen waren. Man nannte ihn den »Apostel Andalusiens«. Seinem Auftritt verdankten Johannes von Gott und Franz von Borgia ihr Erleuchtungserlebnis. Juan war wegen seines Charismas Ratgeber und Seelenführer für Pedro de Alcántara, Luis de

Granada, Ignacio de Loyola und Teresa de Avila. Besonders widmete er sich den vielen konvertierten Juden und den Morisken, den konvertierten Moslems.

Weil er furchtlos die Missstände der Zeit und den Übermut der Herrschenden anklagte, verleumdete man ihn bei der Inquisition. Er wurde ins Gefängnis geworfen und musste sich gegen verschiedene Vorwürfe verteidigen. Was meinte er damit, als er predigte, es sei besser Almosen zu geben als Messen lesen zu lassen? Er antwortete: »Wenn das Volk hungert und die Kirche hat übergenug Mess-Stipendien [das Geld, das für die Lesung von Messen im Voraus bezahlt wird], dann trifft dies zu.« Auf die Frage, ob er die auf Scheiterhaufen verbrannten Ketzer Märtyrer genannt habe, sagte er: »Ja. Wenn der Verurteilte seinen Tod im wahren Glauben annimmt und seine Richter nicht hasst, ist er ein Märtyrer.«

Juan wurde schließlich freigesprochen, doch befahl man ihm, künftig seine Ausdrucksweise zu mäßigen. Als er zum ersten Mal nach seiner Haft wieder predigte, feierte ihn eine ungeheure begeisterte Menschenmenge. Sein Buch *Audi filia* (»Höre, Tochter«) wurde gleichwohl von der Inquisition verboten. Er hatte vor seiner Festnahme im Beichtstuhl eine schöne junge Adelige namens Sancha Carrillo bekehrt. Um sie in ihrem Leben der Abtötung und Buße zu bestärken, verfasste er in der Haft dieses Buch für sie.

Als die Gesellschaft Jesu gegründet wurde, wäre er gerne Mitglied geworden. Loyola war nicht abgeneigt, aber der Widerstand im Orden gegen die jüdische Herkunft Juans und vieler seiner Schüler war zu groß. Dennoch wurde er nach seinem Tod in Montilla bei Córdoba in der dortigen Jesuitenkirche begraben.

F: *auch 10. Mai.*

Hl. Franziska von Rom

Witwe, 1384–1440

Die hl. Franziska, von angesehenen Eltern in Rom geboren, weinte schon als Säugling, wenn die Mutter sie in Gegenwart des Vaters oder eines anderen Mannes baden oder wickeln wollte. Noch weniger duldete sie es, dass ein Mann ihr schmeichelte oder ihr Gesichtchen berührte. Vom sechsten Jahr an legte sie sich für begangene Sünden strenge Bußen auf und hegte den Herzenswunsch, ihre Jungfräulichkeit unversehrt für Jesus zu bewahren. Allein die Eltern verlobten sie zwölfjährig mit einem römischen Edlen, Lorenzo Ponzani. Sie fügte sich und war ihrem Gemahl vierzig Jahre lang eine treue Ehefrau.

Vom ersten Tag der Verheiratung an jedoch mied Franziska alle gefährlichen Ergötzlichkeiten. Die Damen ihrer Bekanntschaft forderten sie auf, zu Gesellschaften, Bällen und öffentlichen Lustbarkeiten mitzukommen, doch sie weigerte sich beharrlich. Am liebsten widmete sie sich dem Gebet und der geistlichen Betrachtung. Dennoch zögerte sie keinen Augenblick zu gehorchen, wenn ihr Gemahl sie rief, und sie bemühte sich, ihren häuslichen Geschäften pünktlich nachzukommen. Mit seiner Erlaubnis legte sie alles Gold und Silber ab und trug nur ein Gewand aus grober Wolle. In ihrem Hause fanden sich kein überflüssiges Prunkgerät, keine die Sinne reizenden Bilder, keine abergläubischen oder liederlichen Bücher.

Trotz – oder wegen – ihrer Frömmigkeit musste Franziska schlimm unter den Bedrängungen böser Geister leiden. Sie erschienen ihr während der Hausarbeit in Gestalt von Schlangen, Hunden, widerwärtigen Menschen, gossen Jauche in den frisch gereinigten Speisesaal, packten sie von hinten an den Haaren und rissen sie zu Boden. Manchmal nahmen sie die Gestalt von Engeln an, sausten mit ihr hoch in die Luft und ließen sie dann unter Hohngelächter auf den Boden stürzen. Sie stellten ihr beim Tragen von Küchengerät das Bein oder warfen sie mit großer Gewalt die Kellertreppe hinunter. Als sie einmal mit dem Lesen heiliger Bücher beschäftigt war, erschienen mehrere Teufel in Gestalt wilder Tiere, zerrissen ihre Lektüre und warfen sie in einen großen Aschenhaufen.

Dann schindeten sie Franziska so sehr, dass sie kaum noch als weibliches Wesen zu erkennen war.

Die Heilige ließ sich durch all diese Peinigungen nicht einschüchtern. So änderten denn die bösen Geister ihre Methode und versuchten sie durch gleisnerische Versuchungen zu besiegen. Aber Franziska war auch dagegen gewappnet. Beistand erhielt sie von ihrem Schutzengel, mit dem sie sehr vertraut umging. Außerdem erreichte sie eine große Meisterschaft darin, die Sinne abzutöten. Sie untersagte sich den Genuss all dessen, was dem Gaumen schmeicheln kann. Nur bei Krankheit erlaubte sie sich Fleisch. Hartes, verschimmeltes Brot war ihre gewöhnliche Nahrung. Hielt sie sich schuldig, so züchtigte sie sich ohne Nachsicht. Sündigte sie zum Beispiel mit der Zunge, so biss sie darauf. Ebenso streng verfuhr sie mit den übrigen Gliedern. Mehrmals musste sie der Beichtvater ermahnen, diese Härte gegen sich zu mildern. So befahl er ihr, einen Bußgürtel abzulegen, weil dadurch schwärende Wunden an Lenden und Bauch entstanden waren.

Franziska gebar vier Kinder, die sie in Ehrfurcht vor Gott mit großer Sorgfalt erzog, unablässig über deren Unschuld wachend. Als ihr Gemahl 1436 starb, eilte sie barfuß, mit einem Strick um den Hals, zum Haus einer frommen Damenvereinigung, die sie selbst vor Jahren gegründet hatte. Auf Befehl ihres Beichtvaters übernahm sie die Leitung des Hauses und wurde so zur Stifterin des Olivetaner-Oblatinnen-Ordens.

A: *im Benediktinerhabit; einen Engel an ihrer Seite, vor Monstranz kniend, deren Strahlen ihr Herz treffen; mit Maultier, mit Holz für die Armen beladen ist; mit Brotkorb; mit zerbrochenen Pfeilen.*
P: *der Frauen; der Autofahrer und des Verkehrs (neben Elias und Christophorus); gegen Pest; gegen die Qualen des Fegefeuers.*

10. März

Die vierzig hll. Märtyrer von Sebaste

† um 320

Bei der in Armenien stationierten römischen Legion wurde der kaiserliche Befehl verlesen, alle sollten den Göttern opfern. Da traten 40 Soldaten vor und bekannten sich als Christen. Der Richter überlegte lange, wie er ihren Willen brechen könne, und schloss in Erwägung ihrer soldatischen Tapferkeit alle gewaltsamen Mittel wie Schwert, Feuer und Folter aus. Stattdessen ließ er sie nackt auf einem gefrorenen Teich anpflocken, bei härtester Winterkälte und Nordwind. In der Nähe aber standen Dampfbäder und geheizte Zimmer für jeden Abschwörenden bereit.

Drei Tage dauerte das Martyrium. Der hl. Basilius hat in einer Preisrede auf die Märtyrer von Sebaste die Qualen des Erfrierens geschildert: »Wenn der Körper die Wärme verliert, so wird er zunächst bleich und blau durch das geronnene Blut, die Zähne schlagen krampfhaft aufeinander, die Nerven und die ganze Masse des Körpers ziehen sich gewaltsam zusammen. Ein scharfer Schmerz, eine unbeschreibliche Pein dringt bis in das Mark und macht dem Erstarrten ein unerträgliches Weh. Dann sterben die äußeren Glieder ab, wie wenn sie durch Feuer versengt wären. Denn wenn die Wärme aus den äußeren Teilen zurückgedrängt ist und zu inneren, dem Herzen näheren flüchtet, lässt sie die Glieder, von welchen sie gewichen ist, tot zurück; die Teile aber, wohin sie getrieben wird, quält sie mit Schmerzen, und der Tod rückt so immer weiter vor.«

Da geschah es, dass einer schwach wurde. Er lief mit dem Vorsatz zu widerrufen in das warme Bad. Aber kaum hatte er es betreten, da brach er, vom Schlag gerührt, tot zusammen. Einer der Badewärter sah jedoch über den Leibern der Standhaften einen hellen Schimmer, und es schwebten strahlende Kronen vom Himmel herab. Wie ein Blitz durchzuckte ihn der Entschluss: Ich will auch Christ sein. Und so riss er sich die Kleider vom Leib und stellte sich zu den auf dem Eise Ausharrenden. Die Leichen wurden verbrannt, aber die Asche gelangte als kostbare Reliquie in zahllose Kirchen des Ostens wie des Westens. Die Namen der Märtyrer sind überliefert als Acacius, Aetius, Alexander, Angias, Athanasius, Cajus, Candidus, Chudion, Claudius, Cyrillus, Domitian, Domnus, Ecditius, Eunoicus, Eutychius, Eutyches, Flavius, Gorgnius, Helianus, Helias, Heraclius, Hesychius, Johannes, Leontius, Lysimachus, Meliton, Nicolaus, Philoctimon, Priscus, Quirion, Sacerdos, Severian, Sisinius, Smaragdus, Theodulus, Theophilus, Valens, Valerius, Vivianus und Xanthias.

A: *als Gruppe nackter Männer, der Abtrünnige verschwindet in der offenen Tür des Badehauses, der Bekehrte wird begrüßt.*
F: *auch 9. März.*

Hl. Eulogius von Toledo

Bischof und Märtyrer

Hl. Leocritia

Jungfrau, † 859

Im 9. Jahrhundert herrschten die Mauren über die ganze Iberische Halbinsel mit Ausnahme Asturiens. Die meisten Christen hatten vor dem Druck des siegreichen Islam kapituliert und den Glauben gewechselt. Nur eine Minderheit hielt am alten Bekenntnis fest.

Dabei war die Politik der Araber nicht aggressiv antichristlich, sondern innerhalb gewisser Grenzen durchaus tolerant. Christen und Juden durften ihre Religion ausüben, hatten eine eigene Rechtsordnung und zahlten dafür Tribut. Als 850 jedoch höhere Abgaben festgesetzt wurden, kam es zu Unruhen. Eine Minderheit unter den Christen trat öffentlich gegen den Islam auf. Die Araber griffen hart durch, provozierten damit aber nicht wenige Freiwillige dazu, dem Märtyrerideal der alten Kirche nachzueifern.

Der andalusische Bischof Reccafred versuchte die Wogen zu glätten und untersagte den Gläubigen, sich durch öffentliche Bekenntnisse in Lebensgefahr zu bringen. Dagegen ermutigte der Priester Eulogius die Bekenner und pries das Martyrium. Er war wegen seines vorbildlichen Lebenswandels zum Vorsteher der geistlichen Schule in Cordoba ernannt worden.

Nun warf ihn der Bischof ins Gefängnis, weil er seine Politik des Kompromisses gefährdet sah. Eulogius ließ jedoch nicht davon ab, die Christen zum Martyrium aufzufordern. Wieder in die Freiheit entlassen, verfasste er eine Mahnschrift, in welcher er die wegen ihres öffentlichen Bekenntnisses im Kerker schmachtenden Jungfrauen Flora und Maria zu Standhaftigkeit beschwor. Diese folgten seinem Ruf und gingen unerschrocken in den Tod. Eulogius nutzte seine Freiheit, um in der wachsenden Verfolgung den Bekennermut zu fördern. Er sammelte Märtyrerakten und gab einen Heiligenkalender in drei Bänden heraus. Da der Bischof ihm nun mit dem Bann drohte, entwich er für einige Zeit nach Frankreich. Als jedoch der Bischofsstuhl von Toledo frei wurde, erwählten ihn Klerus und Gemeinde einstimmig zu ihrem

Hirten. Er kehrte zurück, doch konnte er das Amt nicht mehr antreten. Unter seinen Anhängern befand sich nämlich die adelige Jungfrau Leocritia, die heimlich die Taufe empfangen hatte. Sie entwich aus dem Elternhaus und fand Zuflucht bei Eulogius, der sie zuerst bei verschiedenen frommen Christen, schließlich bei sich selbst verbarg. Die Eltern kamen auf ihre Spur und überraschten Leocritia mit Eulogius beim gemeinsamen Gebet.

Eulogius wurde sogleich vor den Richter geführt, wo er nicht nur zugab, Leocritia zum Ungehorsam aufgestachelt zu haben, sondern Mohammed einen Betrüger nannte. Er bot an, sogleich den Beweis dafür zu erbringen. Der Richter wollte dieses Gerede unterbinden und bedrohte den Bischof mit der Todesstrafe. Aber der versicherte, dass er das Martyrium jeder Form von Unterwerfung vorziehe. Einer der königlichen Ratgeber versuchte zu vermitteln, aber Eulogius antwortete ihm: »Wenn du die Freuden kenntest, die auf Christen nach ihrem Tode warten, würdest du alle irdischen Vorteile dagegen wegwerfen.« Freudig schritt er zur Hinrichtung. Er wurde erst geschlagen, dann mit einer kupfernen Lanze gestochen und schließlich enthauptet. Vier Tage danach folgte ihm die standhafte Leocritia in den Tod.

A: *betend unter Bäumen und ein Herz haltend, mit Lanze oder Schwert.*
P: *von Cordoba und Oviedo; der Kupferschmiede und Zimmerleute.*
F: *Leocritia auch 15. März.*

*

Sel. Heinrich Amandus Seuse (Suso)

Dominikanermönch, 1295–1366

In Konstanz aus einem alten Rittergeschlecht geboren, zeichnete sich Heinrich unter allen Geschwistern durch eine besondere Frömmigkeit aus. Mit zehn Jahren beschloss er, dem Glanz der Welt zu entsagen, und trat bei den Dominikanern ein. Die Oberen schickten den begabten Jüngling zum Studium nach Köln und wünschten aufgrund seiner Erfolge, er möge die Doktorwürde erwerben. Seine Demut aber ließ ihn so inständig um Verschonung von dieser Auszeichnung bitten, dass man ihm erlaubte, sich ganz der Seelsorge zu widmen. Als Beichtvater und Prediger hatte er erstaunliche Erfolge in ganz Deutschland, in der Schweiz und in Belgien. Dies schuf ihm jedoch auch viele Neider, und bald sah er sich bösartigen Verleumdungen ausgesetzt. Er wurde als Kirchenräuber, scheinheiliger Betrüger, als Giftmischer und sogar als Ketzer verschrien. Ein loses Weib behauptete, er sei der Vater ihres Kindes, und Heinrich musste ein Jahr lang ihren Unterhalt bezahlen, die Missachtung seiner Brüder und den Spott der Welt ertragen, bis sich seine Unschuld schließlich erwies.

Zu allem Überflusse fiel seine Schwester, die ebenfalls in ein Kloster eingetreten war, der Finsternis der Todsünde anheim. Sie floh und gab sich einem jungen Ritter hin, mit dem sie längere Zeit unverheiratet zusammenlebte. Nur mit unendlicher Geduld gelang es Heinrich, sie wieder auf den Pfad der Tugend und ins Kloster zurückzubekommen. In diesen Betrübnissen stand er jede Nacht von seinem harten Lager auf und übte sich in der Beschauung der Leiden Jesu. Mit einem eisernen Griffel ritzte er den Namen Jesu so tief in seine Brust ein, dass das Blut auf den Boden der Zelle hinabfloß.

Auf dem Gebiet des Fastens hielt er strengste Disziplin. Einst kam er in eine Anfechtung, dass es ihn nach Fleisch gelüstete. Jahrelang hatte er keines mehr gegessen. Unmittelbar nach dem Genuss desselben erstand vor ihm eine ungeheure Höllengestalt. Sie zog einen gräulichen Bohrer heraus und sprach zu ihm: »Da mir mehr nicht erlaubt ist, will ich deinen Leib mit diesem Bohrer peinigen, dass es dir ebenso weh tut, wie deine Lust, Fleisch zu essen, groß war.« Und der Dämon machte Ernst: Heinrich schwollen die Kinnbacken und Zähne, dass er den Mund nicht mehr auftun konnte. Drei Tage lang vermochte er nur zu sich zu nehmen, was er durch die Zähne saugen konnte.

Zur Ertötung anderer fleischlicher Regungen dachte er sich wirksame Mittel aus. Er nähte selbst eine lederne Hose, in die er einen Schmied hundertfünfzig Nägel einarbeiten ließ. Tag und Nacht trug er sie unter seinem Habit. Mit der Zeit nisteten sich Wanzen und andere Parasiten ein und peinigten ihn ununterbrochen, was er aber heroisch ertrug. Damit er nicht etwa nachts in Versuchung käme, die Hose auszuziehen, steckte er seine Hände in Lederschlaufen und genagelte Handschuhe, so dass er bei jeder Bewegung im Schlaf sofort schmerzhaft geweckt wurde. Auch andere Körperteile züchtigte er so sehr, dass oft sein ganzer Leib von offenen Wunden bedeckt war. Das

Ungeziefer und die Fliegen, die sich an den Schwären gütlich taten, ertrug er mit beispielhafter Geduld. Seiner Gesundheit allerdings setzten diese Formen der Selbstkasteiung so zu, dass er in ernster Lebensgefahr schwebte. In seiner Autobiographie schreibt er in dritter Person über sich: »Als seine Natur und seine Adern erkaltet und verwüstet waren, erschien ihm in einem Gesicht am Pfingsttage ein himmlisches Gesinde und verkündigte ihm, dass Gott es von ihm nicht länger haben wollte. Da ließ er davon ab und warf alle Werkzeuge der Abtötung in einen Fluss.«

Fünfzig Jahre wirkte Seuse unermüdlich für die Ehre Gottes. Seine vielen Schriften gehören zu den bedeutendsten Zeugnissen der christlichen Mystik. Er starb 1366 als Prior des Dominikanerklosters von Ulm.

A: *mit Baum, von dem ihm das Jesuskind Zweige zuwirft; kniend vor einer Frau mit Lilie und Kranz von Rosen um das Haupt; mit Griffel in der Hand und Hund, der rotes Tuch im Maul trägt; mit Teufel als Mohr.*
F: *auch 25. Januar und 2. März.*

12. März

Hl. Gregor I. der Große

Papst und Kirchenlehrer, um 540–604

In der Zeit, da Gregor von Papst Pelagius zum Kardinaldiakon gemacht wurde, gab es eine große Überschwemmung des Tibers, die viel totes Getier, namentlich Schlangen und einen Drachen, an dessen Ufern auswarf. Durch den Fäulnisgestank wurde die Luft vergiftet, und in Rom brach die Beulenpest aus. Man sah Pfeile vom Himmel fliegen, und wen sie trafen, der war tot. Als erster starb Papst Pelagius. Weil die Christenheit aber nicht ohne Papst sein wollte, ertönte einstimmig der Ruf nach Gregor.

Dieser veranstaltete große Prozessionen, doch zunächst stieg die Zahl der Sterbenden auf 80 in der Stunde an. Gregor ermahnte das Volk, unbeirrt im Gebet zu verharren. Als die Seuche schwächer wurde, floh er jedoch vor seinem hohen Amt aus der Stadt. Er wanderte in die Wälder und suchte sich eine verborgene Höhle. Nach drei Tagen aber entdeckten die Römer, die nach ihm forschten, eine klare Lichtsäule, die bis zum Himmel reichte, und ein Eremit im selben Wald sah, wie die Engel darin auf- und niederstiegen. Man fand Gregor und führte ihn nach Rom zurück. Gregor fügte sich, aber er bekannte einem Freund: »Wisset, ich bin so sehr betrübt, dass ich es nicht zu sagen vermag.«

Obwohl er zeitlebens kränklich war, entfaltete eine rastlose Betriebsamkeit. Er ordnete den päpstlichen Besitz, baute soziale Fürsorge und Armenpflege auf, reformierte die Kirchenzucht, förderte das Klosterwesen, regelte die Liturgie der Messe, redigierte das Messbuch neu und begründete den »gregorianischen Choral«. Außerdem verfasste er zahllose Schriften, deretwillen er unter die vier großen lateinischen Kirchenväter gerechnet wird.

Aus Konstantinopel, wo er einige Jahre als päpstlicher Gesandter geweilt hatte, brachte Gregor auch eine Vorliebe für fromme Bildnisse mit. Da trug es sich zu, dass der Bischof Serenus von Marseille Anstoß an der zunehmenden Verehrung von Heiligenbildern nahm. Erzürnt ließ er alle Bildnisse aus seinem Dom räumen und vernichten. Für seinen Eifer, die religiöse Verehrung von Werken aus Menschenhand zu untersagen, lobte ihn Gregor, für die Zerstörung der Bilder tadelte er ihn. »Mit Bildern«, schrieb er, »werden die Kirchen deshalb geschmückt, damit diejenigen, welche das Alphabet nicht kennen, das an der Wand dargestellt sehen, was sie in der Heiligen Schrift nicht zu lesen vermögen.«

Er schickte Missionare zu den Angelsachsen und durfte erleben, wie sich die Langobarden in Oberitalien nach der Heirat ihres Königs Agilulf mit der katholischen Bayernprinzessin Theodelinda zum römischen Glauben bekehrten.

Bei einer Messe Gregors zweifelte ein Besucher an der Tatsächlichkeit der Wandlung von Brot und Wein in Fleisch und Blut. Plötzlich erschien über dem Altar Christus als Schmerzensmann. Aus seiner Seitenwunde floss Blut in den vom Papst erhobenen Meßkelch. Dieser Beweis überzeugte auch den Zweifelnden.

A: *als Papst mit Buch und Federkiel, Taube auf der Schulter; Arme an seinem Tisch speisend (zwölf waren geladen, aber es kam noch einer ungeladen: Christus); mit Fegefeuer.*

P: *der Gelehrten, Lehrer, Maurer, Musiker, Sänger, Schüler, Studenten, Schulen; gegen Gicht, Pest.*
F: *auch 3. September.*

*

Hl. Fina (Seraphina)

Jungfrau, 1238–1253

Fina war eine höchst fromme, bescheidene und sittenreine Jungfrau in San Gimignano. Als sie an einer schweren Krankheit darniederlag, bettete sie sich zur Abtötung des Fleisches auf ein hartes Brett, von dem sie nicht mehr aufstehen wollte. Ihr Leib begann an dem Holz festzuwachsen, endlich zu faulen und einen unerträglichen Gestank zu verbreiten. Dennoch befielen sie Versuchungen. So näherte sich ihr der Teufel in Gestalt einer ungeheuren Schlange, und erst im letzten Moment konnte sie ihn durch das Kreuzzeichen vertreiben. In einer Vision erschien ihr schließlich der hl. Gregor der Große und versicherte ihr, dass sie am Tage seines Gedächtnisses sterben werde. Und so geschah es. Die Glocken begannen im Augenblick ihres Todes von selbst zu läuten. Der üble Geruch ihres Körpers verwandelte sich in paradiesischen Duft. Aus dem fauligen Brett sprossen bunte Blumen in Fülle und bildeten dem Leichnam eine sanfte Ruhestätte. An ihrem Grab wurden viele Kranke gesund.

A: *als Mädchen in langem Mantel, mit Blumenbukett.*
P: *von San Gimignano (Toscana).*

Hl. Euphrasia

Jungfrau, um 380–410

Die hl. Euphrasia stammte aus einem Nebenzweig des kaiserlichen Hauses von Byzanz. Ihre Mutter, ebenfalls Euphrasia mit Namen, verlor 22-jährig den Gemahl und entfloh dem Hofleben, um in Frömmigkeit zu leben. Sie begab sich nach Ägypten, wo sie große Ländereien besaß. Nahebei lag ein Kloster mit 130 Jungfrauen, von deren Gottesliebe sich die junge Witwe heftig angezogen fühlte. Sie bot der Äbtissin eine bedeutende Schenkung an, aber jene lehnte mit den Worten ab: »Wir haben auf alle Güter und Bequemlichkeiten der Welt verzichtet, um das Himmelreich zu erkaufen. Wir sind arm und wollen in Armut sterben.«

Die siebenjährige Euphrasia fühlte sich zu diesem Leben noch mehr hingezogen als ihre Mutter. Als beide einmal den ganzen Tag im Kloster geweilt hatten, wollte Euphrasia nicht mehr fortgehen. Die Oberin belehrte sie, dass an diesem Orte nur bleiben dürfe, wer sich Gott in ewiger Jungfräulichkeit verlobe. Da umfasste das Kind mit beiden Armen das Bild des Gekreuzigten und sprach: »So verlobe ich mich auf ewig mit meinem Heiland und will nur noch hier leben und sterben!«

Die Mutter zeigte sich erschüttert, übergab ihr Kind der Oberin und verließ das Kloster mit Tränen in den Augen. Als sie kurz danach tödlich erkrankte, rief sie ihr Töchterlein und sprach: »Denke nie an deine hohe Herkunft. Sei demütig und arm auf Erden, damit du dir die Schätze des Himmels verdienst.« Und die Jungfrau folgte treu diesem Rat.

Wenn der Teufel sie heftig mit Versuchungen wider ihre Keuschheit plagte, dann kämpfte sie mit Gebeten und kalten Waschungen dagegen an. Die Vorsteherin, der sie diese Anfechtungen offenbarte, trug ihr auf, in der Mittagshitze einen Haufen Steine über den Hof in eine Ecke zu tragen. War sie damit fertig, so sollte sie alles wieder an den alten Platz bringen. Euphrasia tat ohne Widerworte, was ihr aufgetragen ward. Nach dreißig Tagen hörten die Versuchungen auf.

Als sie in die Jahre der Reife gelangte, forderte der Kaiser sie in einem Brief auf, zu heiraten. Sie aber schrieb zurück: »Willst du, dass ich mein Gelübde verletze und mich an einen Sterblichen binde, welcher bald die Speise der Würmer sein wird?« Als er das Schreiben las, weinte der Kaiser und gab nach. Ihr großes Vermögen verschenkte er nach ihrem Willen an die Armen und Kranken. 30-jährig starb Euphrasia an einem hitzigen Fieber. An ihrem Grab ereigneten sich viele Wunder.

A: *als Nonne; mit Teufel, der sie versucht; mit Lilie und Buch; schlafend, einen Stein unter dem Haupt.*

14. März

Hl. Mathilde

Königin und Witwe, um 895–968

Mathilde gebar ihrem Gemahl Heinrich dem Vogler drei Söhne und zwei Töchter. Nach dem Tode des Königs stellte sie sich im Kampf um die Nachfolge zwischen ihren Söhnen Otto und Heinrich auf die Seite des Letzteren. Heinrich unterlag, und die Mutter musste schwer dafür büßen. Es war nämlich nicht nur Kaiser Otto, sondern fast mehr noch ihr Liebling Heinrich, der sie herzlos drangsalierte. Man hatte sie verleumdet, sie verschwende alles an die Armen, und so nahmen ihr die Brüder das Witwengehalt und sogar das Brautvermögen und nötigten sie zum Eintritt in ein Kloster. Sie trug dieses Schicksal ergeben und als Strafe für die eigene Sündhaftigkeit. Den Söhnen aber brachte ihr Verhalten der Mutter gegenüber wenig Glück. Der eine verlor fortwährend Kriege, der andere zog sich schwere Krankheiten zu und starb schließlich bald darauf. Mathilde trauerte tief um ihn und stiftete zu seinem Gedenken das Kloster Nordhausen.

Otto aber versöhnte sich auf Betreiben seiner Frau Editha und seines Bruders Bruno, des Erzbischofs von Köln, wieder mit seiner Mutter und besuchte sie mit großem Gefolge. Am Tag der Abreise gingen sie gemeinsam zur hl. Messe, dann umarmten sie sich vor dem Kirchenportal, küssten sich zum Abschied, und Otto schwang sich auf sein Ross. Mathilde aber kehrte in die Kirche zurück, warf sich zu Boden und küsste weinend die Stelle, wo er gestanden hatte. Ein Hofmann berichtete dies dem Kaiser, und dieser kehrte sofort um, fand sie noch kniend am selben Platze vor und sprach zu ihr: »Mutter, wie soll ich euch solche Liebe vergelten?«

Eine göttliche Eingebung verriet ihr das Nahen des Todes. Sie begab sich nach Quedlinburg und legte sich, angetan mit einem grauen, härenen Bußkleid, auf das Sterbebett. Der Erzbischof von Mainz, ihr Enkel Wilhelm, eilte herbei und konnte ihr noch die letzte Ölung erteilen. Als er wieder aufbrach und ihr einen Priester als Beistand zurücklassen wollte, da sagte sie ihm prophetisch: »Den Priester wirst du auf der Reise nötiger brauchen als ich.«

Und Wilhelm starb auf der Reise eines plötzlichen Todes.

A: *als Königin und Klosterstifterin (mit Klostermodell im Arm); Almosen austeilend; mit Geißel; mit Hahn oder Hirschkuh.*
P: *von Quedlinburg, Nordhausen.*

15. März

Hl. Longinus

Soldat und Märtyrer, † um 68

Der Legionär Cassius, der Jesu Seite mit dem Speer durchbohrte, war ein wenig kurzsichtig. Aus der Wunde floß Blut und die Lanze hinab. Cassius wollte sie abwischen, wobei er mit der blutverschmierten Hand die Augen berührte. Sofort sah er mit der Schärfe eines Adlers nicht nur die weltlichen, sondern auch die himmlischen Dinge. Er ließ sich von den Aposteln taufen und nahm den Namen Longinus an. Bald darauf zog er sich vom Militärdienst zurück und lebte über Jahrzehnte in Kappadozien, wo er durch seinen vorbildlichen Wandel viele zum wahren Glauben bekehrte.

Auf der Suche nach Christen spürten ihn eines Tages die Behörden auf. Longinus wurde zunächst die Zunge abgeschnitten, dann fiel sein Kopf unter dem Schwert. Der verantwortliche Präfekt Octavianus aber büßte seinen Verfolgungseifer schwer: er erblindete. Da begann er zu bereuen. Weinend kniete er am Leichnam des Hingerichteten nieder und bat um Vergebung. Auf der Stelle kehrte sein Augenlicht zurück, und hinfort tat er viel Gutes. Die Gebeine des Heiligen werden besonders in Mantua verehrt, seine Lanze hingegen wird im Vatikan, die Spitze derselben in Paris aufbewahrt.

A: *als römischer Soldat, mit Speer.*
P: *der Schmiede; bei Augenleiden, zur Blutstillung bei schweren Wunden.*

⁕

Hl. Luise von Marillac

Ordensgründerin, 1591–1660

Der hochgebildeten Jungfrau aus altfranzösischem Adelsgeschlecht begegnete auf einer Reise übers Land eine Gruppe zerlumpter Zigeunerkinder. Sie ließ die Kutsche anhalten, fragte sie mitleidsvoll über ihr Schicksal aus und schenkte einem Knaben ein Goldstück.

Im Schloss angekommen, ging sie nach der ungewohnten Anstrengung bald zur Ruhe. Mit dem Schlafe kämpfend, wollte sie auf das tägliche Rosenkranzgebet verzichten und es am nächsten Tag nachholen. Plötzlich vernahm sie ein Geräusch im Raum. Obwohl sie nichts Beunruhigendes feststellen konnte, ergriff sie Bangigkeit. Sie erhob sich und kniete sich in den Betstuhl, um nun doch ihre Andacht zu verrichten. Während sie sich sammelte, glaubte sie für einen Moment zwei Augen unter dem Bett hervorleuchten zu sehen. Am ganzen Körper zitternd, blickte sie starr in diese Richtung. Die Tür war zu weit entfernt, um fliehen zu können, falls ein Räuber es auf sie abgesehen hatte. Da betete sie laut zur Gottesmutter, nicht um die eigene Rettung, sondern um Gnade und Reue für die Bösen, die Gott nicht kennen. Dann rief sie in einer Eingebung: »Komm, böser Mensch, aus deinem Schlupfwinkel, damit ich dir Böses mit Gutem vergelte.« Ihr Erstaunen war groß, als statt eines Räubers der kleine Zigeunerjunge zum Vorschein kam. Er beichtete ihr seinen Auftrag, bei Nacht die Türe zu öffnen und die Bande einzulassen. Sie ermahnte ihn ernstlich und entließ ihn ungestraft.

Aus Dankbarkeit schenkte ihr der Knabe eine Kapsel, die er an seinem Hals trug. Es werde ihr in Zukunft kein Leid mehr geschehen, wenn sie in einer Gefahr die Hand darauf lege und »Agnes« rufe.

Diese merkwürdige Begebenheit kam auch der Königin Maria von Medici zu Ohren. Sie ließ durch ihren Sekretär Antoine Le Gras Erkundigungen einziehen. Seine Nachforschungen führten zu einem denkwürdigen Resultat: Die Kapsel mit dem Bild der hl. Agnes hatte seine Mutter seinem kleinen Bruder Gabriel als Schutzmedaillon umgehängt, kurz bevor dieser beim Einsturz einer Mühlenbrücke verschwunden war. Der Knabe war niemand anderes als Gabriel, den wandernde Zigeuner aus dem Wasser gezogen, mitgenommen und zu allerlei Diebeskünsten abgerichtet hatten. Er wurde zu seinem geistlichen Heil in ein Kloster gegeben und später ein würdiger Gefährte des hl. Vinzenz von Paul, dessen Lazaristenorden sich um die Missionierung der unteren Volksschichten verdient machte.

Luise aber heiratete den königlichen Sekretär Le Gras. Als dieser 1625 starb, wandte auch sie sich an den hl. Vinzenz, um ihm bei seiner Volksmission zu helfen. Mit seiner Unterstützung entstand in den letzten vierzig Jahren ihres Lebens die Kongregation der »Töchter der christlichen Liebe«, der »Vinzentinerinnen«, heute die größte religiöse Frauengenossenschaft. Neben der Krankenpflege und der Betreuung von Galeerensträflingen war es ein besonderer Herzenswunsch Luises, den Kampf gegen das Elend der Findelkinder in das Programm der Ordensarbeit aufzunehmen.

P: *aller in der Sozialarbeit Tätigen.*

16. März

Hll. Jean de Brébeuf und Gabriel Lallemand

Märtyrer der Indianermission, † 1649

In der ersten Hälfte des 17. Jahrhunderts missionierten die Jesuiten unter den wilden Indianern Kanadas, besonders unter Huronen, Irokesen und Algonquins. Die beiden gelehrten französischen Patres Brebeuf und Lallemand waren seit einigen Jahren erfolgreich in der Huronenmission tätig, als 1649 Irokesen die Station St. Ignace überfielen. Da die Krieger der Huronen auf der Jagd waren, trafen sie auf keinen nennenswerten Widerstand und metzelten Greise, Frauen und Kinder nieder. Am nächsten Tag eroberten die Irokesen die Stadt St. Louis, wo ihnen auch die beiden Patres in die Hände fielen. Gefangene Huronen, die entfliehen konnten, haben ihr Schicksal überliefert.

Zunächst band man Brebeuf an den Marterpfahl. Er schien sich jedoch mehr um seine bekehrten Huronen zu sorgen und ermahnte sie, standhaft zu bleiben. Die wütenden Irokesen brannten ihn an Kopf und Beinen, um ihn zum Schweigen zu bringen. Als er fortfuhr zu sprechen, schnitten sie ihm die Unterlippe ab und stießen ihm ein rot glühendes Eisen in die Kehle. Er gab keinen Laut des Schmerzes von sich. Nun führten sie Lallemand herbei, dem sie um den nackten Körper Streifen aus mit Pech beschmierter Baumrinde gebunden hatten. Als dieser Brébeuf sah, warf er sich ihm zu Füßen und bat ihn um seinen Segen. Er rief noch: »Wir wollen der Welt, den Engeln und den Menschen ein Schauspiel sein!«, da packten ihn die Krieger, fesselten ihn an einen Pfahl und steckten die Rinde in Brand. Er flehte zu Gott, aber es sollte noch Stunden dauern, bis ihn der Tod erlöste. Die Irokesen hängten unterdessen eine Kette aus glühenden Beilen um den Hals Brébeufs und klemmten ihm glühende Steine in die Achselhöhlen. Doch er schwieg immer noch.

Ein vom Glauben abgefallener Hurone, der von den Irokesen adoptiert worden war, schlug boshaft vor, man solle siedendes Wasser über die Köpfe der Missionare schütten, da sie selbst immer so viel kaltes Wasser bei der Taufe verbrauchten. Und also wurde aus einem großen Kessel kochendes Wasser langsam über die Patres gegossen. Dann schnitten sie Brébeuf Fleischstreifen aus den Gliedern, und nach weiteren unbeschreiblichen Martern skalpierten sie ihn. Kurz vor seinem letzten Atemzug öffnete der Häuptling mit einem großen Messer die Brust des Märtyrers, riss das noch zuckende Herz heraus und verschlang es.

Der eher schwächliche und kränkliche Lallemand musste noch viel länger leiden. Da er alle Qualen überlebte, trugen ihn die grausamen Krieger in eine Hütte und marterten ihn die ganze Nacht hindurch. Erst am Morgen verlor einer der Männer die Geduld und schlug dem Pater mit einer Axt den Schädel ein.

F: *Gabriel Lallemand auch 26. September.*

⁎

Hl. Heribert

Bischof von Köln, um 970–1021

Heribert entstammte einem angesehenen Wormser Adelsgeschlecht. Seiner Neigung nach wäre der Jüngling gerne den strengen Benediktinern von Gorze in Lothringen beigetreten, doch der Vater war damit nicht einverstanden. Er veranlasste den Sohn, seine trefflichen Anlagen der Laufbahn eines Weltpriesters zu widmen. Der Wormser Bischof Hildebold fand großes Gefallen an dem aufstrebenden jungen Kleriker – so wurde Heribert bald Dompropst.

In dieser Stellung lernte ihn Kaiser Otto III. kennen, der ihn kurzerhand zu seinem Hofkanzler machte. Bis zu dessen frühem und nach damaliger Fama meuchlerischem Tod 1002 diente er dem Herrscher treu und begleitete ihn nach Italien und zum Papst nach Rom.

998 wurde der Bischofsstuhl von Köln vakant, und in der Diözese entbrannte ein heftiger Parteienstreit zwischen Geistlichkeit und Volk. Schließlich wählte der Klerus allein den Propst Wezelin, aber dieser trat vor und rief: »Es ziemt sich nicht, dass wir in den Angelegenheiten der Kirche persönliche Interessen über die Einheit stellen! Ich möchte mich nicht von Ehrgeiz oder Neid leiten lassen! So nenne ich euch einen Würdigeren als mich: Wählt den Heribert, er ist ein Mann Gottes und der Menschen, Christo wie dem Kaiser angenehm, laßt uns der Zwietracht ein Ende setzen!« Kaum war der Name gefallen, da brauste Jubel auf: »Gottlob, das ist er! Heribert ist der rechte Mann!«

Er selbst sah dies ganz anders. Er habe nichts an sich, sagte er, was eines Bischofes würdig sei; sein Leben sei ihm schon Last genug, die Gläubigen würden wenig Freude an ihm haben. Erst als ihm der Kaiser einen Brief nach Ravenna sandte, wo Heribert gerade in einer Friedensmission zugange war, da willigte er ein, die Verantwortung zu übernehmen. Er reiste nach Rom und empfing vom Papst das Pallium, eine besondere Auszeichnung, die in der Regel nur Erzbischöfen und Metropoliten zuteil wurde.

Im Winter des Jahres 999 hielt er Einzug in Köln – ohne irgend ein äußeres Zeichen seiner Würde, barfüßig und in dünnem Gewand. Auch später, wenn er standesgemäß in prunkvollem, goldverzierten Ornat erscheinen mußte, trug er darunter einen härenen Bußgürtel. Seine Einkünfte teilte er zwischen der Kirche und den Armen. Für sich selbst behielt er nur das Allernotwendigste. Die Armen besuchte er in ihren Wohnungen, die Kranken in den Spitälern, wusch ihnen die Füße, spendete Almosen und geistlichen Trost und bewirkte durch sein Beispiel, dass auch Andere ihr Herz der wohltätigen Liebe und Freigebigkeit öffneten.

Bei einer schweren, langanhaltenden Dürre veranstaltete er einmal einen Bittgang von St. Severin nach St. Pantaleon und mahnte in eindringlicher Predigt zu Buße und Gottvertrauen. Die vereinten Gebete von Klerus und Volk wurden mit einem Wunder belohnt: Ein ausgiebiger Regen fiel auf die vertrockneten Felder nieder und bewahrte das Land vor der Gefahr einer Hungersnot. Darum wird der Heilige bis heute in Zeiten von Dürre und Trockenheit als Regenbringer angerufen.

Da er die Armut liebte, wollte er auch ein Kloster für arme Mönche stiften, um an die freiwillige Armut des Heilands zu erinnern. Er fand aber nirgends einen tauglichen Ort zum Bau. Doch in einer Nacht erschien ihm Maria, auf einem Sternenthron sitzend, und sprach zu ihm: »Geh ins Städtchen Deutz, dort gibt es einen Meierhof im bischöflichen Besitz. Hier herrschte einst die Sünde und der Dienst an bösen Geistern. Diesen Ort sollst du reinigen und Gott, mir und allen Heiligen ein Kloster und eine Kirche bauen.« Heribert machte sich am andern Morgen auf den Weg und fand sogleich den Meierhof. Er befahl dem Verwalter, alles zu räumen und den Ort freizumachen für eine Wohnung der Königin des Himmels. In gar nicht langer Zeit standen dort Kloster und Kirche. Als Heribert am 16. März 1021 starb, bereitete man ihm nach seinem letzten Wunsch in der Kirche sein Grab. Reliquien von ihm werden auch in Köln, in Siegburg und anderen Stätten verehrt. Der kostbarste und kunstvollste Reliquienschrein aber wird in Deutz aufbewahrt, wo er hinter dem Hochaltar betrachtet werden kann.

A: *als Bischof, der betend Regen herabzieht.*
P: *von Deutz, gegen Dürre und Trockenheit.*
F: *auch 30. August (Überführung der Gebeine nach Deutz).*

Hl. Gertrud von Nivelles

Äbtissin, 626–659

Als Tochter des fränkischen Hausmeiers Pippins des Älteren war Gertrud eine der besten Partien im Lande. Nach damaligem Brauch sollte sie schon als Kind verlobt werden. Bei einem Festmahl rief König Dagobert die zehnjährige Gertrud zu sich und zeigte ihr den schönsten und geschmücktesten der jungen Edelmänner, den Sohn eines reichen und mächtigen Herzogs.

Dieser hatte gerade um die Hand Gertruds angehalten, und die Verbindung schien sowohl ihrem Vater wie dem König wünschenswert. Gertrud aber sagte ruhig und ernst: »Ich will weder diesen noch einen anderen zum Gemahl haben. Mein Bräutigam soll der sein, vor dessen ewiger Schönheit aller irdischer Reichtum und Glanz verblasst und den die Engel anbeten.« Alle Anwesenden staunten über die kluge Rede des Mädchens und sahen darin die Offenbarung göttlicher Weisheit. Deshalb bedrängte man sie nicht weiter mit Eheplänen. Ihre Mutter, die hl. Itta, erzog sie in Frömmigkeit und Gelehrsamkeit. Mit 14 wurde sie Novizin in dem von der hl. Itta und dem hl. Amandus gegründeten Kloster von Nivelles in Brabant.

Schon mit 21 Jahren erwählte man sie zur Äbtissin. Mit großer Umsicht, mit Tugendeifer und tätiger Nächstenliebe führte die jugendliche Oberin das Stift. Mit 30 übergab sie das musterhaft geleitete Kloster an ihre Nichte Wilfetrude und bereitete sich auf den Tod vor. Als sie nach drei Jahren starb, trauerte ganz Brabant um die schon zu Lebzeiten als Heilige Verehrte.

Wunderbare Macht besaß Gertrud über Mäuse und Ratten: Ob in der Spinnstube oder in Feld und Flur – wo Gertrud erschien, ergriffen sie sofort die Flucht. Deshalb erwählten sie alle Berufe, die unter Ratten- und Mäuseplagen leiden – Gärtner, Bauern, Winzer – zu ihrer Patronin. Jahrhundertelang gab es zum Gertrudentag Flurprozessionen in Nivelles mit ihren Reliquien. Sie galt als die strahlende Botin des Frühlings.

A: *als Äbtissin mit Stab oder Kreuz, mit Ratten und Mäusen, mit Katzen (als den Feinden der Mäuse), mit Hospitalmodell, mit fürstlichen Abzeichen, einen Edelmann zurückweisend.*

P: *Brabants; der Gärtner, Winzer; für das Gedeihen der Feld- und Gartenfrüchte; der Gefangenen, Seefahrer und Reisenden; gegen Mäuse-, Ratten- und Schädlingsplagen.*

⁕

Hl. Patrick

Apostel Irlands und Schottlands, um 385–461

Im römischen Britannien gebürtig, wurde Patrick 16-jährig von Seeräubern als Sklave nach Irland verschleppt. Er musste sechs Jahre als Hirte dienen, aber dann hörte er im Traum Stimmen, die ihm zur Flucht rieten. Er eilte zum Meer und fand ein reisefertiges Schiff, das ihn sogleich mitnahm. Wieder in der Heimat, träumte er mehrmals von einem Boten, der ihn aufforderte, als Missionar nach Irland zurückzukehren. Daraufhin begab er sich zu theologischen Studien auf jahrelange Wanderschaft durch Gallien und Italien, bis er der göttlichen Weisung folgend im Jahre 432 mit vierundzwanzig Gefährten an der irischen Küste landete.

Die Eingeborenen glaubten noch an ihre keltischen Götter und zeigten sich wenig aufgeschlossen für die neuen Lehren. Patrick bekam Streit mit einem Druiden, der das Christentum und seine Verkünder schmähte. Er behauptete, er sei selber ein Gott und erhob sich vor aller Augen in die Lüfte. Patrick aber schlug das Kreuzzeichen, und der Zauberer fiel zu Boden und blieb zerschmettert liegen.

Dennoch blieb die Zahl derer, die sich bekehren lassen wollten, nur sehr gering. Da betete Patrick darum, dass ein Eingang zum Fegefeuer geöffnet werde. Er schickte viele Heiden hinein, und manche blieben darin verschwunden. Die aber wieder herauskamen, nahmen angesichts der entsetzlichen Dinge, die sie gesehen hatten, den wahren Glauben an.

Im Laufe seines Lebens baute Patrick 365 Kirchen und bekehrte Tausende. Einem Häuptling erläuterte er einmal das Leiden Christi und setzte im Eifer der Erzählung versehentlich seinen spitzen Stab auf dessen Fuß. Dieser hielt still, und so wurde der Fuß durchbohrt. Als Patrick es endlich bemerkte, betete er zu Gott um Heilung, und in kürzester Frist war die Wunde wieder geschlossen. Große Missionserfolge hatte der Heilige in der Dreifaltigkeitsfrage. Wann immer Ungläubige ihn damit zu verwirren suchten, holte er ein Kleeblatt aus der Tasche und fragte sie, ob dies eine oder drei Pflanzen sei.

Einmal hatten ihm Druiden Gift in den Wein gegossen. Patrick segnete das Glas, da schwamm das Gift oben. Dann neigte er den Becher, das Gift floß ab, und er trank ohne Nachteil.

Als sich sein über hundertjähriges Leben langsam dem Ende zuneigte, bat er Gott, die Insel von allen widerwärtigen Kriechtieren zu verschonen. Und bis heute gibt es in Irland keine Schlangen.

A: *mit Schlangen zu Füßen; Feuer bricht aus der Erde; mit Kleeblatt.*
P: *von Irland und der Iren; der Bergleute, Barbiere, Böttcher, Schmiede; des Viehes; gegen die Hölle.*

18. März

Hl. Narcissus

Bischof von Gerona, Apostel Augsburgs, † um 304

Bischof Narcissus, der mit Hilfe der hl. Afra (siehe 5. August) Augsburg missioniert hatte, starb zusammen mit seinem Diakon Felix in seiner Heimat Spanien als Märtyrer.

Als in späteren Jahrhunderten einmal die Franzosen Gerona besetzten, stürzte sich eine Gruppe verrohter Soldaten auf das kostbar geschmückte Grab des Heiligen. Sie verwüsteten es und begannen alles, was wertvoll aussah, einzustecken. In diesem Augenblick fiel ein so riesiger Schwarm Stechmücken über sie her, dass den Plünderern nur mehr die Flucht blieb. Die Angriffe der Insekten weiteten sich jedoch auf die ganze Armee aus, und bald gab es kein Stehen und Halten mehr. Panisch zerstreute sich das französische Heer, die fast geschlagenen Spanier ermannten sich wieder und verfolgten die Fliehenden. Mehr als 40 000 Mann und 24 000 Pferde verloren dabei ihr Leben.

A: *als Bischof mit Schwert; mit Mückenschwarm.*
P: *von Gerona.*

Hl. Joseph

Nährvater Jesu

Nazareth in Galiläa war Josephs Geburtsstadt, und seine Abstammung führte er auf den König David zurück. Nach dem Evangelisten Matthäus war er ein Sohn Jakobs, nach Lukas ein Sohn des Heli. Als er schon weit über 40 Jahre zählte, verlobte sich der ehrbare Zimmermann mit der 14-jährigen Maria. Nach der damaligen Sitte unter den Juden wurde die Verlobung etwa vierzehn Monate vor der Hochzeit gefeiert. Die Brautleute bekamen einander dabei nicht zu Gesicht. Maria hatte aber während dieser Zeit empfangen, was Joseph bei der Vermählung bemerkte. Die Offenlegung dieses scheinbaren Aktes der Untreue hätte gemäß den Bestimmungen des Gesetzes die Steinigung Mariens nach sich gezogen. Da Joseph jedoch seine junge Frau liebte, andererseits ein undurchschaubares Geheimnis vermutete, entschloss er sich, diese schwierige Angelegenheit der Weisheit Gottes anheim zu stellen und seine Braut heimlich zu verlassen. Kaum hatte er jedoch diesen Vorsatz gefasst, erschien ihm ein Engel und weihte ihn in das Mysterium ein: »Fürchte dich nicht, Maria zu dir zu nehmen; denn was in ihr gezeugt worden, das ist vom Heiligen Geiste!«

So wurde Joseph der erste, der in jener Nacht von Bethlehem den Heiland in der Welt willkommen heißen durfte. Er empfing die Hirten und die Weisen aus dem Morgenland, die ihm kostbare Geschenke für den ersehnten Messias aushändigten. Acht Tage darauf übte er seine väterliche Pflicht, ließ den Kleinen an der Vorhaut beschneiden und gab ihm den Namen »Jesus«. Bald darauf zog Joseph mit seiner Familie nach Ägypten, um den Nachstellungen des Herodes zu entgehen. Mehr als 200 Meilen durch öde, sandige Wüste mussten sie wandern, bis sie endlich ihren Zufluchtsort erreichten. Die alten Schriftsteller der Kirche meinen, dass durch diesen Aufenthalt der Heiligen Familie in Ägypten der Grund jener wunderbaren geistlichen Fruchtbarkeit erzeugt wurde, welche dieses Land mehrere Jahrhunderte lang mit unzähligen Einsiedlern und Märtyrern segnete.

Nach dem Tod des Herodes kehrten die Flüchtlinge zurück. Sie nahmen ihren Wohnsitz in Nazareth, Josephs Heimatstadt. Hier ging er seiner Arbeit als Zimmermann nach und sorgte für Maria und Jesus. Nach Auffassung des hl. Hieronymus, des hl. Augustinus und anderer berühmter Kirchenlehrer blieb er neben seiner jungfräulichen Gemahlin ebenfalls keusch, weshalb solche Ehen »Josephsehen« heißen. Nach anderen Auffassungen hatte er nach Jesus mit Maria noch andere Kinder, was damit begründet wird, dass in den Evangelien mehrfach von den »Brüdern Jesu« die Rede ist. Namentlich werden sie genannt: Jakobus, Joses, Judas und Simon. Für die orthodoxen Griechen stammen diese Brüder Jesu aus einer früheren Ehe Josephs. Nach katholischer Auffassung hingegen handelt es sich bei Jakobus und Joses um Söhne einer anderen Maria, die später mit unter dem Kreuze stand. Simon und Judas hatten einen gewissen Cleophas zum Vater, ihre Mutter hieß möglicherweise ebenfalls Maria und stand vielleicht auch unter dem Kreuze, da beim Evangelisten Johannes nicht klar ist, ob er von drei oder vier Frauen spricht. Was immer es mit dem Geheimnis der immerwährenden Jungfräulichkeit Mariens auf sich hat, ein einziger Mensch außer ihr selbst hat den Sachverhalt gekannt: der hl. Joseph. Er starb noch vor der Hochzeit von Kana und hat Jesu Passion nicht mehr erlebt.

Jesus empfahl am Kreuze seine Mutter dem Johannes. Daraus schlossen manche Kirchenväter in kühner Logik: »Wenn Jesus am Kreuz seine schon bejahrte Mutter keinem anderen als dem jungfräulichen Johannes anvertraute: wie hätte er sie in ihrer Jugend Joseph anvertraut, wenn dieser nicht jungfräulich gewesen wäre.«

A: *in Zimmermannswerkstatt, mit Axt, Säge, Winkelmaß, Wanderstab; in Szenen aus dem Evangelium; Stab mit Lilienblüte in der Hand.*
P: *von Böhmen, Boulogne, China, Kärnten, Krain, Österreich, Rom, Salzburg, Steiermark, Bistum Verdun, Westfalen; der ganzen katholischen Kirche; der Handwerker, Holzhauer, Wagner, Schreiner und Zimmerleute; der Eheleute und der christlichen Familie, der Jugend, Jungfrauen und der Keuschheit; der Reisenden, Verbannten und Sterbenden; in Wohnungsnöten, in verzweifelten Situationen.*

Hl. Cuthbert von Lindisfarne

Abt und Bischof, † 687

Eines Nachts, als der Knabe Cuthbert in den Bergen mit der Schafherde seines Vaters unterwegs war, sah er plötzlich, wie die Seele des hl. Aidan von einer Engelschar in den Himmel getragen wurde. Sofort machte er sich auf den Weg zum Kloster Melrose, wo er freundlich aufgenommen wurde. Cuthbert gehörte bald zu den gelehrtesten und sittenstrengsten Mönchen seiner Zeit. Er wurde Prior und wirkte nicht nur im Kloster, sondern auch unter dem abergläubischen Landvolk, das besonders in den weit abgelegenen Orten an Zauberei, Amulette und allerlei teuflische Beschwörungen glaubte. Cuthbert brachte den Menschen die Macht des Schöpfers aller Dinge nahe und überzeugte viele, weil er selbst über die Gabe der Wunder in reichem Maß verfügte.

Einmal war er mit einem Knaben auf Wanderschaft. Sie waren beide hungrig und müde, aber noch weit entfernt von der nächsten Siedlung. Das Kind klagte, doch Cuthbert zeigte ihm einen Adler, der sich eben auf einen nahen Felsen niedergeschwungen hatte. Der Weg führte sie dorthin, der Knabe lief voraus, und der Adler überließ ihm bereitwillig einen großen Fisch. Aufgeregt zeigte er die Beute dem Prior, doch dieser fragte ihn: »Mein Sohn, warum gibst du nicht dem Boten Gottes seinen Teil?« Und er hieß ihn, die eine Hälfte geschwind abzuschneiden und zurückzubringen.

Nach einigen Jahren sehnte sich Cuthbert nach vollkommener Einsamkeit. Er zog sich auf die kleine, nur von bösen Geistern bewohnte Insel Farne bei Lindisfarne zurück, ein Eiland, arm an Wasser, felsig, ohne Frucht und Baum. Bei seiner Ankunft zogen sich die Dämonen zurück. Einige Brüder halfen ihm, eine Kapelle und eine Klause zu errichten, und sie gruben schließlich auch nach seiner Weisung ein Loch in den Boden. Der Grund war hart und steinig, weshalb sie alle Hoffnung auf eine Quellader aufgaben. Doch am nächsten Morgen war das Loch mit frischem Süßwasser gefüllt. Es stieg niemals über den Rand, wurde aber auch durch Schöpfen nicht weniger.

Cuthbert wollte nun allein von eigener Arbeit leben und säte Weizen, doch bis zum Sommer ging nicht der kleinste Halm auf. Da ließ er von den Mönchen Gerste bringen. Und obwohl es für die Aussaat viel zu spät war, spross in kurzer Zeit so reiche Ernte heran, dass er sich davon ernähren konnte.

Nach einigen Jahren beschloss eine Synode unter Anwesenheit des Königs, Cuthbert zum Bischof von Lindisfarne zu ernennen. Der Heilige ließ sich jedoch nicht aus seinem Schlupfwinkel locken. Erst als der König selbst, Bischöfe, Äbte und Edle zur Insel übersetzten, vor ihm niederknieten, weinten und ihn vereint anflehten, brach er selbst in Tränen aus und gab endlich nach. Zwei Jahre übte er das Amt aus, bis ihn eine himmlische Eingebung wissen ließ, dass sein Ende bevorstehe. Er zog sich wieder auf seine Insel zurück und rief nach dem getreuen Mönch Pallistod. Dieser aber war selbst krank und wurde von Tag zu Tag elender. Dennoch erhob er sich, als er Cuthberts Stimme hörte, und schleppte sich an dessen Lager, um ihn zu pflegen. Kaum hatte er seinen Bischof berührt, fühlte er die Lebenskräfte zurückkehren, und nach wenigen Stunden ward der Mönch völlig gesund. Cuthbert nahm ihm und den anderen Brüdern das Versprechen ab, ihn auf seinem geliebten Eiland zu bestatten. Doch sein Nachfolger, der hl. Bischof Edbert (6. Mai), erfüllte den letzten Wunsch Cuthberts glücklicherweise nicht. Er ließ ihm in der Kirche von Lindisfarne eine prächtige Gruft neben dem Altar errichten. Und von da an geschahen unzählige Wunder.

A: *mit Feuersäule; mit Adler, Schwan oder Fischottern; mit dem gekrönten Haupt König Oswalds.*
P: *von Durham, der Farne Inseln, Northumberlands; der Hirten und Seeleute; gegen Pest.*

*

Hl. Wolfram (Wulfram)

Erzbischof von Sens, † 711 oder 720

Wolfram stammte väterlicherseits aus dem Kriegsadel des Merowingerkönigs Dagobert. Aber seine Sache war das blutige Handwerk nicht. Er entschied sich schon in jungen Jahren für den geistlichen Lebensweg. Sein reiches Erbe ermöglichte ihm, die Mönche von Fontenelle mit Ländereien zu beschenken. Seine Gelehrsamkeit und sein tugendhafter Wandel bewogen den König, ihm den Bischofstuhl von Sens anzuvertrauen. Doch es hielt ihn nicht lange in diesem Amt. Die vielen weltlichen administrativen und repräsentativen Pflichten bedrückten ihn schwer. Seine Leidenschaft hatte den überzeitlichen Dingen gegolten, und nun fand er sich in der Hauptsache als Verwalter weltlicher Güter und Angelegenheiten wieder.

Ein Traum gab seinem Glaubenseifer neue Nahrung. Er schaute darin die weiten Gebiete im Norden, in denen die heidnische Bevölkerung noch Götzen, Geister und Dämonen anbetete, in denen noch Menschenopfer dargebracht wurden und abartige Sitten herrschten. Als er erwachte, fühlte er die innere Gewissheit, zur Missionsarbeit bei jenen Völkern im Norden berufen zu sein.

Mit wenigen Gefährten brach er auf und gelangte bis in das friesische Küstenland, wo sich schon englische Missionare nicht ganz ohne Erfolg um die dort siedelnden rauhen Stämme bemüht hatten. Doch noch waren diese und insbesondere ihre Führer unsicher, welche Seite mächtiger war – die überkommene Stammesreligion oder der Christengott. Deshalb war es nicht gelungen, den Brauch des Menschenopfers abzuschaffen, der zu Ehren und zur Besänftigung der alten Götter geübt wurde. Die Unglücklichen, die man für diese Prozedur bestimmte, wurden entweder erdrosselt, ertränkt oder in Stücke gehauen.

Als man eines Tages einen gewissen Ovon an den Galgen hängen wollte, beschwor Wolfram den König Radbod um Schonung. Sein Drängen und seine Drohungen mit himmlischen Zorn waren so heftig, dass der Herrscher unwirsch einräumte, er wolle die Entscheidung dem Gott der Christen überlassen. Wenn Ovon den Galgen überlebe, sei er ein freier Mann.

Zwei Stunden lang hing Ovon am Galgen, und jedermann hielt ihn für tot. Doch Wolfram kniete nieder, betete inbrünstig zum Heiland – und der Strick riß plötzlich. Der Gehängte plumpste zu Boden, kam wieder zu Bewußtsein und erhob sich. Nun mußten ihn die Friesen freigeben; er wurde ein eifriger Schüler Wolframs und trat ins das Kloster Fontenelle ein. Mehrfach wiederholten sich solche Wunder: Wolfram gelang es, einige Kinder, die nach barbarischer Sitte ins Meer geworfen worden waren, wieder zum Leben zu erwecken.

Radbod war durch das wunderbare Geschehen aufgeschlossen gegenüber den Lehren des Heiligen geworden. Und er hatte sich sogar bereit erklärt, endlich Christ zu werden. Doch kurz bevor er in das Taufbecken stieg, fragte er Wolfram, wo sich im Jenseits denn seine Vorfahren aufhielten. »Sie schmoren alle in der Hölle«, antwortete dieser, »weil alle, die als Heiden sterben, verdammt sind.« »Dann will ich auch in die Hölle kommen«, sagte der König und brach die Zeremonie ab, »auf einen Himmel ohne die Meinen verzichte ich«. Dem Heiligen wurde für diese Enttäuschung später geistlicher Trost zuteil. Radbods Sohn ließ sich Jahre nach dem Tod seines Vaters taufen.

Auf seine alten Tage zog sich Wolfram ins Kloster des hl. Wandregesilius in Fontenelle zurück, wo er anno 711 oder 720 starb. Im 13. Jahrhundert wurden seine wunderträchtigen Gebeine nach Abbeville überführt.

P: *Abbeville.*

21. März

Hl. Niklas von Flüe

Einsiedler und Staatsmann, 1417–1487

Niklas war Großbauer, Landrat und Richter, und er zeichnete sich als Fähnleinführer im alten Zürcher Krieg sowie im Feldzug der Eidgenossen gegen Sigmund von Österreich aus. Er hatte mit seiner Frau Dorothea Wyss fünf Töchter und fünf Söhne.

Mit zunehmendem Alter erinnerte er sich immer häufiger an eine Vision, die er als 16-Jähriger gehabt hatte: ein Turm in der wilden Ranftschlucht. Diese Erscheinung hielt stets eine Sehnsucht nach Einsamkeit in ihm wach. Nachdem seine Frau das zehnte Kind geboren hatte – er war inzwischen 50 geworden – drängte er sie, ihn für das Einsiedlerleben freizugeben. Sie widersetzte sich zunächst tief getroffen diesem Vorhaben, aber am Ende sah sie ein, dass sie ihn nicht halten konnte, und ließ ihn ziehen.

Erst wollte er auf Pilgerschaft gehen, aber eines Nachts umgab ihn ein heller Schein, und dieser schnitt mit unsäglichem Schmerz in seine Eingeweide. Da beschloss Niklas, künftig nichts mehr zu essen. Er kehrte in seine Heimat zurück und baute mit Nachbarn in der

Ranftschlucht beim Flüeli eine Kapelle und ein enges Hüttchen, wo er den Rest seines Lebens zubrachte. Seine Zelle war drei Schritt lang, anderthalb Schritt breit, und Bruder Klaus, wie er bald überall hieß, reichte mit dem Scheitel bis an die Decke, wenn er sich aufrichtete. Es gab kein Bett in dem Raum, sondern nur einen Schemel. Über zwanzig Jahre fastete er und nahm außer der Hl. Hostie, die er einmal Monat erhielt, keine Speise zu sich. Diese wunderbare Enthaltsamkeit wurde von der weltlichen und geistlichen Obrigkeit genau untersucht und als zweifelsfrei bewiesen erachtet. Auf den Befehl des Weihbischofs Thomas von Konstanz nahm er einmal drei Bissen Brot zu sich. Aber kaum hatte er einen Mundvoll Brot und einen Schluck Wein zu sich genommen, als ihn ein krampfhaftes Zucken und so schmerzhafte Nervenanfälle überkamen, dass der Bischof seine Anordnung bereute und nicht weiter durchzusetzen suchte.

Mit den Jahren kamen viele Ratsuchende zu Bruder Klaus und gingen meist ermutigt oder getröstet von dannen. Gegen anmaßende Prälaten oder hochmütige Standespersonen konnte er allerdings sehr abweisend sein. Auch sein Weib besuchte ihn öfters mit den Kindern, und er belehrte sie gerne und liebevoll, doch sprach er nie mit ihnen von zeitlichen Dingen.

1481 gerieten die Schweizer Kantone in so große Uneinigkeit, dass ein Bürgerkrieg drohte. Es ging um die Teilung der Beute aus dem burgundischen Krieg sowie um die Aufnahme von Freiburg und Solothurn in die Eidgenossenschaft. Umsonst hatten die Abgeordneten alles versucht, den Zwist beizulegen, da trat Niklas in die Runde. Alle entblößten ihre Häupter und erhoben sich. Er schilderte ihnen den Nutzen, den die Aufnahme der beiden Städte mit sich bringe, und mahnte dann: »Verteidigt in Einigkeit eure sauer errungene Freiheit. Beladet euch nicht mit fremden Angelegenheiten und vermeidet jeden Krieg ohne hochwichtigen Grund. Wenn man euch aber unterdrücken will, dann streitet tapfer für Gott, Freiheit und Vaterland.« Alle stimmten ihm erleichtert zu, und so rettete sein Eingreifen die Eidgenossenschaft.

A: *als kniender Einsiedler; in einem Dornbusch liegend, in den ihn der Teufel geworfen hat; mit hölzernem Becher am Bach; mit Kreuzesstock und Rosenkranz.*
P: *der Schweizer Eidgenossenschaft.*

Hl. Basilius von Ancyra

Priester und Märtyrer, † um 362

Der Priester Basilius von Ancyra schalt den Kaiser Julian Apostata wegen seines Heidentums und weissagte ihm, er werde bald seinen Thron verlieren. Sein Leib werde mit Füßen getreten und unbeerdigt bleiben. Julian ordnete daraufhin erzürnt an, man solle dem Priester jeden Tag sieben Stückchen Haut abschneiden, bis nichts mehr übrig sei. Als die ersten Einschnitte getan waren, verlangte Basilius wieder nach dem Kaiser. Der glaubte an einen Sinneswandel und beschied ihn in den Tempel des Äsculap. Als er ihm jedoch von Angesicht zu Angesicht gegenüberstand, erklärte Basilius, er werde nie stummen und blinden Götzen opfern. Stattdessen nahm er ein Stück seiner Haut, das man ihm an diesem Tage abgeschnitten hatte, und warf es dem Kaiser ins Gesicht.

Julian geriet in schreckliche Wut und ließ die Peinigungen verdoppeln. Man schnitt nun so tief in seinen Leib, dass man die Eingeweide sehen konnte. Basilius aber ertrug die neuerlichen Torturen ohne Seufzer in stillem Gebet.

In der Nacht verheilten die Wunden am Körper des Märtyrers vollständig. Die Schergen gerieten darüber in rasende Wut, legten ihn auf den Bauch und durchstachen mit glühenden Eisen seinen Rücken. Unter diesen grausamen Qualen verschied der Heilige.

A: *als Greis.*

23. März

Hl. Joseph Oriol

Weltpriester zu Barcelona, 1650–1702

Obwohl er ein glänzendes Studium absolviert hatte und seine wissenschaftlichen Fähigkeiten offenbar waren, gehörte Josephs Herz den kleinen Leuten Barcelonas. Da er stets alles an die Armen verschenkte, mussten seine Amtsbrüder einen Teil seines Gehaltes einbehalten, um ihm die notwendigen Dinge des alltäglichen Bedarfs zu kaufen. Er konnte es tatsächlich nicht ertragen, selbst Geld zu besitzen. Eine Münze in der Tasche quälte ihn so, dass er sogar während der Messe oder nachts auf die Straße laufen musste, um sie einem Bedürftigen in die Hand zu drücken.

Lange versah Joseph seinen Dienst als Armeleutepriester in aller Stille und völlig unbeachtet. Einmal legte er jedoch gerührt seine Hand auf einen besonders erbarmenswerten Krüppel – und dieser erhob sich gesund. Es dauerte nicht lange, bis ganze Heerscharen von Kranken und Gebrechlichen nach Santa Maria del Mar pilgerten und von Josephs Hand Heilung suchten. Man nannte ihn nur noch den »Wundertäter«, und seine Popularität in Katalonien überstieg jede Vorstellung.

Ein gewisser Vergant bettelte immer vor der Kirche. Er hatte das Rückgrat gebrochen, nahe beim Kreuzbein, und konnte sich nicht aufrichten. Zudem waren Hände und Füße verkrüppelt. Um die Knie hatte er Filz gewickelt und bewegte sich darauf rutschend, mit niedrigen Krücken vorwärtsschiebend. Joseph begegnete ihm einmal am Treppenaufgang und fragte ihn scherzend: »Alle bitten mich immer um Heilung. Warum hast du eigentlich nie danach verlangt, obwohl du mich täglich siehst?« Der Krüppel antwortete: »Ich bin schon über 30. Was soll ich für einen Beruf ausüben, wenn ich jetzt gesund würde?« Joseph musste lachen und sagte: »Ich werde dich trotzdem heilen, und das weitere wird sich finden.« Damit besprengte er den Gelähmten mit Weihwasser, schlug das Kreuzzeichen über ihn und legte ihm die Hand auf die Stirn. Vergant stand sofort auf, hängte seine Krücken an einen Nagel neben das Muttergottesbild und diente hinfort als Gehilfe des Totengräbers.

Hl. Erzengel Gabriel

Der Erzengel Gabriel erscheint in der Heiligen Schrift dreimal als Überbringer froher Botschaften. Er gibt dem Propheten Daniel Kunde vom genauen Zeitraum bis zur Ankunft des Messias, nämlich 70 Wochen, was soviel bedeutet wie 70 Jahre. Danach bringt er dem Priester Zacharias die Verheißung, dass sein Weib Elisabeth noch einen Sohn, Johannes, gebären werde: »Er wird keinen Wein trinken oder andere starke Getränke und wird viele Kinder Israels bekehren.« Damit zeigt Gabriel an, wer der Vorläufer des wahren Messias ist, nämlich Johannes der Täufer. Und schließlich verkündet er der Jungfrau Maria, dass der Heilige Geist über sie kommen werde: »Du wirst empfangen und einen Sohn gebären und sollst ihm den Namen Jesus geben. Dieser wird groß sein und der Sohn des Höchsten genannt werden. Und Gott der Herr wird ihm den Thron seines Vaters David geben; herrschen wird er über das Haus Jakob in Ewigkeit, und seiner Herrschaft wird kein Ende sein.«

Eine babylonische Legende erzählt, dass Gabriel zeitweise in Ungnade gefallen war, »weil er einen Befehl nicht im genauen Sinn des Wortlautes ausführte«.

Die äthiopische Legende des hl. Takla Hawaryat erzählt von einer frommen Eremitin, die überfallen und vergewaltigt wurde. Als sie schwanger wurde, betete sie inbrünstig zu der Gottesmutter und den hl. Erzengeln. Und wirklich erschien Maria zusammen mit Gabriel und Michael: Gemeinsam holten sie den Fötus aus ihrem Leib und machten sie wieder zur Jungfrau.

Im 7. Jahrhundert behauptete der arabische Prophet Mohammed, Gabriel sei auch ihm erschienen und habe ihm den Koran diktiert. Christen und Juden wiesen diese Behauptung zurück, was zu einigen weltgeschichtlichen Konflikten führte …

A: *als Verkündigungsengel, Lilie tragend; auch mit Kreuzstab, Zepter und Schriftrolle, auf der die Worte stehen: Ave Maria gratia plena.*
P: *der Boten, Postbeamten, Briefträger, Zeitungsausträger, der Briefmarkensammler, des Telefon- und Fernmeldewesens, des Nachrichtendienstes (seit 1951); gegen eheliche Unfruchtbarkeit.*

25. März

Hl. Dula (Theodula)

Jungfrau und Magd, 3. oder 4. Jahrhundert

Dula stammte von frommen, aber bitterarmen christlichen Eltern aus Nikomedia in Bithynien ab. Um sie besser unterstützen zu können, trat die Jungfrau in den Dienst eines reichen heidnischen Offiziers. Dieser war sehr freigebig, hatte aber ein cholerisches Temperament. Es dauerte nicht lange, da wurde ihm seine neue Dienerin unersetzlich, und schließlich entbrannte er in unreiner Begierde zu ihr. Einige Zeit konnte sie seinen Nachstellungen ausweichen, doch schließlich wollte er sie mit Gewalt missbrauchen. Sie hatte aber Gott vor Augen und wies ihn zurecht, dass er Ehebruch begehe. Als er darüber nur hohnlachte, gestand sie ihm, dass sie Christin sei und ihre Jungfräulichkeit um jeden Preis verteidigen werde. Da riss er in einem heftigen Wutanfall sein Schwert aus der Scheide und stach sie auf der Stelle nieder.

A: *an den Haaren in einer Zypresse aufgehängt; Scheiterhaufen.*
P: *der Dienstmägde.*

26. März

Hl. Kastulus

Märtyrer, † um 286

Kastulus war oberster Kammerherr des Kaisers Diokletian. Im Geheimen trat er zum Christentum über und beherbergte viele Verfolgte, darunter auch Papst Cajus. Das römische Martyrologium gab ihm deshalb den Ehrentitel »Gastfreund der Heiligen«. Aufgrund von Denunziationen musste sich jedoch auch Kastulus vor Gericht verantworten. Er weigerte sich zu widerrufen und wurde zum Tode verurteilt. Man stürzte ihn bei lebendigem Leib in eine Grube und schüttete sie mit Sand zu. 826 erbaten adelige Herren und Benediktiner aus Moosburg a. d. Isar von Papst Eugen II. die Reliquien heiliger Märtyrer. Damals wurden viele Katakomben geöffnet, und die Begierde der Christen im

Norden nach »heiligen Leibern« war groß. Der Papst schenkte den Mönchen einen beträchtlichen Teil der Überreste des hl. Kastulus. Er wurde Patron der Stadt und des bald darauf erbauten Münsters.

Zahlreiche Wunder breiteten die Verehrung des Heiligen in ganz Altbayern aus. 1604 ließ Herzog Maximilian I. den größeren Teil der Moosburger Reliquien, feierlich begleitet von Adel, Militär und hoher Geistlichkeit, nach Landshut überführen. In St. Martin erhielt der Märtyrer eine neue, prachtvolle Ruhestätte. Moosburg behielt jedoch seinen Ruf als Wallfahrtsstätte und gedenkt seines Märtyrers bis heute mit einer Kastulus-Prozession am ersten Sonntag im Juli.

A: *mit in Tunika und Pallium; als Römer in Rüstung; mit Spaten.*
P: *Moosburgs; gegen Blitz; Pferdediebe; Rotlauf und Wildfeuer.*

⁕

Hl. Ludger (Ludgerus, Luitger)

Missionar und Bischof, 742–809

Der Friese Ludger wurde wegen seiner Verdienste um die Missionierung seiner heidnischen Landsleute und der Sachsen mit dem Bischofsamt belohnt. Da er jedoch gegen die Gewalttätigkeiten des Adels predigte, hagelte es bei Kaiser Karl dem Großen Beschwerden. Der ließ Ludger durch einen Boten zum Hof entbieten, aber Ludger kam nicht. Ungeduldig wurde ein zweiter Bote entsandt – doch Ludger erschien noch immer nicht. Der Kaiser begann schon zu zürnen, als der Bischof endlich eintraf. Er neigte sich demütig vor dem Herrscher, grüßte herzlich und blickte ihn so unbefangen an, dass Karl nur fragte: »Warum so spät?« Ludger antwortete ruhig: »Eure Befehle, Herr Kaiser, sind mir heilig, aber nicht das Heiligste. Als ihr mich rufen ließt, habe ich eben die Messe gefeiert. Ich habe mit meinem allerhöchsten Herrn gesprochen. Aber nun bin ich zu euren Diensten.« Darauf achtete Karl Ludger um so mehr.

A: *als Bischof mit Buch und Kirchenmodell, mit zwei Gänsen (weil er auf wunderbare Weise das Bistum von einer Wildgänseplage befreite); liest Karl dem Großen aus der Bibel vor.*
P: *von Münster und Essen.*

Hl. Rupert (Ruprecht, Robert)

Klostergründer und Bischof, † 718

Rupert stammte aus dem Geschlecht der merowingischen Könige und war Bischof von Worms. Um 580 begann er, lehrend und taufend durch die Donaulandschaften zu wandern. Schließlich fühlte er sich von der alten römischen Siedlung Juvavia angezogen, die seit der Völkerwanderung in Ruinen lag. Der Bayernherzog Theodo nahm auf Ruperts Anfrage den Flecken in Augenschein, und er sah nur Wildnis allerorten: Trümmer, geborstene Hallen, zerbrochene Säulen, verwitterte Türme und zerbröckelnde Mauern, alles überwuchert von wildem Strauchwerk und dichtem Gebüsch. Er schenkte Rupert den öden Landstrich, dazu Rechte an der Salzquelle von Reichenhall, Knechte und Steuern.

Mit Umsicht und Tatkraft ging Rupert ans Werk, zog aus Italien Siedler heran und begann mit ihnen, die brauchbaren Reste der Römerzeit der Wüstenei zu entreißen. Aus dem Frankenland holte er Priester und Mönche und stiftete die Klöster St. Peter in Salzburg, Weltenburg und St. Maximilian im Pongau sowie das Frauenkloster auf dem Nonnberg, dem er seine Nichte Ehrentrud als Äbtissin gab. Das Christentum lebte wieder auf, es wurden Schulen und Kirchen gebaut und Pfarreien begründet. Mit kluger Wirtschaftlichkeit vergrößerte Rupert die Besitztümer der Kirche. Er sorgte aber auch für die leibliche Wohlfahrt des Volkes und stellte verfallene Straßen wieder her, förderte Ackerbau und Viehzucht und brachte die Salinenindustrie in Gang.

Als dem Bischof durch eine höhere Eingebung Kunde von seinem bevorstehenden Ende zuteil wurde, sprach er zu Ehrentrud: »Bete für mich, meine Stunde ist nah.« Sie warf sich ihm zu Füßen und flehte ihn an, nach seinem Hinscheiden Gott zu bitten, dass er auch sie bald zu sich nehme. Rupert versprach es, ernannte seinen Schüler Vitalis zum Nachfolger und starb, kurz nachdem er noch einmal die Messe gelesen hatte. Ehrentrud aber folgte ihm nicht lange danach.

A: *als Bischof mit Salzkübel in der Hand.*

P: *Salzburgs; des Bergbaus, der Salzarbeiter; gegen Rotlauf und Kinderkrämpfe.*

F: *auch 24. September.*

Hl. Guntram

König der Burgunder, um 525–592

In jungen Jahren lebte Guntram, der Sohn des Frankenkönigs Chlotar und Herrscher von Burgund, so sittlich verwahrlost, wie es an den Höfen der Merowinger üblich war. Er nahm die Magd eines seiner Gefolgsmänner als Beischläferin in sein Bett, bis sie ihm einen Sohn gebar. Dann heiratete er die fränkische Herzogstochter Marcatrud. Als sie ihm ebenfalls einen männlichen Nachkommen schenkte, wurde sie eifersüchtig und mischte dem unehelichen Sohn Gift in den Wein. Dieser starb, aber kurz danach verlor sie auch den eigenen Sohn, und Guntram verstieß sie im Zorn. Nun erhob er Austrichild zu seiner Gemahlin. Nach dem Tode seines Bruders Charibert, der gleich mehrere Witwen hinterließ, bot sich eine von ihnen, Theodichild, dem König Guntram aus freien Stücken als Gemahlin an. Der versprach ihr die Ehe, und sie kam mit ihren Schätzen zu ihm. Er aber nahm ihr den größten Teil davon ab und schickte sie in ein Kloster. Seine Schwager führten zu der Zeit viele schändliche und abscheuliche Reden gegen Königin Austrichild. In einem Wutanfall ließ Guntram sie köpfen und zog auch ihre Güter ein.

Als jedoch auch die beiden Söhne starben, die er von Austrichild hatte, begann Guntram in sich zu gehen. Er stand mit den Bischöfen in herzlichem Verkehr und bat sie um ihren Segen. Am St. Martinsfest ließ er sogar die Geistlichen ihre Kirchengesänge als Unterhaltung bei seiner Festtafel singen. Und von da an zeigte er sich sehr großzügig und beschenkte Kirchen und Arme reichlich.

Obwohl König Guntram jähzornig war, ließ er sich doch oft von Geistlichen besänftigen und verzieh denen, die zuvor seine Wut erregt hatten. Sogar einem Attentäter, der ihn in der Kirche hatte erstechen wollen, schenkte er das Leben. Er hielt es nämlich für unrecht, einen zu töten, den man mit Gewalt aus einem Gotteshaus geschafft hatte. Im Alter gab Guntram Almosen in Fülle, richtete während einer Pestzeit Gebet- und Fastentage ein und ging selbst mit gutem Beispiel voran.

Ein Weib, dessen Sohn mit schwerem Fieber darniederlag, näherte sich einst dem König im Volksgedränge von hinten. Sie riss heimlich einige Fransen von seinem Mantel ab, brühte sie in heißem Wasser und gab sie dem Kranken als Medizin ein. Er stand sofort gesund von seinem Lager auf.

A: *mit drei Kästen voller Schätze neben sich.*

29. März

Hl. Cyrill von Baalbek

Diakon und Märtyrer, † um 364

Als Kaiser Julian der Abtrünnige seine heidnische Gesinnung offenbarte, bekam in vielen Städten der Pöbel Auftrieb. Unter der Regierung Konstantins hatte der Diakon Cyrill viele Götzenbilder zerstört. Jetzt erinnerte sich die Partei der Ungläubigen an diese Tat; sie rotteten sich zusammen und erschlugen den Gottesmann. Doch sie begnügten sich nicht damit, sondern schnitten ihm auch den Unterleib auf und verzehrten seine Leber. Dafür mussten sie teuer bezahlen. Alle nämlich, die sich an der Gräueltat beteiligt hatten, verloren ihre Zähne. Außerdem verloren sie ihre Zungen, die von fauligen Geschwüren bedeckt und zerfressen wurden. Und endlich verloren sie auch die Sehkraft und wurden alle zur gleichen Zeit blind.

A: *als Diakon, jung und bartlos.*

*

Hl. Eustasius (Anastasius, Eustaise, Eustace, Eustache, auch »Anstett«)

Abt von Luxeuil, um 560–629

Es gibt mindestens 15 Heilige dieses Namens, die meisten sind Märtyrer aus der Zeit der frühen Verfolgungen. Ein Sohn der hl. Salaberga und des hl. Blandinus, die in Lothringen verehrt werden, ist nach ihm benannt.

Unter all diesen Namensträgern ist der hl. Eustasius von Luxeuil einer der bedeutendsten. Er war ein Schüler des hl. Columban und wurde nach dessen Vertreibung der zweite Abt von Luxeuil. Unter seiner Leitung lebten am Ende 600 Mönche, was seine Leitungstätigkeit nicht einfach machte. Denn manche fühlten sich durch den hohen Ernst und die Strenge seiner Führung überfordert. Doch stets gelang es ihm, so wird berichtet, den Widerstand gegen seine frommen Bestrebungen durch das eigene Vorbild zu besänftigen. Luxeuil wurde zu einem Zentrum christlicher Bildung und Wissenschaft und zum Ausgangspunkt mehrerer weiterer Klostergründungen. Neben seiner allgemein bewunderten Gelehrsamkeit war Eustasius auch mit den Gnaden der Heilkraft und der Prophetie ausgestattet. Er trieb Dämonen aus, Irrsinn und Fieberwahn. Er heilte die hl. Salaberga von ihrer Blindheit und die hl. Burgundosera von dem Leiden der Auszehrung, in das sie durch die Verheiratungswünsche ihres Vaters gefallen war. – Der Vater gab schließlich nach und Burgundosera konnte den heiß ersehnten Schleier erlangen. Eustasius unternahm zahlreiche Missionsreisen, folgenreich eine Missionsfahrt nach Bayern, wo er gemeinsam mit seinem Gefährten Agil das Kloster Weltenburg gründete. Dieses gilt seit dem 11. Jahrhundert bis heute als ein Ort außerordentlicher Bierbraukunst.

Zurückgekehrt bestellte er seine Nachfolge und sagte die Stunde seines Todes vorher. Er entschlief sanft im Kreise seiner geistlichen Brüder. Sein Leib ruht im Kloster Vergaville bei Dieuze in Lothringen. Dort wurde nach mehreren wunderbaren Heilungen an seinem Grab Anfang des 13. Jahrhunderts ein Krankenhaus für Hirnverletzte, Irrsinnige und Besessene gebaut. Eustasius wird dort wurde unter dem Namen »Anstett« oder »Anastasius von Luxeuil« verehrt.

A: *als Missionar, der durch das Kreuzzeichen Götzenstatuen zu Zerspringen bringt.*
P: *gegen Irrsinn, Besessenheit und Blindheit; des Viehs und der Felder.*
F: *2. April.*

Sel. Amadeus IX. (Amedeus), »der Glückliche«

Herzog von Savoyen, 1435–1472

Amadeus war es nicht vergönnt, lange zu regieren, aber in diesen Jahren nannte man Savoyen »das Paradies der Armen«. Er litt an Epilepsie, weshalb er seine edlen Absichten nur zum Teil verwirklichen konnte und die Regierungsgeschäfte seiner Gemahlin Yolanta überließ. Doch der Adel von Savoyen war mit der Art ihres Regimentes unzufrieden. Der Missmut wuchs, die Unzufriedenheit steigerte sich, und schließlich brach ein Aufstand gegen die Herzogin los. Auch Amadeus wurde gefangen genommen.

Ludwig XI. von Frankreich, der Heilige, brachte ihm Hilfe und gab ihm die Freiheit wieder. Die friedfertige Gesinnung des Herzogs zeigte sich auch darin, dass er dem Herzog von Mailand, der Savoyen mit Krieg überzog, sofort Versöhnung anbot und ihm seine Schwester Bona zur Gemahlin gab.

Einmal fragte ein fremder Gesandter den Herzog, ob er viele Jagdhunde besitze. Da zeigte ihm dieser anderntags im Schlosshof einen langen Tisch, an dem zahlreiche Arme gespeist wurden, und sprach: »Seht, mein Freund, diese da sind meine Hunde. Mit ihnen mache ich Jagd auf einen Platz im Himmelreich.«

Amadeus starb, vom Volk verehrt, im Ruf eines heiligmäßigen Lebens. An seinem Grab geschahen viele Wunder.

A: *als Herzog mit Beutel in der Hand, Almosen austeilend; auch mit Spruchband Diligite pauperes (»Liebet die Armen«).*
P: *des piemontesischen Königshauses.*

*

Sel. Dodo von Hasch (Ludolf von Haska, Haske)

Prämonstratensermönch, † 1231

Dodo ist der erste bekannte deutsche Stigmatisierte. Er war verheiratet, trat jedoch mit Frau und Mutter in den Prämonstratenserorden ein. Mit Genehmigung des hl. Abtes Sieghard aus Mariengaarde bei Hallum erlegte er sich ein strenges Büßerleben auf und lebte im Orte Hasch als Eremit. Er wurde Opfer einer umstürzenden Mauer seiner Klausnerzelle. Als man ihn aus dem Geröll barg, fand man an ihm die Wundmale Christi.

31. März

Hl. Benjamin

Diakon in Persien, Märtyrer, † 424

Unter dem Perserkönig Jezdegerd hatte der christliche Bischof Abdas einen Feuertempel zerstören lassen. Der König verlangte, dass er den Tempel wieder aufbaue. Andernfalls drohte er die christlicher Kirchen und die Verfolgung der Gläubigen in ganz Persien an. Abdas jedoch blieb bei seiner Weigerung und wurde hingerichtet. Der König machte, unterstützt von den einflussreichen Magiern, mit seinen Worten Ernst, und es begann eine jahrzehntelange Christenverfolgung. Schwerste Strafen wurden über die Gläubigen verhängt: Dem einen zog man die Haut von den Händen ab, anderen vom Rücken, wieder anderen löste man die Haut von der Stirne bis zum Nacken. Einigen legte man halbierte Rohrstengel an den Leib, umwickelte sie mit eng anschließenden Binden und zog hierauf die einzelnen Stängel mit Gewalt wieder heraus. Dadurch wurden die an den Schnittflächen anliegenden Teile der Haut und ganze Fleischstücke mit herausgerissen. Manche wurden auch gefesselt in gemauerte Gruben geworfen, in denen man Ratten eingesperrt hatte. Vom Hunger getrieben, griffen die Tiere die Märtyrer an und fraßen sie nach und nach bei lebendigem Leibe auf.

Nach dem Tode Jezdegerds wütete sein Sohn Gororanes noch schlimmer unter den Christen. Den Diakon Benjamin ließ er in den Kerker werfen und unter härtesten Bedingungen gefangen halten. Auf

Intervention eines römischen Gesandten kam er jedoch nach einiger Zeit wieder frei. Er setzte nun seine gewohnte Tätigkeit fort und belehrte die Unwissenden über den wahren Glauben. Es dauerte etwa ein Jahr, bis der Herrscher davon erfuhr. Er befahl Benjamin vor den Thron und forderte ihn auf zu widerrufen. Aber der Diakon fragte ihn, welche Strafe er für denjenigen vorsehen würde, der ihn verrate und zum Feind übergehe.

»Den Tod auf die allerschwerste Weise«, antwortete ihm Gororanes. Da entgegnete der Heilige: »Welche Strafe verdient dann erst derjenige, der seinen Schöpfer verrät und dafür einem seiner Mitknechte göttliche Ehren erweist?«

Erzürnt über solche Reden, ließ der König zwanzig Rohrstängel zuspitzen und sie ihm unter die Finger- und Zehennägel bohren. Als er aber sah, dass Benjamin diese Strafe wie ein Kinderspiel betrachtete, befahl er, einen weiteren Stängel zuzuspitzen, in das Zeugeglied hineinzustoßen und ihm durch fortgesetztes Herausziehen und Zurückstoßen unaussprechliche Schmerzen zu bereiten. Nach dieser Marter befahl er, sein Opfer zu pfählen. Benjamin wurde ein dicker, knorriger Stock in den Darm getrieben, ehe ihn endlich der Tod erlöste.

Hl. Procopius

Abt, † 1053

Procopius lebte mehrere Jahre als Einsiedler in einem tiefen Wald. Dort verfolgte eines Tages Fürst Ulrich bei der Jagd einen kapitalen Hirsch. Das Tier flüchtete sich an die Seite des gerade Holz suchenden Procopius. Erstaunt ließ der Jäger seinen Bogen sinken und bat, ebenso erschöpft wie das Tier, den Einsiedler um Wasser. Dieser schöpfte aus der nahen Quelle einen Becher und reichte ihn dem Fürsten. Kaum hatte dieser gekostet, rief er aus, er habe noch nie so guten Wein getrunken. Procopius dachte zuerst, der Fremde wolle ihn narren, aber schließlich versuchte er selbst und überzeugte sich von der Wahrheit.

Ulrich ließ nun in der im Savazagebiet in Mähren gelegenen Wildnis ein Kloster bauen und bestellte Procopius zu dessen Abt. Dieser rodete die Wildnis und zog Bauern und Handwerker in die Gegend. Es geschahen auch künftig dort noch manche Wunder. So erhaschte der Abt einmal beim Pflügen den Teufel, als dieser ihm stets besonders große Wurzeln in den Weg legte. Er packte ihn beim Kragen und spannte ihn vor den Pflug. Von da an ging die Arbeit mühelos schnell voran. Procopius sagte auch viele zukünftige Ereignisse voraus, nicht zuletzt den Tag seines eigenen Todes. Und alles bewahrheitete sich so, wie er es prophezeit hatte.

A: *als Einsiedler mit Hirsch; den Teufel im Pflug oder in Kette.*
P: *von Böhmen; der Bergleute (weil später in der Gegend Bergbau betrieben wurde).*
F: *auch 23. März, 4., 5. und 8. Juli.*

Hl. Franz von Paula

Ordensstifter, 1416–1507

Als Stifter des Ordens der Minimen wollte Franz von Paula ein noch geringeres, demütigeres und strengeres Leben führen als die franziskanischen Minoriten. Die Regel der Minimen zeichnete sich neben strengster Beachtung von Armut, Gehorsam und Keuschheit durch ein viertes Gelübde aus: das immerwährende Fasten; das bedeutet nicht nur die Entbehrung von Fleisch, sondern auch von Eiern und Milchspeisen. Außerdem durften die Minimen keine Unterkleider tragen und nur in der Kutte schlafen.

Franz von Paula besaß die Gabe der Prophetie und wirkte zahlreiche Wunder. Sein Lieblingswort dabei war: »aus Liebe«. Einst wollte er nach Sizilien übersetzen und bat einen Schiffer, ihn mitzunehmen. »Wenn ihr bezahlt«, sagte der Kapitän zu dem Bettelmönch. »Aus Liebe«, antwortete Franz, »ich besitze nichts.«

»Dann fährt das Schiff ohne euch.« »Verzeiht mir aus Liebe, wenn ich gehe«, sagte darauf Franz, kniete nieder, betete, betrat die Wasseroberfläche und schritt zu Fuß nach Sizilien.

Als Franz 1507 starb, hatte er in rastlosem Wirken für seinen Orden über 400 Niederlassungen in Italien, Frankreich, Spanien und Deutschland gegründet. Das erste deutsche Paulanerkloster war schon 1497 im oberösterreichischen Oberthalheim entstanden. Im Jahr 1627 kamen die Paulaner nach Bayern und gründeten in München das Kloster Neudeck ob der Au. Hier begann 1634 die große Brautradition des Paulanerbiers. Und die Paulaner können sich darüberhinaus zu Recht als die Erfinder des Starkbiers rühmen. Dessen Beliebtheit insbesondere zur Fastenzeit (Flüssiges fiel nicht unter das kirchliche Fastengebot …) verbreitete sich vom Kloster in Amberg aus über alle biertrinkenden Regionen. Sein erster Braumeister war der im heutigen *Nockherbergspiel* als Fastenprediger dargestellte Bruder Barnabas Still.

A: *in schwarzem Ordenshabit, dessen Halskragen über den Gürtel abreicht, das Wort »Caritas« über ihm oder auf seinem Stab; als Asket mit Geißel, Buch und Totenkopf.*

P: *der Einsiedler, der italienischen Seeleute; für Nachkommenschaft; gegen Pest.*

3. April

Hl. Maria von Ägypten

Büßerin, † 421

Der Abt Zosimos begegnete auf einer Reise durch die Wüste jenseits des Jordans einem menschlichen Wesen, dessen Leib nackt und von der Sonne ganz schwarz gebrannt war. Es war anscheinend eine Frau, die bei seinem Anblick scheu davonlief. Zosimos eilte ihr nach. Da rief sie: »Warum verfolgst du mich! Ich bin ein Weib und ganz nackend. Reiche mir deinen Mantel, damit ich meine Blöße bedecken kann.« Der Abt warf ihr seinen Umhang zu und sie hüllte sich darin ein. Dankbar betete sie mit ausgebreiteten Armen und Zosimos sah, wie sie etwa eine Elle über dem Boden schwebte.

Mit zwölf Jahren war Maria nach Alexandria gekommen und verdiente als Spinnerin ihren Unterhalt. Ihr Laster war jedoch die Unkeuschheit, die sie so heftig in Bann hielt, dass sie keinem Mann ihren Leib verweigerte. Als sich einst eine Pilgerschar nach Jerusalem einschiffte, wollte sie mitziehen. Die Schiffer fragten sie nach dem Fährlohn, und sie antwortete: »Den kann ich euch nicht geben, aber nehmt meinen Leib und macht euch damit bezahlt.« Und so diente sie die ganze Reise über der Besatzung mit den Freuden ihres Körpers.

Als sie in Jerusalem die Kirche betreten wollte, fühlte sie sich von einer unsichtbaren Macht zurückgestoßen. Dies wiederholte sich bei jeglichem Versuch. Und sie hörte eine Stimme: »Geh über den Jordan, so bist du gerettet.« Ein Mann schenkte ihr drei Brote und davon zehrte sie in der Wüste 47 Jahre lang. Ihre Kleider verfaulten ihr am Leib und lange noch peinigten sie martervolle Versuchungen. Sie schlug ihr rebellisches Fleisch mit Ruten und betete ohne Unterlass zur Gottesmutter. Endlich, nach siebzehn Jahren – ebenso lange, wie sie in Alexandria gesündigt hatte, hörten die Anfechtungen auf. Zosimos war gerührt und spendete ihr die Kommunion. Er musste ihr versprechen, in der Fastenzeit wieder vorbeizukommen.

Er hielt Wort, aber er fand nur ihren Leichnam und einen Zettel daneben mit ihrem Namen und der Bitte um ein würdiges Begräbnis und sein Gebet für ihre Seele. Ein Löwe half Zosimos, eine Grube auszuheben, und er bestattete sie darin, kehrte heim in sein Kloster und lobte Gott.

A: *drei Brote in der Hand; statt eines Gewandes in ihr langes Haar gehüllt.*
P: *von Paris; der Büßerinnen und reuigen Dirnen; gegen Fieber.*
F: *auch 2. und 4. April, 28., 29. und 31. März.*

4. April

Hl. Isidor von Sevilla

Bischof, um 560–636

Der Gote Isidor ist der Nationalheros der spanischen Kirche, der »letzte abendländische Kirchenvater« und der »große Schulmeister des Mittelalters«.

Sein älterer Bruder, der hl. Leander, sorgte nach dem frühen Tod der Eltern dafür, dass Isidor eine glänzende Ausbildung erhielt. Er bemerkte jedoch, dass die Natur diesem bei allen Talenten ein unruhiges Blut und einen flüchtigen Geist gegeben hatte, der sich nicht mit geregelter und anstrengender Arbeit vertrug. So musste Leander ihn oft im Arbeitszimmer einschließen, um durch die Last der Einsamkeit die Unlust zur Arbeit zu brechen. Es glückte: Isidor lernte Latein, Griechisch und Hebräisch, studierte die klassischen Schriftsteller und wuchs zu einem glänzenden Redner heran.

Nach dem Tode Leanders folgte ihm Isidor auf Wunsch sowohl des Königs als auch des Volkes als Bischof von Sevilla. Man war in Spanien von der Vorstellung abgekommen, dass man nur in schauerlichen Wüsteneien, auf steilen Gebirgen oder unzugänglichen Tälern den Geist von der Welt abziehen und das Gemüt nur durch Abtötung des Körpers zu Gott erheben könne. Aus Afrika vertriebene Mönche brachten gewaltige Bücherschätze in das spanische Exil und Isidor nutzte ihre Bildung, um sein geistliches Ideal zu verbreiten: die

Verbindung von beschauender Andacht mit ernstem Studium und gemeinnütziger Arbeit. Die ihm unterstellten Klöster wurden zu Horten der Gelehrsamkeit, des geregelten Unterrichts und praktischer Nächstenliebe.

In den 40 Jahren seines Wirkens verfasste er zahllose Schriften über fast alle Gebiete des menschlichen Wissens. Von den alten, heidnischen wie christlichen Autoren bewahrte er durch viele Auszüge und Zusammenstellungen Kenntnisse, die sonst in Zeiten allgemeiner Geistesfinsternis unrettbar verloren gewesen wären.

A: *als Bischof in weißem Gewand, mit Buch und Federkiel.*

5. April

Hll. Irene, Agape und Chionia

Märtyrerinnen, † 304

In Thessaloniki lebten um das Jahr 304 drei schöne Jungfrauen. Die eine hatte den Namen Agape, zu Deutsch »Liebe«. Die andere hieß Chionia, zu Deutsch »die Schneeweiße«. Die dritte und schönste von ihnen aber hieß Irene, zu Deutsch »Friede«.

Während der Christenverfolgung des Kaisers Maximin wurden sie verraten und gefasst. Der Richter entbrannte zu ihnen in Begierde und versprach ihnen das Leben, wenn sie ihm zu Willen seien. Als sie sich weigerten, versuchte er sie gewaltsam zu umarmen. Aber Gott entrückte sie und der Richter umfasste statt ihrer drei Töpfe. Wütend verurteilte er Agape und Chionia zum Feuertod. Die beiden Mädchen wurden sofort auf den Scheiterhaufen gestellt und lebendig verbrannt. Zu Irene sprach der Richter: »Deine Schwestern sind bereits gestraft. Du aber sollst nicht so schnell sterben. Du sollst vielmehr nackt und gefesselt in einem Schandhaus zur Schau gestellt werden und alle Tage ein Brot bekommen.« Und so geschah es. Dennoch litt ihre Keuschheit dabei keinen Schaden, denn es wagte keiner der Neugierigen, sie zu berühren oder schamlose Worte über sie zu reden.

Nach einiger Zeit versuchte sie der Richter ein letztes Mal zu überreden, wieder ohne Erfolg. Da ließ er ihr die Zähne einschlagen und die

Zunge abschneiden. Nachdem sie mit einem Pfeil durchschossen worden war, starb auch sie schließlich wie ihre Schwestern den Feuertod.

A: *mit Töpfen in der Hand, Irene auch mit Pfeil.*
P: *gegen Blitz und Feuergefahr.*
F: *auch 1. April, 22. Dezember.*

*

Hl. Vinzenz Ferrer

Dominikaner, Bußprediger, um 1350–1419

Vinzenz versammelte schon als Siebenjähriger seine Spielkameraden in Valencia um sich und trug ihnen in eifriger Predigt vor, was er vom Evangelium gehört hatte. Seine Eltern bestimmten ihn deshalb zum geistlichen Stand, und so begann er mit zwölf Jahren das Studium der Philosophie, mit 15 das der Theologie und trat mit 17 dem Bettelorden des hl. Dominikus bei.

Wegen seiner Kenntnis der Philosophie beauftragte ihn der Orden, die jungen Geistlichen darin zu unterrichten. Er lehrte in Barcelona und Katalonien und dann wieder, auf Wunsch der Geistlichkeit und des Volkes, in Valencia. Als sein Gönner, der Kardinal de Luna, zum Papst Benedict XIII. gewählt wurde, nahm er Vinzenz als Beichtvater mit an den Hof von Avignon.

Als Vinzenz schwer erkrankte, erschienen ihm in einer Vision Jesus, Franz von Assisi und Dominikus, berührten seine Wange und hießen ihn, zu Missionsreisen aufzubrechen. Am nächsten Tag erhob er sich gesund und bat um seinen Abschied. Benedict ernannte ihn zum apostolischen Missionar. Vinzenz predigte in der Provence und Lombardei, in Savoyen, Lyon und natürlich in Spanien. Sein Valencianisch wurde überall in den Ländern mit romanischer Zunge verstanden. In späteren Jahren redete er auch französisch. Er predigte aber auch in der Schweiz, in Lothringen, der Normandie und der Bretagne, den Niederlanden und selbst in England.

Von seiner Predigt gerührte Sünder stürzten oft bewusstlos zu seinen Füßen nieder. Im Beichtstuhl vollendete er oft, was er mit der

Predigt begonnen hatte. Eindruck machte Ferrers Kündigung vom nahen Weltende und dem Kommen des Antichrist. Daher wollte er auch möglichst viele Ungläubige retten und scheute sich nicht, die weltlichen Behörden Druck auf Juden und Muslime ausüben zu lassen, seine Predigten zu besuchen. Besonders unter deren reichen und gebildeten Schichten ereigneten sich daraufhin nicht wenige Übertritte zum Christentum.

Seine großen Bekehrungserfolge unter Frauen trugen ihm die Verleumdungen mancher Neider ein. Doch obgleich er häufig fleischlichen Anfechtungen in Gestalt lüsterner Dirnen begegnete, unterlag er ihnen nie, denn er rief stets mit Erfolg die Mutter Gottes an. Für solche Versuchungen bestrafte er sich mit einer umso härteren Lebensweise. Er aß nie Fleisch und hatte an seinen Wanderstab oben ein kleines Kruzifix angebracht, auf das er stets die Augen richtete, wenn er unwillkommene Gedankengänge in sich wahrnahm. Täglich beichtete er und während der Eucharistie pflegte er zu weinen.

Neben der Kraft seiner Überzeugungsgabe wirkte er auch durch viele Wunder. Besonders als Seher machte er Eindruck. So sagte er Alonso de Borja voraus, er werde einst die Tiara tragen. In der Tat wurde dieser als Calixt III. Papst (und sprach den Seher 1445 heilig).

Als Vinzenz den Tod nahen fühlte, bat er um heftige Schmerzen, und tatsächlich hatte er einen qualvollen Todeskampf. Doch man hörte ihn nur Gott danken und bemerkte an ihm im Moment des Verscheidens eine große innere Freude.

A: *im Ordenskleid, die Namensbuchstaben Jesu auf der Brust; in der Hand das Kruzifix, über dem Haupt eine Feuerflamme und Posaunen in den Wolken, in der Linken ein aufgeschlagenes Buch; mit Lilie, Buch und Feuer; manchmal als der Engel der Apokalypse; mit Muttergottes, die ihm gegen eine Dirne (Teufel) beisteht; Kranke heilend, Juden und Mauren unterrichtend.*
P: *von Valencia, Vannes; gegen allgemeines Unglück; gegen Epilepsie, Besessenheit, Kopfweh; für die Ehe und gegen Unsittlichkeit; der Bleigießer, Dachdecker, Holzknechte, Ziegeleiarbeiter.*
F: *auch 5. Mai; 6. September.*

Sel. Notker der Stammler (Balbulus)

Benediktinermönch, um 840–912

Der Klosterschüler in St. Gallen hatte schon früh alle seine Zähne verloren, weshalb er nur mühsam und stammelnd sprechen konnte. Von den übermütigen jungen Adeligen, die gleich ihm die vornehme Schule besuchten, wurde er deshalb häufig verspottet. So lernte er zu schweigen und zog sich in die Klosterbibliothek zurück. Über den eifrig betriebenen Studien vergaß er seine körperlichen Mängel und die ätzenden Bemerkungen der Kameraden.

Notker der Stammler war bald der beste Schüler. Er nahm die Kutte des hl. Benedikt und wurde Mönch – der gelehrteste von St. Gallen. Unnütze Gespräche verabscheute er als eines Mönches unwürdig. In den Stunden der allgemeinen Erholung, wenn die anderen auf dem Hof lärmten und lachten, ging er still hinauf in die Krankensäle, verabreichte Arzneien, bettete um oder reinigte das Bettgeschirr.

Konnte er sich hier nicht betätigen, so geißelte er sich in seiner Zelle. Nach seiner Meinung sollte sich der Mensch gegenüber seinem Leibe streng verhalten. Wie ein Bauer seinen Acker pflüge, um im Herbst zu ernten, so müsse der Körper mit Fasten und Schlägen bestellt werden, wolle man die Seele nicht im Unkraut ersticken lassen. Sein inneres Leben spiegelte sich in seinen Gesichtszügen, und sein ganzes Wesen strahlte geradezu, wenn er sang. Dann war nichts mehr von seiner stammelnden Redeweise zu bemerken. Besonders liebte er die Hymnen Gregors und unterwies viele Lehrer der Kirchenmusik darin. Er selbst komponierte zahlreiche Lieder, die jahrhundertelang von den Gläubigen gesungen wurden. Einmal sah er einen Knecht auf einem schmalen Steg über einen schwindelnd tiefen Abgrund schreiten. Da ersann er die Weise: »Mitten im Leben sind wir vom Tod umgeben« (*Media vita / in morte sumus. / Quem quaerimus adjutorem, / nisi te, Domine?*).

Notker war auch ein gesuchter Ratgeber für Hohe und Niedrige. Besonders schätzte ihn Kaiser Karl der Dicke. Einst traf ihn der Bote des Herrschers im Klostergarten an, wie er Unkraut jätete, Pflanzen umsetzte und Beete goss. Als er um Belehrung für seinen Herrn bat, sprach Notker: »Melde dem Kaiser nichts anderes, als was du mich soeben tun siehst.« Und Karl erfasste sogleich den Sinn der Botschaft, denn er kannte die Lehren des Heiligen: »Glücklich der Fürst, der die Leidenschaften aus dem Garten seines Herzens entfernt; groß seine Verdienste, wenn er Irrtümer und Laster der ihm zum Schutz befohlenen Kirche ausrottet und die Tugenden fördert.«

Bisweilen kam der Kaiser persönlich nach St. Gallen, und einmal begleitete ihn sein stolzer Hofkaplan. Dieser hegte eine Abneigung gegen Mönche und Klöster. Herablassend besichtigte er mit dem Fürsten die Gebäude, den Chor und beobachtete dort Notker im Gebet. Er lachte über den gelehrten Ruf des unscheinbaren Kuttenträgers, trat vor ihn hin und sagte: »Erzähle mir, du Leuchte der Wissenschaft, was Gott gerade im Himmel macht?« Notker blickte ernst auf und antwortete: »Er tut, was er immer getan hat und bald an dir tun wird. Er erhöht die Demütigen und erniedrigt die Stolzen.« Bei der Abreise bäumte sich das Pferd des Kaplans jäh im Tor auf und warf ihn in den Kot. Er zerschlug sich das Gesicht, brach sich den Fuß und beschmutzte sein kostbares Gewand über und über.

A: *wie er mit einem Stock auf den Teufel in Gestalt eines Hundes losschlägt (stört sein Gebet); mit Buch oder Mühlrad.*
F: *auch 7. und 19. Mai.*

7. April

Hl. Hermann Joseph

Prämonstratensermönch, um 1150–1241

Hermann wurde in Köln geboren. Schon im Knabenalter trat seine geistliche Begabung hervor. Es hat wenige Heilige gegeben, die so oft Gelegenheit hatten, mit der heiligen Jungfrau Umgang zu pflegen. Dies veranlasste später seine Ordensbrüder, ihm den Beinamen Joseph zu verleihen. Wenn andere Kinder in der schulfreien Zeit herumtollten, so schlich sich der kleine Hermann in die Kirche und redete mit der Gottesmutter, als wäre sie leibhaftig zugegen. Einst schenkte ihm jemand einen saftigen Apfel. Sofort eilte er in die Kirche und streckte die Hand zum Marienbild empor: »Liebste Mutter, iss du ihn!« Da griff die

Statue nach der frommen Gabe und dankte ihm in huldvollster Weise. Ein andermal kam er barfuß in die Kirche, weil seine verarmten Eltern kein Geld für Schuhe hatten. Auf die Frage Marias, warum er barfuß laufe, erzählte Hermann von seiner Not. Und die Gottesmutter wies auf einen Stein und sprach: »Darunter findest du genau soviel Geld, dass du dir ein paar Schuhe kaufen kannst.« Hermann hob den Stein an und fand das Versprochene. Seine Mitschüler erfuhren davon und suchten unter den Steinen der Kirche ebenfalls nach Pfennigen. Aber sie gingen leer aus. Wieder ein andermal half ihm Maria über das Chorgitter hinweg, damit er mit ihrem Sohn und dem hl. Johannes spielen konnte.

Mit 13 Jahren bat er bei den Prämonstratensern in Steinfeld so demütig um Aufnahme, dass sie ihn nicht abwiesen, obgleich er noch viel zu jung war. Sie schickten ihn nach Friesland in die Klosterschule. Dort war er der Eifrigste im Studieren und Beten. Einem Lehrer freilich, der die Götterlehre der Griechen vortrug, machte er den freimütigen Einwand: »Das sind sehr schmutzige Fabeln. Man entehrt unseren Herrn, wenn man diese erdichteten, lasterhaften Wesen mit dem göttlichen Namen belegt.«

Nach der Profess erklomm er bald mit Abtötung, Fasten und Selbstgeißelung die höchsten Stufen des beschaulichen Lebens. Am liebsten hätte er sich ausschließlich dem Umgang mit Maria gewidmet, seinem fast täglichen Gast. Stattdessen musste er im Speisesaal auftragen. Maria aber erschien ihm im Traum und sprach zu ihm: »Lieber Hermann, wisse, dass du mir und meinem Sohn nichts Angenehmeres tun kannst, als wenn du gehorsam deine Arbeit verrichtest und deinen Brüdern in Liebe dienst.« Hermann war von nun an keine Pflicht zu schwer, alles erfüllte er heiteren Sinnes.

Sein Verlangen nach Erniedrigung und Verachtung war unersättlich. Einst sagte er zu einem vorübergehenden Landsmann: »Schlage mir ins Gesicht.« Erstaunt fragte dieser zurück, warum er ihn schlagen solle. Hermann antwortete: »Weil ich ein Geschöpf voller Sünden und Gräuel bin. Ich werde nie so gedemütigt und verachtet, als ich es verdiene.« Lob vertrug er überhaupt nicht. Beim leisesten Anschein, dass man schmeicheln könnte, wurde er unwirsch und wandte sich ab. Diese Geringschätzung gegen sich selbst ließ ihn in den Augen der Weltmenschen als fast Blödsinnigen erscheinen. Den Gläubigen aber erschien er als ein Engel in Menschengestalt.

A: *wie er Maria einen Apfel überreicht; als Knabe mit Federkasten, Schreibheft und Tintenfass; in Ordensgewand mit Schlüssel, Kelch und Rosen; auch als Jüngling, der das Jesuskind trägt.*
F: *auch 4. April, 24. Mai.*

8. April

Hl. Redemptus

Bischof von Ferrentino, † um 586

Der Lebenswandel des Bischofs Redemptus wurde von allen Gläubigen aufrichtig bewundert. Eines Tages besuchte er die Kirche des hl. Eutychius. Als es Abend wurde, bereitete er sein Lager neben dem Grab des Märtyrers und ruhte von der Arbeit aus. Gegen Mitternacht, er lag im Halbschlummer, erschien ihm der Märtyrer, fragte ihn: »Bist du wach?« und sprach dreimal den Satz: »Das Ende allen Fleisches kommt.« Da stand Redemptus auf, klagte und weinte.

Und bald danach fielen die wilden Krieger der Langobarden in die Gegend ein, die Städte wurden entvölkert, die Klöster niedergebrannt, das Land verödete und die Saat verdorrte.

9. April

Hl. Waltraud (Waldetrudis)

Witwe und Klostergründerin, † um 686

Die hl. Waltraud stammte aus der heiligmäßigsten Familie des Hennegaus: Ihre Eltern Walbertus und Bertilia werden ebenso wie ihre Schwester Adelgunde, ihr Ehemann Vincentius Madelgarius und ihre Kinder Dentlinus, Landricus, Adeltrudis und Madelberta als Heilige verehrt.

Als sie nach dem Tode ihres Mannes auf Zuspruch des hl. Bischofs Autbertus von Cambrai den Schleier nehmen wollte, befielen sie heftige Gewissensskrupel, dass man ihr die Weltentsagung als ein Unrecht vorwerfen könne. Aber da erschien ihr ein Engel und versicherte ihr, sie brauche die Sprühfünkchen der Verleumder nicht fürchten, die zwar schnell entzündet, aber ebenso leicht von ihr gelöscht werden könnten. Da gründete sie mit dem Beistand des hl. Gislenus, des Apostels des Hennegaus, das Kloster Castrolicus bei Mons und führte als dessen Vorsteherin ein so tugendhaftes Leben, dass sie bald im Ruf der Heiligkeit stand. Besonders kranke Kinder wurden durch ihr Gebet geheilt; bei Armen, die sie mit Almosen beschenkt hatte, vermehrte sich die Gabe auf wunderbare Weise. Das Wasser eines Heilbrunnens in Castieux, der ihren Namen trägt, soll bis heute manchen Kranken geholfen haben.

A: *mit Armen oder ihren Kindern; mit dem Modell einer Kirche.*
P: *von Mons.*

10. April

Hl. Michael de Sanctis

Prediger aus dem Trinitarierorden, 1591–1625

Der in Vich geborene Michael de Sanctis trat in Barcelona dem Trinitarierorden bei. Er war ein begeisternder Prediger und gesuchter Beichtvater. Den Beinamen »der Ekstatiker« erhielt er, weil er im Zustand der Verzückung wie Joseph von Copertino ekstatische Flüge machte.

Schon zu Lebzeiten ereigneten sich Wunderheilungen. Nach seinem frühen Tod gelang es den Gläubigen, aus dem Leichnam und dem Haushalt des verehrten Paters zahlreiche Reliquien sicherzustellen: Haare, Stoffreste, Gegenstände, die er berührt oder gesegnet hatte, und ein Stück, das in der folgenden Geschichte eine Rolle spielt.

Der Ökonom Alfons de Ottero Grassal litt an den Folgen eines ärztlich falsch behandelten Armbruchs. Der Arm schwoll auf die dreifache Dicke an und Grassal konnte die Schmerzen kaum noch ertragen. Er schrie Tag und Nacht und brachte nicht nur sich, sondern seine Familie und die Nachbarschaft an den Rand der Verzweiflung. Da kam die Nachbarin Catarina Diez und brachte ihm ein Taschentuch, das mit dem Blut getränkt war, das dem Diener Gottes Michael de Sanctis nach seinem Tod aus der Nase geflossen war. In dem Augenblick, da Grassal die Reliquie vor den Augen seiner Frau Maria della Fuente und der Hausgehilfin Hieronyma Martinez auf den Arm legte, schwoll dieser ab, der Verband rutschte herunter und die Schmerzen hörten auf. Bald fühlte er sich so wohl, dass er zum ersten Mal seit langem wieder mit gutem Appetit essen konnte. Die Heilung hielt an und der Arm wurde kräftiger als zuvor.

F: *auch 5. Juli.*

⁕

Hl. Paternus

Benediktinermönch und Inkluse, † 1058

Im Paderborner Kloster Abdinghof lebte der gebürtige Ire – andere schreiben Schotte – Paternus. Dieser hatte ein Gelübde getan, sich für den Rest des Lebens als Inkluse in seiner Zelle einzuschließen, und verbrachte so mehrere Jahre in strenger Abgeschiedenheit. In einer Vision sah er einst ganz Paderborn in Flammen und er meldete seinen Oberen, dass Stadt und Kloster in 30 Tagen niederbrennen würden, wenn nicht alle sofort aufrichtig Buße täten. Zum vorhergesagten Termin brach ein großer Brand aus, der große Teile der Stadt und des Klosters verzehrte. Paternus weigerte sich, sein Gelübde zu brechen und die Zelle zu verlassen. Er kam in dem Feuer um. Die Matte aber, auf welcher er gelegen hatte, blieb völlig unversehrt.

Hl. Stanislaus

Bischof, um 1030–1079

Der hl. Stanislaus war Bischof von Krakau. Wegen seiner Frömmigkeit wurde er zum Widersacher des Königs Boleslaus II., genannt »der Grausame«. Dieser zügellose Wüterich scherte sich nicht das Geringste um Maß und Sitte, sondern schändete Jungfrauen, wo immer er ihrer habhaft werden konnte. Seine Geilheit machte auch vor verheirateten Frauen nicht halt, gleichgültig ob sie adelig waren oder aus dem niedrigen Volk. Niemand wagte es, sich ihm entgegenzustellen.

Bischof Stanislaus aber ging zum König und sprach: »Wie lange noch befleckst du den Tempel Gottes, zu dem er deinen Leib geweiht hat, und machst ein Lusthaus für seine Widersacher daraus?« Boleslaus heuchelte Zerknirschung und versprach Besserung. Kurz darauf aber erregte die wunderschöne Gattin eines Edelmanns seine Begierde. Er entführte sie mit Gewalt auf eines seiner Schlösser und zeugte mit ihr drei Kinder.

Stanislaus bezichtigte ihn öffentlich in seinen Predigten des schändlichen Ehebruchs – und der König schwor ihm Rache. In seinem Prozess mit gekauften Zeugen wurde Stanislaus der Erschleichung des Erbes eines jüngst verstorbenen Ritters angeklagt. Stanislaus aber betete drei Tage und drei Nächte an dessen Grab und befahl ihm, für die Wahrheit Zeugnis abzulegen. Da erhob sich der Tote aus der Gruft, schritt in den Gerichtssaal, beeidigte die Rechtmäßigkeit des Kaufabschlusses, ermahnte seine Verwandten wegen ihrer falschen Beschuldigungen und legte sich danach wieder in seinen Sarg.

Boleslaus musste wohl oder übel von seiner schon sicher geglaubten Beute ablassen. Er stürzte sich in einen Krieg gegen die Russen und erfocht infolge seines Ingrimms einen glänzenden Sieg.

Nach seiner Rückkehr trieb er es noch ärger, worauf ihn Stanislaus schließlich exkommunizierte. Da stürzte sich Boleslaus während des Gottesdienstes auf den Heiligen und spaltete ihm eigenhändig mit dem Schwert den Schädel. In rasender Wut zerrte er den Leichnam ins Freie und zerhackte ihn in kleine Stücke. Diese streute er den Geiern zum Fraße vor. Vier große Adler jedoch bewachten die Gliedmaßen, von denen des Nachts ein überirdisches Licht ausging. Schließlich fassten sich Volk und Geistlichkeit trotz des strengen Verbotes ein Herz, sammelten die Überreste auf und bestatteten sie in einer feierlichen Prozession in der Domkirche.

Boleslaus aber floh, vom Papst gebannt, unter Gewissensqualen nach Ungarn. Dort irrte er verstört in den Wäldern umher und wurde immer elender. Manche behaupten, er habe sich selbst getötet. Andere erzählen, seine eigenen Hunde hätten ihn eines Tages angefallen und zerrissen.

A: *mit Bischofsstab und Schwert; vor dem Altar den Todesstreich fangend; als nackter Leichnam, den vier Adler bewachen.*
P: *des Bistums Krakau; in Kämpfen.*
F: *auch 7. und 8. Mai.*

*

Hl. Guthlac

Einsiedler, 673–714

Hl. Pega

Jungfrau und Einsiedlerin, 673–719

Die beiden Geschwister stammten aus dem Hochadel des Königreichs Mercia, dessen Kerngebiet in den englischen Midlands lag. Guthlac focht als junger Mann neun Jahre lang im Heer seines Verwandten, des Königs Ethelred. Tapferkeit und Glück erwarben ihm große Kriegsbeute und viele Gefolgsmänner aus allen Teilen des Landes. Eines Nachts hatte Guthlac eine Vision: Ein Engel und ein Teufel rangen um seine Seele. Entbehrungsreicher Dienst für Christus oder ein irdisches Leben mit Reichtum und Schlachtenglück hießen die Siegespreise. Nach einem langdauernden Kampf entschied Gott, der Engel habe gesiegt.

Guthlac folgte der Eingebung, legte Waffen und Herrengewand ab und trat mit 24 in das Kloster Repton ein. Dies stand unter der Obhut einer Frau, der Äbtissin Elfthrythin, die dem rauhen Kriegsmann persönlich die Tonsur schnitt. Zwei Jahre lang diente er demütig, folgte gehorsam allen Befehlen der Oberin und kam mit nie versiegendem Eifer sämtlichen Pflichten des klösterlichen Lebens nach. Doch nach zwei Jahren zog es ihn in die Einsamkeit, um sich ganz dem Gebet und der Betrachtung der überirdischen Dinge widmen zu können. Seine Schwester Pega begleitete ihn durch die damals noch unwegsamen Weiten des englischen Ostens. Sie durchstreiften die sumpfigen und meist überschwemmten Marschgebiete East Anglias. Am 24. August 699, am Bartholomäus-Tag, entdeckten sie inmitten der Moore ein Stück festes Land, eine kleine Insel im schwankenden Untergrund. Sie entschieden sich dort zu bleiben und ihre Klause zu bauen.

Guthlac ging das Eremitendasein mit soldatischer Entschlossenheit an. Er unternahm alles, um seine leiblichen Sinne abzutöten. Unermüdlich betete er, schlief auf hartem Boden und nur wenige Stunden, studierte heilige Schriften und nahm stets erst nach Sonnenuntergang etwas Wasser und trockenes Brot zu sich. Auch Pega betete viel und sang fromme Lieder, daneben aber sammelte sie Essbares, planzte Gemüse und Kräuter an und sorgte sich um die Gesundheit des Bruders. Während einer stürmischen Nacht erschien Guthlac der Teufel – in Gestalt Pegas. Sie redete ihm eindringlich zu, doch sein Speisegelübde zu brechen. Er könne Gott gesund viel besser dienen als geschwächt durch übertriebene Askese. Doch Guthlac erkannte die höllische Fratze hinter dem lieben Antlitz seiner Schwester. Er rief Christus an, schlug das Kreuzzeichen und siehe, in widerlichem Schwefelgestank verschwand die teuflische Vision.

Guthlac bat seine Schwester, ihn zu verlassen, damit er nicht ein weiteres Mal in Zweifel gestürzt würde, ob es sich um sie oder eine diabolische Machination handle. Und Pega fügte sich traurig in seine Wünsche und nahm Abschied vom geliebten Bruder. Sie sollten sich lebend nie mehr wiedersehen. Sie suchte sich eine halbe Tagesreise weiter einen anderen Ort für eine eigene Einsiedelei: Peakirk (»Pegas Church«) im heutigen Cambridgeshire. Für Frauen war es in diesen wirren Zeiten gefährlich, allein in der Einöde zu leben. Aber Pega war mit dem Königshaus verwandt und erhielt die persönliche Erlaubnis und den Schutz König Ethelreds, der später selbst der Welt entsagte und als Mönch starb.

Von Guthlac ist einer der spektakulärsten Dämonenkämpfe in der Geschichte des Christentums überliefert. Die von ihm erwählte Insel stellte sich als Wohnort unholden Spuks heraus, gegen den sich der Fromme von Anfang an mit allen geistlichen Waffen behaupten musste. In den Nächten fielen ganze Horden unreiner Geister über seine Zelle her. »Aus den Lüften und dem Erdinneren hervorbrechend, bedeckten sie die ganze Atmosphäre mit dräuendem Gewölk. Sie waren von wildem Aussehen und schrecklicher Gestalt, fahlgelber Hautfarbe, riesigen Köpfen auf langen Hälsen, filzig-stinkenden Bärten, zottigen Ohren, brennend-bohrendem Blick, fauligem Atem, Pferdezähnen, schorfig-schuppigen Gliedern, klauenförmigen Händen und schiefen Beinen. Ihr Gekreische, Gezische und Gebrüll erfüllte den gesamten Raum zwischen Himmel und Erde mit grauenhaften, entsetzlichem Getöse. Sie packten den Heiligen, fesselten ihn und tauchten ihn in die Schlammgewässer eines finsteren Sumpfes unter. Dann schleppten und zerrten sie ihn durch dichtestes Dorngestrüpp.« Sie peitschten ihn mit eisernen Geißeln und zerrissen ihm die Sehnen seiner Gelenke und Glieder. Aber Guthlac ertrug alle Pein ungerührt. Es gelang den Dämonen nicht, ihn von der Insel zu vertreiben.

Mit dem ersten Tageslicht verschwand der Spuk und ein Engel kam vorbei, der die Wunden des Einsiedlers heilte, ihn tröstete und stärkte. Vögel und andere Tiere näherten sich zutraulich dem frommen Ort und ließen sich streicheln und kosen. Der Ruf der Heiligkeit des Eremiten im Sumpf verbreitete sich schnell. Viele Besucher baten um Segen und Rat, darunter sein königlicher Cousin Ethelbald, den Hofintrigen in die Emigration getrieben hatten. Er hatte sich mit seinen Getreuen ebenfalls in den Marschen versteckt und kam dreimal zu Guthlac, um sich bei ihm Segenskraft für seinen gerechten Kampf zu holen.

Die Nächte jedoch gehörten den Dämonen. In grenzenlose Wut durch seine Standhaftigkeit versetzt, entführten sie ihn durch die Lüfte bis zum Hölleneingang. Sie zwangen ihn, hinunterzuschauen auf die Qualen der Unterwelt. Sie drohten ihn hinunter zu werfen. Sie wüssten genau, dass er bei Gott mit seinem lächerlichen Bußgetue nur als Heuchler gelte. Unweigerlich werde er nach seinem Tode dort unten landen. Sie hingegen könnten ihm ein glückliches Erdenleben bescheren. Doch der Heilige versicherte ihnen »unbeweglichen Sinnes, fester Gesinnung, nüchternen Geistes«, er sei bereit, alle Höllenqualen zu erdulden, die er wegen seiner Sündhaftigkeit gewiss verdient habe, und er werde dennoch Gottes Lobpreis singen. Für sie aber hatte er nur Worte der Verachtung übrig. Rasend wollten die Dämonen ihre Ankündigung wahrmachen und den Heiligen in das Höllenfeuer schleudern.

Da erschien unerwarteter Beistand – »der hl. Bartholomäus im unermeßlichen Glanz des Himmelslichtes«. Der gebildete Verfasser einer zeitgenössischen Guthlac-Vita schildert den Apostel als »von den ätherischen Gefilden des strahlenden Olymps« kommend.

Die Dämonen mussten vor dieser unüberwindlichen Macht kuschen. Zwar »fletschen, knirschen, zischen, zittern und schlottern sie«, aber der Himmelsgesandte zwang sie, seinen frommen Schützling »mit aller Sanftheit, wie mit ruhigem Flügelschlag zurückbringen.«

Das harte Eremitendasein forderte nach wenigen Jahren seinen Tribut. Guthlac wurde immer schwächer und erholte sich kaum mehr von den zahlreichen Krankheiten, die ihm das harte Leben im Moor bescherte. Todkrank rief er nach seinem Diener Beccel, dessen treue Hilfe er in der letzten Zeit anzunehmen gezwungen war. Von seinem Lager aus predigte er dem Jüngling in anrührender Rede über die frohe Botschaft des Ostereignisses. Dann vertraute er ihm an, dass ihm ein Engel das baldige Wiedersehen mit seiner geliebten Schwester im Himmel versprochen habe. Er solle ihr seine Vision mitteilen, nach welcher sie einander gemeinsam ewige Freuden in Gottes Angesicht genießen würden. Und er bitte sie, ihm ein würdiges Grab zu bereiten. Er öffnete noch einmal den Mund, aus dem ein süßer, honigähnlicher Duft entstieg, und verschied. Dem Diener schien es, als trüge eine Engelsschar die Seele des Heiligen in den Himmel.

Der tiefbetrübte Beccel eilte zu Pega und diese nahm ein Schiff, um schneller durch die überschwemmten Marschen zu gelangen. Sie fand den Leichnam ihres Bruders völlig unversehrt. Er wurde in einem prachtvollen Grabmal bestattet, das Ethelbald ihm zu Ehren errichten ließ. Denn Guthlac war dem Kronprätendenten in einem Traum erschienen und hatte ihm geweissagt, er werde in kurzer Zeit König. Innerhalb von weniger als zwei Jahren hatte sich die Prophezeiung erfüllt. Und der dankbare Herrscher wurde zu einem großen Wohltäter der Kirche.

Guthlacs Ruhestätte entwickelte sich rasch zu einem Magneten für Pilger, denn es geschahen dort viele Wunder. Ein großes Kloster entstand in Crowland, das Pega mit dem Psalter und der Peitsche ihres Bruders beschenkte, die dieser vom hl. Bartolomäus zur Verteidigung gegen die Dämonen erhalten hatte.

A: *als Eremit mit Peitsche, den Fuß auf einem Dämon.*
P: *gegen Dämonen; von den Fens East Anglias.*

Pega wallfahrte zu den Apostelgräbern in Rom. Unterwegs heilte sie einen Blinden. Als die hl. Jungfrau in Rom eintraf, begannen alle

Glocken der Stadt von selbst zu läuten. Sie starb dort 719 und soll in einer Kirche beigesetzt worden sein, der man ihren Namen gab. Ihr Herz wurde nach England zurückgesandt und in einer Grabkirche, die ihr Ethelbald erbaute, als wunderwirkende Reliquie verehrt. Ihr Fest ist am 8. Januar. In den Bürgerkriegen der Cromwellzeit wurden das Gotteshaus und sein heiliger Schatz zerstört.

A: *in einem Boot; als Jungfrau mit Schwänen.*
P: *der Geschwisterliebe; von Peakirk.*
F: *8. Januar.*

12. April

Hl. Alferius (Alf)

Abt, † 1050

Alferius war Stifter und Abt des Klosters Cava bei Salerno. Dieses liegt in einer einsamen, gegen das Meer hin offenen Schlucht. Räuber erschlugen einst einen Kaufmann und Mönche aus der Abtei fanden ihn im Walde. Sie brachten den Toten in die Klosterkirche. Alferius befahl, mit der Beerdigung zu warten, und brachte die Nacht betend bei der Leiche zu. Am frühen Morgen war der Ermordete wieder lebendig und lobte Gott.

Gegen Ende seines langen Lebens wurde Alferius zu einem vom Teufel Besessenen gerufen, um ihn aus den Fesseln des Bösen zu befreien. Der greise Abt erklärte: »Er wird erst nach meinem Tode erlöst werden.« Kurz danach starb der Heilige im Alter von 120 Jahren. Man führte den Besessenen herbei und dieser wurde durch Berühren des Leichnams sofort gesund. Da er ein vortrefflicher Maler war, schmückte er aus Dankbarkeit die Klosterkirche mit einem Gemälde des Wunders.

A: *als Abt einen Toten erweckend.*

*

Hl. Julius I.

Bischof von Rom (Papst), Amtszeit: 6. Februar 337 – 12. April 352

Während der Amtszeit Julius I. erschütterte die Irrlehre des Arius die Kirche. Fast alle wichtigen Bischöfe im Orient unterstützten die Auffassung, dass Christus nur »per adoptionem« Gottes Sohn geworden sei. Hinter Arius standen die Patriarchen von Alexandria, Antiochia und Konstantinopel. Nur der hl. Athanasius und der Klerus des lateinischen Westens des Reiches unter der Führung des Bischofs von Rom standen fest zum Konzil von Nicäa, das als verbindliche christliche Doktrin zum Wesen Christi verkündet hatte: »Gott von Gott, Licht von Licht, wahrhaftiger Gott vom wahrhaftigen Gott, gezeugt, nicht geschaffen, gleichen Wesens mit dem Vater.«

Als der von den Arianern verfolgte Athanasius 339 nach Rom verbannt wurde, war es Julius, der ihn dort herzlich aufnahm und unbeirrt für dessen Sache eintrat. Für des Papstes Patronat für die Latrinenreiniger gibt es unterschiedliche Begründungen.

Die plausibelste liegt im traurigen – für den Sieg der römisch-katholischen Rechtgläubigkeit aber erfreulichen – Ende des Arius. Während seine Anhänger in Konstantinopel seinen Sieg über Athanasius feierten, war er plötzlich verschwunden. Man suchte ihn und fand ihn mit herausgequollenen Eingeweiden auf einem Abort. Unter entsetzlichen Qualen brachen auch Leber, Milz und Herz aus ihm heraus, er schrumpfte zusammen und verschwand durch den Abfluss mit einem Plumps in der Jauche.

P: *der Latrinenreiniger.*

13. April

Sel. Ida von Boulogne

Mutter Gottfrieds von Bouillon, um 1040–1113

Ida wurde 16-jährig mit dem Herzog Eustach II. von Niederlothringen verheiratet. Einmal träumte sie, dass die Sonne vom Himmel herabgestiegen sei und einen Augenblick an ihrem Busen ruhte. Und nicht lange danach wurde sie Mutter von drei Söhnen: Eustachs III., der die Nachfolge des Vaters antrat, Gottfrieds von Bouillon, der den Kreuzzug gegen die Sarazenen führte, und Balduins, der zum König von Jerusalem werden sollte.

Ida überließ keines ihrer Kinder einer Amme. Sie wollte vermeiden, dass sie durch die Milch aus einer anderen Brust mit schlechten Sitten infiziert würden. Nach der Geburt ihrer Söhne lebte sie an der Seite ihres Mannes keusch wie eine Jungfrau. Auch als er gestorben war, verzichtete sie auf neue Ehefreuden. Stattdessen sorgte sie für die Armen und förderte den Bau von Kirchen und Klöstern.

Schon zu Lebzeiten vollbrachte sie Wundertaten. Ein taubstummes Mädchen kauerte sich eines Morgens unter ihren weiten Mantel. Und sogleich fing es zu reden an. Sein erstes Wort war »Mutter«.

14. April

Hl. Lidwina von Schiedam (Lydia, Lidwiga)

Jungfrau, 1380–1433

Am selben Tag, an dem die zwölfjährige Lidwina aus Schiedam in Holland einem vornehmen Jüngling das Jawort verweigerte, gelobte sie ewige Keuschheit. Wenige Zeit danach rutschte sie beim Schlittschuhfahren auf dem Eise aus und brach sich eine Rippe. Von diesem Augenblick an wurde sie so sehr von Krankheiten verzehrt, dass kein Werber sie je noch belästigte.

Zunächst bildete sich inwendig ein schmerzhaftes Geschwür, welches sich erst nach anderthalb Jahren öffnete. Dabei ergoss sich eine unerklärliche Menge Eiter aus ihrem Mund und schwächte sie derart, dass sie drei Jahre lang nur kriechen konnte, bis sie schließlich vollständig ans Bett gefesselt war. Ein Brand im Leibe, den die Ärzte Antoniusfeuer nannten, verursachte ihr unstillbaren Durst. Wenn sie aber trank, dann musste sie es sofort wieder erbrechen.

Zu der grenzenlosen Schwäche kam Schlaflosigkeit. Die inneren Organe wurden von der Fäulnis um die einst gebrochene Rippe angegriffen. Große Würmer krochen aus ihren Wunden hervor, zum Schauder aller, die sie pflegten oder besuchten. In ihren Knochen brannte es wie

Feuer. Dazu kamen unerträgliches Kopfweh und unaufhörliche Zahnschmerzen, die sie monatelang bis zum Wahnsinn quälten.

Die Fäulnis im Unterleib dehnte sich so aus, dass man mit einem Verband das Herausfallen der Eingeweide verhindern musste. Über Stirn und Kinn bildete sich ein tiefer Spalt, weshalb sie nur mühsam zu reden vermochte. Aus den Ohren und der Nase, sogar aus den Augen flossen stets große Mengen Blut. Im ständigen Wechselfieber glühte sie bald vor Hitze, bald zitterte sie vor Frost. Ihr rechtes Auge wurde blind und das linke so schwach, dass sie fast immer in Finsternis lag. Bewegen konnte sie nur den linken Arm und den Kopf. Am ärgsten aber peinigten sie Gallensteine und ein schweres Darmleiden. Die letzten 19 Jahre ihres Lebens genoss Lidwina nur die hl. Hostie und etwas Wasser.

Anfangs litt Lidwina sehr unter ihrer Lage, und wenn sie von ihren gesunden Freundinnen besucht wurde, musste sie weinen. Auf Empfehlung ihres Beichtvaters erwählte sie sich jedoch die Leiden des Heilands zur Betrachtung und bald ging in ihr ein glücklicher Wandel vor. In ihren Schmerzen fand sie nur noch Süßigkeit und Trost. Infolgedessen betete sie nicht mehr um Genesung, sondern um die Vermehrung ihrer Leiden. Eines Nachts wurde ihr Zimmer von einem so starken Licht erhellt, dass ihre Verwandten glaubten, es brenne, und hinzueilten. Lidwina aber schickte sie hinaus. In einer Vision erschienen ihr verschiedene Engel mit den Marterwerkzeugen des Heilands, dann die Muttergottes mit dem Jesuskinde. Dieses betrachtete die Kranke zärtlich, breitete seine Arme aus und wurde plötzlich zu einem Mann reifen Alters. Sein Antlitz war von fahler Blässe und ganz mit Blut bedeckt. An Händen, Füßen und unter dem Herzen klafften große Wunden. Wie sie später ihrem Beichtvater berichtete, erzeugte dieser Anblick in ihr eine mit Schmerz und Mitleid vermischte Freude. Während sie die Wundmale betrachtete, sah sie leuchtende Strahlen daraus hervorgehen, die sich auf sie richteten und ihr selbst die Wundmale einprägten.

Beim Anblick der großen Wunden, die sie nicht vor den Menschen hätte verbergen können, bat Lidwina Jesus, die Zeichen wieder wegzunehmen. Denn sie befürchtete den Beifall frommer Besucher und den eigenen Stolz darauf. Im Nu bildete sich eine Haut über den Malen und nur eine leichte Blässe blieb zurück.

An Ostern 1433 hörte sie im Himmel das Halleluja singen und ein Engel kündete ihr an, dass sie in drei Tagen sterben werde, was auch geschah. Nach ihrem Tode war keine Spur der Wunden und Geschwüre mehr zu sehen. Der unversehrte Leib verbreitete einen paradiesischen Wohlgeruch.

A: *mit Kranz von Rosen auf dem Haar, Kruzifix in der einen, einen blühenden Zweig in der anderen Hand; mit Engel an der Seite.*
P: *der Kranken und Leidenden.*

15. April

Hl. Clemens Maria Hofbauer

Apostel Wiens, 1751–1820

Aus einer armen Familie stammend, konnte Clemens seinen Wunsch nach dem Priesterberuf nur auf langen Umwegen und nach vielen Fehlschlägen verwirklichen. Er wurde Bäckergehilfe, bevor er sich in Italien den Redemptoristen anschloss. Diese ermöglichten dem 34-Jährigen endlich die Weihe.

Gemeinsam mit seinem Gefährten Thaddäus Hübl versuchte Hofbauer seinen Orden auch nach Österreich zu verpflanzen, aber dies misslang angesichts der politischen Verhältnisse. Und so sollte es für den Rest seines Lebens bleiben. Er begann viele Vorhaben zunächst sehr erfolgreich, aber immer wieder musste er seine Unternehmungen scheitern sehen. Nach vielen Enttäuschungen kam er nach Wien, wo er als Beichtvater und Prediger wirkte. Und die Stadt bemerkte bald tief erstaunt, wie der einfache, ungelehrte Mann, der stets eine abgeschabte Kleidung und grobe, viel zu große Schuhe trug, Tausende bekehrte. Die Gläubigen gaben ihm deshalb den Titel »Apostel Wiens«. Dichter wie Friedrich Schlegel und Zacharias Werner waren mit ihm befreundet, und Letzterer zählte ihn zu den drei bedeutendsten Menschen seiner Zeit – neben Goethe und Napoleon.

Jahrelang wurde Hofbauer von der Polizei bewacht und bespitzelt, man zwang ihn sogar, noch auf dem Sterbebett seine Ausweisung zu unterschreiben. Einen Monat nach seinem Tod jedoch bewilligte Kaiser Franz persönlich die Zulassung des Redemptoristenordens in Österreich.

A: *als Redemptorist im schwarzen Talar mit weißem Halskragen und schwarzem Stoffgürtel mit Rosenkranz.*
P: *von Wien und der Diözese Brünn; der Gesellenvereine.*

⁕

Sel. Pedro Gonzalez (San Telmo)

Dominikanerprediger, um 1190–1246

Pedro stammte aus einer angesehenen Familie aus Astorg. Sein Onkel war Bischof in Palencia und der Knabe wurde früh zum geistlichen Stand bestimmt. Hochgebildet und bewandert in der Theologie, wurde er noch als Jüngling zum Priester geweiht und Dekan des Domkapitels. Das Bewusstsein seiner Würden aber machte ihn eitel.

Als er einmal nach örtlichem Brauch auf einem prächtigen Pferd mit den übrigen Domherren des Kapitels in Palencia einritt, bäumte sich der Schimmel und warf den stolzen Reiter auf einen Misthaufen. Das versammelte Volk brach in Hohngelächter aus und Pedro fühlte sich abgrundtief gedemütigt. Er fiel in Schwermut, aus der ihn erst die Erkenntnis wieder riss, dass ihm ein anderer Weg bestimmt sein müsse. Um jeden Rückfall in die Gesinnung des Hochmutes zu vermeiden, trat er in den Bettelorden des hl. Dominikus ein.

Als Prediger unter Arm und Reich gelangen ihm zahlreiche Bekehrungen. Sein Ruf wurde so groß, dass ihn König Ferdinand III. von Leon und Kastilien an den Hof rief und ihn auf seinen Feldzügen mit sich nahm. Doch Pedro verließ diesen Posten wieder aus Sorge vor der Gefahr der Selbsterhebung und widmete seine Arbeit dem niederen Landvolk. In fast unzugänglichen Gebirgen suchte er seine Zuhörer und seine Gabe, die schwierigen Religionswahrheiten fasslich und manchmal mit ungewöhnlichen Methoden vorzutragen, bescherte ihm manchen Bekehrungserfolg.

Einmal verliebte sich ein lüsternes Mädchen in den feurigen Prediger. Da fragte er sie, ob sie dafür die Höllenstrafe riskieren wolle. Und er breitete seinen Umhang über das Lagerfeuer, legte sich darauf und forderte sie auf, sich zu ihm zu legen, wenn ihre Leidenschaft immer noch so groß sei. Davor scheute sie jedoch zurück und führte von da an ein sittsames Leben. Er selbst blieb dabei unverletzt.

Besonders liebte Pedro die Schiffer und Matrosen, denen er zu seinen seelsorgerischen Zwecken bis auf ihre Schiffe folgte. Dort predigte er ihnen und spendete ihnen die Sakramente. Neben seiner Rednergabe beeindruckte er die Seeleute mit der Fähigkeit, Fische einfach mit der Hand aus dem Wasser zu fangen.

Während der Fastenpredigten im Jahre 1246 erkrankte er in Tuy und starb. An seinem Grab geschahen viele Wunder.

A: *mit Schiff in der Hand (wird häufig mit dem hl. Erasmus verwechselt), unversehrt auf seinem Mantel über Feuer und glühenden Kohlen liegend; mit Fischen in der Hand.*
P: *der Schiffer und Matrosen, der Marine, der Fischer; gegen Erdbeben, von Tuy.*
F: *14. April; 14. Juni.*

16. April

Hl. Benedikt-Josef Labre

Bettler, 1748–1783

Als ungewöhnlich sanft, gefügig, schweigsam und träumerisch wird der Knabe Benedikt beschrieben, dessen Eltern auf dem Lande mit Kurzwaren handelten. Ein Onkel, Pfarrer in einer Nachbargemeinde, nahm sich seiner an, gab ihm Lateinunterricht und suchte ihn für die geistliche Laufbahn zu gewinnen, aber der schwärmerische Junge fand wenig Geschmack an Studium und Priesterberuf. Ihn zog es zum Trappistenorden, dessen Schweigegelübde seinem nach innen gerichteten Sinn entsprach. Seine Familie widersetzte sich diesem Wunsch – bis der Onkel in einer Pestepidemie hinweggerafft wurde.

Benedikt versuchte sich immer wieder an verschiedenen kirchlichen Schulen, scheiterte aber jedes Mal. Als ihn nach mehrmaligen Ablehnungen die Trappisten schließlich doch als Novizen annahmen, wurde er darüber krank und musste das Noviziat wieder verlassen.

In diesen Wirren bildete sich ihm die Überzeugung, dass es seine Bestimmung sei, als Landstreicher, elend und zerlumpt in der Welt umherzuirren. Von nun an wanderte er unaufhörlich über die Straßen Europas, nahm gerade so viel Almosen, dass er nicht verhungerte oder erfror, und lehnte jedes Angebot ab, sich niederzulassen. Der genaue Verlauf seiner Wanderungen ist unbekannt, sicher sind nur Aufenthalte in Rom, Neapel, Süditalien, Loretto, Assisi, Compostela, Burgos und eine Pilgerreise durch Deutschland. 1783 brach er in Rom, erschöpft und ausgezehrt, auf den Stufen von Madonna dei Monti zusammen. Nach seinem Tode wurde vielfach bezeugt, dass er an zwei Orten gleichzeitig gesehen worden war. Verschiedene Herbergsväter etwa gaben zu Protokoll, dass Benedikt in ihren Armenhospizen übernachtet habe und die Häuser nach geltender Gepflogenheit am Abend abgeschlossen worden seien. Um Mitternacht aber habe man ihn in verschiedenen Kirchen beten sehen, wohingegen er am Morgen wie die übrigen Gäste im Schlafraum vorgefunden worden sei.

A: *mit Rosenkranz und Pilgerstab in der Hand.*
P: *der Landstreicher, Bettler und Heimatlosen.*

17. April

Hl. Agapitus I.

Papst, † 536

Als Agapitus nach Konstantinopel zu Kaiser Justinian reiste, brachte man ihm in Griechenland einen Krüppel, der weder gehen noch sprechen konnte. Seine Verwandten weinten und Agapitus fragte sie, ob sie an eine Heilung glaubten. Sie versicherten ihm, dass sie feste Hoffnung in den hl. Petrus und seinen Statthalter, den Papst, setzten. Da begab sich Agapitus mit ihnen in die Kirche und zelebrierte das Hochamt. Nach der hl. Wandlung schritt er zu dem Kranken, richtete ihn auf und legte ihm die Hostie auf die Zunge. Und sogleich begann dieser zu sprechen und zu gehen.

In Byzanz bekämpfte er erfolgreich die Monophysiten, die darauf beharrten, Christus habe nur *eine,* Mensch gewordene, göttliche *Natur*. Damit stellten sie die Einigung des Konzils von Chalzedon in Frage, das beschlossen hatte, in Christus seien *zwei Naturen* ohne

Vermischung, Verwandlung und Trennung zu einer Person vereinigt. Der theologische Streit war zu bürgerkriegsähnlichen Zuständen ausgeartet, die Kaiser Justinian durch Abschaffung beider Formeln zu beenden hoffte. Aber Agapitus drohte ihm mit dem einhelligen Widerstand der lateinischen Kirche. Er verbündete sich in Konstantinopel mit der kirchlichen Opposition und verlangte vom Kaiser die Verdammung des Monophysitismus. Justinian mußte zwischen dem Kirchenfrieden im Osten und seinem Ziel der Wiedereroberung des von den Ostgoten beherrschten Italiens wählen. Ein Ketzerstreit mit der westlichen Kirche hätte dieses Ziel mehr als erschwert. Der Kaiser entschied sich für die politische Option und verdammte den Monophysitismus.

Rom hatte über Konstantinopel gesiegt. Nur einen Monat später starb Agapitus plötzlich. Eine kurz danach zusammengetretene Synode feierte ihn als Gottgesandten, der die Ketzer überwunden habe wie Petrus den Magier Simon.

A: *bärtig mit Papstmantel (Pallium).*
F: *auch 18. und 28. April, 20. September.*

18. April

Sel. Herluka

Jungfrau, † 1127

Das Mädchen Herluka, eitel und auf weltliche Dinge gerichtet, gelobte in einer schweren Krankheit, künftig ein frommes Leben zu führen. Kaum war sie gesund, da wurde sie wieder leichtsinnig. Und abermals traf sie die Krankheit. Erneut gab es gute Vorsätze und einen Rückfall ins alte Leben nach der Genesung. Jetzt aber verlor sie ihr Augenlicht.

Einer inneren Stimme folgend, tat Herluka nun das Gelübde ewiger Jungfräulichkeit und zündete dem hl. Cyriacus eine Kerze an. Bald konnte sie auf einem Auge wieder sehen – schärfer als viele mit beiden Augen.

Die Pfalzgräfin Adelheid nahm Herluka und andere fromme Jungfrauen zu sich und sie führten ein Leben in Tugend und Andacht. Herluka wurde durch viele Erscheinungen von Heiligen ausgezeichnet,

u. a. des Erzmärtyrers Laurentius, der sie fast regelmäßig zur Kommunion begleitete. Während einer Andacht allerdings störte auch einmal der Teufel als scheußliches Gespenst, das alle Lichter in der Kirche löschte. Herluka rief gegen das Trugbild Jesus an und entzündete eine Kerze. Augenblicklich verschwand der Böse mit fürchterlichem Krach, so dass man glauben konnte, die Kirche breche zusammen. Als es Tag geworden war, fand man jedoch alles völlig unversehrt. Herluka aber behielt von jener Nacht ein geschwollenes Knie, das ihr lebenslang große Schmerzen bereitete.

A: *mit Teufel, der ihre Lampe auslöschen will; mit Heiland.*
F: *auch 18. März.*

19. April

Hl. Elphegus

Erzbischof von Canterbury, Märtyrer, † 1012

Um das Jahr 1009 wurde der Friede in England durch einen Einfall der Dänen gestört. Sie plünderten, mordeten, verheerten die Provinz Kent und belagerten Canterbury. Erzbischof Elphegus wurde von den Bewohnern bestürmt, sich in Sicherheit zu bringen, aber er verließ seine Herde nicht, sprach ihnen Mut zu und gab geistlichen Trost, wo er konnte. Endlich erlag die Stadt dem Ansturm der Barbaren. Sie rächten sich für den mutigen Widerstand, indem sie Alt und Jung, Mann und Weib über die Klinge springen ließen. Der Bischof eilte an den Ort des blutigen Gemetzels und suchte die Wut der Eroberer zu besänftigen. Diese misshandelten ihn und schlachteten vor seinen Augen viele seiner Mönche ab. Dann warfen sie ihn in den Kerker.

Nach sieben Monaten wurden die Dänen von einer ansteckenden Seuche befallen und bald zweifelten sie nicht mehr, dass dies die Strafe für ihre Grausamkeit gegen den Erzbischof sei. Sie holten ihn aus dem Gefängnis und baten ihn um Fürsprache bei den himmlischen Gewalten. Und tatsächlich erreichte sein Gebet die erhoffte Wirkung. Die Anführer dankten ihm und erwogen ihn freizulassen. Aber dann siegte der Geiz und sie forderten 3 000 Goldstücke Lösegeld. Elphegus aber verweigerte ihnen dies, denn er wollte alles Geld für den Wiederaufbau des Landes verwenden. Da bedrohten sie ihn mit dem Tod. Er aber prophezeite ihnen unerschrocken, dass England nicht lange unter ihrer Herrschaft sein werde. Wenn sie sich nicht besserten, würden sie schlimmer als dereinst Sodom heimgesucht werden. Daraufhin misshandelten sie ihn so grausam, dass einer der Barbaren selbst von Mitleid ergriffen wurde und seinen Qualen mit einem Axthieb auf den Kopf ein Ende bereitete. Kurz danach wurden beinahe alle 200 Schiffe der dänischen Flotte in einem Sturm vernichtet und alle ihre Anführer ertranken.

A: *mit Bischofsstab und Palmzweig; im Mönchshabit mit Axt und Steinen, am Kopf blutend.*

⁕

Hl. Emma von Niedersachsen

Gräfin, Witwe, † 1040

Über die Mutter der hl. Emma, Athela, berichten die Geschichtsbücher viel Unrühmliches. Als aber Emmas Gatte, der sächsische Graf Luitger, einem frühen Tod erlag, sühnte die Tochter mit den ererbten Reichtümern die Untaten der Mutter. Fast all ihr Witwengut verschenkte sie an Kirchen und Arme. Stiplage bei Utrecht wurde nach 40-jährigem Wohltäterinnenleben ihre letzte Ruhestätte. Als man nach langer Zeit ihr Grab öffnete, war ihr Leib in Staub zerfallen, nur eine Hand wurde unversehrt aufgefunden. Daneben lag ein Pergament mit der Aufschrift *St. Emma* und *29. April* – ihr Todestag. Von da an wurde sie als Heilige verehrt und es geschahen viele Wunder.

Hl. Hildegundis von Schönau

Zisterziensermönchin, † 1188

Im Alter von zwölf Jahren unternahm Hildegund mit ihrem Vater, einem wohlhabenden Bürger aus Neuß, eine Pilgerfahrt ins Heilige Land. Er erkrankte jedoch auf der Rückreise und starb. Die kleine Waise verkleidete sich als Knabe und trat unter dem angenommenen Namen Joseph als Novize ins Zisterzienserkloster Schönau ein. Sie schlief unter Männern, saß und trank mit Männern und musste zur im Kloster üblichen Züchtigung auch ihre Rückseite entblößen. Sie arbeitete härter als alle anderen und übertraf alle an klösterlicher Tugend. Um sich nicht zu verraten, führte sie gelegentlich leichtfertige Reden. So bewog sie einen jungen Mönch namens Hermann einmal, mit ihr gemeinsam in den Spiegel zu schauen, und fragte: »Wer von uns beiden hat das schönere Gesicht?« Er antwortete: »Dein Gesicht scheint mir geformt zu sein wie das eines Weibes.« Da ging sie unwillig davon. Beide bekamen aber dafür Schläge, weil sie das Schweigen gebrochen hatten.

Während sie einmal krank darniederlag, gestand ein Mönch den anderen, er könne Joseph nie ansehen ohne Versuchung. Als ihr Zustand lebensbedrohlich wurde, nahm ihr der Prior die letzte Beichte ab. Er fragte den vermeintlichen Jüngling, ob er je geschlechtlich verkehrt habe. Hildegund sagte zu seinem Befremden: »Weder mit einer Frau noch mit einem Mann.«

Nach ihrem Tode eilten der Abt und die übrigen Brüder zur Bestattung herbei. Als sie den Körper zur Waschung entblößten, zeigte sich das weibliche Geschlecht. Alle bestaunten dieses Wunder und im Text der Leichenrede wurde das Wort »Mönch« durch »Mönchin« ersetzt.

A: *in Männerkleidung, einen Engel zu Pferde neben sich.*

Hl. Bruder Konrad von Parzham

Pförtner, 1818–1894

Bruder Konrad, der »ewige Pförtner«, hieß eigentlich Johann Birndorfer und sollte den großen Hof seiner Eltern im Rottal übernehmen. Doch mit 31 trat er als Laienbruder in das Kapuzinerkloster St. Anna in Altötting ein und nahm den Namen Konrad an.

Bis zu seinem Tode 1894 versah er nun den Dienst an der Klosterpforte, war für Hunderttausende Pilger, für Bettler, Lieferanten und Besucher die erste Ansprache. Bruder Konrad arbeitete 18 Stunden am Tage, betete vier und schlief nur ein bis zwei. Nuntius Pacelli, auf dessen Betreiben Konrad heilig gesprochen wurde, sagte über ihn: »Bei diesem Helden des Glaubens, treuer Pflichterfüllung und christlicher Nächstenliebe sucht ihr vergebens nach den wunderbaren Großtaten anderer Heiliger, aber ihr seht einen Tugendheroismus, der dem tätigen Leben der großen Heiligen in nichts nachsteht.« Zudem wirkte Konrad auch Wunder, wenngleich kleinere. Die Altöttingerinnen Elisabeth Hofer, Maria Münchsdörfer, Maria Schober, Maria Hafner, Anna Hainzl und Fanny Tilser sahen mehrmals das dem Hauptaltar am nächsten liegende Fenster hell erstrahlen. Diese Erscheinung trat immer nur gegen 1 Uhr 30 auf, eine halbe Stunde nach dem nächtlichen Chorgebet der Kapuziner. Es glich keinem gewöhnlichen Lampen- oder Kerzenlicht, sondern dem Glutschein eines Brandes. Der Beichtvater der Frau Hofer, Pater Wolfgang Berger, glaubte, die Ursache für dieses Licht könne niemand anderes sein als Bruder Konrad.

A: *als bärtiger, auf den Knien betender Kapuziner.*
P: *der Pförtner; der katholischen Burschenvereine, des Seraphischen Liebeswerks; bei allen Nöten.*

Hl. Opportuna

Äbtissin von Montreuil, † um 770

Opportuna war die Schwester des Bischofs Chrodegang von Séez und Äbtissin des Klosters von Montreuil. Als ihr Bruder eine Wallfahrt nach Jerusalem und Rom unternahm, übertrug er unterdessen die Verwaltung des Bistums seinem Vetter Chrodobert. Dieser missbrauchte das Vertrauen, streute das Gerücht aus, der Bischof sei unterwegs gestorben, und maßte sich die geistliche Würde an. Doch Chrodegang kam nach sieben Jahren zurück und kehrte bei seiner Schwester ein. Der Vetter heuchelte Freude und sann auf Meuchelmord. Er sandte einen ihm völlig ergebenen Neffen nach Montreuil, der den Bischof zu geleiten vorgab, ihn jedoch in einem Wald nahe des Klosters ermordete.

Als man den Toten fand und in die Kirche bringen wollte, vermochten die stärksten Männer nicht, ihn aufzuheben. Da erschien Opportuna, legte ihn sich mühelos über die Schulter und trug ihn ins Kloster. In der Nacht schaute sie in einer Vision ihren Bruder unter den Heiligen im Himmel. Als sie selbst starb, begrub man sie neben Chrodegang, und viele Wunder an ihrem Grab zeigten, dass auch sie unter die Heiligen aufgenommen worden war.

A: *als Benediktineräbtissin mit Buch.*
F: *auch 22. Juni.*

23. April

Hl. Georg (Jörg, Jiři)

Märtyrer, 3. oder 4. Jahrhundert

Eigentlich gibt es gar keine Lebensbeschreibung des hl. Georg, denn Papst Gelasius verbot im Jahre 496, die damals noch bekannten apokryphen Akten des Märtyrers zu lesen. Die frommen Erzählungen liefen jedoch weiter unter den Gläubigen um und sie zeigen den hl.

Georg als musterhaften, tapferen Ritter, der den Drachen mit Lanze und Kreuzzeichen besiegt und die Prinzessin rettet, den Armen hilft und Tote erweckt.

Später erleidet er ein Martyrium, das sich sowohl durch die Zahl als auch die Grausamkeit der Qualen kaum mehr überbieten lässt. Vor allem die morgenländische Kirche erhöhte ihn deshalb zu einem Erz- oder Großmärtyrer. Neben üblichen Folterarten werden ihm 60 Nägel in den Kopf getrieben, er wird drei Tage in frischgelöschtem Kalk eingelegt, in glühende Schuhe gestellt, auf ein glühendes eisernes Bett gelegt und mit siedendem Blei übergossen, in einen glühenden ehernen Stier eingeschlossen. Man wälzt einen schweren Stein auf sein Haupt, wirft ihn in einen Brunnen, in einen Abgrund, martert ihn sieben Tage oder sieben Jahre lang. Er überlebt alle Qualen, leert unbeschadet mehrere Giftbecher und wird schließlich unter Kaiser Diokletian, unter dem Perserkönig Dacian oder unter dem König von El-Maucil am achten Tag oder im achten Jahr enthauptet.

Seiner Gebeine rühmen sich unzählige Kirchen, sein Haupt ließ 896 Erzbischof Hatto von Mainz auf die Insel Reichenau übertragen. Als angerufener Heiliger griff St. Georg häufig bei Schlachten auf Seiten der bedrängten Christen ein. Vorzüglich in den Kreuzzügen gegen die Sarazenen, namentlich zugunsten Kaiser Barbarossas, Richard Löwenherz' und Jakobs I. von Aragonien.

A: *als Ritter mit Schwert, Lanze und Kreuzbanner, im Kampf gegen den Drachen; auch mit erretteter Prinzessin oder der Königin Alexandra, die sich durch ihn bekehrte; mit Rad und Giftbecher als Hinweis auf Martyrium.*
P: *von England, Russland, Schweden, Georgien, Deutschland, Frankreich, Piemont, Aragon, Bosnien, Bayern, Sachsen, Schleswig, Lothringen, Krain, Katalonien und des Kirchenstaats; von Amersfort, Antiochia, Antivari, Bamberg, Bremen, Casale, Dinkelsbühl, Eisenach, Ferrara, Friedberg, der Republik und der Bank Genua, Granada, Hannover, Konstantinopel, Limburg, Lüttich, Luzern, Mansfeld, Mantua, Modena, Nimwegen, Nördlingen, Petershausen, Pettau, Philippsburg, Ravensburg, Schlettstadt, Stade, Überlingen, Ulm, Urbino, Valencia, Wismar; Allgäu; der Büchsenmacher, Krieger, Reiter, Ritter, Waffenschmiede, Schützen, Soldaten, der Artisten, Bauern, Böttcher, Sattler; der Kavallerie, des Deutschen Ritterordens, der Heere, der Gefangenen; der Krankenhäuser;*

des Viehs; für schönes Wetter; gegen die Macht des Satans, gegen Religionsfeinde, Beschimpfungen, schweren Fall, Kriegsgefahr und Unglück; zählt zu den 14 Nothelfern.

⁕

Hl. Gerhard von Toul

Bischof, 935–994

Als seine Mutter von einem Blitzschlag getötet wurde, entschloß sich der aus vornehmer Kölner Familie stammende Gerhard, Geistlicher zu werden. Wegen seiner vorbildlichen Lebensführung und seines administrativen Geschicks wurde er bald Cellularius des bischöflichen Güter. Kaiser Otto I. ernannte ihn zum Bischof von Toul. In den schwierigen Zeiten, die dem Tode Ottos I. folgten, stand Gerhard treu zum ottonischen Haus, lehnte aber eine aktive Rolle in weiser Erkenntnis seiner schwindenden Kräfte ab. Stattdessen beschränkte er sich auf Werke des Friedens, die seinem Wesen mehr zusagten als Streit und Kampf. Er verbesserte die Fürsorge für Witwen und Waisen, Arme und Kranke, und förderte das Rechtswesen in seiner Diözese. Das Kloster Sankt Gengould und der Bau des Domes verdanken sich seinen Anstrengungen.

Als im Jahr 981 eine fürchterliche Pest in der Stadt wütete, ließ Gerhard die Reliquien der beiden Heiligen Mansuetus (Saint-Mansuy) und Aper (Saint-Avre) erheben und öffentliche Bittgänge veranstalten. Nach wenigen Tagen verschwand die Seuche aus der Stadt.

Am Grab des frühverstorbenen Bischofs geschahen viele Wunder.

Hll. Alexander und Gefährten

Märtyrer von Lyon, † 178

Alexander wurde in der Verfolgung des Antoninus Verus eingekerkert. Während des Prozesses schlug man ihn so grausam, dass ihm nicht bloß das Fleisch vom Leibe hing, sondern die Verbindung der Rippen sich löste, die Eingeweide austraten und die inneren Organe sichtbar wurden. Nichtsdestoweniger wurde er auch noch ans Kreuz genagelt, wo ihn bald der Tod von seinen Qualen erlöste. Mit ihm zusammen erlitten 34 Gefährten das Martyrium.

25. April

Hl. Markus

Evangelist und Märtyrer, † um 67

Markus war Jude und wurde erst nach der Auferstehung Jesu bekehrt. Nach Auffassung mancher Kirchenväter war er der leibliche Sohn des hl. Petrus. Jedenfalls schrieb Markus in Rom das Evangelium nach den Erzählungen des Petrus, und dieser soll es Wort für Wort bestätigt haben. Später sandte er ihn nach Ägypten und bestellte ihn zum Bischof von Alexandrien.

Die erstaunlichen Fortschritte des Christentums unter der Mission des Markus brachten die Heiden in Wut. Sie hielten ihn für einen Zauberer und beschlossen seinen Tod. Eine aufgestachelte Volksmenge ergriff Markus, schleifte ihn unter Misshandlungen an Stricken durch die Straßen, dass Erde und Steine von seinem Blut gefärbt waren, und warf ihn am Abend in den Kerker. In der Nacht erschien ihm Christus, tröstete ihn und heilte seine Wunden. Am nächsten Tage holte ihn der Pöbel wieder aus dem Gefängnis und schleifte ihn zu Tode. Sein Leib sollte verbrannt werden, aber ein Regen löschte das Feuer aus und die Christen konnten seinen Leichnam bergen.

A: *mit Buch, Feder und geflügeltem Löwen; auch mit Posaunen blasenden Engeln.*
P: *von Alexandria, Albanien, Antivari, Arlon, Kotor, Korcula, Dalmatien, Korfu, Kreta, Peloponnes, Reichenau (Bodensee), Treviso, Valencia, Venedig, Insel Zante; der Glaser, Korbmacher, Laternenmacher, Mattenmacher, Maurer, Notare und Schreiber; gegen Krätze, Qualen und unbußfertigen Tod; gegen Blitz, Hagel, Ungewitter; für gute Ernte. Am Markustag gesegnetes süßes Nussbrot hieß Marcipanis (Marzipan).*
F: *auch 2., 11., 14. und 31. Januar, 26. März, 9. April, 25. Juni, 23. September, 3. und 8. Oktober.*

26. April

Hll. Wilhelm und Peregrinus von Antiochia

Pilger, 12. Jahrhundert

Nach dem Tode seiner Gemahlin zog sich Wilhelm mit seinem Sohn Peregrinus in die Einöde zurück, um dort ein gottgefälliges Leben zu führen. Als der Sohn das Mannesalter erreicht hatte, bat er den Vater darum, nach Jerusalem pilgern zu dürfen. Dieser ließ ihn ziehen, machte sich aber Sorgen, als er lange nichts von seinem Sohn hörte. Er unternahm selbst eine Reise zu den heiligen Stätten, suchte vergeblich nach dem Verschwundenen und erkrankte schließlich ernstlich. In jenem Spital, in das er zufällig eingeliefert wurde, tat aber inzwischen Peregrinus als freiwilliger Krankenwärter Dienst, um durch gute Werke himmlische Verdienste zu erlangen. Der Vater erkannte den Sohn nicht und dieser gab sich nicht zu erkennen, bis die Krankheit bedenklich wurde. Da endlich nannte er seinen Namen und der Vater wurde vor Freude schnell wieder gesund.

Sie begaben sich beide nach Antiochia, wo sie all ihre verbliebene Habe verkauften und an die Armen verschenkten. Dann reisten sie nach Italien und ließen sich in Foggia bei Neapel nieder. Sie starben im Ruf der Heiligkeit und werden bis heute verehrt.

F: *auch 6. April.*

Hl. Zita

Jungfrau, um 1219–1278

Mit zwölf Jahren ging Zita als Magd nach Lucca und diente im Hause Fatinelli. Obwohl sie sich nie ein Versäumnis ihrer Pflichten zuschulden kommen ließ, widerfuhr ihr keine Gerechtigkeit. Ihre Bescheidenheit hielt ihr Herr für Beschränktheit, ihre Genauigkeit die Herrin für heimlichen Ehrgeiz. Die Dienerschaft verlachte und verspottete sie. Doch sie ertrug schweigend alle Unbill, außer als ein Knecht ihr in unkeuscher Absicht nachstellte. Da zerkratzte sie ihm das ganze Gesicht. Sie aß das ganze Jahr kein Fleisch, ernährte sich meist nur von Wasser und Brot, schlief auf dem bloßen Boden und nutzte jeden freien Augenblick zur Andacht.

Mit der Zeit wandelte sich die Abneigung ihrer Herrschaft in Achtung, in Bewunderung. Die Herrin übertrug ihr die Leitung des Hauses und der jähzornige Herr verstummte beim ersten Wort von ihr.

Eines Tages beobachtete man Zita in der Küche im vertrauten Gespräch mit einer vornehmen Dame, um deren Haupt ein Strahlenkranz leuchtete. Nun wusste man endlich, woher die ausnehmend köstlichen Rezepte der alten Magd stammten. Sie verriet sie anderen Frauen aber nur, wenn diese sich verpflichteten, anstrengende Wallfahrten zu Ehren der himmlischen Lehrmeisterin zu unternehmen. Außerdem dürfen die »Rezepte der Madonna«, für welche die Küche Luccas berühmt ist, bis heute nur mündlich von der Mutter an die älteste Tochter weitergegeben werden.

Als sie in ihrem 60. Lebensjahr starb, ging am hellen Tage über Lucca ein Stern auf. Die Anrufung Zitas bewirkte allein 150 gerichtlich bestätigte Wunder.

A: *als Dienstmagd am Brunnen; mit Buch, Sack, Schlüsselbund oder Krüglein in der Hand; reicht altem Mann Pelzmantel; mit Stern.*
P: *von Lucca; der Dienstmägde und Haushälterinnen.*

28. April

Hll. Vitalis und Valeria

Märtyrer, † um 62

Der Christ Vitalis wurde Zeuge eines Prozesses, den man seinem Glaubensbruder Ursicinus machte. Dieser schien eine Zeit lang unter der Folter abfallen zu wollen. Vitalis eilte zu ihm und ermahnte ihn zur Standhaftigkeit, bedachte dabei aber nicht, dass er sich ebenfalls der Gefahr aussetzte. Ursicinus ermannte sich wieder und erlitt das Martyrium. Vitalis wurde die Bestattung gewährt, danach aber verhaftete man ihn. Nachdem er auf der Folterbank schreckliche Qualen hatte erleiden müssen, wurde er langsam über einer offenen Glut geröstet und schließlich noch lebend begraben.

Seine Frau Valeria befand sich auf dem Rückweg nach Mailand, als sie einer Schar heidnischer Bauern in die Hände fiel, die sie nötigen wollten, an einem ausschweifenden Fest teilzunehmen. Sie weigerte sich und wurde getötet.

A: *als römischer Ritter; neben offener Grube.*
P: *von Ravenna.*

29. April

Hl. Hugo

Abt von Cluny, 1024–1109

Hugo stammte aus dem herzoglichen Geschlecht von Burgund. Er trat nach einer kurzen Zeit des Kriegsdienstes in den geistlichen Stand und wurde Prior von Cluny. Bald gewann er sich das Vertrauen seiner Mitbrüder, so dass sie ihn auf die freigewordene Abtstelle wählten. Seine Amtsführung zeichnete sich durch Strenge und Gerechtigkeit aus und während in jener Zeit allerorten große Sittenverderbnis in der Geistlichkeit herrschte, wurde Cluny zu einem Zentrum der Reform der gesamten Kirche.

Hugo beriet Päpste und Könige, sprach auf Konzilien und Synoden und gründete viele Klöster. Am bemerkenswertesten war das Frauenkloster von Marcigny, das er erbaute, »damit auch sündigen Frauen, welche aus den Schlingen der Welt fliehen und ihre Fehltritte bereuen wollen, der Eintritt in den Himmel geöffnet werde«. Die Abtei war schnell mit vielen Nonnen gefüllt, die mit solcher Strenge Buße leisteten, dass sie nicht einmal bei einem Brand die Gebäude verlassen wollten. Der zufällig anwesende Erzbischof von Lyon, ebenfalls des Namens Hugo, rief gegen die Flammen Gott an und tatsächlich legte sich das Feuer.

Abt Hugo besaß ein tiefes Wissen geheimer Fehler seiner Untergebenen. Bei einer Visite im Kloster La Charité empfing er von allen Brüdern den Begrüßungskuss, nur einem entzog er seinen Mund. Eine Untersuchung wurde eingeleitet und ergab, dass der Bruder heimlich Totenbeschwörungen betrieben hatte.

A: *als Cluniazenserabt mit Stab.*
P: *gegen Fieber.*
F: *auch 13. Mai und 5. Juli.*

30. April

Hl. Katharina von Siena

Jungfrau und Dominikanerin, 1347–1380

Die Eltern Katharinas waren Färber. Sie führten eine fromme Ehe und hatten zusammen 25 Kinder. Katharina war früh wegen ihrer Anmut und Güte der Liebling aller. Schon mit sechs Jahren beschloss sie, sich Gott zu weihen, und mit sieben legte sie das Gelübde immerwährender Reinheit ab. Doch ab dem zwölften Lebensjahr setzten ihr die Eltern beständig mit Verheiratungswünschen zu. Sie versuchten den Willen der Widerspenstigen zu brechen und demütigten sie mit den niedrigsten Magddiensten.

Katharina nahm diese Prüfungen nicht nur bereitwillig auf sich, sondern tötete mit großer Energie alle leiblichen und geistigen Strebungen nach Vergnügen und Weltlichkeit in sich ab. Sie fastete oft wochenlang und aß ansonsten nur gekochte Kräuter, trank nur Wasser und schlief stets auf dem nackten Fußboden. Unter dem groben Gewand trug sie heimlich einen Bußgürtel, dessen nach innen gerichtete Stacheln den gesamten Unterleib peinigten. Täglich geißelte sie sich dreimal. Je einmal für sich, für die Toten und für die Lebenden. Eines Nachts hatte ihr Vater einen Traum, in dem er über seiner schlafenden Tochter eine weiße Taube erblickte. Dies bewog ihn, jeden Widerstand aufzugeben, und Katharina durfte in den Dritten Orden des hl. Dominikus eintreten. Drei Jahre lang verließ sie, außer zum Kirchgang, ihre Zelle nicht und redete mit niemandem außer ihrem Beichtvater auch nur ein Wort.

In ihrer Abgeschiedenheit erfuhr sie die zärtliche Liebe des Heilands, der ihr oft in einem übernatürlichen Licht erschien. Während einer dieser Ekstasen schenkte ihr Jesus als Vermählungsring seine Vorhaut, die seit der Beschneidung im Tempel an einem geheimen Ort aufbewahrt worden war. Der Ring ziert bis zum heutigen Tag den Ringfingerknochen Katharinas, der zusammen mit ihrem Haupt in S. Domenico in Siena ausgestellt ist (wohingegen die übrigen Gebeine in Rom aufbewahrt werden). Allerdings ist das Kleinod für gewöhnliche Menschen nicht sichtbar. Dieser Gnade wurden jedoch zwei fromme Französinnen teilhaftig, die vor rund hundert Jahren in der Kapelle beteten. (Es kann freilich nicht geleugnet werden, dass auch 18 andere Orte Anspruch auf den Besitz der gleichen Reliquie erheben.)

Doch auch schwere Anfechtungen hatte Katharina abzuwehren. Unzüchtige Bilder von abscheulichen Wollüsten, unbeschreiblich hässliche Wünsche und Vorstellungen verfolgten sie hartnäckig.

Mit Jesu Hilfe überwand sie die satanischen Versuchungen in drei Jahren und widmete sich danach auf seinen Wunsch hin mit allem Eifer den Armen und Kranken.

Eine Frau litt an Brustkrebs und wurde von jedermann wegen des unerträglichen Gestanks und aus Furcht vor Ansteckung gemieden. Auch Katharina fühlte starken Ekel. Um sich zu besiegen, küsste sie die furchtbare Wunde, reinigte und verband sie. Als sie 27 Jahre alt war, befahl ihr der Heiland, öffentlich zu predigen und zur Umkehr zu mahnen. Dies tat sie so erfolgreich, dass drei Dominikanergeistliche Tag und Nacht im Beichtstuhl verharren mussten, um den Andrang der durch sie zur Reue bewegten Sünder zu bewältigen.

Merkwürdig ist eine Vision Katharinas, die eines der umstrittensten Dogmen der Kirchengeschichte betraf: die unbefleckte Empfängnis.

Die Gottesmutter persönlich erschien der Dominikanerin und versicherte ihr, dass sie vom Hl. Geist erst nach der Empfängnis vom Makel der Erbsünde gereinigt worden sei. Nicht zuletzt deshalb lehnte ihr Orden stets die Auffassung ab, Maria sei von Anfang an ohne Erbsünde gewesen. Erst als Pius IX. im Jahre 1858 den Glauben daran zum heilsnotwendigen Dogma erhob, unterwarfen sich die Dominikaner.

Auf ihre Mahnungen kehrte Papst Gregor XI. aus dem Exil in Avignon zurück. Doch nach seinem Tode erhob sich gegen den rechtmäßigen Urban VI. ein Gegenpapst, Clemens VII., der wieder von Avignon aus regierte. Katharina litt so sehr unter dieser Spaltung der Kirche, dass sie bald bis zum Skelett abmagerte. Auch wurde sie von einem immer heftigeren Seitenstechen (Blinddarmentzündung?) befallen. Nach ihrem Tode im Alter von 33 Jahren gewahrte man an ihrem Körper die fünf Wundmale Christi. In ihrer Demut hatte sie den Herrn gebeten, sie während ihres Lebens vor den Augen der Welt zu verbergen.

A: *in Dominikanertracht, mit Lilie, Buch, Kruzifix; mit Ring; mit Herz, aus dem bisweilen ein Kreuz herauswächst; leuchtende Stigmata.*
P: *Italiens; der Wäscherinnen; der Sterbenden; gegen Kopfweh und Pest.*

Hl. Walburga (Walpurgis)

Äbtissin, † 779

Walburga stammte aus England und wurde in einem Kloster erzogen. Ihre heiligen Brüder Willibald und Wunibald leisteten dem Oheim Bonifatius bei der Missionierung Deutschlands Beistand. Sie sorgten für die Gründung verschiedener Frauenklöster und holten dazu auch Walburga. Diese gab bald praktische Zeugnisse ihrer Begnadung: Mit drei Kornähren rettete sie ein Kind vor dem Hungertod. Auf dem Weg zur kranken Tochter eines Burgherrn wurde sie von Hunden angefallen, die jedoch sofort kuschten, als Walburga rief, sie stehe unter dem Schutz Christi.

Die schon zu Lebzeiten verehrte heilige Äbtissin starb in Heidenheim nach einem vorbildlichen Leben. 871 kamen ihre Reliquien nach Eichstätt, wo bald ein wunderbarer Ölfluß aus ihren Gebeinen bezeugt wurde. Besonders gegen die Pest erwies die Flüssigkeit eine wunderbare Wirkung. Noch viele andere Kirchen, etwa Monheim, Walberberg, Brüssel, Köln, Wittenberg und Furnes besitzen ebenfalls Gebeine der Heiligen.

Einst wurde ein Pilger, der das Grab der Heiligen aufsuchen wollte, von Räubern überfallen und erschlagen. Einer der Mörder nahm die Leiche auf den Rücken, um sie irgendwo zu verscharren. Wie er aber die Last abwerfen wollte, war sie angewachsen. Sein Spießgeselle versuchte die beiden mit dem Schwert auseinanderzuschneiden. Doch blieb er selbst an der Leiche hängen. Erst ein reuiges Gebet zur hl. Walburga befreite ihn. Der andere aber wollte sich aus Verzweiflung ertränken, doch das Wasser spie ihn stets wieder an Land. Schließlich hoffte er am Grabe der Heiligen Vergebung zu erlangen. Aber immer, wenn er dorthin losgehen wollte, konnte er kein Bein mehr bewegen.

A: *als Äbtissin mit Ölfläschchen; mit Stab, von einer Schlange umwunden; mit kleinen Mädchen; mit Taube; mit Apothekerschüssel.*

P: *von Antwerpen, Bistum Eichstätt, Furnes, Groningen, Oudenarde, Weilburg, Zuthphen; der Bauern, Feldfrüchte; gegen bissige Hunde; Tollwut, Husten und Pest.*
F: *auch 25. Februar.*

2. Mai

Hl. Athanasius

Kirchenlehrer, 295–373

Der hl. Athanasius war über ein halbes Jahrhundert hindurch der hervorragendste Streiter gegen die arianische Häresie, ein Mann von ungewöhnlichen Verstandesgaben. Als junger Mann und Sekretär des Bischofs von Alexandria verteidigte er, zwar ganz im Hintergrund, aber gerade dadurch sich mächtige und erbitterte Feinde schaffend, auf dem Konzil von Nicäa 325 die Orthodoxie gegen die Angriffe des Arius. Dieser behauptete, Christus sei nicht homo-ousios (wesensgleich), sondern nur homoiousios (wesensähnlich) mit Gott. Dank der Beredsamkeit des Athanasius setzte sich das so genannte nicäische Glaubensbekenntnis durch, in dem in Abgrenzung zu der arianischen und zu anderen Ketzereien festgestellt wird: »Wir glauben an Jesus Christus, Gottes eingeborenen Sohn, das heißt aus dem Wesen des Vaters, Gott von Gott, Licht vom Licht, wahrer Gott vom Gott, gezeugt, nicht geschaffen, eines Wesens mit dem Vater, durch ihn ist alles geschaffen, was im Himmel und auf Erden ist.«

328 erhoben die Gläubigen den Athanasius auf den Bischofsstuhl von Alexandria, wogegen seine Feinde bei Kaiser Konstantin alle Mittel der Intrige und Verleumdung einsetzten. So behaupteten sie, Athanasius habe den verschwundenen Bischof Arsenius getötet und die Hand des Ermordeten zu teuflischer Zauberei missbraucht. Zum Beweis zeigten sie eine verdorrte Hand vor. Der Kaiser berief ein Konzil nach Tyrus, das die Vorwürfe untersuchen sollte. Als erstes trat eine angeblich von Athanasius geschändete Jungfrau auf. Da erhob sich der Archidiakon Timotheus und rief der bestochenen Dirne zu: »Wie, ich bin es also, der diese abscheulichen Laster mit dir getrieben hat?« Das Weib bestätigte es dreist, denn sie hatte den Angeschuldigten noch nie

zuvor gesehen. Athanasius sah seine Ehre wiederhergestellt, ohne ein Wort verloren zu haben.

Arsenius aber hatte sich vor den Arianern versteckt gehalten. Nun erschien er überraschend auf der Versammlung, und Athanasius hob die beiden Hände des angeblich Ermordeten mit der Frage hoch: »Wem gehört nun die dritte Hand?« Dennoch verurteilte ihn die mehrheitlich arianisch gesinnte Versammlung, weil er den Kelch eines arianischen Priesters zerschmettert haben sollte. Athanasius wurde seines Amtes enthoben und vom Kaiser nach Trier ins Exil geschickt, die erste einer bitteren Folge von fünf Verbannungen. Der Bischof von Trier, der hl. Maximin, nahm den Zwangsexilierten brüderlich auf und wankte nicht in seiner Festigkeit für die rechtgäubige Auffassung von der Göttlichkeit des Heilands.

Unter Konstantins Sohn Konstantius wurde Athanasius sogar zum Tode verurteilt. Er flüchtete in die thebaische Wüste und hatte das Glück, den greisen hl. Antonius noch kennenzulernen. Dessen Leben beschrieb er später in einer berühmten Vita.

Arius hatte zuerst seinen Sieg in Alexandria feiern wollen, aber die dortige Gemeinde hielt treu zu Athanasius. Deshalb musste das Fest nach Konstantinopel verlegt werden. Bei der großen Prozession vermisste man plötzlich den Arius und suchte nach ihm. Man fand ihn, glaubt man den alten Berichten, mit herausgequollenen Eingeweiden auf einem Abort. Unter entsetzlichen Qualen brachen auch Leber, Milz und Herz aus ihm heraus, er schrumpfte zusammen und verschwand durch den Abfluss mit einem Plumps in der Jauche. Viele sahen dies als einen Fingerzeig Gottes an. Athanasius erhielt jedoch erst wenige Jahre vor seinem Tode den angestammten alexandrinischen Bischofsstuhl zurück. Als er starb, durfte er die Gewissheit mit ins Grab nehmen, dass die arianische Ketzerei in der Kirche besiegt war.

A: *als griechischer Bischof mit kahlem Haupt und langem Bart, mit Evangelienrolle; in Barke auf dem Nil, seinen Verfolgern entfliehend.*
P: *gegen Kopfweh.*

Hl. Alexander I.

109–116

Alexander gilt als fünfter römischer Papst. Die Legende erzählt, dass er durch seinen Glaubenseifer und seine Sittenreinheit die Liebe der Armen Roms gewann. Ihm wird die Einführung der Abendmahlsworte in der Messe und des Weihwassers zum Hausgebrauch zugeschrieben. Vor allem in den Schlafräumen sei es wirksam in der Abwehr des Teufels.

Erstaunliche Missionserfolge soll er bewirkt haben. Namentlich aus den Reihen des niederen Adels habe er Tausende bekehrt, darunter den Stadtpräfekt Hermes, der mit der ganzen Familie und allen Sklaven zum Christentum übertrat. Als dies Kaiser Trajan zu Gehör kam, sandte er empört den Kriegsobersten Aurelian nach Rom, um die Christen zu verfolgen. Alexander und Hermes wurden beide gefangengenommen und in getrennten Zellen untergebracht.

Die beiden Gefangenen versuchten dem Kerkermeister Quirin von den Vorzügen des Christentums zu überzeugen. Als sie von den Wundern Jesu berichteten , sagte Quirin, er wolle sofort den Glauben annehmen, wenn er beide an einem Morgen in einer Zelle vorfände. Während Quirinus den Hermes bewachte, erschien, von einem Engel begleitet, Alexander ohne Fesseln, um seinem Freund beizustehen. Quirins Überprüfung ergab, dass Alexander zu dieser Zeit sein Gefängnis nicht verlassen haben konnte. Noch nicht völlig überzeugt forderte er als weiteres Zeichen die Heilung seiner an einem Kropf leidenden Tochter Balbina. Alexander gab Quirinus den Hinweis, am einem bestimmten Ort nach den Ketten des hl. Petrus zu suchen; und sie fanden sich tatsächlich an der angegebenen Stelle. Als Balbina die Kette küsste, war sie geheilt. Dieses Wunder bekehrte den Quirinus, und Alexander taufte ihn mit Tochter und der ganzen Familie sowie allen Gefangenen.

Bei der ersten Kunde davon befahl Aurelian alle grausam zu martern und hinzurichten. Alexander wurde an der Via Nomentana an eine Säule gebunden, seine Glieder mit Bleiklötzen zerschmettert und mit Schwerthieben zerfleischt. Schließlich enthauptete man ihn.

Die Kette, mit der Alexander I. gefesselt war, befindet sich in Lucca.

Ein Dieb hatte sie einst gestohlen und an einen Schmied verkauft. Der konnte sie jedoch weder durch Feuer glühend machen noch schmieden.

Alexanders Reliquien wurden 834 nach Freising übertragen.

A: *mit Märtyrerpalme und erhobener Hand*
P: *gegen Kropf und Skrofeln*

⁕

Sel. Eberward (Everword)

Gründer des Damenstifts Freckenhorst, † 863

Eberward stammte aus vornehmstem westfälischem Adel und besaß reiche Güter. Seine Familie war vom hl. Bonifatius zum Christentum bekehrt worden und dieser hatte der Urgroßmutter Eberwards seinen Reisestab geschenkt, bevor er den Märtyrertod starb. Als die fromme Frau davon hörte, steckte sie den Stab bei einem Gang durch den Wald in die Erde, und in kurzer Zeit trieb er Wurzeln, bekam Blätter und Blüten und trug bald das köstlichste Obst, das man in der Gegend je gegessen hatte.

Eberward setzte die fromme Tradition fort, heiratete die selige Gewa aus Friesland und nahm, als ihre Ehe kinderlos blieb, seine Nichte, die hl. Thiadildis, an Tochter Statt an. Eines Nachts kehrte der Schweinehirt Frecko aufgeregt aus dem Wald zurück und berichtete, an einer Stelle glänze ein gewaltiges Licht. Alle eilten dorthin, und das Licht war noch viel herrlicher, als der Knecht berichtet hatte. Eberward schlug sein Zelt an dem Ort auf, und in der nächsten Nacht schwebte in überirdischem Leuchten eine Kirche herab und ein Mann davor, der mit Seilen den Grund abmaß. Alle Bäume in dem Geviert waren am Morgen versengt, so dass keine Unklarheit über die himmlischen Absichten herrschte. An dieser Stelle wurden Kirche und Kloster Freckenhorst errichtet. Gewa übersiedelte mit verschiedenen Jungfrauen dorthin, und Thiadildis wurde die erste Äbtissin des Damenstifts. Eberward aber überließ ihnen zwei Drittel seines Vermögens und schenkte das letzte Drittel dem Kloster Fulda, wo er selbst als Mönch den Rest seines Lebens zubrachte.

Der Stab des hl. Bonifatius aber, der heute noch Freckenhorster Besitz ist, stammt wahrscheinlich aus dem Holz des Baumes, der aus dem ursprünglichen Stab gewachsen war.

4. Mai

Hl. Florian

Märtyrer, † 304

Florian wurde in der Mitte des dritten Jahrhunderts im niederösterreichischen Zeiselmauer geboren. Der Knabe rettete einmal seinen Eltern das Leben, als durch die Hitze der Nachmittagssonne ein Heuhaufen neben dem hölzernen Wohnhaus in Brand geriet. Während alle anderen gerade in einer Arbeitspause schlummerten, eilte der wachsame zehnjährige Florian mit einem Schaff Wasser herbei und löschte das aufzüngelnde Feuer. Im Christentum erzogen, diente er Gott auch, als er Berufssoldat geworden war. Solange nichts gegen sein Gewissen von ihm verlangt wurde, erfüllte er treu seine Pflicht.

In der Provinz Noricum ging jedoch der Befehl des Kaisers ein, dass man die Christen verfolgen solle. Viele flüchteten in die Berge. 40 Soldaten wurden festgenommen und zum Gefängnis transportiert. Auf dem Weg begegnete ihnen Florian, der eben von einem Heimaturlaub zurückkehrte. Als er sich nach ihren Verbrechen erkundigte und vernahm, dass sie wegen ihres Glaubens in Ketten seien, drängte es ihn, das Los seiner Kameraden zu teilen. Er trat mit ihnen vor den Präfekten Aquilinus und bekannte öffentlich, ein Christ zu sein. Dieser ließ ihn als Rädelsführer festnehmen und forderte ihn zum Opfer an die Götter auf. Als Florian sich weigerte, wurde er entkleidet und mit schweren Stöcken grausam geschlagen. Mit spitzigen Eisen riss man ihm das Fleisch von den Schultern. Doch der Heilige blieb standhaft. Man brachte ihn auf eine Brücke, wo Florian das Zögern der Schergen nutzte, Gott für das Martyrium zu danken. Mit einem Strick um den Hals, an welchem ein Stein befestigt war, ertränkte man ihn schließlich in der Enns. Einer der Henker, der sich den Erfolg seiner Tat ansehen wollte, verlor auf der Stelle das Augenlicht. Der Leichnam wurde eine Strecke weit vom Fluss hinweggetragen und an einer Uferwindung an

Land gespült. Ein Adler schwang sich aus den Lüften herab und wachte über ihn.

In der Nacht erschien Florian der frommen Matrone Valeria im Traum und zeigte ihr die Stelle, an der sie seine sterblichen Überreste suchen sollte. Sofort machte sie sich mit einem Ochsengespann auf, barg den Leichnam und wollte ihn zu einem heimlichen christlichen Friedhof überführen. Doch unterwegs ermatteten die Ochsen vor Durst und weigerten sich weiterzulaufen. Da der Tagesanbruch bevorstand, drohte dem Weibe die Entdeckung durch römische Ordnungskräfte. Verzweifelt ließ sie sich zum Gebet auf die Knie nieder und da war ihr, als ob sie abermals den Florian sähe, der ihr zulächelte und Mut zusprach. Als sie sich wieder aufrichtete, sah sie, wie neben ihrem Rastplatz plötzlich zwischen den Steinen eine Quelle herausrieselte. Die Ochsen konnten trinken, so viel sie wollten, und bevor der Hahn zum ersten Mal krähte, hatte Valeria ihre kostbare Fuhre in Sicherheit gebracht.

In der Reformation legte einmal ein dem katholischen Heiligenwesen feindselig gesinnter Protestant Feuer an die Kirche mit Florians Grab. Schon stand sie in hellen Flammen, aber aus heiterem Himmel brach ein Gewitter hervor und löschte mit seinen Wassermassen den Brand. Den Bösewicht soll dieser Vorfall zur Reue bewogen und in die Arme der alten Kirche zurückgeführt haben.

A: *als geharnischter Ritter, Kreuz auf der Brust, Fahne in der Hand; gießt aus Kübel Wasser in Feuer; mit Haus und Storchennest (weil auch Störche gegen Feuer schützen).*
P: *von Bologna, St. Florian, Krakau, Oberösterreich; der Bierbrauer, Böttcher, Feuerwehrleute, Kaminkehrer, Seifensieder; gegen Feuersbrunst, Dürre, Unfruchtbarkeit der Felder, Wassergefahr.*

Hll. Tarbo und ihre Leidensgefährtinnen

Märtyrerinnen, † 345

Am Hofe des persischen Königs Schapur II. kämpften die Feueranbeter, die Juden und die vom römischen Nachbarn begünstigten Christen um den politischen Einfluss. Als die jüdische Gemahlin des Herrschers offenbar wegen einer Vergiftung schwer erkrankte, fiel der Verdacht auf die christliche Hoffrau Tarbo, ihre Schwester und beider Dienerin, an dem Mordversuch beteiligt zu sein. Man brachte sie vor das Gericht des Großmopets und zweier vornehmer Beisitzer. Als diese die schönen Frauen sahen, kam allen dreien ein einziger unreiner Gedanke. Sie ließen sich jedoch nichts anmerken und warfen den Jungfrauen das vermeintliche Verbrechen vor, das diese mit Hilfe von Zauberei begangen haben sollten. Tarbo erwiderte: »Was bringt ihr gegen uns falsche Anklagen vor? Wisst ihr nicht sehr gut, dass wir nur einem Gott dienen und uns an das Gebot halten: Ein Zauberer, der gefunden wird, sterbe durch die Hand seines Volkes!« (Exod. 20,27) Heimtückisch hörten die Richter diese Rede an, während sie schweigend die reizvolle Gestalt der Angeklagten musterten. Und jeder dachte bei sich: »Ich werde sie vor dem Tode erretten, und dann muss sie mein sein.« Der Großmopet ließ die drei ins Gefängnis bringen. Schon in der Nacht aber sandte er eine Botin, die Tarbo meldete, sie werde sich und die beiden Gefährtinnen retten, wenn sie sich dem Großmopet hingebe. Tarbo aber beschied sie: »Ich lasse eure unreine Stimme nicht in mein reines Ohr tropfen, noch gehen eure geilen Worte in meinen Sinn. Ich bin einzig die Braut Christi.« Auch die beiden anderen Adeligen schickten Botinnen, aber ihnen wurde ebenso heftige Antwort zuteil. So verabredeten sich die Männer untereinander und beschlossen, die Frauen als Zauberinnen schuldig zu sprechen. Der König aber sandte eine Botschaft, darin er die Verurteilung untersagte, wenn sie sich bereit erklärten, die Sonne anzubeten. Dies könne als Beweis gelten, dass sie keiner Magie anhingen. Tarbo und ihre Leidensgenossinnen aber weigerten sich standhaft mit den Worten: »Wir vertauschen nicht die Sonne mit ihrem Schöpfer!« Da beauftragte der König die Priester Zarathustras, einen beliebigen Tod zu ersinnen. Diese empfahlen nach langen

Beratungen, die Körper zu zerschneiden. Wenn die Königin dann zwischen den Hälften hindurchgehe, werde sie wieder gesund.

Am Tag der Hinrichtung versuchte der Großmopet noch ein letztes Mal, sein Ziel zu erreichen. Er versprach Tarbo das Leben, wenn sie ihm ihren Leib überlasse. Doch sie wies ihn abermals empört ab.

Man führte nun die drei Frauen vor die Stadt, schlug für jede zwei Pfähle in den Boden und band sie nackend dazwischen. Noch in ihren letzten Augenblicken beteten sie um Vergebung für ihre Henker und um Gesundheit für die Königin. Dann führte man eine Säge durch ihre Leiber und schnitt sie in zwei Hälften. Die sechs Teile wurden in sechs Körbe gelegt und an Querhölzern zu beiden Seiten eines Weges befestigt. Als erste schritt die Königin hindurch und, da es der Tag des Aufbruchs in den Krieg war, das gesamte persische Heer. Die Bitten der Heiligen hatten Erfolg. Die Herrscherin genas von ihrem Leiden, und das Heer siegte unter der Führung des Königs. Dieser begann nach einigen Jahren die Christen wieder mit Milde zu behandeln.

F: *auch 22. April.*

6. Mai

Hl. Edbert (Eadbert)

Bischof von Lindisfarne, † 698

Als volkstümlichster Heiliger Englands gilt der hl. Abt Cuthbert (20. März) von Lindisfarne. Der Begründer seiner Verehrung aber war sein Amtsnachfolger Edbert, dem allein darum schon der Rang der Heiligkeit zugesprochen wurde. Er unterließ es verdienstvollerweise, dem letzten Wunsch Cuthberts zu willfahren, auf dem nur schwer zugänglichen kleinen Eiland Farne bestattet zu werden. Stattdessen errichtete er ihm in der Klosterkirche von Lindisfarne ein Grab. Als der Leichnam nach elf Jahren immer noch völlig unverwest war, ließ ihn Edbert in eine prächtige Gruft umbetten. Er verzeichnete alle Gegenstände, die Cuthbert berührt und benutzt hatte, und verwahrte vor allem das Kelchtuch, das dieser bei der heiligen Messe zu gebrauchen pflegte. »Das Grab«, erklärte er seinen Untergebenen, »das durch solche

Wunder geheiligt ist, wird nicht lange leer bleiben.« Damit deutete er den eigenen nahen Tod an. Seine Prophezeiung erfüllte sich: Edbert erkrankte und starb und wurde im Grabe Cuthberts beigesetzt. Auch seine Fürbitte bewirkte mehrere Wunder.

Die mit Edberts Vorkehrungen beginnende Geschichte der Reliquien des hl. Cuthbert würde Bände füllen. Allein die Rettung der Gebeine des Heiligen vor den Dänen im 9. und 10. Jahrhundert ist voll der merkwürdigsten Episoden. Die Reliquien wurden hoch oben auf einer steilen Gebirgskette in Sicherheit gebracht, umgeben von einer fast undurchdringlichen Wildnis. 995 errichtete man hier die Kapelle Durham. Daraus entstand eine der schönsten und reichstdotierten Domkirchen der Welt. Besonders rühmte man die gewissenhafteste Beachtung des Asylrechts in Durham. Ein Ring von Bronze diente als Griff an der Kirchentür. Wer ihn erfassen konnte, ob Verbrecher oder unschuldig Verfolgter, hatte Anspruch auf den Schutz des Heiligtums. Nur wenige Hochgestellte wagten es, dem Asylrecht Trotz zu bieten, und sie fanden immer eine schaurige Strafe. Aber der Heilige griff auch gegen die Tyrannei und Schuldsklaverei der Mächtigen ein. Den armen Leuten, die seine Hilfe anriefen, erschien Cuthbert in den tiefsten Verließen, wo sie lebendig begraben lagen. Auf sein Wort hin fielen die Ketten, zerbrachen Folterwerkzeuge, führte er sie an schlafenden Gefängniswärtern vorbei in Sicherheit.

Das von Edbert bewahrte Kelchtuch diente den vereinten Normannen und Sachsen als Banner im Kampf gegen die Schotten, die 1297 mit 30 000 Soldaten mordend und brennend bis an die Mauern von Durham vorstießen. Die Gemahlin des Königs, Philippine, führte eine weit geringere Anzahl von Streitern zum Entsatz heran. Im Augenblick, als die Schlacht begann, ließ der Prior von Durham das Kelchtuch Cuthberts auf einem Hügel entfalten, und alle Mönche knieten im Gebet nieder. Die gefürchteten englischen Bogenschützen trafen nun unfehlbar und machten den schottischen Reitern den Garaus. Das Kelchtuch half noch viele andere Siege erfechten, bis es unter Heinrich VIII., zusammen mit den Gebeinen Cuthberts, von der Frau eines abgefallenen Geistlichen ins Feuer geworfen wurde.

Hll. Flavia Domitilla, Nereus und Achilleus

Märtyrer, † 97

Flavia Domitilla war eine Verwandte des Kaisers Domitian. Verlobt mit Aurelian, einem der vornehmsten Jünglinge Roms, tat sie ganz nach Art nobler Römerinnen: Sie putzte, pflegte und schmückte sich den lieben langen Tag und trachtete nur nach der Bewunderung und dem Beifall der Welt. Ihre christlichen Diener Nereus und Achilleus betrübte es, ihre Herrin so in die Netze der Eitelkeit verstrickt zu sehen. Nereus sprach eines Tages zu ihr: »Wenn du so viel Zeit aufwenden würdest, um deine Seele für den himmlischen Bräutigam so zu zieren wie deinen Leib, so wärest du in der Tat glückselig.« Domitilla erzürnte sich darüber und schalt den Sklaven, aber ihre Neugier ward geweckt. Sie forschte nach dem Glauben der beiden und bald beschloss sie, ihrem Verlobten zu entsagen und sich ganz dem himmlischen Bräutigam zu weihen. Papst Clemens, dem man vom Übertritt der Jungfrau berichtete, warnte sie persönlich vor den schweren Folgen, den ihr Entschluss nach sich ziehen könne. Aber Domitilla bekräftigte in frommer Begeisterung ihr Gelöbnis und empfing aus der Hand des Papstes den Schleier.

Aurelian entbrannte in Zorn über den plötzlichen Sinneswandel seiner Braut und gab den Sklaven die Schuld. Aber Domitilla stand treu zu ihren Dienern und wurde schließlich mit ihnen zusammen auf die Insel Pontia verbannt. In den Christenverfolgungen des Trajan erinnerte man sich ihrer wieder. Nereus und Achilleus wurden vor den Richter geführt und, als sie sich zu opfern weigerten, enthauptet. Über Domitilla hielt Aurelian, der sie immer noch liebte, seine schützende Hand. Mit Gewalt ließ er die Jungfrau nun in sein Haus bringen und beraumte die Hochzeit an. Während alles freudig tanzte und den vermeintlichen Sieg des Bräutigams feierte, zog sich Domitilla in ein Nebengemach zurück und flehte zu Christus, ihr die Entehrung zu ersparen. Da stürzte Aurelian plötzlich zu Boden und verschied. Sein Bruder hielt dies für Zauberei. Er ließ am folgenden Tag das Haus umstellen, in dem Domitilla wohnte, und zündete es selbst mit einer Pechfackel an.

F: *auch 12. Mai.*

*

Hl. Gisela

Königin von Ungarn, 985–1060 (1095?)

Die Tochter des Bayernherzogs Heinrich II. wurde mit zehn Jahren dem Ungarnfürsten Stephan anverlobt. Im Jahre 1000 reiste die Jungfrau, begleitet von einer wehrhaften Schar bayrischer Edler an die Stätte ihrer künftigen Wirksamkeit. Kurz nach der feierlichen Hochzeit wurde das Paar von Papst Silvester II. und Kaiser Otto III. mit der Königswürde ausgezeichnet. An der Seite ihres frommen Gemahls förderte die junge Königin tatkräftig die Christianisierung des noch heidnischen Volkes. Sie gründete zehn Bistümer und lud dadurch viel Hass der christenfeindlichen Adelspartei auf sich. Diese triumphierten, als von ihren fünf Kindern eines nach dem nächsten starb. Ihr hl. Sohn Emerich, der Thronfolger, erlag kurz vor seiner Krönung den Folgen eines Jagdunfalls.

Doch Giselas Leidensweg war damit nicht zu Ende. Sieben Jahre später verlor sie auch ihren Gatten, den später heiliggesprochenen König Stephan. Die Opposition der Edlen nutzte die Gelegenheit zu einem Aufstand. Die Königin wurde gefangen gesetzt und misshandelt. Kaiser Heinrich III. gelang ihre Freigabe, worauf sie aus dem Land floh, in dem sie viel Gutes getan hatte. Als einfache Nonne trat sie in das Benediktinerinnenstift Niedernburg bei Passau ein, aber bald wurde sie wegen ihrer vorbildhaften Demut zur Äbtissin gewählt.

Eine offizielle Kanonisation Giselas fand nie statt. Sie wurde aber in den Acta Sanctorum der Bollandisten aufgenommen und von den Gläubigen über die Jahrhunderte hinweg verehrt. Ihr Grab wurde erst im Jahr 1908 wieder gefunden, aus der Inschrift entzifferte man das Todesdatum 1095. Kirchenhistoriker meinen aber, dass sie schon um 1060 gestorben sei.

A: *mit Kirchenmodell.*
F: *1. Februar.*

Sel. Friedrich von Hirsau

Abt, † 1071

Aus altem schwäbischem Adel stammend, hätte Friedrich überall offene Türen gefunden, wäre seinem Herzen nicht jeglicher Ehrgeiz fremd gewesen. Es zog ihn in die Einsamkeit eines Klosters, und er wurde in Einsiedeln zum Mönch des hl. Benedikt geweiht. In jener Zeit bemühte sich die Gräfin Wiltrudis von Calw darum, das von den Avaren verwüstete Kloster Hirsau wiederherzustellen. Sie bat den Abt Heinrich von Einsiedeln um zwölf Mönche für den Chor- und Gottesdienst, und so reiste im Jahr 1065 Friedrich mit elf anderen ausgesuchten Benediktinern zu Wiltrudis. Der Bischof von Speyer weihte Friedrich zum ersten Abt von Hirsau. Bald spross die junge Pflanzung empor, gedieh und begann zu blühen. Der junge Abt stand in der Tugend allen voran, unerreicht im Fasten wie im Arbeiten und Studieren.

Unter den Mitgefährten gab es jedoch einige, deren Eifer allmählich erkaltete und denen das Joch der klösterlichen Regel zu beschwerlich wurde. Da Friedrich stets auf strengster Befolgung der Nachtwachen, des Fastens und der Arbeitsordnung bestand, erhob sich – zunächst heimlich – wider ihn ein Murren, und am Ende löckten die Abweichler offen wider den Stachel der Disziplin. Einige verleumdeten Friedrich beim Grafen Adalbert und behaupteten, er sei ein Heuchler und gebe sich im Geheimen der abscheulichsten Unzucht hin. Dem Grafen war der Abt nie hold geworden, da dieser stets Einmischungsversuche in geistliche Belange zurückgewiesen hatte. Adalbert sprach ihn ohne weitere Untersuchung schuldig und ließ ihn ins Gefängnis werfen. Voller Demut und ohne einen Versuch der Rechtfertigung nahm Friedrich die harte Buße für nicht begangene Verfehlungen auf sich, dankte Gott für die Züchtigungen und ergab sich ganz in sein Schicksal.

Nun hatte aber der Abt Ulrich von Lorch Nachricht von den merkwürdigen Vorgängen in Hirsau erhalten. Er erkannte das Unrecht sofort, eilte herbei und brachte Friedrich in Sicherheit. Doch dessen Gesundheit war schon zu schwer getroffen. Er verschied in den Armen seiner Pfleger. Bei der Waschung des Leichnams zeigte es sich, dass Friedrich seit vielen Jahren eine schwere, eiserne Kette mit scharfen Stacheln um den Leib getragen hatte. Seine mageren Lenden waren teils mit alten Narben, teils mit noch blutenden Wunden bedeckt, aus denen ein süßer Wohlgeruch strömte. Einige Kranke, die ihre Finger in die Wundmale legten, wurden sofort gesund.

F: *auch 19. Februar.*

9. Mai

Hl. Beatus

erster Apostel der Schweiz, † um 100

Den gebürtigen Gallier Beatus weihte der Apostel Petrus zum Priester und entsandte ihn in die Schweiz, um das Evangelium zu verbreiten. In Vindonissa predigte Beatus so eindrucksvoll von der Wiederauferstehung der Toten und dem letzten Gericht, dass Legionäre und Bürger der Stadt die heidnischen Tempel zerstörten.

Einmal saß Beatus im Kirchlein von Einigen, während sein Schüler Justus die Predigt hielt. Da sah er unter der Kanzel in einem Winkel den Teufel sitzen, der sich auf einer Bockshaut die Namen der Schläfer notierte. Sie war aber zu klein, um alle Namen darauf zu fassen. Wütend zerrte der Teufel an dem Leder, um es zu strecken, bis es zerriss und sein Kopf mit einem lauten Knall an die Unterseite der Kanzel schlug. Davon wachten die Schläfer auf und waren, da dies noch vor dem Amen geschah, mit knapper Not dem Zugriff des Widersachers entgangen.

Als Beatus mit fortschreitendem Alter ein wenig gebrechlich wurde, suchte er einen Ort, wo er als Eremit sein Leben beschließen wollte. Die Bewohner des linken Thunerseeufers zeigten ihm die großen Höhlen jenseits des Sees, die jedoch ein grausamer Drache behauste. Der Heilige aber fürchtete sich nicht. Als der Drache mit Feuer und Schwefel auf ihn losfuhr, schlug Beatus nur das Kreuzzeichen, und sofort wand sich das Ungeheuer im Todeskampf.

Beatus konnte nun die Höhle beziehen und verbrachte dort gemeinsam mit dem Gefährten Achates den Rest seines Lebens. Er starb im Alter von 90 Jahren. Von seinem Grab nahe der heute nach ihm benannten Beatushöhle sind unzählige Wunder ausgegangen.

A: *in einer Höhle, neben sich den Drachen.*
P: *der Schweizer; gegen Krebs.*

*

Sel. Volkmar von Niederaltaich

Abt, † 1282

Im 13. Jahrhundert wurde der ehrwürdige Benediktinerorden von schweren Entartungen heimgesucht. Faulheit, Völlerei und Unzucht machten sich breit. Viele Mönche sahen das Kloster nur als Versorgungsanstalt an, in dem man sich den Bauch voll schlagen konnte, wenig oder nichts zu arbeiten brauchte und immer genug Bier oder Wein hatte. Von der strengen Regel des hl. Benedikt war oft nichts mehr übrig geblieben.

Einer, der diese Zustände ernsthaft verändern wollte, war der Abt Volkmar von Niederaltaich. Er versuchte, die Nachtwachen, das pünktliche Gebet und die Arbeitsdisziplin wiederherzustellen. Viele folgten ihm wegen des guten Vorbildes, das er selbst abgab, denn er war bei allem Harten, Unbequemen und Entsagungsvollen immer der Erste. Einige Müßiggänger aber, die sich an den Schlendrian und das Lotterleben zu sehr gewöhnt hatten, sannen auf Mord. Sie legten sich am Donauufer in einen Hinterhalt. Als der Abt eines Tages allein in einem Boot übersetzen wollte, um ein Feld zu bestellen, traf ihn ein Pfeilhagel. Sterbend betete der Abt noch für seine Verfolger und gab seinen Geist auf.

10. Mai

Hl. Comgall

Abt von Bangor, † 603

Der Knabe Comgall wurde von seinen armen Eltern zu Frömmigkeit und Fleiß erzogen. Eines Tages arbeitete er auf dem Feld und ruhte sich schweißüberströmt aus, angelehnt an einen Felsen. Da sah seine

Mutter, die gerade vorbeikam, von dem Stein aus eine feurige Säule in den Himmel ragen, und sie wusste, dass ihr Sohn von Gott berufen war. Als Jüngling trat er in das Kloster Clonenagh ein. Der dortige Abt Fintan war so streng, dass sogar die eifrigsten Verfechter der Askese gegen seine Vorschriften murrten. Nur der Mönch Comgall befolgte alles mit unbedingtem Gehorsam, so dass er bald der Liebling des Oberen war und von diesem allmählich in die Aufgaben der Klosterleitung eingeführt wurde. Schweren Herzens empfahl er seinen Günstling, als der Landesherr einen Gründungsabt für Bangor suchte.

Comgall ließ am Südufer des Belfast Lough eine Siedlung anlegen, die ganz der Arbeit und dem Gebet gewidmet war. Bangor bestand nur aus Holzgebäuden, denn der Abt hielt das von sieben Chören ohne Unterlass gesungene Lob Gottes für wichtiger als ruhmsüchtige Zeugnisse steinerner Baukunst. Bangors Ruhm, pflegte man zu sagen, waren Heilige, nicht Bauten. Comgall hielt auf sehr strenge Sitten, weil er es bei Fintan gelernt hatte. Und oft verwünschten die Brüder heimlich die harte Regel, die sie befolgen mussten.

Einst kam der hl. Columba mit mehreren Gefährten auf dem Schiff nach Bangor. Unterwegs verstarb einer der Brüder, der durch harte Bußübungen sehr geschwächt war. Columba befahl, ihn zwischen das Gepäck an eine dunkle Stelle zu legen, um die Wiedersehensfreude nicht zu trüben. Als sie aber ankamen, wusch Comgall den Reisenden die Füße und fragte schließlich ernst, ob er wirklich alle bedient habe. Der heilige Columba sagte, einer sei noch auf dem Schiff, doch er komme nur, wenn Comgall ihn hole. Dieser fand den Leichnam, schickte ein Stoßgebet zum Himmel und rief mit erhobener Stimme: »Im Namen Jesu Christi, ich befehle dir, steh endlich auf und folge deinen Brüdern!« Der Mönch stand auf wie im Traum und folgte dem Abt mit halb geschlossenen Augen. Als Comgall den Zustand des Mannes bemerkte, sagte er: »Ich habe von Gott keinen Einäugigen oder Blödsinnigen ins Leben zurückerbeten, sondern einen Menschen mit allen seinen Sinnen.« Und er befahl dem Mönch, sich an einer kleinen Felsenquelle das Gesicht zu waschen. Kaum war dies getan, so kehrte der Patient mit adlergleichem Sehvermögen und hellerem Verstand, als er zuvor je besessen hatte, unter die Gesunden zurück.

Die letzte Zeit seines Lebens wurde Comgall von überaus schmerzhaften Krankheiten befallen. Die Spötter im Kloster sagten, es sei Strafe Gottes für die übertriebene Disziplin, die er immer befohlen und geübt habe. Doch der heilige Abt trug seine Qualen mit Demut und dankte Gott, dass er ihn auserwählt habe, der Leiden des Erlösers teilhaftig zu werden.

A: *mit glühendem Stein in der Hand; Engel neben sich, der Fische bringt; mit Brot.*
P: *für die Erlangung von Milch (weil auf seine Bitte für den kranken Bischof Finbar Milch vom Himmel regnete und er zudem einmal einen Topf Milch ohne Boden trug).*

11. Mai

Hl. Gangolf

Märtyrer, † um 760

Zu Zeiten Pippins des Kurzen lebte der tapfere und gottesfürchtige Graf Gangolf, der eine böse Frau zum Eheweibe hatte. Auf der Jagd in Gallien plagte ihn einst der Durst, aber ein Gutsherr wollte ihm nur Wasser geben, wenn er das Grundstück mit der Quelle kaufe. Gangolf tat so und wurde zu Hause in Burgund von seiner Frau gescholten. Da steckte er einen Stock in die Erde, und das Wasser sprudelte daraus hervor, während es bei dem Verkäufer versiegte.

Seine Gemahlin zeigte sich aber von diesem Wunder nicht beeindruckt, sondern unterhielt ein ehebrecherisches Verhältnis zu einem Kleriker. Gangolf erfuhr davon, und als sie einst im Garten saßen, machte er ihr bittere Vorwürfe. Sie aber leugnete dreist und schwor alle Eide auf ihre Unschuld. Da verlangte er von ihr, sie solle ein Steinchen vom Grunde der Quelle aufheben; wenn ihr Arm unverletzt bliebe, werde er ihr glauben. Sie langte zuversichtlich hinein, doch sogleich zog sie ihn wie vom Feuer verbrannt wieder heraus. Er trennte sich von ihr, schenkte ihr jedoch die Hälfte seines Besitzes.

Nicht lange danach ließ sie ihn von ihrem Buhlen im Schlaf ermorden. Als sein Leichnam auf der Bahre lag, wurden viele Kranke, die ihn berührten, geheilt. Seine Frau spottete darüber und sagte: »Gangolf vollbringt ebenso sicher Wunder, wie mein Hintern Lieder singt.« Und sogleich tönten aus ihrem Hintern starke unanständige Geräusche.

Dies geschah ihr an jedem Freitag, sowie sie nur ein Wort sagte; denn an diesem Tag war er zum Märtyrer geworden.

A: *als Ritter mit Stab oder Lanze, Schild mit Kreuz, Schwert und darunter eine Quelle.*
P: *der Gerber und Schuhmacher; der Brunnen; gegen Ehebruch.*

⁕

Hl. Mamertus

Bischof von Vienne, Eisheiliger, 400–471

Mamertus galt als der größte und unabhängigste Geist seines Jahrhunderts. Man sagte, dass er alles wisse, was dem Menschen zu wissen möglich sei, und dass es keine Frage gebe, die er nicht beantworten könne. Durch eigenmächtige Ordinationen von Bischöfen zog er sich öfter schweren päpstlichen Tadel zu. Aber seinem heiligmäßigen Ruf schadete dies wenig. Zweimal dankte ihm die Stadt Vienne die Errettung von Brandkatastrophen.Die Einführung der feierlichen Bittgänge an den drei Tagen vor Christi Himmelfahrt, an denen »gefastet, gebetet, gesungen, geweint« wurde, machte ihn auch beim einfachen Volk sehr beliebt. In den Prozessionen wurde Christi Beistand angerufen, um Erdbeben, vulkanische Eruptionen, Blitz und Ungewitter, das Einbrechen wilder Tiere abzuwenden, und die Menschen zur Bekehrung und Besserung des Lebens zu bewegen. Die Wirkungen waren überzeugend und wunderbar, und führten zur alljährlichen Wiederholung.

Seine Reliquien kamen in die Kathedrale von Orléans, wo sie 1568 zusammen mit dem Gotteshaus von Hugenotten zerstört wurden. Im Kirchenjahr der Diözese Orléans wird des Heiligen dreimal gedacht. Sein Todestag wird am 11. Mai, die Übertragung seines Leibes am 13. Oktober. und die seines Hauptes am 14. November begangen.

P: *der Ammen; in Norddeutschland und Holland wird er zu den Eisheiligen gerechnet.*
Bauernregel: *»Der heilige Mamerz hat von Eis ein Herz«.*

Hl. Pankratius

Märtyrer, † um 305

Pankratius war noch ein Knäblein in der Wiege, als er Vater und Mutter verlor. Ein Oheim erzog ihn aber zum Christen und mit vierzehn Jahren wurde er von Papst Cornelius getauft. Die Späher Diokletians forschten den Vorgang aus, und der Kaiser, der den Vater gekannt hatte, ließ Pankratius vor seinen Thron führen. Er sprach zu ihm: »Du sollst keines bösen Todes sterben, wenn du meinem Rat folgst. Du bist doch von vornehmer Geburt, und ich habe deinen Vater sehr geschätzt. Ich bitte dich, lass ab von dem Wahn, und ich werde dich wie einen eigenen Sohn halten.«

Pankratius aber erwiderte: »Die Götter, die du mich anbeten heißest, waren Betrüger. Sie schändeten ihre leiblichen Schwestern und trieben Unzucht mit Knaben und mit Tieren. Ihre Mordlust verschonte nicht einmal die eigenen Eltern. Vollbrächte heute einer deiner Diener solche Taten, ließest du ihn auf der Stelle hinrichten. Schämst du dich nicht, solche Götter zu verehren?« Da sah Diokletian, dass er nichts ausrichten konnte, und befahl, den Knaben zu enthaupten.

Nach dem Bericht Gregors von Tours schützt Pankratius den Eid. Wenn einer bei seinem Grabe falsch schwört, so fährt der Teufel in ihn und macht ihn irrsinnig, oder er stürzt bald darauf tot zu Boden.

A: *als Jugendlicher mit Schwert und Marterkrone oder Palme.*
P: *von Albano, Bergen, Gießen, Leyden, Schwetzingen; gegen Kopfweh, Krämpfe; gegen Meineid und falsches Zeugnis; der Erstkommunikanten; der jungen Saat und der Blüten (1. oder 2. Eisheiliger – je nachdem, ob der hl. Mamertius als Eisheiliger anerkannt wird oder nicht); wird gelegentlich zu den 14 Nothelfern gezählt.*

Hl. Servatius

Bischof, † 384

Bischof Servatius von Tongern stammte aus einer jüdischen Familie, deren einer Zweig sogar mit Jesus verwandt war. Seine Urahnin Emeria war eine Schwester der hl. Anna, der Mutter Mariens. Er besaß die Gabe, so zu predigen, dass ihn alle in ihrer eigenen Sprache verstanden. Als der große Hunnenzug sich Gallien näherte und kein Heer zu seinem Schutz bereit stand, entsandten die Bischöfe Galliens den Servatius nach Rom, um dort für seine Heimat zu beten. Servatius betete drei Tage und drei Nächte am Grabe des hl. Petrus, ohne Erholung, Essen oder Trinken. Endlich übermannte ihn der Schlaf. Im Traum schaute er, wie sich Christus auf einem strahlenden Thron niederließ, umgeben von den Chören der Seraphim und Cherubim. Zu den Füßen des Heilands knieten Petrus und Paulus und schienen lange auf ihn einzureden. Nach einer Weile erhob sich Petrus, kam zu Servatius herüber und sprach zu ihm: »Mann Gottes, warum dringst du andauernd in mich? Der Herr hat unabänderlich beschlossen, Gallien den Heiden zu überlassen – als Strafe für die himmelschreienden Laster der Christen. Kehre heim, bestelle dein Haus, verkündige den göttlichen Ratschluss und lass dein Grab in Maastricht bereiten. Dieses wird Gott verschonen, damit du in Frieden ruhen mögest. Die bevorstehenden Schrecken wirst du nicht mehr erleben.«

Nachdem Servatius das ihm Aufgetragene erfüllt hatte, begab er sich nach Maastricht. Dort starb er kurz vor dem Einfall der Hunnen. Gallien aber wurde schrecklich verwüstet, Tongern fast dem Erdboden gleichgemacht – nur Maastricht blieb verschont. Das Grab des Servatius fand man im Winter stets schneefrei, selbst wenn die ganze Umgebung verschneit war.

Der Dom des hl. Servatius ist die älteste Kirche der Niederlande. Seit dem 14. Jahrhundert wurde sie zu einem bedeutenden Wallfahrtsort, der 1496 hunderttausend Pilger angezogen haben soll. Bis heute findet im Sieben-Jahres-Rhythmus die »Heiligtumsfahrt« nach Maastricht statt. Dabei werden in einer feierlichen Prozession das Haupt, die Bischofsinsignien und die Gebeine des Heiligen im Goldschrein durch die Stadt geleitet. Bekannt ist er vor allem als Eisheiliger.

A: *mit Adler, Engel, Stab und Schlüssel; mit Holzschuhen; ein Drache (arianische Ketzerei) verendet zu seinen Füßen; betet an den Gräbern der Apostel.*
P: *von Maastricht, Quedlinburg, Abtei Tongern, Bistum Worms; gegen Ratten, Mäuse, Rotlauf der Schweine, Fußleiden, Fieber, für Lahme; für gutes Gelingen, gegen Todesfurcht; 2. Eisheiliger.*
Bauernregeln: *»Servaz muss vorüber sein, will man vor Nachtfrost sicher sein.« »Pankrazi, Servazi, Bonifazi: sind drei frostige Bazi! Und am Schluss fehlt nie: die kalte Sophie.«*

14. Mai

Hl. Bonifatius von Tarsus

Märtyrer, † um 290

Bonifatius von Tarsus war vor seiner Läuterung Aufseher auf dem Landgut einer reichen Christin namens Aglaë. Diese war dem Wohlleben zugeneigt und unterhielt mit ihm ein sündiges Verhältnis. Er selbst war dem Trunk ergeben, dem Spiel verfallen und neigte zu jederlei Ausschweifung. Einen Vorzug aber hatte er sich bewahrt: Er war immer barmherzig gegen Arme und Fremde.

Als Nachrichten von der schweren Christenverfolgung des Diokletian bekannt wurden, überkamen Aglaë Gewissensbisse. Sie sandte ihren Verwalter mit viel Geld auf die Reise, um ihre Glaubensbrüder loszukaufen oder wenigstens deren Reliquien mitzubringen. Bei der Ankunft des Bonifatius in Tarsus wurden auf dem Richtplatz gerade Christen gemartert, jeder nach einer anderen Methode. Da begab sich Bonifatius unverzüglich zum Statthalter Simplicius, umarmte ihn und rief: »Groß ist der Gott der Christen! Groß der Gott der Märtyrer! Bittet für mich, dass ich an ihrem Kampf gegen Satan teilnehmen kann!«

Simplicius glaubte seinen Ohren nicht zu trauen, befragte den Neuankömmling wiederholt und ließ ihn nach stets gleicher Antwort zu den Übrigen bringen.

Zunächst riss man ihm mit Haken das Fleisch von den Knochen; unter die Fingernägel wurden ihm zugespitzte Schilfrohre getrieben. Man wollte ihn eben zwingen, glühendes Blei zu trinken, da stürmte das Volk den Platz und verhinderte die Fortsetzung der Tortur. Anderntags warf man Bonifatius in einen Kessel mit kochendem Pech, das ihn jedoch dank des Eingreifens eines Engels nicht verletzte. Die Schergen allerdings trugen durch die siedenden Spritzer bedeutende Wunden. Als er endlich geköpft wurde und sein Haupt fiel, bebte die Erde. Wie staunten seine Diener, die in der Herberge ahnungslos gewartet hatten, als sie erfuhren, auf welche Weise ihr einst so leichtfertiger Herr zu Tode gekommen war. Sie erstanden von dem Golde aus seinem Gepäck die Leiche und brachten sie zurück zu Aglaë. Diese entsagte auf der Stelle den Eitelkeiten der Welt, schenkte all ihren Sklaven und Sklavinnen die Freiheit und verteilte den Erlös aus ihren Gütern an die Armen. Jahre brachte sie in Einsamkeit und Kasteiung zu, bis sie endlich neben dem Grabe des Geliebten ihre letzte Ruhe fand.

A: *mit Pechkessel; mit Gerstenähre.*
P: *der Bierbrauer; Wetterpatron, 3. Eisheiliger.*

*

Hl. Pachomius der Ältere

Vater des Klosterlebens, um 287–347

Pachomius der Ältere ist der eigentliche Vater eines geregelten Klosterlebens. Als Jüngling besuchte er einen Einsiedler in der Wüste, um von ihm ein gottgefälliges Leben zu lernen. Dieser sprach zu ihm: »Bedenke, mein Sohn, ich genieße nur schlechtes Kraut und Brot, kein Öl, keinen Wein. Ich esse im Sommer nur einmal täglich, im Winter nur jeden zweiten Tag. Ich arbeite ohne Unterbrechung bis Sonnenuntergang und wache die halbe Nacht in Gebet und geistlicher Lesung. Solche Lebensweise ist nichts für dich!« Pachomius aber blieb, und er wurde ein großer Büßer. Zwölf Jahre lang legte er sich zum Ausruhen nicht hin, sondern schlief nur eine Weile stehend an der Wand. Beim Holzsammeln erschien ihm einmal ein Engel, der ihm befahl, ein Kloster zu bauen. Im Laufe der Jahre gründete er neun Klöster mit 9 000 Mönchen. Mit strenger Vorsicht hielt er sich vom weiblichen Geschlecht fern. Als eine Kranke um Heilung von einem Frauenleiden nachsuchte, forderte er ihr Unterkleid, segnete es, und als sie es wieder anzog, wurde sie auf der Stelle gesund.

A: *mit Fellkleid oder kurzem Rock, mit Fell über der Schulter; Gesetzestafel von Engel in Empfang nehmend; Teufel versucht ihn in Gestalt eines hübschen Mädchens.*
F: *auch 9. Mai.*

15. Mai

Hll. Dympna und Gerbert

Märtyrer, † 7. Jahrhundert

Die schöne Dympna war die Tochter des heidnischen Königs von Irland, die sich vom Geistlichen Gerbert heimlich hatte taufen lassen. Als ihre Mutter starb, verfiel ihr Vater auf den Gedanken, die leibliche Tochter zur zweiten Gemahlin zu nehmen.

Dympna erschrak zutiefst über dieses widernatürliche Vorhaben und führte ihm entrüstet seine Vermessenheit vor Augen, die ihn unfehlbar dem göttlichen Fluch aussetzen werde. Der König aber sprach nur: »Du sollst, du musst, du wirst tun, was ich will!« In ihrer Not erbat sie sich eine Frist von 40 Tagen, wobei sie vorgab, sich ausreichend auf das Ereignis vorbereiten wollen. Der König, erfreut über den scheinbar so schnellen Sinneswandel, gewährte ihr gerne die Bitte. Dympna wandte sich nun an ihren geistlichen Vater Gerbert. Der sah kein anderes Mittel, die Blutschande zu verhindern, als die Flucht. Er besorgte ein kleines Schiff, und unter Gottes Schutz gelangten sie nach Antwerpen, wo sie das Schiff verkauften. Dann übersiedelten sie in das nahe Dorf Gheel und bauten dort ein Häuschen mit zwei Zellen, eine für Dympna, die andere für Gerbert. Als der König der Flucht seiner Tochter gewahr wurde, brüllte er wie ein wütender Stier und schickte seine Schergen aus, um sie im ganzen Lande zu suchen. Doch unverrichteter Dinge kehrten die Häscher zurück. Nun rüstete er ebenfalls ein Schiff aus, um jenseits der Meere nach seiner Tochter zu spüren. Gottes unerforschlicher Ratschluss fügte es, dass auch er bei Antwerpen landete. Seine Männer kehrten in einem Gasthause ein, aßen und tranken und kauften eine größere Menge Lebensmittel. Als sie mit ihren irischen Münzen bezahlten, betrachtete der Wirt aufmerksam das Geld und sprach: »Woher sind diese Münzen? Ich bekomme in letzter Zeit öfter solche Währung.« Da horchten die Knechte auf und forschten ihn weiter aus. Der Wirt ahnte nichts Böses und erzählte alles, was er wusste.

Es dauerte nicht lange und die Männer hatten das Häuschen gefunden. Als der König in die Zelle seiner Tochter trat, erbleichte Dympna in böser Ahnung. Der Vater schmähte sie aufs Heftigste wegen ihrer Flucht, erneuerte aber dann sein frevelhaftes Begehren. Die Jungfrau warf sich ihm zu Füßen und beschwor ihn unter Tränen, davon abzulassen. Doch er rief nach Gerbert und forderte ihn auf, sofort die Trauung vorzunehmen. Gerbert weigerte sich entschieden, diesem Ansinnen nachzukommen. Daraufhin ließ ihn der König auf der Stelle enthaupten. Dympna, die sich nun noch entschiedener weigerte, sollte das gleiche Schicksal erleiden, aber keiner seiner Soldaten mochte die Hand gegen sie erheben. Da riss der ruchlose Vater sein Schwert aus der Scheide und versetzte der eigenen Tochter den Todesstoß.

A: *mit gefesseltem Teufel; mit Schwert.*
P: *der Besessenen und Geisteskranken.*

⁕

Hl. Isidor

Bauer in Madrid, † 1170

Sel. Maria Toribia (Maria von Torrejon)

Ehefrau und Bäuerin, † 1140 oder 1175

Der Bauer Isidor war mit einer sehr frommen Frau, der seligen Maria Toribia, verheiratet und führte ein vorbildliches Leben der Nächstenliebe, der Arbeit und des Gebetes. Er wurde von seinen Nachbarn verlacht, weil er jeden Tag vor der Feldarbeit die Kirche besuchte. Der Spott wuchs zu übler Nachrede: er sei ein Faulpelz und vernachlässige den Hof. Auch seinem Gutsherrn wurden die Gerüchte zugetragen. Er zitierte Isidor zu sich und machte ihm Vorwürfe. Dieser ließ sich aber nicht schrecken und blieb bei seiner Gewohnheit des frühen Kirchenbesuchs. Seinem Dienstherrn aber machte er den Antrag, er solle den Nachteil abschätzen, dann werde er ihn entschädigen. Der Herr wollte die Sache nun selbst untersuchen. Er versteckte sich hinter einem Gebüsch, das auf halbem Weg zwischen der Kirche und dem Feld lag. Voll Zorn sah er, wie der Bauer tatsächlich aus der Kirche kam, während andere schon arbeiteten. Und als Isidor endlich zu pflügen begann, eilte er wütend auf dessen Feld. Doch da erblickte er plötzlich rechts und links von dem Gespann des Isidor noch zwei Pflüge, die von zwei weiß gekleideten Jünglingen geführt wurden. Als er verdutzt näherschritt, waren die beiden Pflüge mit den Jünglingen wieder verschwunden. Das Feld aber war fertig gepflügt. Der Gutsherr erkannte, dass es sich um einen übernatürlichenVorgang handeln musste, und verstand, dass Gottes Segen auf seinem Bauern ruhte. Freundlich begrüßte er seinen Untergebenen und lobte ihn. »Von nun an«, sagte er, »will ich nichts mehr von dem verleumderischen Geschwätz hören. Ich überlasse mein ganzes Besitztum deiner Aufsicht.« Und von da an trugen seine Ländereien doppelten Ertrag.

Isidor behielt nichts für sich, sondern schenkte alles, was er entbehren konnte, den Armen, Witwen und Waisen. Er gehörte einer Bruderschaft an, die alle Jahre ein gemeinsames Mahl hielt.

Einmal hatte er so lange in der Kirche verweilt, dass er viel zu spät eintraf, und es war schon alles aufgegessen, außer seiner Portion, die man ihm warm gehalten hatte. Nach seiner Gewohnheit brachte er jedoch eine Schar Armer mit, die auf Almosen warteten. Da teilte er seine Portion mit diesen gemeinsam auf. Doch wunderbarerweise wurde der Essenstopf erst leer, als nicht nur alle Anwesenden, sondern die Armen der ganzen Stadt daraus gespeist waren.

Isidor hatte, was für Bauern damals selten war, sogar ein mitleidendes Herz für Tiere. Als er einmal im Winter mit einem Sack Korn zur Mühle ging, dauerten ihn die Vögel, die im Schnee keine Nahrung mehr fanden. Da scharrte er eine Stelle frei und schüttete den halben Sack darauf aus. Sein Begleiter verspottete ihn, dass er töricht sein Korn vergeude. Doch in der Mühle angekommen, erwies es sich, dass der Sack genauso viel Korn enthielt als zuvor und eine doppelte Menge Mehl ergab.

Nach seinem Tod zog sich seine Frau Maria, die ihn zeit seines Lebens in allen guten Taten unterstützt hatte, nach Caraquiz zurück. Ihr

Andenken geriet in Vergessenheit, bis man 1596 ihre Gebeine wieder auffand. Am 8. September 1615 wurden sie in die Franziskanerkirche von Caraquiz überführt. Ihr Kult wurde 1697 von Innozenz XII. approbiert.

A: *Isidor im Bauernkleid mit Früchten und Hacke; mit Engel, der mit weißen Pferden oder Ochsen pflügt, während er in der Kirche betet oder im Buch liest.*
P: *der Bauern; der Geometer; gegen Dürre, für Regen; von Leon, Madrid, Saragossa, Sevilla.*
F: *Isidor auch 10. Mai; Maria auch 8. September.*

⁕

Hll. Sophia und Quirilla

Märtyrerinnen, Zeit unbekannt

Die Jungfrau Sophia wurde zusammen mit ihrer Freundin, der hl. Quirilla, in einer Badeanstalt ergriffen. Das Ansinnen, den heidnischen Göttern zu opfern, wiesen die beiden von sich. Man sperrte sie deshalb in einen Raum und leitete heißen Dampf ein, der sie fast erstickte. Als sie immer noch standhaft blieben, wurden drei Gladiatoren gerufen, die sie schänden sollten. Doch ein Engel erschien und rettete die Jungfräulichkeit der Mädchen. Beide ließen ihr Leben schließlich unter dem Schwert.

Der Name der Märtyrerin lebt im Volksmund fort in der Bezeichnung »Kalte Sophie« für ihren Kalendertag. Er wird den »Eisheiligen«, zugerechnet, einer Periode, die in Mitteleuropa häufig Kälterückschläge bringt.

A: *mit Palme, neben sich Rutenbüschel, eine Art Trog und ein Beil. Eisheilige.*

Hl. Johannes Nepomuk

Generalvikar von St. Veit in Prag, Märtyrer, um 1350–1393

Weil Johannes ein schwächliches Kind war, wallfahrten seine Eltern mit ihm zu einem Gnadenbild der Gottesmutter in der Nähe Prags und weihten ihn dem geistlichen Beruf. Johannes erstarkte zu einem gesunden Knaben, der sich durch große Wissbegier und rednerisches Talent auszeichnete. Sein Studium in Prag vollendete er in kürzester Zeit mit der Erlangung der Doktorwürde im kanonischen Recht.

Sein vorbildlicher Lebenswandel und seine feurige Beredsamkeit ließen ihn als Domprediger Erfolge feiern, und Königin Johanna wählte ihn zu ihrem Beichtvater. Diese unglückliche Tochter des Bayernherzogs Albrecht war die Gemahlin des berüchtigten Königs Wenzel, der aller Welt als das Gegenteil seines heiligen Namenspatrons erschien. Von allen liederlichen Aristokraten der liederlichste, unübertroffen in Trunksucht und Hurerei, entwickelte er zudem mit den Jahren einen Hang zu ausgesuchter Grausamkeit. Niemand aus seiner Umgebung wagte es, sich ihm zu widersetzen.

Johanna hingegen, die schwer unter den Ausschweifungen ihres zügellosen Gemahls litt, wurde unter der geistlichen Anleitung ihres Beichtvaters zum Muster einer christlichen Dulderin. Stunden verbrachte sie täglich in der Kirche auf den Knien; ihre Wohltätigkeit gegen Arme und ihre Barmherzigkeit gegen Kranke erregten bald die Bewunderung der ganzen Hauptstadt.

Nicht jedoch die ihres Gemahls. Er konnte nicht begreifen, warum seine Gattin so oft den Beichtstuhl aufsuchte, und bald nagte die Eifersucht in ihm. Er verdächtigte seine Gemahlin schwerer, heimlicher Sünden. So bedrängte er Johannes, die Geheimnisse des Beichtstuhls zu offenbaren. Entsetzt wies dieser ein solches Ansinnen zurück. »Keine Macht der Erde«, sprach er, »kann das Siegel brechen, mit welchem die heilige Pflicht den Mund des Beichtvaters verschließt«. Der König schwieg tückisch und verbarg seinen Groll.

Bald danach geschah es, dass an der Hoftafel ein Kapaun vorgesetzt wurde, dessen Zubereitung dem verwöhnten Gaumen des Königs nicht genehm war. Der Herrscher geriet über seinen Koch in solche Wut, dass er den Befehl gab, man solle den Unglücklichen an einen

Spieß stecken und ihn über dem Feuer rösten. Keiner wagte dem Wüterich Einhalt zu gebieten, da warf sich Johannes ihm zu Füßen und bat um Gnade. Wenzel hielt nun seinen Hass nicht länger zurück. Er ließ den Priester ergreifen und in den Kerker werfen. Standhaft verweigerte Johannes den abermaligen Befehl, die Beichtgeheimnisse der Königin zu verraten. Schließlich ordnete Wenzel die Folter an. Der Widerspenstige wurde aufs Rad gespannt und mit eisernen Gerten gezüchtigt. Der Tyrann selbst drückte glühende Eisenstäbe in seinen Leib. Als Johannes aber weiter schwieg, als hätte ihm ein unsichtbares Schloss die Lippen verriegelt, ließ Wenzel ihm endlich die Hände auf den Rücken und die Füße an den Kopf fesseln. Vor seinen Mund band man ein Stück Holz. Schergen warfen ihn bei Nacht und Nebel in die Moldau. Doch der schwimmende Leichnam erstrahlte in einem Lichterglanz, der die ganze Stadt erhellte. Die Gläubigen bargen die sterblichen Überreste und bestatteten sie.

1719 öffnete man das Grab. Der Körper war längst vollständig verwest, die Zunge jedoch so frisch wie die eines Lebenden. Als man einen Schnitt hinein machte, floß rotes Blut heraus.

A: *mit Anker; mit Brücke und Strom, Kranz von sieben oder zwölf, manchmal nur fünf Sternen ums Haupt; mit Inschrift: »Tacui« (ich habe geschwiegen); auch mit Kruzifix, im Beichtstuhl mit Königin Johanna; mit Finger oder Schloss vor dem Mund; wird von Wenzel mit Fackel gebrannt.*
P: *von Böhmen, Correggio, Prag, Salzburg, Santander und Seckau; der Beichtväter; der Flößer, Müller, Priester, Schiffer; gegen Brückeneinsturz; gegen irrige Urteile und Verleumdungen; der Verschwiegenheit; gegen Wassersgefahr.*
Volksbrauch: *Tragen einer silbernen Nepomukzunge gegen üble Nachrede und Zungenkrankheiten.*

*

Hl. Brendan von Clonfert (Brandan, Brendon)

Seefahrer, Reisender, Klostergründer, 483–577

Die Geschichte vom hl. Brendan und seiner großer Seefahrt war in ganz Europa verbreitet und wurde in den Zeiten des christlichen Mittelalters viel gelesen. Geboren in der Tralee Bay, wurde der Knabe früh mit der Seefahrt vertraut. Nach der Überlieferung stammte er aus einem alten keltischen Königsgeschlecht. Deshalb gab man ihn in die Obhut der heiligen Nonne Ita und des gelehrten Bischofs Erc.
Im Kloster Clonard, wo er unter Columban dem Älteren diente, reifte in ihm der Entschluss zum Eremitenleben. Diesen Vorsatz versuchte er auf den Aran Islands und am Mount Brandon zu verwirklichen. Doch sein unruhiger Geist fand in der Stille dieser Einöden kein Genüge. Es erschien ihm ein Engel und überbrachte ihm den himmlischen Befehl, neun Jahre zur See zu fahren. Dem gehorchte Brendan begeistert, und er fand zwölf – nach anderen Berichten vierzehn – andere Mönche, die begierig waren, mit ihm Christi Lehre an den Gestaden des Meeres zu verbreiten. Brendan ließ ein großes Schiff bauen, das mit eisernen Bändern umwunden ward und bereitete die Fahrt nach der Art von Noahs Arche vor. Er sorgte für so viel Nahrungsmittel, Getier und was zur Erhaltung des Leibes für ihn und seine Mitreisenden an Bord für die lange Unternehmung notwendig war. Im Schiff wurde auch eine Kapelle eingerichtet, geweiht und mit vielen Reliquien ausgestattet. Kaum waren sie einige Tage nach Westen gesegelt, da gerieten sie schon in die wunderlichsten Abenteuer. Ein ungeheurer Drache tauchte aus dem Meer auf, sperrte sein Maul weit auf und wollte das Schiff verschlingen. In hellem Entsetzen riefen da die Frommen den Herrgott um Hilfe an. Und er zeigte sich gnädig und sandte aus den Wolken ein riesiges flammendes Tier, das die Gestalt eines Hirschs hatte. Es fuhr geschwind herab und zog den Drachen hinauf in die Luft. Und der Drache schrie gar grausig. So wurden sie errettet.

Nach einiger Zeit legten sie an einem Wald an, der grün und lieblich mitten im Meer lag. Sie vertäuten ihr Schiff, gingen in den Wald und lasen trockenes Holz für ein Feuer auf. Einer der Mönche wollte einen trockenen Baum abhauen. Doch plötzlich versank der gesamte Wald langsam im Wasser. Nur mit Mühe erreichten sie rechtzeitig wieder das Schiff. Da sprach Brendan: »Dies ist wahrhaftig der Wald, der auf einem Fisch gewachsen ist, von dem ich einmal in einem Buch gelesen habe, das ich törichterweise verbrannte.« Ohne Gottes Hilfe wären sie alle ertrunken.

Sie kamen an ein Land, da sahen sie viele weinende Seelen herumlaufen. Auf die Frage nach dem Grund ihres Jammers antwortete eine Seele: »Oh weh Brendan, wir leiden schrecklich an Frost und Hitze, an Hunger und Durst, und das ist uns auferlegt bis an den Jüngsten Tag, weil wir so wenig Mitleid mit den Armen gehabt haben.« Brendan dauerten die Sünder und er bat Christus, dass er ihnen erlaube, sich ein wenig abzukühlen. Wieder wurde ihm seine fromme Bitte gewährt und den armen Sündern vergönnt, sich mit frischem Wasser zu netzen und etwas zu trinken. Die Seelen dankten eifrig, aber als er von dannen schied, da heulten sie so herzzerreißend, dass Brendan vor Mitleid die Augen überliefen. Und alle Gefährten waren sich einig, dass dies eines der neun Fegefeuer gewesen war.

Bei der Weiterfahrt stießen sie auf eine Insel, die in völligem Dunkel lag. Auch der Himmel und das Meer verdunkelten sich so, dass sie nur noch bei Fackelschein etwas sehen konnten. Nach zwölf Tagen schwärzester Finsternis verließen sie das Schiff und stießen auf einen Bach mit Leitungsröhren. Sie wagten sich hinein – und kamen bei einer Burg heraus. Als sie diese betraten, gelangten sie in den schönsten Saal, den je ein Mensch gesehen hatte. Die Wände waren aus Gold, die Säulen aus Karfunkeln und das Dach aus Pfauenfedern. Und alles strahlte so licht und heiter wie die Sonne. Vor dem Saal entsprang ein Brunnen, aus dem vier Bäche quollen: im ersten floß Wein, im zweiten Milch, im dritten Öl und im vierten Honigseim. Im Saal gab es feines Gestühl, ausgekleidet mit Fellen und Seiden.

Nun war unter ihnen ein Mönch, der stahl in dem Saal einen mit Kupfer beschlagenen Pferdezaum. Das geschah in einem Anfall geistiger Unzurechnungsfähigkeit, in dem er nicht wusste, was er tat. Danach wanderten sie weiter. Und da sahen sie eine noch schönere Burg als die erste. Vor deren erstem Tor saß ein alter bärtiger Mann, der hieß Enoch. Vor dem zweiten Tor saß ein alter grauer Greis mit langem Bart, der hieß Elias. Und vor dem dritten Tor stand ein gar schöner Jüngling. Der hatte ein rotes Gewand an und ein feuriges Schwert in seiner Hand. Er sprang unter die Mönche und riss einen von ihnen zum Tor hinein und schob einen Riegel vor. Brendan und seine Begleiter erschraken sehr, entfernten sich eilends von dem unheimlichen Tor und trauerten um ihren Bruder. Die Mauern an der Burg aber waren so hoch, dass man die Zinnen nicht sehen konnte, und die Burg strahlte so licht und klar, dass Brendan verstand, dass sie vor den Mauern des Paradieses standen. Schließlich gelangten sie wieder an ihre Anlegestelle. Dort entdeckte ein Mönch am Boden reines Gold und viele Edelsteine. Erfreut sammelten sie soviel von dem Gold und den Edelsteinen, dass nach ihrer Reise manche schöne Kirche damit erbaut werden konnte. Und die Edelsteine leuchteten so hell, dass sie so mit heiler Haut der Finsternis entrannen.

Wieder weit draußen auf dem Meer hörten sie ein grausiges Getöse und ein Sieden, dass es ihnen schien, als ob Himmel und Erde zusammenbrechen wollten. In grollendem Donner und krachenden Blitzen erschien mit ohrenbetäubendem Geheul der Teufel. Und als er durch das Unwetter nahe an das Schiff heranflog, da schrie er: »Brendan, du musst mir den Dieb hierlassen!« Und damit packte er den Mönch mitsamt dem gestohlenen Pferdezaum und fuhr mit ihm in die Hölle hinab. Wehklagend baten Brendan und seine Gefährten den Heiland um Gnade für den Mitbruder. Und sie beteten auf Knien so andächtig, lang und fest, dass er ihre Bitte nicht abschlagen mochte. Ein feuriges Horn aus Licht schwebte heran, daraus rief eine Stimme: »Brendan, wessen klagst du mich an? Der Teufel hat ein gutes Recht, denn euer Bruder hat einen Zaum gestohlen. Adam musste schon wegen eines kleinen Obstbissens in die Hölle. Dein Bruder aber wurde bei einem schweren Diebstahl ergriffen.« Da sprach Brendan: »Lieber Herr, lasse dem Teufel nicht die Gewalt über diesen kleinen Priester. Was mein Bruder wider dich getan hat, das wollen wir alle wieder gutmachen und büßen.« Und sie flehten so lange, bis Christus sich ihrer erbarmte. Er gebot dem Teufel, den Mönch zurückzubringen. Wutentbrannt schleifte ihn der Teufel aus den Tiefen herauf und prügelte ihn so heftig, dass er wünschte, nie einen Zaum erblickt zu haben. Schließlich warf er sein Opfer hart auf das Schiffsdeck hinab. Der Arme war von dem Pech und Harz rabenschwarz geworden, jämmerlich zerkratzt von den Schlägen des Teufels. Doch dankbar lobten alle unseren Herrn, dass er ihnen ihren Gefährten wiedergegeben hatte.

Eines Tages sahen sie einen nackten Mann auf einem trockenen Stein im Meer sitzen, dessen Leib ganz schwarz mit Harz und Pech überzogen war. An beiden Seiten brannte er, nur vor den Augen hing ihm ein kleines Tüchlein, das milderte ein wenig die Hitze, ebenso wie ein stetig auf ihn herabprasselnder Hagel. Auf diesem Platz musste er jeden Samstag von Beginn der Dunkelheit an bis an den Sonntag zur Mittagszeit zubringen, danach führten ihn die Teufel wieder in die Hölle. Als ihn Brendan fragte, wer er sei, gab er die Auskunft: »Ich bin der arme Judas, der Jesus verriet, und sich aus Verzweiflung erhängte. Durch Gottes Erbarmen habe ich hier eine kurze Ruhepause. Danach kommen die Teufel wieder aus der Hölle und peinigen mich entsetzlich. Hätte ich keine größere Pein als diese hier, so wollte ich nicht klagen. Aber wenn ich morgen in die Hölle komme, so werfen mich die Teufel in das wabernde Pech, in eine Hitze, die so groß ist, dass ein stählerner Berg darin schmelzen würde.« Als das Brendan hörte, ließ er seinen ganzen Reliquienschatz auf das Schiffsdeck bringen. Alle fielen auf ihre Knie nieder und beteten inbrünstig, denn schon kamen die Teufel in Sturm und Blitz zurück. Sie flogen um das Schiff herum und schossen aus ihren Mäulern Rauch, Pech, Feuer und Schwefel, so dass allen von dem Gestank schlecht wurde. Brendan fühlte das heftigste Mitleid und bat Gott, dem armen Sünder noch bis Montagfrüh Aufschub zu geben. Das wurde ihm gewährt. Die Teufel waren darüber ganz erbittert und drohten Judas, dass sie ihn desto schlimmer zurichten wollten. Und des Morgens kamen sie mit Höllenlärm und schlugen an Judas mehrere feurige Keulen entzwei. Und sie riefen: »Wir werden ihn nun noch viel schlimmer peinigen als zuvor.« »Nein«, sprach Brendan, »ich gebiete euch beim lebendigen Gott, dass ihr ihm nichts Schlimmeres antut als bisher.« Und da fuhren die Teufel mit ihrem Opfer ungestüm in die Hölle zurück.

Nach acht Jahren landeten sie an einer unbekannten Küste. Dahinter lag ein herrliches Land. Man fand darin alles an Hülle und Fülle, was eines Menschen Herz begehrt. Da gab es Korn, Wein und alles, was man an Früchten bedarf, und alles ohne große Mühe zu ernten. Auch viel Vieh weidete auf saftigen Wiesen, Ziegen und Schafe, Rinder, Schweine und mannigfach Geflügel. Die Fische sprangen von selbst ans Land in die bereitgestellten Pfannen. Raubtiere und Schlangen waren unbekannt. Im freundlichen Klima gedieh alles herrlich sattes Grün beherrschte das ganze Jahr über die Landschaft. Dieses Land heißt in Heiligen Schriften *Bona terra* und liegt fern von der Welt. Als sie in dieses Land kamen, da war ihnen nicht anders, als ob sie im Paradies wären. Und der gar süße und gute Duft nahm ihnen alle Müdigkeit und Gebrechen.

Viele Iren glauben, dass dieses Land Amerika war, und dass Brendan der erste war, der es entdeckte, Jahrhunderte vor dem Isländer Leif Erikson und fast tausend Jahre vor dem Genuesen Columbus. Andere glauben, dass es sich um die in vielen alten Schriften erwähnte »Insel der Seligen« gehandelt haben könnte.

Allerdings trafen sie noch auf seltsame Menschen, von deren Existenz in Amerika sonst nirgendwo berichtet wird. Die hatten Häupter wie Schweine und Hände wie Hundeklauen. Die Hälse waren wie bei Kranichen, die Bäuche menschlich, aber unterhalb fischförmig. Und die trugen rein seidene Kleidung. Während seine Mitbrüder sofort fliehen wollten, suchte Brendan zu ergründen, ob sie Christen seien. Und obgleich sie schwer bewaffnet waren, waren sie zu einem Gespräch bereit. Da erfuhr Brendan, dass es sich um gefallene Engel handelte, die einst Luzifer unterstützt hatten. Als es aber zum offenen Weltenkampf gekommen war, hatten sie sich nicht aktiv beteiligt, weshalb Gott ihnen die Hölle erließ und sie nur mit diesen abscheulichen Körpern bestrafte. Sie durften zwar in dem wunderbaren Land leben, doch ewig war ihnen der Anblick Gottes verwehrt. Sie baten Brendan inständig, sie nach Schottland mitzunehmen. Doch der Heilige lehnte dies ab, denn er wollte nicht gegen Gottes Ratschluss handeln.

Viele Abenteuer erlebten die Brüder noch auf ihrer Reise – einen riesigen langen Fisch, den zu passieren vier Wochen dauerte, auch einen seltsamen, aber frommen Zwerg, der sie rechtzeitig vor dem drohenden Erreichen des Erdrandes warnte.

Schließlich gelangte sie heil in der Heimat an. Das Volk strömte zusammen und jubelte ihnen zu. Brendan aber schrieb alle Erlebnisse in ein Buch, legte es in seinem Kloster auf den Marienaltar und hörte die Stimme Gottes: »Brendan, wenn du willst, so komme.« Da bereitete er sich zu einer Messe und sang sie mit großer Andacht. Und als die Messe ein Ende nahm, da verschied St. Brendan vor dem Altar.

Nach anderen Berichten wurde er mehr als 90 Jahren alt und zog zu seiner Schwester Bride nach Annaghdown am Lough Corrib, wo er auch starb. Sie ließ ihn auf seinen ausdrücklichen Wunsch in Clonfert begraben, nicht weit vom größten Strom Irlands, dem Shannon.

A: *auf Schiff stehend mit Kreuz oder ausgebreiteten Armen, mit seinen Gefährten im Schiff.*
P: *der Schifffahrt und der Seeleute; von Kerry und Clonfert.*

Hl. Paschalis Baylon (Pascal)

Franziskaner, 1540–1592

Paschalis war Sohn armer Eltern in Aragonien. Der lernbegierige Knabe nahm beim Schafehüten stets den Katechismus mit und fragte Vorüberkommende bald nach diesem, bald nach jenem Buchstaben. So lernte er in unermüdlichem Fleiß sowohl lesen und schreiben wie auch den Katechismus auswendig. In seinen Hirtenstab schnitzte er ein Muttergottesbild und ein Kreuz darüber. Häufig trieb er seine Herde in die Nähe einer Marienkapelle, in der er lange Andachten verrichtete. Der Oberschäfer tadelte ihn deswegen, denn die Umgebung der Kapelle war schon sehr abgeweidet. Paschalis aber antwortete zuversichtlich: »In der Nähe Mariens werden die Schafe gewiss nicht mager!« Und wirklich war seine Herde immer die fetteste.

Sein Dienstherr begann ihn immer mehr zu schätzen und bot ihm gar eines Tages die Hand seiner Tochter an. Aber Paschalis dankte ihm herzlich und machte sich auf die Wanderschaft.

Im Kloster der Unbeschuhten Franziskaner fand er Aufnahme als Laienbruder. Hier verrichtete er eifrig die niedrigsten Dienste und lehnte es aus Demut stets ab, Priester zu werden.

Ein einziges Mal verweigerte er einem Vorgesetzten den Gehorsam. Eine Frau war an die Pforte gekommen und hatte nach einem Pater zur Beichte verlangt. Der Priester, der sich gerade andere Geschäfte vorgenommen hatte, sagte zu Paschalis: »Sag ihr, ich bin nicht da.« Paschalis entgegnete: »Ich sage lieber, Ihr seid verhindert.« Hierauf forderte der Pater: »Du tust wie geheißen. Ich weiß warum.« Paschalis aber antwortete mit Sanftmut: »Das kann und will ich nicht tun, denn es wäre eine Unwahrheit. Und davor behüte mich Gott.«

Als er in seinem 52. Jahre eine Krankheit bekam und der Arzt ihm den nahen Tod ankündigte, dankte er diesem mit den Worten, er habe nichts Angenehmeres hören können. Mit lächelnder Miene gab er seinen Geist auf. Sein Körper blieb auch nach dem Tode noch weich und biegsam. Acht Monate später fand man den Leichnam immer noch unverwest, obgleich man ihn mit Kalk überschüttet hatte.

A: *mit Hirtenstab und Schafen; mit Hostie über Kelch; mit Ketten um Leib.*
P: *der Köche und Hirten; aller eucharistischen Vereinigungen und Bruderschaften.*

18. Mai

Hl. Dioscoros

Märtyrer, † 305

Zu Kynopolis in Ägypten wurde unter dem Kaiser Konstantius der Lektor Dioscoros ergriffen. Da er seinen Glauben standhaft verteidigte, ließ ihn der Richter aufs Grausamste quälen. Zuerst riss man ihm die Nägel an Fingern und Zehen bis auf die Wurzel aus. Dann brannte man ihm die Hüften mit Fackeln, doch diese Folter wurde durch ein Unwetter unterbrochen, während dessen Blitze in die Schar der Schergen einschlugen. Zuletzt wurde der Heilige mit glühenden Platten zu Tode traktiert.

19. Mai

Hl. Dunstan von Canterbury

Bischof, 910–988

Dunstan stammte aus einer der edelsten Familien Englands und schlug schon als Knabe die geistliche Laufbahn ein. Von den Mönchen Glastonburys erzogen, wurde er einer der gelehrtesten Kleriker seiner Zeit. Dabei zeigte er stets das artigste Betragen und wusste mit Freimut und Freundlichkeit für sich einzunehmen.

Nie aber verlor er bei aller Weltgewandtheit den Tod und das himmlische Gericht aus dem Sinn. Der Bischof Elfegius bestimmte ihn zum Priester an der Marienkirche von Glastonbury. Hier baute er sich eine so enge Zelle, dass sie einem Grabe glich. Sie war nur fünf Fuß lang, drei Fuß breit und nur so hoch, dass man gerade aufrecht stehen konnte.

Die Pilger drängten sich bald um seine Zelle und schrieben seinem Gebet wundertätige Wirkung zu. Dunstans Ruf wuchs so sehr, dass ihm König Edmund die Leitung der Abtei Glastonbury übertrug und sein Nachfolger Eldred ihn als einflussreichen Berater, Schatzkanzler und Archivar an den Hof berief.

Doch Eldred starb früh, und sein Nachfolger, der junge Wüstling Edwin, hasste Dunstan wegen seiner Sittenstrenge. Schon bei den Krönungsfeiern trat die liederliche Gesinnung des jungen Herrschers offen zutage. Von der Tafel der Edlen hinweg eilte er in die Nebengemächer, um sich mit seinen verschiedenen Geliebten zu vergnügen. Auf Bitten der empörten Vornehmen folgte Dunstan dem König und stellte ihn wegen der Unschicklichkeit seines Verhaltens zur Rede. Der trunkene Tyrann jedoch wies Dunstan mit scharfer Stimme ab und verbannte ihn anderntags außer Landes.

Dunstan ging nach Gent, wo sein heiligmäßiges Leben großes Aufsehen erregte. Nach zwei Jahren verlor der lasterhafte Edwin den Thron, und die Edlen erhoben seinen frommen Bruder Edgar zum König.

Dieser rief Dunstan sofort zurück. Er ernannte ihn zum Oberhirten von London und schließlich zum Erzbischof von Canterbury. Dunstan nutzte seine Stellung, um die verluderte Kirchenzucht wiederherzustellen. Mit unerbittlicher Strenge verfuhr er gegen beweibte Priester. Verheiratete Bischöfe jagte er aus dem Amt, und Äbte, die in ihren Mauern Frauen hielten, vertrieb er aus den Stiften. Die gemaßregelten Geistlichen versammelten sich, um einen Beschluss gegen den ihrer Meinung nach ungerechtfertigten Druck ihres Oberen zu fassen. Als eben der Wortführer des Aufruhrs gegen Dunstan zu reden anhub, brach der Boden des Saales ein, und viele wurden schwer verletzt. Nur Dunstan blieb unversehrt.

Nach dem Tod des Heiligen verwilderten Englands Sitten. Die Folgen waren schlimm. Seuchen und Hungersnöte wüteten, die Dänen verheerten das Land, und schließlich unterwarfen sie es ganz ihrer Herrschaft.

A: *umgeben von Engeln; mit Zange in der Hand (wegen seiner handwerklichen Künste, besonders bei Metallarbeiten), Teufel in die Nase zwickend.*
P: *von Canterbury; der Musiker, Goldschmiede, Hufschmiede, Schlosser, Wagenschmiede.*

Hl. Bernhardin von Siena

Generalvikar der Franziskanerobservanten, 1380–1444

Bernhardin entstammte der berühmten Patrizierfamilie Albizzeschi aus Siena. Da er früh Waise wurde, nahm ihn seine tugendhafte Tante Diana zu sich und erzog ihn zu einem sittenstrengen Knaben. In Bernhardins Gegenwart durfte kein unanständiges Wort fallen. Obwohl von Natur höflich und ehrerbietig gegen jedermann, konnte er bei zweideutigen Anspielungen in heftigsten Zorn geraten. Als einst ein Wüstling den Knaben zu schamlosen Dingen missbrauchen wollte, holte dieser schnell seine Mitschüler zu Hilfe und verfolgte mit ihnen den Unhold mit Steinwürfen. Dieser ließ sich nie mehr in der Stadt blicken.

Nachdem er Philosophie, Staats- und Kirchenrecht studiert hatte, warf er sich ganz auf die Erforschung der Hl. Schrift und widmete sich mit unermüdlichem Eifer der Krankenpflege. Im Jahre 1400 wütete die Pest in Siena, jeden Tag starben zwei Dutzend Menschen. Bald waren außer Bernhardin alle Krankenwärter von der Seuche dahingerafft. Er verlor jedoch nicht den Mut, auch nicht als er selbst, völlig erschöpft, von einem heftigen Fieber niedergeworfen wurde.

Wieder genesen, kniete er eines Tages vor dem Bild des Gekreuzigten, als er von dort eine Stimme rufen hörte: »Mein Sohn, du siehst mich nackt ans Kreuz genagelt. Eile, auch dich nackt und bloß zu kreuzigen. Dann wirst du dich leichter meiner erfreuen!« Bernhardin trat daraufhin dem Franziskanerorden der strengen Observanz bei. Im Kloster Colombaio bei Siena übte er sich Tag und Nacht in christlicher Demut. Dann sandten ihn seine Oberen als Prediger ins Volk, um zu Umkehr und Buße zu mahnen. Seine schwache Stimme und eine fast beständige Heiserkeit behinderten ihn zunächst bei diesem Berufe, und anfangs musste er häufig Spott oder sogar Steinwürfe ertragen. Doch bald überwand er seine Hemmungen und predigte mit solcher Glut, dass die hartgesottensten Sünder zu Tränen gerührt wurden und beschlossen, den Lastern und Ausschweifungen ein Ende zu machen.

In Perugia zerfleischten sich die Parteien der Bürgerschaft. Bernhardin eilte dorthin und hielt vier Predigten über die Notwendigkeit eines Friedens. Danach forderte er alle Friedenswilligen auf, an seine rechte Seite zu treten. Nur ein einziger Edelmann blieb auf der Linken stehen. Diesem machte Bernhardin ernste Vorhaltungen und prophezeite ihm, dass er eines elenden Todes sterben werde. Und so geschah es auch.

Bernhardin wanderte rastlos von Stadt zu Stadt, heilte Kranke, erweckte vier Tote zum Leben und wurde 1438 zum Generalvikar seines Ordens erwählt. Während der 40 Jahre seines Wirkens als Franziskaner erhöhte sich die Zahl der Klöster der strengen Observanz in Italien von 20 auf 300, hob sich die Zahl der Mönche von 200 auf 5 000. Wegen seiner Verdienste wurde er schon fünf Jahre nach seinem Tod heilig gesprochen.

A: *mit einem dreigipfeligen Berg; als Franziskaner, bartlos und hager, mit den Buchstaben I. H. S. (Jesus Hominum Salvator); zu Füßen drei Bischofsmitren.*
P: *von Siena; der Wollweber; gegen Heiserkeit, Blutfluss, Brust- und Lungenkrankheiten.*

21. Mai

Hl. Godric

Einsiedler, 1069–1170

Godric aus Walpole in Norfolk brachte es vom Hausierer zum erfolgreichen Kaufmann und Schiffseigner, der seine Geschäfte bis Flandern, Dänemark und Schottland trieb. Um das 30. Lebensjahr besuchte er Lindisfarne und die Orte, an denen der hl. Cuthbert gewirkt hatte. Eine unstillbare Sehnsucht nach geistlichen Dingen ergriff ihn. Er unternahm Wallfahrten nach Jerusalem, Compostela, St. Gilles in der Provence und mehrmals nach Rom, ehe er im Jahre 1105 beschloss, künftig als Einsiedler zu leben. Er verteilte seine Habe an die Armen und zog sich in eine Wildnis bei Carlisle zurück. Als es ihn wieder in die Ferne drängte, unternahm er eine zweite Wallfahrt nach Palästina, wo er in der Wüste mit anderen Eremiten nach dem Vorbild Johannes des Täufers lebte. Doch nach einiger Zeit zog es ihn wieder in die Heimat – zu seinem anderen Vorbild. Er diente als Mesner an der Kirche von Durham, dem Grab des hl. Cuthbert, und nahm schließlich seinen endgültigen Wohnsitz im nahen Finchale.

Hier erbaute er sich in der Abgeschiedenheit eine Blockhütte und eine Holzkapelle, ernährte sich in äußerster Kargheit von Baumfrüchten, Beeren, Waldhonig und selbstangebautem Gemüse und tat strenge Buße für die Sünden seines früheren Lebens. Ein besonderes Verhältnis pflegte er zu wilden Tieren. Im Winter kamen Rehe, Hasen, Vögel und Feldmäuse zu ihm, und er teilte mit ihnen seine schmalen Vorräte. Ein Hirsch suchte einmal auf der Flucht vor Jägern den Schutz des Einsiedlers. Dieser verbarg ihn in der Hütte, und als die Verfolger herankamen und wegen des Tieres fragten, antwortete Godric ausweichend, ohne zu lügen: »Gott weiß, wo er ist.«

63 Jahre führte er sein Eremitendasein. Er wurde bei Hoch und Niedrig berühmt wegen seiner Weisheit, der Fähigkeit, Unglückliche wieder aufzurichten, und seiner prophetischen Gabe. Er verfasste Gedichte auf die Gottesmutter und vertonte sie. Päpste und Bischöfe suchten seinen Rat und korrespondierten mit ihm. Gegen Ende seines Lebens wurde er häufig von Dämonen und Poltergeistern gequält. Als ihn zudem schwere Krankheiten heimsuchten, nahmen sich die Mönche von Durham seiner an und pflegten ihn. Kurz nach Vollendung seines 100. Lebensjahres kündigte er an, dass er an Himmelfahrt sterben werde. Und so geschah es.

A: *mit Rosenkranz im Gras kniend, mit Muttergottes und Jesuskind; Schlangen vertreibend.*

22. Mai

Hl. Julia von Korsika

Märtyrerin, † 439

Die hl. Jungfrau Julia stammte aus reichem nordafrikanischem Hause. Germanische Barbaren hatten jedoch ihre Heimat mit Krieg und Plünderung überzogen und sie in die Sklaverei entführt. Julia wurde wie viele auf dem Sklavenmarkt feilgeboten und an den Kaufmann Eusebius verkauft. Der plötzliche Übergang von Reichtum zu Armut, der

Freiheit zur Sklaverei schien ihr anfangs unerträglich, aber sie tröstete sich mit dem Gedanken an den Heiland, der für die Menschheit die Gestalt eines Mannes aus dem gewöhnlichen Volke angenommen hat. Schließlich gewann sie ihren Stand lieb, verrichtete die niedrigsten Dienste ohne Murren und erwarb durch Fleiß und Pünktlichkeit bald die Gunst des Eusebius. Dieser schätzte sie so sehr, dass er sie nicht mehr entbehren mochte. Bei alldem achtete sie streng auf ihre Reinheit und blieb unter lauter unzüchtigen Heiden makellose Jungfrau.

Eusebius nahm sie mit auf eine Schiffsreise nach Gallien. Als sie in Korsika vor Anker gingen, feierten die heidnischen Einwohner dort gerade ein Fest zu Ehren ihrer Götzen. Eusebius nahm mit der ganzen Mannschaft daran teil, nur Julia blieb zurück. Inzwischen kamen einige Beamte des Statthalters, kontrollierten das Schiff und fragten Julia, warum sie nicht zum Fest gehe. Diese bekannte ihnen freimütig: »Ich bin Christin und opfere nur dem einen wahren Gott!« Die Beamten hinterbrachten dies ihrem Präfekten Felix, welcher sie holen ließ – und auf der Stelle in sinnlicher Begierde zu ihr entbrannte. Er versuchte sie dem Eusebius gegen vier andere Sklavinnen abzutauschen. Aber der weigerte sich und sagte: »Lieber verliere ich alles als diese Sklavin!«

Da ließ ihn Felix mitsamt seinen Leuten so reichlich und hartnäckig bewirten, bis sie alle trunken in Schlaf fielen. Dann überschüttete er Julia mit Komplimenten und versprach ihr die Freiheit, wenn sie den Göttern opfere. Julia aber lehnte ab mit den Worten: »Ich bin frei, solange ich Christus diene!«

Das erzürnte den Statthalter, und er schlug ihr so heftig ins Gesicht, dass ihr ein Blutstrom aus dem Munde quoll. Julia aber sagte nur: »Mein Jesus hat auch Backenstreiche empfangen. Wie habe ich wohl die Ehre verdient, seiner Schmach teilhaftig zu werden?«

Der ergrimmte Felix riss ihr nun die Kleider vom Leibe und hieß sie auf eine Folterbank spannen. Dann geißelte er sie selbst bis aufs Blut. Julia aber hauchte kaum mehr vernehmbar: »O mein Jesus, auch du bist gegeißelt worden. Dank dir, dass du mich derselben Marter würdigst.« Der Anblick ihrer entblößten Schönheit brachte den Statthalter fast um den Verstand. Er beteuerte ihr seine Liebe und versprach, all ihre Wünsche zu erfüllen, wenn sie sich ihm freiwillig hingebe. Sie aber antwortete: »Nein, dazu wirst du mich nie bringen und solltest du mich auch kreuzigen, wie es meinem Jesus geschah!« Felix schrie: »Das kannst du haben, du Närrin!« und befahl, sie sofort ans Kreuz zu schlagen. Julia aber betete um Barmherzigkeit für ihre Mörder, während die Nägel ihre zarten Gliedmaßen durchbohrten. Im Augenblick ihres Hinscheidens schwebte eine weiße Taube zum Himmel.

Als Eusebius erwachte, konnte er nur noch den Leichnam seiner geliebten Dienerin mit auf das Schiff nehmen.

A: *an einem Kreuz hängend.*
P: *von Brescia, Bergamo, Korsika und Livorno.*

⁕

Hl. Rita von Cascia

Witwe, Augustinernonne, 1381–1457

Die Bürgertochter aus dem umbrischen Cascia wurde gegen ihren Willen mit einem reichen, aber zornmütigen und gewalttätigen Gatten vermählt. Mit unerschütterlicher Sanftmut ertrug sie schlimme Misshandlungen ihres aufbrausenden und tobenden Ehemanns. Nach Jahren neigte sich die Waage auf ihre Seite, und das Leben beider gestaltete sich langsam ruhiger und friedvoller. Da wurde er im 18. Jahr ihrer Ehe ermordet.

Rita brach bei der Nachricht bewusstlos zusammen. Wieder bei Sinnen, offenbarte sich ihr Edelmut: Sie verzieh dem Täter und bat sogar um Milde für ihn. Doch ihre beiden Söhne waren dem Vater nachgeraten und schworen Blutrache. Rita sah mit Schaudern dem Tage eines neuen Unglücks für die Familie entgegen und flehte Gott an, die Söhne vor der beabsichtigten Untat zu bewahren.

Ihr Gebet wurde erhört – die beiden starben nacheinander an einer Krankheit, ohne sich mit Mord befleckt zu haben. Die trauernde Mutter bat demütig im Kloster der Augustinerinnen um Aufnahme. Doch diese wollten eine Witwe nicht in ihren jungfräulichen Stand aufnehmen. In einer Nacht erschienen ihr jedoch Johannes der Täufer, der hl. Augustinus und der hl. Nikolaus von Tolentino und führten sie als himmlische Brautführer an die Klosterpforten. Angesichts dieser Erscheinung gaben die Nonnen ihren Widerstand auf, und Rita wurde Ordensfrau.

44 Jahre lang lebte sie als demütige Schwester in Cascia, geißelte sich täglich dreimal und brauchte in der ganzen Zeit nur ein einziges Gewand. Einst bat sie den Gekreuzigten, er solle ihr nur einen Dorn aus seiner Krone schenken. Da fühlte sie, wie ein stechender Schmerz ihre Stirn durchdrang. Immer größer wurde die Wunde und verbreitete einen pestartigen Gestank. Der Geruch der eiternden Wunde, aus der bald auch Würmer krochen, verscheuchte ihre Mitschwestern. Sie zog sich in ihre einsame Zelle zurück.

Kurz vor ihrem Tod, an einem kalten Januartag, bat sie eine Besucherin, ihr eine Rose aus dem Garten zu pflücken. Und gegen alle Wahrscheinlichkeit: an den winterstarren Zweigen blühte eine frische rote Rose. Aus ihrem Grabe ging jahrhundertelang ein Wohlgeruch. Ohne einbalsamiert zu sein, ist ihr Leib bis heute unverwest.

A: *mit Lampe oder Rose.*
P: *Helferin für verzweifelte Fälle.*

23. Mai

Hl. Desiderius

Erzbischof von Vienne, † um 611

Desiderius entstammte einem altgallischen Adelsgeschlecht. Früh schritt er auf der geistlichen Laufbahn voran und übernahm bald den vakanten Hirtenstuhl von Vienne. Zu dieser Zeit war gerade der Landesherr, König Siegbert von Burgund, während er zum Krieg gegen seinen Bruder rüstete, von Meuchelmördern aus dem Wege geräumt worden. Seine Witwe Brunhilde war so zügellos, noch in der Trauerzeit mit dem Sohn ihres Schwagers blutschänderischen Umgang zu pflegen. Dazu durfte der Bischof nicht schweigen. Er versuchte es mit Überredung und, als das nichts nützte, mit deutlichen Hinweisen von der Kanzel. Die Gefolgschaft der Königin begann daraufhin Verleumdungen über Desiderius auszustreuen. Man verdächtigte ihn schöngeistiger Neigungen. Er lese heimlich mit größerem Vergnügen die schändlichen Geschichten der antiken Götter als das Evangelium. Eine Synode sollte die Vorwürfe gegen den Bischof untersuchen. Seine

Feinde brachten eine junge Edelfrau namens Justa zu der Aussage, er habe die Vertraulichkeit im Beichtstuhl benutzt, um sie zu verführen. Unter dem Druck der Königin entschied die Versammlung, dass dieses Zeugnis Beweis genug sei, und verurteilte den Oberhirten zur Verbannung auf die Insel Livisio.

An einem Sonntag im vierten Jahre seines Exils zündete Desiderius in der Kirche eine Lampe an. Diese brannte eine ganze Woche hindurch bis zum nächsten Sonntag, ohne dass sich Öl oder Docht verminderten. Das Wunder blieb nicht verborgen. Aus der ganzen Gegend eilten die Leute herbei. Kranke salbten sich mit dem Öl und wurden gesund. Sogar ein Aussätziger genas von seinem Leiden. Inzwischen erhob sich gegen Brunhilde ein Teil des fränkischen Adels und ermordete ihren Majordomus. Außerdem starb am selben Tag die unglückselige Justa.

Brunhilde und ihr Urenkel Theuderich, der Thronfolger, sahen in diesen Ereignissen Warnungen des Himmels und ließen den Bischof zurückkehren. Bald schloss sich der junge König dem weisen Mann an. Desiderius warnte ihn vor dem unzüchtigen Vorbild der Regentin und pries die Ehe als Möglichkeit eines tugendhaften Lebens. Brunhilde erzürnte nun wieder aufs heftigste. Mit Hilfe falscher Zeugen beschuldigte sie den Bischof der Untreue, worauf bei den Germanen die Steinigung stand. Drei Hofleute erhielten den Auftrag, das Willkürurteil zu vollstrecken. Sie lauerten dem heiligen Mann auf. Es gelang ihm zwar, den Steinen auszuweichen, aber einer der Mörder zerschmetterte ihm mit einer Keule den Schädel. Nach anderen Berichten wurde er am Ende mit einem Strick erdrosselt. Als der Frankenkönig Chlotar II. erfuhr, wie der Bischof umgekommen war, wurde er von gerechtem Zorn ergriffen. Er erklärte Burgund den Krieg und siegte. Brunhilde erhielt eine schreckliche Strafe. Sie wurde lebendigen Leibes in Stücke gerissen, indem man an jeden Fuß und jede Hand wilde Pferde spannte und diese nach vier Richtungen auseinandertrieb.

A: *mit Strick in der Hand.*
P: *von Vienne; gegen Fieber.*

*

Sel. Renata

Herzogin von Bayern, † 1602

Als Kind war Renata immer kränkelnd. Ihre Leiden verschlimmerten sich schließlich so sehr, dass die Ärzte ihr Leben aufgaben. Renata gelobte daraufhin eine Wallfahrt nach Loreto. Sofort fiel sie in einen todesähnlichen Schlummer. Die ersten Worte beim Wiedererwachen waren: »Gloria tibi, Domine« (Ehre sei dir, Herr). Renata war geheilt und blieb fortan gesund.

1568 wurde die Jungfrau mit Herzog Wilhelm von Bayern vermählt, der zu Recht den Beinamen »der Fromme« erhielt. Das edle Paar führte ein Leben in der Nachfolge Christi, bewirtete täglich zwölf Bettlerinnen an seiner Tafel, schenkte jedes Jahr 72 armen Frauen Kleider und gab an Kranke und Sieche soviel Arzneien und Lebensmittel, wie sie nur aufbrachten. Renata stiftete im Gedenken an die hl. Fürstin von Thüringen das Elisabeth-Spital in München. Oft ging sie in die elendesten Hütten, um den Bedürftigen Hilfe zu bringen. Ihr Gatte gründete in München das Herzogs-Spital und das Fremdenhaus am Rochusberg.

Ihre zehn Kinder erzog Renata gewissenhaft in christlichem Geiste. Nach der Geburt der letzten Tochter, der später für ihre Frömmigkeit gerühmten Magdalene, gelobten die Gatten gänzliche Enthaltsamkeit und widmeten sich völlig der Nächstenliebe. Wilhelm sagte oft von seiner Frau: »Will man die Liebe malen, so muss man das Porträt der Herzogin fertigen.« 1602 sah Renata, obgleich die Ärzte sie für gesund erklärten, ihren Tod nahen. Gemeinsam mit Wilhelm unternahm sie zur Vorbereitung eine Wallfahrt nach Ebersberg zum hl. Sebastian und nach Altötting. In der Kapelle der Muttergottes meldete sich ein Fieber. Und kurz nach ihrer Rückkehr verschied sie im Kreis ihrer Familie. Herzog Wilhelm behielt ihr Herz als Reliquie zurück.

Hll. Rogatian und Donatian

Märtyrer, † 287

Die Brüder Rogatian und Donatian waren in Nantes heimlich Christen geworden. In der Verfolgung unter Maximian wurden sie verdächtigt, ergriffen und vor Gericht gestellt. Ungeachtet aller Drohungen blieben sie standhaft und fielen auch unter den grässlichsten Foltern nicht von ihrem Glauben ab. Da durchstach man erst ihre Hälse mit Lanzen und enthauptete sie dann mit dem Beil.

A: *zu zweit mit Beil und Lanze.*

25. Mai

Hl. Maria Magdalena dei Pazzi

Karmeliterin, 1566–1607

Die 1566 in Florenz als Kind reicher Eltern geborene Katharina Pazzi zeichnete sich durch außergewöhnliche Schönheit aus. Aber schon als Zehnjährige gelobte sie ewige Jungfräulichkeit. Sie fastete sehr streng, schlief auf einem groben Sack, geißelte sich oft bis aufs Blut und trug ganze Nächte unter fürchterlichen Schmerzen eine Dornenkrone auf dem Haupt.

Die Eltern drängten auf eine Verheiratung, denn viele edle Bewerber hielten um ihre Hand an. Aber Katharina verteidigte unbeirrt ihr Gelübde und erweichte am Ende den Sinn des Vaters. Bei der Einkleidung als Novizin der Karmeliterinnen betete sie darum, ihr Herz zu einem lebenslänglichen Brandopfer machen zu dürfen und länger zu leben, um länger leiden können. Während des Probejahrs bewies sie einen so vollkommenen Gehorsam, dass sie bei keinem Befehl je die Miene verzog. Am Ende der Probezeit wurde sie todkrank. Sie durfte auf dem Krankenbette die Profess ablegen und erhielt den Namen Schwester »Maria Magdalena«. Dies erfüllte sie mit einer so großen Freude, dass sie in eine zwei Stunden währende Verzückung fiel. 40 Tage hindurch wurde sie jeden Tag nach der Kommunion entrückt, wobei sie sich nach ihren eigenen Worten wie in einem Meer von Licht und Liebe schwimmen fühlte. Diese Gabe blieb ihr erhalten. Oft musste sie ihre Hände in kaltes Wasser tauchen und nasse Tücher auf die heißen Brüste legen, um das Feuer im Innern zu kühlen. Eines Tages erschien ihr Jesus und kündigte ihr eine fünfjährige Prüfungszeit an. Von da an wurde es in ihrem Geist kalt und dunkel. Brennende Lust nach Sinnlichkeit, unzüchtige Gedanken, Gier nach Essen, die Versuchung zu Ungehorsam, Unkeuschheit und Auflehnung durchzuckten sie. Vor ihren Augen taten böse Geister die unflätigsten und gemeinsten Dinge. Und selbst das Gebet gegen diese Erscheinungen ekelte sie nur an.

Mehr noch, sie fühlte Reiz zur Gotteslästerung in sich. Und trotz aller äußerlichen Anstrengungen blieb ihr Herz wie Eis. Dazu kam die Verachtung ihrer Mitschwestern, die sie eine Heuchlerin und Betrügerin schalten. Nur die Demut und der Gehorsam hielten sie aufrecht. Endlich, am Pfingstfest 1590, war die Prüfungszeit zu Ende. Nach der Kommunion glühte sie plötzlich wie ein Engel. Sie drückte ihren Oberinnen die Hände und rief: »Das Gewitter ist vorbei!« Jesus erschien ihr nun oft und vermählte sich schließlich mit ihr durch die Übergabe eines Ringes. Als er ihr eine Dornenkrone aufs Haupt drückte, wuchs ihre Liebe ins Unbeschreibliche. Ein gewaltiger Eifer entzündete sich in ihr gegen Sünder, besonders gegen schlechte Priester. Bald wurde sie Subpriorin und legte in allen Werken eine bemerkenswerte Weisheit an den Tag. Als sie 1607 starb, ging mit ihrem von Leiden und Krankheit gezeichneten Leib eine wunderbare Verwandlung vor sich. Ihr ausgezehrtes, bleiches Antlitz erblühte; paradiesischer Wohlgeruch erfüllte das ganze Kloster.

Unter dem Volk, das die Tote betrachtete, befand sich auch ein frecher Jüngling, der ihre vollkommene Schönheit mit lüsternem Blick verschlang. Da wandte die Leiche zum Schrecken des Wüstlings ihr Angesicht weg von ihm zur Seite. Dies wirkte so machtvoll auf ihn, dass er sich sogleich reumütig bekehrte und Buße tat.

A: *mit den Wundmalen des Heilands; als Karmeliterin mit brennendem Herzen; mit Christus, der ihr Kreuz, Schwamm und Speer überreicht oder ihr die Kommunion gibt; mit Maria, die ihr weißen Schleier reicht.*
P: *der Barfüßerorden.*

*

Hl. Urban

Papst, † 230

Für die weltlich-praktischen Bedürfnisse der Gläubigen sind oft tote Heilige nützlicher als lebendige. Als Fürsprecher im Himmel werden sie für die Sorgen und Nöte des Alltags angerufen, die Kraft ihrer Reliquien oder Bilder erweist manchmal erst lange nach ihrem Ableben die Heiligmäßigkeit ihres Erdenwandels.

Zu den beeindruckendsten Karrieren in dieser Hinsicht zählt die Nachgeschichte des hl. Papstes Urban I. Über seine Zeit als Papst weiß man nur, dass er während seines Pontifikates von 222 bis 230 angeordnet hat, der Messkelch müsse stets aus Silber oder Gold gefertigt sein. Zunächst wandte sich das Schutzbedürfnis der Weinbauern aber einem anderen Urban, dem hl. Bischof und Märtyrer Urban von Langres, zu, der irgendwann im 4. oder 5. Jahrhundert den Opfertod gestorben sein soll (sein Gedenktag ist am 23. Januar). Weil er sich vor seinen Verfolgern in einem Weinberg verbarg, wurde er mit einer Traube in der Hand neben einem Weinstock abgebildet.

Als im 9. Jahrhundert die Reliquien des Papstes Urban in das elsässische Frauenkloster Erstein, einen großen Weinort, überführt wurden, entdeckte man die Wirkmächtigkeit des Heiligen, der als sein Attribut einen Kelch trug. Die Winzer umrankten seine Statuen mit Trauben und Weinstöcken, und schließlich sorgte der Heilige Stuhl selbst für die Ablösung des Märtyrers durch den Papst als obersten Weinheiligen. Sein Festtag, zwei Wochen nach den »Eisheiligen«, an dem nur noch selten mit Frost zu rechnen ist, erleichtert ihm die Verantwortung für das Gedeihen der Weinstöcke. Am Urbanstag mussten früher die Arbeiten im Weinberg abgeschlossen sein – im Urbansritt überzeugten sich die Lehnsherren davon, ob ihre Arbeiter die Berge ordentlich bestellt hatten. War an diesem Tag das Wetter schlecht, dann verhieß das eine schlechte Ernte im Herbst: »Urban nass, bringt nichts ins Fass.« Bei schlechtem Wetter drohte dem Heiligen auch Strafe: Seine Statue wurde in einen Brunnen getaucht, in raueren Gegenden sogar in die Jauchegrube. Bei guter Ernte stellte man seine Statue in die Wirtsstube und prostete ihm zu.

A: *als Papst mit Buch oder Trauben in der Hand, umgeben von Weinreben.*
P: *der Winzer und Wirte, Weinberge und Baumgärten; gegen Trunk*

und Völlerei; gegen Hagel und Wettersturz, Sturm und Frost, Feuer und Unfruchtbarkeit der Erde.

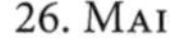

26. Mai

Sel. Pedro Martyr Sanz, Francisco Serrano, Joaquien Royo, Juan de Alcober, Francisco Diaz

Dominikanermönche, Märtyrer in China, † 1738 und 1739

Mit dem Tod des den Christen freundlich gesonnenen Mandschuherrschers Kung tsi setzte in China eine große Verfolgung ein. Der Dominikaner Pedro Sanz aus Asco in Kastilien hatte es zu vorzüglicher Beherrschung der chinesischen Sprache gebracht. Seit 1715 missionierte er mit ausgezeichneten Erfolgen in Fukien.

1732 verbannte jedoch der Kaiser die Missionare, und Pedro Sanz zog sich auf den Stützpunkt Macao zurück. 1738 unternahm er mit vier Gefährten einen Vorstoß auf eigene Verantwortung und konnte in kurzer Zeit zahlreiche Kirchen gründen sowie Jungfrauen für das Christentum gewinnen. Darüber entrüstete sich der Vizekönig und ließ ihn gefangen nehmen. Sie wurden mit unerhörter Grausamkeit geschlagen, und Pedro wurde enthauptet.

Die Chinesen pflegten sonst beim Todesstreich zu entfliehen, weil sie befürchteten, die Seele des Getöteten bemächtige sich des ersten, den sie erreiche. Diesmal aber blieben sie bei der Exekution und bewunderten die Gemütsruhe, mit welcher der Märtyrer sein Los erduldete. Jeder wollte sogar der Erste sein, die Hand in sein verströmendes Blut zu tauchen.

Die vier Gefährten wurden nach einem Jahr Kerkerhaft heimlich erdrosselt. Man hatte ihnen zuvor vorgespiegelt, man wolle ihnen die Freiheit schenken. Darüber waren sie aber zum Erstaunen ihrer Peiniger zutiefst betrübt, denn sie sehnten sich, Pater Pedro nachzufolgen.

1893 wurden die fünf Märtyrer seliggesprochen.

F: *3. Februar.*

*

Hl. Philipp Neri

Ordensgründer, 1515–1595

Bei einem reichen Onkel sollte der Advokatensohn Philipp Handelsgehilfe werden, um später einmal dessen Erbe anzutreten. Aber der 18-Jährige fand wenig Geschmack an diesem Dasein und schlug sich nach Rom durch. Er fand eine Stelle als Erzieher für die beiden Knaben eines Zollbeamten und studierte nebenbei Philosophie und Theologie. Bald verschenkte er jedoch seine wenigen Bücher an noch ärmere Studenten und beschloss, mitten in Rom Einsiedler zu werden – nicht durch Absonderung, sondern durch geistige Unabhängigkeit, die er sich durch den selbstlosen Dienst am Nächsten erwerben wollte.

Pippo, wie ihn seine Freunde nannten, pflegte eine besonders innige Beziehung zum Heiligen Geist. Während einer Andacht ergriff ihn einmal eine solch heftige Ekstase, dass er zu Boden sank. Er entblößte seine Brust, um das Feuer darin zu dämpfen. Bald zitterte er am ganzen Leibe, und als er die Hand aufs Herz legte, fühlte er darüber eine faustdicke Schwellung, die ihn nie mehr verließ. Schmerzen empfand er dabei nicht.

Wenn ihn später sein Zittern überfiel, so wurden der Stuhl, auf dem er saß, oder die Betbank, auf der er kniete, so heftig geschüttelt, als rückten an ihnen zwei unsichtbare Hände. Sein Beichtvater redete ihm zu, seine Fähigkeiten auch in den Dienst des Priesteramtes zu stellen. Kurz vor seiner Ordination hatte er eine Erscheinung Johannes des Täufers, die ihn in seinen Zitterzustand versetzte. Er erkannte daraus, dass er sich nicht sträuben dürfe.

In einem anderen Gesicht erschienen ihm zwei selige Geister. Der eine hatte ein Stück trockenen Brotes in der Hand, das er ohne Zutat aß. Als Philipp nach der Bedeutung fragte, vernahm er die Worte: »Gott will, dass du mitten in Rom leben sollst, wie wenn du in einer Wüste wärest, und dich, so weit es dir möglich ist, von Fleischspeisen enthalten sollst.« Diese Vision brachte Philipp über die Wahl seines Standes ganz ins Reine und erfüllte ihn mit einer inneren Freudigkeit und Klarheit des Geistes, die ihn im Laufe seines Lebens nie mehr verließ.

Philipps Taten zogen viele Menschen an. Beichtkinder, die unter hartnäckigen Versuchungen oder Gewissensängsten litten, wurden davon befreit, sobald er sie an seine Brust drückte. Auch Kranke wurden dadurch geheilt.

Sein Herz strahlte eine so starke Hitze aus, dass man mitten im Winter die Fenster weit öffnen musste.

Allmählich sammelte sich um Philipp eine riesige Gemeinde von Kindern, Jünglingen, Handwerkern bis hin zu höchsten politischen und kirchlichen Würdenträgern, die ihn als Seelenführer anerkannten. Er liebte die volkstümliche Sprache und nannte seine Anhänger gerne kosend »Tölpel«, »dummer Junge« und »Frau Eva«. Nicht selten versetzte er Leuten, die sein Kleid berühren wollten, Püffe und Nasenstüber.

Drängten sich Frauen an ihn heran, so nahm er seine Brille ab und setzte sie einer nach der anderen auf. Bekannte wie Unbekannte fasste er mit Vorliebe an den Haaren, am Kinn oder an den Ohren. Versuchungen trieb er häufig mit Ohrfeigen aus, wobei er anmerkte, sie gälten dem Teufel. Bei der Kirche S. Maria in Vallicella siedelte er die Kongregation der Oratorianer an, eine Vereinigung von Weltpriestern, gründete dort eine reiche Bibliothek und förderte das Studium der Kirchengeschichte. Als einer der ersten Theologen setzte er sich für den Schutz von Tieren gegen Grausamkeit und Quälerei ein.

Einmal wurde Philipp von frommen Leuten gefragt, wie er zu solcher Heiligkeit habe gelangen können. »Ganz einfach«, antwortete er, »ich überlege mir bei allem, was ich beginne: Wie würde der hl. Ignatius von Loyola es machen? – Und dann mache ich das Gegenteil.«

Bei seinem Tod galt er bereits als neuer Apostel Roms und wurde 1622 heilig gesprochen. Er hatte schon zu Lebzeiten so viele Wunder gewirkt, dass man schließlich über ihn verbreitete, er vollbringe immer drei Wunder gleichzeitig an drei verschiedenen Orten.

A: *als Oratorianerpriester mit Stock und Rosenkranz; oft mit flammendem Herzen; vor der Muttergottes kniend.*
P: *von Mantua und Neapel; der Humoristen, der Mädchen und Kinderschutzvereine; gegen Gicht und Gliederkrankheiten; gegen Erdbeben.*

Hl. Augustinus

Bischof von Canterbury, Apostel Englands, † 604

Als der Mönch Gregor auf einem römischen Sklavenmarkt einige blonde, blauäugige Angeln von den Britischen Inseln sah, sprach der die prophetischen Worte: »Engel sollen sie werden!« Die schönen Jünglinge gingen ihm nicht mehr aus dem Sinn. Am liebsten hätte er persönlich das Kreuzesbanner in diesem fernen Nebelland aufgepflanzt. Papst Pelagius jedoch brauchte den scharfsinnigen Mönch und ließ ihn nicht von seiner Seite.

Als Gregor selbst zum Papst gewählt worden war, galt seine erste Sorge im neuen Amt der Mission Englands. An die Spitze der Expedition stellte er den Abt Augustinus, der 596 mit einer bedeutenden Schar gelehrter Mönche aufbrach. Die Sendboten des Glaubens landeten auf der Insel Thanet vor der englischen Küste. König Ethelbert von Kent, der mit einer katholischen fränkischen Prinzessin verheiratet war, erlaubte ihnen, ihm ihre Lehren vorzutragen. Als er sie aufmerksam angehört hatte, sagte er, ihre Reden seien zwar schön, die darin gemachten Versprechen herrlich, aber die Verwirklichung ein wenig ungewiss. Doch gewährte er ihnen die Möglichkeit zu predigen und behandelte sie als Gastfreunde. Der vorbildliche Lebenswandel der Missionare und die Wunder, die Augustin wirkte, beeindruckten und bald waren über 10 000 getauft, auch der skeptische König. Unter dem Einfluss Augustins veranlasste er kluge Gesetze, schloss die Heidentempel und stiftete die Christuskirche, die Kathedrale von Canterbury.

Eine schwierige Angelegenheit wartete noch auf den Missionar. Die keltischen Briten waren schon im 4. Jahrhundert bekehrt, durch die Angriffe der heidnischen Angeln und Sachsen in die unwegsamen Gebirge von Wales verdrängt worden. Dadurch hatten sie den Kontakt zu Rom und zum Kirchenrecht verloren. Bei einer Zusammenkunft sollten die heiklen Fragen der richtigen Tonsur und des korrekten Termins des Osterfestes geklärt werden. Als die keltischen Geistlichen zum Treffen ankamen, blieb Augustin müde in seinem Sessel sitzen. Er war zuvor lange gewandert, begrüßte sie aber freundlich. Sie jedoch dachten, dies sei ein Zeichen von Anmaßung. Und da er ihnen zudem Nächstenliebe predigte, wo doch brennender Hass auf die Eroberer ihr

Herz erfüllte, blieben sie verstockt bei ihrer eigenen Auffassung von der Tonsur und vom Datum des Osterfestes.

Augustin prophezeite ihnen, dass Gott sie für ihren Starrsinn strafen werde. Und so kam es. Die Nordangeln überfielen die Briten und brachten ihnen in der Schlacht von Chester eine vollständige Niederlage bei. Darauf verwüsteten die heidnischen Mordbrenner die keltischen Klöster, die sie für Horte gefährlicher Magie hielten, und erschlugen über 2 000 Mönche.

In Kent und den umliegenden Ländern aber bewirkte Augustin einen großen Wandel der Gewohnheiten. Waren die Engländer vor seiner Ankunft allen Lastern ergeben, rohester Unwissenheit ausgeliefert und pflegten sie sogar ihre Kinder zu verkaufen, so wurden sie nun neue Menschen. Sie lernten das Alphabet und liebten Bücher und Bibliotheken. Edelleute und Fürsten bauten Kirchen und Klöster, die sie reichlich mit Einkünften versahen. Innerhalb weniger Jahrzehnte entsagten acht Könige und zwei Königinnen dem Thron und verbrachten ihr Leben hinter stillen Klostermauern. Augustin aber wirkte auch nach seinem Tode durch zahllose Wunder an seinem Grab in Canterbury weiter.

A: *als Bischof in Ornat, mit Pallium, Stab und Mitra.*
F: *auch 26. und 28. Mai und 25. Juli.*

28. Mai

Hl. Germanus

Bischof von Paris, um 496–576

Wegen seines musterhaften Lebenswandels erregte der junge Geistliche früh die Aufmerksamkeit des Bischofs von Autun. Dieser ernannte ihn zum Abt des Klosters St. Symphorian. Germanus tat sich in diesem Amt durch grenzenlose Freigebigkeit hervor. Einmal geschah es, dass er die letzten Vorräte des Klosters verschenkte und die Mönche zu murren begannen. Doch in derselben Stunde schickte eine Wohltäterin zwei Körbe Brote, und in den folgenden Tagen trafen mehrere Wagen gespendeter Lebensmittel ein, was die Unzufriedenen zutiefst beschämte. Früh zeigten sich auch andere Wundergaben. Er konnte die Zukunft vorhersagen und Katastrophen verhüten. Eine Feuersbrunst in einer Klosterscheune löschte er innerhalb eines Augenblicks, indem er einige Tropfen Weihwasser in das Feuer spritzte und unter Absingen des Hallelujas das Kreuzzeichen darüber schlug.

Einmal sah er im Traum einen ehrwürdigen Greis, der ihm die Schlüssel von Paris überreichte. Tags darauf erschien ein Bote des Königs Childerich, der ihn bat, Bischof von Paris zu werden. Auch im neuen Amt blieb der Heilige so schlicht und mäßig wie im Kloster. Er heizte selbst im Winter sein Zimmer nicht und lud immer Arme zu Tisch. Als ihm das Geld ausgegangen war, befahl er, das goldene und silberne Tafelgeschirr umzuschmelzen, um seine Wohlätigkeit nicht vermindern zu müssen.

Als Charibert 561 König von Paris wurde, begann eine unglückliche Zeit der Wirren. Der Herrscher verstieß seine Gemahlin und heiratete eine ihrer Zofen. Nach deren Tod holte er sich aus einem Kloster ihre Schwester zur Beischläferin. Germanus stellte dem König die ganze Ungeheuerlichkeit dieser Verbrechen vor, aber alle Bemühungen blieben fruchtlos. Sogar das letzte Mittel, der Kirchenbann, verfing bei dem verstockten Sünder nicht. Doch Charibert und seine Gespielin sollten sich nicht lange an der Wollust erfreuen. Beide starben kurze Zeit nach dem Urteil. Von seinen drei Töchtern nahmen zwei den Schleier, eine, Berta, heiratete Ethelbert, den König von Kent, der zum ersten katholischen König Englands werden sollte.

Nach dem Tode Chariberts stritten seine drei Brüder um den Besitz von Paris. Die berüchtigten Königinnen Fredegunde und Brunhild schürten Hass und Zwietracht und überboten sich gegenseitig in Schandtaten aller Art. Germanus tat alles, um die drohenden Kriege zu verhindern, doch vergebens. Auf schauervolle Weise wüteten die Nachkommen Chlodwigs gegeneinander. In diesem Elend war der hl. Germanus die einzige Säule des Rechts, der Wahrheit und der Sitte. Ungeachtet seiner Körperschwäche, die er sich durch seine asketische Lebensweise zugezogen hatte, arbeitete er an der Besserung der Sünder. Als er im Alter von 80 Jahren starb, verherrlichten unzählige Wunder sein Grab in der Abtei St. Germain.

A: *mit Petrus, der ihm einen Schlüssel überreicht; mit Ketten in der Hand; vor brennendem Haus.*
P: *von Paris; der Gefangenen; gegen Feuer und Fieber.*

⁎

Hl. Heliconis

Jungfrau und Märtyrerin, † 244

Die christliche Jungfrau Heliconis aus Korinth wurde in der Verfolgung des Kaiser Gordianus ergriffen und aufs schwerste gefoltert. Ein Engel befreite sie von den Peinigern, als diese sie schänden wollten. Schließlich zerschnitt man ihr die Brüste, warf die Jungfrau den wilden Tieren vor, die sie jedoch verschonten, stellte sie auf den Scheiterhaufen, der von einem plötzlichen Regen gelöscht wurde, und enthauptete sie schließlich.

29. Mai

Hl. Maximin

Bischof von Trier, † 346

Zur Zeit der Herrschaft Konstantins des Großen und seiner Söhne war Trier die Kaiserresidenz im Westen des Imperiums. Um das Jahr 325 war der aus Aquitanien stammende Maximin in die Stadt gekommen – der heiligmäßige Ruf des Bischofs hl. Agricius hatte ihn angelockt. Er wurde herzlich aufgenommen und beeindruckte die Kleriker der Stadt durch seine Gelehrsamkeit. In einem Traum erschien Agricius ein Engel und wies ihn an, den frommen Jungpriester aus Poitiers zu seinem Nachfolger zu machen. Und so geschah es.

Maximin erwies sich als großer Glaubenskämpfer. Er räumte als Bischof entschlossen mit den heidnischen Tempeln im Lande auf. Und er gewährte dem hl. Athanasius Beistand und Asyl, als dieser wegen seines Kampf gegen die Irrlehre des Arius, der Christi Göttlichkeit leugnete, verfolgt wurde. In dem jahrzehntelangen Kampf siegte am Ende die bis heute herrschende Auffassung, wie sie im nicänischen Glaubensbekenntnis formuliert wurde: Christus sei »Gottes eingeborener Sohn, eines Wesens mit dem Vater«! Aber die Auseinandersetzungen währten lange mit großer Heftigkeit. Maximin wurde von der mehrheitlich arianisch dominierten Synode von Philippopolis (heutiges Plowdiw), zusammen mit Athanasius, Papst Julius I. und Bischof Hosius von Cordoba exkommuniziert. Für den Westen des Reiches wiederum bestätigte die Synode von Serdica (Sofia) die Rechtgläubigkeit des Athanasius und seiner Anhänger.

Seine dogmatische Standhaftigkeit wurde mit himmlischer Wunderkraft belohnt. Als Maximin mit Gefährten nach Rom zu seinem Mitstreiter Julius reiste, brach unterwegs in den Hügeln von Bernkastel ein Bär ins Nachtlager ein, schlug den Lastesel und fraß ihn mit Haut und Haar auf. Der Bischof erwachte und schritt dem Untier entgegen. Er streckte seinen Kreuzstab empor und forderte im Namen Christi den Gehorsam. Und befahl ihm, das Reisegepäck nun an Stelle des Esels zu tragen. Winselnd gehorchte der Bär. Zahm wie ein Hündchen trottete er mit seiner Last bis nach Rom. Und auch auf dem Heimweg mußte er noch seine Dienste tun. Erst in Baerendorf im Elsass entließ ihn Maximin mit den Worten: »Geh hin, wohin du willst, und sieh zu, dass du niemand mehr Schaden zufügst, so wird auch dir niemand etwas antun.« Später widerfuhr dem hl. Glaubensboten Korbinian ein ganz ähnliches Bärenabenteuer.

Zahlreiche Wunder an seinem Grab verbreiteten den nachhaltigen Ruhm des Heiligen. Der Araberbezwinger Karl Martell ließ sich wegen eines lebensbedrohenden Fiebers nach Trier tragen und genas an der Ruhestätte Maximins. Karl der Große nannte ihn in Schenkungsurkunden »den besonderen Schutzpatron unseres Hauses«.

Seine Reliquien waren äußerst begehrt und wurden zum Anlaß der Benennung zahlreicher Maximinkirchen an Mosel und Saar, in Elsass und Eifel, in Lothringen und Luxemburg. Sein Haupt wird heute in der Pfarrkirche von Trier-Pfalzel verehrt.

P: *gegen Gefahren des Meeres, Regen und Meineid.*
A: *mit Kreuzstab und Bären.*

*

Hll. Conon und Sohn

Märtyrer, † 3. Jahrhundert

In Iconium lebte zurückgezogen mit seinem Sohn der Witwer und Christ Conon. Da er sich immer für einen großen Sünder gehalten hatte, war er im Laienstand geblieben, gab jedoch der Kirche seinen zwölfjährigen Sohn in Dienst. Dieser wurde zuerst Vorleser, später Diakon.

Unter den Verfolgungen des Aurelian wurde Conon als einer der Ersten zum Richter gerufen. Dieser zeigte sich über den Greis gerührt und fragte ihn, warum er ein so hartes, trauriges Leben führe. Conon antwortete: »Diejenigen, welche das weltliche Leben genießen, haben hier ihre Freude und Vernügung. Wer aber für Gott lebt, erbt das Himmelreich durch Leiden.«

Nun ließ man den Sohn vorführen. Beide wurden auf einen feurigen Rost gelegt und danach auf Kohlen, die man mit Öl glühend erhielt. »Deine Schergen dienen dir schlecht«, rief der Greis dem Richter zu, »mit so schwachen Qualen werden sie uns nicht zur Götzenverehrung bringen.« Sie wurden deshalb an den Füßen über einen qualmenden Rauchfang gehängt, bevor man ihnen die Hände mit einer hölzernen Säge abschnitt. »Errötest du nicht«, sprach Conon jedoch zum Richter, »zu sehen, dass Ohnmächtige über deine ganze Gewalt siegen?«

Nachdem die beiden Märtyrer noch einige Zeit gebetet und mit ihren Armstümpfen das Kreuzzeichen über sich gemacht haben, gaben sie den Geist auf. Die Reliquien dieser Heiligen werden in einer Kirche ihres Namens in Acerra bei Neapel aufbewahrt und verehrt.

*

Hll. Sisinnius, Martyrius und Alexander

Märtyrer, † 397

Der hl. Ambrosius schickte den Diakon Sisinnius, den Lektor Martyrius und den Türhüter Alexander in das Alpengebirge, das Christentum den noch weitgehend heidnischen Tirolern zu predigen. Und bald war es ihnen gelungen, eine kleine Herde von Christen um sich zu scharen. Dies behagte den örtlichen Götzenpriestern nicht. Bei einer Floralienfeier, wo man in einer Art Prozession die Götter um reiche Feldfrucht zu bitten pflegte, wollten sie die Christen nötigen, sich ihnen anzuschließen. Unter Ermunterung der drei Missionare aber blieben alle standhaft, versammelten sich in einer kleinen Kapelle und sangen das Lob Gottes. Da fielen die erbitterten Heiden über sie her und schlugen sie mit solcher Grausamkeit, dass sie halb tot auf dem Boden liegen blieben. Sisinnius war so misshandelt worden, dass er nach einigen Stunden seinen Verletzungen erlag.

Am folgenden Tag lasen Martyrius und Alexander die Messe so ruhig, als ob nichts geschehen wäre. Bei der neuerlichen Zusammenrottung des Pöbels zogen sie sich jedoch etwas zurück. Der Mob misshandelte darauf den Leichnam des Sisinnius auf die ekelhafteste Weise. Danach machten sie Hatz auf die Überlebenden. Den Martyrius fanden sie in einem Garten, wo sie ihn blutig prügelten, seine Füße an eine Stange banden und ihn so lange über Steine und Felsen schleppten, bis er den Geist aufgab.

Alexander, der allein übrig geblieben war, fesselte man und warf, vor seinen Augen, die Leiber seiner Gefährten auf einen lodernden Scheiterhaufen. Da er dessen ungeachtet seinen Glauben bekannte, warf man ihn schließlich lebend in das Feuer.

Die Asche der Märtyrer wurde heimlich gesammelt und nach Trient gebracht, von wo aus die heiligen Reliquien an mehrere Kirchen verteilt wurden. Mit großer Pracht feierte man ihr Fest stets in Mailand.

30. Mai

Hl. Ferdinand III. (Fernando, Hernando)

König von Kastilien und León, 1199–1252

Ferdinands Eltern, König Alphons von León und Berengaria von Kastilien, mussten sich auf päpstlichen Befehl trennen, da sie im dritten Grade blutsverwandt waren. Ihre Kinder aber wurden als rechtmäßig anerkannt. Ferdinand ging mit der Mutter nach Kastilien und übernahm dort als 18-Jähriger den Thron. Aus seiner mustergültigen Ehe

mit Beatrix, der Tochter des deutschen Königs Philipp, entsprossen zehn Kinder. Der junge Herrscher erwies sich seinem Lande gegenüber als segensreicher Regent. Er wählte zu seinen Ratgebern rechtschaffene und kluge Männer wie den Erzbischof von Toledo, der Jahre lang das Wohl der Bevölkerung und die Ehre der Kirche förderte. Ferdinand beschränkte den Übermut der Großen, säuberte das Land von Räubern und Mördern und gründete zur besseren Rechtspflege den berühmten Obersten Gerichtshof von Kastilien. Auch in den härtesten Zeiten weigerte sich der König, Steuererhöhungen zuzustimmen, denn der Fluch eines armen Weibes erschien ihm schlimmer als ein ganzes Kriegsheer der Mauren. 1225 zog er zum ersten Mal gegen die Muslime, und seine Siege waren von Mal zu Mal wunderbarer. Im Heer wurde stets das Bildnis der Muttergottes mitgeführt, und der König selbst trug ein kleines Marienbild als Glücksbringer am Hals. Unter seinem Befehl waren die spanischen Krieger unüberwindlich. Bei Xeres schlugen sie eine siebenmal größere Araberstreitmacht und verloren dabei nur 20 Mann. Mehrere gegnerische Gefangene sagten später aus, dass sie an der Spitze des christlichen Heeres den heiligen Apostel Jakob auf einem weißen Ross in der Waffenrüstung eines Ritters gesehen hätten. Nach der glücklichen Eroberung von Córdoba, das 500 Jahre lang in Maurenhand gewesen war, ließ Ferdinand die Hauptmoschee in eine christliche Kirche verwandeln. Ehedem hatten die Araber christliche Sklaven gezwungen, die Glocken der Jakobskirche von Compostela auf den Schultern nach Cordoba zu tragen. Nun wurde Vergeltung geübt. Auf Muslimenrücken brachte man die Glocken nach ihrem Heimatort zurück.
Eine der schwierigsten Eroberungen war die von Sevilla. Sie dauerte 16 Monate, denn mehr als 100 000 Mauren verteidigten die damals volkreichste Stadt Spaniens. Sie besaß einen doppelten Mauerring und 166 Streittürme. Dieser Macht konnte Ferdinand nur ein verhältnismäßig kleines Heer entgegenstellen. Dennoch musste sich die Stadt schließlich ergeben. Der Feldherr der Muslime, der freies Geleit für sich und seine Leute ausgehandelt hatte, schaute beim Abzug von einer kleinen Anhöhe noch einmal zurück und rief unter Tränen: »Nur ein Heiliger konnte mit so wenig Mannschaft eine solche Veste bezwingen. Dies war ein Werk des Himmels.«

Die reiche Kriegsbeute verwendete Ferdinand zum Bau von Kirchen und Klöstern. Er selbst lebte fast ärmlich, fastete viel und kasteite sich. Während er sich zu einem Feldzug nach Afrika rüstete, wurde er von einer schweren Wassersucht befallen. Ganz Spanien war bestürzt. Er aber warf sich mit einem Strick um den Hals, das Kruzifix in den Händen dem Bischof von Segovia zu Füßen und bat um Vergebung für seine Sünden. Nachdem er das letzte Sakrament empfangen hatte, verschied er im Kreise seiner Kinder.

Wegen der zahllosen Wunder, die seine Anrufung bewirkte, nahm ihn Papst Clemens X. 1671 unter die Zahl der Heiligen auf.

A: *mit Zeichen königlicher Würde und Kreuz auf der Brust oder Marienstatue im Arm; mit Schwert, den Teufel zu Füßen; mit Schwert zur Rechten und Kugel zur Linken, Hermelin um Schultern, langhaarig mit Krone; mit Schlüssel und Kreuzfahne; auf Schimmel reitend.*

31. Mai

Hl. Petronilla

Jungfrau, 1. Jahrhundert

Es ist strittig, ob Petronilla eine leibliche oder geistliche Tochter des heiligen Petrus gewesen ist. Sie lebte jedenfalls im Haushalt des Apostels, gottesfürchtig und fromm. Da sie von außerordentlicher Schönheit war, flehte Petrus eine Krankheit auf sie herab, damit die Vorzüge ihres Körpers sie nicht zur Eitelkeit verleiteten und ihrer Tugend gefährlich würden. Bald befiel sie ein bösartiges Fieber, das sie viele Jahre lang an das Krankenlager fesselte. Die Jungfrau ertrug alles mit viel Geduld, sie dankte Gott sogar dafür, dass er sie prüfe. Einige Jünger, die regelmäßig zum Unterricht kamen, stellten den Apostel zur Rede, warum er seiner eigenen Tochter nicht helfen könne, obwohl er so viele Kranke geheilt und sogar Tote zum Leben erweckt habe. Petrus erwiderte ihnen: »Die Krankheit ist ihr nützlicher als die Gesundheit. Doch der Name Christi kann sie durchaus heilen.« Und damit rief er Petronilla zu: »In Christi Namen, steh auf und bediene uns bei Tisch.« Sogleich erhob sich die Kranke und tat freudig, wie ihr geheißen. Als die Gäste aber gegangen waren, legte sie sich wieder hin und war krank wie zuvor.

Schließlich hielt Petrus sie doch für genügend im Glauben gefestigt und machte sie mit seinen Gebeten gänzlich gesund. Da sie nun öfter auf die Straße ging, erblickte sie der vornehme Römer Flaccus, ein junger Richter, und entbrannte in heftiger Liebe zu ihr. Er trug ihr die Heirat an, aber sie wies ihn ab. Da stürmte er eines Abends mit mehreren bewaffneten Freunden ins Haus und wollte sie entführen. Auf Petronillas Bitten gestand er ihr jedoch drei Tage Bedenkzeit zu und kehrte nach Hause zurück, um dort die Vorbereitungen für die Hochzeit zu treffen. Petronilla aber begann zu fasten und zum Erlöser zu beten, er möge sie nicht in die Hände eines gierigen Mannes fallen lassen. Ihr Flehen wurde erhört. Das Fieber warf sie aufs Lager zurück und ließ sie von Stunde zu Stunde schwächer werden. Am dritten Tag kam der Priester Nikomedes und reichte ihr das letzte Abendmahl, nach dessen Empfang sie verschied.

Während seines politischen Bündnisses mit Papst Paul I. erwählte der Frankenherrscher Pippin d. J. Petronilla zur Patronin. Ihre Reliquien wurden daher im Jahre 757 in das Mausoleum an der Peterskirche gebracht. Diese wurde später zur fränkischen Königskapelle.

A: *mit Petrus, der sie heilt; mit Palme und Buch; auf Wolken zu Christus ziehend.*
P: *Frankreichs, von Rom; der Reisenden und Pilger.*
Bauernregel: *»Ist es klar an Petronell, misst den Flachs man mit der Ell.«*

Hl. Simeon von Trier

Einsiedler, † 1035

Der Grieche Simeon hatte den größten Teil seines Lebens auf Wallfahrten verbracht, als er sich mit Erzbischof Poppo von Trier anfreundete. Er diente diesem als Dolmetscher und Führer im Heiligen Land und kehrte mit ihm in dessen Heimat zurück. 1028 erhielt er von Poppo die Gunst, sich im Turm der Porta Nigra, dem alten Römertor von Trier, einschließen zu dürfen.

Es wurde keine Zeit reiner Beschaulichkeit. Teufel suchten ihn heim und bedrängten ihn oft handgreiflich unter so lautem Getöse, dass man in der ganzen Stadt den Lärm vernehmen konnte. Doch Simeon blieb nichts schuldig und schlug sie immer wieder in die Flucht.

In jener Zeit herrschte in Trier eine große Hungersnot. Da kam beim unverständigen Volk das Gerücht auf, Simeon sei ein großer Sünder und Gottes Fluch laste wegen seiner Missetaten über der Stadt. Eine Abordnung der Bürger verlangte gar vom Erzbischof, dass man den Klausner davonjage. Als jener das Ansinnen ablehnte, rottete sich eine erregte Menge vor dem Turm zusammen, Steine flogen gegen Mauern und Fenster, die Scheiben gingen zu Bruch. Simeon aber blieb in alldem ruhig und betete für seine Verfolger. Der Sturm des Aufruhrs verebbte nach kurzem. Als Simeon im Juni 1035 starb, wurde er in der Porta Nigra begraben. Innerhalb weniger Monate geschahen unter seiner Anrufung so viele Wunder, dass er schon am Ende des Jahres heilig gesprochen wurde.

A: *als Pilger oder Einsiedler mit runder Mütze auf dem Kopf und Buch; auf dem Sterbebett mit Kreuz; mit zwei Teufeln und Palme.*
P: *von Trier.*

Hl. Blandina

Jungfrau und Märtyrerin, † 177

Die hl. Blandina war Dienstmagd in Lyon. In jener Zeit, unter dem Kaiser Marc Aurel, wurde von Götzenpriestern das Gerücht ausgestreut, dass Christen bei ihren Versammlungen kleine Kinder brieten, aufäßen und sich unzüchtigen Gräueln hingäben. Das aufgereizte Heidenvolk zu Lyon fiel daraufhin über die Christen her und am ärgsten sollte die von Angesicht zwar liebliche, aber sonst unscheinbare Blandina leiden. Ihr schwächlicher Leib machte die übrigen Christen besorgt, ob sie den Qualen der Folter standhalten würde.

Das Mädchen wurde von der Menge auf den Richtplatz geschleppt, vor aller Augen entkleidet und den verschiedensten Foltern unterzogen. Aber eine Schicht von ermüdeten Folterknechten löste die nächste ab, ohne dass Blandina das geringste Geständnis entrungen worden wäre. Am ganzen Leibe blutend, wurde sie in den schmutzigsten Kerker geworfen, wo sie, Arme und Füße in einen Holzblock eingeschraubt, die Nacht zubringen musste.

Am nächsten Tag ließ man sie erst den Qualen ihrer Glaubensgenossen zusehen. Aber ihr Mut wankte nicht. Als die Reihe wieder an sie kam, band man sie ausgestreckt zwischen vier Pfähle und hetzte wilde Bären, Löwen und Eber auf sie. Die Bestien jedoch rührten sie nicht an. Sie betete laut und ermunterte ihre Leidensgefährten, standhaft zu bleiben. Anderntags wurde Blandina zuerst gegeißelt, bis sie ohnmächtig niedersank, auf einen glühenden eisernen Stuhl gesetzt und endlich, halb verbrannt, in ein Netz gewickelt. So warf man sie einem wilden Stier vor, der sie mit den Hörnern in die Luft schleuderte und herumschleifte. Blandina überlebte und schwieg noch immer. Da forderten die Zuschauer die Schergen auf, ihr den Kopf abzuschneiden. Als dies geschehen war, mussten die Heiden bekennen, dass nie eine weibliche Person solche Qualen erduldet habe.

A: *mit Stier und Netz oder Rost.*

P: *von Lyon; der Dienstmägde und der Jungfrauen.*

Hl. Erasmus (Rasmus, Elmo, Ermo)

Bischof und Märtyrer, † um 303

Von Erasmus ist überliefert, dass er lange Zeit als Einsiedler lebte. In dieser Zeit schaute er beharrlich das Paradies und ernährte sich nur von Brot, das ihm ein Rabe täglich vorbeibrachte. Später trat er als Prediger des Evangeliums auf und wurde Bischof. Zu Beginn der Verfolgungen des Diokletian versteckte er sich in den Bergen des Libanon, aber er wurde entdeckt und vor den Präfekten geführt. Dieser ließ Erasmus mit Keulen und Bleikölben schlagen, darauf mit heißem Harz, Schwefel, Blei, Wachs und Öl übergießen. Doch Erasmus blieb unverletzt. Dieses Wunder veranlasste viele zum Übertritt. Aus dem Kerker rettete ihn auf wunderbare Weise ein Engel. Er floh mit dem Schiff nach Italien. Während eines Sturmes predigte Erasmus den Matrosen und der Himmel über ihnen wie auch die See um sie herum blieben ruhig und klar.

Er ließ sich in Campanien nieder. Aber in der Verfolgung des Maximian wurde er erneut ergriffen und vor Gericht gestellt. Man legte ihm einen glühenden Panzer an und nachdem er diese Marter überstanden hatte, schlitzten ihm die Folterknechte den Bauch auf und drehten ihm die Gedärme mit einer Schiffswinde aus dem Leib.

Nach ihm heißen die elektrischen Strahlenbündel, die bei Gewittern manchmal auf hohen Stangen, besonders auf Schiffsmasten, beobachtet werden: »Elmsfeuer«.

A: *als Bischof; Eingeweide werden ihm mit einer Winde aus dem Leib gedreht; mit Kessel; mit Raben.*
P: *der Drechsler, der Schiffer und Seeleute der romanischen Länder, der Gebärenden; der Haustiere; gegen Viehkrankheiten und Seuchen; gegen Geburtsschmerzen, Kolik, Krampf, Bauchweh, Unterleibskrankheiten; zählt zu den Nothelfern.*
F: *auch 2. Juni.*

*

Sel. Juan Grande

Krankenpfleger im Orden der Barmherzigen Brüder des hl. Johannes von Gott, 1546–1600

Juan Grande trug den selbstgewählten Beinamen »Il Peccator«. Er hatte all seine Habe unter den Armen verteilt und war Einsiedler geworden. Das beschauliche Leben schien ihm aber im Vergleich zu seinen Sünden zu angenehm und so widmete er sich der Krankenpflege. Als Leiter eines Hospitales schloss er sich dem Orden der Barmherzigen Brüder an, den Johannes von Gott wenige Jahrzehnte zuvor gegründet hatte. Juan starb in Xeres, als er sich bei seiner rastlosen Arbeit für die Kranken mit einer Seuche ansteckte.

Bei seiner Seligsprechung 1853 wurde das folgende Wunder anerkannt, das sich 1776 ereignet hatte und das bei kirchlichen Vernehmungen im Jahre 1778 von zahlreichen Augenzeugen beeidigt worden war. Im Hospital der Barmherzigen Brüder in Tivoli bei Rom wurde eine 30-jährige Frau mit Bauchwassersucht eingeliefert. Sie war außerdem aufgeschwollen an Gliedmaßen, Brust und Schenkeln. Ihr Bauch quoll viel mehr hervor als zu Zeiten ihrer Schwangerschaft. Wenn man den Finger in die Haut legte, blieb eine Grube. Sie ließ kaum Urin und litt an schwerster Verstopfung. Ihre Not wurde immer größer, sie konnte nicht mehr schlafen, sondern jammerte, schrie und weinte.

Da kam eines Tages ein Bekannter, der ihr einen wirklich guten Arzt empfahl. Sie solle einen gewissen Juan Peccator anrufen. Und mit dieser Empfehlung gab er ihr ein Bild des Ehrwürdigen. Mehrere Tage trug sie es auf der Haut, aber ihr Zustand wurde immer schlimmer. Eines Nachts bat sie inbrünstiger als je zuvor um Erhörung und stellte ihm verzweifelt die Entscheidung anheim, sie entweder bis zum nächsten Tag zu retten oder sterben zu lassen. Da fiel sie zum ersten Mal seit langem wieder in einen tiefen Schlaf. Als sie aufwachte, fühlte sie den Drang zu Stuhlgang und erleichterte sich. Danach schlief sie wieder und wachte mit dem Gefühl auf, völlig geheilt zu sein. Dies stimmte zwar nicht ganz, aber es ging ihr tatsächlich von Tag zu Tag besser. Die Ärzte des Hospitals konnten es kaum glauben, dass sie bei der Untersuchung nicht die Spur ihrer langen Krankheit mehr feststellen konnten. Zwei Jahre später wurde sie sogar wieder Mutter.

P: *gegen Pest und Geisteskrankheiten.*
F: *auch 3. August.*

Hl. Jakobus der Jüngere (Jacobus Minor)

Apostel und Bruder des Herrn

Jakobus war der Sohn des Alphäus und der Maria, einer Schwester der Heiligen Jungfrau. Er wird allgemein als Verfasser des Jakobusbriefes angesehen. »Bruder des Herrn« wurde er nach Auffassung verschiedener Kirchenväter genannt, weil er diesem von Angesicht so ähnlich war. Darin lag auch der Grund für den Kuss des Judas, damit nicht an Stelle von Christus Jakobus ergriffen würde. Andere meinen, dass er als »der Mindere« (Minor) wegen seiner geringen Körpergröße bezeichnet wurde. Wieder andere glauben, dass es sich bei Jakob, dem Bruder des Herrn, und Jakob dem Minderen um zwei verschiedene Männer handelt – allerdings spricht dagegen, dass ihnen weitgehend dieselbe Lebensgeschichte zugeschrieben wird.

Wegen seiner Heiligkeit hatte Jakobus auch den Beinamen »der Gerechte«. Wein und geistige Getränke rührte er nicht an, er aß nie Fleisch, außer dem Osterlamm, wie es Vorschrift war. Kein Schermesser kam je an sein Haupt. Auch salbte er sich nicht mit Öl und badete nie. Und er trug nichts am Leib als ein grobes Leinengewand. Da er sich oft zum Gebet niederwarf, wurden seine Knie so hart wie seine Fersen. In seinen Sitten war er von jungfräulicher Reinheit.

Im Augenblick seiner Auffahrt zum Himmel empfahl Christus die Kirche von Jerusalem dem Jakobus an. Deshalb übertrugen ihm die anderen Apostel das Bischofsamt. Auf dem Apostelkonzil in Jerusalem spielte er eine große Rolle. Er forderte von den Judenchristen die Einhaltung der mosaischen Gesetze, wollte aber den Heidenchristen die Beschneidung erlassen. Ungeachtet ihrer Abneigung gegen die neue Lehre schätzten ihn die Juden wegen seiner Gerechtigkeit. Nachdem Jakobus schon einige Jahre Bischof gewesen war, traf er sich mit den anderen Aposteln am Ostertage. Sie gingen in den Tempel und predigten dort sieben Tage lang vor Caiphas und den anderen Juden, und es war nahe daran, dass diese sich taufen lassen wollten. Da trat einer in den Tempel und rief: »Ihr Männer Israels, wollt ihr euch von diesen Zauberern betören lassen?« Im folgenden Aufruhr wurde Jakobus die Stufen hinabgeworfen, weshalb er seit jenem Tag hinkte.

Im 30. Jahr seiner Amtszeit als Bischof wurde er vor den Hohen Rat gerufen und beschuldigt, das Gesetz verletzt zu haben. Der Hohepriester Ananus stachelte das Volk zur Steinigung auf. Man führte Jakobus auf eine Tempelzinne und forderte ihn auf, seinem Glauben zu entsagen. Jakobus aber pries Jesus, der jetzt zur Rechten Gottes sitze und dereinst die Welt richten werde. Da schrien die Schriftgelehrten: »Oh, auch der Gerechte irrt!«

Und sie warfen ihn von der Zinne hinab. Dann bewarfen sie ihn mit Steinen. Jakobus aber war nicht tot, sondern erhob sich auf die Knie und betete für seine Verfolger. Da näherte sich ihm ein Tuchwalker mit einer großen Keule und hieb mit solcher Gewalt auf das Haupt des Heiligen, dass sein Gehirn nach allen Seiten spritzte. Die Judenchristen schrieben seinem ungerechten Tod die Zerstörung Jerusalems zu.

A: *mit Tuchwalkerstange; mit goldener Platte auf dem Haupt (bischöfliche Würde); auch mit Buch. Als Sinnbild der Festigkeit ist ihm der Topas geweiht.*
P: *Gemeinsam mit Philippus Patron der Hutmacher, Krämer und Tuchwalker, der Pastetenbäcker; von Dieppe und Friesland.*
F: *auch 11. Mai.*

5. Juni

Hl. Bonifatius

Apostel der Deutschen, Märtyrer, 675–754

Bonifatius hieß eigentlich Winfried und entstammte hohem englischen Adel. Nach seiner Priesterweihe zunächst Berater und Verwalter von Bischöfen und Äbten, strebte er danach, heidnischen Völkern das Evangelium zu verkünden. Er unternahm zwei Missionsreisen zu den wilden Friesen, allerdings ohne sonderlichen Erfolg. Mehr Glück hatte er in Hessen, wo er bei Amöneburg eine Kirche gründete und einige tausend Heiden taufte. Auf die Nachricht dieser Bekehrungstat hin rief ihn Papst Gregor II. nach Rom, gab ihm den Namen Bonifatius und erteilte ihm unbeschränkte Vollmachten zur Missionierung aller deutschen Völker.

Bonifatius begann mit seinen apostolischen Anstrengungen in der Lombardei, wandte sich dann den Bayern zu und predigte anschließend unter den noch im Heidentum befangenen Thüringern. Überall gelangen ihm große Bekehrungserfolge. Als er nach Hessen zurückkehrte, musste er allerdings feststellen, dass seine Mission einen großen Rückschlag erlitten hatte. Da beschloss er, den Heiden die Grenzen ihrer Götter zu zeigen. In Geismar stand eine mächtige Eiche, die von den Germanen als Heiligtum des Donnergottes Donar verehrt wurde. Zu dieser Donarseiche rief Bonifatius die Edlen der verschiedenen Stämme, fällte in ihrer Gegenwart den Baum, ohne von dem gefürchteten Gott bestraft zu werden, und baute an dem Ort eine Kapelle. In den Augen der heidnischen Barbaren hatte sich damit der Gott des Bonifatius als der Stärkere erwiesen, und dies öffnete ihre Herzen.

Papst Gregor III. ernannte Bonifatius nun zum Erzbischof, zum apostolischen Legaten und zum Primas von ganz Deutschland und erlaubte ihm, so viele Bischofssitze einzurichten, wie er für nötig halte. Bonifatius gründete nun in kurzer Zeit zahlreiche Kirchen, holte aus England noch Lullus, Wigbert, Witta, Willibald und Wunibald sowie eine Schar frommer Jungfrauen, namentlich Walburga, Lioba, Thekla, Kunigild, Berathgita und Kunitrud, und stiftete viele Bistümer und Klöster – am berühmtesten wurde Fulda.

Bereits im Greisenalter, versuchte er ein letztes Mal die Friesen zu bekehren und fuhr mit einigen Gefährten den Rhein hinauf. Tatsächlich taufte er viele und gründete das Bistum Utrecht. Doch die Götzenpriester hetzten gegen den neuen Glauben, brachten bewaffnete Horden zusammen und legten an der Grenze zwischen West- und Ostfriesland einen Hinterhalt. Am 5. Juni 755 überfielen sie das bischöfliche Lager und metzelten alles nieder, was ihnen vor die Klinge geriet. Von einem Schwerthieb tödlich getroffen, starb Bonifatius mit einem Gebet für seine Mörder auf den Lippen. Als die Barbaren die Zelte plünderten, fanden sie nur Bücher, die sie in der Wut enttäuschter Gier allesamt in die Sümpfe warfen.

A: *mit Beil und gefällter Eiche; in Bischofstracht mit vom Schwert durchbohrtem Evangelium; mit Stab, unter dem eine Quelle entspringt; mit Geißel, Rabe und Fuchs.*
P: *von Arnstadt, Erfurt, Friesland, Fulda, Groningen, Hameln, Hersfeld, Mainz, Sachsen, Thüringen, Utrecht; der Bierbrauer, Buchhändler, Feilenhauer, Schneider.*
F: *auch 30. November.*

6. JUNI

Hl. Norbert

Stifter des Prämonstratenserordens und Erzbischof von Magdeburg
1080–1134

Hohe Geburt, Vermögen, schöner Wuchs, ein heller Verstand und eine glänzende klassische Bildung lockten den Xantener Stiftsherrn Norbert auf sehr weltliche Pfade. Kaiser Heinrich V. berief ihn an seinem Hof in das Amt des Almosenverwalters und bald lebte Norbert nur noch im Rausch des Ehrgeizes und der sinnlichen Vergnügungen.

Einst ritt er mit einem Diener über das Land, als ein schreckliches Unwetter hereinbrach. Verängstigt machte sich sein Begleiter davon ins nächste Dorf und rief im Wegreiten: »Kehrt mit um, denn die Hand des Herrn ist heute gegen Euch.« Norbert aber achtete seiner nicht, spornte sein Pferd und wollte im Galopp den Sieg über die entfesselten Elemente davontragen. Doch unter furchtbarem Krachen schlug ein Blitz vor Roß und Reiter ein, Norbert stürzte zu Boden und blieb eine Stunde lang besinnungslos liegen. Als er wieder zu sich kam, erinnerte ihn sein Gewissen an die Qualen der Hölle, denen er im Falle eines tödlichen Ausganges unweigerlich ausgeliefert gewesen wäre. Er beschwor Gott, ihm ein Zeichen zu geben, und hörte in seinem Innern eine Stimme, die ihm Buße befahl. Auf der Stelle änderte er sein Reiseziel und begab sich ins Kloster Siegburg. Dort blieb er zwei Jahre und erhielt vom Abt Konon die höheren Weihen.

Von seiner ersten Messe als Priester an predigte er fortan gegen die Eitelkeit der Welt, gegen Ämterkauf und Konkubinat der Kleriker. Es gelang ihm, viele zu bekehren, aber er hatte auch viele Feinde. Man verklagte ihn beim Papst als Ruhestörer, der unter dem Mantel der Frömmigkeit nur Zwietracht säen wolle. Doch dieser lud ihn zu sich, überzeugte sich von seiner Ernsthaftigkeit und beauftragte ihn, mit der Bekehrungsarbeit fortzufahren. Norbert verkündete also in den Niederlanden, in Frankreich und in Deutschland seine Lehren von Umkehr und Buße, bekämpfte Lauheit und Irrglauben und reformierte den Orden der Augustinerchorherren. Damit wurde er zum Begründer der Prämonstratenser.

Der Reichstag von 1126 wählte den Widerstrebenden auf den eben frei gewordenen erzbischöflichen Stuhl von Magdeburg. Bei seiner Ankunft an dem neuen Bestimmungsort verweigerte ihm der Pförtner des Bischofspalais den Zutritt, weil er den ärmlich gekleideten Besucher für einen Landstreicher hielt. Hinzutretende Gefährten wollten den Mann maßregeln, aber Norbert wehrte ihnen mit den Worten: »Er kennt mich besser als jene, die mich zu dieser Würde erhoben haben.«

Seine Maßnahmen gegen die Sittenverwilderung im Allgemeinen und die der Geistlichkeit im Besonderen trugen ihm zahlreiche Verleumdungen, mehrere Mordversuche und einige Aufstände ein. Einmal musste er sich vor der aufgebrachten Menge in den Turm der Kathedrale flüchten. Er entkam in der Nacht auf sein Schloss nach Halle, kehrte jedoch auf Bitten der Bürgerschaft nach einiger Zeit wieder zurück.

A: *in bischöflichem Gewand mit Buch und Kelch in der Hand; mit Spinne (die er einmal im Abendmahlskelch mittrank); mit Monstranz; gefesseltem Teufel; mit besiegtem Ketzer zu Füßen.*
P: *von Antwerpen, Böhmen, Magdeburg, Prag; der Wöchnerinnen.*
F: *auch 11. Juli.*

Hl. Tarasius

Patriarch von Konstantinopel, † 806

Im 8. Jahrhundert wurde die griechische Kirche durch den großen Bilderstreit erschüttert. Die Partei der Ikonoklasten, der Bilderstürmer, wurde von der Furcht umgetrieben, unter der Maske des Christentums könne die Religion der Väter wiederhergestellt werden. Man hörte mit Schmerz den Vorwurf der Götzendienerei von Seiten der Juden und Muslime. Letztere erschütterten zudem die Überzeugung vieler Rechtgläubiger durch ihre militärischen Siege und vor allem durch die Eroberung Edessas. Hier gab es nämlich eine Leinwand mit dem vollständigen Abdruck des Gesichtes Jesu. Nach syrischen Erzählungen hatte dieser es dem König Abgar geschenkt und es galt als Unterpfand der göttlichen Verheißung, dass Edessa nie von einem auswärtigen Feind eingenommen werden könne. Die Stadt hatte den Persern getrotzt, doch den arabischen Heeren erlag sie und diese führten das Bild als Beute davon.

Die Polemik der Ikonoklasten erhielt dadurch Auftrieb und als sich drei Kaiser auf ihre Seite schlugen, begann ein gewaltiger Feldzug gegen Ikonen, Statuen und Reliquien, Gräber wurden geschändet, Klöster gebrandschatzt und geplündert, Mönche verstümmelt und gemordet. Erst unter der Kaiserinwitwe Irene, die seit 780 für ihren unmündigen Sohn die Regentschaft führte, trat ein Umschwung ein. Sie machte ihren Geheimschreiber Tarasius zum Patriarchen von Konstantinopel. Dieser berief das 2. Konzil von Nicäa (787) ein und legte einen Entschließungsantrag vor. Danach sei die Verachtung der Kunst völlig ungerechtfertigt, denn Bilder stellten nicht Wesen oder Seele, sondern nur äußere Gestalt dar. Sie seien daher nicht Leben an sich, aber ihre Betrachtung wecke die Andacht und erhebe das Herz. Das Küssen der Bilder, das Räuchern, Anzünden von Lichtern, Verbeugung und Kniefall seien demzufolge Verehrung und keineswegs abzulehnende Anbetung.

Das Konzil, eingeschlossen die Vertreter des römischen Papstes, billigten die Ausführungen des Tarasius und dieser begann nun mit kluger Mäßigung den Bilderdienst wiederherzustellen. Ebenso geschickt zeigte sich der Patriarch, als der junge Kaiser Konstantin VI. seine Gemahlin verstieß und sich ihre Kammerzofe als Geliebte nahm. Um den Herrscher nicht in die Hände der Ikonoklasten zu treiben, ließ er es ohne Kirchenstrafe geschehen, dass jener sich von einem gewissenlosen Priester mit seiner Mätresse trauen ließ.

Der Kaiser sollte schwer für seine Sünden büßen. Irene, die man aus der Leitung der Staatsgeschäfte entfernt hatte, organisierte einen Putsch gegen ihn mit Hilfe hoher Beamter und Offiziere. Konstantin wurde gefangen genommen und mit solcher Grausamkeit geblendet, dass er an den Verletzungen starb.

A: *Heiligenbilder neben sich.*
F: *auch 25. Februar und 9. März.*

8. Juni

Hl. Kilian

Bischof von Würzburg, Märtyrer, † um 689

Im 7. Jahrhundert lagen noch riesige Regionen Mitteleuropas in heidnischem Glauben. Da machten sich aus Irland der Mönch Kilian und seine Gefährten Kolonat und Totnan auf, um unter den wilden Völkerschaften zu missionieren. Sie kamen nach dem heutigen Würzburg, wo auf einem Bergschloss der thüringische Herzog Gozbert hauste, der wie sein ganzes Volk die germanische Göttin Hulda verehrte. Kilian und seine Mitstreiter brachten den sich mühselig als Jäger und Sammler ernährenden Eingeborenen die Grundlagen von Ackerbau, Holzwirtschaft und Viehzucht bei. Mit dem Steigen des häuslichen Wohlstands wuchs auch die Begierde nach der Taufe. Viele Adlige und endlich sogar der Herzog traten zum Christentum über. Diesen lehrte Kilian, dass die Ehe mit seiner Schwägerin Geilana blutschänderisch sei. Der Fürst erschrak, beugte sich aber schließlich schweren Herzens den Vorhaltungen des Heiligen.

Als die Verstoßene dies vernahm, entbrannte sie in Hass. Sie dingte mit Gold und Versprechungen zwei Höflinge, die mitternachts die Missionare überfielen. Den gezückten Schwertern wurde das Evangelium entgegengestreckt, aber die Meuchler ließen sich von ihrer Untat nicht abhalten. Das Blut der Heiligen besudelte den Einband des Buches, wie man noch heute in der Universitätsbibliothek in Würzburg sehen kann. Die Mörder warfen die drei Leichen mit allem, was sie hatten, Kreuz, Kelch, Bücher und Kleider, in eine tiefe, verborgene Grube. Dem aus einem Krieg heimkehrenden Herzog erzählte man, die Missionare seien abgereist. Doch plötzlich schrie der eine Meuchler laut auf: »Kilian, der Heilige Gottes, brennt mich mit unerträglichem Feuer!« In wilder Besessenheit schrie er sein Verbrechen hinaus und starb, indem er sich mit den eigenen Zähnen zerfleischte. Der andere wurde von Würmern befallen, die ihn von innen her auffraßen. Geilana selbst endete nicht lange danach im Wahnsinn.

Dieses Strafgericht trug viel zur Stärkung des christlichen Glaubens bei. 50 Jahre nach der Bluttat wurden die Gebeine der Heiligen durch ein Wunder aufgefunden und in der Domkirche beigesetzt.

A: *als Bischof mit Palme und Schwert.*
P: *von Würzburg und Heilbronn; der Winzer; gegen Gicht und Rheuma.*
F: *auch 8. Juli.*

9. Juni

Hl. Pelagia

Jungfrau und Märtyrerin, † um 284

In Antiochia lebte einst die 15-jährige Jungfrau Pelagia. Die Soldaten, die sie wegen ihres christlichen Glaubens zum Richter führen sollten, warteten eine Zeit ab, in der sie alleine zu Hause war. Als Pelagia sich plötzlich den Häschern gegenüber sah, zweifelte sie nicht, dass ihre Keuschheit in großer Gefahr war. Indessen verlor sie die Fassung nicht und bat die Männer, sich in ihr Gemach zurückziehen zu dürfen, um sich schön zu machen und zu schmücken. Sie dachte nun bei sich: »Zu keiner Sünde will ich dem Fleische Gelegenheit geben. Gott wird durch das Rettungsmittel nicht beleidigt, und die Tat befreit den Glauben von drückender Not.« Dann stieg sie behände auf das Dach des Hauses und stürzte sich hinab.

A: *als Jungfrau mit Palme.*

Sel. Heinrich von Treviso

Einsiedler, † 1315

In seiner Jugend wurde Heinrich wegen seiner Frömmigkeit von Ketzern aus Bozen vertrieben. Er zog nach Treviso und lebte dort als Taglöhner. Weil er weltliche Freuden und Sinnenkitzel verabscheute, erübrigte er viel von seinem Einkommen und verteilte es an die Armen. Unter seiner ärmlichen Kleidung trug er ein Untergewand aus rauen Haaren. Um die Lenden lag ein Bußgürtel von spitzigem Eisendraht. Oft geißelte er sich mit Riemen und Ketten, manchmal schlug er sich mit einem Stein an die Brust.

So lebte er bis ins hohe Alter und ertrug demütig den Spott der Weltleute. Als er sich nicht mehr gerade aufrichten und nur ganz gebeugt zum täglichen Kirchenbesuch gehen konnte, nahm sich ein vornehmer Bürger seiner an. Er sicherte ihm freie Wohnung und Essen zu, auch wenn er nicht mehr arbeiten könne. Einmal war Heinrich mit vielen auf einem Begräbnis, als ein heftiger Platzregen losbrach. Alle eilten in die nächsten Häuser, nur Heinrich konnte wegen seiner Gebrechlichkeit nicht flüchten und blieb auf dem Friedhof stehen. Doch nach dem Unwetter ging er zum großen Erstaunen der Leute ganz trocken nach Hause.

Als er starb, blieb der Leichnam acht Tage im Dom aufgebahrt. Der Zulauf des Volkes war beträchtlich. Am vierten und fünften Tag floss frisches, wohlriechendes Blut aus der Leiche und trotz heißen Sommerwetters war keine Spur von Verwesung festzustellen. Am achten Tag wurde Heinrich in einen Marmorsarg gebettet und in der Kirche beigesetzt. An dem über seinem Grab errichteten Altar ereigneten sich bald 349 beglaubigte Wunder.

A: *als Arbeitsmann mit Werkzeug; mit Geißel.*
P: *von Treviso; der Holzfäller.*

Hl. Gregor von Nazianz

Kirchenlehrer und Patriarch von Konstantinopel, † um 390

Seine lange Zeit unfruchtbare Mutter hatte gelobt, ein Kind, das sie austragen würde, Gott zu weihen. So wuchs Gregor mit der geistlichen Bestimmung im Herzen auf. Sein Zuhause verließ er nur für den Gang in die Kirche oder in den Hörsaal. Nach dem Studium in Athen musste er zunächst das väterliche Landgut verwalten, aber schließlich folgte er der Einladung von Basilius in dessen Kloster im Pontischen Gebirge, wurde Priester und nach dem Tode seines Freundes Bischof von Konstantinopel.

Man lachte in der Hauptstadt zuerst über das kleine, kahlköpfige Männlein in ärmlichen Kleidern. Bald aber ging von seiner Gelehrsamkeit und Eloquenz eine solch magnetische Anziehungskraft aus, dass sogar der hl. Hieronymus die syrische Wüste verließ, um Gregors Jünger zu werden. Infame Intrigen seiner Widersacher trieben ihn jedoch zum Amtsverzicht. Er kündigte den Irrlehrern allerdings an: »Ihr patscht mit den Händen vor Freude, dass diese böse und geschwätzige Zunge endlich aufhört, euch zu treffen. Jawohl, sie hört auf, aber die Hand ist übrig geblieben. In Zukunft werden Feder und Tinte fechten.«

Bis zu seinem Tod lebte Gregor auf seinem ererbten Landgut und verfasste Widerlegungen der falschen Lehren – in Versform, um sie den Lesern angenehmer zu machen.

A: *mit Taube; schreibend.*
P: *der Dichter; für gute Ernte.*

Hl. Juan Facundo

Augustinereremit, 1420–1479

Vor einer schweren Gallensteinoperation gelobte der Kanonikus aus Burgos, Kaplan von St. Agatha und Schüler der Wissenschaften in Salamanca, in den Augustinerorden einzutreten. Die Operation verlief glücklich und er hielt sein Gelübde. Seine Oberen bestimmten den gebildeten Mitbruder zum Prediger und er geißelte die Laster des Zeitgeists mit solchem Nachdruck, dass man bald eine auffallende Besserung der Sitten in Salamanca bemerkte. Allenthalben sah man Hass und Feindschaft schwinden und erbitterte Gegner in Eintracht leben.

Ohne Nachsicht prangerte Juan die Zuchtlosigkeit unter dem weiblichen Geschlecht an, Putzsucht und Eitelkeit. Und er klagte die Adeligen an, deren Sitten in dieser Hinsicht dem Volke ein besonders böses Beispiel gäben.

Damit rief er manche Feinde auf den Plan. So verschworen sich einige einflussreiche Frauen gegen ihn, deren Ruf oder finanzielle Interessen durch die fromme, luxusfeindliche Agitation gefährdet waren. Sie wollten ihn nach einer Predigt ermorden lassen. Aber er besaß die Gabe, Gedanken zu lesen, und entdeckte die Meuchelabsicht rechtzeitig.

Der Herzog Alba Don Garcia regte sich über Juans Ermahnungen so sehr auf, dass auch er ihm gedungene Mörder schickte. Doch kaum wurden diese des Heiligen ansichtig, da ergriff sie Schrecken. Sie fielen ihm zu Füßen und baten um Verzeihung. Der Herzog selbst wurde von einer schweren Krankheit heimgesucht, bereute seinen Frevel und erlangte durch Juans Fürbitte seine Gesundheit wieder.

Damals lebte in Salamanca eine wunderschöne Witwe, die sich hemmungslos allen Ausschweifungen hingab. Viele Jünglinge waren bei ihr in die raffiniertesten Laster eingeführt worden. Juan hörte durch ein Beichtkind davon, begab sich zu der liebeswütigen Dame und stellte ihr die ewige Verderbnis in Aussicht. Die Witwe war zunächst einsichtig, doch als der Prediger einen Jüngling, der ihr verfallen war, vom weiteren Verkehr mit ihr abbrachte, schwor sie Rache. Sie verstellte sich Juan gegenüber und lud ihn zu vorgeblichen geistlichen Gesprächen ein. Einem Vertrauten aber versicherte sie danach hohnlächelnd, dass der Mönch ihr nun nicht mehr schaden werde. Bald darauf überfiel den Heiligen ein schleichendes Fieber, das alle seine Kräfte auszehrte. Es fand sich kein Mittel gegen dieses seltsame Leiden, das schließlich die Ärzte als Vergiftung betrachteten. Unter grässlichen Schmerzen, aber sanftmütig und für seine Feinde betend, verschied der Heilige.

A: *mit Strahlenkranz ums Haupt, ein Buch in der Linken, hält mit der Rechten einen Kelch vor die Brust; auch auf dem Wasser wandelnd.*
P: *des Augustinerordens; gegen Gallen- und Nierensteine.*
F: *11. Mai; 11., 15. Juni.*

⁕

Hl. Onuphrius

Eremit, † um 400

Der hl. Eremit Paphnutius von Jerusalem befand sich einst in Ägypten unterwegs zu den Wüstenmönchen, von denen er sich geistliche Anleitung erhoffte. Er rastete unter einer großen Palme, als er plötzlich das Geräusch von Schritten vernahm. Vor ihm erschien eine Gestalt, die in eine Decke von geflochtenen Blättern gehüllt und mit Haaren völlig überwachsen war. Erschrocken floh er zum nächsten Hügel; allein das Wesen rief ihm zu: »Fürchte dich nicht, Paphnutius, ich bin nur ein sterblicher Mensch.« Auf die Frage, wer er sei, erwiderte die Erscheinung: »Ich heiße Onuphrius und lebe schon seit 70 Jahren hier.«

Und er erzählte, wie ihn ein Schutzengel einst hierher geleitet habe, zu einem ehrwürdigen Alten in einer Höhle, der ihn aufgenommen habe. Unter seiner Aufsicht habe er seine Laufbahn als Eremit begonnen und auch nach dem Tode des Meisters weiter beschritten. Paphnutius fragte ihn, wovon er sich denn ernähre, und erhielt folgende Antwort: »Hunger und Durst, Kälte und Hitze wurden mir durch die Erinnerung an das Leiden des Herrn leicht. Täglich bringt mir ein Engel ein Stück Brot, Datteln und Wasser gibt es in der Nähe.« Nachdem er ihm seine Höhle gezeigt und das karge Mahl mit ihm geteilt hatte, fragte Paphnutius, ob er bei ihm bleiben dürfe. Doch der Greis beschied ihn mit den Worten: »Der Allmächtige hat dich nur zu meinem Begräbnis berufen.« Er kniete nieder, verrichtete sein letztes Gebet und starb. Paphnutius bestattete ihn und kehrte nach Jerusalem zurück.

Heinrich der Löwe soll die Hirnschale des Heiligen und ein berühmtes Gemälde von ihm nach München gebracht haben. Als Stadt- und Schutzpatron Münchens wurde er lange verehrt. Seine Statue stand an der Stelle, wo sich heute die bekannte Mariensäule befindet. Am Marienplatz gibt es an einer Hausfront ein großes buntes Fassadenbild des Heiligen.

A: *als alter Mann mit wallendem weißem Vollbart und Lendengürtel aus Laub; mit Stock in der Hand und Krone auf dem Haupt; mit Fellen und Palmblättern gekleidet; nackt auf allen vieren, mit Haaren bedeckt.*
P: *der Weber, der Eremiten; des Viehs. Einst wurde er für eine gute Todesstunde, aber seltsamerweise auch als Beistand für Prostituierte und von sexuellen Übergriffen Bedrohte angerufen.*

13. Juni

Hl. Antonius von Padua

Prediger des Franziskanerordens, 1195–1231

Antonius ist bis heute einer der am meisten verehrten Heiligen. Er stammte aus Lissabon, war zuerst Augustinerchorherr und wurde 1220 Franziskaner. Im Verlangen nach dem Martyrium ging er nach Afrika, wurde jedoch nach Sizilien verschlagen und wirkte von da an als Volksprediger in Italien und Frankreich.

Er hatte einen solchen Zulauf, dass man oft die Kanzel im Freien aufstellen musste. Schon in der vorhergehenden Nacht kamen die Zuhörer und warteten geduldig bis zu seinem Erscheinen. Wenn er sprach, so erzählte man sich, glaubte man einem Engel zu lauschen; und die verstocktesten Sünder wurden erweicht, verbohrte Irrlehrer gaben ihre Häresien auf und ganze Städte taten wegen ihrer Sünden Buße.

Im Auftrag des Ordens begann Antonius sich erfolgreich um Menschen zu bemühen, die vom Glauben abgefallen waren. Sowohl durch seine Worte wie durch seinen vorbildlichen Lebenswandel in franziskanischer Armut bewegte er viele zur Umkehr. Bald waren seine Auftritte von Wundern begleitet. So erweckte er verschiedene Tote zum Leben – darunter ein im Sumpf ertrunkenes Mädchen – auch eine von ihrem eifersüchtigen Mann ermordete Frau –, und er ließ das abgehackte Bein eines reuigen Mutterschänders wieder anwachsen.

In Rimini verordneten kirchenfeindliche Stadtobere ein Predigtverbot. Als bei seinem Besuch die Straßen, Plätze und Kirchen leer blieben, ging er zur Küste hinunter und wandte sich an die Fische. Im Nu schwamm eine große Zahl herbei, streckte die Köpfe aus dem Wasser und lauschte andächtig seiner Predigt. Antonius pries die Liebe ihres Schöpfers für sie und wies sie auf die Gnade hin, das Wasser als Heimat erhalten zu haben. Dadurch seien sie im Gegensatz zu den übrigen Erdengeschöpfen von der Sintflut verschont worden. Da klopften die Fische begeistert mit ihren Flossen und Schwänzen auf das Wasser. Und viele Zuschauer, die das seltsame Schauspiel aus der Ferne verfolgten, sanken auf die Knie und kehrten reumütig zum rechten Glauben zurück.

Mit den Jahren fühlte Antonius sich so erschöpft, dass er die Ordensoberen um Entlassung aus seinen Pflichten bat. Sie erlaubten ihm, sich zum Gebet nach Camposampiero in der Nähe von Padua zurückzuziehen. Graf Tiso, der Herr des kleinen Dorfes, ließ ihm da an einem einsamen Ort eine Klause errichten. Eines Abends besuchte ihn der Graf, und plötzlich sah er unter der angelehnten Zellentür ein strahlendes Licht hervorleuchten. In der Meinung, eine Feuersbrunst sei ausgebrochen, stieß er die Tür auf und gewahrte den Heiligen, der das Jesuskind in seinen Armen hielt. Als Antonius aus der Ekstase erwachte, bemerkte er den erschütterten Grafen und bat ihn darum, mit niemandem über diese himmlische Erfahrung zu sprechen. Erst nach dem Tod des Heiligen berichtete der Graf über dieses Erlebnis.

Bevor eine tödliche Krankheit ihn niederstreckte, kehrte Antonius in seine Lieblingsstadt Padua zurück und hielt noch mehrere Bußpredigten. Am 13. Juni liefen plötzlich die Kinder durch die Straßen und schrien: »Der Heilige ist tot! «

32 Jahre danach sollten die Gebeine des Heiligen in der ihm zu Ehren erbauten Kirche ihre letzte Ruhe finden. Als man den Sarg öffnete, fand man seinen Leichnam vermodert, aber die Zunge war noch ganz frisch und rein. Sie wurde in ein kostbares, mit Edelsteinen verziertes

Kästchen gelegt und in einer Kapelle beigesetzt, wo sie bis heute verehrt wird.

A: *als Mönch mit Jesuskind auf dem Arm oder auf Buch; mit Lilie oder flammendem Herz; mit Esel, der vor Hostie kniet; mit Fischen zu Füßen; Tote erweckend.*
P: *von Hildesheim, Lissabon, Paderborn und Padua; der Bäcker, Bergleute, Erdbeerverkäufer von Rom, Fayencefabrikanten, der Sozialarbeit; der Franziskaner; der Eheleute, Frauen, der Liebenden, Reisenden; der Haustiere; gegen Unfruchtbarkeit; für glückliche Entbindung, gegen Fieber; gegen Viehseuchen; gegen teuflische Mächte.*
Am populärsten ist sein Patronat für das Wiederfinden verlorener Sachen (weshalb er in Bayern »Schlamperltoni« genannt wird).

14. Juni

Hl. Basilius der Große

Kirchenlehrer, 330–379

Die Großmutter des Basilius, Makrina, hielt sich mit ihrem Mann während der Christenverfolgungen Diokletians sieben Jahre lang in den waldreichen Gebirgen am Schwarzen Meer verborgen. Dadurch gewann sie das Einsiedlerleben lieb und übertrug diese Neigung auch auf ihren Enkel. Der Jüngling zeichnete sich früh durch Wissensdurst und Frömmigkeit aus. Er wurde zum Studium nach Athen geschickt und schloss dort eine Freundschaft fürs Leben mit Gregor von Nazianz. Die beiden teilten Geld, Tisch, Stube und ermunterten sich gegenseitig zum Lernen und zur Vermeidung schlechten Umgangs. Basilius wuchs schnell zu einer Leuchte der Gelehrsamkeit und Rhetorik heran.

Er reiste zu den Wüsteneremiten Syriens, Mesopotamiens und Ägyptens. Nach deren Beispiel gründete er mit seiner Schwester, der nach der Großmutter benannten hl. Makrina, in der Gegend des Wohnsitzes der Großeltern ein Kloster für Männer und Frauen. Den Mönchen gab er jene Regel, die zur Begründung des gesamten christlichen Klosterlebens entscheidend beitrug. Nach vier Jahren gab er die Leitung an seinen Bruder, den hl. Petrus von Sebaste, weiter und widmete sich den damals anstehenden Auseinandersetzungen mit der arianischen Häresie so erfolgreich, dass ihn die Bischöfe Kleinasiens zum Metropoliten von Cäsarea und Kappadozien wählten. Einmal ließ er einen skeptischen Juden am Abendmahl teilnehmen. Als das Brot gebrochen wurde, sah dieser, wie ein Kind zerteilt und als blutendes Fleisch genossen wurde. Auch der Kelch war gefüllt mit Blut. Daraufhin bekehrte sich der Jude sofort.

In jene Zeit fiel eine der herausragenden theologischen Leistungen des Heiligen. Als erster formulierte er 374: »Ehre sei dem Vater und dem Sohn und dem Heiligen Geist«, während es bis dahin geheißen hatte: »Ehre sei dem Vater durch den Sohn in dem Heiligen Geist.«

Der arianische Kaiser Valens wollte ihn zur Unterstützung der Häresie bringen, aber Basilius zeigte sich auch den Drohungen mit Folter und Tod gegenüber standhaft. Unter dem Druck erregter Volksmassen musste man ihn freilassen. Als er, geschwächt durch strenges Fasten, Nachtwachen und eiserne Pflichterfüllung, starb, hielt niemand anderes als sein Freund Gregor von Nazianz die Totenrede.

A: *im bischöflichen Gewand der griechischen Kirche, mit einer Taube; auch mit Bettler; häufig zusammen mit Chrysostomus, Gregor von Nazianz und Leo I. als einer der vier griechischen Kirchenlehrer.*
F: *auch 1. Januar und 16. Juni.*

15. Juni

Hll. Vitus (Vitus auch Veit oder Guy genannt), Modestus und Crescentia

Märtyrer, † um 300

Vitus wurde als Knabe von den frommen Eheleuten Modestus und Crescentia im christlichen Glauben erzogen. Schon mit zwölf besaß er die Gabe Wunder zu wirken und machte mit dem Kreuzzeichen Blinde sehend, Lahme gehend und Stumme sprechend. Als sein reicher heidnischer Vater dies erfuhr, ergrimmte er darüber, dass sein Sohn ein Christ geworden war. Er forderte ihn zur Umkehr auf und als dieser seinem Glauben treu blieb, brachte er ihn selbst zum Richter.

Der Richter redete Vitus erst gut zu und gab dann den Befehl zum Auspeitschen. Doch kaum hatten die Schergen damit begonnen, erstarrten ihre Arme unter unerträglichen Schmerzen. Sie flehten Vitus um Hilfe an. Und kaum hatte er das Kreuzzeichen geschlagen, konnten sie ihre Arme wieder ohne Schmerzen bewegen. Man sah von weiterer Folter ab und gab den Knaben seinem Vater zurück. Dieser pflegte ihn gesund und versuchte seinen Sohn mit allen Genüssen des Reichtums, des Wohllebens und der Wollust vom Glauben abzubringen. Doch Vitus schloss sich in seinem Zimmer ein und wollte von all dem nichts wissen. Durchs Schlüsselloch sah der Vater einen hellen Glanz und zwölf Engel im Zimmer. Aber da er ausrief: »Die Götter besuchen mein Kind!«, wurde er blind. Vitus segnete mit dem Kreuzzeichen die geschlossenen Lider und auf der Stelle kehrte des Vaters Augenlicht zurück. Im Geiste aber blieb er verblendet, so dass er den Sohn in einen finsteren Kerker warf.

Als Vitus des Nachts Gott um Hilfe anflehte, da öffnete sich die Türe, Modestus und Crescentia traten herein und entflohen mit ihm nach Neapel. In dieser Zeit geschah es, dass die Tochter des Kaisers Diokletian von einem Teufel besessen war, der nach Vitus verlangte. Man holte den Jüngling, dieser schlug das Kreuzzeichen und sogleich entwich der böse Geist unter schrecklichen Lästerungen. Bald danach geriet der Kaiser jedoch mit Vitus über Glaubensfragen aneinander.

Vitus, Modestus und Crescentia wurden in der Arena den wilden Tieren vorgeworfen, doch die reißenden Bestien umschmeichelten ihre Füße. Auch das Eintauchen in einen Kessel mit siedendem Pech und Blei überstanden die Heiligen unbeschadet. Und als die Schergen mit weiteren Martern fortfahren wollten, da brach ein schreckliches Wetter herein und die Erde bebte. Kaiser, Henker und Zuschauer flohen. Ein Engel stieg hernieder und entführte die drei Märtyrer zum Flusse Siler, wo sie ihren Geist aufgaben.

Vitus' Gebeine wurden 1355 von Karl IV. nach Prag (Veitsdom) überführt. Vor der Kalenderreform galt sein Tag als längster Tag des Jahres (Sonnenwende).

A: *als Jüngling (Kind) mit Palme, Buch, Raben oder Adler; Löwe oder Wolf neben sich; mit Kessel oder im Kessel siedend; mit Reichsapfel, Hahn.*

P: *von Böhmen, Corvey, Ellwangen, Krems, Mönchengladbach,*

Pommern, Prag, Sachsen, Sizilien; der Apotheker, Bergleute, Bierbrauer, Kesselschmiede, Schauspieler, Winzer; Jugend, Krüppel; der Haustiere, des Geflügels; der Quellen, Aussaat und Ernte; gegen Besessenheit, Bettnässen (»Heiliger Sankt Veit, weck mich vor der Zeit, weck mich nicht zu früh, zu spät, dass es nicht ins Bette geht.«), Blind-, Stumm- und Taubheit, spastische Gebrechen, Hysterie, Tollwut, Epilepsie (Veitstanz), Schlangenbisse, Unfruchtbarkeit, bei Augenkrankheiten; für Bewahrung der Keuschheit; gegen Aufregung, Blitz, Feuer, Unwetter. Gehört zu den 14 Nothelfern.

16. Juni

Hl. Benno

Bischof von Meißen, Glaubensbote bei den Wenden
* um 1010 Hildesheim , † 16. Juni 1106 in Meißen

1066 wurde der erfahrende Kleriker Benno aus Hildesheim zum Bischof von Meißen berufen. Im Investiturstreit zwischen Papst Gregor VII. und Kaiser Heinrich IV. stellte er sich unbeirrt auf die Seite des Papstes. Er erlitt deshalb mehrere Jahre lang Verfolgung und Kerkerhaft. 1085 ließ ihn Heinrich schließlich absetzen.

Bei seinem Fortgang aus Meißen soll er die Kirchenschlüssel in die Elbe geworfen haben, um dem Kaiser den Zutritt in die Kirche zu verwehren. Als er den Bischofsstuhl auf Empfehlung des mit Heinrich verbündeten Gegenpapstes Clemens III., wieder besetzen durfte, brachte ihm nach der Legende ein Fischermann einen Fisch, an dessen Flossen die Schlüssel hingen.

Schon zu Lebzeiten wurden ihm wundertätige Kräfte zugeschrieben. Mit seinem Krummstab ließ er eine Quelle entspringen. Einem adeligen Beleidiger prophezeite er den baldigen Tod – der dann auch innerhalb eines Jahres eintrat.

An seiner Grabstätte ereigneten sich viele Mirakel, so die Wiedererweckung des Leichnams eines fünfjährigen Mädchens. Als Benno 1523 von Papst Hadrian heiliggesprochen und seine Gebeine 1524 erhoben wurden, verfasste Martin Luther wutentbrannt die Polemik »Wider den neuen Abgott und alten Teufel, der zu Meißen soll erhoben werden«. Als 1539 die Reformation in Sachsen eingeführt wurde, brachen Eiferer Bennos Grab auf und wollten die sterblichen Überreste in die Elbe werfen. Aber der Sarg war leer, denn fromme Anhänger des alten Glaubens hatten die Gebeine vorher in Sicherheit gebracht.

Von glaubhaften Zeugen beurkundet, wurden Bennos Reliquien 1576 nach Bayern überführt und in Münchens Frauenkirche beigesetzt. Benno wird als Schutzpatron Münchens verehrt, sein Schrein wird alljährlich am 16. Juni zu seinem Fest in einer Prozession durch den Dom getragen.

A: *Fisch mit Kirchenschlüssel*

P: *von Altbayern, München, Berlin und Görlitz; der Fischer und Tuchmacher; für Regen, aber gegen Unwetter; gegen Trockenheit und Pest; des Bistums Dresden-Meißen*

⁕

Hl. Cyprian von Karthago

Kirchenlehrer und Märtyrer, † 258

Cyprian, Sohn aus reicher heidnischer Familie, folgte nur nach schweren inneren Kämpfen seiner Berufung. Als er von den früheren Freunden verspottet wurde, gelang es ihm, das Christentum mit außerordentlicher Schlagfertigkeit zu verteidigen. Er wurde daraufhin schnell in den geistlichen Stand aufgenommen und studierte ein Jahr lang die Hl. Schrift. Darin war er bald so bewandert, dass er zu jedem beliebigen Lehrsatz mehrere Schriftstellen aus dem Gedächtnis zitieren konnte. Das Volk und die Priester schätzten seine Fähigkeiten so sehr, dass sie ihn nach einem weiteren Jahr zum Bischof wählten.

Seine Schriften gegen die verschiedenen Irrlehren gebrauchten das starke Argument, dass derjenige, der die Kirche nicht zur Mutter habe, Gott nicht zum Vater haben könne. »Außerhalb der Kirche kein Heil.« Diese Auffassung wurde für so glänzend gehalten, dass die Werke des hl. Cyprian neben die Bibel gestellt wurden. Er wird bis heute unter die

Kirchenväter gezählt. Unter Kaiser Valerian wurde er 258 als Märtyrer enthauptet.

Reliquien von ihm sind in Compiègne bei Paris aufbewahrt, sein Kopf befindet sich im Kornelimünster bei Aachen.

A: *als Bischof mit Schwert und Buch.*
P: *gegen Pest (weil er in Pestjahren den Krankendienst organisierte).*
F: *auch 14. Juni, 31. August, 14. und 16. September.*

⁕

Hl. Quirin

Märtyrer, † 270

Von Quirin behaupten Legenden, er sei der Sohn des angeblich ersten christlichen Kaiser Philippus Arabs (244–249) gewesen. Er erlitt in Rom unter Kaiser Claudius II. das Martyrium. Fromme Gläubige nahmen sich des Leichnams an und bestatteten ihn in einer Katakombe des Pontianusfriedhofs. Im 8. Jahrhundert versprach der Papst den beiden edlen Brüdern Adalbert und Ottokar die Reliquien des Märtyrers, da sie für ihr neugegründetes Benediktinerkloster Tegernsee noch heilige Gebeine benötigten.

Die außerordentliche Wunderkraft Quirins erwies sich schon bei der Übertragung seines Leichnams. Die Fuhrleute, die aus Neugier das kostbare, versiegelte Reliquienbehältnis öffnen wollten, überlebten ihre Freveltat nicht. Die Legende überlieferte den Hergang: »Sofort, als sie die Bedeckung anzuheben versuchten, trat die Majestät Gottes in Gestalt flammenden Feuers hervor, und alle, die dabeistanden, wurden wie von einem Blitzstrahl getötet.«

Aber der Heilige gab auch Zeichen seiner Gunst. Bei einer Rast kurz vor dem Bestimmungsort »floss dort, wo die Trage mit dem heiligen Leib gestanden war, eine lichte Quelle hervor. Sie war angenehm im Geschmack und heilsam bei Berührung, und viele Heilungen wurden dort durch die Kraft des Herrn gewirkt«. Über der Quelle wurde die Kirche von St. Quirin erbaut. Dort gibt es auch einen Brunnen, von dessen Wasser sich Gläubige Hilfe gegen Augenleiden versprechen.

Der Fürbitte des Heiligen schrieb man auch die Entdeckung einer

Ölquelle am Westufer des Tegernsees zu. Seit dem 15. Jahrhundert verkauften die Mönche des Klosters Tegernsee das Öl als Heilmittel für Mensch und Vieh an Wallfahrer. Heute ist die Quelle versiegt, aber noch 1883 begann hier Bayerns professionelle Erdölförderung. 1907 ist das Gründungsjahr der »Ersten Bayerischen Petroleum GmbH«.

A: *als Kaisersohn in römischer Rüstung (mit Krone, Szepter, Reichsapfel) sowie mit Schwert und Palmzweig. Mit Wassergefäß und Ölfläschchen.*
P: *des Tegernseer Tals; wundertätiges Wasser hilft bei Augenleiden.*
F: *Tag der Übertragung; Todestag am 25. März.*

17. Juni

Hl. Theodotus von Ankyra, hl. Thekusa und Gefährtinnen

Märtyrer, † 303

Zu Ankyra in Kleinasien war gegen die fromme Witwe Thekusa und die sechs Jungfrauen Alexandra, Klaudia, Faina, Euphrasia, Matrona und Julitta Anklage wegen ihres christlichen Glaubens erhoben worden. Der Präfekt hatte gegen die Letzteren als Strafe die öffentliche Schändung verfügt. Doch immer, wenn die Schergen zu ihrem ruchlosen Werk ansetzen wollten, hinderte sie eine jähe Lähmung daran. So band man schließlich allen sieben Frauen Steine an den Hals und versenkte sie in einem Sumpf. Der Christ Theodot, ein Gastwirt, zog ihre Leiber heraus und bestattete sie in allen Ehren. Die Obrigkeit erfuhr davon und lud ihn vor Gericht. Theodot wusste, was auf ihn zukam, verabschiedete sich von seinen Brüdern und bereitete sich im Gebet auf sein Schicksal vor.

Als er den Gerichtssaal betrat, waren dort Streckbank, Glutpfanne und andere Marterwerkzeuge aufgestellt. Der Richter behandelte ihn zuvorkommend und verhieß ihm Schonung, sogar reiche Belohnungen, wenn er dem gekreuzigten Gott entsage. Als Theodot sich jedoch unerschüttert zu seinem Glauben bekannte, begannen die Schergen mit der Folter. Zuerst zerfleischten sie ihn mit eisernen Haken, gossen Essig in die Wunden und versengten sie mit brennenden Holzscheiten. Dann befahl der Richter, ihn mit Steinen ins Gesicht zu schlagen und mit Zangen die Zähne herauszubrechen.

Die Folterarbeit ermüdete seine Peiniger und so wurde er zunächst wieder ins Gefängnis gebracht. Nach fünf Tagen versuchte der Richter ihn aufs Neue zur Abkehr von seinem Glauben zu bewegen. Vergebens. Da rissen die Schergen die verbundenen und verschorften Wunden wieder auf und wälzten den blutenden Leib in glühenden Scherben. Als auch dies den Bekennersinn des Geschundenen nicht zu wandeln vermochte, wurde er endlich enthauptet.

A: *mit Fackel und Schwert.*
P: *der Gastwirte.*
F: *auch 18. Mai.*

18. Juni

Hl. Marina

Mönchin, Zeit unbekannt

Ein Vater wollte mit seiner einzigen Tochter ins Kloster eintreten und kleidete sie daher als Jüngling. Die Mönche nahmen die beiden auf und aus Marina wurde der Mönch Marinus. Als sie 27 Jahre alt wurde, starb ihr Vater, und sie musste ihm am Totenbett versprechen, nie das Geheimnis zu lüften.

Oft holte sie Holz mit dem Ochsenwagen und pflegte dann im Hause eines Mannes zu rasten, der eine Tochter hatte. Diese wurde von einem Ritter schwanger, aber sie beschuldigte Marinus, er habe ihr Gewalt angetan. Zur Rede gestellt, bekannte er: »Ich bin ein großer Sünder.« Da wurde er aus dem Kloster verstoßen. Er hielt sich jedoch in der Nähe als Tagelöhner auf und als das Kind entwöhnt war, gab der Abt es dem Marinus zur Erziehung. Zuletzt erbarmten sich die Brüder seiner und ließen ihn zurückkehren. Er musste aber von nun an die niedrigsten Dienste verrichten, was er mit fröhlichem Angesicht, Demut und Geduld bis an sein zeitliches Ende trug.

Als die Brüder den Leichnam waschen wollten, erschraken sie gar sehr, dass sie die Gottesdienerin so schmählich behandelt hatten. Sie wurde ehrenvoll bestattet und an ihrem Grab geschahen viele Wunder. So wurde das Weib, das einst Marinus verleumdet hatte, an den Ort geführt, denn sie war inzwischen vom Teufel besessen. Kaum berührte sie den Grabstein, wurde sie von dem Übel erlöst.

A: *ein Kind tragend, vor der Klosterpforte, in Mönchsgewand; einen Wagen mit Holz fahrend.*
F: *auch 12. Februar und 17. Juli.*

19. Juni

Hll. Gervasius und Protasius

Märtyrer, † um 57

Im Jahre 386 wollten Kaiser Valentinian und seine Mutter Justina den hl. Bischof Ambrosius aus Mailand verdrängen. Die Kirchen der Stadt sollten den arianischen Ketzern übergeben werden. Als die Lage sich immer unerträglicher zuspitzte, erschienen eines Nachts dem Ambrosius im Traum zwei alte, ehrwürdige Männer, die ihn an den Ort führten, wo ihre Gebeine lagen. Es handelte sich nämlich um Gervasius und Protasius, heilige Märtyrer aus der Zeit des Kaisers Nero, deren Gedenken das Volk völlig vergessen hatte. Da rief der Bischof eilig die Geistlichen zusammen, führte sie an den geschauten Ort und fing selbst zu graben an. Obgleich mehr als 300 Jahre vergangen waren, schienen die zutage geförderten Leichname noch frisch, als ob sie erst seit einer Stunde bestattet wären, und ein wunderbarer Geruch breitete sich umher.

Ein Blinder, der die Bahre berührte, wurde sehend und es sollte nicht das einzige Wunder bleiben. Die Dämonen von Besessenen konnten es nicht in der Nähe der Gebeine aushalten und viele Kranke wurden geheilt, nachdem sie die Gewänder der Märtyrer berührt hatten. Die Reliquien wurden in einer Kirche beigesetzt, die nun ihren Namen trägt. Die Ketzer aber, verwirrt durch diese Vorgänge, gaben Mailand auf.

A: *Gervasius mit Geißel oder Keule, Protasius mit Schwert.*
P: *von Mailand und Breisach; der Heumacher; der Kinder; gegen Harn- und Blutfluss.*

20. Juni

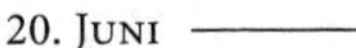

Sel. Berthold von Scheda

Prämonstratenser, † 1214

und sein Bruder, der hl. Menrich

Domherr, † 1250

Auf dem Hasleiberg bei Werl gedieh eine riesige Linde, an der die Umwohner seit alters her heidnische Feste auf höchst unehrbare Weise feierten. Diese Sittenverderbnis konnte der Kanonikus Berthold aus der nahen Prämonstratenserabtei Scheda nicht ertragen. Nun besaß seine Schwester ein Bild der Gottesmutter, welches ihr der Vater einst von einer Wallfahrt aus dem Heiligen Land mitgebracht hatte. Berthold wollte seine Schwester um das Bild bitten und als er bei ihr in Ahlen ankam, erzählte sie ihm, die Jungfrau sei ihr in der vergangenen Nacht im Traum erschienen und habe sie ermahnt, ihm das Bild zu geben.

Berthold stellte das Werk in Städten und Dörfern aus und sammelte Geld für eine Kapelle am Fuß des Haslei. Während er einmal über die Ruhr setzte, fiel das Bild aus seinen Händen und das Wasser riss es schnell davon. Da beschwor er verzweifelt Gott, ihm zu helfen, und das Bild schwamm gegen die Strömung zu ihm zurück. Berthold hatte bald genug Almosen für sein Vorhaben gesammelt und konnte seine Kapelle für das Gnadenbild bauen. Doch kurz danach starb er im Schlafe.

Sein Bruder Menrich war Kanonikus am Dom zu Lübeck. Der vernahm in jener Nacht eine Stimme von oben: »Geh eilig nach Westfalen und führe zu Ende, was dein Bruder zu meiner Ehre begonnen.« Menrich zögerte, seine glänzende Stellung mit freiwilliger Armut zu vertauschen, doch die Stimme mahnte ihn immer wieder, bis er sich endlich auf den Weg machte.

Am Ziel angekommen, begann er angesichts des Hüttchens seine Unternehmung zu bereuen, aber das Bild redete ihn an und versprach ihm reiche Unterstützung. Hinfort nahm er es bei allen Reisen mit sich und bald ging es in großen Schritten voran: Den Erzbischof Heinrich von Köln forderte die Jungfrau in einem Traumgesicht auf, Menrichs Vorhaben zu fördern. Er ließ mehrere edle Herren rufen und sie bestiegen zusammen mit Menrich den Hasleiberg. Auf ihre Frage, wie viel Land er für das Kloster brauche, erschien am Firmament ein goldenes Kreuz in einer Wolke, deren Ausdehnung den Umfang des geweihten Raumes genau bezeichnete. Und Heinrich schenkte Menrich das Land und schickte ihm nach Fertigstellung des Baues eine Äbtissin und zwölf Nonnen.

Als einmal das Geld knapp wurde, nahm Menrich das Bild mit nach Soest und stellte es aus. In der Nacht sah man ein wunderbares Licht von ihm ausgehen. Zwei Engel mit brennenden Wachskerzen standen zu beiden Seiten. Am nächsten Tag fragte eine Frau Menrich in der Kirche, ob er vom Kloster Fröndenberg komme. Er antwortete, wenn sie es sage, solle es eben Fröndenberg heißen. Darauf aber sprach sie, es werde durch Anrufung der Hl. Jungfrau viele von Feinden zu Freunden machen, und deshalb solle es mit Grund Fröndenberg heißen. Dann gab sie ihm einen Beutel mit so viel Geld, wie er benötigte, und verschwand. Die Geschichte wurde ruchbar und alle glaubten, es könne sich nur um die Hl. Jungfrau selbst gehandelt haben.

Als Menrich starb, wurde er in Fröndenberg begraben, und sogleich geschahen viele Wunder. Einmal zu seinem Gedenktag strömte eine große Menge Pilger herzu, und der Küchenmeister des Klosters wusste nicht, wie er sie verpflegen solle. Er ging zur nahen Ruhr und rief den hl. Menrich an. Sofort fing er einen Fisch von ungewöhnlicher Größe und gleich darauf genug andere, so dass er nicht nur die Geistlichen, sondern alles Volk speisen konnte.

A: *die Brüder als Mönche, aus beider Mund weht ein Zettel mit der Aufschrift »Maria hilf den Armen.«*
P: *von Fröndenberg.*
F: *Berthold auch 13. Juli.*

Hl. Aloysius von Gonzaga

Jesuit, 1568–1591

Mit zehn Jahren kam Aloysius von Mantua nach Florenz, um eine dem berühmten Geschlecht der Gonzaga angemessene Erziehung bei Hof zu erhalten. Früh zeigte sich sein frommer Sinn, denn er wollte von den Spielen und Festlichkeiten seiner prunkliebenden Umgebung nie etwas wissen. Stattdessen besuchte er bei jeder Gelegenheit das berühmte wundertätige Gnadenbild in der Kirche dell' Annunziata und studierte im Büchlein *Die Geheimnisse des Rosenkranzes*. Die Lektüre weckte in ihm den Wunsch nach Jungfräulichkeit und als er wieder einmal vor dem Bildnis kniete, gelobte er der Gottesmutter ewige Keuschheit.

Seine Beichtväter haben später bestätigt, dass Aloysius nie in seinem Leben den Stachel der Wollust, ja auch nur die geringste Regung des Fleisches verspürt habe. Allerdings wachte er selbst aufs Äußerste über die Bewahrung seiner Reinheit. Er hielt aus Vorsicht stets die Augen niedergeschlagen, um nicht unvorhergesehen etwas seiner Tugend Unzuträgliches zu erblicken, und sah auch niemals einer Frau ins Antlitz, nicht einmal der eigenen Mutter.

Nach zwei Jahren wurde er von den Eltern zurückgeholt, verzichtete auf sein Recht als Erstgeborener und schlug ganz den geistlichen Lebensweg ein. Erleichtert wurde dies durch ein Gallenleiden, welches er durch strengstes Fasten bekämpfte. Wenn er einmal ein ganzes Ei zur Mahlzeit zu sich nahm (was nur selten vorkam), dann hatte er nach eigenen Worten schon üppig gegessen. Zeitlebens blieb er hinfort von den gefährlichen Koliken verschont, allerdings ward sein Magen derart geschwächt, dass er kaum mehr feste Nahrung aufzunehmen vermochte. Aloysius, ursprünglich von gesunder und kräftiger Erscheinung, hatte nun ein mageres, welkes Aussehen. Mindestens dreimal die Woche geißelte er sich bis aufs Blut, in seinen letzten Jahren dann täglich, und am Ende gar dreimal innerhalb von 24 Stunden. Nachts schlief er auf einem Brett, das er stets heimlich in sein Bett legte, und zur Mitternacht stand er selbst in der kältesten Witterung zum Gebet auf.

16-jährig eröffnete er seinen Eltern den Entschluss, der »Gesellschaft Jesu« beizutreten. Sein Vater wollte ihm dies aufs Entschiedendste verbieten und ihn für das Hofleben zurückgewinnen. Aber Aloysius nahm alle Strafen demütig auf sich und ging unbeirrt seinen Weg. Als der Vater ihn einmal durchs Schlüsselloch beobachtete, wie er sich drei Stunden ohne Unterbrechung geißelte, bis sein Rücken nur noch eine blutige Schwarte war, gab er den Widerstand auf und entließ den Sohn ins mönchische Leben. Mit 18 Jahren konnte Aloysius endlich in Rom sein Noviziat bei den Jesuiten beginnen. Dabei zeichnete er sich durch unbedingten Gehorsam, Herzensreinheit, Liebe zu Armen und Kranken aus. Er nahm auch demütig solche Strafen seiner Oberen auf sich, die auf Missverständnissen beruhten.

Im Pestjahr 1591 drängte er darauf, die abstoßendsten Opfer der Krankheit zu pflegen. Obwohl ihn tiefer Ekel vor den stinkenden Geschwüren beherrschte, umsorgte er die Kranken beispiellos, ja er überwand sich und küsste sogar ihre Beulen. Es dauerte nicht lange, bis sein sehnlichster Wunsch, die Vereinigung mit Gott, in Erfüllung ging. Am Fronleichnamstag starb er, 23-jährig. 1756 dokumentierte der gelehrte Jesuit Budrioli in einem vierbändigen Werk insgesamt 2345 Wunder, die durch die Anrufung des hl. Aloysius geschehen waren.

A: *in Jesuitenkleid mit Chorrock und Kruzifix; auch Lilie und Totenkopf; fürstliche Abzeichen.*
P: *von Castiglione, Mantua; der Jugend, der Studenten, der Berufswahl; gegen Augenleiden und Pest.*

Hl. Achatius (Achaz, Akazius)

Märtyrer, † unter Kaiser Hadrian, 117–138

Achaz diente als Hauptmann im römischen Heer. Als sein Glaube entdeckt wurde, spannte man ihn zwischen vier Pfosten und schlug ihn mit Ochsensehnen. Darauf wurden ihm mit bleiernen Kolben die Wangen zerschlagen, die Zähne ausgebrochen, sein Rücken und sein Unterleib mit Dornenstöcken zerfleischt und zuletzt das Haupt abgeschlagen.

A: *als Soldat, Dornenstrauch tragend oder großes Kreuz und Schwert.*
P: *in schweren Krankheiten und Todesangst; für Stärkung in Zweifeln; zählt zu den 14 Nothelfern.*

23. Juni

Hl. Audrey (Etheldreda, Ediltrudis)

Äbtissin, † 679

Audrey war die Tochter der hl. Hereswitha und Annas, des Königs von Essex. Die schöne und fromme Jungfrau wurde mit dem reichen Adeligen Tonbert verheiratet, der ausgedehnte, zur Hälfte mit Sümpfen bedeckte Ländereien besaß. In der Mitte davon lag der feste Platz Ely, auf dem die Kathedrale Norman Lady erbaut wurde. Tonbert vollzog auf Bitten Audreys die Ehe nicht. Er starb nach drei Jahren. Die Witwe wurde ein zweites Mal vermählt, diesmal mit dem etwa zehn Jahre jüngeren Egfrid, dem Sohn des Königs Oswy von Northumbrien. Auch in dieser Verbindung blieb Audrey Jungfrau, trennte sich schließlich von ihrem Gatten und trat in das Kloster Coldingham ein. Egfrid reute jedoch seine Großzügigkeit und er wollte Audrey notfalls mit Gewalt zurückholen. Audrey flüchtete mit zwei Begleiterinnen durch die Sümpfe nach Ely. Ihren Verfolgern verlegte eine plötzliche Überschwemmung den Weg und sie erkannten, dass der Himmel eingegriffen hatte. Egfrid verzichtete endgültig auf Audrey, während diese auf Ely ein Doppelkloster für Mönche und Nonnen errichtete. Nach ihrem Tode wurde ihre Schwester, die hl. Sexburga, Witwe des Königs Erconbert von Kent, ihre Nachfolgerin als Äbtissin. Diese ließ 16 Jahre später den Sarg öffnen und man fand den Leichnam ohne Anzeichen der Verwesung. Audrey erhielt in der neuerbauten Kirche ein prächtiges Grabmal, an dem bald viele Wunder geschahen. Auf Sexburga folgte 699 als Äbtissin ihre Tochter, die hl. Ermenhild, Witwe des Königs Wulfhere von Mercia. Aus dieser Ehe entsprang die hl. Wereburga, die nach dem Tod ihrer Mutter zunächst ebenfalls das Äbtissinnenamt von Ely bekleidete, später aber auf Wunsch ihres Onkels Ethelred, König von Mercia, verschiedene andere Klöster gründete. An die drei in Ely bestatteten Königinnen erinnern drei Kronen über dem Hauptaltar.

A: *mit Lilie; mit Buch und blühendem Zweig; in Ordenshabit mit Stab; mit Krone und Truhe.*
P: *gegen Augenleiden.*
F: *auch 22. Juni.*

24. Juni

Hl. Johannes der Täufer (Johannes Baptista)

1. Jahrhundert

Die Geschichte des Vorläufers Jesu und seines Todes durch Enthauptung auf Wunsch der Salome ist nicht nur im Evangelium, beim jüdischen Geschichtsschreiber Josephus und im Koran des Mohammed erzählt. Johannes wird auch von der Religionsgemeinschaft der Mandäer im Irak als der größte Prophet und Begründer ihrer Religion verehrt.

Einmal stritten zwei Meister der Hl. Schrift, von denen der eine den Täufer, der andere den Evangelisten Johannes besonders verehrte, darüber, welcher der Größere sei. Sie setzten eine öffentliche Disputation an, in der sich die Sache entscheiden sollte. Da erschienen in der Nacht zuvor die beiden Heiligen, jedem Streitenden der seine, und sprachen: »Wir vertragen uns einträchtig im Himmel, darum sollt ihr auf Erden nicht über uns streiten.« Die Meister erzählten einander das Vorgefallene, verkündeten es dem Volk und die Disputation wurde abgesagt.

Früher verbrannte man am Johannestag die Gebeine toter Tiere. Dies kam davon, dass in alter Zeit Drachen durch die Lüfte flogen und von den linden Lüften zur Wollust bewegt wurden. Dann ließen sie ihren Samen in den Abgrund fallen und es begann ein großes Sterben auf der Erde. Von dem Rauch der Gebeine aber wurden die Drachen verjagt. Und weil man diesen Brauch an dem Tag pflegte, an dem später Johannes verehrt wurde, behielt man ihn auch als Sitte des Johannisfeuers bei, nicht zuletzt deshalb, weil Ungläubige einst die Reliquien des Johannes, die zu Sebaste bestattet waren, in ein großes Feuer warfen.

Das Grab des Heiligen in Sebaste war lange ein gesuchter Ort für Dämonenaustreibungen, und Reliquien des Täufers gehörten zu den begehrtesten des Abendlandes. Die leidenschaftliche Gier nach ihrem

Besitz schreckte auch vor verbrecherischen Mitteln nicht zurück. So wird etwa von einem Abte Theodolin 1010 erzählt, er habe des Nachts im Kloster St. Jean d'Angeli einen Zahn des Heiligen gestohlen. Plötzlich erblindete er und wurde erst wieder nach Eingeständnis seiner Tat und reuiger Rückgabe der Reliquie geheilt.

A: *mit Tierfell, Lamm im Arm und Kreuz; Jesus taufend; in Szene seiner Enthauptung, da sein Kopf auf einem Tablett der Salome vorgewiesen wird.*
P: *von Achaja, Amiens, Amsterdam, Aquitanien, Aragon, Avignon, Bajadoz, Bayern, Bearne, Brederode, Breslau, Burgund, Cambray, Campen, Cleve, Köln, der Dauphine, von Deutschland, Dijon, Dortmund, Flandern, Florenz, Frankfurt a. M., Frankfurt a. d. O., Frankreich, Geldern, Gent, Genua, Groningen, Gurk, Heidelberg, Henneberg, Hennegau, Herzogenbusch, Holland, Ingolstadt, Jülich, Kanada, des Kirchenstaates, Leipzig, Limburg, Lübeck, Lüneburg, Lüttich, Luxemburg, Lyon, Mainz, Malta, Mecklenburg, Modena, Montfort, Montserrat, Münsterberg, Nassau, Neapel, Nördlingen, Nürnberg, Oppenheim, Österreich, Oranien, Ostfriesland, Parma, Perpignan, der Pfalz, Poitiers, von Polen, der Provence, Rhodos, Roussillon, Saalfeld, Sachsen, Salzburg, Savoyen, Schlesien, Schweden, Seeland, Sizilien, Slawonien, Trier, Turin, Ungarn, Utrecht, Valence, Vienne, Wesei; der Architekten, Böttcher, Gastwirte, Kaminkehrer, Kürschner, Maurer, Messerschmiede, Musiker, Restaurateure, Sattler, Schneider, Weber, Winzer; der schwangeren Frauen; gegen Epilepsie, Kinderkrankheiten, Krämpfe, Schwindel, Zuckungen; gegen Hagel; gegen Tanzwut, Furcht.*

25. Juni

Hl. Febronia

Jungfrau und Märtyrerin, † 304

Die fromme Jungfrau Febronia versuchte durch strenges Fasten und anhaltende Bußübungen ihre Schönheit zu bekämpfen, um nicht Gegenstand männlicher Gelüste zu werden. Doch je mehr sie den Leib züchtigte, desto schöner wurde er.

Unter der Verfolgung des Diokletian ließ sie der Präfekt Selanus vor Gericht führen und entbrannte auf der Stelle in Begierde zu ihr. Sie aber weigerte sich, auch nur die geringsten Zugeständnisse hinsichtlich ihrer Keuschheit oder ihres Glaubens zu machen. Nun wurde sie mit Ruten und Bleikolben geschlagen, nackt auf die Streckbank geschnallt und ihr Leib mit eisernen Krallen zerrissen. »Was hast du nun von deiner Keuschheit«, höhnte der Präfekt, »da deine Blöße allen Blicken preisgegeben ist?« Febronia aber antwortete: »Ringen nicht auch die Athleten im Gymnasion mit nackten Körpern? Du besiegst mich nicht, ich kämpfe für Christus!« Als sie auch unter schrecklichsten Qualen standhaft blieb, ließ sie der gedemütigte Selanus enthaupten.

A: *mit Krone und Schwert oder Beil.*

26. Juni

Hll. Salvius und Superius

Märtyrer, 8. Jahrhundert

Bischof Salvius von Valenciennes war einst mit kostbaren Kirchengerätschaften unterwegs. Da legte ihm der habgierige Sohn des Gaugrafen, Winegard, einen Hinterhalt, nahm ihn mitsamt seinem Schüler Superius gefangen und sperrte ihn in ein dunkles Verlies. Den Kelch und die Monstranz brachte er zu einem Goldschmied, um sich davon Zierrat für seinen Sattel machen zu lassen, die Messgewänder hob er zu Hause auf. Als nach dem Bischof gesucht wurde, bekam es der Missetäter mit der Angst zu tun und befahl seinem leibeigenen Diener Winegar, den Bischof zu töten.

Als dieser jedoch vor seinem Opfer stand, ergriff ihn eine große Bangigkeit. Er gestand sein Vorhaben und beschwor Salvius, zu fliehen. Er selbst werde sich anschließen, um dem zu erwartenden Zorn seines Herren zu entgehen. Der Bischof aber sprach zu Winegar: »Wenn dein Herr dir einen Auftrag gegeben hat, dann musst du ihn ausführen, denn die Knechte sollen unterwürfig sein, nicht nur den guten, sondern auch den schlimmen Herren.« Als der Diener immer noch zögerte, entblößte Salvius den Nacken und sagte: »Was zauderst du so lang, erfülle endlich den Befehl.« Da schlug Winegar zu und tötete auch den Schüler.

Obschon Winegard die Leichen heimlich begraben ließ, wurde die Tat ruchbar. Kaiser Karl der Große stellte eine strenge Untersuchung an und als der wahre Hergang ans Tageslicht kam, wurden Winegard und Winegar die Augen ausgestochen. Dieser aber flehte zu Salvius an dessen Grab und erlangte auf einem Auge seine Sehkraft zurück.

A: *als Bischof mit Schwert.*
P: *gegen Gefahren für Vieh.*

27. Juni

Hl. Anektus

Märtyrer, † 304

Während der Verfolgung des Diokletian ließ der Präfekt Urbanus in Cäsarea viele Christen festnehmen und martern. Als einige von ihnen schwach wurden, trat der bislang noch freie Anektus herzu und ermunterte sie auszuhalten. Nun wurde er selbst ergriffen und sollte opfern. Aber auf sein Gebet hin zerbrachen die Marmorstatuen der Götzen. Da packte ihn eine Rotte von zehn Soldaten, geißelte ihn blutig und hieb ihm Hände und Füße ab, bevor sie ihn schließlich enthaupteten.

28. Juni

Hll. Potamiäna und Basilides; Plutarchus, Serenus, Heraklides, Heron, Rhais und Marzella

Märtyrer, † um 204

In Alexandria erlitt eine große Anzahl Christen, unter ihnen die oben namentlich angeführten, in der Verfolgung des Severus den Martertod. Besonders zeichnete sich die Sklavin Potamiäna aus. Ihr Dienstherr hatte sie zu verführen versucht und als Rache für ihre Weigerung dem Richter angezeigt. Als sie nackt in siedendes Pech geworfen werden sollte, beschwor die Jungfrau den Beamten: »Beim Leben des Kaisers, lass mich nicht entkleiden. Taucht mich in meinem Gewand langsam in den Kessel, damit ihr seht, wie viel Geduld mir von Christus geschenkt ist.«

Der Soldat Basilides wurde beauftragt, sie zur Hinrichtung zu führen. Er behandelte sie schonungsvoll und schützte sie vor dem Spott der Menge. Während sie in das Pech geworfen wurde, verbrannte man gleichzeitig ihre Mutter Marzella auf dem Scheiterhaufen. Bald darauf erschien die Jungfrau mehreren Personen, wodurch nach dem Zeugnis des Tertullian und des Origines viele bekehrt wurden, auch der Soldat Basilides. Sein Glaube wurde bald offenbar und er wurde zur Enthauptung verurteilt. So erlitt auch er das Martyrium.

A: *mit dem Soldaten Basilides zusammen, mit Kessel und Schwert.*
P: *der Dienstmägde.*
F: *auch 7. Juni.*

29. Juni

Hl. Petrus

Apostelfürst, † 67

Obwohl er von ihm verleugnet worden war, erklärte Jesus den Petrus zum Apostelfürsten und schuf damit die Grundlage für die kirchliche Hierarchie. Als erster Bischof der Christen in Rom erlitt Petrus zusammen mit Paulus das Martyrium. Auf eigenen Wunsch starb er an einem umgekehrten Kreuz.

Die Gebeine wurden zunächst in einem Grabmal am vatikanischen Hügel bestattet, später von orientalischen Christen gestohlen, aber bei den Katakomben gefunden. Da die Römer nun nicht wussten, wem sie welche Gebeine zuordnen sollten, baten sie Gott durch Fasten und Gebet, es kund zu tun. Da ward vom Himmel geantwortet: »Die größeren Knochen gehören dem Prediger, die kleineren dem Fischer.« Danach schieden die Christen die Gebeine und errichteten jedem eine

Grabstätte. Nach anderen Erzählungen aber hat Papst Silvester mit einer Waage die Überreste genau zur Hälfte getrennt. Heute liegen die Gebeine der beiden Apostel getrennt in der Peters- bzw. der Paulskirche, die Häupter aber sind vereint in der Laterankirche. Der Name Petrus wurde zu einem der beliebtesten in der gesamten Christenheit. Allein 556 Heilige dieses Namens führt Stadlers Heiligenlexikon aus dem 19. Jahrhundert an.

Einst wurde die edle Jungfrau Galla einem reichen Patrizier angetraut, der schon nach einem Jahr starb. Sie erklärte ihrer Familie, wie Ehen allezeit mit Freuden anheben und in Leid enden, und verweigerte eine zweite Heirat. Sie sehne sich nach jener Hochzeit, die traurig beginne und in ewige Freude münde. Da sie aber von sehr feuriger Natur war, rieten die Ärzte von einem Klosterleben ab. Wenn sie nicht bald wieder die Umarmungen eines Mannes genießen könne, werde ihr infolge großer innerer Glut ein Bart wachsen. Sie aber scheute ein hässliches Äußeres nicht, sondern suchte ganz die innere Schönheit. Und wirklich wuchs ihr ein langer, schwarzer Bart, und sie nahm den Schleier in einem Kloster bei der Peterskirche. Dort diente sie Gott lange Jahre in Demut. Zur Nachtzeit brannten immer zwei Lichter vor ihrem Bett; denn als Freundin des Lichtes hasste sie nicht nur die geistige, sondern auch die irdische Finsternis. Als sie todkrank an Brustkrebs darniederlag, sah sie zu später Stunde den Apostel Petrus zwischen den Leuchtern stehen und er nickte ihr milde zu. »Sind mir meine Sünden vergeben?«, fragte sie. »Sie sind verziehen, komm!«, antwortete er. Sie bat ihn, ihre liebste Mitschwester, Benedicta, mitnehmen zu dürfen. Er aber sagte ihr, dass eine andere Nonne aus dem Kloster sie begleiten dürfe, Benedicta jedoch erst nach 30 Tagen folgen werde. Galla erzählte der Äbtissin von ihrer Erscheinung. Und sie starb am dritten Tag, gleichzeitig mit jener Mitschwester, während Benedicta nach einem Monat folgte, so wie Petrus gesagt hatte.

A: *meist mit kahlem Scheitel und mit (bis zu drei) Schlüssel(n); mit Hahn; umgekehrtem Kreuz; in altchristlicher Kunst auch als Hirte mit Stab oder Stabkreuz; auch mit drei erhobenen Fingern (dreimalige Verleugnung); vor Reue weinend; als Fischer.*

P: *von Bayern, Kanton und Stadt Bern, Böhmen, Brabant, Burgund, Kalabrien, England, Flandern, Hessen, Lothringen, Luxemburg, Martinique, Northumberland, Ostfriesland, Pfalz, Sachsen, Schlesien,*

Schleswig, Sizilien, Westfalen, Yorkshire; Ancona, Aquila, Avignon, Brandenburg, Braunschweig, Bremen, Caen, Chartres, Cremona, Dorpat, Echternach, Emden, Ferrara, Fiesoie, Foligno, Fritzlar, Geldern, Genf, Hamburg, Heideiberg, Laibach, Liegnitz, Lille, Limburg, Löwen, Lucca, Mailand, Mainz, Mantua, Maastricht, Minden, Mittelburg, Montpellier, München, Nancy, Nantes, Naumburg, Neapel, St. Omer, Orvieto, Östende, Paderborn, Piacenza, Poitiers, Regensburg, Ren-nes, Rom, Saalfeld, Seligenstadt, Solferino, Spoleto, Stade, Trier, Troyes, Verdun, Viterbo, Weimar, Weißenburg, Worms, York und vieler anderer Städte; der Backsteinmacher, Bleigießer, Brotverwalter, Brückenbauer, Eisenblechmacher, Händler, Fischer, Fischhändler, Flaschner, Glaser, Kupferschmiede, Mattenmacher, Maurer, Metallversilberer, Metzger, Netzmacher, Papierhändler, Schiffer, Schlosser, Schmelzer, Schnitter, Schreiner, Schuhflicker, Töpfer, Tuchweber, Uhrmacher, Walker, Ziegelbrenner; gegen Besessenheit, Fieber, Fußleiden, Schlangenbiss, Tollwut, »Wolf«; für die Auffindung der Leichen Schiffbrüchiger; der Büßer und Beichtenden; gegen Verfeindung von Eheleuten.

F: *auch 18. Januar, 22. Februar, 16. April, 1. und 16. August, 18. November.*

30. Juni

Hl. Paulus

Apostel, † 67

Der Zeltmacher Saulus aus Tarsus war römischer Bürger und zugleich strenger Pharisäer, der die Christen bekämpfte. Er war bei der Steinigung des Erzmärtyrers Stephanus zugegen; doch auf dem Wege nach Damaskus, im Begriff, die dortige Christengemeinde zu verfolgen, erschien ihm Jesus und fragte ihn mit den berühmten Worten: »Saulus, Saulus, warum verfolgst du mich?« Aus dem fanatischen Verfolger wurde ein ebenso glühender Anhänger; Saulus ließ sich taufen und wandelte seinen Namen in Paulus. Er unternahm drei Missionsreisen und wurde unter Nero zusammen mit dem hl. Petrus zum Tode verurteilt.

Als römischer Bürger wurde er nicht gekreuzigt, sondern enthauptet. Auf dem Weg zur Richtstätte begegnete er der Witwe Plantilla. Er bat sie um ihr Kopftuch, damit er sich die Augen verbinden könne; er werde es ihr wiedergeben. Darüber spotteten die Henker. Paulus nahm nun Abschied von seinen Gefährten, verhüllte sein Gesicht mit dem Tuch und bot sein Haupt dar. Der Kopf sprang nach seiner Trennung vom Leibe dreimal von der Erde auf und an jedem der drei Punkte, wo er den Boden berührte, sprudelte eine Quelle hervor. Ihr Wasser aber fließt noch heute und hat jeweils verschiedene Temperatur und unterschiedlichen Geschmack. An der Stelle entstand die Kirche S. Paolo alle tre fontane. Aus der Wunde aber floss ein Strom von Milch und bespritzte das Kleid des Scharfrichters, danach folgte Blut. Die Hände des Apostels lösten wunderbarerweise das Tuch von dem Haupt, sammelten darin das eigene Blut auf, wickelten den Stoff zusammen und reichten ihn der Plantilla. Ein Stück davon wird heute in der Kirche S. Agnese auf der Piazza Navona aufbewahrt.

A: *mit Glatze und langem Bart, Buch in der Rechten, Schwert in der Linken; mit Blumengefäß, auf das eine Taube herabschwebt; mit Wolf und Lamm (vor und nach der Bekehrung); mit drei sprudelnden Quellen neben sich; zusammen mit Petrus stets auf der rechten Seite.*
P: *von Ancona, Avignon, Berlin, Bologna, Bremen, Frankfurt a. M. und a. d. O., Konstantinopel, London, Metz, Osnabrück, Rom, Saragossa, Utrecht, Weimar und vielen anderen Städten; der Arbeiterinnen, Sattler, Seiler, Teppichknüpfer, Theologen, Weber, Zeltmacher; gegen Krämpfe und Schlangenbiss; für Fruchtbarkeit der Felder, gegen Hagel und Regen; gegen Furcht; der katholischen Presse.*
F: *16. April, 29. Juni, 6. Juli, 1. September, 18. November. Früher war der 25. Januar (Bekehrung vor Damaskus) ein wichtiger Tag des Landvolks, das darin die Mitte des Winters erreicht sah. In manchen Gegenden wurden daher an »Pauli Bekehr« aus Hefeteig Vogelpaare oder Nester geformt und in Fett herausgebacken. Wenn junge Leute an diesem Tag oder am Vinzenztag (22.) ein Vogelpärchen erblickten, konnten sie auf eine Hochzeit im selben Jahr hoffen.*
Bauernregeln: *»An Pauli Bekehr ist der Winter halb hin und halb her.« »Pauli klar, ein gutes Jahr. Pauli Regen, schlechter Segen.«*

Hl. Theobald von Provins (Thibaut, Dietbald)

Camaldulensereremit, 1033–1066

Die Lebensbeschreibungen der Wüstenväter flößten dem jungen Theobald früh Sehnsucht nach der Einsamkeit ein. Aus gräflichem Geschlecht der Champagne stammend, sollte er standesgemäß verheiratet werden und das Kriegerhandwerk erlernen. Er entfloh jedoch zunächst nach Reims, tauschte dort die Kleider mit den Lumpen eines Bettlers und wanderte mit einem Freund namens Walter nach Luxemburg. Dort bauten sich die beiden tief im Pettinger Wald Klausen und lebten von Handlangerdiensten bei den Einheimischen, wofür sie sich mit Schwarzbrot – ihrer einzigen Nahrung – entlohnen ließen. Abends und nachts hielten sie Andacht.

Die fremden Einsiedler beschäftigten die Phantasie der Landleute, die richtig vermuteten, es handle sich um fromme Herrschaften aus edlem Haus. Da nun Entdeckung zu befürchten war, verließen sie die Gegend ohne Abschied und pilgerten nach Compostela. Auf dem Rückweg begegnete Theobald bei einer Herberge seinem Vater, der ihn aber wegen seines zerlumpten Äußeren nicht erkannte. Um sich nicht von den eigenen Gefühlen übermannen zu lassen, zog Theobald schleunigst davon und wallfahrte mit seinem Gefährten zuerst nach Rom. Dann siedelten sie sich in einer Einöde bei Vicenza an, wo Walter nach zwei Jahren starb. Theobald verdoppelte seine Bußanstrengungen, ernährte sich nur noch von Wasser und Wurzeln und schlief stets im Sitzen auf einer Bank. Sein Ruf verbreitete sich über ganz Europa. Der Bischof von Verona weihte ihn zum Priester, und viele angesehene Leute wählten ihn sich zum Seelenführer.

Schließlich erfuhren auch die Eltern vom Schicksal des Sohnes, reisten ohne Verzug zu ihm und waren bei seinem Anblick so gerührt, dass sie sich wortlos zu seinen Füßen niederwarfen. Mit einem Mal erschien ihnen die Welt in ihrer ganzen Nichtigkeit. Die Mutter blieb bei ihrem Sohn, während den Vater wichtige Standesangelegenheiten zurückriefen. Kurz darauf befielen Theobald Geschwüre, die seinen ganzen Leib bedeckten und ihm schneidende Schmerzen bereiteten. Er rief den Camaldulenserabt Petrus aus Vangadice und empfahl ihm die Mutter und seine Jünger. Dann starb er – erst 33-jährig.

A: *als Einsiedler oder Reiter; in einer Waldkapelle betend; mit Buch; mit Ackergerät, mit Falken.*
P: *von Thann im Elsass; der Gerber, Schuhmacher, Köhler; gegen Fieber; »Nothelfer«.*
F: *auch 30. Juni.*

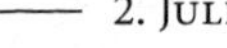

2. Juli

Hl. Otto von Bamberg

Bischof, 1062–1139

Nach einer glänzenden geistlichen Laufbahn als kaiserlicher Kanzler und Siegelbewahrer wurde Otto 1103 zum Bischof von Bamberg ernannt. Er stellte die durch Brand verwüstete Domkirche wieder her, ordnete den Gottesdienst, richtete viele Schulen ein, stiftete mehr als zwanzig neue Klöster.

Auf Bitten des polnischen Herrschers Boleslaus III. unternahm er die Bekehrung der heidnischen Pommern. Deren Land war so fruchtbar, dass ihm »nichts fehlte als Öl und Wein, um dem Gelobten Lande zu gleichen«. Sie hatten alle Missionare, die in evangelischer Armut zu ihnen kamen, höhnend nach Hause geschickt: Ein großer Gott würde sicherlich keine Bettler als Boten senden.

Otto verschaffte sich mit einer anderen Methode Achtung. Er reiste hoch zu Roß mit fürstlichem Gepränge, eine lange Reihe hochbeladener Wagen mit sich führend, die wertvolles Kirchengerät und prunkvolle Geschenke enthielten. Als er auf Schloss Pyritz Einzug hielt, wo sich zahlreiche zur Feier eines Götterfestes versammelt hatten, waren alle geblendet von seinem goldglänzenden Ornat und dem prächtigen Aufputz seines Gefolges.

Nun stellte er ihnen die Nichtigkeit ihrer Götter aus Holz und Stein vor und verkündete den einen mächtigen Gott, dem fast die gesamte übrige Welt schon huldige. Viele waren beeindruckt und ließen sich taufen. Aber einige wandten ein, in den christlichen Landen gebe es – in Pommern unbekannt – Räuber und Diebe. Auch schneide man Leuten nach gerichtlichen Urteilen Nasen und Ohren, Hände und Füße ab, steche ihnen die Augen aus, was bei ihnen undenkbar sei. Otto konnte dies nicht in Abrede stellen und suchte Hilfe beim Pommernherzog Wratislaus. Da erklärten die Zauderer, sie würden doch die neue Religion annehmen, wenn er eine Verminderung der jährlichen Tribut- und Steuerlasten erreiche. Otto versprach dies – und so wurde trotz mancher Rückschläge Pommern ein christliches Land.

A: *im bischöflichen Ornat mit Stab und Buch; predigend, Löwe zu Füßen; mit Pfeilen, mit einem Kirchenmodell.*
P: *gegen Fieber und Tollwut.*
F: *auch 30. Juni, 3. Juli, 30. September, 2. Oktober.*

⁕

Sel. Peter von Luxemburg

Bischof von Metz und Kardinal, 20. Juli 1369 – 2. Juli 1387

Peter stammte aus dem jüngeren Zweig des Hauses Luxemburg, dessen ältere Linie mehrere Könige von Böhmen und römisch-deutsche Könige und Kaiser stellte. Sein Vater hielt als treuer Vasall zum unglücklichen französischen Herrscher Johann II., der im Hundertjährigen Krieg gegen England schwere Niederlagen erleiden mußte. Graf Guido fiel in einer Schlacht, als sein Söhnlein erst zwei Jahre alt war.

Der kleine Peter erwies sich als wahres Wunderkind, das schon mit zwei Jahren sprechen und lesen konnte. Schon im zartesten Alter rührte ihn menschliches Elend. Er entwendete aus Keller, Speisekammer und Küche Essbares, und verteilte es heimlich an Arme und Bettelleute. Als er einmal Fleisch für seine notleidenden Klienten in einem Beutel versteckt aus dem Hause trug, wurde er ertappt. Doch als man den Beutel unter seinem Mantel öffnete, enthielt dieser Rosen: ein Wunder, das sich ganz ähnlich im Leben der hl. Elisabeth von Thüringen ereignete. So offenbarte sich an dem Knäblein frühzeitig die besondere himmlische Gnade, die ihm trotz seines frühen Todes in reicher Fülle zuteil wurde.

Als kurz nach dem Vater auch die Mutter starb, wurde Peter zunächst von einer Tante erzogen, kam dann mit acht Jahren an das Collège de Navarre in Paris und zeichnete sich dort durch so reiche Geistesgaben aus, dass man ihn ein Jahr darauf zum Kanonikus machte.

Es folgten Ämter als Kanonikus in Cambrai, als Archidiakon in Chartres und Brüssel und mit fünfzehn Jahren der Bischofsstuhl von Metz. In seiner Bescheidenheit sah Peter in dieser Laufbahn keinerlei Eigenverdienst, sondern sie nur seiner hohen Herkunft geschuldet. Dies machte er allem Volke deutlich, als er zum Amtsantritt in Metz barfuß, auf einer Eselin reitend, einzog. Als Buße für die seiner Meinung unverdiente Stellung kasteite er sich mit ungeheurer Härte. Ein Bischof, der in strengerer Askese als ein Bettelmönch oder ein Eremit lebte, erregte weithin pures Staunen. Sein Fasten war so strikt und schwächte seine Gesundheit so sehr, dass ihn der Papst nach Avignon beorderte und ihm befahl, seinen Abtötungseifer zu mildern.

Die Geschichte erlaubt sich manchmal seltsame Zufälle. Es war der von der kirchenoffiziellen Historie als Gegenpapst geführte Clemens VII. in Avignon, der 1386 den 18-Jährigen zum Kardinal ernannte. Zehn Monate später starb Peter. An seinem Grab geschahen zahllose Wunder. Aber es dauerte bis 1527, dass ein kirchlich anerkannter Papst in Rom, ebenfalls mit dem Namen Clemens VII., den Frühverstorbenen seligsprach.

A: *als Kardinal, kniend in einer Vision.*
P: *Avignon.*

Hl. Heliodorus

Bischof von Aquileja, † um 407

Heliodor stammte aus Dalmatien und hatte einige Zeit am Hof und beim Militär verbracht, als ihn der Wunsch überwältigte, Einsiedler zu werden. Er verzichtete auf die Freuden der Ehe und wollte sich nach Ägypten begeben, als er zu Aquileja in seinem Landsmann Hieronymus einen Seelenführer fand. Er studierte bei ihm die Hl. Schrift und begleitete ihn später auf seiner Reise zu den Eremiten des Morgenlandes.

Beide waren von deren Lebensweise so angezogen, dass sie sich selbst in die syrische Wüste als Einsiedler zurückzogen. Nach einiger Zeit aber kehrte Heliodor zu seinem Vater nach Italien zurück. Hieronymus befürchtete, er könnte der Armut untreu werden, und warnte ihn vor den Gefahren, die der Antritt der väterlichen Erbschaft berge. Doch seine Angst erwies sich als unbegründet. Heliodor widmete sich dem Seelenheil seiner verwitweten Schwester und erzog deren kleinen Sohn zur Tugend. Die Gemeinde von Aquileja wurde auf den gelehrten Mann aufmerksam und machte ihn zu ihrem Bischof. In den Kämpfen mit den verschiedenen Irrlehren der Zeit unterstützte er literarisch wie durch öffentliche Parteinahmen auf den Kirchenversammlungen seinen Freund Hieronymus sowie den hl. Ambrosius.

A: *als kurzbärtiger Bischof mit Pallium und Buch.*

4. Juli

Hl. Isabella (Elisabeth)

Königin von Portugal, † 1336

Von der hl. Isabella, der Großnichte der hl. Elisabeth von Thüringen, heißt es, sie sei ein Engel des Friedens und der Versöhnung vom ersten bis zum letzten Atemzug ihres Lebens gewesen. Dionysius, der König von Portugal, begehrte sie wegen ihrer Schönheit zur Braut und er erhielt ihre Hand. Auf dem Thron wurde sie nicht hoffärtig und stolz, sondern sie vermehrte im Gegenteil ihre Anstrengungen zu einem gottgefälligen Leben. Ihren Gatten ehrte und liebte sie, war ihm untertan und ertrug seine Launen in nimmermüder Geduld. Dionysius hatte viele gute Eigenschaften, doch wurden sie durch einen Hang zur Wollust verdunkelt. Er befleckte die Heiligkeit des Ehebettes durch sündhafte Buhlschaften. Dennoch kam nie ein Wort der Klage über Isabellas Lippen, sie sorgte sogar für die Erziehung seiner unehelichen Kinder.

Die Königin hatte einen treuen Pagen, den sie für die Vermittlung ihrer geheimen Wohltaten brauchte. Auf diesen fiel eines Tages die ungerechte Eifersucht des Königs. Er sprengte zu Pferd in die königliche Kalkbrennerei hinaus und gebot dem Aufseher: »Wenn morgen ein Jüngling kommt und fragt, ob der Befehl vollzogen sei, so wirf ihn sofort in den Ofen!« Folgenden Tags schickte er den Pagen in die Fabrik. Unterwegs kam dieser an einer Kapelle vorbei, wo er sich Zeit zum Gebet nahm. Der König aber sandte ungeduldig einen Kumpan zur Kalkbrennerei, um Auskunft über die vollzogene Tat zu erlangen. Auf die Frage, ob des Herrn Befehl vollzogen sei, wurde dieser sofort ergriffen und in die glühende Lohe gestoßen.

Dies Gottesgericht erschütterte den König so, dass er fortan seiner Gemahlin die Treue bewahrte.

A: *als Nonne mit Königskrone und Rosen; Almosen austeilend.*
P: *von Portugal, Coimbra, Estremoz und Saragossa; Helferin in Kriegsnot (weil sie eine Schlacht zwischen ihrem Gatten und ihrem Sohn verhinderte).*
F: *auch 8. Juli.*

5. Juli

Hl. Zoa (Zoe)

Märtyrerin, † 286

Zoa war die Gemahlin des Oberarchivars Nicostratus. Sie verlor ihre Sprache, wurde aber vom hl. Sebastian, der ihr als Gefangener auf dem Weg zum Gericht begegnete, geheilt. Beide Eheleute bekehrten sich daraufhin zum Christentum. Als Zoa am Grabe des hl. Petrus betete, wurde sie von Häschern ergriffen, gefesselt und in ein finsteres Loch geworfen. Man verurteilte sie zum Tode, hängte sie an den eigenen Haaren an einen Baum und erstickte sie im Rauch von angebranntem Kot. Ihr Mann wurde mit anderen hohen christlichen Beamten ertränkt.

A: *mit den Haaren im Baum hängend.*

Hl. Godoleva

Märtyrerin, † 1070

Godoleva wurde von ihrem Vater dem reichen flandrischen Edelmann Bertulf von Gistel versprochen. Der war das Gegenteil seiner frommen, sittenreinen Verlobten: ein Mann ohne Glauben, ohne Anstand, ein grober und ungeschlachter Rüpel. Noch in der Hochzeitsnacht entbrannte er in Hass gegen sie. Zwar führte er sie ins eheliche Gemach, verließ dieses jedoch gleich wieder, um sie nicht mehr ansehen zu müssen. Diese Abneigung wurde von seiner Mutter geschürt. Ihren Einflüsterungen folgend, wies er Godoleva eine eigene Wohnung zu und unterstellte seine Gemahlin der Aufsicht eines Knechts, der den Auftrag hatte, ihr möglichst viel Unbill zu bereiten. Obwohl man ihr kaum das Allernötigste zum Leben ließ, zeigte sie sich als wahre Dulderin und betete stets für ihren missratenen Gemahl. Doch schließlich wurde ihr klar, dass man es auf ihr Leben abgesehen hatte. Heimlich flüchtete sie eines Nachts und stellte sich unter den Schutz des Bischofs. Das geistliche Gericht urteilte zu ihren Gunsten. Bertulf unterwarf sich scheinbar dem Spruch und versprach Besserung. Er nahm die Gemahlin wieder bei sich auf. Eine Zeit lang heuchelte er Reue und spielte den Freundlichen. Derweil mietete er zwei Mordgesellen und gab vor, eine Geschäftsreise nach Lüttich unternehmen zu müssen. In der Nacht drangen die beiden in das Schlafgemach Godolevas ein, erstickten ihre Schreie in den Kissen und erdrosselten sie mit einer Seidenschnur. Die Schwiegermutter verbreitete die Lüge, ihre Schwiegertochter sei eines jähen Todes gestorben.

Bertulf heiratete erneut, diesmal eine Frau, die seiner Mutter angenehm war. Bald entsprang der Verbindung ein Töchterchen – doch es war blind. Nach dreizehn Jahren starb Bertulfs zweite Frau und wurde neben Godolevas Ruhestätte begraben. Eines Nachts schlich sich das blinde Mädchen an die beiden Gräber und betete innig zur Jungfrau Maria. Ohne es zu merken, kniete sie nicht vor dem Grab ihrer Mutter, sondern vor dem Godolevas. Plötzlich wurde es hell um sie – sie konnte sehen. Dieses Wunder rührte auch das Herz ihres verstockten Vaters. Er bekannte den Mord, trat in ein Kloster ein und tat harte Buße bis an das Ende seiner Tage.

A: *Strick um den Hals oder in der Hand.*
P: *von Gistel; gegen Fieber.*

7. JULI

Hl. Procopius von Cäsarea

Märtyrer, † um 302

Einer der ersten Märtyrer der Christenverfolgung des Decius in Palästina wurde der Dolmetscher und Lektor Procopius. Er hatte von Jugend auf vollkommene Enthaltung geübt und das strengste Leben geführt. Sein Leib war durch die ständige Abtötung einer Leiche ähnlich geworden. Er war als Exorzist berühmt und hatte schon viele Teufel aus Besessenen ausgetrieben.

Als er auf Geheiß des Landpflegers Flavian den Göttern opfern sollte, antwortete er mit den Worten Homers: »Nimmer ist gut vielköpfige Herrschaft! Einer sei Herrscher, einer König!« Flavian ergötzte dieser Feinsinn wenig. Er befahl, Procopius auf der Stelle zu enthaupten.

A: *mit Schergen, die ihm Weihrauch für die Götzen aufzwingen wollen.*
F: *auch 8. Juli.*

8. JULI

Hl. Edgar der Friedfertige

König der Angelsachsen, 943–975

Als der lasterhafte Edwin starb, holten die Völker Englands seinen tugendhaften Bruder Edgar auf den Thron. Seine erste Tat war es, den verbannten hl. Dunstan zurückzurufen und ihn zu seinem Ratgeber zu machen. Daraus entsprang eine glückliche Zeit, in der das Wohl des Volkes und das Gedeihen der Kirche oberstes Ziel der Regierung waren. Schon nannte man den jungen König einen zweite Salomo, da geriet er auf ähnlich gefährliche Abwege wie sein sittenloser Vorgänger.

Er hatte nämlich lange vergebens der Jungfrau Wulfrida nachgestellt, die sich schließlich in ein Kloster flüchtete. Edgar griff zur Gewalt, entführte und entehrte sie.

Nun stellte sich Dunstan offen gegen den Herrscher. Er konnte Edgar in einer wortgewaltigen Predigt zur Reue bewegen und legte ihm eine siebenjährige Buße auf. Danach musste der König zweimal die Woche fasten, reichliche Almosen geben und ein Frauenkloster gründen, um seine Sünde an der einen durch die Chance des Heiles für viele wieder gutzumachen. Wulfrida aber gebar eine Tochter, die hl. Editha, und trat mit dem Mädchen zusammen in das Kloster Wilton ein.

Nach Ablauf der Bußzeit und der Stiftung des Klosters Shaftesbury, setzte Dunstan auf einer Versammlung der Edlen des Reiches Edgar wieder die Krone auf. Bis zu seinem frühen Tod gründete der Herrscher noch viele weitere Klöster und schuf weise Gesetze, deren Befolgung er selbst durch häufige Reisen im Lande überwachte. Als man sein Grab 70 Jahre nach seinem Tod öffnete, war sein Leib unverwest und blutete sogar, wenn man hineinschnitt.

A: *als König neben Christus, der Madonna und dem hl. Petrus.*
F: *auch 24. Mai.*

9. Juli

Hl. Veronica Giuliani

stigmatisierte Nonne, 1660–1727

Die hl. Veronica Giuliani zeigte schon als Kind eine auffallende Bußgesinnung, dabei aber auch Eigensinn. Sie selbst sagte später von sich: »Ich war von Natur zum Zorne geneigt, und jede Kleinigkeit brachte mich so auf, dass ich mit den Füßen zu stampfen anfing.«

Sie lernte jedoch, diese inneren Aufwallungen zu beherrschen. Ihre Liebe zur Askese nahm im selben Umfang zu wie ihr Ekel vor der Welt. Nachdem sie mehrmals Erscheinungen von Jesus hatte, erlaubte ihr der Vater, ein Steuerbeamter aus Piacenza, ins Kloster einzutreten. Das strenge Leben dort übte sie mit solcher Hingabe, dass ihre Oberen sie immer wieder zur Mäßigung mahnen mussten.

In ihrem 34. Jahr erschien ihr ein geheimnisvoller Kelch. Sie bat, ihn leeren zu dürfen. »Zu gegebener Zeit wirst du ihn kosten«, war die geheimnisvolle Antwort. Von da an begann eine nicht enden wollende Kette des Leidens. Veronica durchschritt Nacht, Finsternis und Todesangst. Immer wieder empfand sie die Pein der Dornenkrönung, deren Heftigkeit sie fast tötete. Am Karfreitag 1697 erschien ihr der Heiland und sie erhielt unter großen Schmerzen die heiligen Wundmale an den Händen, den Füßen und der Seite. Die Inquisition unterzog sie einer ernsten Prüfung und behandelte sie wie eine Besessene, ja man drohte ihr mit der Todesstrafe. Gleichzeitig wurden mehrere Ärzte beauftragt, ihre Wunden zu heilen. Veronica ertrug alles in vollkommener Demut, doch ihre Wunden wurden nur noch größer. Erst drei Jahre später zu Ostern verschwanden sie wieder, und es blieben nur rote Flecken zurück. Doch während ihres restlichen Lebens erneuerten sich die Wundmale mehrmals, so auch auf Befehl ihres Beichtvaters.

In den letzten Wochen ihres Lebens ließ Veronica eine Zeichnung vornehmen, in der sie eine plastische Stigmatisierung ihres Herzens – wie bei Clara von Montefalco – vorhersagte und erklärte. Am Tag nach ihrem Tode schnitt man das Herz auf und fand alles so, wie sie es beschrieben hatte: nicht weniger als vierundzwanzig Einprägungen, darunter deutlich erkennbar Geißel, Hammer, Nägel und Lanze. Der Bischof ließ das Herz mit ihrem Körper zusammen bestatten, weshalb bei der Verwesung des Fleisches die wunderbare Reliquie verloren ging.

A: *als Kapuzinernonne mit Wundmalen und Dornenkrone; mit Vermählungsring; mit vom Jesuskinde verwundetem Herz; im Herzen die Marterwerkzeuge Christi.*

Hl. Amalia (Amalberga, Alma, Emilie)

Jungfrau, um 740–772

Um das wohlgestaltete Mädchen aus fränkischem Fürstengeschlecht bewarb sich Karl Martell, der spätere Araberbezwinger, mit solchem Ungestüm, dass er ihr den Arm brach und die Schulter verrenkte. Amalia flüchtete vor seinen weiteren Nachstellungen nach Brabant. Im Kloster Münster-Bilsen fand sie Ruhe und konnte ihre Tage mit frommer Betrachtung und barmherzigen Werken füllen. Einst schöpfte sie Wasser in ein Sieb, trug dieses zu einem trockenen Hügel, und alsbald floß dort eine Quelle. Da in der Gegend Wildgänse großen Schaden anzurichten pflegten, verwandte sich die Heilige durch ihr Gebet für die armen Landleute – erfolgreich; denn von da ab brauchte sich kein Bauer mehr über Gänseschäden zu beklagen.

A: *mit Sieb am Brunnen; mit Fischen (weil Fische das ruderlose Boot mit ihrem Leichnam zum Ort der von ihr gewünschten Ruhestätte lenkten), mit Wildgänsen.*
P: *der Seeleute und Bauern; gegen Armschmerzen und Prellungen; gegen Schiffbruch.*

11. Juli

Hl. Benedikt von Nursia

Vater des abendländischen Mönchtum, um 480–547

In Nursia von edler Familie geboren, kam Benedikt mit vierzehn Jahren nach Rom. Das Heimweh nach den Bergwäldern seiner Heimat ließ ihn das Studium abbrechen. Es zog ihn unwiderstehlich in die Einsamkeit. In einer fast unzugänglichen Höhle oberhalb Subiaco ließ er sich nieder und übte die strengste Askese. Beeren und Kräuter, ab und zu einen Korb voll Käse und Brot brachte ihm der Jüngling Romanus. Da lebte Benedikt einige Jahre in Armut, Abtötung und Andacht. Gegen Anfechtungen des Fleisches wälzte er sich nackt im

Dornengesträuch am Höhleneingang. Mit der Zeit fanden sich Schüler ein und schlugen zwölf Zellen (aus denen später zwölf Klöster wurden) in die steilen Felswände.

Sie wählten Benedikt zu ihrem Abt und gelobten ihm Gehorsam. Benedikt hatte freilich auch Neider unter den Mönchen im Berg. Diese gossen ihm einmal Gift in ein Trinkglas, aber als Benedikt es segnete, zersprang es. Ein andermal wurde ihm vergiftetes Brot gereicht, aber ein Rabe kam geflogen und pickte es ihm aus der Hand. Sein größter Feind war der Mönch Florentius, der mehrere vergebliche Anschläge auf das Leben des Heiligen unternahm. Schließlich griff er zu einer List. Er holte sieben Dirnen aus der Stadt und ließ sie nackt im Klostergarten tanzen. Dies war Benedikt zu viel. Mit einigen wenigen Getreuen und drei gezähmten Raben zog er davon. Florentius sah ihm händereibend von einem Söller aus nach. Als er vor Freude über seinen Sieg gar in die Luft sprang, brach der Söller aus der Mauer und zerschellte mitsamt dem Bösewicht im Abgrund.

Am Monte Cassino zerstörte Benedikt den alten Apollotempel und errichtete auf seinen Trümmern eine Kapelle für Johannes den Täufer. Wieder gründete er eine neue Gemeinschaft. Ihre Prinzipien waren absoluter Gehorsam, strenge Disziplin, unaufhörliches Gebet, ständige schwere Arbeit, Genügsamkeit in Essen und Trinken, hartes Lager und grobe Kleidung. Papst Gregor der Große zog die Regeln Benedikts allen anderen vor – und so begann der Siegeszug des auf diesen Regeln gründenden abendländischen Ordenswesens.

A: *im Benediktinerhabit, mit Dornen, mit Becher, aus dem eine Schlange sich ringelt; mit Raben, der Brot im Schnabel trägt; zusammen mit seiner Schwester, der hl. Scholastika.*
P: *des Abendlandes (seit Pius XII.), von Biel, Bologna, Mons, Monte Cassino, Palermo und Seligenstadt; der Kupferschmiede, Rotgießer, Bergleute, Höhlenforscher, Lehrer, Schulkinder; der Sterbenden; gegen Nieren- und Gallensteinschmerzen, Gesichts- und Gürtelrose, Fieber und Vergiftungen.*
F: *auch 21. März und 4. Dezember.*

Hl. Johannes Gualbertus

Ordensstifterder Vallombrosaner, um 995–1073

Der vielversprechende Jüngling aus reichem Florentiner Hause ergab sich einem weltlichen Leben. Als sein Bruder in einem Duell umkam, wollte Johannes die damals verbreitete Blutrache üben. Am Karfreitag legte er mit einer Schar Freunde dem Mörder einen Hinterhalt. Als Johannes mit gezücktem Stahl über ihm stand, warf sich dieser auf die Knie und bat im Namen Jesu um Gnade. Da blitzte es in der Seele des Jünglings auf, er umarmte den Feind und sprach: »Was du in Jesu Namen von mir begehrst, kann ich dir nicht abschlagen!« Er eilte in die nahe Benediktinerabtei und warf sich vor dem Kruzifix zu Boden. Plötzlich war ihm, als ob ihm der Gekreuzigte zunicke – als Billigung der Schonung des Todfeindes, und kurzentschlossen bat er den Abt um Aufnahme ins Kloster.

Nach einigen Jahren zog er in ein stilles Tal, das von den umliegenden Bergen beschattet wurde, und baute sich eine Einsiedlerhütte. Sein Ruf war jedoch so außerordentlich, dass sich bald viele Jünger einfanden. Daher ließ er auf geschenktem Grund ein Kloster erbauen. Von den Mönchen wurden neben Gebet und Arbeit besondere Leistungen der Demut und Selbstverleugnung verlangt. So entstand der von den Päpsten geförderte Orden der Vallombrosaner, aus dem viele hervorragende Kirchenmänner hervorgegangen sind. Gualbertus starb in seinem 77. Jahr während des Gebets.

A: *mit Bild Christi in der Hand; mit Kreuzstab und Buch.*
P: *gegen Besessenheit.*

Hl. Mildreda

Äbtissin zu Minster-in-Thanet, † um 725

Mildreda war die Schwester der hl. Milburga und der hl. Mildgitha, von welcher nur bekannt ist, dass sie eine hl. Nonne war. Als Tochter der hl. Ethelburga und Prinzessin aus dem Hause der Könige von Mercia erhielt sie eine ausgezeichnete Erziehung in Frankreich, in der Abtei Chelles bei Paris. Die dortige Oberin versuchte allerdings, Mildreda mit einem Jüngling aus ihrer Verwandtschaft zu verkuppeln. Der Widerstand der frommen Jungfrau reizte ihren Zorn, und so setzte sie nicht nur Drohungen, sondern sogar Misshandlungen aller Art ein, um zum Ziel zu gelangen. Aber Mildreda blieb standhaft und kehrte nach England zurück.

Ihre Mutter hatte von König Egbert von Kentals Sühne für die Ermordung ihrer Söhne Ethelred und Ethelbricht das Kloster Minster-in-Thanet erhalten. Als erste Äbtissin führte sie 70 Nonnen zu einem gottgefälligen Leben, bis sie nach vielen Jahren die Leitung der Abtei an die Tochter weitergab. Mildreda zeichnete sich durch außerordentliche Sanftmut und Freigebigkeit gegenüber den Armen aus, insbesondere den Witwen und Waisen.

Sie starb nach langer schwerer Krankheit und wirkte nach ihrem Tode viele Wunder. Der von allen verlassenen, verzweifelten Gemahlin Eduard des Bekenners erschien sie als einzige Trösterin. Ein Glöckner, der vor ihrem Reliquienschrein eingeschlafen war, wurde von der Heiligen mit einer kräftigen Ohrfeige geweckt. »Es ist hier der Ort zu beten und nicht zu schlafen«, sprach ihre Erscheinung zu ihm.

A: *als Äbtissin mit Buch, zusammen mit ihren Schwestern; auch mit Engeln, die ihr eine Krone reichen.*

Hl. Camillus von Lellis

Stifter des Ordens der Kamillianer, 1550–1614

Seine Mutter träumte in der Nacht vor der Geburt, sie bringe einen Knaben zur Welt, der auf der Brust ein Kreuz trage und eine große Schar anderer Knaben im selben Gewand anführe. Die Bedeutung des Traumes erkannte man erst, als der hl. Camillus einen Orden stiftete, dessen Mitglieder auf der Brust ein rotes Kreuz tragen. Mutter und Vater waren da schon lange tot. Camillus hatte sie früh verloren und war ziemlich verwahrlost aufgewachsen. In der Schule lernte er nichts, dafür umso besser in Spelunken das Würfel- und Kartenspiel. Eine so unbändige Leidenschaft fasste er zum Spiel, dass er im Nu das ganze väterliche Erbe verloren hatte. Um das Unglück voll zu machen, brachen an seinen Füßen bösartige Geschwüre aus. Er diente bei Handwerkern als Taglöhner, aber sowie er nun ein wenig Geld auf der Hand hatte, verspielte er alles wieder.

Mit 25 Jahren jedoch ergriff ihn Verzweiflung über seine Sünden. Er bereute ernsthaft und bekehrte sich. Sein Gesuch um Aufnahme ins Kloster wurde wegen seines Fußübels abschlägig beschieden. So zog er nach Rom ins Jakobsspital, diente dort als Krankenwärter und wurde schließlich zum Verwalter der Einkünfte bestimmt. Er stellte schnell fest, wie schlecht die um Geld arbeitenden Krankenpfleger ihre Pflicht erfüllten, und überlegte, ob man nicht Menschen finden könnte, die in der Hoffnung auf einen ewigen Lohn freiwillig und ohne zeitliches Entgelt dienen wollten. So versuchte er es mit der Gründung einer Vereinigung, und tatsächlich fanden sich Mitglieder, die ohne Geld die Pflegearbeit leisteten. Bald konnte man sich ein eigenes Haus kaufen, in dem man gemeinschaftlich lebte. Daraus entstand der Orden der Kamillianer, die man auch »regulierte Kleriker für den Krankendienst«, »Väter vom guten Tod« oder »Agonizanten« nannte.

Camillus ging als Vorbild voran und pflegte mit Vorliebe Kranke, vor denen alle anderen Widerwillen hatten. Nicht selten fiel er in Ohnmacht, da er seines schmerzhaften Fußübels nicht geachtet hatte. Zur Zeit der Pest las er persönlich die Kranken von der Straße auf und schleppte sie auf den Schultern zu seiner Wohnung. Der hl. Philipp

Neri bezeugt, dass er selbst öfter gesehen habe, wie Camillus beim Krankendienst Engel zur Hand gingen.

Dem Heiligen war kein leichter Tod beschieden. Zu den schwärigen Füßen kam ein Gallensteinleiden, zu dem sich Nierenkoliken gesellten. Es dauerte 33 Monate, bis er von den geduldig ertragenen Leiden erlöst wurde.

A: *mit Ordensgewand und Kreuz auf der Brust, Engel neben ihm; Kranke pflegend.*
P: *aller in der Kranken- und Krüppelpflege Arbeitenden; der Kranken und Sterbenden.*
F: *auch 15. und 18. Juli.*

⁕

Sel. Caspar de Bono

1530–1604

Als Seidenhändler in Valencia erfolglos, wurde Caspar Kavallerist. Mitten im Schlachtengetümmel erkannte er seine Berufung. Er gelobte, sein künftiges Leben ganz Gott zu weihen und sich dem Orden des hl. Franz von Paula, den so genannten Minderbrüdern oder Minimen, anzuschließen. Schwer verwundet wurde er ehrenvoll aus dem Dienst entlassen und bat um Aufnahme in den Orden. Obgleich er bis an sein Lebensende unter schweren Krankheiten litt, übertraf er alle Brüder in der Strenge körperlicher Abtötung und Buße. Zweimal wurde er zum Korrektor seiner Ordensprovinz gewählt und sorgte für die kompromisslose Einhaltung der strikten Regel.

Sein Vorbild wirkte auch nach seinem Tod, und viele Brüder führten sein Beispiel und seine Worte an. Besonders aber seine Wunder waren in aller Munde. Dies ärgerte den Laienbruder Matteo Villacagnas, und er leugnete bei jeder Gelegenheit die Wunder Caspars. »Wenn Caspar wirklich so viele Wunder getan hat, warum tut er sie dann nicht im eigenen Kloster?« Er spielte damit auf den wahnsinnigen Bruder Gabriel an, der häufig Delirien und Tobsuchtsanfälle hatte. Dieser zerriss alles, was ihm in die Hände kam, und musste dann festgebunden werden.

Als der Kranke wieder einen Anfall hatte und alle seine Kleider zerriss, packte Bruder Matteo den Halbnackten und schleifte ihn zu dem Altar, unter dem Caspar begraben war. Er steckte Gabriels Kopf unter den Altartisch und sagte: »Herr, wenn Padre Caspar dieses Wunder nicht wirkt, dann werde ich weder an seine Heiligkeit noch an seine Wunder glauben, vielmehr werde ich begriffen haben, dass alles nur Einbildung und dummes Zeug ist.« Die umstehenden Brüder erschraken bei dieser Rede, aber noch mehr erschütterte sie das Verhalten Gabriels. Dieser ließ von seinem Toben ab, erhob sich sacht und schien alle Umstehenden zu erkennen. Nach drei Tagen ging er zu Matteo und bat um die Rückgabe seiner Gewänder: es gehe ihm wieder gut.

F: *auch 18. August.*

15. Juli

Hl. Rosalia von Palermo

Einsiedlerin und Jungfrau, um 1100–1160

Als im Jahre 1624 in Palermo die Pest wütete, fanden Schatzsucher zufällig in einer Höhle auf dem Monte Pellegrino einen hervorragenden Felsen, unter dem sie Beute vermuteten. Sie zerschlugen ihn und entdeckten darunter einen Hohlraum, in dem ein Totenschädel lag. Da es seit langem die Sage einer im Berg ruhenden heiligen Rosalia gab, war die Stadt sofort davon überzeugt, dass es sich um ihre Gebeine handeln müsse. Die Obrigkeit ließ das Felsengrab untersuchen, und Anatomen gaben das Gutachten, es seien alles Knochen von einem weiblichen Körper. Im Volk wuchs das Vertrauen auf die Fürbitte der Heiligen, es glaubte fest an ein bevorstehendes Ende der Seuche. Nach langen Beratungen, während deren die Pest bald nachließ, bald wieder zunahm, wurden die Gebeine schließlich für echt erklärt und im Dom beigesetzt. Die Massen jubelten und strömten zu dem Grabmal, und tatsächlich verschwand die Seuche nach einiger Zeit. Nun wurde die Höhle erneut untersucht und die Verkrustungen, die sich durch Feuchtigkeit gebildet hatten, abgeschabt. Und endlich fand man eine eingegrabene Inschrift: »Ich, Rosalia, Tochter des Sinibald, Herrn von

Quisquina und Rosa, habe aus Liebe zu Christus in dieser Höhle zu wohnen beschlossen.« Die Gelehrten suchten und forschten begierig nach älteren Nachrichten vom Leben der Heiligen, aber die frühesten Meldungen waren nicht älter als etwa hundert Jahre. Danach war Rosalia eine Eremitin im 12. Jahrhundert. Die Gläubigen in Italien und vor allem in Sizilien verehren sie seither als Pestheilige.

A: *als Einsiedlerin im braunen Gewand, Bußkette um den Leib; als Nonne mit Kranz von weißen Rosen auf dem Kopf; mit Engel, Buch, Lilie, Totenkopf.*
P: *von Palermo; gegen die Pest.*

16. Juli

Hl. Reineldis (Reinilde, Rainalda)

Jungfrau und Märtyrerin, † um 680

Die jungfräuliche Gräfin Reineldis war die Tochter der hl. Amalberga, Schwester der hl. Gudula sowie Nichte des hl. Aldebert. Sie verschenkte den größten Teil ihres Erbes an die Armen und pilgerte ins Heilige Land. Nach ihrer Rückkehr lebte sie auf einem ihrer Landgüter in der Nähe von Hal in Brabant. Bei einem Einfall der Ostfriesen und Niedersachsen blieb auch sie nicht verschont. Schutz suchend floh Reineldis in die Kirche von Saintes und schloss sich dort ein. Die rohen Heiden aber erbrachen die Tore, rissen Reineldis vom Altar, schleiften sie an den Haaren herum und hieben ihr schließlich den Kopf ab. Nach ihr ist bei Saintes eine Quelle benannt, deren Wasser gegen Geschwüre helfen soll.

A: *als Pilgerin mit Palme oder vor der Mater dolorosa betend.*
P: *der Landschaft Conde; gegen Schwären und Wunden.*

Hl. Alexius

Bettler, † 417

Der hl. Alexius stammte aus einer sehr reichen Familie. Obgleich er oft mit dem Gedanken an ewige Keuschheit gespielt hatte, fügte er sich dem Willen der Mutter und heiratete eine begüterte und fromme Braut. In der Hochzeitsnacht entspann sich ein furchtbarer Kampf in seiner Brust – doch der Himmel siegte. Alexius führte die Braut ins Schlafgemach, zog einen Ring vom Finger und steckte ihn an den ihrigen. Dann löste er seinen Gürtel und reichte ihn ihr zum Angedenken.

Mit etwas Reisegeld lief er zum Hafen und bestieg ein segelfertiges Schiff. In Edessa und Mesopotamien verschenkte er sein restliches Geld, zog stinkende Lumpen an und lebte 17 Jahre lang als Bettler vor Kirchentüren. Nach Ablauf dieser Zeit kehrte er unerkannt nach Rom zurück und richtete es so ein, dass er vor seines Vaters Haus unter der Haupttreppe leben konnte. Von den Abfällen aus der Küche ernährte er sich. Die Diener hielten ihn für einen Blödsinnigen, neckten und verhöhnten ihn, boten ihm Maulschellen, begossen ihn mit Spülwasser oder trieben anderen Mutwillen mit ihm. Er aber erduldete alles schweigend, obwohl er nur hätte sagen müssen: »Ihr Elenden, ich bin der Sohn des Hausherrn.«

So verbrachte er weitere 17 Jahre in Selbstverleugnung. Bei einem Hochamt des Papstes Innozenz I. ertönte eine Stimme, die verkündete, beim Hause des Euphemias sei ein Heiliger. Alles eilte zu dem Ort und fand dort den toten Alexius unter der Haupttreppe. Er hielt einen Zettel umklammert, auf den er seinen Lebensbericht gekritzelt hatte. Vor dem Schmerz der Eltern und der altgewordenen Braut versagt jede Beschreibung. Doch bald wurden sie getröstet, denn vom Grabe des Alexius gingen viele Wunder aus.

A: *unter einer Treppe liegend, während eine Magd Wasser über ihn gießt.*
P: *der Bettler, Gürtelmacher, Pilger.*

Hl. Arnold

Spielmann, † 800

Arnold war ein begnadeter Lautenspieler und soll aus Griechenland an den Hof Karls des Großen gekommen sein. Sein Spiel, das er nach dem Vorbild Davids Gott widmete, erfreute den König stets, und dieser hielt ihn in großen Ehren. Auf einem Jagdausflug in die Jülicher Lande spielte Arnold wieder einmal so Herz bewegend, dass der gerührte König ihm einen Wunsch freistellte. Arnold dachte an die armen Bauern der Gegend und bat um so viel Wald, wie er während des Mittagsmahles umreiten könne. Sein Wunsch wurde gewährt. Der schlaue Spielmann stellte nun an verschiedenen Plätzen frische Pferde auf, so dass er im Dauergalopp den ganzen Bürgenwald umreiten konnte. Bei jedem Pferdewechsel zeichnete er mit einem Schwerthieb einen Baum. Das Mahl war noch nicht beendet, als Arnold heransprengte und der Tafelrunde von seinem Reiterstück berichtete. Karl glaubte ihm aufs Wort und drückte auf die vorbereitete Schenkungsurkunde seinen Siegelring. Arnold aber schenkte den Wald den umliegenden Gemeinden.

A: *mit Laute.*
P: *der Zither- und Lautenmacher und der Musiker.*
F: *auch 1. Dezember.*

⁕

Hl. Symphorosa mit ihren sieben Söhnen

Märtyrer, † um 130

Als Kaiser Hadrian einmal reiche Opfer geschlachtet hatte und das Orakel zu befragen wünschte, verweigerten ihm seine Götzen jede Auskunft. Sie sagten: »Die Witwe Symphorosa und ihre sieben Söhne quälen uns täglich durch die Anrufung ihres Gottes. Wenn sie damit aufhört und uns opfert, dann werden wir wieder weissagen.«

Hadrian ließ die Witwe mitsamt ihren Söhnen kommen und versuchte sie erst mit sanften Worten, dann mit Drohungen zum Opfer zu bewegen. Doch sie blieb standhaft. Da befahl er, sie mit Backenstreichen zu schlagen, damit ihr schönes Gesicht verunstaltet werde. Es focht ihren Glauben nicht an. Nun wurde sie an den Haaren aufgehängt und schließlich mit Steinen um den Hals ins Wasser geworfen. Am folgenden Tag gebot der Kaiser, die Söhne an sieben Pfähle zu binden. Mit Winden wurden ihnen die Gelenke auseinander gerissen, aber sie ermunterten sich nur gegenseitig zur Ausdauer. Nun wurde Crescentius erdrosselt, Julianus durch einen Dolchstich in die Brust getötet, dem Nemesius das Herz mit einer Lanze durchbohrt, Primitivus der Leib durchstochen, Justinus die Hüften zerschmettert, Stactäus die Seite aufgeschnitten und Eugenius, der Jüngste, von oben nach unten gespalten.

A: *als Matrone mit turbanartiger Kopfbedeckung, mit ihren sieben Söhnen, alle mit Palme.*

19. Juli

Hl. Makrina die Jüngere

Jungfrau, um 327–379

Makrina war das älteste Kind der hl. Emmelia und des hl. Basilius des Älteren, Enkelin der hl. Makrina der Älteren und Schwester des hl. Basilius des Großen, des hl. Gregor von Nyssa und des hl. Petrus von Sebaste. Obgleich sie von außerordentlicher Schönheit war, bewahrte sie ihre Keuschheit, blieb stets bei ihrer Mutter und half dieser bei der Verwaltung der großen Liegenschaften der Familie. Als sie an einem Krebsübel erkrankte, litt sie lange Zeit heftige Schmerzen. Es bestand die Gefahr, dass man die Geschwulst an der Brust aufschneiden musste, wenn das Leiden nicht unheilbar werden sollte. Ihre Mutter bat sie, einen Arzt zu Rate zu ziehen, aber Makrina hielt die Entblößung ihres Körpers vor männlichen Augen für schlimmer als die Krankheit. Eines Abends ging sie in die Kapelle und lag die ganze Nacht auf den Knien vor dem Kruzifix. Den von ihren Tränen feuchten Staub auf dem Boden rieb sie sich auf die Brust und bat am Morgen die Mutter, mit dem Daumen das Kreuzeszeichen auf die Brust zu machen. Nach kurzer Zeit war das Krebsübel verschwunden, und es blieb nur ein unscheinbares Mal zurück, das der hl. Gregor am Leichnam seiner Schwester noch bemerkte.

Sie starb in äußerster, freiwilliger Armut. Sogar das Leichengewand musste von der Kirche erbeten werden. Ihre gesamte Hinterlassenschaft bestand in einem kleinen Eisenkreuz und einem schlichten Kupferring. Diesen behielt Gregor für sich, während er das Kreuz der Klosterfrau Vestiana schenkte. »Du hast gut gewählt«, sagte sie zu ihm, »denn der Ring ist hohl und enthält einen Splitter von Christi Kreuz.«

A: *zwei Hirschkühe neben sich (die sie einmal in der Einsamkeit ernährten).*

20. Juli

Hl. Margareta

Märtyrerin, † um 307

Obgleich Tochter eines Götzenpriesters aus Antiochia, wurde sie von einer Haussklavin im christlichen Glauben erzogen. Als der Vater bemerkte, dass sie dem Gekreuzigten anhing, versuchte er mit allen Mitteln ihren Willen zu brechen. Aber Margareta bewahrte auch bei schlechter Kleidung, karger Kost und härtester Arbeit ihren guten Sinn. Da verklagte sie der Vater beim Präfekten. Der entbrannte sofort in leidenschaftlicher Begierde zu ihr und bot ihr die Ehe an. Als sie ihn zurückwies, verwandelte sich seine Brunst in Abneigung. Er ließ sie entkleiden und auf die Folter spannen. Sie wurde mit Ruten gepeitscht und mit eisernen Kämmen gebürstet, bis sich das Fleisch von den Knochen ablöste. Das Volk begann wegen solcher Grausamkeiten zu murren, und so warf man sie in den finstersten Kerker.

Dort nahte sich ihr der Teufel in Gestalt eines Drachen und stürzte zischend auf sie. Die Jungfrau schlug das Kreuzeszeichen und setzte dem Untier unerschrocken den Fuß auf den Nacken. Das Reptil verwandelte sich in seine wahre Teufelsgestalt und schrie: »Oh, ich bin besiegt. Hätte es ein Mann getan, so wäre es zu ertragen, aber nun bin ich zu meiner Schande von einer Jungfrau überwältigt. Dabei ist dein Vater mein guter Freund.«

Margareta zwang ihn, sein Wissen zu offenbaren. Und er erzählte ihr, dass Salomo die ungezählte Schar der Geister in ein einziges Gefäß gebannt habe. Als Salomo aber tot war, hätten die Geister ein Feuer über dem Gefäß erscheinen lassen. Die Menschen hätten geglaubt, ein großer Schatz sei darin verborgen, und deswegen das Gefäß zerbrochen. So wurden die Geister befreit und erfüllten die Lüfte. Nun gab Margareta den Teufel frei. Sie dachte bei sich: »Wer den Herrn besiegt, der braucht vor den Dienern keine Angst zu haben.« Als sie anderntags erneut zum Götzenopfer geführt wurde, schleuderte sie dem Präfekten entgegen: »Du schamloser Hund, du hast Gewalt über den Leib, aber meine Seele bleibt Christo ergeben!« Der Erzürnte hieß sie nackend auf eine rot glühende Platte legen. Dann tauchte man sie, um ihren Schmerz aufs höchste zu steigern, in eiskaltes Wasser. Als daraufhin die Erde zu beben begann, bekamen es die Henker mit der Angst zu tun. Schnell zerrten sie Margareta aus dem Fass und enthaupteten sie.

A: *mit Drachen (»Wurm«) zu Füßen und Kreuz; auch Weihwasserwedel; im Kerker mit fliehendem Teufel; mit Krone oder Perlenkranz, Fackel und Kamm, zusammen mit den hll. Barbara und Katharina.*
P: *von Corneto, Cremona, Montefiascone, Paris; der Ammen, der Bauern; der Frauen, Schwangeren und Wöchnerinnen; gegen Gesichtskrankheiten und Wunden; für Fruchtbarkeit; zählt zu den 14 Nothelfern.*

21. Juli

Hl. Goar

Einsiedler, † 575

Woher der hl. Goar seine Priesterwürde hatte, war unbekannt. Aber in seiner Klause in Boppard fand jeder Reisende offene Tür, wurde bewirtet und erquickt.

Bald verleumdete man Goar beim Bischof Rusticus, er sei ein Schwelger und Saufaus, ein geschwätziger Gleisner, der seine Eremitenzelle zu einer Zechstube herabwürdige und mit gemeinem Lumpengesindel in brüderlicher Eintracht lebe. Rusticus schickte zur Überprüfung zwei Beamte, die von Goar tatsächlich mit dem Besten, was er hatte, bewirtet wurden. Zunächst dachte er sich nichts bei ihren höhnischen Kommentaren, auch dann nicht, als sie eine Wegzehrung für die Weiterreise ablehnten. Nach ihrem unfreundlichen Abschied wurde er jedoch stutzig und folgte ihnen. Die Abgesandten fühlten sich nach mehrstündigem Ritt, der sie immer tiefer in Wald und Gestrüpp geführt hatte, völlig erschöpft und meinten schon verdursten zu müssen. Als Goar sie erreichte, flehten sie: »Hilf uns, wir sterben!« Goar kniete zum Gebet nieder, und alsbald traten drei Hirschkühe aus dem Dickicht, die sich von ihm melken ließen. Damit stärkte er die Herren und begleitete sie nach Trier. Bischof Rusticus aber ließ sich durch ihre Erzählungen nicht von seiner schlechten Meinung abbringen. Er wollte Goar bestrafen.

In diesem Augenblick trat ein Diener mit einem vor der Kirchentür ausgesetzten Säugling herein. Rusticus rief: »Wenn du, Einsiedler, uns die Mutter dieses Kindes nennen kannst, bist du ein Heiliger – wenn nicht, bist du ein Zauberer und musst sterben!« Goar kniete nieder und betete zu Gott. Dann fragte er das Kleine: »Wer sind deine Eltern?« Das aber tat den Mund auf und sagte: »Meine Mutter ist Flavia und mein Vater Bischof Rusticus!« Da erblasste der Bischof, fiel Goar zu Füßen, legte sein Amt nieder und büßte bis ans Ende seiner Tage.

A: *mit drei Hirschkühen, Milchtopf in der Hand; Hut und Kutte an einem Sonnenstrahl hängend; mit Teufel auf der Schulter; auf Teufel tretend und Kirche in der Hand haltend.*
P: *von St. Goar am Rhein; der Gastwirte, Schiffer, Töpfer, Winzer und Ziegeleiarbeiter; für Erhaltung des ehrlichen Namens.*
F: *auch 6. und 9. Juli.*

Hl. Maria Magdalena

Jüngerin Christi

Wie ihre Schwester Martha unterstützte Maria Magdalena Jesus mit ihrem Vermögen. Er hatte sie sehr lieb und verteidigte sie gegen die Vorwürfe, eine Müßiggängerin und Verschwenderin zu sein. Sah er sie weinen, weinte er auch. Für sie erweckte er ihren Bruder Lazarus von den Toten, und ihr erschien er nach der Kreuzigung als erster. In der Tradition der Kirchenväter war sie es auch, der er sieben Teufel austrieb (Luk. 8,2), die ihm mit ihren Tränen die Füße wusch und sie mit den Haaren trocknete, der er ihre schweren Sünden der Wollust vergab, »weil sie viel geliebt hat« (Luk. 7,47).

Nach Christi Himmelfahrt zogen die Jünger in mancherlei Länder, um den neuen Glauben zu verkünden. Magdalena kam zusammen mit Martha, Lazarus und Maximin, einem der 72 Jünger, sowie einigen anderen Christen nach Massilia (Marseille). Da sie keine Herberge fanden, lagerten sie in der Vorhalle eines Heidentempels. Dorthin kam ein Fürst, um wegen der Unfruchtbarkeit seiner Ehe Rat bei den Göttern zu suchen. Magdalena aber überzeugte ihn durch ihre Rede und durch mehrere Traumgesichte von Christus, und er zeigte sich zur Taufe bereit, wenn seine Frau einen Sohn gebäre. Bald ward diese schwanger, und beide reisten mit dem Schiff nach Rom, um dort den Segen des hl. Petrus zu erlangen.

Unterwegs wurde das Meer aber stürmisch, und Aufregung und Angst lösten bei der Frau die Wehen aus. Mitten im Unwetter gebar sie einen Sohn und starb. Die abergläubischen Matrosen wollten den Leichnam schon über Bord werfen, doch da kam ein Felseneiland in Sicht, und der Fürst bewegte sie mit vielen Bitten zur Landung. Er trug den Körper seiner Gemahlin an einen geschützten Platz, bettete ihn auf seinen Mantel und legte den wimmernden Säugling an ihre Brust. Denn er sah keine Möglichkeit, ihn auf See zu ernähren.

In Rom angekommen, suchte der Fürst den hl. Petrus auf, wurde sein Schüler und begleitete ihn nach Palästina. Nach zwei Jahren kehrte er zu Schiff nach Massilia zurück, und wieder führte die Route an der Insel vorbei. Mit Versprechungen gewann er die Mannschaft für die geringfügige Kursänderung, und man legte an. Als er am

Felsenstrand hochstieg, sah er ein Kind mit Steinen spielen, doch als er näher trat, erschrak der Kleine, floh zu seiner Mutter und versteckte sich unter ihrem Mantel. Beglückt sah der Vater, dass sein Weib unversehrt war und das Knäblein aus ihrer Brust trank. Er rief in Gedanken Magdalena an, denn das Wunder schien ihm auf ihre Macht zurückzugehen. Im selben Moment schlug seine Frau die Augen auf und sagte, als erwache sie gerade aus dem Schlaf: »Heilige Maria Magdalena, Lob sei dir, dass du mir einen Sohn geschenkt hast und so für mich sorgst.« Dann erzählte sie dem staunenden Mann, dass sie von Magdalena die ganze Zeit an seiner Seite geleitet worden sei, zu Petrus, nach Jerusalem und wieder zurück.

In Massilia eilten sie sofort zu der Heiligen, warfen sich ihr zu Füßen und ließen sich von Maximin taufen. Dann zerstörte der Fürst alle Heidentempel im Lande, und Lazarus wurde Bischof von Massilia. Magdalena aber zog sich in eine raue Wildnis zurück. 30 Jahre lebte sie dort noch als Einsiedlerin, und jeden Tag wurde sie für eine Stunde von einer Engelschar in den Himmel getragen.

Ihre Reliquien wurden in vielen Kirchen Europas verteilt, u.a. in Neapel, Marseille, Paris, Exeter, und Fecamp in der Normandie. Dorthin kam einst der Hl. Bischof Hugo von Lincoln (1140–1200), ein großer Reliquienverehrer und -sammler. Bei den Benediktinern von Fecamp wurde als kostbarste Reliquie ein Armknochen der hl. Maria Magdalena verehrt. Bei einer Visitation forderte Hugo die Mönche auf, ihm den in eine prachtvoll bestickte Seidenhülle eingenähten Knochen bar zu zeigen. Doch keiner wagte es, das Tuch zu zerschneiden. Da ließ sich Hugo ein kleines Messerchen geben und trennte persönlich die Nähte auf. Er küßte den Knochen und drückte ihn an die Augen. Gleichzeitig versuchte er, ein Stückchen davon abzubrechen. Als dies nicht gelang, »nahm er ihn zuerst zwischen die Vorder-, dann zwischen die Backenzähne und brach mit festem Biß zwei Stücke aus ihm heraus. « Dem wütenden Protest der Mönche begegnete er mit dem Argument, er erweise der Heiligen damit dieselbe Ehre wie dem allerheiligsten Herrn in der Hostie.

A: *als Büßerin in einer Höhle, nur mit einem Fell bekleidet oder vom Haar wie einem Mantel umgeben, neben ihr ein Totenkopf und Bußinstrumente (Geißel); mit Salbgefäß; von Engeln gespeist oder von ihnen zum Himmel getragen; Jesu Füße mit den Haaren trocknend; unter dem*

Kreuz, den Balken umklammernd; beim Begräbnis oder der Auferstehung; im Gegensatz zu Maria von Ägypten immer jung und schön, gelegentlich in späteren Zeiten von den Künstlern halbnackt dargestellt.
P: *von Autun, Marseille, Neapel, der Provence; der Drogisten, Friseure und Kammmacher, Parfum- und Puderfabrikanten, der Salbenhändler, der Bleigießer, Böttcher, Futteralmacher, Gärtner, Handschuhmacher, Schüler, Studenten, Weißgerber, Winzer und Weinhändler, Wollweber; der reuigen Dirnen und der Verführten; der Frauen; der Kinder, die schwer gehen lernen; wird besonders angerufen bei der Salbenbereitung; gegen die Pest.*

23. Juli

Hl. Birgitta von Schweden

Ordensstifterin, 1302–1373

Birgitta stammte aus edlem Geschlecht und wurde fromm erzogen. Schon als Mädchen war sie mit der Fähigkeit zur Gottesschau begabt. Dennoch gehorchte sie ihren Eltern und heiratete 14-jährig den 18-jährigen Ritter Ulf Gudmarsson. Diesem war sie bald zugetan, und sie schenkte ihm vier Söhne und ebenso viele Töchter. Eine von diesen, Katharina, sollte einst selbst eine Heilige werden.

Fast 20 Jahre wirkte Birgitta als Hausherrin, die allen Pflichten ihres adeligen Standes glanzvoll nachkam. Dabei blieb ihr Herz stets geöffnet für die Armen und Kranken. Die Kinder erzog sie zu Frömmigkeit, Zucht und Bescheidenheit.

1335 holte der König das edle Paar an den Hof, doch die Ränke und Intrigen dort erfüllten beide mit tiefer Sorge um Schweden. Deshalb unternahmen sie eine Wallfahrt zum Grab des heiligen Jakob nach Compostela. Große Strecken zu Fuß zurücklegend, kamen sie durch die kriegsverheerten Lande Flanderns und lernten das Elend der breiten Volksmassen kennen. Ulf war von dem Erlebnis so beeindruckt, dass er sich nach der Rückkehr in ein Zisterzienserkloster zurückzog. Dort starb er nach kurzer Zeit.

Sein Tod ließ in Birgitta einen lange zurückgedrängten Wunsch hervortreten. Damit sich ihre Seele ganz zu Gott erheben könne, legte sie mit Ulfs Ring ihre Vergangenheit ab. Von da an trug sie ein härenes Magdsgewand und schlief auch in der kältesten Winterzeit auf dem Boden. Jeden Freitag ließ sie heißes Kerzenwachs auf ihren Arm träufeln, bis eine Wunde entstand, die sich jeden Freitag erneuerte. Um nachzuempfinden, was der Gekreuzigte schmeckte, als man ihm den Essigschwamm reichte, nahm sie ein bitteres, in Essig eingelegtes Kraut zu sich. Dies tat sie auch, wenn ihr versehentlich einmal ein ungerechtes Wort entfahren war.

Die himmlischen Erscheinungen ihrer Kindheit kehrten zurück, und Jesus nahm sie darin förmlich als seine Braut an. Er trug ihr die Stiftung eines Ordens auf, dessen Fundament streng nach Geschlecht gesonderte Doppelklöster sein sollten. Jedem hatte eine Äbtissin vorzustehen, im Gedenken an Maria, die nach der Himmelfahrt Jesu Leiterin der jungen Kirche gewesen war. Einmal erschien ihr Maria und sagte ihr: »Ich bin empfangen ohne Erbsünde.« (Vgl. dazu aber die Hl. Katharina von Siena.)

1349 reiste Birgitta nach Rom und schaltete sich in die Kirchenpolitik ein. Sie sandte Mahnschreiben an die Päpste, aus dem Exil in Avignon wieder in die Ewige Stadt zurückzukehren. Auf einer Wallfahrt ins Heilige Land verfasste sie eine »Botschaft an alle Welt und Obrigkeit«, die den Mächtigen ins Gewissen redete und zu allgemeiner Buße und Umkehr mahnte. Als Jesus ihr längere Zeit nicht mehr erschien, war sie sehr niedergeschlagen, bis er ihr kurz vor ihrem Tod in einer Vision mitteilte: »Ich habe mit dir getan wie ein Gemahl, der sich verbirgt, um deine Liebe noch inbrünstiger zu machen. Doch jetzt ist deine Zeit gekommen.« Es war der 23. Juli 1373.

Der Birgittenorden zählte in seiner Blütezeit 79 Klöster. Er erlag später den Stürmen der Reformation.

A: *ein Herz haltend, auf dem ein Kreuz abgebildet ist; als Nonne schreibend, manchmal auf Diktat eines Engels; als Pilgerin mit Hut und Stab; mit dem Kreuz Teufel bannend; mit (durch ihr Gebet) gefüllten Scheunen.*

P: *von Schweden; der Pilger; für gute Sterbestunde.*

F: *auch 8. Oktober.*

Hl. Charbel Makhluf

Mönch, Wundertäter, 1828–1898

Der heilige Charbel wurde als Jussuf Antoun Makhlouf in einem kleinen libanesischen Bergdorf geboren. 23 jährig trat er in den libanesischen Maronitenorden ein. Er erhielt den Namen Charbel, der auf einen frühen christlichen Märtyrer zurückgeht. Er wollte Mönch werden und fand im Cyprian-Konvent von Kfifane den Heilige Nimatullah sein Lehrer. Dieser zeichnete sich wie sein ihm darin folgender Schüler durch eine besondere Verehrung der Gottesmutter aus. 1859 wurde Charbel vom Patriarchen der Maronitenkirche zum Priester geweiht und lebte dann im Kloster in Annaya. Charbel arbeitete mit unermüdlichem Fleiß in den Weinbergen und Gärten des Klosters und widmete sich dort bis zu seinem Tod dem Gebet und der Betrachtung in Stille und strengster Askese. Nacht für Nacht kniete er betend vor dem Allerheiligsten.

Schon zu seinen Lebzeiten wurde er als Heiliger verehrt. 1875 zog er sich mit zwei anderen Mönchen in eine Eremitenklause nahe bei seinem Kloster zurück. Er starb am Weihnachtsabend des Jahres 1898. Bereits während des Lebens vom heiligen Charbel verbreitete sich der Ruf, er habe einen psychisch Kranken durch das Vorlesen aus dem Evangelium geheilt, Ernten vor den Heuschrecken berettet, indem er sie mit Weihwasser besprengt hatte. Unter den zahlreichen Wundern, die seiner Fürsprache zugeschrieben werden, sind verschiedene Heilungen schwerster Erkrankungen. Zwei Personen, einen Mann und das Kind Maryam Georg Hayek, erweckte er wieder zum Leben.

Das bekannteste Wunder ereignete sich bereits zu seinen Lebzeiten, und ist auf vielen Bildern dargestellt. Charbel bat im Kloster darum, dass die Öllampe in seiner Zelle wieder aufgefüllt werde. Zwei Gefährten beschlossen, dem Mönch einen Streich zu spielen und füllten stattdessen die Lampe mit Wasser auf. Sie beobachteten dann Charbel durch einen Türspalt. Als Charbel die Lampe zu entzünden begann und sie anstelle mit Öl mit Wasser brannte, erschraken sie und erzählten dem Prior von ihrem Streich. Dieser untersuchte selbst den Inhalt der Lampe und fand tatsächlich nur Wasser anstelle von Öl. Als er jedoch die Lampe Charbel zurückgab, zündete sie dieser wiederum vor aller Augen an.

Nach dem Ableben des heiligen Charbel begann sein Grab in einem außergewöhnlichen Glanz zu strahlen. Erst nach 45 Tagen wurde das Licht schwächer. Das öffentliche Interesse wuchs und Pilger versuchten, Teile seiner Reliquien zu stehlen. Die Behörden nahmen dies zum Anlass, das Grab zu öffnen. Der Leib des Heiligen war unverwest und man bemerkte eine blutähnliche Flüssigkeit, die aus dem Körper austrat. Die Flüssigkeit wurde mit Tüchern aufgefangen.

Bis zu einem Unfall, der mir eine schwere Schulterfraktur eintrug, war mir der Heilige unbekannt. Aber es gibt in Frankfurt Verehrer, die zu seinem Grab gepilgert waren. Sein lange unversehrter Leichnam (wie mehrere spätere Graböffnungen 1899, 1927, 1950, 1952 und 1965 bestätigten), schwitzt nach wie vor eine dicke, rote ölige Flüssigkeit aus, die sein Gewand durchtränkt. In der ihm zu Ehren erbauten – vielbesuchten – Wallfahrtskirche sickert bis heute aus dem Sarkophag diese Flüssigkeit, die mit Öl angereichert an die Pilger ausgegeben wird. Meine Ehefrau bekam eine Phiole mit diesem Öl von einem Gemeindemitglied geschenkt. Seine sachgerechte Anwendung unter dem Beten zweier Novenen führte neben professioneller Krankengymnastik zu einer starken Linderung meiner Schmerzen und wachsender Beweglichkeit der lädierten Schulter. Als das Öl zur Neige ging, fügte es sich, dass Frankfurts Stadtdekan von unserer Behandlung erfuhr, und er überließ uns zum fortgesetzten Gebrauch ein weiteres Tiegelchen mit Charbelöl sowie eine geweihte Kerze vom Wallfahrtsort. Ich kann also bestätigen: Bei mir hat der hl. Charbel geholfen …

A: *In Mönchskutte mit ausgebreiteten Armen*
P: *der Libanons und der Christen im Nahen Osten; Helfer bei schweren Krankheiten*

*

Hl. Christina

Märtyrerin, † um 304

Christina war die Tochter des grausamen Obersten Urbanus. Schon als Kind hatte sie seinen Unwillen erregt und war in einen Turm eingesperrt worden, in dem goldene und silberne Statuen der Heidengötter aufbewahrt wurden. Christliche Dienerinnen brachten ihr jedoch heimlich die Lehre des Gekreuzigten nahe. Eines Tages, während der Vater unterwegs war, zerbrach Christina die Statuen und verschenkte das kostbare Material an die Armen. Als der Vater nach seiner Rückkehr erfuhr, was geschehen war, riss er ihr in seinem Zorn die Kleider vom Leibe und ließ sie von zwölf Knechten auspeitschen.

Anderntags saß er über sie zu Gericht und forderte sie zum Opfer für die Götter auf. Sie aber sprach: »Ich bringe mein Opfer nur dem Vater, dem Sohne und dem Heiligen Geist!« Da antwortete Urbanus: »Wenn du schon drei Götter anbetest, warum nicht die anderen dazu?« Sie aber sprach: »Die drei machen zusammen eine Gottheit.«

Da ließ er ihre zarten Glieder brechen und ihr Fleisch mit Nägeln zerreißen. Christina aber nahm einen Fetzen davon und warf ihn dem Vater ins Gesicht: »Nimm Wüterich, und friss das Fleisch, das du selbst gezeugt hast!« Daraufhin ließ der Vater sie auf ein Rad binden und Öl unter ihr anzünden. Aber die Flamme fuhr zur Seite und tötete einige seiner Diener. Als auch die Hinrichtung durch Ertränken mittels schwerer Steine am Hals nicht gelingen wollte, weil Engel Christina über Wasser hielten, ordnete Urbanus ihre Enthauptung für den nächsten Tag an. Aber noch in der Nacht wurde er tot aufgefunden.

Sein Nachfolger ließ eine glühende eiserne Wiege mit Öl, Harz und Pech füllen, Christina hineinlegen und sie darin schaukeln, damit sie schneller brennen solle. Sie aber lobte Gott, dass er sie wie ein Neugeborenes wiegen lasse. Darüber wurde der Richter sehr zornig. Er befahl, ihr das Haupt zu scheren und sie nackend durch die Straße zum Apollobild zu führen. Dort angekommen, betete sie zu Jesus, und flugs zerstob die Statue zu Staub. Als der Richter das hörte, brach er tot zusammen. Ihm folgte ein Julianus, der Christina in einen großen feurigen Ofen werfen ließ. Darin wandelte sie fünf Tage ohne Schaden, wurde von Engeln besucht und frohlockte zum Herrn. Julianus versuchte die vermeintliche Zauberei zu durchkreuzen und ließ je zwei Vipern, Nattern und andere Schlangen auf sie los. Aber sie züngelten harmlos zu ihren Füßen, ringelten sich zutraulich an ihren Brüsten und um den Hals, und leckten ihr den Schweiß ab. Julianus holte einen Zauberer und hieß ihn, die Tiere anzustacheln. Aber diese fielen ihn an und töteten ihn. Da gebot Christina den Schlangen zu verschwinden. Danach erweckte sie den Zauberer durch ein Gebet wieder zum Leben. Doch nun ließ ihr Julianus die Brüste abschneiden. Aus den klaffenden Wunden floß aber kein Blut, sondern reine Milch. Als man ihr die Zunge herausriss, verlor sie die Sprache nicht, lobte Gott und warf die abgeschnittene Zunge nach dem Richter. Sie traf ihn auf einem Auge, das sogleich erblindete. Da nahm der Rasende einen Bogen und schoss ihr zwei Pfeile ins Herz.

A: *mit Messer, Zange, Armbrust, Mühlstein oder zwei Pfeilen; mit Schiff oder Schlangen in der Hand.*
P: *der Müller und Seeleute, der Bogenschützen.*

⁕

Hl. Francisco Solano

1549–1610

Der Franziskanermönch und Volksprediger Francisco Solano in Andalusien verfügte über eine seltene spirituelle Begabung. Er konnte sich während des Messelesens derart in die Andacht entäußern, dass er etwa eine halbe Elle über dem Erdboden zu schweben begann. Auch wurde gelegentlich beobachtet, dass ihn bei seinen Gängen ein helles Licht über dem Haupt begleitete. Als in Montoro die Pest wütete, kam Solano in die Ortschaft, die von allen Gesunden panisch verlassen worden war, und pflegte die Kranken. Er steckte sich zwar mit der Pest an, aber er gesundete wieder und versah, sowie er stehen konnte, erneut seinen Dienst an den Pestopfern.

Er hatte aber keinen sehnlicheren Wunsch, als in Marokko gegen den Islam das Martyrium zu erleiden. Der Orden entsandte ihn stattdessen in die Neue Welt. In Peru sollte er das Evangelium unter den Indios verkünden. Mit anderen Gefährten schiffte er sich nach Amerika ein. In St. Dominik warfen sie zunächst Anker, doch durch ein

Missverständnis stach man ohne Francisco wieder in See. Dieser hoffte, nun hier für Christus von den Indios getötet zu werden, und brachte die Nacht mit Gebet, Gesängen und feuriger Begierde nach dem Martertod zu. Allein das Schiff kam nach zehn Stunden zurück, da man das Versehen bemerkt hatte.

Bei Gorgona kam ein gewaltiger Sturm auf und durch mehrere Lecks drang Wasser ein. Die Mannschaft stieg in das Rettungsboot, aber Francisco weigerte sich, die vielen hundert Negersklaven, die unter Deck angekettet waren, allein zu lassen. Er sammelte sie um sich, unterwies sie, so weit es die Zeit zuließ, in den wesentlichen Glaubenswahrheiten und fragte sie, ob sie durch die Taufe Gottes Antlitz im Himmel schauen wollten. Und alle schrien ja und wurden Christen. Auf einmal barst das Schiff auseinander, die eine Hälfte wurde mitsamt den Menschen darauf in die Tiefe gerissen, auf der anderen Hälfte befand sich Solano mit den Übrigen. Er hielt das Kruzifix hoch, betete laut und ermahnte alle, ihr Vertrauen in Gottes Barmherzigkeit nicht zu verlieren. Drei Tage lang trieben sie im Meer, bis eine Woge eine Wachskerze an Bord spülte. Diese steckten sie nachts in die Schiffslaterne und erreichten damit, dass man sie an Land wahrnahm. Dort schickte man Boote hinaus und rettete so alle Überlebenden.

In Peru und Paraguay erlernte Francisco in kürzester Zeit die tonocotische Sprache und taufte über hunderttausend Indios. Seine vielen Wundertaten versetzten die Menschen in frommes Erstaunen, und sie gaben ihm den Namen »Wundertäter der Neuen Welt«.

Noch heute wird er vom Volke in der Provinz La Rioja, in Paraguay und vor allem in den Dörfern am Magdalenen-Strom und am Socotomio verehrt. Gedenkstätten erinnern an Orte, wo der Heilige wohnte, wo er gegessen oder Violine gespielt hat. Er lockte nämlich die Eingeborenen aus dem Urwald mit Geigenspiel hervor und machte sie dann in Kolonien unter geistlicher Führung sesshaft. Man zeigt bis heute den Orangenbaum, unter dem er spielte, und den Konvent, von dem aus er Kranke heilte und Armen beistand.

Als er den Tod nahen fühlte, ließ er sich sein Lager unter Palmen bereiten. Seine Mitbrüder intonierten seine Lieblingspsalmen. Da setzten sich verschiedene Vögel von prächtigen, bunten Farben auf den Zaun und sangen ohne Pause fünf Stunden lang und ohne sich von den ständig herbeiströmenden Menschen stören zu lassen. Später sah man sie nie mehr. Als dann die Priester das Credo beteten, fing die

Klosterglocke von selbst zu läuten an. Solano umfing das Kreuz und hauchte seinen Geist aus. Der Leichnam wurde glänzend weiß und verbreitete einen lieblichen Geruch. Noch bevor er begraben war, geschahen mehrere wunderbare Heilungen.

A: *im Ordenskleid mit Indianer neben sich, Kruzifix haltend; Violine spielend.*
P: *von Argentinien, Chile, Peru, Paraguay, Panama und sowie Lima und vielen lateinamerikanischen Städten; gegen Erdbeben; der Franziskaner-Mission und der Solanus-Schwestern.*
F: *auch 14. Juli.*

25. Juli

Jakobus der Ältere (Jacobus Major)

Apostel

Jakobus war der Bruder des Evangelisten Johannes und Sohn des Zebedäus und der Maria Salome, deren Mutter die hl. Anna, die Großmutter Jesu, war. Als Apostel predigte Jakobus mit solcher Gewalt, dass er die Bösen erschreckte und die Trägen erweckte, weshalb ihn Jesus »Donnersohn« nannte. Nach dem Tode des Herrn missionierte Jakobus erst in Judäa und Samaria, dann in Spanien, wo er allerdings nur neun, nach anderen Berichten einen einzigen bekehrte, und endlich wieder in Judäa, wo er unter Herodes Agrippa enthauptet wurde.

Seine Jünger entführten seinen Leichnam auf einem Schiff und wurden damit nach Galicien in Spanien verschlagen. Sie bestanden dort viele Abenteuer und konnten endlich dem Heiligen ein Grab in Compostela bereiten. Nach einer späteren Erzählung schwamm sein Leichnam aus Palästina durch das Mittelmeer in den Atlantik, bis er schließlich an der galicischen Küste von alten Fischern gefunden und nach Compostela gebracht wurde. Diese Stadt hieß bald allgemein Sant-Iago de Compostela und wurde neben Rom und dem Heiligen Land zum wichtigsten Wallfahrtsort der Christenheit. Ein galicischer Fürst, der in die Nähe der Reliquien des Heiligen kam, war plötzlich über und über mit Muscheln bedeckt. Eine Stimme von oben sagte ihm, dass die Muscheln zum Andenken an die Tugenden Jakobs von den Wallfahrern getragen werden sollten.

Sankt Jacobus wurde zum Nationalheiligen Spaniens. Nicht weniger als 38 Mal entschied er Schlachten zugunsten der spanischen Heere gegen die Muslime, indem er, auf einem weißen Roß den christlichen Rittern vorauseilend, die Feinde in panische Flucht trieb.

Im Jahr 1020 pilgerte ein Deutscher mit seinem Sohn nach Santiago. In Toulouse machte sie ein Herbergswirt betrunken und schmuggelte einen silbernen Becher in ihr Gepäck. Als sie am nächsten Morgen weiterzogen, lief ihnen der Wirt hinterher und beschuldigte sie des Diebstahls. Es entstand ein Volksauflauf, der Mantelsack wurde durchsucht, und es fand sich der Becher. Da wurde dem Wirt alle Habe der beiden zugesprochen, und einer sollte hängen. Der Vater wollte für den Sohn, der Sohn für den Vater sterben, und zuletzt ward der Sohn gehenkt. Der Vater besuchte das Grab des hl. Jakob, kehrte nach 36 Tagen zurück und verweilte unter dem Galgen. Plötzlich hub der Leichnam zu sprechen an: »Vater, Sankt Jakob hat mich am Leben gehalten und mich bis jetzt himmlisch erquickt.« Der Vater lief außer sich vor Freude in die Stadt, und das Volk strömte zum Galgen. Man nahm den Sohn ab, er war unversehrt, und henkte an seiner Statt den Wirt.

A: *mit Buch oder Schriftrolle; als Pilger mit Tasche, Stab und Hut, an dem eine Muschel steckt, sowie mit Kürbisflasche; mit Schwert; predigend, mit Jakobskreuz (ein dolchartiges Kreuz, die Querbalken lilienartig endend), in der Mitte die Jakobsmuschel; auf Schimmel reitend vor dem spanischen Heer (wegen der Schlacht gegen die Sarazenen 844, wo seine Erscheinung den Sieg brachte); mit Winkelmaß.*
P: *von Chile, Ostindien, Portugal, Spanien; von Braunschweig, Chemnitz, Coimbra, Compostela, Einbek, Göttingen, Haag, Hannover, Innsbruck, Leeuwarden, Lorch, Lüttich, Münsterberg, Neiße, Perleburg, Pesaro, Pisa, Pistoja, Rostock, Straubing, Villach, Wasserburg; der Apotheker, Arbeiter, Drogisten, Hutmacher, Kettenschmiede, Lastträger, Strumpfwirker und Wachszieher; der Krieger und Ritter; der Pilger; gegen Rheumatismus; für Gedeihen der Äpfel (die ersten Äpfel im Jahr heißen Jakobiäpfel) und des Korns, für schönes Wetter.*
F: *auch 1. und 12. April, 30. Juni, 15. November, 27. und 28. Dezember.*

Hl. Anna

Großmutter Christi

In Nazareth lebte ein reicher, gottesfürchtiger Mann, Joachim, der heiratete Anna, eine Jungfrau aus Bethlehem.

Als Joachim einst im Tempel opfern wollte, verweigerte ihm der Priester den Altar, weil Unfruchtbare Gottes Volk nicht vermehrten und deshalb unter Fruchtbaren nicht stehen dürften. Die Ehe mit Anna war nämlich 20 Jahre lang kinderlos geblieben. Joachim zog in die Wüste hinaus und klagte dem Herrn sein Leid. Seine Gebete wurden erhört, ein Engel erschien ihm und sprach: »Der Herr sah deine Schande und weiß, dass du unschuldig bist. Denn eure Unfruchtbarkeit kommt von der Natur und nicht von der Sünde. Wenn der Herr den Leib eines Weibes verschließt, so tut er es, um ihn hernach desto wunderbarer zu öffnen. Denn ein Kind ist Geschenk Gottes und nicht Frucht leiblicher Gier.«

Dieselbe Botschaft wurde Anna zuteil. Joachim kehrte zurück und teilte das Bett mit ihr in froher Erwartung des Verheißenen, und nach neun Monaten gebar sie Maria, die künftige Mutter des Herrn. Als Joachim bald danach starb, heiratete Anna zum zweiten Mal, nämlich den Kleophas, dem sie ebenfalls eine Tochter gebar. Auch diese wurde Maria genannt, vermählte sich später mit Alphäus und hatte mit ihm die Söhne Jacobus Minor, Simon, Joseph und Judas. Als auch Kleophas vorzeitig verstarb, heiratete Anna ein drittes Mal, diesmal den Salomas. Und wieder wurde eine Tochter Maria geboren. Diese ehelichte später den Zebedäus, und daraus gingen Jakobus der Ältere und Johannes der Evangelist hervor.

Annas Schwester Hismeria aber wurde Mutter von Eliud und Elisabeth, und diese wurde Weib des Zacharias und gebar Johannes den Täufer. Eliud aber zeugte Emin, und dieser wurde zum Ahnen des hl. Servatius, dessen Leichnam in Maastricht verehrt wird.

In der Kirchengeschichte ist die Lehre eines gewissen Imperiali verzeichnet, der behauptete, Anna sei bei der Geburt der hl. Jungfrau Maria selbst Jungfrau geblieben. Der Heilige Stuhl verdammte diese Auffassung 1677 als Irrlehre, ebenso wie die Legende, Anna sei nach der Engelserscheinung nur durch einen Kuss von Joachim schwanger geworden.

A: *immer mit grünem Mantel, weil sie die Hoffnung in die Welt trug; die kleine Maria unterweisend mit Buch; als Anna Selbdritt mit Maria und Jesus; unter Hinzunahme von Annas Mutter, der hl. Emerentia, entsteht eine Anna Selbviert; mit den übrigen Angehörigen der Familie die Heilige Sippe (bis zu 28 Personen).*

P: *von Annaberg, Braunschweig, Hannover, Hildesheim, Madrid, St. Anna bei Marienbad; der Arbeiterinnen, Besenbinder, Drechsler, Feuerwehr, Goldschmiede, Krämer, Kunsttischler, Müller, Näherinnen, Schiffer, der Schleppenträger der Kardinäle, Schneider, Seiler, Spitzenmacher, Stallknechte, Strumpfwirker, Weber; der armen Stände, des Gesindes und des Bergbaus; der Eheleute, Hausfrauen und Haushälterinnen; der Ammen, schwangeren Frauen und für eheliche Fruchtbarkeit; für reiche Heuernte, für Wiederfinden verlorener und gestohlener Gegenstände.*

27. Juli

Hl. Pantaleon

Arzt und Märtyrer

Hll. Hermolaos, Hermippus und Hermokrates

Märtyrer

† 305

Der christliche Priester Hermolaos hielt sich mit seinen Gefährten Hermippus und Hermokrates wegen der Verfolgung des Maximin versteckt. Jeden Tag sahen sie an ihrer Zufluchtsstätte einen schönen und noblen Jüngling vorüberschreiten. Hermolaos fühlte sich zu ihm so hingezogen, dass er ihn eines Tages ansprach und einlud. Der Jüngling Pantaleon studierte auf Wunsch seines reichen, gebildeten Vaters, der noch die alten Götter verehrte, Medizin und rechnete damit, Leibarzt des Kaisers zu werden. Hermolaos erzählte ihm von einem Arzt, der durch sein bloßes Wort Taube hörend, Blinde sehend, Lahme gehend mache, Tote erwecke und die Seelen zur höchsten Herrlichkeit im Himmel führe.

Als Pantaleon einmal einen Feldweg entlangging, erblickte er ein Kind, das, von einer Schlange gebissen, tot am Boden lag. Da erinnerte er sich der Worte des Hermolaos und betete zum Gott der Christen: Wenn er wirklich Herr über Leben und Tod sei, solle er die Schlange töten und das Kind wieder lebendig machen. Und so geschah es. Da lief er freudig zum Priester und ließ sich taufen.

Pantaleon wurde ein berühmter Arzt, der Blinde, Lahme und Taube heilen konnte. Dies erregte jedoch die Missgunst neidischer Kollegen. Sie denunzierten ihn beim Statthalter. Pantaleon bekannte vor Gericht seinen Glauben und wurde unter grässlichen Martern hingerichtet. Aus seinem abgeschlagenen Haupt quoll statt Blut Milch, die von frommen Christen aufgesammelt und in Ampullen verwahrt wurde. Sie werden in Konstantinopel, Neapel, Ravello, Bari, Venedig und Lucca teilweise noch heute gezeigt.

Weil Hermolaos den Heiligen bekehrt hatte, erlitten auch er und seine Gefährten unter schrecklichen Qualen den Märtyrertod.

A: *mit Palme, mit beiden Händen über dem Kopf an einen Ölbaum genagelt, mit Fläschchen und anderen ärztlichen Kennzeichen.*
P: *von Oporto und Köln; der Ammen (Milch), der Ärzte; der Haustiere; gegen Auszehrung und Heuschrecken; »Nothelfer«.*

28. Juli

Hl. Botwin (Bodvidus)

Missionar in Schweden, Märtyrer, † 1120

Der Schwede Botwin aus Südgermanland hatte auf Reisen in England das Christentum kennengelernt. Nach seiner Rückkehr versuchte er seine Landsleute weniger durch das Wort als durch das eigene Vorbild zu bekehren. Er kaufte einmal einen Sklaven los und unterrichtete ihn im christlichen Glauben. Seine Wohltätigkeit ging sogar so weit, dass er ihn selbst mit dem Schiff in seine Heimat zurückbringen wollte.

An einem Abend waren sie vom Rudern sehr erschöpft und Botwin verließ das Schiff mit einem Gefährten und dem Sklaven, um sich am Ufer auszuruhen. Nachdem sie ihre Andacht verrichtet hatten, legten sich alle zur Ruhe. Aber kaum waren Botwin und sein Gefährte eingeschlafen, erhob sich der tückische Sklave, ermordete beide mit einem Beil, raubte sie aus und flüchtete. Als man am nächsten Morgen die Leichname fand, brachte man sie in Botwins Heimat Südgermanland und errichtete über ihrem Grab eine Kirche.

A: *mit Beil und Fisch.*

Hl. Martha

Jungfrau und Jüngerin Jesu

Martha war die Schwester Maria Magdalenas und des hl. Lazarus. Sie nahm Jesus so oft bei sich zu Hause auf, dass sie nicht zu Unrecht den Beinamen »salvatoris hospitae« (Gastwirtin des Herrn) erhalten hat. Nach dem Tode des Herrn verschlug es sie mit ihrer Schwester, Lazarus und anderen Christen nach Massilia (Marseille).

Sie verkündeten das Evangelium bis nach Aix, besonders die leutselige Martha bekehrte viele. Nun hauste zu dieser Zeit zwischen Arles und Avignon in einem tiefen Wald ein Drache, halb Tier, halb Fisch. Er war dicker als ein Rind und länger als ein Pferd. Er hatte Zähne spitz wie Dolche und einen undurchdringlichen Panzer am ganzen Leib. Aus Kleinasien war er durch das Meer gekommen, verbarg sich im Wasser und tötete alle, die vorbeikamen. Seine Eltern waren die Schlange Leviathan und der Onachus, ein Tier aus Galatien. Wenn es verfolgt wird, schießt es seine Exkremente weit hinter sich, und was davon getroffen wird, brennt wie Feuer. Gegen diesen Drachen zog Martha, weil die Gläubigen sie inständig darum baten. Sie fand ihn im Wald, wo er gerade einen Mann verspeiste. Martha näherte sich ihm unbemerkt, goss plötzlich Weihwasser über ihn und machte das Kreuzzeichen. Da war er besiegt und stand zahm wie ein Lamm. Martha fesselte ihn mit ihrem Gürtel, und das Volk schlug ihn mit Steinen und Speeren tot. Es wurde eine schöne Kirche gebaut, und Martha blieb in der Gegend, lebte fromm und streng, fastete viel, beugte täglich hundertmal das Knie und predigte den Bußfertigen.

Als sie sterben sollte, wurde ihr das ein Jahr zuvor durch ein Gesicht kundgetan. Sie lag die ganze Zeit über in schwerem Fieber, aber in der Todesstunde erschien ihr Jesus und sprach: »Liebste Wirtin mein, du hast mich bei dir als Gast aufgenommen, jetzt bist du im Himmel mein Gast, und wer dich anruft, den will ich aus Liebe zu dir erhören.«

Davon vernahm auch Chlodwig, der Frankenkönig, der sich zum Christentum bekehrt hatte. Da er schwer an Nierensteinen litt, besuchte er ihr Grab und wurde ganz gesund.

A: *meist mit Maria Magdalena, wie sie Jesus bedient; mit Drachen und Weihwasserwedel; mit Kochlöffel und Schlüsselbund.*
P: *von Aix, Cadix, Castres, Tarascon; der Arbeiterinnen, Dienstmägde, Hausfrauen, Hospitalverwalter, Gastwirte und Hoteliers, Köchinnen, Wäscherinnen, der Bildhauer und Maler; der Barmherzigen Schwestern; gegen Blutfluss, Pest; der Sterbenden; der Häuslichkeit.*

30. Juli

Hl. Julitta

Märtyrerin in Cäsarea, † 303

Julitta führte einen Prozess gegen einen mächtigen Mann. Dieser hatte ihr viel Land weggenommen und sich Sklaven, Felder, Vieh und andere Habe angeeignet. Als die Frau vor Gericht die Brutalität des Kontrahenten schildern wollte, machte der Beklagte geltend, Julitta sei Christin, und deshalb verdienten ihre Ausführungen keinen Glauben. Dem Richter erschien dies wohl begründet. Schnell wurden ein Kohlebecken und Weihrauch herbeigeschafft und der Vorschlag gemacht: Wenn Julitta opfere, werde sie Gesetzesschutz genießen, wenn nicht, sei sie rechtlos.

Sie aber bekannte sich als Dienerin Christi. Der Richter sprach nun ihrem Bedränger die geraubten Güter zu und verurteilte sie selbst zum Feuertod. Julitta aber sprach: »Wir Weiber sind vom selben Fleische wie die Männer, und deshalb schulden wir Gott dieselbe Standhaftigkeit.« Nach diesen Worten sprang sie auf den Scheiterhaufen und hauchte ihr Leben aus. Der Körper aber blieb in den Flammen unversehrt und wurde von ihren Verwandten christlich bestattet.

A: *auf Scheiterhaufen.*

31. Juli

Hl. Ignatius von Loyola

Ordensstifter der Jesuiten, 1491–1556

Während er eine Kriegsverletzung ausheilen musste, fielen dem aus angesehenem Geschlecht stammenden Ritter Ignatius zwei Erbauungsschriften über Christus und die Heiligen in die Hände. Dies änderte sein Leben von Grund auf. Er wurde Theologe und Priester und gründete in Paris mit sechs Gefährten den Jesuitenorden. Von den drei Tugenden, Armut, Keuschheit und Gehorsam, gab er letzterem den obersten Rang. »Durch Ablegung des eigenen Willens und Urteils sollen sich alle auszeichnen, die in unserem Orden dienen.« Es kommt nicht nur darauf an, die Befehle des Oberen auszuführen, sondern jedes Ordensmitglied soll »den Willen des Oberen zu dem seinigen machen« und außer dem Willen »auch den Verstand opfern, so dass er dasselbe denkt wie der Obere«.

Ignatius besaß eine außerordentliche Begabung zu weinen, besonders während des Gebetes, was meist verbunden war mit »großer Süßigkeit«. Er selbst erzählt: »So intensiven Geschmack empfand ich an göttlichen Dingen, verbunden mit beständigen Tränen, dass es mir schien, als ob mein Gott und Herr, sooft ich ihn nannte, mein Innerstes erfüllte. Während des Messelesens weinte ich so stark, dass ich fürchtete, das Augenlicht zu verlieren. Mit dem Heiligen Geist unterhielt ich mich, weinte dabei und sah und fühlte ihn als Helligkeit und Flamme.« Wegen des schwenderischen Tränenstromes konnte er das Brevier nicht mehr beten, ja die Menge der Tränen war so reich, dass sie in einem Gefäß aufgefangen wurden.

Im Gedenken an diese Gabe existiert bis heute der Brauch, Wasser an Altären zu weihen, die seiner Verehrung dienen. Von diesem »Ignatiuswasser« gehen wunderbare Wirkungen aus: In Brügge etwa hörte nach seinem Einsatz 1839 die Cholera auf, und es gibt viele Berichte über heilsame Wirkungen bei Schwergeburten.

A: *als Priester mit Ordenskleid oder Messgewand, die Buchstaben IHS auf der Brust; Teufel austreibend; Tote erweckend; Kreuz in der Sonne schauend; Ordensbuch in der Hand, Herz von drei Nägeln durchbohrt.*
P: *der Jesuiten; der Krieger; der Kinder; der geistlichen Übungen und Exerzitienhäuser; gegen Fieber, Gewissensbisse, Skrupel, Totgeburten; gegen Wölfe, Flöhe und Läuse; gegen Zauberei.*

Hl. Friardus von Nantes

Einsiedler, † um 570

Friardus war ein frommer Bauer, der alle Natur als Werk Gottes ansah. Wenn er in ein Wespennest trat, sagte er schnell: »Helfgott.« Und jedes Mal kam er mit heiler Haut davon. Einmal steckte er einen dürren Stab in den Boden und als er nach einiger Zeit daran vorbeikam, war daraus ein grüner Baum geworden, der herrliche Früchte trug.

Später wurde Friardus Einsiedler und baute sich auf einer kleinen Insel bei Nantes eine Klause, wobei ein treuer Gefährte, Secundellus, sein einsames Leben teilte. Der Ruf der Heiligkeit verbreitete sich schnell in der Gegend und bald wurde Friardus zu jedem dürren Baum gerufen, um ihn wieder zum Tragen zu bringen.

Da packte Secundellus der Ehrgeiz, ebenfalls heilig zu werden, und er zog auf dem Festland umher. Dabei gelangen ihm so zahlreiche Wunderheilungen, dass er nicht wenig von sich eingenommen ward. Zurückgekehrt mit stolzgeschwellter Brust, begann ihn jedoch nachts der Teufel zu peinigen. Er behauptete, dass er es gewesen sei, der die Wunder bewirkt habe, und beanspruchte dafür als Lohn die Seele des Eremiten. Da vertraute sich der Geplagte dem Friardus an und auf dessen Gebet verschwanden die Anfechtungen.

A: *als Einsiedler mit Teufel.*
P: *der Bauern und Winzer; gegen Fieber und Nierenleiden.*

Die hll. Siebenschläfer von Ephesus

Märtyrer, 3. Jahrhundert

Während der Verfolgung des Decius verbargen sich sieben christliche Jünglinge aus Ephesus in einer geräumigen Höhle. Ihre Zufluchtsstätte wurde jedoch entdeckt, der Präfekt verdammte sie zum Hungertod und befahl, den Eingang zuzumauern. Die Jünglinge versuchten erst gar nicht, sich wieder herauszugraben, sondern fielen sofort in tiefen Schlaf.

Nach Ablauf von 187 Jahren wollte der Besitzer des Grundstückes, auf dem die Höhle lag, die Steine zum Bau eines Landhauses verwenden. Kaum leuchteten die ersten Sonnenstrahlen in die Höhle, erwachten die sieben und fühlten knurrenden Hunger. In der Meinung, nur wenige Stunden geschlafen zu haben, bestimmten sie einen, der in die Stadt schleichen und Brot besorgen sollte. Der Bote wunderte sich nicht schlecht, als er die Umgebung sehr verändert fand und gar am Tor von Ephesus ein Kreuz stehen sah. Umgekehrt schien den Bürgern der seltsam gekleidete und fremdartig sprechende Jüngling verdächtig. Als er beim Bäcker mit einer nicht mehr gängigen Münze zahlen wollte, zeigte man ihn an.

Merkwürdig schienen dem Jüngling die Fragen des Richters, und dieser staunte nicht minder. Nach vielem Hin und Her machten endlich beide die Entdeckung der wunderbaren Wahrheit. Beinahe zwei Jahrhunderte waren verflossen und aus der verfolgten Sekte war die Religion des Kaisers geworden. Eine Menge Volk, ja der Kaiser selbst eilte nun zu der Höhle, wo die verbliebenen Jünglinge die ganze Geschichte noch einmal erzählen mussten. Sie segneten alle Anwesenden und schlossen im selben Augenblick für immer die Augen. Ihre Namen lauten in der römischen Kirche: Maximilian, Johannes, Constantin, Malchus, Martinian, Serapion, Dionysius. Die Legende ist im Westen wie bei den Moskowitern, Persern, Kopten, Arabern (sogar im Koran), Syrern und Griechen bekannt. Die Namen allerdings differieren stark.

A: *als junge und bartlose Jünglinge, in der Höhle zusammengekauert; mit Keulen, Beilen und einer Fackel.*
F: *auch 27. Juni, 27. Juli, 22. und 23. Oktober.*

Hl. Christophorus

Märtyrer, 5. oder 4. Jahrhundert

Der Heide Reprobus stammte aus Kanaan und hatte die Gestalt eines Riesen. Da er wild und hochmütig war, nahm er sich vor, nur dem mächtigsten Herrn auf Erden zu dienen. Er ging auf Reisen und kam zu einem großen König, der über viel Volk herrschte. Der konnte den starken Ritter gut gebrauchen und hielt ihn in Ehren. Bei einem Gastmahl aber kam ein Sänger und trug zur Harfe Lieder vor, eines erzählte von der Gewalt Satans. Reprobus sah den König sich bekreuzigen und fragte ihn, was das bedeute. Das Zeichen helfe gegen Satan, antwortete jener. »Du fürchtest also einen Mächtigeren?«, entgegnete Reprobus. »Da muss ich dich denn verlassen.« Und er zog in die Wildnis hinaus und suchte Satan.

In einer stürmischen Nacht kamen zwölf verwegene Ritter herangaloppiert, unter ihnen einer auf schwarzem Ross in schwarzer Rüstung. Er sprach: »Ich bin der, den du suchst.« Und Reprobus trat in seine Dienste. Eines Tages stand an ihrem Weg ein schlichtes Kreuz. Da wandte sich Satan mit seiner Schar zur Flucht und umritt den Ort im weiten Bogen. »Warum bist du vor diesem Zeichen geflohen?«, fragte Reprobus. »Es gab einmal einen gewissen Christus, den man ans Kreuz geschlagen hat. Immer wenn ich ihn sehe, befällt mich Furcht.« »Also bist du nicht der Mächtigste!«, sagte Reprobus. »Ich werde diesen Christus suchen.«

Lange wanderte er vergeblich umher, bis er an einem Fluss einen alten Einsiedler traf. Der verriet ihm, dass der König, den er suche, als Dienst vor allem Fasten, Beten und gute Taten fordere.

»Bau dir hier eine Hütte und trage auf deinen starken Schultern die Reisenden ans andere Ufer.« Und Reprobus tat wie ihm geheißen und trug Tag und Nacht die Wanderer durch den Strom.

Eines Abends hörte er ein Kind rufen, stand auf, nahm das Kind auf die Schultern und trug es durch die Wellen. Das Wasser aber stieg immer höher und die Last wurde immer schwerer. Der Träger bekam es mit der Angst und rief: »Kind, du bist so schwer, als hätte ich die ganze Welt auf dem Buckel.« Das Kind aber sagte: »Du trägst nicht nur die Welt, sondern auch den, der die Welt erschaffen hat. Künftig sollst du dich Christophorus, der Christusträger, nennen. Damit du mir glaubst, stecke den Stab neben deine Hütte und sieh morgen danach.« Und damit verschwand das Kind.

Reprobus tat wie ihm geheißen, fand am nächsten Morgen den Stab zu einem mächtigen Baum gewachsen, nannte sich künftig Christophorus und bekehrte nach einer Schätzung des hl. Ambrosius 48 000 Menschen. Unter einem heidnischen König erlitt er später nach schweren Martern den Bekennertod. Die unterschiedlichsten Teile der Christenheit verehrten ihn als Heiligen. So feiern ihn die Katholiken am 25. Juli, die Griechen am 9. Mai, die arabischen Christen am 10. Juni, die Armenier am 14. Juli, die Syrer am 28. April und die Kopten in Ägypten und Äthiopien am 3. August. Die Betrachtung seines Bildes am Morgen gilt als Stärkungsmittel für die Bewahrung der Lebenskraft bis zum Abend.

A: *als Riese, das Jesuskind auf der Schulter durch das Wasser tragend; mit Baum in der Hand.*
P: *von Braunschweig, Hildesheim, Mecklenburg, Rosenberg, Stuttgart, Württemberg und Würzburg; der Autofahrer, Bogenschützen, Buchbinder, Färber, Flößer, Gärtner, Geflügelhändler, Hutmacher, Lastträger, des Luftverkehrs und der Piloten, der Obsthändler, Schatzgräber (»christoffein« = den Schatz beschwören, zaubern), Schiffer, Seeleute, Werftarbeiter, Zimmerleute, der Gebirgsreisenden, der schwächlichen Kinder; der Festungen und des Meeres; der Äpfel; gegen unbußfertigen Tod, Dämonen und allgemeine Widrigkeiten; gegen Hochwasser, Unwetter, Hagelschlag, Hungersnot, Pest, Wunden und Zahnweh; einer der 14 Nothelfer.*

---

4. AUGUST

Hl. Justus

Bischof und Einsiedler, † 390

Als Bischof von Lyon nahm Justus am Konzil von Aquileja teil. Dort erklärte er in seiner in der ganzen Christenheit berühmt gewordenen Rede: »Wer nicht bekennt, dass der Sohn Gottes gleich ewig sei wie der Vater, der sei im Banne.«

Viele Jahre verwaltete er sein bischöfliches Amt, bis eine traurige Begebenheit sein Leben änderte. Ein Wahnsinniger hatte in einem Amoklauf mehrere Menschen schwer verwundet, wurde verfolgt und flüchtete sich in die Kirche des Bischofs. Die aufgebrachte Menge forderte seine Auslieferung und drohte das Gotteshaus anzuzünden. Nach der Zusicherung, man werde sich an dem Übeltäter nicht vergreifen, sondern ihn vor ein ordentliches Gericht stellen, übergab Justus den Mann. Doch der Pöbel hielt sich nicht an das Versprechen und brachte den armen Menschen um. Dies erschütterte Justus derart, dass er auf sein Amt verzichtete und beschloss, Einsiedler zu werden.

Er schiffte sich nach Ägypten ein und schloss sich den Eremiten in der Wüste an. Dort lebte er wie der Niedrigste und Geringste. Bei einer großen Zusammenkunft aber fiel einmal ein Fremder vor ihm auf die Knie. Er verriet den Anwesenden den Namen des demütigen Heiligen und beschämt versuchten nun alle, ihre frühere Geringschätzung durch Ehrenbezeugungen gutzumachen.

A: *als Bischof mit Mitra und Stab.*

5. August

Hl. Afra

Märtyrerin, † um 304

Afras Mutter Hilaria stammte aus Zypern und war ursprünglich mit ihrer Familie ins heutige Bayern gekommen, um den orgiastischen Venuskult zu verbreiten. Sie diente als Priesterin am Heiligtum der Göttin zu Augsburg und erzog auch die eigene Tochter zur Tempeldirne. Diese hatten sich wahllos allen männlichen Kultanhängern hinzugeben. Bald war das schöne Mädchen in allen Künsten der Verführung erfahren und konnte der Venus manch neuen Anhänger zuführen.

Auf der Flucht vor den Verfolgungen des Diokletian gelangten einst aus Spanien der Bischof Narcissus und sein Diakon Felix nach Augsburg. Im ersten besten Hause baten sie um Herberge: Es war das Haus der Venuspriesterin. Diese hielt die beiden für Verehrer ihrer Göttin und empfing sie gastfreundlich. Vor dem Mahl verrichteten die

Männer ihr Tischgebet. Dabei verklärten sich ihre Gesichter in der Andacht und strahlten himmlischen Frieden aus. Afra fühlte sich vom Gebaren der Fremden so beklommen, dass sie ganz gegen ihre sonstige Gewohnheit ihren Körper in einem Hausmantel verbarg und die Gäste scheu und wortkarg bediente. Sie hörte von der Glaubensstärke der Christen, von deren Treue zu ihrem Gott, die oft in Marter und Tod geprüft wurde. Mit einem Mal sank Afra zu den Füßen des Bischofs und bat: »Geht hinweg hier, ich bin das schändlichste Geschöpf der ganzen Stadt!« Und sie offenbarte ihren Beruf und alle sittlichen Gräuel, die damit verbunden waren. Narcissus aber tröstete sie und erzählte ihr von Jesus und Maria Magdalena. Da vergoss Afra bittere Tränen und entschloss sich, ihr Leben zu ändern.

Sie nahm Flüchtlinge bei sich auf und stellte ihr Haus auch zur Feier des Abendmahls zur Verfügung. Ihr Eifer übertrug sich sogar auf ihre Mutter und beide ließen sich taufen. Nach einem halben Jahr zogen ihre Gäste weiter, um anderswo das Evangelium zu predigen. Die Anhänger des Venuskultes hielten den Sinneswandel Afras zunächst für eine Weiberlaune und spotteten darüber. Als sie aber erkannten, dass sie es ernst meinte, zeigten sie die ehemalige Lustgefährtin an.

Afra wurde vor den Richter Gajus geladen, der ihr zuriet, den Göttern zu opfern. Sie antwortete: »Ich opfere mich selbst, und zwar für Jesus Christus, damit mein besudelter Leib gereinigt werde.« Der Richter versuchte all seine Überredungskünste, um das schöne Weib zu retten, doch Afra blieb standhaft. Nun ließ er sie auf eine Insel im Lech bringen, vor den Augen einer erwartungsvollen Menge entkleiden und blutig peitschen.

Afra aber dankte laut dem Herrn für die Schmerzen als Sühne ihrer früheren Sünden. Schließlich wurde ein Scheiterhaufen errichtet und Afra dem Feuertod überantwortet. Auch die Mutter und drei Mägde erlitten den Märtyrertod, sie wurden in einem Gewölbe eingesperrt und durch Rauch erstickt.

A: *an Säule oder Baum gebunden; auf Scheiterhaufen; mit brennendem Holzscheit und Strick; mit Fichtenzapfen in der Hand.*
P: *von Augsburg, Meißen; der büßenden Dirnen.*

Hl. Dominikus (Domingo)

Ordensgründer, 1170–1221

Dominik entstammte der sehr angesehenen spanischen Adelsfamilie Guzman, die in Kastilien große Besitztümer hatte. Seine Mutter träumte vor seiner Geburt, sie trage in ihrem Leib einen Hund, der mit einer Fackel im Maul die ganze Welt in Flammen stecken werde. Sie gab ihn schon als kleinen Jungen in die Obhut eines verwandten Klerikers. Da der Jüngling Bücher und frommes Studieren außerordentlich liebte, war die geistliche Karriere früh beschlossene Sache.

In Palencia besuchte der Jüngling mit glänzendem Erfolg die Domschule. Doch er hatte nicht nur die gelehrte Laufbahn im Sinn. In ganz Kastilien herrschte eine schreckliche Hungersnot und Dominik fragte sich: »Was soll ich über toten Fellen studieren, wo draußen auf der Straße meine Mitmenschen vor Hunger zusammenbrechen?« Er verkaufte seine Bücher, um die Hungernden zu speisen. In dieser Zeit geschah es auch, dass ihn eine weinende arme Frau um Geld für den Loskauf ihres in maurischer Gefangenschaft schmachtenden Mannes bat. Er hatte jedoch alles Geld schon verteilt. Da bot er an, sich an ihres Mannes Statt in die Gewalt des Muslimen zu begeben. Die Frau staunte über die Großmut des Jünglings und dankte ihm für den guten Willen.

Nach dem Studium wurde Dominik Priester in der Bischofsstadt Osma und bald zum Subprior des zu einem Chorherrenstift umgestalteten Domkapitels bestimmt. Als Vertrauter des Bischofs Diego durfte er diesen auf diplomatischen Reisen begleiten. Zweimal hatten sie in Dänemark Aufträge zu erledigen, ein anderes Mal nahm Diego ihn nach Rom an den päpstlichen Hof mit. Auf dem Rückweg kamen sie durch Montpellier und Toulouse, wo die albigensische Lehre besonders in Adelskreisen, aber auch in der übrigen Bevölkerung weit verbreitet war. Sogar der Wirt der Herberge, in der sie übernachteten, stellte die Sakramente, die Auferstehung der Toten und das Fegefeuer in Frage. Dominik diskutierte die ganze Nacht hindurch mit dem Mann und überzeugte ihn schließlich in den frühen Morgenstunden, zur Kirche zurückzukehren.

Erschüttert von diesem Erlebnis trafen sich Diego und Dominik mit drei päpstlichen Legaten, um über Schritte zur Bekehrung der Irrgläubigen zu beraten. Sie rieten dazu, durch eifrige und gründliche Predigt des Evangeliums sowie durch eine entsprechende evangelische Lebensweise der Prediger den Einfluss der Albigenser zu brechen. Den Legaten gefiel dieser Rat und Diego und Dominik begannen mit ihrer Billigung sofort im Languedoc zu missionieren. Dominik errichtete im Pyrenäendorf Prouille ein Asyl für Mädchen, die wegen ihrer Armut in Versuchung standen, in den karitativen Einrichtungen der Ketzer Hilfe zu suchen. Bald wurde aus dieser ersten Stiftung Dominiks ein Nonnenkloster und damit der Keim zu seinem späteren Orden gelegt.

Als die Ketzer 1208 den päpstlichen Gesandten Castelnau ermordeten, kam es zu einem Krieg. Unter der Führung des Simon von Montfort wurden die Albigenser in einem siebenjährigen Kreuzzug besiegt. Von Seiten der Kreuzritter gab es viele Gräueltaten gegen die Bevölkerung des Languedoc und der Provence. Dominik aber nahm keinen Anteil an dem militärischen Vorgehen. Nur während einer Schlacht betete er mit anderen Priestern in der Schlosskapelle von Muret für den Sieg der katholischen Sache.

Die Albigenser behaupteten, da Christus und die Apostel ganz arm gelebt hätten, sei die Kirche von der wahren Religion abgewichen.

Dominik verzichtete daraufhin auf alle irdischen Güter und lebte so bedürfnislos, dass er manchen Kritiker zurückgewann. Einmal wurde er auf einer Wanderung von vornehmen Frauen beherbergt, die heimlich dem Irrglauben folgten. Als sie jedoch merkten, dass er die ganze Zeit nichts als Wasser und Brot genoss und auf dem blanken Boden schlief, da kehrten auch sie zum katholischen Glauben zurück.

Nachdem Dominik einmal gepredigt hatte, blieb er in der Kirche zurück, um zu beten. Da ihn der Klosterabt zum Essen eingeladen hatte, ließ er ihn suchen. Als der Bote in der Kirche nachsah, erblickte er Dominik dort mehrere Ellen hoch über der Erde schweben, bewegungslos und in Entzückung. Er wagte es nicht, ihn anzureden, und wartete, bis sich Dominik nach einiger Zeit langsam wieder herabsenkte und zu sich kam.

Dominik reiste schließlich nach Rom, um den Plan der Gründung eines Ordens zu unterbreiten, dessen hauptsächlichste Aufgabe es sein sollte, durch Predigten den katholischen Glauben zu verbreiten. In der Nacht vor der Audienz beim Papst hatte er einen Traum: Er sah am Himmel Christus, der eben mit zorniger Miene drei Lanzen auf die

Erde werfen wollte. Da trat die allerseligste Jungfrau zu ihm, nahm ihm eine Lanze ab und führte ihm für die anderen beiden zwei Männer als Träger vor. Der eine war er selbst, der andere ein Unbekannter. Am nächsten Tag sah er in der Kirche einen Mann, der jenem Traumbild genau gleichsah. Er ging auf ihn zu und sprach: »Du bist mein Gefährte, wir wollen gemeinsam für Gott kämpfen.« Und er erzählte von seinem Traum. Es war aber niemand anderes als der hl. Franziskus.

Am 22. Dezember 1216 erteilte Papst Honorius III. die ersehnte Bestätigung des Ordens. Bald missionierten Dominiks Gefährten aus dem Predigerorden in Spanien, Italien, England und Deutschland. Berühmte Heilige wie Thomas von Aquin, Albert der Große und Katharina von Siena sind daraus hervorgegangen.

Neben dieser Gründung war die bedeutendste Tat des hl. Dominik jedoch die Verbreitung des Rosenkranzes. Durch die ständigen Wiederholungen werden auch leseunkundigen Menschen die Glaubenssätze eingeprägt. Auch andere Religionen kennen nicht ohne praktischen Grund dieses Beten mit Hilfe einer Gebetskette. Innerhalb der christlichen Konfessionen ist die Rosenkranzandacht bis heute für die katholische Volksfrömmigkeit kennzeichnend.

Als es schon acht Ordensprovinzen gab, wollte Dominik ein neues Missionswerk unter den Heiden beginnen. Er erkrankte jedoch, erst 51-jährig, und wurde ins Kloster von Bologna gebracht. Dort starb er im August, auf Asche liegend, nachdem er die Brüder zu gegenseitiger Liebe ermahnt hatte. Dominik wurde 1234 von Gregor IX. heilig gesprochen. Weil aber am 4. August schon das Fest des hl. Papstes Sixtus II. gefeiert wurde und am 5. das Fest »Maria Schnee«, legte man seinen Festtag auf den 6. August.

A: *mit einem Hund neben sich, der eine Fackel im Maul trägt; mit Weltkugel; mit Buch, Lilie, Sperling, Taube, Vogel und Sternen über dem Haupt; manchmal auch mit totem Kind zu Füßen (das er wiedererweckt haben soll); mit Teufel, der ihm eine brennende Kerze hält.*

P: *von Cordoba, Madrid, Palermo; der Dominikaner; gegen Fieber; der Näherinnen und Schneiderinnen.*

F: *auch 4. und 8. August.*

⁕

Sel. Eigil (Egil, Aigilis, Ägilius)

Abt in Fulda, † 822

Nach dem hl. Sturmi wurde der überstrenge Rathgar Abt in Fulda. Für ihn galten nur harte Handarbeit und eherne Kasteiung. Die Brüder erhielten kümmerliche Verpflegung und mussten so viel arbeiten, dass an Werktagen nicht einmal mehr Zeit zur hl. Messe blieb. Sogar mehrere Feiertage schaffte Rathgar ab. Dagegen protestierten die Brüder bei Kaiser Karl dem Großen. Dieser schickte einige Bischöfe zur Visitation nach Fulda, aber auch sie vermochten die eiserne Zucht Rathgars nicht zu mildern. Nach Karls Tod wandten sich die Mönche an Ludwig den Frommen. Der sah ein, dass das Kloster zugrunde zu gehen drohte, setzte Rathgar ab, und nach einigen Wirren wählten die Brüder mehrheitlich einen aus ihrer Mitte zum Abt.

Mit Eigils mildem Regiment zog Friede zwischen den Mönchen ein. Nie gab er einem falschen Eifer, nie einem Verdacht Raum; er liebte alle und wurde von allen geliebt. Durch sein eigenes Beispiel förderte er Andacht und Gelehrsamkeit, den Arbeitseifer der Brüder hob er zunächst durch den Bau bequemerer Klostergebäude, was alle für nützlich hielten. Doch auch bei der Weiterführung der schon von Rathgar begonnenen Kirchenbauten und der Anlage einer Begräbnisstätte fehlte es nicht an tatkräftiger Mitarbeit. Schließlich war die Versöhnung so weit gediehen, dass sogar dem verbannten Rathgar die Rückkehr erlaubt wurde.

Als Eigil fühlte, dass seine Zeit gekommen war, ließ er sich zur neuen Begräbnisstätte, dem Coemeterium, bringen, wo er mit letzter Kraft einige Schaufeln Erde aushob. Wieder ins Bett gebracht, beichtete er, dichtete sich noch selbst eine Grabinschrift in klassisch elegischer Form und entschlief so sanft, wie es seinem Wesen entsprach.

F: *auch 28. November.*

Hl. Nantovin (Nantwin, auch Konrad genannt)

Pilger und Märtyrer, † 1286

Der Pilger Konrad Nantovin machte einst Rast im bayrischen Wolfratshausen. Dem Richter Ganthar stach das prächtige Ross des Wallfahrers ins Auge, und um wohlfeil in den Besitz des Pferdes zu gelangen, klagte er den Reisenden als Knabenverführer an und verurteilte ihn zum Tod auf dem Scheiterhaufen. Noch während die verkohlten Gebeine Nantovins auf der Richtstätte lagen, ritt Ganthar auf dessen Pferd vorbei. Doch plötzlich war das Tier blind. Ein Knecht, der von Nantovins Unschuld überzeugt war, riet seinem Herrn, einen Knochen des Hingerichteten vor die Augen des Tieres zu halten. Ganthar tat so und sofort konnte das Pferd wieder sehen. Die Wunder häuften sich, vor allem erlangten Blinde durch das Gebet zu Nantovin ihr Augenlicht wieder. Als Berichte darüber nach Rom drangen, ließ Bonifaz VIII. den unschuldig Hingerichteten heilig sprechen und einen Ablassbrief schreiben, der nach Wolfratshausen gesandt wurde. In Zeiten allgemeiner Wirren ging der Brief verloren und die Wallfahrt nach Wolfratshausen in Vergessenheit. Doch 1604 fand ein Franziskanerprediger das verschollene Dokument wieder, verkündete es vor allen und belebte dadurch die Andacht an den Heiligen wieder. Man setzte seine Überreste in einer neuen Kirche bei, ließ seine Hirnschale in Silber fassen und reichte darin den Gläubigen gesegneten Wein. Auch die Fesseln wurden lange aufbewahrt. Als im 18. Jahrhundert ein Schmied sie für andere Zwecke umarbeiten wollte, wurde er wahnsinnig.

A: *als Pilger auf Scheiterhaufen.*
P: *gegen Augenleiden.*

Hl. Cyriacus

Märtyrer, † um 310

Die Tochter des Kaisers Diokletian war von einem bösen Geist besessen, der schrie: »Ich gehe nicht von ihr, es sei denn, dass der Diakon Cyriacus kommt.« Also wurde dieser zu der Jungfrau geführt und befahl dem Teufel zu weichen.

Der sagte höhnisch: »Wenn du mich hier vertreibst, musst du nach Babylon kommen.« Unbeirrt betete der Heilige zu Christus und der Dämon musste weichen. Der dankbare Kaiser schenkte dem Cyriacus ein Haus und die Jungfrau ließ sich taufen. Nicht lange danach aber meldete der König von Babylon dem Diokletian: Seine Tochter sei von einem Teufel besessen. Der Kaiser sandte Cyriacus zu dem Herrscher und als dieser die Prinzessin untersuchte, rief aus ihr der böse Geist: »Siehst du, jetzt habe ich dich hierher gebracht.« Cyriacus schlug das Kreuzzeichen und rief den Namen Jesu an. Da fuhr der Teufel aus und schrie: »Welch furchtbarer Name, der mich zwingt, auszufahren!« Die Prinzessin ward gesund und Cyriacus taufte sie mit ihren Eltern.

Nach seiner Rückkehr sah der neue Kaiser in Rom, Maximin, mit Missmut auf den Einfluss des Heiligen. Als Cyriacus den Göttern nicht opfern wollte, spannte er ihn nackt vor seinen Wagen und befahl seinem Präfekten, ihn mit siedendem Pech zu begießen, dann auf die Streckbank zu spannen und am Ende zu enthaupten. Der Präfekt tat wie ihm geheißen und traf sich danach mit 19 seiner Freunde im Hause des Heiligen zu einem großen Bad und Gelage. Da starben sie alle eines plötzlichen Todes. Die Heiden aber fingen an, die Christen zu fürchten.

A: *mit gefesseltem Drachen (Dämon) und Jungfrau; Almosen verteilend.*
P: *der Zwangsarbeiter, bei schweren Knechtsarbeiten; gegen Anfechtungen und böse Geister; einer der 14 Nothelfer.*

Hl. Oswald

König von Northumbria, 604–642

Der alte Feind der northumbrischen Angelsachsen war der Keltenhäuptling Ceadwalla, der Oswalds Brüder getötet hatte. Auch Oswald musste gegen ihn zu Felde ziehen, mit einem der Zahl nach weit unterlegenen Aufgebot. Doch vor der Schlacht pflanzte er vor seinen Mannen ein hölzernes Kreuz in den Boden, kniete nieder und legte sein Schicksal in die Hände des Christengottes. In der folgenden Schlacht siegten die Northumbrier vernichtend über ihre Feinde und Ceadwalla verlor im Kampf sein Leben. Von da an wurde Oswald zum großen Förderer des Christentums, Seite an Seite mit dem hl. Aidan, dem Bischof von Lindisfarne. Aus Irland und Schottland strömten viele Mönche in das bekehrungswillige Land, fast jeden Tag entstanden neue Kirchen, Klöster oder Hospitale für Arme oder Kranke. Oswald dolmetschte in der ersten Zeit persönlich die Predigten Aidans. Als er bei solch einer Gelegenheit einmal reiche Almosen an die Armen verteilte, fasste ihn Aidan beim Arm und sagte: »Möge diese Hand nie verwesen.«

Oswald besaß einen Raben, der Latein sprach. Als nun seine Edlen forderten, er solle sich eine Gemahlin suchen, erschien eines Tages ein alter Mann mit einem langen Bart am Hof und verkündete dem König, die ihm bestimmte Jungfrau heiße Pia, sei Tochter des heidnischen Herrschers Gandon und müsse von ihm zu Christus bekehrt werden. Oswald sagte, er habe keinen Herold, der dieses Land, seine Sprache und das dortige Königshaus kenne. »Er würde dir auch nichts nützen«, antwortete der Alte, »denn ihr Vater hat schon bei ihrer Geburt geschworen, er werde sie freiwillig nie einem Mann geben. Aber denk an deinen Raben.« Dieser kam sofort herbeigeflattert und erklärte sich zu dem Dienst bereit. Oswald schrieb nun das christliche Glaubensbekenntnis in ein Briefchen und nähte es gut verborgen in das Gefieder, zusammen mit einem kostbaren Ring.

Der Rabe flog an sein Ziel, flatterte zierlich an Gandons Tafel und bat ums Wort. Der Herrscher ließ ihn verwundert gewähren und der Rabe trug im Namen Gottes und seiner jungfräulichen Mutter die Brautwerbung vor. Der König wollte jedoch weder davon noch von

Gott oder dessen angeblicher Mutter etwas wissen. Zornig befahl er, den Vogel zu fangen und zu töten. Pia jedoch hatte das Tier ins Herz geschlossen und bettelte so lange, bis der Vater ihr den Raben schenkte. Allein mit ihm in ihrer Kammer, entdeckte dieser ihr den Brief und den Ring. Sie las und entbrannte in Liebe zu dem fernen Herrscher. Auch vom christlichen Glauben war sie schnell überzeugt und schickte den Raben mit ihrem Jawort und einem klugen Plan zurück.

Oswald, hocherfreut über die Meldungen seines Raben, belud ein Schiff mit vielen Kostbarkeiten und nahm auch sieben Goldschmiede mit. Verkleidet als Kaufleute, schlugen er und seine Ritter in Gandons Hauptstadt Stände auf und begannen mit den Leuten zu handeln. Schnell sprach sich die Ankunft der Fremden herum. Auch Pia kam herzu und begleitete Oswald auf das Schiff, um dort angeblich ganz erlesene Waren zu besichtigen. Kaum war sie jedoch an Bord, lichtete man die Anker und stach in See. Oswald führte seine Braut nach England, hielt Hochzeit und lebte mit ihr rein und keusch zusammen.

Oswalds Regierung war so weise und gerecht, dass ihn fast alle Völker Englands mit ihren vier Sprachen, Britisch, Pictisch, Irisch und Angelsächsisch, zu ihrem Oberkönig erkoren. Nur Penda von Mercia, der letzte heidnische Sachsenkönig, war ihm feind. Er überfiel die Northumbrier überraschend, schlug deren Heer, tötete Oswald und ließ ihm den rechten Arm und das Haupt abschlagen. Beide steckte er auf Pfähle. 13 Jahre danach aber kam die Abrechnung. Penda verlor in der Schlacht von Winwidfield Reich und Leben gegen Oswalds Bruder Oswy.

Oswalds Reliquien wurden zunächst in Lindisfarne bestattet, nur sein Arm kam in den Königspalast, wo ihn noch Jahrzehnte danach der ehrwürdige Beda mit eigenen Augen unverwest sah. In späteren Zeiten gelangten viele Reliquien Oswalds nach Deutschland, nach Österreich und in die Schweiz, und viele Kirchen wurden ihm in diesen Ländern geweiht.

A: *mit königlichen Zeichen, Horn blasend; mit Raben, der Ring oder Brief im Schnabel trägt, manchmal auch ein Ölgefäß; mit Sonne auf der Brust; mit goldenem Hirsch, pflanzt Holzkreuz vor der Schlacht in den Boden.*
P: *von Nenzlingen und Zug, des Klosters Weingarten; der englischen Könige und der Kreuzfahrer; der Schnitter; des Viehs; für gutes Wetter; gelegentlich auch einer der Nothelfer.*
F: *auch 5., 7. und 8. August, 8. Oktober.*

Hl. Laurentius (Lorenz)

Erzmärtyrer, † um 258

Unter allen römischen Märtyrern wird der hl. Laurentius besonders verehrt. Er war der Archidiakon von Papst Sixtus II., welcher in der Verfolgung des Valerian hingerichtet wurde. Laurentius beeilte sich, alles ihm anvertraute Kirchengut vor der Staatsgewalt zu sichern. Kaum hatte er alles an die Armen verteilt, da ließ ihn der Präfekt zitieren und forderte von ihm das kirchliche Vermögen. Laurentius führte ihn zu einer Kirche und zeigte ihm die dort versammelten Blinden, Stummen, Lahmen, Krüppel und Bresthaften. »Diese sind unsere Schätze, unsere Perlen und Kleinodien, denn in ihnen lebt Christus selbst. Das Gold aber ist die Quelle allen Verbrechens. Schamhaftigkeit, Friede, das Gesetz und die Treue werden wegen ihm gebrochen. Pflege statt dessen diese Armen, dann wirst du die Wohlfahrt des Staates, das ewige Heil deiner selbst und des Kaisers begründen.«

Der Präfekt hielt dies für eine Verhöhnung und befahl die Folter. Der Heilige wurde mit Skorpionen gepeitscht, mit Bleikugeln geschlagen, mit glühenden Eisenplatten an den Seiten gebrannt und auf die Streckbank gespannt. Seine Standhaftigkeit bewirkte den Übertritt mehrerer Soldaten zum christlichen Glauben. Darüber erzürnt, hieß der Präfekt Laurentius auf einen Rost über glühende Kohlen legen. Nach einiger Zeit sagte der Heilige ruhig: »Nun kannst du meinen Leib wenden lassen, denn auf dieser Seite ist er gut gebraten.« Als auch die andere Seite von der Glut versengt und ausgedörrt war, sagte er: »Jetzt ist mein Fleisch fertig gebraten, nun magst du davon essen.« Er hob seine Augen zum Himmel und verschied.

Das Fest des hl. Laurenz war nach Peter und Paul das größte Heiligenfest der alten römischen Liturgie.

A: *als Diakon mit Rost, Evangelium und Kreuz, mit Geldbeutel, Almosen verteilend; Märtyrerpalme.*

P: *der Armen, Bibliothekare, Bierbrauer, Feuerwehr, Glaser, Köche, Kuchenbäcker, Plätterinnen, Schüler, Studenten, Verwalter, Wäscherinnen, Wirte; gegen Brandwunden, Feuer, Fieber, Jucken, Rückenschmerzen,*

Hexenschuss; der armen Seelen im Fegefeuer; für das Gedeihen der Weintrauben.
Die alljährlichen Sternschnuppen-Schwärme zur Zeit seines Festtages heißen im Volksmund »Tränen des Laurentius«.

Hl. Equitius

Abt, 6. Jahrhundert

Wegen seines heiligmäßigen Lebenswandels war Equitius von vielen Klöstern in Unteritalien zum Abt erwählt worden. In seiner Jugend jedoch wurde er von sinnlichen Versuchungen aufs Heftigste angefochten, weshalb er besonders eifrig Bußübungen und Gebet pflegte. Sein unablässiges Flehen zu Gott bewirkte, dass er eines Nachts einen Traum hatte. Ein Engel trat zu ihm, zückte ein strahlendes Messer und kastrierte ihn. Von jener Zeit an war er von allen Versuchungen so frei, als ob er dem Leibe nach kein Geschlecht hätte.

F: *auch 7. März.*

*

Hl. Susanna

Märtyrerin (?), † um 304 in Rom

Der Legende nach war Susanna die Tochter eines Priesters und Nichte des Papstes Gaius. In dieser frommen Familie wuchs Susanna zu einer wunderschönen Jungfrau heran. Doch je mehr sie an Jahren zunahm, desto mehr zog sie sich von der Welt zurück und verbarg in jungfräulicher Einsamkeit lebend ihre reizende körperliche Wohlgestalt.

Kaiser Diokletian hatte durch Zufall die entzückende Jungfrau gesehen und bestimmte sie sofort zur Gemahlin seines Sohnes Galerius. Seinen Brautwerber Claudius überzeugte Susanna aber von der

Unmöglichkeit, sich einem Heiden als Ehefrau zu geben. Ihre beseelte Ansprache bewirkte, dass sich Claudius selbst zum Glauben an den einen Gott bekehren ließ. Und mit seiner angefachten Begeisterung bewog er seinerseits noch den Maximin, einen Bruder des Kaisers, zum Übertritt. Beide schenkten ihre beträchtlichen Güter der Kirche.

Der Kaiser tobte und ließ die beiden nach Ostia ins Elend verbannen. Susanna versuchte er persönlich zum Abfall zu verführen. Als weder süsse Worte noch fürchterlichste Drohungen etwas bewirkten, übergab er sie den Schergen. Auf der Folter wurde ihr zarter Körper aufs jämmerlichste zerfleischt und ihr endlich das Haupt abgeschlagen. Nach anderen Berichten ist sie im eigenen Elternhaus zu Tode stranguliert worden. Ihre Reliquien werden in S. Susanna auf dem Quirinal verehrt.

A: *Mit Märtyrerpalme*

P: *von Rom; gegen Regen, Unglück und Verleumdung*

12. August

Hl. Clara von Assisi

Gründerin des Clarissenordens, 1194–1253

Die Jungfrau aus vornehmer Familie hörte eine Predigt des hl. Franziskus und beschloss auf der Stelle, allen irdischen Eitelkeiten zu entsagen. Bei einem persönlichen Zusammentreffen erkannte der Heilige in ihr eine Gleichgesinnte. Er forderte sie auf, ein Bußkleid anzuziehen und in Assisi für die Armen betteln zu gehen. Clara verließ daraufhin nachts heimlich das Elternhaus. Franziskus selbst schnitt ihr die Haare ab, legte ihr ein sackartiges Gewand an, das mit einem Strick gegürtet war, und führte sie in das Kloster der Benediktinerinnen.

Die Empörung ihrer Familie über diesen Schritt steigerte sich zu blanker Wut, als ihr die 14-jährige Schwester Agnes ins Kloster folgte. Unter dem Kommando ihres Oheims Monaldo rückte eine Gruppe von Verwandten an, welche die noch unmündige Agnes mit Gewalt zurückholen wollten. Doch Claras Gebet war stärker. Das Mädchen wurde in den Händen der Entführer so schwer, dass sie es nicht mehr tragen konnten. Franziskus brachte die beiden Jungfrauen bald darauf nach San Damiano, und damit entstand das erste franziskanische Frauenkloster. Obwohl Clara die letzten drei Jahrzehnte ihres Lebens fast ausschließlich auf dem Krankenlager zubringen musste, wuchs die Gemeinschaft unter ihrer Führung rasch an und zog viele junge Frauen gerade auch aus begüterten Familien an. 1228 gab es in Italien schon 23 dieser neuen Klöster.

Der entscheidende Unterschied der Clarissen zu anderen Orden war die Liebe zur Armut. Ein Leben lang musste die Gründerin darum kämpfen, denn im Vatikan wollte man die Nonnen auch in schlechten Zeiten versorgt wissen und bestand darauf, dass das Kloster selbst Eigentum besitzen müsse. Erst zwei Tage vor ihrem Tod setzte Clara durch, dass der Papst das Ordensprivileg bestätigte: Niemand dürfe die Clarissen zwingen, Eigentum anzunehmen.

Die strengen Regeln des Ordens wurden aber stets von der Oberin überboten, was ihre eigene Person anlangte. Sie trug abwechselnd zwei Bußgürtel auf der blanken Haut; der eine bestand aus verknotetem Rosshaar, der andere aus Schweinsleder, in dem noch kurzgeschorene Borsten steckten. Diese stachen ihr ins Fleisch und riefen eiternde Schwären hervor. Wenn diese zu gefährlich wurden, nahm Clara wieder den anderen Gürtel, bis die wunde Haut sich ein wenig erholt hatte. Der hl. Franziskus persönlich musste ihr verbieten, auf der bloßen Erde zu schlafen und ganze Tage nichts zu essen. Claras Wirkung auf Menschen war außerordentlich, manchmal auch in unvermuteter Weise. Damals wurde Italien von marodierenden Sarazenen geplagt, die eigentlich im Dienste Kaiser Friedrichs II. standen, aber ihre Stellung zu Plünderung und Notzucht ausnutzten. Eine Schar dieser brutalen Söldner hatte sich zusammengetan, um des Nachts an den Nonnen von San Damiano ihre gewohnten Gräuel zu verüben. Sie kletterten die Mauern empor und schauten schon durch die Fenster, während die Schwestern in Panik zu ihrer kranken Oberin stürzten. Diese ließ sich auf einer Bahre mit der Monstranz in der Hand zur Pforte tragen und plötzlich ergriff ein geheimnisvoller Schrecken die Soldaten und trieb sie in die Flucht.

Am letzten Weihnachten vor ihrem Tod erlebte die sterbenskranke Äbtissin in einer Art übernatürlicher Vision die Christmette in Assisi in allen Einzelheiten, weshalb sie 700 Jahre später von Pius XII. zur Patronin des Fernsehens ernannt wurde.

A: *als Clarissin in schwarzem oder braunem Wollgewand und mit Kreuz, Lilie, Regelbuch oder Äbtissinnenstab; mit Monstranz oder brennender Lampe.*
P: *von Assisi; der Glaser, Glasmaler, Stricker, Vergolder, Wäscherinnen; gegen Augenleiden und Blindheit, Fieber; des Fernsehens.*

13. AUGUST

Hl. Radegunde

Königin, 518–587

Die thüringische Königstochter Radegunde war die wertvollste Beute der Franken nach der gewonnenen Schlacht an der Unstrut im Jahre 531. Die merowingischen Bruderkönige stritten sich um das in seiner Verlassenheit anrührend schöne Mädchen. Aus dem Kampf ging der rohe Chlotar als Sieger hervor. Er ließ sie im Christentum unterrichten und vermählte sich schließlich mit ihr nach einem ihrer vergeblichen Fluchtversuche.

Radegunde war jedoch an Christus mehr gelegen als an ihrem Gemahl. Um sich seinen ehelichen Ansprüchen zu entziehen, erfand sie allerlei Listen. Nachts stahl sie sich, leibliche Notdurft vorschützend, aus dem Schlafzimmer, um im leichten Nachtgewand in der kalten Schlosskapelle der Andacht zu obliegen. Dabei erkältete sie sich so sehr, dass sie weder am Kamin noch im Bett mehr warm werden konnte. In der Fastenzeit trug sie ein härendes Hemd unter dem Seidenkleid.

Als Chlotar ihren Bruder ermorden ließ, flüchtete sie zum Bischof Medardus und bewog den widerstrebenden und furchtsamen Heiligen, sie als Nonne einzusegnen. Als Boten von Chlotar kamen, die ihr ausrichteten, er wolle nicht mehr leben, wenn er sie nicht wieder zum Weibe haben könne, legte sie sich die härtesten Bußübungen auf. Tag und Nacht flehte sie den Himmel um Schutz vor dem Gatten an. Als Chlotar mit seinem Sohn anreiste, um sie notfalls mit Gewalt zu entführen, warf sich ihm der Bischof Germanus von Paris in den Weg und bat ihn, den Willen Gottes zu respektieren. Da zeigte der Rohling Einsicht. Er warf sich seinerseits dem Bischof zu Füßen und bat um

Verzeihung für alle Sünden, zu denen ihn schlechte Ratgeber angestiftet hätten. Der Bischof vergab ihm, aber Radegunde sah der König nie mehr wieder.

Sie ließ ein mächtiges Kloster in Poitiers bauen, zu dessen Äbtissin sie das fromme Mädchen Agnes machte. Sie selbst lehnte alle Ehrenämter ab und ergab sich während ihrer letzten 30 Lebensjahre ganz der härtesten Buße. In der Fastenzeit spannte sie ihren Hals und ihre Arme in drei breite Eisenringe und schnürte den bloßen Leib in so viele Ketten ein, bis er blutete. Um die Versuchungen zu besiegen, zwickte sie sich sogar mit glühenden Zangen. Noch zu Lebzeiten tat sie viele Wunder, heilte Mitschwestern von Krankheit und Besessenheit. Sogar verdorrte Bäume brachte sie wieder zum Blühen.

A: *als Klosterfrau mit königlichen Insignien, betend vor einem Kreuzpartikel; mit Bischof, der ihr einen Schleier reicht; mit Wölfen.*
P: *von Burgos, Chinon, Peronne und Poitiers; der Töpfer und Weber; gegen Aussatz, Fieber bei Kindern, Geschwüre, Grind, Krätze.*

14. August

Hl. Athanasia

Nonne, † 860

Das Mädchen Athanasia saß einst bei einer Handarbeit, als ein Stern vom Himmel herabschwebte, vor ihrer Brust eine Zeit lang hielt und danach verschwand. Von da an war sie entschlossen, in ein Kloster zu gehen. Gegen ihren Willen zwangen sie die Eltern in die Ehe, doch sie war gerade 16 Tage verheiratet, da erschlugen afrikanische Seeräuber ihren Mann. Die junge Witwe wollte nun ihren alten Wunsch in die Tat umsetzen, aber just in jenen Tagen erging ein Edikt des Kaisers Michael, dass alle nicht-verheirateten oder verwitweten Frauen unterhalb einer bestimmten Altersgrenze sich zu verehelichen hätten. Dadurch sollte dem drohenden Bevölkerungsschwund Einhalt geboten werden. Ihre Eltern führten ihr einen zweiten Gemahl zu und sie fügte sich in ihr Los, ohne freilich ihre frommen Gewohnheiten der Andacht und der Sorge für die Armen aufzugeben. Als einmal eine

Hungersnot auf Ägina herrschte, teilte sie ihre Vorräte nicht nur mit den rechtgläubigen Nachbarn, sondern sogar mit Angehörigen einer ketzerischen Sekte.

Mit der Zeit gelang es Athanasia, ihren Mann so zu beeinflussen, dass er hinter Klostermauern der Welt entsagte. Sie selbst gründete mit gleichgesinnten Schwestern eine Gemeinschaft, die ebenfalls klösterlich zusammenlebte. Nach einigen Jahren aber zog sie in die Einsamkeit und widmete sich ganz der Beschauung. Einmal erschien ihr in einer leuchtenden Wolke ein strahlend schöner, nackter Jüngling und sie wunderte sich über dessen Herrlichkeit. Da hörte sie eine Stimme sagen: »Demut und Sanftmut verliehen ihm diese Schönheit. Wenn du weiter so eifrig bist, dann wirst auch du dereinst in solchem Glanz erscheinen.«

Athanasia wurde gewahr, dass sie plötzlich mit Wunderkräften begabt war, und sie heilte Blinde und andere Kranke. Ihr Ruf verbreitete sich bis an den Kaiserhof. Sie starb so sanft, wie sie gelebt hatte. Kurz vor dem Jahrestag ihres Todes gingen zwei Nonnen an ihrem Grab vorbei und hörten daraus ein Geräusch. Als sie sich umsahen, erschienen zwei strahlend schöne Jünglinge, die Athanasia in ihrer Mitte geleiteten. Sie führten sie zum Altar, bekleideten sie mit königlichem Purpur, setzten ihr eine Krone auf und reichten ihr ein Zepter.

A: *mit nacktem Jüngling und drei Nonnen.*

15. August

Hl. Mechthild von Magdeburg

Begine und Zisterziensernonne, um 1210–1285

Die zwölfjährige Mechthild erfuhr in einer Vision, dass sie mit besonderer Gnade beschenkt ist. Da ihre Eltern von einer geistlichen Berufung nichts wissen wollten, verließ sie in der Nacht ihres 20. Geburtstags das Zuhause und klopfte an viele Klosterpforten. Doch nirgendwo wollte man die unbekannte und mittellose Jungfrau aufnehmen. Sie blieb schließlich in Magdeburg und lebte dort fast 40 Jahre als Begine, in apostolischer Armut, Frömmigkeit und klösterlicher Strenge, doch ohne

Gelübde. Zahllose Erscheinungen bestätigten ihr, dass sie auf dem richtigen Wege war. Christus selbst sprach einmal zu ihr: »Ich will dir zwei Engel geben, einen Seraph, der deine Seele erleuchtet, und einen Cherub, der dich beschützt.« Doch auch gegen zwei Teufel musste sie fortan kämpfen. Der eine versuchte sie zu heimlicher Unkeuschheit, der andere zu Hochmut. Mechthild begegnete diesen Anfechtungen mit entschlossenen Gegenmaßnahmen. Mit Frieren, Hungern und Selbstgeißelung besiegte sie alles Körperliche so sehr, dass sie sich niemals krank fühlte außer durch die Qualen der Reue. Die Fülle ihrer Visionen bewog sie, sich Aufzeichnungen zu machen und sie schließlich im Buch *Vom fließenden Licht der Gottheit* zu veröffentlichen. Darin offenbarte sie ihre Sehnsucht nach bräutlicher Vereinigung mit dem Gottessohn.

Über die Kirche ihrer Zeit sprach Gott zu Mechthild: »Du glänzende der heiligen Kirche, wie ist dein Glanz verdunkelt. Deine Ehre ist verfault im Pfuhl der Laster. Du bist bettelarm geworden, denn dir fehlt der königliche Schatz der Liebe.«

Solche Worte schufen ihr viele Feinde. Zuflucht vor ihnen fand sie gegen Ende ihres Lebens im Kloster Helfta bei Eisleben. Dort begegnete sie in der Äbtissin Gertrud und den Nonnen Mechthild von Hackeborn und Gertrud von Helfta endlich wahren Schwestern im Geiste.

Dante hat Mechthild in seiner Gestalt der Matelda in der *Göttlichen Komödie* ein Denkmal gesetzt.

A: *als Nonne, an einem Buch schreibend, während ein Gnadenstrahl ihr Herz trifft.*

16. AUGUST

Hl. Rochus

Märtyrer, † 1327

Rochus stammte aus Montpellier, war schon als Knabe gottesfürchtig und pilgerte nach dem frühen Tod der Eltern nach Rom. In Italien aber wütete zu jener Zeit die Pest. Rochus trat ins Hospital von Aquapendente ein, um den Kranken zu dienen, und konnte viele durch seine liebevolle Pflege heilen.

Doch nun befiel ihn selbst die Pest. Rochus wollte den Kranken nicht beschwerlich sein und schleppte sich in einen nahen Wald. Dort fand er eine verfallene Hütte, wo er sich zum Sterben bereitete. Als er es jedoch mit letzter Kraft schaffte, aus einem Bächlein neben seinem Zufluchtsort zu trinken, platzten die Beulen auf, das Fieber nahm ab, und er verspürte wieder Hunger.

Ein reicher Bürger, der sich während der Seuche auf sein Landhaus zurückgezogen hatte, beobachtete mehrmals seinen Jagdhund, wie er ein Stück Brot vom Tisch schnappte und damit fortlief. Er folgte ihm eines Tages und sah staunend, wie das Tier einem auf dem Boden liegenden Mann das Brot auf die Brust legte. So wurde Rochus entdeckt. Der reiche Bürger nahm sich gerührt seiner an und sorgte für Medizin und Pflege. Nach seiner Genesung machte sich Rochus wieder auf die Wanderschaft. Auf dem Weg nach Compostela kam er durch seine Heimatstadt Montpellier und wurde dort als Landstreicher festgenommen. Der von ihm als Zeuge benannte Oheim wollte ihn nicht kennen und Rochus wurde ins Gefängnis geworfen. Fünf Jahre lang schmachtete er im Kerker, bis er an Entkräftung starb. Mehrere Wunder zeigten den Leuten von Montpellier, dass ein Heiliger in ihrem Stadtgefängnis gestorben war. Und plötzlich erkannte der gedächtnisschwache Oheim an einem kreuzförmigen Mal auf der Brust den Leichnam als seinen toten Neffen.

1656 wütete die Pest in Frascati. Da schälte sich eines Tages die Wand in der Kirche und zum Vorschein kam ein altes Fresko, das den hl. Rochus zusammen mit dem hl. Sebastian zeigte. Das Volk betrachtete dies als Hinweis, zündete Kerzen vor dem Bild an und ernannte die beiden Heiligen zu Stadtpatronen. Von da an starb niemand mehr an der Seuche.

A: *als Pilger mit Wunde (Pestbeule) am Schenkel, die ein Hund leckt; auch mit Hund, der Brot im Maul trägt; rotes Kreuz auf der Brust; mit Engel, der eine Arzneibüchse trägt.*

P: *Pestpatron, mancherorts einer der 14 Nothelfer; von Frascati, Montpellier, Parma und Venedig; der Apotheker, Ärzte, Bauern, Bürstenbinder, Chirurgen, Gärtner, Karrenführer, Krämer, Kunsthändler, Pflasterer, Raketenmacher, Schreiner, Steinhauer, Totengräber und Wollkämmerer; der Gefangenen; der Krankenhäuser; gegen Cholera, Epidemien, Fußleiden, Infektionskrankheiten, Knieschmerzen, Krätze, Tollwut, Unglücksfälle und Viehseuchen.*

Hl. Clara vom Kreuze (von Montefalco)

Äbtissin, um 1275–1308

Clara war wie ihre Schwester Johanna schon als kleines Mädchen in eine Reklusinnengemeinschaft eingetreten. Diese wurde in ein Kloster der Unbeschuhten Augustinerinnen umgewandelt und nach dem Tode Johannas folgte Clara ihr im Amt der Äbtissin.

Außergewöhnlicher Buß- und Gebetsgeist, verbunden mit visionären Gaben und Wunderkräften zeichneten sie aus. In einem Gesicht hatte Clara ihrem himmlischen Bräutigam ihr Herz geschenkt. Nach ihrem frühen Tode öffneten ihre Mitschwestern die Brust der Leiche und fanden das Herz in Größe eines Kinderkopfes. Sie schnitten es in zwei gleiche Hälften und sahen auf den Schnittflächen in Knorpeln und Verwachsungen die Mysterien der Passion verteilt. Auf einer Fläche fand sich in der Mitte das Bild des Gekreuzigten, etwas größer als ein weiblicher Daumen, auf der entgegengesetzten Seite flocht sich die Krone aus kleinen Fibern zusammen, mit Stacheln eng besetzt. An deren Ende hingen die drei Nägel, dem Gefühl nach härter als Fleisch. Darunter war schief die Lanze gelegt, mit scharfer Spitze und so hart, dass der Generalvikar Berengar bei der Überprüfung den Finger wie von einem Stachel getroffen fühlte. Schließlich sah man an anderen Stellen den Schwamm, die Geißel und die Säule mit den Stricken.

Während der Seligsprechung wurden über 470 Zeugen verhört. Das Herz und der Leib Claras sind noch heute unverwest erhalten.

A: *mit einem Herzen auf der linken Brustseite, auf dem die Leidenswerkzeuge Christi abgebildet sind; manchmal mit Lilie und drei Steinen, die sich in der Gallenblase fanden.*
P: *gegen Fußkrankheiten, weil zahllose Zeugen über Heilungen von Klumpfüßen etc. an ihrem Grabe berichteten.*

Hl. Agapitus

Märtyrer, † um 275

Der 16-jährige Jüngling wurde unter Kaiser Aurelian (nach anderen Berichten unter Diokletian) wegen seines christlichen Glaubens vor Gericht zitiert. Da er selbst nach erbarmungsloser Geißelung und fünf Tagen ohne Nahrung im Kerker standhaft blieb, legte man ihm glühende Kohlen aufs Haupt. Agapitus aber sagte nur: »Ein Haupt, das bestimmt ist, im Himmel eine Krone zu tragen, darf sich nicht scheuen, auf Erden zu tragen, was brennt und schmerzt.« Daraufhin wurde er gegeißelt, bis sein Körper eine einzige Wunde war. Man hängte ihn an den Füßen auf, mit dem Gesicht in ein Feuer, doch der Bekenner wurde weder versengt noch erstickt und sprach zum Richter: »Alle Leute werden denken, dass dein Scharfsinn in Rauch aufgeht.« Abermals peitschten sie ihn aus, gossen siedendes Wasser in seine Wunden und zerschmetterten seine Kinnlade.

Als die wilden Tiere in der Arena den Jüngling verschonten, wurde Agapitus schließlich enthauptet. Der grausame Richter konnte sich nicht lange an den Qualen weiden; er stürzte plötzlich von seinem Stuhl und brach sich das Genick.

Die wundertätigen Reliquien des Agapitus werden in Münster, in Palestrina und Bologna verehrt.

A: *mit Kopf nach unten über Flammen hängend; mit einem Löwen; mit glühenden Kohlen; mit Krone.*
P: *der kranken Kinder und Schwangeren; gegen Bauchweh und Kolik.*

*

Hl. Helena

römische Kaiserin, 255–327

Die Tochter eines Schankwirtes wurde Geliebte des römischen Generals Konstantius Chlorus. Helena gebar ihrem Soldaten den kleinen Konstantin, aber bald wurde ihr der Sohn weggenommen und als Geisel für das Wohlverhalten seines Vaters an den Hof des Diokletian gesandt. Als Konstantius im Jahr 293 zum Mitkaiser ernannt wurde, zwang man ihn, sich von Helena zu trennen und die Tochter seines Amtskollegen Maximian zu heiraten.

Als Konstantius 306 starb, erhoben die in Britannien stationierten Truppen den jungen Konstantin zum Kaiser, der sogleich seine Mutter zu sich nahm. 312 traten beide gemeinsam zum Christentum über, was nach Auffassung der antiken Geschichtsschreiber der letzte Grund für den schließlichen Sieg Konstantins über all seine Konkurrenten wurde. Zu diesen gehörten scheinbar auch sein Sohn Crispus und sein Neffe Licinius, worauf er sie durch Gift beseitigen ließ. Die fromme Helena machte ihm deshalb schwere Vorwürfe und reuevoll sah er seine Fehler ein. Da beide Jünglinge von seiner Ehefrau Fausta angeschwärzt worden waren, gab er Befehl, diese in einem heißen Bad zu ersticken. Seine Mutter aber erhob er später zur Kaiserin und ließ eine Münze mit ihrem Bildnis prägen.

Bald nach den blutigen Ereignissen unternahm Helena, vielleicht um durch die schweigende Rüge der Entfernung den Sohn kräftiger zu erschüttern als durch laute Vorwürfe, eine Reise ins Heilige Land. Auf dem Weg dorthin beschenkte sie die Armen und munterte die Kranken und Gefangenen auf. Viele konnte sie aufgrund ihrer großen Vollmachten begnadigen. Trotz ihrer hohen Stellung lag sie täglich in schlichtem Gewand gemeinsam mit den anderen Gläubigen vor den Stufen des Altars.

In Jerusalem begann Helena mit Unterstützung des Bischofs Makarius nach der Kreuzesstätte und dem Heiligen Grab zu suchen. Dies war nicht leicht, denn der christenfeindliche Kaiser Hadrian hatte 200 Jahre zuvor die Orte unkenntlich machen lassen. Er ließ heidnische Tempel errichten und unzüchtige Statuen der Venus, des Adonis und anderer Gottheiten aufstellen. In einem dafür angelegten Hain feierten die Heiden ihre Götter mit schamlosen Praktiken. Helena befahl, die Stätte von allen Gräueln zu säubern, und nach Reinigung des Ortes von Schutt entdeckte man die Felsengruft des Heiligen Grabes.

Nahe dabei fand man drei Kreuze sowie die Nägel, welche die Glieder des Heilands durchbohrt hatten. Auf einer hölzernen Tafel, die abseits lag, las man die Inschrift INRI – Jesus von Nazareth König der Juden. Die Kaiserin war darüber in großer Verlegenheit, denn es war nicht eindeutig zu klären, zu welchem Kreuz die Tafel gehörte. Makarius aber betete zu Gott und währenddessen überkam ihn ein rettender Gedanke. Eine reiche Matrone lag, dem Tode nahe, darnieder. Da brachte man die drei Kreuze zu ihr und berührte sie nacheinander mit diesen. Bei den ersten beiden zeigte sich keine Wirkung. Beim dritten aber stand sie sofort auf, vollkommen genesen.

Helena sandte nun die Nägel und einen Teil des Kreuzes an ihren Sohn. Den größeren Teil übergab sie – in Silber eingefasst – dem Bischof. Mit Unterstützung des Kaisers wurde am Heiligen Grab die prächtigste Kirche der damaligen Christenheit errichtet – ein ungeheures Gebäude, das aus zwei mit Säulengängen verbundenen Teilen bestand, weshalb manchmal von einer, manchmal von zwei Kirchen gesprochen wurde. Im Jahre 614 fiel ein Perserheer in Jerusalem ein, mordete viele Tausende hin und brannte große Teile der Stadt nieder, darunter auch die Grabeskirche. Das in einer versiegelten Lade verwahrte Heilige Kreuz führte man als Siegesbeute hinweg. Doch unter Kaiser Heraklius wendete sich das Kriegsglück und die Perser gaben die kostbare Reliquie unversehrt wieder heraus.

Helena weilte noch länger in Jerusalem, gründete ein Haus für fromme Jungfrauen und suchte nach anderen Überresten des Erdenwandels Jesu. Sie fand unter anderen Schätzen den Heiligen Rock des Herrn, der heute noch in Trier verehrt wird, und die Reliquien des hl. Apostels Matthias. Ihre letzten Jahre verbrachte die fromme Kaiserin an der Seite ihres Sohnes.

Als ihr Leichnam mit großem Gepränge 849 von Rom in die Abtei von Hautvilliers bei Reims überführt wurde, ereigneten sich zahlreiche Wunder.

A: *zusammen mit ihrem Sohn, beide halten in ihrer Mitte einen Kranz; mit Kaiserkrone, Kirchenmodell, Kreuz und Nägeln.*
P: *der Bistümer Bamberg, Basel und Trier; der Nadler, Nagelschmiede und Färber; der Bergwerke.*

Hl. Sebald

Pilger, † 740

Sebald stammte aus Dacien, dem heutigen Rumänien, und hatte in Paris seine Jugend verlebt. Seine Eltern verheirateten ihn mit einer frommen Jungfrau aus gutem Stande, doch in der Hochzeitsnacht erklärte er seiner Braut: »Heute sind wir geschmückt und morgen eine Speise der Würmer. Willst du wirklich deine Jungfräulichkeit, die Zierde der Ewigkeit, aufgeben und unter Schmerzen Kinder gebären? Wäre es nicht besser, wir unterstellten uns dem Schutz des hl. Joseph?«

Da seine Braut auf dem Ehegelübde beharrte, auch auf die sakramentale Bedeutung des vor Gott gegebenen Versprechens hinwies, und schließlich in nicht enden wollende Tränen ausbrach, ergriff Sebald noch in derselben Nacht die Flucht. Drei ganze Jahre hielt er sich verborgen. Danach begab er sich auf eine Pilgerreise zu den Apostelgräbern und erhielt in Rom vom Papst den Auftrag, besonders in Deutschland zu predigen. Da er inzwischen mit der Gabe der Wunder begnadet war, gelangen ihm viele Bekehrungen. Bei Regensburg überquerte er auf seinem Mantel die Donau und machte in der Stadt ein zufällig zerbrochenes Glas wieder ganz. Einen Mann, dem seine Rinder entlaufen waren, segnete er, worauf dessen Hände augenblicklich hell leuchteten und er in dunkler Nacht nach kurzem Suchen seine Ochsen wieder fand. Einmal kehrte der Heilige im Winter unterwegs bei armen Häuslern ein. Er war vor Kälte fast erstarrt und bat die Hausfrau, Holz aufzulegen, damit er sich wärmen könne. Diese tat aus Geiz, als höre sie ihn nicht. Da sagte Sebald: »Wenn du kein Holz verschwenden willst, dann sammle Eiszapfen und Schneeklöße und wirf sie ins Feuer.« Widerwillig tat das Weib, wie ihr geheißen, und augenblicklich brannten die Flammen lichterloh, als hätte man Reiser auf die Glut gelegt. Von da an wandelte sich der Geiz der Hausleute zu Freigebigkeit.

Sebald begann sich nach der Einsamkeit zu sehnen und suchte sich einen geheimen Platz im sogenannten Reichswald zwischen den Flüssen Regnitz und Pegnitz. Doch auch hier suchten ihn die Einheimischen bald wegen seiner besonderen Kräfte mit den mannigfaltigsten Anliegen auf.

Als Sebald gestorben war, wurde sein Leichnam auf einen

Ochsenkarren gelegt – so wie er es kurz vor seinem Tode verfügt hatte – und den Tieren freier Lauf gelassen. Sie trotteten bis zu jener Stelle, wo sich noch heute sein Grab befindet. Darüber bauten die Nürnberger später die Sebalduskirche.

A: *als Einsiedler vor seiner Klause, Nürnberg im Hintergrund; Bürgern oder Bauern predigend; mit zwei Ochsen an der Seite; als Pilger mit Stab; mit Modell der Sebalduskirche.*
P: *von Nürnberg; gegen Kälte.*

20. August

Hl. Bernhard von Clairvaux

Abt und Kirchenlehrer, 1090–1153

Bernhard entstammte dem altburgundischen Hochadel. Schon als Kind wurde er zum Berufe des Geistlichen bestimmt, was seinen Neigungen entgegenkam. Bald erwarb er sich ein umfassendes Wissen und setzte seine Lehrer durch Zeugnisse ungewöhnlicher Begabung in Erstaunen. Allen Anfechtungen des Fleisches entzog er sich auf das Entschiedenste. Einmal entbrannte eine junge Wirtsfrau, in deren Gasthaus er Herberge genommen hatte, in Begierde zu dem überaus schönen Jüngling und schlich sich an sein Schlaflager. Er aber bemerkte ihre Absichten und schrie laut: »Diebe, Mörder!«

Damit nötigte er die Schamlose zur Flucht. Ein andermal waren es seine eigenen Augen, die mehr als wohlgefällig auf einer reizvollen weiblichen Gestalt ruhten, und er fühlte an sich die Regungen der Leidenschaft. Dafür bestrafte er sich unverzüglich, indem er trotz der Winterszeit an einen Teich eilte, die Eisdecke zerschlug und sich bis zum Hals ins Wasser stellte. Er blieb dort so lange, bis man ihn fast erstarrt herauszog. Von der Stunde an blieb er vor allen Anfechtungen seiner Keuschheit bewahrt.

Als er in den Orden eintreten wollte, setzte ihm der Vater zunächst Widerstand entgegen. Aber Bernhards wunderbare Beredsamkeit errang so vollständig den Sieg, dass ihm auch seine Brüder, seine Schwester Humbelina und später sogar der Vater selbst folgten.

Bernhard fand Aufnahme im Zisterzienserorden, dessen Abt ihn zusammen mit zwölf anderen Mönchen in das wegen Räubern verrufene Wermutstal von Langres schickte. In kurzer Zeit verwandelte der unermüdliche Fleiß und die Frömmigkeit Bernhards die Landschaft in einen Hort des Glaubens, so dass es von da an Lichttal, *clara vallis* (frz. Clairvaux) hieß. Bald wohnten hier 700 Brüder, die der Ruf der Heiligkeit Bernhards angezogen hatte.

Dieser hatte seinen Körper dem Geiste derart unterworfen, dass er nicht wusste, was er aß und wohin er ging. So trank er einmal Öl statt Wasser und wunderte sich hinterher, warum an seinen Lippen Öl war. Oder er ging in frommer Andacht am Ufer spazieren und fragte am Abend, wo denn eigentlich der See liege. Mit seiner Beredsamkeit stand er Papst Innozenz II. gegen dessen Widersacher bei. Es gelang ihm, den Gegenpapst Anaklet II. zum Verzicht auf die angemaßte Würde zu bewegen. Als »Wachhund Gottes«, wie ihn seine Mutter einst im Traum gesehen hatte, bekämpfte er unerbittlich alle Arten der Häresie, ob Katharer, Albigenser oder Waldenser. Den gelehrten Abälard klagte er der Vernünftelei an und ließ seine Werke verbrennen.

Bernhard war es auch, der ganz Frankreich zu ungeheurer Begeisterung für den heiligen Krieg gegen die Sarazenen entflammte. In Speyer bewegte er den anfangs zurückhaltenden deutschen Reichstag und Kaiser Konrad II. zur Teilnahme am Kreuzzug.

Das Unternehmen scheiterte jedoch kläglich an der Uneinigkeit der Führer, der Zügellosigkeit des Trosses und der außerordentlichen Habgier und Disziplinlosigkeit aller Beteiligten. Über 200 000 Mann wurden in den Tod gejagt und man beschimpfte Bernhard als falschen Propheten. Er aber schwieg zu den Vorwürfen und sagte einmal: »Besser sie geben mir die Schuld, als Gott.«

Die gewaltigen Anstrengungen zerrütteten seine ohnehin schwache Gesundheit. Zur Entkräftung kamen entsetzliche Magenschmerzen und andere bösartige Gebrechen. Er starb mit den Worten: »Es ist an der Zeit, dass ein so alter und unfruchtbarer Baum abgehauen wird.«

Er ist als *Doctor mellifluus* (honigfließender Lehrer), als 2. Stifter des Zisterzienserordens und als Verfasser vieler Schriften und Lieder (darunter der lateinische Urtext von »O Haupt voll Blut und Wunden«) in die Geschichte des Christentums eingegangen.

A: *als Abt in weißer Kutte mit Kreuz und Leidenswerkzeugen; mit Hund; mit gefesseltem Teufel; mit Bienenkorb; mit Buch.*
P: *der Zisterzienser, von Burgund, Gibraltar und Ligurien; der Imker und Wachszieher; der Bienen.*

21. August

Hl. Johanna Franziska von Chantal

Witwe und Ordensgründerin, 1572–1641

Johanna hatte eine glückliche Ehe geführt und ihrem Gatten, dem Baron Chantal, sechs Kinder zur Welt gebracht, von denen vier am Leben blieben. Der Tod ihres Gatten änderte alles. Er starb durch eine unglückliche Verwechslung: Ein Jagdgefährte hatte ihn für einen Hirsch gehalten und versehentlich erschossen. Obgleich Johanna dem unglücklichen Schützen um Christi Willen vergab, konnte sie doch lange Zeit keine Gesellschaft besuchen, auf der auch er zugegen war. Sie fand sich in ihr Witwenschicksal und widmete sich ganz der Erziehung ihrer Kinder.

Die Begegnung mit dem hl. Franz von Sales führte zu einer erneuten Wende. Als Schwester des Erzbischofs von Dijon hatte sie ihn zuerst in der Kirche und anschließend auf einem kleinen Empfang kennengelernt. Franz sah sie in ihrem vornehmen Gewand und den standesgemäßen Pretiosen und fragte nur: »Wenn du trauerst, warum trägst du Schmuck?«

Ohne ein Wort hatte sie sofort die Geschmeide abgenommen. Von diesem Augenblick an war ein heimlicher Bund zwischen ihnen geschmiedet. Er wurde ihr geistlicher Berater. Sein jüngerer Bruder heiratete ihre älteste Tochter, wodurch sie nun auch durch verwandtschaftliche Bande verknüpft waren.

Sie widmete sich zunächst der Krankenpflege. Besonders den Verachtetsten und Verlassensten wurde sie eine unermüdliche Trösterin. So hatte einer armen Frau der Krebs Mund, Nase und Gesicht abgefressen. Während alle sie mieden, verband und salbte Johanna mit nicht nachlassender Güte und Freundlichkeit.

Eine Vision gab Franz die Idee der Gründung eines Frauenordens ein, mit Johanna als Vorsteherin. In dieser Vereinigung sollte auch

Platz für körperlich gebrechliche Mitglieder oder Frauen in vorgerücktem Alter sein. Franz hatte die zahlreichen Witwen aus besseren Familien im Auge, deren Mittel und Bildung dem Selbstbehauptungskampf der Kirche von großem Nutzen sein konnten. Deshalb sollte der bald darauf im Jahre 1610 gegründete Orden von der Heimsuchung Mariens (auch Salesianerinnen oder Visitantinnen) seine Mitglieder zwar zu Gehorsam, Gebet und tätiger Nächstenliebe anhalten, aber auf die strengen Buß- und Kasteiungsregeln der üblichen Vereinigungen verzichten. Auf Anordnung Roms musste schließlich doch die Klausur eingeführt, die Krankenpflege aufgegeben und an ihrer Stelle die Erziehung der weiblichen Jugend in die Ordensregel aufgenommen werden. Johanna erwies sich als glänzende Organisatorin und begabte Wirtschafterin. Bis zu ihrem Tode gründete sie 41 Klöster. Die emsige Tätigkeit hinderte sie nicht an der Ausbildung ihres Seelenlebens. Um ihren Entschlüssen einen sinnfälligen Ausdruck zu verleihen, brannte sie sich mit einem glühenden Eisen den Namen »Jesus« über ihrem Busen ein.

Alle Lästerungen über ihre Seelenverbindung mit Franz von Sales ertrug sie geduldig, ebenso schwerste Schicksalsschläge, deren schlimmster sie mit seinem viel zu frühen Tod traf. Oft geriet sie nun in Ekstase und erzählte davon ihren Mitschwestern: »Die ganze Welt würde aus Liebe zu Gott sterben, würde sie die Süße kennen, die eine Gott liebende Seele kostet.«

In ihrem fortgeschritteneren Alter erlangte sie Umgang mit dem hl. Vinzenz von Paul, der ihr Beichtvater wurde. Als sie auf einer Reise an einer tödlichen Brustentzündung erkrankte, sah er in der Nacht im Traum einen Feuerball auffliegen und sich am Firmament mit einem noch größeren Ball vereinigen. Der aus beiden entstandene Ball erhob sich immer höher und zerfloss schließlich in einem noch viel größeren und leuchtenderen.

A: *in schwarzem Habit und schwarzem Schleier; Herz mit dem Namen Jesu in der Rechten, Buch in der Linken; auch kniend und Kreuz umfassend; mit Franz, der sie unterweist.*
P: *für glückliche Entbindung; der Salesianerinnen.*
F: *auch 13. Dezember.*

Hl. Symphorian

Märtyrer, † um 178

Symphorian war ein reicher römischer Patrizier im gallischen Autun. Hier erfreute sich unter den Heiden der Kult der Cybele großer Beliebtheit, deren Anhänger die Mysterien der Göttin mit rauschhaften Tänzen und Umzügen feierten, die zu später Nacht in zügellosester Unzucht mündeten.

Als wieder einmal das Fest begangen wurde und das Volk in Anbetung zur Erde sank, beugte ein einziger weder die Knie, noch murmelte er Lobpreisungen. Der Frevler wurde zum Präfekten Heraklius gebracht. Dieser kannte Symphorian als gebildeten, wohlhabenden Bürger und versuchte ihm sofort Brücken aus der misslichen Situation heraus zu bauen: »Du hattest gewiss einen triftigen Grund stehen zu bleiben, während sich das Volk vor der Göttin in den Staub warf. Leidest du etwa an Gicht?« Symphorian aber bekannte: »Ich bin Christ.« »Du scherzest. Es gibt in der Stadt keine Christen. Wir haben sie längst alle ausgerottet«, antwortete der Präfekt. Doch Symphorian erwiderte: »Ihr werdet die Christen nie ausrotten, denn sie verehren den allein wahren Gott.«

Weder Versprechungen noch Drohungen und Misshandlungen bewirkten einen Sinneswandel bei Symphorian.

Nun versuchte es Heraklius mit Schmeichelei: »Du bist ein gebildeter Bürger, bewandert in vielen Wissensgebieten. Wenn du allen Göttern opferst, dann opferst du doch auch deinem Gott. Streu nur einmal ein wenig Weihrauch hin und wir können beide zufrieden sein.« Symphorian aber blieb standhaft. Da sprang der Präfekt auf, bezeichnete mit einer kurzen Gebärde die Hinrichtungsart und verließ den Saal.

Als man den Bekenner zum Richtplatz führte, rief ihm seine alte Mutter von einer Mauer aus zu: »Bleib mutig bis zum Ende, mein Sohn. Das Leben kann uns Gläubigen nicht geraubt werden, es wird nur neugestaltet.« Festen Sinnes empfing der Märtyrer den Schwertstreich. Seinen Leichnam holten des Nachts die Christen Autuns und begruben ihn bei einem Brunnen.

A: *als jugendlicher Märtyrer; als Kleriker mit Tonsur; Buch und Palme; als Ritter in Panzerhemd und Schnabelschuhen.*
P: *von Autun; der Falkner; gegen Verkrüppelung; gegen Dürre.*

23. August

Hl. Sidonius Apollinaris

Bischof von Clermont, um 430–489

Sidonius stammte aus dem römischen Hochadel Galliens und erhielt die beste Ausbildung, die damals in den Wissenschaften, der Musik, Dichtkunst und Rhetorik möglich war. Noch nicht 20 Jahre alt, vermählte er sich mit der Tochter des Kaisers Avitus, zog nach Rom und pries in blumigen Gedichten den Herrscher als Geschenk des Himmels und Heil der Welt.

Doch Avitus wurde gestürzt und an seine Stelle setzte der Gotenfeldherr Ricimer den Majorian. Sidonius warf sich zu dessen Füßen, bat um Gnade und Huld – und verherrlichte in artigen Reden sowohl Ricimer wie Majorian als überirdische Lichtgestalten, Geißel der Barbaren und Renovatoren des Reiches. Als Majorian starb, verließ Sidonius Rom, suchte sein Landgut auf und strebte nach dem dauerhafteren Ruhm des Gelehrten und Schriftstellers. Doch als auf den Kaiser Severus Anthemius folgte, hielt es das ehrgeizige Genie nicht länger in der Provinz – Sidonius erschien in Rom und feierte in einem kunstvollen Gedicht den neuen Kaiser als Reinkarnation des Augustus. Der Besungene bedankte sich, indem er dem Dichter die Präfektenwürde verlieh.

Da erreichte ihn der Ruf der Heimat: Das Volk der Auvergne verlangte ihn einstimmig zum Nachfolger des Bischofs Eparchius. Sidonius war Laie und verheiratet, aber die neue Aufgabe reizte ihn. Er lebte hinfort mit seiner Frau wie mit einer Schwester zusammen und trat das Amt an.

Er war den Ehrlichen eine Stütze, den Waisen und Witwen ein Tröster und den Armen eine Zuflucht. Doch auch er konnte nicht verhindern, dass die Auvergne in Bürgerkrieg und Chaos versank und schließlich von den Westgoten erobert wurde. Sidonius wurde verhaftet und an den Hof ihres Königs Eurich gebracht. Sein Leben war in Gefahr, denn der Gote hing einer gefährlichen Irrlehre an und verfolgte alle entschiedenen Anhänger des alten Glaubens. Da rettete den Sidonius ein letztes Mal die Dichtkunst. Seine wohlgesetzten Worte besänftigten den Barbaren und dieser entließ den Bischof in seine Heimat, wo er ruhig seine letzten Tage verlebte.

A: *als Bischof mit Stab.*
F: *auch 11. Juli.*

24. August

Hl. Bartholomäus

Apostel

Jesus begrüßte den Bartholomäus in seinen Reihen mit den Worten: »Seht, ein echter Israelit, in dem kein Falsch ist.« Bartholomäus, vorher Nathanael genannt, wurde unter die zwölf Apostel aufgenommen und missionierte nach der Himmelfahrt des Herrn in Armenien, Persien, Arabien und Indien. Er heilte Kranke, trieb Dämonen aus und bekehrte viele. Er soll auch das Evangelium des Matthäus ins Indische übersetzt haben. Als er einen Götzen in einem Tempel zerstörte, ließ ihn der heidnische König ergreifen, lebendigen Leibes die Haut abziehen und dann enthaupten. Andere aber meinen, er sei in Armenien mit dem Kopf nach unten gekreuzigt worden.

Da nun die Heiden sahen, dass die Gläubigen den Leichnam des Heiligen verehrten, taten sie ihn in einen Bleisarg und warfen ihn ins Meer. Er ging aber nicht unter, sondern schwamm durch Ozean und Mittelmeer bis zur Insel Lipari, wo er ehrenvoll bestattet wurde.

Im Jahre 831 verwüsteten arabische Seeräuber die Insel, öffneten auch das Grab und zerstreuten die Gebeine des Apostels. Als die Frevler abgezogen waren, erschien Bartholomäus einem Mönch im Traum und hieß ihn, seine Gebeine wieder einzusammeln. Dieser fragte ihn, warum er die Insel nicht geschützt habe. Der Heilige antwortete, seinetwegen hätte der Herr sie lange verschont, aber nun hülfen seine Fürbitten nicht mehr. Die Bewohner hätten allzu viel und zu schwer gesündigt. Der Mönch wollte nun wissen, wie er die Gebeine finden solle. Und der Apostel hieß ihn, nachts auszugehen und alle Knochen, die leuchteten, einzusammeln. Der Mönch tat so und fand alles wie vorhergesagt. Er fuhr mit den Reliquien nach Benevent, wo sie ein neues Grab fanden.

Ein Teil der Reliquien gelangte auch nach Rom, einzelne Stücke nach Frankfurt a. M. und in andere deutsche Städte. Wie beliebt er war, zeigen viele abgeleitete Familiennamen wie: Barth, Bertel, Mebus, Möbius, Mies.

A: *hält seine Haut in Händen oder steht darauf; auch mit Messer und Buch.*
P: *von Altenburg, Bethune, Korcula, Frankfurt a. M., Lüttich, Maastricht, Pilsen; der Buchbinder, Fellhändler, Gerber, Gipser, Handschuhmacher, Kornträger, Lederarbeiter, Metzger, Salzträger, Schneider, Schuhmacher, Winzer; der Sünder; gegen Nervenkrankheiten und Zuckungen.*
F: *auch 25. August.*
Winzerregel: *»St. Bartholomä braucht Sonnenschein, soll's geben einen guten Wein.«*

*

Hl. Maria Michaela Desmaisiéres vom Hl. Sakrament (Maria Miguela, Madre Sacramento)

1. Januar 1809 – 24. August 1865

Im Jahr 1845 gründete Gräfin Jorbalan in Madrid ein Haus für gefallene und gefährdete Mädchen. Daraus ging 1859 die Kongregation der »Dienerinnen des heiligsten Sakramentes und der Liebe« (*Adoratrices Esclavas del Santisimo*) hervor, deren Ziel in der Anbetung der Hl. Eucharistie und im Beistand für Prostituierte und verführte Mädchen lag. Das Lebenswerk der »Madre Sacramento«, wie sie liebevoll genannt wurde, war zeit ihres Lebens den heftigsten Anfeindungen von Seiten prüder und bigotter Kreise ausgesetzt. Ein Jahr nach ihrem Tod jedoch wurde ihre Kongregation vom Papst anerkannt.

1925 wurde sie seliggesprochen und der Heiligsprechungsprozess eröffnet, für den weitere Wunder bezeugt werden müssen: Wegen sehr schwächlicher Gesundheit (Tuberkulose, Herzschäden) hatte eine 23-jährige Frau Aufnahme in der römischen Niederlassung der Kongregation gefunden. Von Kindheit an war ihr stets aus dem linken Ohr ein grünlicher, übel riechender Eiter geflossen. 1930 trat eine akute Mittelohrentzündung des rechten Ohres auf, die mit rasenden Kopfschmerzen, Erbrechen und Schwindel zum Ausbruch kam. Die Ärzte der Poliklinik konstatierten eine chronisch eiternde Mittelohrentzündung auf beiden Seiten mit schwerer Karies des linken Schläfenbeins. Das Trommelfell sei fast zerstört. Wegen der Sommerferien verzögerte sich die Operation und die junge Frau glaubte unter den unerträglichen Schmerzen fast verrückt zu werden. Am Abend vor der Operation hatten die Schmerzen ihren Höhepunkt erreicht. Sie betete unentwegt zur Madre Sacramento und konnte so am Abend gegen neun Uhr einschlafen. Als sie des anderen Morgens erwachte, hatte sie keine Schmerzen mehr. Die Ärzte stellten zu ihrer Verblüffung die Vernarbung der Wunden fest und brauchten sie nicht mehr zu operieren. Seither hatte die Patientin nie mehr Ohrenschmerzen.

Madre Sacramento wurde 1934 heilig gesprochen.

25. August

Hl. Ebba die Ältere

Äbtissin von Coldingham, † 683

Ebba war die Schwester der Könige von Northumbria, Oswald und Oswy. Letzter wollte sie mit dem Scotenkönig verheiraten, um einen zuverlässigen Bündnispartner gegen die heidnischen Mercier zu gewinnen. Aber Ebba lehnte alle Anträge beharrlich ab und erhielt vom hl. Finan zu Lindisfarne den Schleier.

Oswy schenkte ihr Land am Ufer des Dervent, wo sie erst das Kloster Ebchester, dann das Doppelkloster Coldingham für Männer und Frauen erbauen ließ. 30 Jahre lang stand sie als Äbtissin sowohl den Mönchen wie den Nonnen vor. Doch gelang es ihr nicht immer, den Geist des Eifers und der Ordenszucht zu erhalten. Ein frommer irischer

Priester machte sie auf große Missstände aufmerksam und prophezeite ihr unter Tränen: »All das Schöne und Große, was hier entstanden ist, wird bald in Asche verwandelt werden.« Als sie Einspruch erhob, berichtete er, dass ihm ein Unbekannter des Nachts erschienen sei. Dieser habe ihn davon unterrichtet, dass er bei der Durchsuchung der Schlafsäle und Betten nirgends Betende oder Studierende gefunden habe, sondern Faulpelze, Frivole und Gefräßige, die nur über Böses nachsännen. Die Nonnen verwendeten die Zeit zur Herstellung ungebührlich feiner Kleider. Deshalb werde das Kloster zerstört werden und die Bewohner bestraft. Die Äbtissin nahm sich die Mahnung zu Herzen und versuchte, so weit es in ihren Kräften stand, Ordnung zu schaffen. Doch nach ihrem Tod legte eine große Feuersbrunst das Stift in Asche.

*

Ludwig der Heilige (Hl. Ludwig IX.)

König von Frankreich, 1219–1270

Als Jerusalem 1244 wieder in die Hände der Sarazenen fiel, war König Ludwig IX. von Frankreich der einzige Fürst des Abendlandes, der bereit war, einen neuen Kreuzzug zur Rückgewinnung zu führen. 1248 stach er mit 1800 Schiffen in See – mit dem Ziel Ägypten, denn dessen Sultan war der Oberherr der muslimischen Heere. Stürme und Krankheiten dezimierten die Expedition von Anfang an und so kam nur ein Viertel der Aufgebrochenen am Bestimmungsort an. Wie durch ein Wunder gelang es den sofort angreifenden Franzosen, die starke Seefestung Damiette einzunehmen. Über dem Kreuzzug schien Gottes Segen zu liegen.

Doch die Ritter nutzten nicht die Gunst der Stunde, sondern verprassten zunächst die reichen Vorräte der Stadt. Die einfachen Mannschaften schändeten Frauen und Mädchen. Der fromme König musste viele seiner Krieger entlassen, denn – wie ein Chronist schrieb – »es gab mehr Übel, als man je von einem Heer hat erzählen hören«.

Geschwächt durch Seuchen und Ausschweifung marschierte man schließlich ein halbes Jahr später gegen Mansurah am Nil. Die Verluste waren fürchterlich, die Mameluken setzten das »griechische Feuer« ein, eine Art Phosphorbomben, und in kurzer Zeit fielen 1 500 christliche Ritter, darunter auch welche des Königs Bruder Robert. Die Kreuzfahrer mussten weichen und wurden erbarmungslos von den muslimischen Kriegern verfolgt. Hinzu kamen Skorbut und Hungersnöte und am Ende geriet Ludwig selbst in die Gewalt des Feindes. Viele Gefangene traten, um ihr Leben fürchtend, zum Islam über. Ludwig selbst aber blieb trotz der Bedrohung mit Folter standhaft. Gegen die Zahlung eines Lösegeldes von einer Million Goldstücken wurde er freigelassen.

In dieser Zeit wurde der Sultan ermordet und Ludwig führte trotz flehentlicher Bitten seiner Mutter und seiner Gattin das Unternehmen fort. Mit weniger als 100 Rittern landete er im Heiligen Land, wo sich noch einige wenige christliche Stützpunkte befanden. Doch es war ihm kein Glück beschieden. Zunächst fiel Sidon im Ansturm der Muslime und 2 000 Einwohner wurden hingemetzelt. Ludwig half selbst dabei, ihre Leichen zu begraben. Es gelang ihm in den folgenden Jahren, in Palästina die Dornenkrone Christi, die drei Kreuzesnägel und viele andere Reliquien zu erwerben, die in der »Sainte Chapelle« in Paris aufbewahrt wurden.

Erst nach sieben Jahren brach er den Kreuzzug ab und kehrte wieder nach Frankreich zurück. Dort erwies er sich als barmherziger und weiser Herrscher. Er speiste an seinem Hof täglich 120 Arme, auch Aussätzige, und bediente sie oft selbst. Zahlreiche Hospitale und Waisenhäuser entstanden auf seine Kosten, die er an der Verschönerung der Paläste sparte. Er verbot den Zweikampf als Gottesgericht und ersetzte ihn durch den Zeugenbeweis. Mit vielen anderen klugen politischen und finanziellen Maßnahmen machte er Frankreich zum mächtigsten Staat Europas.

In den nächsten beiden Jahrzehnten fielen jedoch auch Nazareth und Bethlehem, Cäsarea und Antiochia an die Mameluken. Und abermals konnte den König nichts halten, er rüstete zu einem neuen Kreuzzug. Diesmal wollte er auf dem Umweg über Tunis, dessen Sultan er zum Christentum zu bekehren hoffte, den Weg ins Heilige Land nehmen. Die Tunesier empfingen das Kreuzfahrerheer auch ganz freundlich und lockten es ins Landesinnere. Dann begannen einzelne Scharmützel. Und wie beim ersten Mal brach im Christenheer eine fürchterliche Seuche aus, die auch Ludwigs Sohn Tristan, den Thronfolger, dahinraffte. Kurz danach erkrankte auch der König an der Ruhr. Versehen mit den Sterbesakramenten und auf Asche gebettet, starb er 56-jährig. Seine Gebeine wurden nach St. Denis übertragen, sein Herz nach Monreale auf Sizilien. Schon 1297 sprach ihn der Papst heilig.

A: *mit königlichen Abzeichen, meist eine Dornenkrone in der Hand; mit Kreuzesstab (Kreuzzüge); auch mit drei Nägeln, Schwert und Fahne; rechtsprechend unter einem Baum; Aussätzige bei Tisch bedienend.*
P: *von Frankreich und Ungarn, Bistum Lüttich, La Rochelle, Blois und Versailles; des 3. Ordens des hl. Franziskus, der Wissenschaft und der französischen Akademien; der Friseure und Barbiere (weil er im Gegensatz zu seinen Vorgängern keinen Vollbart, sondern nur einen Schnurrbart trug); der Blinden, Buchdrucker und Buchbinder; Knopfmacher und Posamentierer; der Pilger; Bäcker, Bauarbeiter, Büchsenmacher, Bürstenbinder, Deckenmacher, Destillateure, Fischer.*

26. August

Hll. Irenäus und Abundius

Märtyrer, † um 259

Die Christen Irenäus und Abundius bargen während der Verfolgung des Valerian den Leichnam der hl. Concordia. Man hatte sie zu Tode gepeitscht und in die öffentliche Kloake geworfen. Die Bestattung ward jedoch beobachtet und die beiden wurden angezeigt, worauf sie in demselben schmutzigen Kanal ertränkt wurden. Doch der Priester Justinus zog ihre Leichen heraus und setzte sie in einer Grotte an der Seite des hl. Erzmärtyrers Laurentius bei.

Der Christenverfolger Valerian aber fand ein schimpfliches Ende. Er geriet in die Gefangenschaft der Perser, wo ihn der König Sapor als Fußschemel gebrauchte. Das sei die Wahrheit, pflegte dieser zu höhnen, nicht die schönen Bilder, die in Rom aufgestellt würden. Zu aller Schmach kam noch, dass niemand die Rückgabe des Valerian verlangte und so starb er elend in der Fremde. Nach seinem Tod wurde ihm die Haut abgezogen, mit roter Farbe getüncht und im Tempel des Sonnengottes als Trophäe ausgestellt.

*

Hl. Mirjam von Abellin (geb. Baouardy)

Nonne, Mystikerin, * 1846 in Abellin in Galiläa, † 1878 in Bethlehem

Mirjam wurde 1846 in Abellin, einer kleinen Gemeinde bei Nazareth geboren. Früh verwaist, wurde sie von einem Onkel aufgezogen.

Mit acht Jahren zog die Familie nach Alexandria in Ägypten. Als sie dreizehn wurde, verlobte der Onkel sie ohne ihr Einverständnis mit einem älteren Verwandten. Mirjam wollte aber Jungfrau bleiben, schnitt sich ihre langen Haare ab und gab die Brautgeschenke zurück. Ihr Onkel war darüber erbittert. Er schlug sie und behandelte sie von nun an wie eine Sklavin. Auch ihr Beichtvater tadelte sie wegen ihres Ungehorsams und verweigerte ihr die Kommunion.

Mirjam flüchtete zu einem früheren Diener der Familie, von dem sie wusste, dass er nach Nazareth reisen wollte. Dieser war Muslim und wollte Mirjam auf der Reise zum Islam bekehren. Sie wies dies entschieden zurück und bestand darauf, dass der katholische Glaube der einzig wahre sei. Darüber geriet der Muslim so in Zorn, dass er ihr mit seinen Dolch die Kehle durchschnitt. Wunderbarerweise überlebte sie den Mordversuch. Die 1 cm breite und 10 cm lange Narbe blieb ihr jedoch ein Leben lang erhalten. Es fehlten ihr fortan auch zwei Ringe ihrer Luftröhre. Ein profaner Arzt, der später Mirjam behandelte, befand, dass es eigentlich nicht möglich sei, eine solche Verletzung zu überleben.

Mirjam selbst erzählte über das Ereignis, dass sie bei diesem Angriff wirklich gestorben sei. »Ich befand mich im Himmel. Die Muttergottes, die Engel und die Heiligen empfingen mich mit großer Güte und ich sah meine Eltern bei ihnen. Auch den strahlenden Thron der Heiligsten Dreifaltigkeit durfte ich sehen und Jesus in seiner Menschheit. Da sagte jemand zu mir: Du bist Jungfrau, das ist wahr, aber dein Buch ist noch nicht vollendet.« Nach diesen Worten sei sie in einer Grotte erwacht. Eine Ordensfrau in hellblauen Gewändern war bei ihr. Sie sprach wenig, aber behandelte die Kranke mit behutsamer Zärtlichkeit. Als die Wunde weitgehend verheilt war, sagte die mysteriöse Ordensfrau zu Mirjam: »Du wirst nach Frankreich gehen, Karmelitin werden und in Bethlehem sterben.« Danach brachte sie Mirjam zu einem Beichtvater in ein Franziskanerkloster. Als Mirjam aus dem Beichtstuhl trat, war die Frau verschwunden. Später erzählte Miriam über das Ereignis: »Ich weiß jetzt, dass die Ordensfrau, die mich nach meinem Martyrium gepflegt hat, die Muttergottes war.«

Mirjam arbeitete nun als Hausmädchen in Beirut und wurde wegen ihres Fleißes einer Familie in Marseille empfohlen. Als sie dort anlangte und als erstes die Nikolauskirche besuchte, fiel sie nach dem Empfang der Kommunion in eine viertägige Ekstase. Daraufhin nahmen sich ihrer die örtlichen Josefsschwestern an. Nicht lange danach zeigten sich an ihr die Wundmale Christi. In der Ordensgemeinschaft gab es darüber Streit. Ein Großteil der Nonnen bezweifelte ihre Echtheit und wollte ihr die Zulassung zum Noviziat verwehren. Die Oberin jedoch war von der Authentizität der Glaubenstreue und der Stigmata überzeugt und schickte sie in die Pyrenäen nach Pau zu den Karmelitinnen. Sie trat 1867 unter dem Namen »Mirjam von Jesus dem Gekreuzigten« in den Orden ein. Die ersten fünf Jahre entsandte man sie nach Indien in die Mission. 1872 kehrte sie nach Frankreich zurück. In Pau wie in Mangalore häuften sich ihre Ekstasen. Sie erlebte bis zu fünf Verzückungen am Tag, ihre prophetische Gabe entwickelte sich in wunderbarer Weise.

Wie bei Joseph von Copertino und der hl. Teresa von Avila sind von ihr auch Schwebezustände bezeugt. Im Sommer 1873 beobachteten die Karmelitinnen acht Levitationen der »Himmelsbraut«. Eine Nonne erzählte, dass Mirjam eines Tages, als sie sich mit ihr im Garten befand, zu ihr gesagt habe: »Dreh dich um!« Kaum hatte sie den Kopf umgewandt und wieder hingeschaut, sah sie ihre Gefährtin schon zuoberst auf dem Baum auf einem Zweiglein sitzen, »das nicht das Gewicht eines Vogels hätte tragen können. Sie wiegte sich und besang die göttliche Liebe. Kaum war sie wieder auf dem Boden angekommen, umarmte sie alle in einer Art Trunkenheit und mit unaussprechlicher Liebe.«

In zugewandte Liebe verehrte sie Papst Pius IX. (1846-1878) und sah ihn oft im Geiste, sowohl bei seinen Zelebrationen wie bei seinen Ängsten. Mehrmals ließ sie ihm wichtige Botschaften zukommen. 1868 sandte sie ihm dreimal die Warnung, die in der Nähe des Vatikans gelegenen Kasernen seien unterminiert. Die Warnung aus Pau wurde nicht ernst genommen – bis am 23.Oktober die Kaserne Serristori in die Luft gesprengt wurde. Viele Regimentsmusiker kamen unter den Trümmern ums Leben. Im folgenden Jahr lief eine neue Unheilswarnung aus Pau ein. Diesmal schenkte man der Nachricht größere Aufmerksamkeit. Mit bemerkenswerter Genauigkeit wurden von der Seherin drei Orte im Vatikan bezeichnet, an denen Bomben versteckt waren. Diesmal konnte die Katastrophe verhindert werden.

1874 verließ Mirjam Frankreich für immer und ging nach Bethlehem. Seit Marseille waren ihre Wundmale an Händen, Füßen, am Kopf (Dornenkrone) und über dem Herzen regelmäßig um die Osterzeit wiedergekehrt. Zum letzten Mal wiederholte sich nun im April 1876 in Bethlehem die Stigmatisation. Es war dies die längste und schmerzhafteste Leidensperiode. »Man hatte den Eindruck, der Kreuzigung auf dem Kalvarienberg beizuwohnen!«, berichteten ihre Mitschwestern.

Mirjam hatte den Wunsch des Heilands vernommen, in Bethlehem – und später in Nazareth –ein Karmelkloster zu gründen. Während der Entrückung hatte ihr Jesus ganz detailliert alle architektonischen Einzelheiten des Baus aufgetragen. An den Arbeiten beteiligte sich Mirjam mit unermüdlichem Eifer. Am 22. August 1878 stürzte sie so schwer, dass sie sich von den Verletzungen nicht mehr erholte. Am Morgen des 27. August 1878 wachte sie noch einmal auf. »O ja, Barmherzigkeit!« waren ihre letzten Worte.

Einer ihrer Beichtvater sagte über sie: »Ihr ganzes Leben, von der Geburt bis zum Tod, war ein einziges Gewebe wunderbaren Geschehens.« Am 13. November 1983 wurde Mirjam von Abellin von Papst Johannes Paul II. selig gesprochen und zur Friedenspatronin des Nahen Osten ernannt. Am 17. Mai 2015 erfolgte durch Papst Franziskus ihre Heiligsprechung.

A: *Als Karmeliterin mit Kreuz und Rosen*
P: *für den Frieden im Nahen Osten*

Hl. Monika

Witwe, Mutter des hl. Augustinus, um 332–387

Monika wurde in einem christlichen Elternhaus in Nordafrika geboren. Ihre Eltern erzogen sie zur Tugendhaftigkeit, aber sie geriet auch früh in Gefahr. Der Vater schickte sie immer in den Keller, um Wein für den Tagesbedarf heraufzuholen. Dabei gewöhnte sie es sich an, ein wenig aus Mutwillen zu nippen. Daraus wurden Schlückchen und schließlich tüchtiges Schlürfen. Gott stand ihr jedoch bei. Eine Dienstmagd, die einst beobachtete, wie sie auf einen Zug einen Becher Wein leerte, geriet mit ihr in Streit und nannte sie eine Säuferin. Dieser Vorwurf traf Monika so tief in der Seele, dass sie von Stund an Laster ablegte.

Die blühende Jungfrau wurde mit Patricius, einem reichen Heiden aus gutem Hause, verheiratet. Er hatte neben schönen Eigenschaften des Herzens auch alle Fehler des leichtsinnigen Weltmenschen und ein besonders reizbares Gemüt. Monika bewies ihm stets vollkommene Unterwürfigkeit, ehrte ihn als Herrn und Gebieter und versuchte unerschütterlich, ihn zum Evangelium zu gewinnen.

Verletzungen der ehelichen Treue, üble Launen und Jähzorn ertrug sie in Geduld. Wenn manchmal andere Frauen sich bei ihr über die eigenen Ehemänner beklagten, so pflegte sie zu sagen: »Die üble Behandlung habt ihr euren flinken Zungen zuzuschreiben! Frauen müssen die Kunst des Abwartens verstehen, dann wird aus dem größten Wüterich das sanfteste Lämmlein.« Monikas Selbstbeherrschung, ihr verständiges Walten im Hause und ihre Gabe, Streitende zu versöhnen, errangen am Ende den Sieg über den Starrsinn des Gemahls: Patricius entsagte den Ausschweifungen und wurde Christ. Im Jahr danach starb er.

Monika widmete sich nun ganz den mütterlichen Pflichten gegen ihre drei Kinder, besonders aber sorgte sie sich um Augustinus. Als dieser sich der Irrlehre des Manichäismus zuwandte, weinte sie Tränen um ihn, wie andere Mütter sie nur am Grabe ihrer Kinder weinen. Ein Traumgesicht aber gab ihr eines Nachts die Zuversicht, dass er wieder zum wahren Glauben zurückkehren werde. Es dauerte noch neun Jahre, bis es so weit war.

Als Augustinus gefährlich erkrankte, betete sie unablässig an seinem Krankenlager zu Gott, und er wurde wieder gesund. Monika verließ ihn nun nicht mehr. Sie folgte ihm nach Mailand und hier gelang es ihr gemeinsam mit Bischof Ambrosius, Augustinus dem rechten Glauben zurückzugewinnen. Als sie 55-jährig nach kurzer Krankheit starb, verbot er sich zunächst die Tränen angesichts eines herrlichen Lebens und Sterbens im Herrn, bis ihn schließlich der Schmerz doch überwältigte.

A: *als Matrone mit Schleier, weinend oder lesend, mit Rosenkranz, mit ihrem Sohn zusammen.*
P: *der Frauen und Mütter, der christlichen Müttervereine.*
F: *auch 9. und 20. April, 4. Mai.*

⁕

Hl. Joseph von Calasanza

Gründer des Ordens der Piaristen, 1556–1648

Joseph wurde auf dem Bergschloss Calasanza bei Petralta de la Sal in Aragon geboren. Er studierte in Lerida, Valencia und Alcala Philosophie und Theologie, sollte aber auf Wunsch des Vaters das Familienerbe antreten und heiraten; denn der älteste Sohn war eines plötzlichen Todes gestorben. Joseph erkrankte daraufhin so schwer, dass man auch um sein Leben fürchten musste. Da bat er den Vater, ihn im wenig wahrscheinlichen Fall der Genesung Priester werden zu lassen. Jener willigte ein, aus Angst, auch diesen Sohn zu verlieren, und Joseph erhob sich kurz darauf gesund von seinem Lager. Als einige Zeit danach der Vater im Sterben lag, konnte er vom Sohn das letzte Sakrament empfangen.

Mit 30 Jahren wurde Joseph zum Generalvikar von Urgel ernannt und bekämpfte die vielen Missstände, die unter Laien und Geistlichkeit in der Diözese eingerissen waren. Besonders die Unbildung, der Müßiggang und das Konkubinat unter den Priestern waren Ziel seiner Ermahnungen. Immer häufiger aber sprach eine innere Stimme in ihm: »Geh nach Rom.« Und in Visionen sah er sich selbst im Kreise von Knaben stehen, denen er Unterricht erteilte. Da ließ er sich von allen Funktionen entbinden und machte sich auf den Weg in die Ewige Stadt.

In Rom erhielt er eine Stelle als Hausgeistlicher des Kardinals Colonna. Doch jeden Tag besuchte er die sieben Hauptkirchen Roms, las Messe und nahm an den Aktivitäten verschiedener Bruderschaften teil. Immer mehr aber wurde ihm das Elend der römischen Kinder bewusst, die verwahrlost, hungrig und ohne schulische oder geistliche Erziehung aufwuchsen.

Mit einigen Weltgeistlichen begann er in einem Pfarrhaus eine Armenschule zu betreiben. Unter seinen Mitstreitern war ein 94-jähriger Theologe, der noch 120 Jahre alt wurde und bis zu seinem Tode unterrichtete. Bald konnte man in ein Haus umziehen und die Zahl der Schüler wuchs auf 900 an. Joseph aber unterrichtete nicht nur, sondern besorgte auch eigenhändig die niedrigen Arbeiten. Er kehrte selbst mit dem Besen die Schulzimmer, säuberte die Bänke, putzte die Fenster, reinigte die Abtritte, schnitt Schreibfedern und schrieb Vorschriften. Er ging oft mit dem Sack auf dem Rücken von Haus zu Haus, um Almosen zu sammeln, spülte in der Küche die Teller, trug Holz und nahm sich das Mühsamste am Unterricht vor, nämlich die Kleinsten zu lehren. Wo der Tag nicht reichte, da sparte er am Schlaf.

Sein Ruf wurde über die Jahre so groß, dass der Papst seine Genossenschaft zum Orden und Joseph zum General ernannte. Der Erfolg schuf ihm allerdings viele Neider und Verleumder, deren Gerüchte jedoch nie den strengen kirchlichen Untersuchungen standhielten. Zu diesen Leiden kamen körperliche Gebrechen: Als er einmal in einem neuen Gebäude eine Glocke aufhängte, fiel er von der Leiter und brach sich das Bein. Es verheilte schlecht und er hinkte bis an sein Lebensende.

Das schwerste Unglück aber traf ihn, als er schon ein biblisches Alter von 86 Jahren erreicht hatte. Ein Ordensbruder namens Mario Sozzi intrigierte mit großem Geschick bei der Kurie und verschaffte bei einflussreichen Personen seiner Behauptung Glauben, der General sei inzwischen einfältig und blödsinnig. Es gelang dem Usurpator, die Ordensleitung an sich zu reißen. Von nun an demütigte er den Greis bei jeder Gelegenheit, nannte ihn gewöhnlich »Heuchler, Dummkopf, Gleißner« und zerriss ihm das Tagebuch. Joseph ertrug diese Leiden mit Ergebung, klagte mit keinem Wort, sondern pflegte nur zu sagen: »Lassen wir Gott walten.« Mario starb nach einiger Zeit an einem abscheulichen Aussatz – wie es schien, ohne Reue zu zeigen und Buße zu tun. Aber er hatte vorgesorgt, dass einer seiner Anhänger Nachfolger wurde, der den Alten genauso drangsalierte. Doch merkwürdigerweise wurde auch dieser vom gleichen Aussatz befallen. Im Gegensatz zu Mario aber starb er reumütig. Er bat Joseph auf dem Sterbebett um Verzeihung.

Die beiden unfähigen Generale hatten den Orden so heruntergewirtschaftet, dass er 1646 aufgelöst wurde. Doch Joseph, den Benedict XIV. später einen »zweiten Hiob« nannte, verzweifelte nicht, sondern tröstete noch während seiner letzten Stunden die Mitkämpfer und sagte ihnen eine baldige glänzende Zukunft vorher. Nur acht Jahre nach seinem Tod wurde der Piaristen-Orden wieder zugelassen. Außer in Italien breitete er sich mächtig in Spanien, Polen, Böhmen, Mähren, Österreich und Ungarn aus; auch in Lateinamerika – vor allem Argentinien, Chile und Zentralamerika – erlangte er als Schulorden große Bedeutung.

A: *als Priester oder in Ordenstracht vor einem Muttergottesaltar, in einer Kirche von Kindern umgeben.*
P: *der christlichen Volksschulen; der Kinder; der Piaristen; von Peralta de la Sal.*

28. August

Hl. Augustinus

Bischof von Hippo, Kirchenlehrer, 354–430

Aurelius Augustinus wurde im numidischen Tagaste geboren und gilt als der größte Theologe des Christentums. Die Geschichte seiner Bekehrung hat er selbst in den Bekenntnissen niedergeschrieben, die Bücher über ihn und sein Werk füllen ganze Bibliotheken.

Einst ward ein frommer Mann im Geiste entrückt und schaute die Heiligen in ihrer Glorie. Doch er fand unter ihnen nicht St. Augustinus. Da fragte er einen anderen Heiligen, wo dieser denn geblieben sei. »Der thront in der Höhe«, war die Antwort, »und disputiert mit der Hl. Dreifaltigkeit über die ewige Glorie«.

A: *in bischöflichem Ornat, ein Buch zur Seite und ein brennendes Herz in der Hand; mit Adler; mit Pfeil, der sein Herz durchbohrt; am Meeresstrand mit einem Knäblein, das einen Löffel hält.*
P: *von Mainz, Palermo und Pavia; der Bierbrauer, Buchdrucker und Theologen; der Augen.*

29. August

Hll. Sabina und Serapia

Märtyrerinnen, † 119 oder 125

Die vornehme Römerin Sabina lebte wie fast alle Damen ihres Standes nur der Welt, dem Putz und dem Vergnügen. Nach dem Tode ihres Gemahls zog sie sich auf ihr Landgut zurück und gewann bald die Sklavin Serapia lieb. Diese unterschied sich vom übrigen Gesinde, weil sie jegliche Schmeichelei der Herrin gegenüber unterließ, dabei jedoch bescheiden, pünktlich und gewissenhaft ihren Dienst tat. Auch unrechte Bestrafung ertrug sie ohne Murren. Als Serapia einmal einem armen Waisenknaben ein Eitergeschwür am Bein verband, sprach Sabina die Sklavin an und erfuhr, dass sie eine Christin sei. Bald wollte Sabina mehr wissen und nicht lange danach ließ sie sich taufen.

In der Verfolgung unter Hadrian ergriff man Serapia, unterzog sie der Folter und wollte sie zwei Freigelassenen zur Entehrung ausliefern. Doch Engel schützten ihre Jungfräulichkeit. Nun eilte Sabina herzu und begehrte, wie ihre Freundin Ketten tragen zu dürfen. Wegen ihres Standes wurde sie jedoch zunächst geschont. So musste sie mitansehen, wie man Serapia mit Knütteln schlug, mit Fackeln brannte und schließlich enthauptete. Sabina bestattete die Märtyrerin in der Familiengruft. Dafür zog man sie vor Gericht zur Rechenschaft. Nach einjähriger Kerkerhaft erlitt auch sie das Martyrium durch das Schwert.

A: *mit Krone und Palme; ein Soldat schleift sie zur Hinrichtung.*
P: *der Hausfrauen und der Kinder, die schwer gehen lernen; für günstiges Wetter; gegen Blutfluss.*
F: *Serapia auch 3. September.*

Hl. Rosa von Lima

Jungfrau, 1586–1617

Rosa ist die erste Heilige der Neuen Welt. Sie war das Kind einfacher Eltern und eigentlich auf den Namen Isabella getauft. Als ihre Mutter jedoch einmal über dem Gesicht des schlafenden Mädchens eine wunderbar duftende Rose sah, wurde sie von da an nur noch Rosa genannt.

Schon als kleines Kind zeigte sie eine außerordentliche Selbstbeherrschung. Als der zufallende Deckel einer Kiste der Vierjährigen den Daumen quetschte, verbarg sie ohne Wehgeschrei das Händchen flugs unter der Schürze, bis nach einiger Zeit die Mutter auf den entzündeten Finger aufmerksam wurde und einen Wundarzt holte.

Die weltlich gesinnte Mutter zwang die heranwachsende Jungfrau, sich ständig herauszuputzen und schön zu machen. Dann schnallte diese den Bußgürtel, den sie heimlich trug, noch enger und besetzte den Schmuckreif um ihr Haupt innen mit Nägeln, darin Christi Dornenkrone nachahmend. Obwohl die Mutter ihr ständig in den Ohren lag, sie sogar misshandelte, erteilte sie allen Werbern eine Absage. Um andere durch ihre Schönheit nicht zu sündiger Begierde zu reizen, entstellte sie ihr Antlitz, indem sie es mit scharfem Chilipfeffer einrieb.

Sie schloss sich schließlich dem Dritten Orden des hl. Dominikus an, der seinen Angehörigen nicht das klösterliche Zusammenleben gebietet. Als sie ihre Bußtätigkeit immer weiter verschärfte, tadelte die Familie dies als Überspannung. Ihre häufigen Verzückungen trugen ihr Hohn, Spott und Verleumdungen ein. Schweigend erduldete sie alle Demütigungen und zog sich in eine kleine Zelle zurück, die sie sich am Ende des Gartens aus Brettern erbaut hatte. Die Stunden des Tages teilte sie sich so ein, dass zwölf der Andacht, zehn der Handarbeit und Pflege von Kranken und zwei der Ruhe gewidmet waren.

Rosa wurde häufig von Engeln besucht. Mehrmals hatte sie Gesichte, in denen sie alle Herrlichkeit des Himmels schaute. Häufig aber auch wurde sie von Verlassenheit und Zweifel heimgesucht. 15 Jahre flehte sie beharrlich darum, am Leiden des Heilands teilnehmen zu dürfen. Schließlich begann ein innerlicher Brand sie aufzuzehren. In den letzten Tagen war ihre linke Seite gelähmt, alle Glieder bis zur Zunge erstarrt. Dazu gesellten sich eine eiternde Brustfellentzündung,

Nierenkoliken, Gichtkrämpfe und mehrere Schlaganfälle sowie ein unstillbarer Durst. Aber je näher das Ende rückte, desto fröhlicher wurde sie. Mehrmals überkamen sie Verzückungen. Sie starb mit dem Namen des Heilands auf den Lippen. Ihr Leichnam erstrahlte in unvergleichlicher Schönheit. Da ihre Anrufung viele Wunder bewirkte, sprach Papst Clemens X. sie schon 1671 heilig.

A: *als Nonne mit Rosen in der Hand oder mit dornenbewehrtem Kranz um den Kopf, zwei Hasen neben ihr; mit Anker und Jesuskind auf einer Rose.*
P: *von Amerika, Peru, Lima.*

31. August

Hl. Aidan

Bischof von Northumbria, Abt von Lindisfarne, † 651

Im berühmten Inselkloster Iona lebte der Priester und Mönch Aidan. Er lehrte nichts, was er nicht selbst vorlebte. Unterwegs ging er meist zu Fuß, um Menschen, die ihm begegneten, ansprechen und für den Glauben gewinnen zu können. Wenn er etwas besaß, schenkte er es sofort den Armen.

Als König Oswald die Mönche von Iona um einen Bischof bat, damit unter den Heiden in seinem Land das Gotteswort verkündet werde, schickten sie ihm einen Mann von strengem Geist. Dieser erreichte nichts, kehrte zurück und schilderte seinen Brüdern die Engländer als wilde, unbezähmbare Barbaren. Da stand einer auf und sagte: »Anscheinend bist du zu hart gewesen und hast ihnen nicht zuerst die Milch der sanfteren Lehre gereicht, bis sie allmählich auch die erhabeneren Gebote begreifen.« Es war niemand anders als Aidan, dem alle beipflichteten, und sogleich weihten sie ihn zum Bischof und entsandten ihn nach England.

Oswald aber folgte in allem den weisen Ratschlägen seines Bischofs, und es war ihm dabei viel Glück beschieden. Es gelang dem König, alle Völker Britanniens mit ihren vier Sprachen, Britisch, Pictisch, Irisch und Angelsächsisch, unter seiner Herrschaft zu vereinen. Als er im

Kampf gegen den Barbarenkönig Penda fiel, wurde er bald von den Christen zum Heiligen erklärt, denn sein abgehauenes Haupt wirkte viele Wunder.

Aidan behielt von allen großzügigen Schenkungen des Herrschers nur Lindisfarne und das südlich davon gelegene Felseneiland Farne. Die flache, schwärzlich aussehende Insel Lindisfarne liegt vor der Küste zwischen Berwick und Bamborough. Unfruchtbar und steinig, macht sie Besucher eher melancholisch. »Nur die Religion vermochte es«, schrieb einmal ein frommer Schriftsteller, »sein so trostloses Gelände wohnlich zu machen, zu bebauen und zu kultivieren«. Zweimal am Tag erweitert die Ebbe das Küstenland bis zur Insel und gestattet so den Verkehr trockenen Fußes. Auf diesem ärmlichen Eiland entstand durch Aidans Energie und Umsicht die Klostermetropole des damaligen England, Residenz der Bischöfe Northumbrias.

Oswalds Nachfolger Oswin schätzte den Heiligen ebenso sehr und schenkte Aidan ein gutes Pferd, damit er bei dringenden Aufgaben auch einmal schneller als üblich an sein Ziel gelange. Doch kurz danach begegnete diesem ein alter, gebrechlicher Bettler. Königlich aufgezäumt wie es war, schenkte er ihm das feurige Ross. Als Oswin das hörte, fragte er Aidan ärgerlich, warum er dem Armen nichts anderes habe geben können als sein kostbares Geschenk. Da antwortete dieser: »Ist dir das Kind einer Stute teurer als ein Kind Gottes?« Dem König gingen die Worte im Kopf herum und vor dem Abendessen erhob er sich vom großen Lagerfeuer, an dem die Edlen saßen, ging zum Bischof hinüber und warf sich ihm zu Füßen. »Verzeih mir«, sagte er, »ich werde dir nie mehr Weisungen geben, was und wie viel du den Kindern Gottes geben sollst.« Aidan tröstete ihn und führte ihn zu der Tafelrunde zurück. Kurz danach aber wurde Aidan ganz niedergeschlagen. Fast alle Mitstreiter Aidans waren keltische Mönche aus Irland oder Schottland. Einer von ihnen fragt ihn auf Irisch, das der König nicht verstand, warum er weine. »Ich habe nie einen demütigen König gesehen. Er ist nicht wie die anderen; das heißt aber auch, dass er nicht lange mehr zu leben hat. Dieser Stamm ist seiner nicht würdig.« Und so geschah es: Oswin wurde bald darauf ermordet. Aidan aber folgte seinem königlichen Freund nach nur zwölf Tagen ins Grab.

A: *als Bischof mit Pferd, das er einem Armen schenkt; mit Hirschkuh zu Füßen.*

Hl. Ägidius

(Egidius, Ilg, Egil, Gilg, Gilgian, franz.: Saint Gilles, griech.: Aigigios, ital.: Sant'Egidio, poln.: Święty Idzi, tschech.: Svatý Jiljí, ungar.: Szent Egyed)

Eremit und Abt, 640–725

Ägidius stammte aus hohem Athener Geschlecht und genoss die beste Erziehung. Von Kind auf war er gelehrt in der Heiligen Schrift und liebte die Armen. Als er einmal einem kranken Bettler begegnete, der am Straßenrande lag, zog er sein Gewand aus und gab es ihm. Kaum hatte dieser es übergestreift, war er genesen. Nach dem Tode der Eltern verteilte er seine Habe an die Armen und segelte nach Gallien, um dort abgeschieden von der Welt zu leben.

In einer Wildnis bei Nîmes baute er sich ein Hüttchen, doch im ersten Winter wurde es so bitterkalt und er musste solchen Hunger leiden, dass er schon aufgeben wollte. Da kam eine schöne Hirschkuh zu ihm, ließ ihn an ihrem Euter trinken und wärmte ihn. Eines Tages erspähte der Gotenkönig Wamba das Tier auf der Jagd und verfolgte es. Die Fährte führte ihn zur Klause, wo er die Hirschkuh an den betenden Eremiten geschmiegt erblickte. Wamba hätte den Wundermann gerne an seinen Hof geholt, aber Ägidius zog die Einsamkeit vor. Der König besuchte ihn noch oft und gründete schließlich das Kloster St. Gilles, zu dessen Leitung er Ägidius bewog.

Karl Martell, der Sarazenenbezwinger, ließ einmal den Heiligen kommen und bat ihn um Lossprechung von einer Sünde, die so schwer war, dass er sie nicht zu beichten wagte. Bei der Messe legte ein Engel einen Zettel, darin das Vergehen geschrieben stand, auf den Altar. Ägidius offenbarte sein Wissen dem Herrscher und dieser fiel vor ihm nieder und gelobte Buße.

Die Abtei St. Gilles im Languedoc mit den Reliquien des Heiligen gehörte im Mittelalter nach Jerusalem, Rom, Santiago und Saint-Josse-sur-Mer zu den fünf wichtigsten Wallfahrtszentren der lateinischen

Christenheit. Zusätzliche Bedeutung gewann es auch als Zwischenstation der St. Jakobspilger.

A: *als Einsiedler in Höhle, mit Hirschkuh.*
P: *von Edinburgh, Grätze, Heiligenstadt, Jülich, Kärnten, Klagenfurt, Nürnberg, Oschatz, Osnabrück, Toulouse; der Bettler, Bogenschützen, Hirten, Jäger, Pferdehändler, Schleifer; der stillenden Mütter; des Viehs und des Waldes; gegen Aussatz, Epilepsie, Irrsinn, Krebs, Pest und spastische Leiden; gegen eheliche Unfruchtbarkeit; gegen Dürre, Feuersgefahr, Sturm, Unglück, Furcht, in seelischer Not und Verlassenheit; für gute Beichte. Zählt zu den 14 Nothelfern.*
Bauernregeln: *»Ist Egidi ein heller Tag, ich dir guten Herbst ansag.«* / *»Wenn Sankt Egidi bläst das Horn, Bauer, säe dann dein Korn.«*

⁕

Hl. Verena

Einsiedlerin, † 350

Verenas Vormund Viktor gehörte zur Thebäischen Legion des hl. Mauritius, die während der großen Christenverfolgungen Märtyrer ihres Glaubens wurden. Die verwaiste Jungfrau flüchtete über Waadt und Bern nach Solothurn, wo sie sich in einer Felshöhle verbarg. Eine christliche Witwe brachte ihr gelegentlich Handarbeit und versorgte sie mit Lebensmitteln. Bald sprach sich unter den Frauen der Gegend herum, dass die fromme Einsiedlerin über Wundergaben verfüge. Kranke, Verzweifelte und Gebrechliche kamen zu ihr und gingen geheilt nach Hause. Der Teufel ärgerte sich über den heiligmäßigen Wandel der Klausnerin und schleuderte einen riesigen Felsblock gegen ihre Behausung. Doch oberhalb des Dachs ihrer Zelle wurde er wunderbar abgebremst und ist bis heute als Krallenspur des Bösen zu besichtigen.

Dem römischen Statthalter Hyrtacus kamen die Berichte von der wundertätigen Christin zu Ohren, er beauftragte Soldaten, sie vor seinen Richterstuhl zu führen. Er forderte sie auf, ihrem Gott abzuschwören, bedrohte sie mit Folter und Tod, doch Verena verteidigte sich so geschickt und standhaft, dass er sie, unsicher über sein Urteil, vorerst nur einkerkern ließ. Im Traum erschien ihr der hl. Mauritius und sprach ihr Mut zu. Hyrtacus aber erkrankte schwer und da seine Ärzte keinen Rat mehr wussten, rief er die Gefangene an sein Lager. Verenas Gebet wurde erhört, und der Statthalter gesundete wieder. Von da an konnte sie frei wirken.

Mehrere Gefährtinnen schlossen sich ihr an, sie arbeiteten zusammen Tag und Nacht, um von dem Erlös den Armen und Alten helfen zu können. Ein Hungerjahr brachte jedoch die frommen Frauen selbst in bittere Not. Da standen eines Morgens viele Mehlsäcke von unbekannter Hand vor der Tür. Von nun an gingen die Vorräte nie mehr aus. So viele Hilfe Suchende bestürmten daraufhin die mildtätige Gemeinschaft, dass Verena der Zudrang zu viel wurde.

Sie verließ Solothurn, nahm einen Mühlstein, der zur Verladung in die Aare am Ufer lag und fuhr auf diesem den Fluss hinunter bis in den Aargau. Sie landete auf einer Insel bei Zurzach, an der Mündung der Aare in den Rhein. Dort lebte sie zunächst in einer kleinen Hütte, später nahm sie ein Priester als Haushälterin zu sich. Sie diente ihm treu, aber vergaß nie den Armen und Kranken zu geben, auch wenn sie es sich vom Munde absparen musste.

Eines Tages wurde sie von dem Priester überrascht, wie sie mit einem eingewickelten Brot und einem Weinkrug aus dem Hause schlich. Er verdächtigte sie des Unterschleifs und forderte sie auf, sich zu rechtfertigen. Doch das Brot war in ihrer Hand zu einem Kamm und der Wein zu Lauge geworden, beides dazu bestimmt, Aussätzige zu reinigen.

Ein andermal stahl ein missgünstiger Knecht ihrem Herrn einen kostbaren Ring, warf ihn in den Rhein und verklagte die Haushälterin als Diebin. Der Priester forderte von ihr das Schmuckstück zurück. Verena betete und weinte eine ganze Nacht, Gott möge ihre Unschuld an den Tag kommen lassen. Am nächsten Morgen traf der Priester am Ufer einige Fischer, die einen großen Lachs gefangen hatten. Diese schenkten ihm den Fisch. Als man ihn aufschnitt, fand man in seinen Eingeweiden den Ring. Der boshafte Knecht bekannte nun reuig seine Tat und Verena erwirkte, dass er straffrei ausging.

Als die Heilige den Tod nahen spürte, zog sie sich in eine einsame Zelle zurück und verschied bald darauf. Ihr Grab in Zurzach wurde Ausgangsort eines ausgedehnten Verenakultes im Alemannischen.

Zahlreiche Volksbräuche ehren sie als Heilige der Fruchtbarkeit und der Hilfe bei Krankheit und Not.

A: *als Einsiedlerin oder Nonne mit Krug, Brot, einem zweireihigen Kamm, mit Fisch.*
P: *der Fischer, Müller, Haushälterinnen.*

2. SEPTEMBER

Hl. Symeon Stylites der Ältere

Säulensteher, um 390–459

Bis zum 13. Lebensjahr weidete Symeon Schafe in Kilikien. Dann aber kam Gott über ihn und er trat in das Kloster des hl. Abtes Timotheus ein. Er lernte den Psalter auswendig und mochte sich von dem Buche gar nicht mehr trennen. Dabei beachtete er streng die Regel, doch befand er sie bald als zu leicht.

Er wechselte in das Kloster des Abtes Heliodor über, wo die Lebensweise asketischer war. Aber auch hier übertraf er bald alle an Kraft der Buße. Wenn die andern alle zwei Tage einmal aßen, tat er es nur ein Mal die Woche. Aus Palmblättern drehte er ein raues Seil zusammen, das er sich unter seiner Kutte um die nackten Lenden schlang. Mit der Zeit entstand dadurch ein bösartiges Geschwür und der Schmerzensgürtel musste mit dem Messer aus seinem Fleisch gelöst werden. Da der Abt um die Einheit der klösterlichen Zucht fürchtete, entließ er ihn nach diesem Vorkommnis.

Nun baute sich Symeon im Gebirge ein Gemäuergeviert ohne Dach, das ihn weder vor der sengenden Sonne noch vor Stürmen und Gewittern schützte. Mit einer eisernen Kette ließ er sich an einen Stein schmieden. Um das Scheuern der Kettenringe zu mildern, hatte ihm der Schmied ein Fell um den Fuß angepasst. Symeon steckte darunter an die 20 Wanzen und ertrug deren Quälerei geduldig, obgleich er sie mit einer Handbewegung hätte beenden können. Meletius, der Bischof von Antiochia, besuchte ihn und hielt ihm vor, dass nur Tiere solche Ketten nötig hätten. Der Mensch müsse auf seinen guten Willen bauen und um himmlische Gnade bitten. Symeon ließ daraufhin einen Schlosser kommen, der die Eisenringe durchfeilte und das Fell abnahm.

Nun drängte es ihn, wie Moses und Elias 40 Tage lang zu fasten. Er entdeckte sein Vorhaben dem Priester Bassus, der ihm allerdings auftrug, zehn Brote und einen Krug Wasser neben sich zu stellen. Damit ließ Symeon sich einmauern. Nach 40 Tagen brach man die Lehmwand auf und fand ihn regungslos am Boden liegen, unberührt neben ihm die zehn Brote und der gefüllte Krug. Man befeuchtete seine Lippen mit einem Schwamm und so konnte er bald einige Lattichblätter und die heilige Hostie zu sich nehmen. Sein Ruf wuchs gewaltig und viel Volk strömte zu ihm, zumal er durch seinen Segen auch die hartnäckigsten Krankheiten vertreiben konnte. Doch die zahllosen Bewunderer, die seine Kleider berühren oder gar etwas davon abschneiden wollten, wurden ihm schließlich unerträglich. Um ihnen zu entgehen, erfand er eine unerhörte Lebensweise.

Er ließ sich eine sechs Ellen hohe Säule errichten, die er später auf zwölf, dann 22 und schließlich 36 Ellen (25 Meter) erhöhte und deren Fläche er oben mit der Zeit so verengte, dass er darauf weder liegen noch sitzen konnte. Nur eine Stange in seinem Rücken ermöglichte ihm, wenigstens die Nacht in angelehnter Stellung zuzubringen. Ein Mal die Woche empfing er in Wasser eingeweichte Linsen und die hl. Kommunion. Außer der Gabe der Geduld im Ertragen körperlicher Leiden besaß Symeon die der Weissagung – und er wirkte viele Wunder. Sein Ruhm reichte von den Iren bis zu den Chinesen. Tausende versammelten sich jeden Tag an seiner Säule. Gegen Ende seines Lebens befiel ein Eitergeschwür seinen Fuß. Der Heilige hielt ihn fortan ausgestreckt, erduldete ohne Klagen die ungeheuren Schmerzen und stand nur auf dem anderen Fuß. Einmal wunderten sich seine Schüler, dass er sich drei Tage ununterbrochen wie zum Gebet niedergebeugt hielt. Schließlich merkten sie, dass er nicht mehr am Leben war.

A: *auf einer Säule stehend oder kniend, mit Säule im Hintergrund.*
P: *der Hirten.*
F: *auch 25. Juli.*

Hl. Symeon Stylites der Jüngere

Säulensteher, 521–592

Ein knappes Menschenalter nach dem Tod des ersten Säulenheiligen Symeon des Älteren fand sich ein Nachfolger, der den Meister an asketischem Eifer fast erreichte. Symeon der Jüngere bestieg mit sechs Jahren seine erste Säule, mit zwölf Jahren eine zweite, die 40 Fuß (15 Meter) hoch war. In diesem Jahr wurde er zum Diakon geweiht. Vor dem großen Andrang der Gläubigen flüchtete er in ein Gebirge auf einen steilen Felsen, der später den Namen »Wunderberg« erhielt. Schließlich lebte er die restlichen 45 Jahre seines Lebens auf einer dritten, noch höheren Säule, deren genaue Ausmaße nicht überliefert sind. Diese stand am berühmten »Berg der Wunder« bei Antiochia und zog Ströme von Besuchern aus aller Welt an. Insgesamt brachte es Symeon auf unerhörte 69 Jahre, die er auf Säulen lebte.

A: *auf einer Säule stehend, im Gegensatz zum älteren Symeon (gespaltener Bart) oft mit rundem Bart.*
F: *auch 24. Mai und 1. September.*

⁕

Hl. Mansuetus (Mansuy)

Glaubensbote und Bischof, 1. oder 4. Jahrhundert

Die Legende erzählt, dass der Schotte Mansuetus aus seiner Heimat aus unbekannten Gründen verbannt wurde. Er wanderte durch Europa bis nach Rom, wo ihn der hl. Petrus persönlich zum Christentum bekehrte. Dieser gab ihm den Auftrag, in Gallien das Evangelium zu predigen, und erteilte ihm die bischöfliche Weihe. Als Mansuetus in Toul ankam, trauerte die ganze Stadt über den in der Mosel ertrunkenen Sohn des römischen Präfekten. Mansuetus schritt zur Bahre des Toten und betete zu Christus, schlug das Kreuz und berührte den Leichnam mit seinem Bischofsstab. Da erwachte der Jüngling wie aus einem tiefen

Schlaf, rieb sich die Augen und erhob sich von seinem Lager. Dieses und andere Wunder erwarben dem Evangelium viele Jünger.

Andere Zeugnisse legen nahe, dass Mansuetus unter dem in Trier residierenden Kaiser Constans an die Mosel kam, und mehrere Kirchen und Klöster gründete. Er wurde auf einem Friedhof nahe der Kirche des hl. Petrus begraben. An seiner Grabstätte geschahen sogleich viele Wunder, weshalb sie zu einem wahren Magneten für fromme Pilger wurde. Auch der hl. Martin von Tour besuchte sie auf dem Weg nach Trier.

Als im Jahr 981 in der Amtszeit des hl. Bischofs Gerhard von Toul eine fürchterliche Pest in der Stadt wütete, ließ dieser die Reliquien des hl. Mansuetus und des hl. Aper von Toul erheben und öffentliche Bittgänge veranstalten. Noch ehe die Prozession die Basilika des hl. Mansuetus erreicht hatte, starben 16 Personen. Auch am anderen Tage brachen noch drei Personen in der Kirche des hl. Aper tot zusammen. Doch dann hörte die Plage auf, niemand starb mehr in demselben Jahre an der Pest.

Über dem Grab des hl. Mansuetus entstand später die Abtei Saint-Mansuy.

A: *als Bischof mit Stab, manchmal den toten Jüngling erweckend.*
P: *von Toul.*
F: *14. Juni, 25. April, 2. September.*

4. September

Hl. Rosa von Viterbo

Jungfrau, 1234–1252

Mit drei Jahren bereits zeigte die kleine Rosa, welche Gaben in ihr steckten: Sie erweckte die für tot erklärte Großmutter wieder zum Leben. Damals schon trug sie nichts als ein raues Wollkleid, ging allzeit barfuß und barhaupt und sie sparte sich jeden Bissen vom Munde ab, um soviel wie möglich an die Armen verteilen zu können.

Mit 13 Jahren wurde Rosa schwer krank und die Ärzte gaben sie auf. Da erschien ihr die Großmutter, sicherte ihr Genesung zu und beauftragte sie, im Dritten Orden des hl. Franziskus die Laster zu bekämpfen und den Glauben zu verteidigen.

Nach einer weiteren Erscheinung wurde Rosa die Gnade zuteil, drei Tage lang die Schmerzen des Heilands zu empfinden. Sie litt furchtbar und entbrannte gleichermaßen in Liebe zu Jesus wie in Hass gegen die Sünde. Mit dem Kreuz in der Hand predigte sie gegen die Feinde des Papstes und gegen Kaiser Friedrich II., auf dessen Seite die meisten Bürger Viterbos standen. Daraufhin wurde sie mitsamt ihrer Familie aus der Stadt gejagt. Doch sie weissagte Friedrichs baldigen Tod und als er tatsächlich starb, wendete sich die Gunst des Volkes und sie konnte unter großem Jubel wieder in Viterbo einziehen. Rosa lebte noch zwei Jahre zurückgezogen im väterlichen Hause. Sie starb, erst 18-jährig, und wurde in der Kirche Santa Maria de Rosis begraben. An ihrem Grab geschahen außerordentlich viele Wunder.

Rosas mumifizierter Leichnam liegt in einem kunstvollen Glasschrein. Viterbo begeht jedes Jahr ihren Gedenktag mit einem großen Fest.

A: *in Ordenstracht und mit Kranz von Rosen auf dem Haupt.*
P: *der katholischen Mädchen in Italien.*

5. September

Hl. Laurentius (Lorenzo) Giustiniani

Ordensgeneral, Bischof und 1. Patriarch von Venedig, 1381–1455

Laurentius stammte aus einem der edelsten Geschlechter Venedigs und zeigte von klein an eine ungemeine Ernsthaftigkeit. Seine früh verwitwete Mutter schalt ihn manchmal sogar deswegen. Er aber antwortete stets, dass er nichts anderes im Sinn habe als ein eifriger Diener Gottes zu werden.

Mit 19 entfloh er heimlich den Fittichen der Mutter und nahm bei den Chorherren im St. Georgskloster das Ordenskleid. Um seine Demut zu prüfen, schickten sie ihn zum Almosensammeln und geduldig ertrug er jeden Spott. Wenn er an seinem Elternhaus vorbeikam, ging er nie hinein, sondern wartete stets an der Türe, als wäre er ein

Fremdling. Seine Mutter weinte jedes Mal, weil sie ihn an der Stimme erkannte, und sie schickte die Diener mit reichen Gaben hinaus, aber er nahm nie mehr an als zwei Brote, für die er höflich dankte. Nur ein einziges Mal brach er mit dieser Gewohnheit: In der Todesstunde der Mutter betrat er sein Elternhaus und spendete ihr das Sterbesakrament.

Wegen seiner Bildung und seiner Gerechtigkeit wurde Laurentius General der Kongregation, später ernannte ihn der Papst zum ersten Patriarchen von Venedig. Als man ihm da bedeutete, er sei seiner Herkunft und seinem Range auch Rücksichten schuldig, sagte er: »Die Armen lassen nicht viel für mich übrig, und Tugend allein ist Schmuck des Bischofs.« Einen Verwandten, der um Beihilfe für die Mitgift seiner Tochter bat, beschied er mit den Worten: »Gebe ich dir wenig, so genügt es dir nicht; gebe ich dir viel, so werden tausend andere dadurch verkürzt. Die Einkünfte der Kirche gehören den Armen, daher nimm es mir nicht übel, wenn ich deinem Wunsche nicht willfahre.«

A: *Almosen austeilend, mit Buch.*
F: *auch 8. Januar.*

6. September

Hl. Magnus (Maginold, Magnoald, Mang)

Abt von Füssen, um 699–772

Als Gefährte der Heiligen Columban und Gallus half Magnus bei der Missionierung der heidnischen Bewohner an den Ufern des Bodensees. Nach dem Tode seiner Lehrer wurde er Abt von St. Gallen. Bald darauf entging Magnus bei einem Überfall auf das Kloster nur mit knapper Not dem Tode.

Einer göttlichen Eingebung folgend, machten er und sein Mitbruder Theodor sich auf, den Allgäuern das Christentum zu bringen. Unterwegs schloss sich ihnen ein Priester namens Tozzo sowie ein Blinder an, dem Magnus das Augenlicht wiedergab, in dem er die Lider mit Speichel bestrich. Als sie auf das heutige Kempten zuwanderten, gab der ortskundige Tozzo den Rat, diese Gegend schnell und ohne

Rast zu durchqueren, denn überall gebe es hier böse Geister, scheußliches Gewürm, ja sogar einen riesigen Drachen. Während sie noch beratschlagten, wälzte sich plötzlich das Untier schnaubend von einem Berg herab. Die Gefährten retteten sich auf die umliegenden Bäume, nur Magnus schlug das Kreuzzeichen, sprang über eine tiefe Kluft und warf dem Lindwurm Pechkugeln in den Schlund. Als er ihm schließlich den Stab des hl. Columban entgegenstreckte, stürzte das Ungeheuer wie vom Blitz getroffen darnieder und auch die übrige giftige Natternbrut war zusammen mit den Dämonen verschwunden.

Dies und andere Wundertaten beeindruckten die Allgäuer und viele ließen sich taufen. Magnus gründete das Kloster Füssen und wurde von Augsburgs Bischof Wigo zum Priester geweiht. Das raue Bergvolk aber zivilisierte sich und in den 20 Jahren, die Magnus noch lebte, wuchs der Wohlstand beständig.

Ein naschhafter Bär war von Magnus einst aus dem Obstgarten gejagt worden, und bei der Verfolgung seiner Fährte entdeckte der Heilige in den Wildnissen des Hohen Seiling Eisenerz, dessen Abbau den Allgäuern im Laufe der Zeit viel Reichtum brachte.

A: *mit Abtstab, mit Kreuz oder Fackel Drachen besiegend; wilde Tiere und Schlangen um sich; einen Bären unter einem Apfelbaum scheltend.*
P: *gegen Migräne, Raupen, Schlangen, Ungeziefer und andere Schädlinge auf den Feldern.*

7. September

Hl. Regina

Jungfrau und Märtyrerin, † um 250

Ein vornehmer heidnischer Ritter, dessen Frau früh gestorben war, ließ seine kleine Tochter auf dem Lande von einer Amme erziehen. Diese aber war Christin und flößte Regina ihren Glauben ein. Als das Mädchen zu einer schönen Jungfrau herangewachsen war, verliebte sich der Präfekt in sie und wollte sie heiraten. Sie offenbarte ihm jedoch, dass sie eine Braut Christi sei, und wies ihn ab. Ihr Vater fiel aus allen Wolken, als er von der Religion seiner Tochter hörte. Als gutes

Zureden nichts nützte, sperrte er sie in einen engen, eisernen Käfig, der an der Wand eines finsteren Verlieses befestigt wurde. Einen ganzen Monat musste Regina in dieser schrecklichen Lage aushalten, aber ein Engel tröstete sie und die Tage erschienen ihr wie Sekunden.

Noch schöner als zuvor erschien sie wieder vor dem Präfekten, der ihr in einer geheimen Unterredung versprach, wenn sie ihn eheliche, dürfe sie weiter ihrem Glauben anhängen. Regina aber erklärte ihm, sie wähle lieber den Tod als die Heirat mit einem Heiden. Wütend befahl dieser, sie zu entkleiden, zu geißeln, mit glühenden Eisen zu brennen und sie abwechselnd in siedendes und eiskaltes Wasser zu tauchen. Während dieser Qualen schwebte eine weiße Taube vom Himmel und eine Stimme ertönte: »Komm, Regina, und nimm an der Herrschaft des Heilands teil.« Daraufhin bekehrten sich 800 Heiden. Der Präfekt aber ließ Regina auf der Stelle enthaupten.

A: *mit Schwert und Palme, neben ihr Schafe; mit siedendem Kessel oder in Flammen; manchmal mit über ihr schwebendem Kreuz oder mit Taube.*

P: *der Zimmerleute; gegen Geschlechtskrankheiten; Grind, Krätze und Räude.*

8. September

Hl. Korbinian

Bischof, um 680–720/30

Korbinian stammte aus der Nähe von Paris und zog sich in jungen Jahren mit einigen Gefährten in die Einsamkeit zurück. Doch bald lockte die Gemeinschaft viele Menschen an, die Rat und Trost suchten. Korbinian fühlte sich durch die ständigen Besucher nach einiger Zeit gestört und entschloss sich, nach Rom zu wallfahren.

Unterwegs kam er an einem Galgen vorbei, an dem gerade ein rückfälliger Dieb namens Adalbert gehängt werden sollte. Voll Mitleid bat er die Leute um Aufschub – er wolle den König persönlich um Gnade bitten. Zwar hatte er Erfolg, aber als er zurückkam, hing der arme Sünder schon am Strick. Die Leute sagten: »Es ist zu spät, er ist tot.« Doch

Korbinian ließ ihn herunternehmen, legte ihm die Hand auf die Brust und nach kurzer Zeit atmete Adalbert wieder.

In Tirol übernachtete er am Fuße des Brenners im Walde. Als er morgens aufwachte, sah er sein Pferd tot daliegen und ein großer Bär tat sich gütlich an dem Fleisch. Zornig befahl der Heilige dem Bären, das Gepäck zu tragen, und dieser gehorchte und wurde erst in Rom wieder entlassen.

Der Papst ehrte den Heiligen, ließ es aber nicht zu, dass Korbinian sich wieder in die Einsamkeit verkroch. Statt dessen ernannte er ihn zum ersten Bischof von Freising. Obgleich er immer wieder um Freistellung ansuchte, musste er bis ans Ende seines Lebens unter den Sündern seiner Zeit gegen das Laster kämpfen. Weil er dem Herzog unbeirrt die Sünde der Blutschande vorwarf – dieser hatte seine Schwägerin geheiratet –, vertrieb man ihn zeitweise nach Tirol, aber schließlich konnte er unter veränderten politischen Umständen zurückkehren. Als Korbinian starb, bestattete man ihn gegen seinen letzten Willen im Freisinger Dom, aber ein 30 Tage währender Dauerregen bewog die Leute, ihn doch seinem Wunsch gemäß nach Tirol zu überführen. Sofort hörte der Regen auf. Erst 40 Jahre später kehrten seine Gebeine wieder heim nach Freising. Deshalb feiert man im dortigen Bistum sein Fest am 20. November, dem Tag der Rückführung.

A: *als Bischof mit Kirchenmodell und Buch; mit Bären.*
P: *der Diözese Freising (gemeinsam mit Sigismund).*
F: *auch 20. November (Translation).*

9. September

Hl. Petrus Claver

»Apostel der Neger«, 1580–1654

Bis vor kurzem nannte man die Schwarzen Afrikas »Neger«, ohne damit – wie im englischen »Nigger« – eine abwertende Bedeutung anklingen lassen zu wollen. Der Heilige des heutigen Tages, Petrus Claver, wurde 1851 von Papst Pius IX. offiziell zum »Apostel der Neger« ernannt. Das hagiographische Material kennt nur diese Bezeichnung und sie nicht zu verwenden, wäre in unserem Zusammenhang ein Anachronismus. Das Wort findet daher im weiteren Text um der sprachlichen Authentizität willen Gebrauch.

Der hochbegabte junge Jesuit, der in Barcelona und Mallorca studiert hatte, reiste mit Bewilligung seiner Oberen 1610 nach Amerika, um im kolumbianischen Cartagena unter den Negersklaven zu missionieren. Die Sklavenschiffe landeten hier und angekettete, vor Schmutz und Elend starrende, halbverhungerte Neger wurden von hier aus zu den Sklavenmärkten der Umgebung getrieben. Mit einem Sack auf dem Rücken, in welchem sich Brot, Obst, Tabak, Wein und anderes Erbettelte befanden, eilte Petrus zum Kai, um die Armen zu erquicken und ihr Zutrauen zu gewinnen. Dann begleitete er die, die noch gehen konnten, in ihre Pferche, dunkle, feuchte Räume, in denen gar nichts als der nackte Boden war. Männer und Weiber, Alte und Junge wurden fast ohne Kleidung zusammengesperrt. Der Unrat, der Gestank, die Hitze, das Wutgeschrei der einen und das Stöhnen der anderen, Pocken, Typhus, Geschwüre, all dies machte die Schiffe zu einer Hölle.

Viele Sklaven hatten Skorbut, der im letzten Stadium den ganzen Körper in eine einzige Wunde verwandelt – von Würmern befallen und fliegenumschwärmt. Petrus widmete sich mit Vorliebe den ekelhaftesten Fällen. Zuerst war er fast ohnmächtig geworden, dann ging er zur Seite, geißelte sich blutig, kniete vor den Kranken hin und küsste die scheußlichen Schwären. Unter diesen Armen missionierte Petrus auf folgende Weise: An eine Wand hängte er ein großes Bild, das in lebhaften Farben Jesu am Kreuze darstellte. Aus den fünf heiligen Wunden flossen fünf Blutströme, welche ein Priester in ein großes Becken auffing, um einen neben ihm knienden Neger zu taufen. Im Vordergrund des Bildes waren die schon Getauften, von schöner Gestalt und mit freudigem Angesicht; im Hintergrund standen andere, die die Taufe verschmäht hatten, mit finsteren Mienen und umringt von bösen Dämonen. Vor diesem Bild lehrte sie Petrus, das Kreuz zu schlagen, das Vaterunser und das Ave-Maria zu sprechen und er erzählte in einfachen Worten von der Güte des allmächtigen Schöpfers. 40 Jahre lang wirkte er so Tag für Tag und soll 350 000 Neger getauft haben.

Die Sklavenhändler waren nicht gut auf ihn zu sprechen und verleumdeten ihn bei seinen Oberen, die ihn auch mehrmals maßregelten. Er ertrug jedoch alles in vollkommener Demut. Während der Pest 1650 war Petrus stets an den gefährlichsten Stellen und schließlich erkrankte er selbst. Er starb zwar nicht, blieb aber gelähmt. Vier Jahre lang ließ er sich zur Messe tragen und hörte bis zu seinem Tode noch unzählige Beichten.

A: *mit Negern um sich.*
P: *der Negermissionen.*

10. SEPTEMBER

Hl. Pulcheria

Kaiserin von Byzanz, 399–453

Pulcheria teilte als 15-jähriges Mädchen die kaiserliche Würde mit ihrem jüngeren Bruder. Da sie selbst in den Sprachen, den Wissenschaften, aber auch in der Frömmigkeit weiter fortgeschritten war als er, übernahm sie die Sorge für seine Bildung. Im ganzen Palast herrschte unter ihrem Regiment eine strenge Zucht und eine auffallende Sittsamkeit der Dienerschaft. In der Kirche Hodegion stellte man auf ihre Anregung ein vom Evangelisten Lukas persönlich gemaltes Bild der Muttergottes auf, an dem sich viele wunderbare Heilungen ereigneten.

Besondere Ehrungen erwies die junge Kaiserin dem Andenken von Heiligen. So ließ sie die Gebeine des Johannes Chrysostomus in der Apostelkirche von Konstantinopel beisetzen und betete darum, Reliquien des Erzmärtyrers Stephan aus Jerusalem zu erlangen. Auf ihre Bitten sandte ihr Bruder riesige Summen an den dortigen Bischof und dieser schenkte dem Kaiser schließlich die Hand des Heiligen. Bevor die Reliquie ankam, erschien Stephan der Pulcheria im Traum und sprach: »Du siehst, dass dein Flehen erhört wurde.« Sie stand sofort auf, weckte den Bruder und zog mit ihm der feierlich geleiteten Reliquie entgegen. In ihrem Palast ließ sie dafür eine eigene Kapelle bauen. Besonders glücklich war Pulcheria, als sie unter den Trümmern einer verfallenen Kirche die Gebeine der 40 Märtyrer von Sebaste auffand, und ließ für sie zwei wertvolle Schreine anfertigen.

Es war Pulcheria selbst, die für den Bruder eine schöne, kluge Gemahlin aussuchte, aber diese wurde mit der Zeit auf den Einfluss der Schwägerin eifersüchtig und verdrängte Pulcheria vom Hofe. In der

Folge tummelten sich unter den Ratgebern Irrlehrer, Abenteurer und Verschwender, bis endlich Pulcheria in einer geheimen Unterredung den Bruder davon überzeugte, dass der Staat in höchster Gefahr war. Er beteiligte sie wieder an der Regierung, starb allerdings kurz danach. Man bewegte die 52-jährige Pulcheria zu einer Heirat mit dem greisen Feldherrn Marcian, wozu sie sich im Interesse des Reiches bereit erklärte, freilich unter der Bedingung, dass dieser ihre Jungfräulichkeit respektiere. Der tugendhafte Mann versprach ihr dies mit Freuden. Die verbleibenden drei Jahre ihres Lebens wirkte sie unendlich viel Gutes für den Staat, die Kirche und die Armen, denen sie auch ihr ganzes Privatvermögen vererbte.

A: *als kaiserliche Jungfrau mit Zepter und Lilie.*

11. September

Hl. Theodora

Büßerin, 5. Jahrhundert

Die Geschichte der hl. Theodora ähnelt in verblüffender Weise der Vita der hl. Marina. Die vornehme Theodora war die blendend schöne Gemahlin eines frommen Mannes in Alexandria. Ein reicher Lebemann entbrannte ihr in ungestümer Begierde, schrieb ihr Briefe, sandte ihr Boten und Geschenke, aber sie wies alles ab. Da nahm er seine Zuflucht zu einer Magierin, die suchte in seinem Auftrag die Störrische auf und wandte alle Künste der Überredung auf. Schließlich sprach sie mit geheimnisvollem Nachdruck: »Was bei Tag geschieht, das kann Gott sehen, aber wenn die Sonne untergegangen ist, dann sieht er nichts mehr.« Durch diese Worte wurde Theodora verblendet.

Nachts ließ sie ihren Verehrer kommen, er schlief bei ihr und ging noch vor Morgengrauen wieder davon. Als Theodora aber tags wieder zu sich kam, fing sie an zu weinen, zerkratzte sich das Gesicht und klagte: »Wehe, ich habe meine Seele verloren, meine schönste Zier.« Da ihr Gemahl sie so traurig vorfand, wollte er sie trösten, sie aber wehrte allen Trost ab. Heimlich schor sie ihre Haare und verließ in Männerkleidern das Haus. Sie bat in einem Mönchskloster um Aufnahme und nannte als ihren Namen Theodorus. Unentdeckt blieb sie dort etliche Jahre und tat demütig alle Dienste, die man ihr auftrug.

Eines Nachts musste sie auf der Rückreise ins Kloster in einer Herberge übernachten. Da kam eine Magd in ihre Kammer und wollte sich zu ihr ins Bett legen. Aber Theodora verwies sie der Kammer, und die Magd schlief mit einem anderen Gast. Bald stellte sich heraus, dass sie schwanger war, und sie sagte: »Der Mönch Theodorus war es.« Sie sandte das Knäblein ins Kloster, der Abt verstieß den scheinbar sündigen Theodorus und dieser blieb mit dem Kind in der Nähe und hütete Ziegen und Schafe. Nach sieben Jahren erbarmte sich der Abt des büßenden Mönches und nahm ihn mitsamt dem Knaben wieder auf. Es dauerte jedoch nicht lange, da erkrankte Theodora schwer und verschied in den Armen des Kindes. Der Abt aber hatte in derselben Nacht eine Vision: Chöre der Engel, der Märtyrer, Propheten und Heiligen umstanden eine wunderschöne Frau und bereiteten sie zur Hochzeit. Und eine Stimme sagte. »Dies ist der Mönch Theodorus. Sie büßte dafür, dass sie das Bett ihres Mannes mit Unzucht befleckte. Jetzt ist ihr vergeben.« Der Abt wachte auf, eilte in die Zelle des Mönches und fand ihn tot. Als er ihn aufdeckte, sah er, dass es ein Weib war.

Ihr Mann aber erfuhr von der Geschichte durch einen Engel. Er kam zum Kloster und blieb aus Schmerz um sein Weib gleich da. Bis zum Ende seines Lebens bewohnte er ihre Zelle. Der Knabe hingegen wuchs zu einem frommen Jüngling heran und wurde dem Tode des alten Abtes einmütig in dessen Amt gewählt.

A: *im Mönchskleide mit Knaben in der Zelle.*
F: *auch 12. und 17. Juli.*

12. September

Hl. Mechthild von Hackeborn (von Helfta)

Nonne, 1241–1299

Mechthild stammte aus vornehmem Geschlecht und wurde als Siebenjährige zur Erziehung ins Zisterzienserkloster Rodersdorf gegeben. Die kleine Gräfin bewies früh eine tiefe Abneigung gegen alle

Welteitelkeiten. So befolgte sie alle Vorschriften mit der peinlichsten Genauigkeit und verstand es meisterhaft, die niedrigsten Arbeiten zugeteilt zu bekommen, ohne dass die Nonnen ihre Vorliebe dafür bemerkten. Ebenso klug verbarg sie vor ihnen ihre täglichen Maßnahmen zur Abtötung des Fleisches, mit denen sie den Körper in selbstgewählter Strenge unterwarf.

Ihr sehnlichster Wunsch war daher, im Kloster bleiben zu dürfen. Bei der Verlegung desselben nach Helfta durfte sie – inzwischen 18-jährig – mitziehen und endlich den Schleier nehmen. Danach begann sie häufig in Verzückungen zu fallen, blieb jedoch trotz solcher Gnade den anderen Nonnen gegenüber bescheiden.

Sowohl ihre leibliche Schwester, die Äbtissin Gertrud von Hackeborn, als auch die Nonnen Gertrud von Helfta, Mechthild von Magdeburg und die spätere Oberin Sophie von Querfurt übten wie sie selbst die Praxis der Liebesversenkung in Gott. Sie schrieben genaue Berichte von ihren zahlreichen Erscheinungen und gaben sie später als Buch *Liber specialis gratiae* (Buch der besonderen Gnade) heraus. Aufgrund stechender Kopfschmerzen war Mechthild fast immer krank, doch nie kam die leiseste Klage über ihre Lippen. In ihren Visionen erfuhr sie in »unaussprechlich süßer Weise«, wie Jesus sie als Braut erwählte. Dabei sprach er: »Du brauchst das Sterben nicht zu fürchten; denn du hast in deiner Brust mein Herz zum Unterpfand. Am Tag, da ich dich heimhole, wirst du es mir zurückgeben!«

Als sie in Todesschmerzen darniederlag, erschien ihr der Gottessohn in himmlischem Lichterglanz und lud sie ein: »Komm, Gesegnete meines Vaters!« Sie fragte ihn: »Erinnerst du dich an dein Unterpfand?« Er streckte lächelnd die Hand nach ihrem Busen aus und so gab sie ihm das geliehene Herz zurück. Ihre Schwester Gertrud sah in einer Verzückung mit eigenen Augen, wie die Seele der Hingeschiedenen in die Arme Jesu eilte.

A: *als Zisterzienserin, mit Schwester Gertrud vor Kruzifix; mit brennendem Herz in der Hand; mit Buch, auf dem eine Taube sitzt; eine blinde Klosterfrau heilend.*
P: *gegen Blindheit.*
F: *auch 26. Februar, 10. April, 15. August, 19. November.*

Hl. Notburga

Dienstmagd, 1265–1313

Als Tochter eines Hutmachers zu Rattenberg am Inn geboren, wurde Notburga mit 18 Jahren Dienstmagd bei den Landhofmeistern der Grafen von Tirol, den Rottenburgern. Diese mächtigen Leute besaßen viele Schlösser und Burgen, zahlreiche Grundholden und Untertanen und ein Einkommen von mehreren tausend Dukaten im Jahr. Das Oberhaupt der Sippe und seine Frau Gutta waren gütige und milde Leute, sie gestatteten der jungen Beschließerin, dem Zug ihres Herzens zu folgen und Speisereste, abgetragene Kleider und unbrauchbar gewordenen Hausrat an die Armen zu verteilen. Im Schloss wohnten aber auch der Sohn Heinrich und seine junge Frau Ottilia, eine stolze, strenge und geizige Person. Dieser war das Almosenverteilen und die Scharen von Bettlern vor den Toren ein Gräuel. Als die alten Herrschaften das Zeitliche gesegnet hatten, begann sie ein ganz hartherziges Regiment. Sie untersagte Notburga das Almosenverteilen und hieß sie, alle Reste an die Schweine zu verfüttern, denn »die sind doch zu etwas nütze«. Die unglückliche Magd sparte sich nun oft vom eigenen Munde Speis und Trank ab, um die Hungernden zu beschenken. Aber Ottilia wollte auch dies nicht dulden, »damit das Gesindel nicht fürderhin herumlungert um das Schloss«, und schließlich wurde Notburga aus dem Dienst entlassen.

Bei ihrem neuen Dienstherrn, einem reichen Bauern, hatte sie sich ausdrücklich ausbedungen, an jedem Vorabend eines Sonn- oder Feiertags beim ersten Glockenzeichen ruhen zu dürfen, um die Kirchenvesper nicht zu versäumen. Als eines Samstags während der Erntezeit das Geläute ertönte, wollte Notburga wie gewöhnlich gehen. Der Bauer aber drängte sie, noch den kleinen Rest Arbeit zu beenden. Sie berief sich jedoch auf das klare Wort des Vertrags und sprach, als jener weiterschalt: »Nun, so soll die Sichel entscheiden.« Sie hielt diese empor, zog die Hand zurück und die Sichel schwebte frei in der Luft, wie an einen Sonnenstrahl gehängt. Und Notburga ging in die Kirche davon.

Auf der Rottenburg verkümmerte inzwischen alles, Ottilia war eines schweren Todes gestorben, und Herr Heinrich wurde von seinem eigenen Bruder mit Krieg überzogen. Immer mehr begann er das ganze Unglück als Strafe für die Lieblosigkeit zu betrachten, die er gegen die Armen und seine ehemalige Magd begangen hatte. Eines Tages suchte er Notburga auf und schilderte ihr seine schlimme Lage. Er habe jetzt vor, um ein reiches Fräulein zu werben, und bitte sie, das Geschehene zu verzeihen und wieder wie zuvor unter seinen Eltern als treue Haushälterin zu walten. Notburga willigte ein und kehrte unter dem Jubel der Armen zurück. Mit ihr kam der Segen Gottes wieder: Der Wohlstand mehrte sich so, dass der Ritter nicht nur die Folgen des Krieges überwand, sondern auch ansehnliche Armenstiftungen machen konnte.

Notburga sorgte nun unermüdlich für das Gedeihen der Herrschaft ebenso wie für die Notleidenden, bis sie im Jahre 1313 von schwerer Krankheit heimgesucht wurde. Sie starb eines sanften Todes und wurde gemäß ihrem letzten Willen auf einen Wagen gebahrt, den zwei Ochsen zogen. Die sich selbst überlassenen Tiere gingen von der Landstraße ab, trotteten den rauen Bergweg gegen Eben hinauf und blieben endlich am Rupertuskirchlein stehen, wo man Notburga am Fuße des Altars begrub.

Die Kapelle wurde durch die Opfergaben und Stiftungen zahlreicher Wallfahrer aus Tirol und Bayern in eine ansehnliche Kirche umgebaut und 1434 auf den Namen Notburgas eingeweiht.

A: *mit Sichel; mit Broten oder Krug in der Schürze.*
P: *der Bauern und Mägde, aller Dienenden; der Arbeitsruhe, gegen alle Nöte der Landwirtschaft; zählt zu den 14 Nothelfern.*

14. SEPTEMBER

Hl. Albert von Jerusalem

Streitschlichter & Verfasser der Ordensregel des Karmel, 1149 – 1214

Der heilige Albert von Jerusalem hat Jerusalem nie gesehen. Das ist nur eine der vielen Paradoxien seines Lebens. Er war auch kein Karmeliter und ist dennoch die wohl wichtigste Figur des einzigen Ordens der römisch-katholischen Kirche, der dem Heiligen Land entstammt.

Geboren wurde er 1149 in Parma, gut 30 Jahre vor Franziskus von Assisi, 20 Jahre vor dem heiligen Dominikus. Es war das Zeitalter der aufstrebenden Bettelorden. Im Jahr 1187 hatte Sultan Saladin den Kreuzfahrern Jerusalem entrissen (nach 88-jähriger christlich-europäischer Herrschaft). Muslime Ayyubiden hielten die Stadt seitdem in ihrer Gewalt. 17 Jahre später wählten die Kanoniker des Heiligen Grabes dennoch Albert aus dem norditalienischen Vercelli zum lateinischen »Patriarchen Jerusalems«. Papst Innozenz III. entsandte ihn danach als seinen Legaten in die Hafenstadt Akkon. Albert (von dessen Amtszeit nur noch einige Münzen übriggeblieben sind), trat also sein Amt als Patriarch von Jerusalem schon im Exil antrat. Als er am 14.September 1214 mit 65 Jahren aufrecht und im Stehen in Akkon starb, hatte er vielleicht noch einmal den Karmel auf der anderen Seite der Bucht vor Augen, an dessen Fuß sich heute die Stadt Haifa schmiegt. Der mythische Bergrücken ist kaum mehr als eine Hügelkette, die sich als sanfte Anhöhe von der Armageddon-Ebene zum Mittelmeer zieht, wo sie dann jäh zur Küste abfällt. Die Grotte des Propheten Elias am Fuß des Karmel hat christliche Pilger im Heiligen Land von Anfang an nicht nur nach Jerusalem, sondern auch hierhin magnetisch angezogen. Ihnen war die Erzählung aus dem Buch der Könige noch geläufig, in der sich Elias während einer fürchterlichen Dürre in einen Wettstreit mit 450 Baalspriestern einließ. Dabei wagte er es, dem Volk Israel ganz allein zu beweisen, dass nur Jahwe als der einzig wahre Gott die Schreie der Menschen in ihrer Not erhört.

»Baal, erhöre uns!« rufen die Baalspriester noch einmal rufen, als sie hüpfend um den Altar tanzen, den sie gebaut hatten. »Doch es kam kein Laut, und niemand erhörte sie« lesen wir weiter. »Um die Mittagszeit verspottete Elias sie und sagte: ›Ruft lauter! er ist doch Gott. Er könnte beschäftigt sein. Könnte beiseite gegangen oder verreist sein. Vielleicht schläft er und wacht dann auf.‹ Sie schrien laut bis zur Raserei. Nach ihrem Brauch ritzten sie sich mit Schwertern und Lanzen wund, bis das Blut an ihnen herabfloß. Doch es kam kein Laut, keine Antwort, keine Erhörung.« Beim Gebet des Propheten Elias zum »Gott Abrahams, Isaaks und Israels« hingegen kam augenblicklich Feuer vom Himmel und verzehrte seine Speiseopfer vor aller Augen. Danach ließ Elias die Baalspriester von dem aufgereizten Volk ergreifen und töten, stieg zur Höhe des Karmels empor, »kauerte sich auf den Boden nieder, legte seinen Kopf zwischen die Knie« und sagte zu seinem Diener: »Geh hinaus und schau auf das Meer hinaus!« Dieser ging hinaus und meldete: »Es ist nichts zu sehen. « Elias befahl: »Geh noch einmal hinaus!« So geschah es siebenmal. Beim siebten Mal meldete der Diener: »Eine Wolke, klein wie eine Menschenhand, steigt aus dem Meer herauf.« es war die Wolke, die bald danach den Himmel verfinstern sollte, um sich als Sturzflut über das ausgedörrte Land zu ergießen. Und es war dieses gleiche Wölkchen, erzählten 2000 Jahre später die letzten Kreuzritter, das im Jahr 1251 an derselben Stelle auch noch einmal Simon Stock erschienen sei, dem ersten Ordensgeneral der Karmeliter, diesmal freilich nicht mit einer Sturzflut über trockenem Land, sondern mit einer Erscheinung Mariens. Dieser Erscheinung der Gottesmutter als »Meeresstern« verdankt sich der Überlieferung zufolge die Gründung des Ordens. Den konkreten Grund für die unglaubliche Wirkungsgeschichte der Karmeliter hatte da aber wohl schon Albert von Jerusalem 42Jahre zuvor geliefert, im Jahr 1209. Da hatte er schon lange einen Ruf als Meister bei der Schlichtung schwierigster Streitfälle erworben. Zwanzig Jahre lang hatte er die Diözese von Vercelli geleitet, die er als junger Bischof übernommen hatte. Er hatte erfolgreich in einem Konflikt zwischen Papst Clemens III. und Friedrich Barbarossa vermittelt und in den Jahren 1194 und 1199 zwischen den Städten Mailand, Pavia, Parma und Piacenza Frieden gestiftet. Auch darum hatte der Papst den Unbestechlichen wohl ins Heilige Land geschickt, wo das Streitschlichten für ihn kein Ende nahm, unter den Kreuzfahrern ebenso wie zwischen den orthodoxen, orientialischen und lateinischen Kirchen und auch zwischen Christen und Muslimen. Anfang 1206 hatte er mit einer genuesischen Flotte Akkon erreicht. Durch seine Vermittlung mit dem Sultan von Ägypten kam es zu einem Gefangenenaustausch. Mit dem Sultan von Damaskus konnte er aushandeln, dass das Heilige Land in dieser Zeit nicht vollständig unter muslimische Herrschaft fiel. Er schlichtete Streitigkeiten zwischen den Kreuzfahrerkönigreichen Jerusalem und Zypern, dem Templerorden und dem Königreich Kleinarmenien. 1208 exkommunizierte er den Fürsten Bohemund IV. von Antiochia, der den Patriarchen von Antiochia nach einem Aufstand hatte verhaften, foltern und umbringen lassen, und in Akkon setzte er die unehrenhafte Entlassung des Meisters des Heilig-Geist-Spitals der Johanniter durch, wegen dessen skandalös amoralischen Eskapaden. Der Ruf der Heiligkeit Alberts hatte sich zu der Zeit sogar unter den Muslimen Palästinas verbreitet.

Um die Elias-Quelle am Karmel hatten sich christliche Einsiedler in Einzelklausen niedergelassen, ebenso anarchisch wie autonom. Von ihnen wurde im Jahr 1209 an Albert mit der Bitte herangetreten, er möge doch eine Regel für sie verfassen, nach der sie eine Gemeinschaft formen könnten. Das tat Albert rasch. Es war ein Geniestreich, in dem er für die Eremiten einen Text von revolutionärer Kürze und Knappheit verfaßte. Inneres und äußeres langes Schweigen, beständiges Gebet, strenges Fasten, größtmögliche Zurückgezogenheit und ständige Betrachtung der Bibeltexte sind die Säulen dieser Regel. Papst Honorius III. erleichterte sie in einigen Punkten, ebenso Innozenz IV., der die Regel 1246 noch etwas nachsichtiger gestaltete. Danach gab es keine Änderungen mehr an jenem Fundament des heiligen Albert, auf dem sich der Orden der Karmeliter entwickelte wie eine Zeder auf dem Libanon.

Dennoch bleibt die Heiligkeit Alberts auch weiter von Paradoxien umhüllt, fast so, als wolle er sich ihr entziehen und allen Ruhm am Karmel dem Propheten Elias überlassen. Als Heiliger verehrt wird er fast nur bei den Karmelitern, aber so gut wie nicht in der Diözese Vercelli, deren Geschicke er 20 Jahre lang gelenkt hatte. Sein Tod schließlich war zwar gewaltsam, aber kein Martyrium. Denn am Ende wurde er nicht für seinen Glauben oder für Jesus Christus umgebracht, sondern für die beherzte und tatkräftige Unterscheidung von Gut und Böse. Innozenz III. hatte Albert zum 4. Laterankonzil nach Rom eingeladen. Doch bevor er an Bord ging, wurde er beim Fest der Kreuzerhöhung Christi 1214 in der Johannes-Kathedrale von Akkon während einer Prozession von eben jenem Johanniter öffentlich erdolcht, den er zwar als Meister des Heilig-Geist-Spitals abgesetzt, aber nicht in Ketten hatte legen lassen. Sein Lebenswerk ließ sich da aber schon nicht mehr vernichten – jene Regel, die die heilige Teresa von Avila ebenso geformt hat wie Johannes vom Kreuz oder die kleine Teresia von Lisieux »vom Kinde Jesu«. Und in die lange Reihe karmelitische Heiliger reihen sich auch »Teresia Benedicta vom Kreuz«, besser bekannt als Edith Stein, und »Maria vom gekreuzigten Jesus«, und eine analphabetische Palästinenserin aus einem Dörfchen bei Nazaret. Diese Mirjam von Abellin wird als das »Licht vom Tabor« verehrt, sie selbst sah sich als das »kleine Nichts«. Papst Franziskus reihte sie am 17.Mai 2015, in den großen Chor der Heiligen ein.

A: *Mit lehrender Geste und Bibel*
P: *der Friedensstifter und Vermittler zwischen Streitenden*
(Der Text fußt auf einer Arbeit Paul Baddes, die er mir anlässlich eines runden Geburtstags zum Geschenk machte.)

⁕

Hl. Johannes Chrysostomus

Kirchenlehrer, um 347–407

Die vornehme Witwe Anthusa schenkte all ihre Liebe dem schwächlichen, aber reich begabten Sohn Johannes. Obschon er von Gestalt aufallend klein und dünn war (er schreibt selbst von seinem »Spinnenleibchen«), schloss man von seinem mächtigen Kopf mit riesigen Ohren und gewaltiger Nase früh auf außerordentliche Geisteskräfte. Mit 20 zählte er schon zu den gesuchtesten Anwälten Antiochias und nachdem er eine glänzend formulierte Lobrede auf den Kaiser verfasst hatte, erhielt er den Beinamen Chrysostomus, das heißt »Goldmund«.

Der öffentliche Erfolg drohte Johannes in gefährliche Leidenschaften zu stürzen; es erwachte in ihm die Lust an schlüpfrigen Theaterstücken und anderen Vergnügungen. Doch plötzlich, in seinem 21. Lebensjahre, erkannte er die Gefahr und zog entschlossen eine äußere Schranke zwischen sich und die Welt: Er legte alle modische Kleidung ab und trug hinfort ein ganz schlichtes Gewand. Auch zu Festen und öffentlichen Anlässen erschien er in ärmlicher Kluft – und so nahm die Zahl der Einladungen immer mehr ab. Man hielt in Antiochia, das mit Rom, Konstantinopel und Alexandria die Ehre teilte, eine der vier Hauptstädte des römischen Weltreichs zu sein, große Stücke auf vornehme Lebensart.

Johannes verschloss sich in häuslicher Stille, schlief wenig, noch dazu auf bloßer Erde, studierte die Heilige Schrift und empfing die Taufe. Nach dem Tode seiner Mutter schloss er sich den Mönchen im nahen Gebirge an, nahm vier Jahre an ihrem asketischen Leben teil und zog sich zwei weitere Jahre in eine einsame Höhle zurück, wo er sich dem Gebete, der Betrachtung und dem auswendig Lernen der Heiligen Schrift widmete. Eine schwere Krankheit zwang ihn, nach

Antiochia zurückzukehren. Zwölf Jahre lang kämpfte er nun von der Kanzel herab unermüdlich gegen die Schwelgerei der Großen, die Eitelkeit der Frauen, den Geiz der Reichen, die Lauheit des Volkes, den Götzendienst der Heiden und die Verstocktheit der Juden. Dennoch strömten die Menschen zu seinen Predigten – oft musste er seine Kanzel im Freien aufstellen. Seine Rede soll »scharf und gewaltig« gewesen sein: »Feurige Blitze zuckten aus seinen Augen, grollende Donnerworte entfuhren seinen Lippen, seine Bewegungen glichen denen eines Helden, der mit zielsicherer Hand den durchbohrenden Speer wirft und mit sieggewohntem Arm den fällenden Streich führt.«

Im Jahre 398 wurde Johannes vom Kaiser Arkadius zum Patriarchen von Konstantinopel bestellt. Das 28 Provinzen umfassende Patriarchat war in einem kläglichen Zustand. Viele Bischöfe lagen miteinander in Fehde und bezichtigten sich gegenseitig des Irrglaubens. Am kaiserlichen Hofe regierten Liederlichkeit, Luxus und Intrige. Das Volk war allgemeiner Sittenverderbnis anheimgefallen.

Johannes ging jedoch festen Mutes zu Werke. Er kleidete sich schlicht wie je, nahm keine Einladungen zu Gastmählern an, hielt selbst nie Tafel. Er wohnte sehr einfach – ohne Tapeten und Seidenzeug. Seine reichen Einkünfte verwendete er zur Linderung fremder Not. Besonders geißelte er in seinen Predigten diejenigen, die sich öffentlich in unanständiger Kleidung zeigten. Er klagte sie an, dass sie strafbarer seien als solche, die der Unzucht frönen: »Denn diese verführen durch ihre verderblichen Reize nur innerhalb ihrer Häuser, ihr aber sucht die öffentlichen Plätze auf, um der Unschuld Schlingen zu legen. Ihr habt den verderblichen Becher gemischt, den tödlichen Trank gereicht! Ich sehe in eurem Verbrechen sogar einen Grad von raffinierter Bosheit, der sich bei den Giftmischern nicht findet: Diese töten doch nur die Leiber, ihr aber die Seelen, was unendlich schrecklicher ist. Sind die Unglücklichen, die ihr verführt, etwa eure Feinde? Nein, ihr sucht nur euren närrischen Stolz, eure erbärmliche Eitelkeit zu befriedigen. Ihr macht den Mord der Seelen zum Spiele.«

Sehr viele Frauen nahmen sich die Warnungen des Heiligen zu Herzen und entsagten hinfort Schmuck, Purpur und Seide. Einige Hofdamen und Eunuchen brachten jedoch die junge, schöne und übermütige Kaiserin Eudoxia gegen Chrysostomus auf. Man klagte über ihn, dass er nicht seinem Rang gemäß zu leben verstehe, dass er aus Geiz aller Schicklichkeit trotze, dass er ein stolzer, gallsüchtiger Mann sei, der mit der menschlichen Schwäche kein Erbarmen habe, und dass er besonders die Fehler der hohen Frauen in seinen Predigten übertreibe. Mit Hilfe intriganter Geistlicher wurde Chrysostomus seines Amtes entsetzt und zur Verbannung verurteilt. Am Abend der Einschiffung ereignete sich jedoch ein gewaltiges Erdbeben. Das Volk sah darin die Hand Gottes und drohte mit offenem Aufruhr. Der eingeschüchterte Hof rief Chrysostomus zurück und dieser konnte unter dem Jubel der Massen wieder in seine Kathedrale einziehen.

Der Friede währte nicht lange. Eudoxia ließ sich einige Monate danach auf dem Platz vor der Sophienkirche eine silberne Bildsäule setzen und deren Aufstellung durch Theater, Spiele und Tänze feiern. Dies empörte den Patriarchen; er predigte über den Tod Johannes des Täufers und redete scharf gegen den Mutwillen der Weiber: »Noch wütet und tanzt die Herodias und möchte auf der Schüssel das Haupt des Johannes!« Dies ward der Kaiserin hinterbracht, die nun alle Bedenken in den Wind schlug. Johannes wurde zum zweiten Mal abgesetzt und in die Verbannung nach Armenien geschickt, wo er nach einer gefahrvollen Reise von 70 Tagen erschöpft und krank anlangte. Von seinen Freunden fürsorglich gepflegt, erholte er sich jedoch wieder.

In Konstantinopel aber herrschte Schrecken unter seinen Feinden. Einige erkrankten an abscheulichen Geschwüren, andere verloren die Sprache, wieder andere fielen in Raserei, die Sophienkirche und der Kaiserpalast brannten nieder und zu alledem starb die Kaiserin in einem unglücklichen Wochenbett unter großen Leiden.

Johannes, der sich aus dem armenischen Exil längst wieder mündlich wie schriftlich in Erinnerung gebracht hatte, fiel nun doch noch seinen unerbittlichen Gegnern zum Opfer. Sie nötigten dem willenlosen Kaiser einen neuen Befehl zu noch härterer Verbannung ab. Die Schergen, die ihn abführten, waren bestochen, ihn so zu misshandeln, dass er den Strapazen erliege. Sie erreichten ihr Ziel. Chrysostomus erkrankte nach dreimonatigem Marsch in Komana am Schwarzen Meer an heftigen Kopfschmerzen. Er kleidete sich noch in ein weißes Gewand und schied bei vollem Bewusstsein aus dem Leben.

31 Jahre später wurde der Leichnam nach Konstantinopel zurückgebracht, um in der Kirche der Hl. Apostel, der Grabstätte der Kaiser und Patriarchen, feierlich beigesetzt zu werden. Der Sohn Eudoxias, Kaiser Theodosius II., und seine Schwester, die heilige Pulcheria, warteten mit dem ganzen Hofstaat und allen Behörden auf dem

Landungsplatz. Sie gaben dem die letzte Ehre, den ihre Eltern im Leben verfolgt hatten.

A: *mit Bienenkorb, Evangelienbuch, Taube und Engel.*
P: *gegen Epilepsie.*
F: *auch 27. Januar.*

15. September

Hl. Oranna (Oranda, Othranna, Orande)

Jungfrau und Gottespilgerin, 6. Jahrhundert

Die hl. Oranna genießt ungeachtet der spärlichen Kunde über ihr Leben bei den Gläubigen im Saarland und im Bistum Trier nachhaltige Verehrung. Als im 17. Jahrhundert die Hagiographen der katholischen Kirche, die berühmten Bollandisten, alle mündlichen und schriftlichen Quellen über das Leben der Heiligen sammelten, sandten sie den Luxemburger Pater Alexander Wiltheim und später seinen tauben Neffen Nikolaus Wiltheim nach Berus bei Saarlouis, wo das Grab einer hl. Oranna wegen dessen Wunderwirkung bei Ohrenleiden gepriesen wurde. Was er und andere Hagiographen über ihr Leben herausfanden, ist spärlich und teilweise widersprüchlich. Am schönsten ist die Version, wonach Oranna aus einem iroschottischen Könighaus stammte (wofür auch ihr keltischer Name spricht). Da sie schon früh ein Gelübde der Jungfräulichkeit abgelegt hatte, widersetzte sie sich den Verheiratungsplänen ihrer Eltern. Gemeinsam mit ihren Brüdern (oder Glaubensgenossen) Wendelin und Fiacrius und mit ihrer Schwester (oder Dienerin oder Gefährtin) Cyrilla entfloh sie der heimatlichen Sippe und reiste in die Gegend zwischen Mosel und Saar. Dort begannen sie mit emsiger, hingabevoller Missionsarbeit, doch nach einiger Zeit tauchte einer der verschmähten Freier aus Irland auf und verfolgte Oranna tätlich mit seiner Begierde. Es gelang ihr im letzten Moment sich loszureißen und über die Felder zu fliehen. Da es Frühlingszeit war, stand die Saat noch niedrig. Es schien aussichtslos, sich zu verstecken. Verzweifelt schickte sie Stoßgebete gen Himmel – und wunderbarerweise schossen die Halme sofort hoch über ihrem Kopf zusammen. Der ungezügelte Bewerber erkannte das Walten himmlischer Mächte und ließ reuig von seinem Vorhaben ab.

Aus welchen Gründen sich die beiden Jungfrauen von ihren frommen Begleitern trennten ist unbekannt. Jedenfalls zog sich die an Taubheit leidende Oranna mit ihrer treuen Cyrilla in eine Einsiedelei bei dem später in einem Krieg zerstörten Ort Eschweiler zurück. Dort lebten sie unzertrennlich, in schwesterlicher Liebe, unermüdlich betend und Gott preisend. Nach den Worten Wiltheims »machte Gott Oranna nach dem Tod als Heilige bekannt. Auf die Fürsprache der hl. Jungfrau erhalten Taube vielfach das Gehör wieder, solche, die unter Kopfschmerzen leiden, werden gesund. So bezeugen es viele, die zum Grab der hl. Oranna gepilgert sind und geheilt heimkehren«. Als die Wunderkraft steigernd mag beim einfachen Volke auch der Name der Heiligen gewirkt haben. Oranna kann wie »Ohr-Anna« fehlgehört werden. Auch als Helferin in der Vermittlung eines guten Ehegatten wurde Oranna beliebt. Ältere Leute im Land kennen noch das Gebet:

»Hälig Orann, beschär mirn Mann,
kän Siffer, kän Schmisser,
käner me'm roden Bart,
denn die senn von der schlechten Art!
Beschär uns'n gudden Mann,
dass mir lang dran hann!«

Der Kult Orannas wurde zuerst von den Metzer Bischöfen bestätigt. Am 3. Mai 1480 ließ der damalige Weihbischof Didier Noel das Grab in der Magdalenenkirche von Eschweiler öffnen, um die Volksüberlieferung zu prüfen. In dem Sarkophag lagen die Gebeine zweier weiblicher Personen in entgegengesetzter Richtung. Niemand zweifelte daran, dass dies die Reliquien der hl. Oranna und ihrer treuen Gefährtin Cyrilla waren. Im Jahre 1719 wurden die Gebeine der beiden Heiligen in die Pfarrkirche von Berus übertragen. Bei dieser Gelegenheit bat der Bischof von Metz nach den Worten des Protokolls, »die glorreiche hl. Oranna, uns gütigst zu gestatten, den Überresten ihres rechten Armes einige Partikel für das Bistum und seine Herzogliche Durchlaucht von Nancy zu entnehmen, sodann je eine Partikel aus der Rippe für die Stadt Berus und St. Avold. Auf diese Weise soll die Andacht der Gläubigen zu den Heiligen gefördert werden«.

1969 erfolgte die endgültige Translation: In einem großen Fest wurden die Reliquien aus der St. Martinskirche in die kleine

Wallfahrtskapelle hoch über Berus auf dem Bergrücken zwischen Mosel und Saar überführt. Vertreter aus Politik, Kirchen und Kultur feierten die gemeinsame christliche Geschichte des Saarlands und Lothringens und erklärten: »Indem wir auf das Leben des Gottespilgerinnen Oranna und Cyrilla schauen, erhalten wir neuen Antrieb, die künftige Statt zu suchen und die Hilfe der Heiligen anzurufen …«

A: *mit einer Ohrmuschel in der Hand oder auf das eigene Ohr deutend, mit aufgeschlagener Bibel.*
P: *im 18. Jahrhundert von Deutsch-Lothringen; gegen Ohrenschmerzen, Taubheit und Kopfweh.*

*

Hl. Porphyrius

Märtyrer, † um 362

Porphyrius war einer der gefeiertsten Schauspieler am Hoftheater von Byzanz. Vor Kaiser Julian trat er in einer Komödie auf, in der die Christen persifliert wurden. Er selbst äffte auf der Bühne mit albernen Ritualen eine Taufe nach. Doch plötzlich konnte er nicht weiterspielen. Ein abrupter Sinneswandel ging in ihm vor, und er bekannte sich laut zum Christentum. Vergebens versuchte der Kaiser, ihn umzustimmen. So endete er wenig später unter dem Beil.

A: *Theaterrequisiten mit Füßen tretend; auch in Enthauptungsszene.*

Hl. Cornelius

März 251 – Juni 253

Aus dem vornehmen römischen Geschlecht der Cornelier stammend, war seine Wahl zum Bischof der Hauptstadt doch eine Überraschung. Sein rigoristischer Konkurrent Novatian leitete daraufhin ein Schisma ein und gründete eine eigene Kirche. Im Gegensatz zu ihm vertrat Cornelius eine Politik der Nachsicht gegen die in den Verfolgungen unter Kaiser Decius Abtrünnigen, die wieder in die Kirche zurückkehren wollten.

In vielen Gemeinden hatte die Mehrheit der Gläubigen die Unterwerfung unter das staatliche Opfergebot dem Märtyertod vorgezogen. Nach dem gewaltsamen Tod des Decius in den dakischen Sümpfen bereuten nicht wenige und baten um Wiederaufnahme. Viele Bekenner verwandten sich für die »Lapsi«, die Gefallenen. Der Streit erschütterte die Gesamtkirche, und erst als Cyprian von Karthago und Dionysius von Alexandria zur Auffassung des Cornelius wechselten, wurde der Rigorismus zurückgedrängt. In seinen Briefen an die Bischofskollegen im Orient bezeichnete Cornelius Novatian als einen zweifelhaften Charakter, außerdem sei er unter unkanonischen Bedingungen zum Priester geweiht worden. Da er selbst unter der allgemein anerkannten Leitung Novatians in der bischofslosen Zeit gedient hatte, erscheint dies nicht ganz schlüssig.

Während einer neuen Verfolgungswelle wurde er nach Civitavecchia verbannt, wo er kurz danach starb. Berichte über einen Märtyertod und eine legendäre Passio, nach der er in einem Tribunal vor Kaiser Decius verurteilt wird, sind anachronistisch und tauchen es erst im 5. Jahrhundert auf. Märtyrerlisten des 4. Jahrhunderts verzeichnen ihn noch nicht als solchen. Die *Legenda Aurea* berichtet, Cornelius sei mit Bleiklötzen geschlagen worden, da er nicht im Marstempel opfern wollte. Zur Richtstätte geführt, heilte er auf dem Wege die Frau eines Ritters. Beide bekehrten sich daraufhin zusammen mit 20 Dienstmannen und wurden mit ihm gemartert und enthauptet.

Cornelius' Attribut als Heiliger ist eine auf Bildern wie ein Horn aussehende Greifenklaue. Als Dank für seine durch ihn bewirkte Heilung legte sie in der Legende der Greif vor die Füße. Cornelius gebrauchte sie als Trinkbecher.

Das Kornelimünster in Aachen bewahrt den Kopf, dazu Grab- und Schweißtuch von Kornelius als Reliquie. Er gehört zu den *Vier Heiligen Marschällen.*

A: *Horn.*
P: *der Bauern; des Rindviehs; gegen Epilepsie (»Kornelkrankheit«), Krämpfe, Nerven- und Ohrenleiden.*

⁕

Hl. Editha von Wilton

Nonne, 961–984

König Edgar von England, später wegen seiner friedvollen Herrschaft und der Wohltaten, die er zugunsten der Kirche übte, als Heiliger verehrt, führte in jungen Jahren ein ausschweifendes Leben. Der Wollust ergeben, versuchte er erfolglos einen Anschlag auf die Tugend der hl. Wulfhilda. Zum Ziel gelangte er hingegen bei der hl. Wulfrida, die er ihrer Jungfräulichkeit beraubte und schwängerte. Als seine rechtmäßige Gemahlin Ethelfleda starb, wollte er die Entehrte ehelichen, aber diese zog sich ins Kloster Wilton zurück, wo sie Buße tat und später zur Äbtissin aufstieg. Die Frucht der Sünde, die kleine Editha, nahm Wulfrida mit und erzog sie fern der Welt in Frömmigkeit. Deshalb sagt das römische Martyrologium von Edith, »dass sie, Gott von Kindheit an sich weihend, nicht sowohl die Welt verlassen, als sie vielmehr nicht gekannt hat«. Als sie herangewachsen war, wies sie den Wunsch ihres Vaters zurück, an seinen Hof zu kommen. Sie legte statt dessen die Gelübde ab und zeichnete sich durch große Demut und Bußgesinnung aus. Bereitwillig pflegte sie Kranke, die von anderen wegen ekelhafter Geschwüre oder übel riechender Wunden vernachlässigt wurden. Besondere Andacht zeichnete ihr Verhältnis zum gekreuzigten Heiland aus. Sie war gewöhnt, sich selbst, Speisen und Getränke sowie den verschiedensten Hausrat unzählige Male mit dem Daumen zu bekreuzigen. Als ihr Halbbruder, der hl. Edward, ermordet worden war, wie sie es vorher in einer Vision geschaut hatte, verzichtete sie auf den ihr angebotenen Thron. Editha blieb im Kloster von Wilton bei ihrer Mutter. Das Jahresgeld, das ihr als Prinzessin zustand, verwendete sie für die Armen und für den Bau einer schönen Kirche. Deren Einweihung nahm auf ihr Verlangen der hl. Dunstan vor. Als er bei dieser Gelegenheit bemerkte, wie oft sie mit dem Daumen die Stirne bekreuzigte, verkündete er laut: »Dieser Daumen wird nie in Verwesung geraten.« Während der Messe fiel er plötzlich auf die Knie und weinte bitterlich. Befragt, antwortete er: »Unser leuchtender Stern Editha wird nur noch 33 Tage unter uns weilen.« Und so geschah es.

30 Tage nach ihrer Beisetzung erschien sie ihrer hl. Mutter und verkündete ihr, sie habe mit der Hilfe des Kreuzes Satan überwunden. 13 Jahre später ließ der hl. Dunstan ihre Gebeine erheben: Ihr Daumen war unverwest.

A: *Königstochter oder Nonne, Arme oder Kranke waschend.*

17. September

Hl. Hildegard von Bingen

Äbtissin, 1098–1179

In der Ortschaft Böckelheim wurde Hildegard in einem adeligen, reichen Hause geboren. Mit acht Jahren vertraute man sie dem Kloster Disibodenberg bei Sobernheim an der Nahe zur Erziehung an. Ihre äußere Lebensgeschichte ist arm an Ereignissen: Sie übernahm nach dem Tod der seligen Jutta die Leitung des Klosters und stiftete später auf dem Rupertsberg bei Bingen ein neues Kloster. Obwohl sie zeitlebens kränkelte, erreichte sie das hohe Alter von 81 Jahren.

Schon als Mädchen hatte sie Erscheinungen und Gesichte, die mit der Zeit immer häufiger wurden. Seit 1141 begann sie ihre Visionen aufzuschreiben und bald interessierten sich Fürsten, Bischöfe, Könige und sogar der Papst dafür. Aus ihrem umfangreichen Werk ist vielleicht am merkwürdigsten ihre Prophezeiung über die Zukunft der Kirche, worin es heißt: »Es wird geschehen, dass ein Schisma den ganzen Klerus und die Kirche entzweit. Und wie der katholische Glaube allmählich sich ausbreitete, stufenweise zu Wahrheit und Gerechtigkeit anstieg, so wird er in dieser Zeit weibischen Leichtsinns ebenso stufenweise von Recht und Ordnung und Satzung abfallen. Zu dieser

Zeit werden auch die römischen Kaiser herabsinken. Ihre Herrschaft verfällt langsam, weil sie selbst schmutzig und lau, knechtisch und unrein in den Sitten werden. Sie werden zwar vom Volke noch Achtung und Ehrfurcht verlangen, aber sie werden das Glück des Volkes nicht suchen und können deswegen auch von ihm nicht hochgehalten werden. Darum werden viele Könige und Fürsten zu ihrem eigenen Nachteil vom Römischen Reich abfallen. Jede Landschaft und jeder Volksstamm wird sich seinen eigenen König vorsetzen. Und wenn auf diese Weise das kaiserliche Zepter geteilt ist, wird auch die Kirche zerrissen werden. Weil nämlich ihr keine Religion mehr gefunden wird, werden Fürsten und die übrigen Menschen ihr Ansehen gering schätzen. Sie werden sich andere Meister oder Erzbischöfe vorsetzen, so dass der Papst kaum mehr Rom und eines Wenige in der Nähe behält. Viele Menschen werden sich daraufhin zu den Gewohnheiten und Sitten der Alten zurückwenden; aber die Zeit wird nicht fern sein, wo jener Sohn der Verderbnis und Verruchtheit (der Antichrist) offenbar werden der sich über alles, was Gott genannt wird, erhebt, bis dieser ihn endlich mit dem Atem seines Mundes tötet.«

Neben geistlichen Werken tat sich Hildegard auch mit Schriften über Heilkunst, Gartenpflege (Kräuter), Musik und Naturkunde hervor. Sie gilt als die erste schreibende Ärztin des Abendlandes.

A: *Almosen austeilend; einem Boten Brief (an Papst) übergebend; mit drei strahlenden Türmen; zusammen mit dem hl. Bernhard, der ihre Schriften prüft.*
P: *der Philologen und Esperantisten.*
F: *auch 22. Juni.*

18. September

Hl. Joseph von Copertino

Franziskaner, 1603–1663

Der 1963 zum Patron der Weltraumfahrt ernannte Pater Joseph von Copertino ist der Heilige mit der größten Zahl bezeugter – nämlich mehrerer Hundert – Levitationen. Schon als Kind geriet er beim

Hören geistlicher Musik oder bei der Messe in Ekstasen, die von außerordentlichem Leuchten des Gesichtes und immer öfter von Schwebezuständen begleitet waren.

Für seine Ordensoberen war diese Eigenschaft nicht nur eine Quelle reiner Freude. Zwar kamen Volk und Adel, um den wunderbaren Minoritenpater zu sehen, immer war Joseph umlagert von Armen, Kranken und Hilfe suchenden; der protestantische Herzog Johann Friedrich von Braunschweig-Lüneburg konvertierte sogar seinetwegen zum katholischen Glauben – aber das allgemeine Aufsehen erschien in dieser aufgewühlten Zeit nicht unbedenklich.

Zwei Mal ermittelte die Inquisition gegen Joseph, ohne Unwahrheit oder Ketzerei an ihm zu finden, doch man versetzte ihn vorsichtshalber in immer abgelegenere Klöster. Letzte Station wurde das Kloster Osimo bei Ancona, wo er im Kreise seiner musizierenden Mitbrüder in einer letzten Verzückung verschied.

Von seinen Schwebezuständen berichtete etwa der ehemalige Vizekönig von Neapel, Joseph habe sich in der Kirche von Assisi nach einer Kniebeuge vor dem Tabernakel der Statue der Unbefleckten Empfängnis zugewandt, habe seinen übichen Schrei »Oh« ausgestoßen und sei mit ausgebreiteten Armen etwa zehn Doppelschritte weit auf den Altar geflogen, um die Statue zu umarmen. Er blieb dort etwa vier Credos lang, bis ihn sein Oberer zurückrief. Joseph flog gehorsam wieder auf den Boden nieder und entfernte sich scheu und wortlos.

Nach einem anderen Bericht besuchte Joseph die Kirche von den drei Kreuzen. Als er etwa zwölf Doppelschritte entfernt war, stieß er seinen Schrei aus und flog auf das mittlere Kreuz, wo er über eine Stunde sitzen blieb. Dann kehrte er im Fluge wieder auf den Boden zurück.

A: *als Franziskaner in Verzückung (mit Flügeln).*
P: *der Schuster, Weltraumfahrer, der amerikanischen Piloten im Zweiten Weltkrieg; der Abstinenzler und Prüfungskandidaten; für Bekehrung verstockter Sünder.*

*

Hl. Kaiserin Richardis

† um 900

An der Seite ihres frommen, aber energielosen Gemahls Karls des Dicken empfing Richardis 881 von Papst Johannes VIII. die Kaiserkrone. Der kränkliche Gemahl überließ ihr die Regentschaft, die sie mit Hilfe ihres zwar fähigen, jedoch sehr machtgierigen Kanzlers Liutward aufopferungsvoll zum Wohle des Reiches ausübte. Liutward aber machte sich mehr Feinde, als seiner Stellung dienlich war. Unter dem Druck der Edlen musste Karl ihn entlassen. Und die üblen Nachreden gegen den Kanzler richteten sich auch gegen die Kaiserin. Man unterstellte ihr eine unerlaubte Beziehung.

Wenige Tage nach der Entlassung des Kanzlers berief Karl eine Ratsversammlung des Reiches ein. Dort bezeugte er feierlich, dass er in 25-jähriger Ehe seine Frau nie berührt habe. Sie ihrerseits beteuerte, ihre Jungfräulichkeit stets unversehrt bewahrt und weder ihrem Gatten noch einem anderen Manne angehört zu haben. Freiwillig unterzog sie sich einem Gottesurteil. Sie zog auf den bloßen Leib ein wachsgetränktes Linnenhemd an und ließ es in Brand stecken. Ihr jungfräulicher Körper blieb unverletzt. Dieses unversehrte Hemd war lange eine Reliquie des Klosters Etival.

Da nun offenkundig die Ehe mit dem Kaiser nie vollzogen worden war, konnten sie auch kirchlich wieder getrennt werden. Richardis nahm den Schleier und wirkte bis zu ihrem Tod segensreich als Äbtissin des Klosters Andlau.

A: *mit Krone und Palme (Straßburger Münster); in pelzverbrämten Kleid, umgeben von Flammen (Feuerprobe).*

19. September

Hl. Januarius (Gennaro)

Bischof und Märtyrer, † um 305

Der hl. Januarius war im 3. Jahrhundert Bischof in Benevent, just in der Zeit, da Diokletian die Christen im Reich verfolgen ließ. Er tat alles, um die Verfolgten zu ermuntern, den Gefangenen beizustehen und den Familien zu helfen. Doch schließlich wurde er selbst ergriffen und in einen brennenden Ofen geworfen. Als dies ihn nicht weiter versehrte, warf man ihn den wilden Tieren in der Arena zum Fraß vor. Doch die Löwen und Tiger verhielten sich zahm wie junge Kätzchen. Schließlich ließ der Statthalter den Bischof und mehrere seiner Gefährten bei Pozzuolo enthaupten.

Seine Reliquien werden seit dem 5. Jahrhundert in Neapel verehrt. Die Gebeine sind in der Krypta unter der Hauptapsis des Domes aufbewahrt. Im Tabernakel hinter dem Hochaltar werden zwei Ampullen mit dem getrockneten Blut des Märtyrers aufbewahrt. Dieses wird an den Festen des Heiligen jedes Jahr wieder flüssig, wenn die Fläschchen in die Nähe des Hauptes gebracht werden. Bleibt das Blut ausnahmsweise einmal trocken, dann drohen Neapel schlimme Zeiten.

A: *als Bischof mit Schwert, umgeben von wilden Tieren; in Flammen; mit Ampullen über Evangelium in der linken, Bischofsstab in der rechten Hand; mit ausbrechendem Vulkan.*
P: *von Neapel; der Goldschmiede; gegen Vulkanausbrüche.*
F: *auch 1. Mai.*

20. September

Hl. Eustachius

Märtyrer, 2. Jahrhundert

Kaiser Trajans tapferer oberster Feldherr Placidus, der schon viele Schlachten zugunsten des Imperiums entschieden hatte, eilte einst auf der Jagd einem großen Hirsche nach. Auf einer Lichtung stellte er ihn und bemerkte inmitten des Geweihs ein glänzendes Kreuz mit dem Bildnis Christi. Dieses Erlebnis bewirkte in ihm einen tiefen Wandel. Nachts besuchte er den Bischof von Rom und ließ sich zusammen mit seiner Frau Theopista und seinen beiden Söhnen taufen. Von nun an lautete sein Name Eustachius.

Eine Zeit schwerer Prüfungen erwartete sie. Tödliche Seuchen, vernichtende Unwetter und brandschatzende Räuber machten die heimatlichen Besitzungen dem Erdboden gleich. Eustachius und seine Familie überlebten als einzige und flohen bettelarm an die Küste, um in Ägypten ein neues Leben anzufangen.

Der Kapitän des Schiffes aber, dem sie sich anvertraut hatten, war ein heidnischer, wollüstiger Mann, den es nach der schönen Gemahlin des Eustachius verlangte. Als daher die Reisenden bei der Landung ihre Überfahrt nicht bezahlen konnten, behielt er Theopista als Sklavin und ließ Eustachius mit den beiden Knaben gewaltsam von Bord bringen. Bei der Wanderung landeinwärts durch eine wüste Gegend wurden ihm die Kinder von wilden Tieren geraubt. Gramgebeugt ergab er sich in sein Schicksal und arbeitete in einem nahe gelegenen Dorf 15 Jahre als Knecht bei einem Landmann.

Es kam eine Zeit, in der das Reich aufs Äußerste bedroht war und Trajan ließ in allen Provinzen nach seinem Kriegshelden Eustachius suchen. Tatsächlich erkannten ihn eines Tages zwei alte Soldaten an einer Narbe am Kopf. Eustachius übernahm angesichts der Not des Vaterlandes die angetragene Stellung und ordnete eine allgemeine Truppenaushebung an. Bei der Musterung entdeckte er unter den frisch eingezogenen Soldaten niemand anderen als seine totgeglaubten Söhne und diese konnten ihn gar mit der verschollenen Gemahlin wieder zusammenführen. Sie hatten nämlich auf dem Weg zum Heerlager bei einer armen Frau Herberge gefunden und in ihr die Mutter wiedererkannt. Jedermann nahm Anteil an diesem anrührenden Ereignis.

Eustachius zog ins Feld, schlug die Feinde und wurde mit Triumph in Rom empfangen. Hier war inzwischen Trajan gestorben und der den Christen feindselig gesinnte Hadrian hatte den Kaiserthron übernommen. Als bei den großen Feierlichkeiten der oberste Feldherr fehlte, stellte er ihn zur Rede und erfuhr, dass Eustachius als Christ nicht den Göttern opfern könne. Vergeblich versuchte er ihn zu überreden und befahl schließlich in seinem Zorn, einen ehernen Stier glühend zu machen und Eustachius mitsamt seiner Familie darin zu verbrennen.

Als man ihre Asche ausräumen wollte, fand man die vier Leichname völlig unverletzt. Christen beerdigten sie und später wurde über ihrer Grabstätte eine prächtige Kirche errichtet.

A: *als Jäger oder Ritter, manchmal zu Pferd, Jagdhorn blasend (wurde seit dem 11. Jh. oft mit dem hl. Hubertus verwechselt); mit Hirsch, ein leuchtendes Kreuz im Geweih; mit glühendem Stier; mit seiner Familie vor den wilden Tieren.*
P: *der Jäger, Förster, Krämer, Strumpfwirker, Tuchhändler; bei traurigen Familienschicksalen, in verzweifelten Situationen.*

21. September

Hl. Matthäus

Apostel und Evangelist

Matthäus bekleidete vor seiner Bekehrung das von den Juden so gehasste Amt des Zöllners. Als der Heiland an seiner Mautbude vorbeizog und zu ihm sagte: »Folge mir nach«, verließ Matthäus auf diesen einzigen Satz hin seine einträgliche Stellung und veranstaltete noch am Tage seiner Berufung ein großes Gastmahl, zu dem er viele ehemalige Kollegen vom Zoll und andere Sünder einlud. Als die Pharisäer darüber murrten, wies Jesus sie mit den Worten ab: »Ich bin nicht gekommen, die Gerechten berufen, sondern die Sünder.«

Matthäus rückte bald unter die zwölf Apostel auf. Nach dem Tode des Herrn wirkte er zunächst in der Umgebung Judäas und verfasste sein Evangelium in der damaligen Volkssprache der Juden, dem Aramäischen. Als sich dann die Apostel für die Verkündigung den Erdkreis aufteilten, fiel dem Matthäus Äthiopien zu, welches er in 33 Jahren Mission bekehrte.

Auch König Egippus ließ sich samt Familie und Gefolge taufen. Iphigenie, die Tochter des Königs, sollte zusammen mit 200 anderen Jungfrauen ein Kloster gründen. Plötzlich jedoch starb Egippus und den Thron bestieg Hirtacus. Der begehrte Iphigenie in rasender Leidenschaft und versprach Matthäus die Hälfte des Reichs, wenn er sie zur Ehe zu bewegen vermöge. Matthäus lud ihn zur nächsten

Sonntagsmesse ein, bei der Iphigenie und ihre Jungfrauen bereit wären, einen Ehebund zu schließen. Der König dachte, Matthäus wolle sie zu seinen Gunsten überreden, und fand sich erwartungsvoll in der Kirche ein. Da sprach der Apostel: »Weil die Ehe so rein ist, hätte jeder den Tod verdient, der die Braut des Königs rauben würde. Doch auch für dich gilt dies, König. Wie kannst du wagen, dem die Braut zu rauben, der mächtiger ist als du?« Der Herrscher verließ wutschnaubend die Kirche und befahl einem Schergen, Matthäus zu töten. Dieser stürmte zum Altar und erschlug den Apostel von hinten mit dem Beil.

An das Gebäude, in dem Iphigenie und die 200 Jungfrauen wohnten, ließ Hirtacus Feuer legen. Doch die Flammen verschonten das Haus und sprangen auf den Königspalast über. Nur der Herrscher selbst und sein Sohn entrannen dem Brand. In den Sohn aber fuhr der Teufel und zwang ihn, am Grab des Apostels die Missetat zu gestehen. Der Vater, von unheilbarem Aussatz befallen, stürzte sich ins eigene Schwert. Daraufhin wählte das Volk Iphigenies Bruder zum Herrscher, der Jahre regierte und die Kirche Äthiopiens stark machte.

A: *das Evangelium schreibend an der Seite eines Kindes, eines Engels oder eines geflügelten Menschen; mit Hellebarde, Speer oder Beil; mit Geldbeutel (Zöllner) oder rundem Zahlbrett.*
P: *von Salerno; der Finanz-, Steuer- und Zollbeamten, der Wechsler, der Buchhalter.*

22. September

Hl. Mauritius (Moritz) und die Thebäische Legion

Märtyrer, † 286 oder 303

Die Thebäische Legion bestand hauptsächlich aus christlichen Soldaten aus Oberägypten, der Thebais. Auf einem Feldzug unter Kaiser Maximian gegen gallische Aufrührer lagerte das Heer in Octodurum, dem heutigen Martigny, um durch Opferfeste die Götter günstig zu stimmen. Oberst Mauritius verließ daraufhin mit seinen Mannen das Lager und bezog bei Agaunum, dem heutigen Saint-Maurice, Stellung. Hier wollten die christlichen Soldaten die heidnischen Festlichkeiten abwarten und sich dann wieder mit dem übrigen Heer vereinigen. Auf Maximians Befehl zur Teilnahme an dem Ritual ließ Mauritius dem Herrscher antworten: »Wir Christen beteiligen uns nicht am Götzendienst. Wenn du uns befiehlst, gegen den Feind zu kämpfen, werden wir sofort gehorchen und unsere Treue mit unserer Tapferkeit beweisen.« Daraufhin wurde die Legion dezimiert, das heißt jeder zehnte Mann vor den Augen der Kameraden enthauptet. Der Oberst und seine Adjudanten Candidus und Exsuperius sprachen jedoch allen Mut zu und die Legionäre blieben standhaft. Sie bildeten eine Abordnung, die dem Kaiser erklärte: »Wir sahen das Blut unserer Brüder fließen und rauchen, aber unsere Treue gegen dich, Kaiser, wankt nicht. Leben, Leib und Blut sind dein, aber Herz und Seele haben wir Gott verpfändet. Für ihn sind wir zu sterben bereit.« Diese Worte steigerten den Zorn des Herrschers zur Weißglut. Er ließ sein gesamtes Heer aufmarschieren und die Aufrührer umzingeln. Die Legion bestand aus mehr als 6 000 tapferen Kämpfern, aber Mauritius überzeugte sie, keinen Widerstand zu leisten. Sie legten alle Waffen zur Seite, nahmen die Rüstungen ab und boten den entblößten Nacken dem Schwert der Henker. Den ganzen Tag über metzelten die heidnischen Soldaten ihre christlichen Kameraden nieder. Andere Angehörige der Legion, die zufällig nicht bei der Truppe weilten, zogen daraus keinen Vorteil. Sie stellten sich ebenfalls ihren Schlächtern. So wurden Ursus und Victor zu Solothurn gemartert. Ihre Reliquien werden dort noch heute aufbewahrt. Thyrsus mit seinen Mannen erlitt das Martyrium in Trier. In Turin fanden Octavius, Adventitus und Solutor den Martertod. Cassius und Florentinus starben mit sieben Gefährten in Bonn, Gereon mit 318 Legionären zu Köln. 330 Soldaten wurden bei Xanten hingerichtet.

A: *als römische Soldaten mit Panzer und Schild; Mauritius, oft schwarz (wegen seiner afrikanischen Abstammung), trägt als Zeichen der Führerschaft eine Fahne.*

P: *der Heere, Infanterie, Messer- und Waffenschmiede, Soldaten; bei Gefechten, Kämpfen, Schlachten; von Angers, Appenzell, Coburg, Ferrara, Goslar, Halle, Le Havre, Ingolstadt, Lauenburg, Luzern, Magdeburg, Mainz, Mantua, Nanterre, Piemont, Pyritz, Sardinien, Savoyen, Tours, Vienne, Wiesbaden, Werth; der Färber, Glasmaler, Hutmacher, Krämer, Tuchweber, Wäscher; der kranken Kinder; gegen Besessenheit, Gicht, Ohrenleiden; der Weinstöcke, der Pferde.*

⁂

Hl. Salaberga (Sadalberga) von Laon

Äbtissin, um 600 – um 670

Bei Langres in begütertem Hause geboren, sollte Salaberga mit einem reichen Jüngling verheiratet werden. Doch sie erblindete und flüchtete sich vor den Zumutungen der Welt in Gebet und Beschauung. Eines Tages besuchte der mit den Eltern befreundete hl. Abt Eustasius von Luxeuil die Familie und vernahm die Geschichte der Jungfrau. In einer Unterredung prüfte er ihre Frömmigkeit und lehrte sie, dass man auch als verheiratete Frau Christus dienen könne. Er salbte ihre Augen mit heiligem Öl, schlug drei Kreuze über ihrem Haupt – und sie ward wieder sehend. Nun willigte sie in den sehnlichen Wunsch ihrer Eltern ein, die Frau eines Edelmannes namens Richram zu werden. Dieser verstarb jedoch schon nach zwei Monaten.

Salaberga bestürmte ihre Eltern, nun endlich den ersehnten Schleier nehmen zu dürfen, doch schließlich unterwarf sie sich dem Geheiß der Familie, die sie mit dem Grafen Blandinus verehelichte. Ihr Gehorsam sollte sie nicht reuen. Denn Blandinus erwies sich als gottesfürchtig, wohltätig gegen die Armen und Förderer der Kirche. Seine Frau unterstützte er bei allen frommen Werken und Bestrebungen. Zwei Söhne, Eustasius und Balduin, und drei Töchter, Saretrudis, Ebanis und Anstrudis, entsprangen der glücklichen Verbindung. Alle fünf Kinder wurden von ihren Eltern aufs sorgfältigste in den Lehren der Kirche und christlicher Bildung erzogen. Ihre beträchtlichen Einkünfte verwendeten die Eheleute zum Bau des Großklosters Laon, das sieben Kirchen und Kapellen in sich einschloss. Es wurde später St. Jean de Laon genannt. In ihren reifen Jahren trat Salaberga schließlich in das Kloster ein, wurde dessen Äbtissin und konnte sich bald als geistliche Mutter von über 300 Nonnen betrachten. Nach ihrem Tode wurde ihre Tochter, die hl. Anstrudis ihre Nachfolgerin. Auch ihr Gatte Blandinus starb im Ruf der Heiligkeit.

P: *von Laon, gegen Blindheit.*

Hl. Thekla

Jungfrau und Märtyrerin, 1. Jahrhundert

Wird der hl. Stephan als erster Märtyrer verehrt, so Thekla als erste Märtyrerin. Die Tochter angesehener heidnischer Eltern zu Iconium in Kleinasien besaß neben ausgezeichneten Geistesgaben eine ungemeine Körperschönheit. Um das Jahr 45 kam der hl. Paulus in die Stadt, das Evangelium zu verkünden. Sie wurde seine Schülerin und ließ sich von ihm taufen.

Besonders hatten sie die Darlegungen des Apostels über die Würde des jungfräulichen Standes beeindruckt. Als daher ihre Eltern sie mit einem reichen Bräutigam vermählen wollten, verweigerte sie ihre Zustimmung und erklärte, dass sie ihren Leib nie von einem Mann berühren lassen werde. Der Verlobte fühlte sich dadurch beschimpft und verklagte sie beim Statthalter. Vor Gericht blieb die Jungfrau standhaft, weshalb sie nach drei Tagen Kerkerhaft in die Arena geschleppt wurde. Schamrot erhob Thekla ihre Augen zum Himmel, als man ihr die Kleider vom Leib Riss und sie entblößt den wilden Tieren preisgab. Die Leoparden, Tiger und Löwen lagerten sich jedoch wie Lämmer zu ihren Füßen, und auch die wilden Stiere griffen sie nicht an. Die Richter schickten Thekla nun voller Wut auf den Scheiterhaufen. Doch die Flammen ließen sie ebenso unversehrt wie die Schlangengrube, in die man sie als Nächstes stürzte. Nach diesen ebenso harten wie wunderbar bestandenen Prüfungen kam sie endlich frei, fand den hl. Apostel Paulus wieder und begleitete ihn auf seinen Reisen. Thekla starb nach vielen Jahren friedlich im Rufe der Heiligkeit.

Fast allen Kirchenvätern ist ihre Geschichte vertraut. Aus dem 4. Jahrhundert sind mehrere Verehrungsstätten bekannt, die wichtigste bei Seleukia am Tigris im heutigen Irak. Andere Wallfahrtskirchen gab es in Nordafrika, in Palästina und in Rom. Bis heute genießt Thekla besondere Hochschätzung in Spanien (mit dem Zentrum in Tarragona), in Zypern, Bayern, Köln und Mailand.

A: *halb bekleidet an einen Pfahl gebunden; als Jungfrau mit Kruzifix, mit Palme, Löwe, Stier; auf Scheiterhaufen; im Kerker, mit Schlangen, die sich um ihre Arme winden; zuweilen mit dem hl. Paulus.*

P: *der Augenkranken, Sterbenden.*

*

Hl. Thomas von Villanueva

Erzbischof von Valencia, 1488–1555

Wenn er in die Schule ging, schenkte der kleine Thomas sein Pausenbrot an den ersten Bettler, dem er begegnete. Manchmal kam er ohne Strümpfe, manchmal sogar ohne Hosen nach Hause. Zu Recht erhielt er später den Beinamen »der Almosengeber«.

Nach einem eifrigen Studium trat er in Salamanca bei den Augustinereremiten ein. Er tat sich als ein so glänzender Prediger hervor, dass Kaiser Karl V. ihn nach Valladolid an den Hof holen wollte. Das kam jedoch nicht zustande, denn Thomas sträubte sich gegen alle Ehrenämter, auch gegen das ihm angetragene reiche Erzbischofsamt von Granada. Nicht ablehnen konnte er aber, als er zum Provincial seines Ordens bestimmt wurde. In dieser Eigenschaft sandte er eine Gruppe von Missionaren nach Mexiko, wo sie eine bis heute bestehende Provinz der Augustinereremiten begründeten.

Im Gebet erlebte Thomas häufig mystische Verzückungen, was er stets zu verbergen suchte, denn es war ihm peinlich. Bei einer Predigt konnte er einmal eine Viertelstunde lang nicht weiterreden. Als er wieder zu sich kam, sagte er seinen Zuhörern: »Ich habe ein schwaches Herz und schäme mich, dass ich bei solchen Gelegenheiten so leicht überwältigt werde. Ich will versuchen, diesen Fehler abzulegen.«

Schließlich wurde ihm das Erzbistum von Valencia angetragen. Er musste es trotz heftiger Einwände übernehmen, da ihm von seinen Oberen für den Fall der Weigerung mit Exkommunikation gedroht wurde. Als er in seinem abgetragenen Ordenshabit einzog, wurden die Domkapitulare von Mitleid ergriffen. Sie sammelten in den nächsten Tagen 4 000 Dukaten für ihn, damit er sich und seine Residenz eines so repräsentativen Amtes würdig ausstatten könne. Er aber schenkte sogleich die eine Hälfte dem durch Feuer geschädigten Hospital, die andere bestimmte er dazu, in den Gefängnissen mehr Licht und Reinlichkeit zu ermöglichen.

Die Domkapitulare schämten sich oft seiner. Einer überraschte ihn einst beim Flicken seines Habits und sagte: »Das macht Ihnen doch der Schneider für ein paar Pfennige.« »Und für ein paar Pfennige wird ein Armer satt«, antwortete ihm Thomas.

Täglich kamen hunderte Arme zu seiner Residenz; jeder erhielt eine warme Mahlzeit, ein Glas Wein und ein Geldstück. Wenn er in seiner Maßlosigkeit alles verschenkt hatte und doch noch mehr Bedürftige warteten, so ereignete es sich mehrmals, dass der Vorrat wundersamerweise wieder nachwuchs. Diese Wunder erinnerten viele an die Brotvermehrung im Evangelium und sie verehrten ihren Bischof umso mehr. Die Diener aber murrten oft, dass die wunderbare Gutmütigkeit ihres Herrn nur Landstreicher und arbeitsscheues Gesindel anlocke. »Wenn das so ist«, hielt er ihnen vor, »dann müssen der Gouverneur oder die Polizei etwas dagegen tun. Meine Pflicht ist es, den Leuten, die an meine Tür klopfen, zu helfen.«

Obwohl er gegen sich keine Nachsicht kannte und asketisch wie ein Einsiedler lebte, bezeigte er anderen grenzenlose Güte und Milde. Wenn seine Berater in ihn drangen, strenge Maßnahmen gegen das damals verbreitete Konkubinat der Priester zu ergreifen, so wehrte er stets ab mit den Worten: »Ich will die Menschen doch gewinnen, nicht sie verärgern.« Wenn es manche zu arg trieben, dann ließ er sie vorladen. Einmal zitierte er einen lasterhaften Geistlichen zu sich und redete ihm ins Gewissen. Dabei ließ er es jedoch nicht bewenden, sondern griff zur Geißel. Die Hiebe gab er aber nicht dem verstockten Sünder, sondern riss sich selbst die Kleider herunter und schlug sich unter vielen Tränen blutig. Der Priester wurde von Reue ergriffen, fiel weinend vor dem Bischof hin und bat ihn einzuhalten. Er versprach Besserung und hielt sein Wort.

Ein andermal betete Thomas gerade für einen Priester, den er wegen seiner Untaten in den Kerker hatte werfen lassen müssen. Plötzlich kam es ihm vor, als ob das Kruzifix Blut schwitze. In diesem Augenblick trat der Gefangenenwärter herein und meldete, der Priester habe sich in seiner Zelle erhängt. Thomas eilte schnell in den Kerker und fand den Unglücklichen leblos. Der Bischof kniete nieder und betete unbeirrt solange, bis der Priester sich plötzlich aufsetzte. »Verzeih mir, gütigster Bischof«, sagte er, »durch dein Gebet hast du mich herausgerissen aus der Finsternis des Irrtums«. Er büßte bis zum friedlichen Ende seines Lebens als Eremit in einer verlassenen Klause.

Bis zu seinem Tod fuhr Thomas unermüdlich fort, die reichen Einkünfte seiner Kirche an die Armen zu verteilen. Für sich behielt er nicht einmal ein Bett. Doch als er das Nahen seines Endes fühlte, bat er einen Mann, dem er das Bett kurz zuvor geschenkt hatte, es ihm wieder solange zu leihen, bis er es nicht mehr brauche. Er benutzte es nur noch vier Tage, dann starb er zur Betrübnis der Armen von ganz Spanien.

A: *als Bischof von Bettlern umringt.*
P: *der Augustiner, der Bettler.*
F: *auch 8. und 18. September.*

24. September

Hl. Gerardus Sagredo (Gebhard, Gerhard, Gellert)

Bischof von Csanad, Apostel Ungarns, Märtyrer, † 1046

Der Venezianer Benediktiner Gerardus hatte unglaubliche Erfolge bei der Bekehrung der heidnischen Ungarn. Mit peinlicher Genauigkeit lehrte er als Bischof von Csanad seine Herde, richtig das Kreuz zu schlagen und das Knie zu beugen; denn er war überzeugt, dass die roheren Menschen, die immer einen beträchtlichen Teil des Volkes ausmachen, äußere Zeichen brauchen, um sich zu Gott hinaufzuheben. Vor dem Marienaltar im Dom von Csanad stiftete er ein silbernes Glutbecken, in das zwei Greise abwechselnd alle Stunde Weihrauch zu streuen hatten. So war die Kirche immer vom Duft des damals außerordentlich kostbaren Räucherwerks erfüllt.

Aus Neid über die Erfolge des Heiligen ließ ihn der Heidenherzog Vatha überfallen. Ein Lanzenstich traf Gerardus von hinten ins Herz. Den Leichnam steckten die Mordbuben in ein Fass und rollten es in die Donau. Die Untat erzürnte jedoch den König Andreas so sehr, dass er sich nun erst recht auf die Seite der Kirche stellte und damit das Bekehrungswerk vollenden half.

A: *weihrauchschwenkend vor einer Marienstatue, von Lanze durchbohrt.*

P: *der Erzieher.*
F: *auch 23. Februar; 25., 26. September.*

*

Sel. Hermann der Lahme

1013–1054

Graf Hermann zu Altshausen war von Geburt an nicht nur lahm, sondern seine sämtlichen Glieder waren verkrümmt und standen so quer zueinander, dass man später gar nicht mehr begriff, wie er überhaupt schreiben lernen konnte.

Wenn man ihn an einer Stelle niederlegte, vermochte er sich ohne fremde Hilfe nicht mehr zu erheben, noch nicht einmal auf die Seite zu wenden. Er konnte nur in einem besonders angefertigten Tragestuhl mühsam hocken. Wahrscheinlich hatte er auch einen Wolfsrachen, denn er tat sich schwer damit, verständliche Laute von sich zu geben. Seine Familie bewog das Bodenseekloster Reichenau dazu, ihn aufzunehmen. Was Hermann an äußeren Ausdrucksmöglichkeiten fehlte, glich er durch einen wachen Geist aus, der mühelos die schwierigsten Wissensgebiete aufzunehmen vermochte. Hermann wurde einer der hervorragendsten Gelehrten seiner Epoche. Seine besondere Liebe galt der Mathematik und der Astronomie. Er verfasste und baute mit seinen verkrüppelten Händen selbst ein Instrument, mit dessen Hilfe sich der Stand der Gestirne berechnen ließ. Außerdem schrieb er eine Weltchronik, die von Christi Geburt bis in seine Zeit reichte und in der er alles mit klarem Blick für das Wesentliche zusammenfasste, was in den Klöstern von Reichenau, Einsiedeln und St. Gallen an quellenträchtigen Handschriften und Büchern verfügbar war. Daneben dichtete er Verse von sicherem Stilgefühl, komponierte Hymnen und Lieder auf den hl. Georg, auf Afra und den Bischof Wolfgang. Bis heute werden seine Hymnen *Salve Regina* und *Alma redemptoris Mater* gesungen.

Er selbst beteiligte sich, verkrümmt in seinem Stuhl hockend, am Chorgesang der Benediktiner und wenn er sang, wurde seine Stimme so klar, dass man alle seine Beeinträchtigungen vergaß. Als er 41 Jahre alt geworden war, wurde er von einem peinigenden Seitenstechen (was man damals oft mit einer Blinddarmentzündung verwechselte) befallen. Zehn Tage lag er schwer darnieder und nachdem er seinen Mitbrüdern erklärt hatte, es verlange ihn mit unaussprechlicher Sehnsucht nach der künftigen, unvergänglichen Welt, hauchte er seine Seele aus.

F: *auch 21. Juli.*

25. September

Hl. Georgia von Clermont

Jungfrau, † um 600

Von Georgia ist wenig bekannt, aber die Landleute der Auvergne ehren ihr Andenken. Das fromme Mädchen hatte sich von Clermont in ein kleines Dorf zurückgezogen, um ungestört von Geselligkeiten und sündigen Verlockungen ihr Leben mit Gebet und guten Werken zu verbringen.

Nach ihrem Hinscheiden brachte man sie in einem feierlichen Leichenzug wieder in ihre Heimat zurück. Da begab es sich, dass über der Totenbahre ein riesiger Schwarm weißer Tauben herflog, der dem Leichnam überallhin folgte, wohin er getragen wurde. Als der Zug an der Kirche der Stadt angelangt war, setzten sich die Tauben auf das Dach und warteten das Ende des Gottesdienstes ab. Doch nachdem Georgia begraben war, erhoben sich die Vögel und entschwanden in den Himmel. Die Gläubigen waren sich gewiss, dass es nicht gewöhnliche Tauben gewesen sein konnten, sondern Engel, die durch ihre Anwesenheit die Heiligkeit der verehrten Jungfrau bezeugen wollten.

A: *Jungfrau mit Lilie und Tauben.*
F: *auch 15. Februar und 11. März.*

Hl. Cyprian von Antiochia

Bischof und Märtyrer

Hl. Justina von Nikomedien

Jungfrau und Märtyrerin

†304

Cyprian war ein Zauberer aus Antiochia, der alle Erkenntnis der schwarzen Magie zu erlangen suchte. Auf weiten Reisen nach Ägypten, Persien und Indien bildete er sich bei Astrologen und Nekromanten zu einem Meister der okkulten Wissenschaften aus. Über Christen spottete er nur und nutzte jede Gelegenheit, gottlose Schmähungen über sie anzubringen. Um seine zahlreichen Anhänger zu beeindrucken, arbeitete er mit allen Künsten der Täuschung. Lüge, Betrug, Intrige – sie gehörten zu seinen gewöhnlichen Methoden. Aber selbst vor Mord schreckte er nicht zurück, wenn es galt, die vermeintlichen Wissenschaften zu fördern. So schlachtete er nicht selten kleine Kinder ab, um mit ihrem Blut die Dämonen der Unterwelt seinen Absichten dienstbar zu machen. Dabei schnitt er die kleinen Leiber auf, riss die pochenden Herzen aus der Brust und erforschte in den noch zuckenden Eingeweiden die Zukunft. Auf solchen dunklen Wegen errang Cyprian den Ruf des größten Schwarzmagiers von Antiochia.

Zur selben Zeit lebte in der Stadt eine edle Jungfrau, Justina von Nikomedien. Sie war die Tochter eines heidnischen Priesters, hatte sich aber früh durch einen christlichen Nachbarn zum Glauben bekehrt. Ihre unnahbare Schönheit verschaffte ihr gleichwohl viele Bewunderer. Am heftigsten, aber vergeblich wie alle anderen, begehrte sie der vornehme Jüngling Agladius, der schließlich Zuflucht bei den dämonischen Künsten Cyprians nahm. Dieser versprach ihm zu helfen, verfiel aber selbst der Schönheit Justinas. Der Magier zog alle Register seiner okkulten Macht und Scharen von Dämonen setzten Justina böse zu. Aber vor dem Kreuzzeichen und ihrem frommen Sinn versagten alle Mittel. Die Machtlosigkeit seiner Geister einem schwachen Mädchen gegenüber stimmten Cyprian nachdenklich. Furcht vor der höheren Gewalt und Verzweiflung eingedenk aller Frevel der Vergangenheit ließen ihn bald völlig verzagen. Der christliche Priester Eusebius fand ihn als Schatten seiner selbst, tröstete ihn und nahm ihn mit zum Gottesdienst.

Die Gläubigen und der Bischof trauten ihren Augen kaum, als der berüchtigte Zauberer in ihren Reihen auftauchte. Aber Cyprian zerstreute ihre Bedenken, indem er öffentlich all seine magischen Bücher und Gerätschaften verbrannte. Schon bald erhielt er die Taufe und war nun wegen seiner Tugend unter den Mitbürgern ebenso berühmt wie zuvor wegen seiner Laster. Cyprian wurde zunächst Türhüter der Kirche, später Priester und schließlich sogar Bischof von Antiochia. Unter Kaiser Diokletian wurden Cyprian und Justina verhaftet. Gemeinsam trotzten sie grausamsten Foltern und wurden schließlich zusammen enthauptet. Ihre Leichname überführten Gläubige nach Rom, wo sie noch heute in der Lateranbasilika ruhen.

A: *auf Bratrost (mit Justina und allein); mit Schwert oder Kessel mit siedendem Pech; als griechischer Bischof ohne Mitra, seine Zauberbücher am Boden; zusammen mit Justina ein Schwert haltend; Cyprian aufgehängt, Justina gegeißelt; Justina auch mit Einhorn auf dem Schoß (Symbol der Jungfräulichkeit), zu Füßen eine hockende Teufelsfigur.*

27. September

Hll. Kosmas und Damian

Märtyrer, † um 303

Die Zwillingsbrüder Kosmas und Damian stammten aus einer in Kilikien eingewanderten arabischen Familie, die sich sowohl durch Reichtum als auch durch Eifer für den christlichen Glauben auszeichnete. Als Ärzte gehörten sie bald zu den begehrtesten Koryphäen des ganzen Landes. Weil sie ihre Kunst jedoch bei Armen wie Reichen unentgeltlich ausübten, fanden sie Zutritt auch in die Wohnungen der überzeugtesten Heiden.

Wenn ein Kranker sie rief, bekreuzigten sie ihn zunächst, wiesen ihn auf die Allmacht Gottes hin, die Leben verlängern, aber auch verkürzen könne, und erkundigten sich dann nach seinem Befinden, um endlich das eine oder andere Heilmittel zu verordnen. Gewöhnlich wurden die Kranken in kurzer Zeit gesund, oft konnten sie sogar unverzüglich vom Bett aufstehen. Es gab fast kein Übel, das nicht der Behandlung und dem Gebet der begnadeten Brüder wich. Das Zutrauen in sie wuchs täglich um so mehr, als sie nicht nur für ihre Bemühungen auf jedes Entgelt verzichteten, sondern überdies arme und hilflose Kranke mit Wohltaten unterstützten. So konnten sie viele Herzen gewinnen und zu Christus bekehren.

Viele Jahre lebten Kosmos und Damian in der Stadt Äga, bis sich neidische Kollegen und Götzenpriester verbündeten und sie wegen ihrer christlichen Religion anklagten. Sie wurden vor Gericht zitiert, zum Götzenopfer aufgefordert und nach einer Feuerfolter, die ihnen jedoch nichts anhaben konnte, durch das Schwert hingerichtet.

A: *als bartlose Ärzte in langer Robe mit Pelzbesatz und Mütze, mit Schlangenstab, chirurgischen Instrumenten, Arzneigefäßen, Mörser, Spatel, Uringlas; mit Pfeil und Scheiterhaufen.*
P: *der Ärzte, Apotheker, der medizinischen Fakultäten, Bandagisten, Chirurgen, Drogisten, Physiker, Wundärzte, Zahnärzte; von Böhmen, Essen, Florenz, Goslar, Prag, Salamanca, Zürich; der Armen, Barbiere, Bademeister, Friseure, Krämer, Wachszieher und Zuckerbäcker; gegen Drüsenkrankheiten, Epidemien, Geschwüre, ungesunde Säfte; gegen die Pferdekrankheit Druse.*
F: *auch 1. Juli, 17. Oktober und 1. November.*

28. SEPTEMBER

Hl. Wenzeslaus (Vaclav, Wenzel, Wjatscheslaw)

Herzog von Böhmen, Märtyrer, um 905–929

Der hl. Wenzel war der Sohn des Böhmenherzogs Wratislaus und seiner Frau Drahomira. Von seiner Großmutter der hl. Ludmilla aufgezogen, wuchs er zu einem tugendhaften Jüngling heran. Als sein Vater starb, bemächtigte sich die noch der heidnischen Religion anhängende Mutter der Regentschaft und versuchte, ihre Söhne Wenzel und Boleslaus gegen das Christentum und Ludmilla aufzustacheln. Bei Boleslaus gelang ihr dies; Wenzel aber liebte seine Großmutter und bleib ein standhafter Anhänger der Kirche. Schließlich entschloss sich Drahomira, Ludmilla aus dem Wege zu räumen. Gedungene Meuchler drangen nachts in das Schlafgemach der Heiligen ein und erdrosselten sie mit dem Witwenschleier.

Obwohl Drahomira und Boleslaus Trauer heuchelten, wandten sich viele Vornehme von ihnen ab und bewogen Wenzel, endlich selbst die Regierung zu übernehmen. Um weiteren Streit zu verhindern, teilte man das Land und Boleslaus erhielt eine Region, die nach ihm »Boleslawia« benannt wurde, Wenzel den Rest Böhmens. Der junge Herrscher versuchte Frieden zu stiften, wo er nur konnte. Gleichzeitig förderte er die Kirche, die ihrerseits alles tat, um die Kultur des Landes zu heben und die Christianisierung der noch halb heidnischen Böhmen zu vollenden.

Kaiser Otto I. lud Wenzel zum deutschen Reichstag ein, doch die Versammlung musste lange auf den Böhmenherzog warten, weil dieser unterwegs in einer Kapelle zum Gebet angehalten hatte. Einige Edle äußerten ihr Missfallen, aber Otto empfing ihn ehrenvoll und hieß ihn zu seiner rechten Seite sitzen. Einige Chronisten berichten, Otto habe neben dem eintretenden Wenzel zwei Engel schreiten sehen. Der Kaiser war ihm so geneigt, dass er ihm einen beliebigen Wunsch freistellte. Wenzel erbat bescheiden nur einen Arm von den Reliquien des hl. Vitus sowie einige Gebeine des hl. Sigismund von Burgund.

In Böhmen aber nutzte Drahomira die offenkundige Freundschaft des Kaisers für Wenzel dazu, gegen diesen den Verdacht zu schüren, er liefere das Land den Deutschen aus. Der junge Herzog hatte sich ohnehin schon viele Feinde gemacht, da er das Volk vor Übergriffen der Edlen in Schutz zu nehmen pflegte. So bildete sich langsam eine große Verschwörung heraus, an deren Spitze Drahomira stand. Als Boleslaus ein Söhnchen geboren wurde, lud man Wenzel zu einem vorgeblichen Tauffest. Doch vor dem Kirchenportal überfielen Boleslaus und seine Mitverschwörer den Ahnungslosen und stachen ihn mit ihren Lanzen nieder.

Drahomira nahm ein schreckliches Ende. Ihr Wagen wurde von einer plötzlich aufklaffenden Erdspalte verschlungen. Gegen den treulosen Boleslaus aber führte Kaiser Otto einen zwölfjährigen Krieg, der Böhmen dem Reich tributpflichtig machte.

A: *in ritterlicher Rüstung mit Speer in der Rechten, Schild mit Adler-*

wappen in der Linken; mit grüner Fahne; mit Herzogskrone auf langem Haar; bereitet Hostien und Wein.
P: *von Böhmen und Olmütz.*
F: *auch 4. März, 27. Juni.*

29. September

Hl. Erzengel Michael und alle heiligen Engel

Durch ein Ereignis im Jahre 493 verbreitete sich die Verehrung des Erzengels Michael im Abendlande. Der Hirte Gargano in Apulien hatte einen Stier seiner Herde verloren. Nach langem Suchen fand man ihn in einer Höhle, doch niemand wagte hineinzugehen. Ein Jäger schoss endlich auf das Tier, aber der Pfeil flog zurück und durchbohrte den Schützen. Die Angelegenheit erschien den Leuten unheimlich und große Bestürzung erhob sich. In der dritten Nacht nach dem Vorfall hatte der örtliche Bischof eine Vision, bei der er deutlich die Worte vernahm: »Ich bin der Erzengel Michael, und diese Höhle steht unter meinem Schutz. Dort soll man die heiligen Engel verehren.« Gleich am anderen Tag zogen der Bischof und viele Gläubige zur Höhle, fanden beim Betreten, sie habe die Gestalt einer Kirche, und hielten nun häufig Andachten darin ab. Als durch Anrufung des hl. Michael auch einmal ein heidnisches Heer in die Flucht geschlagen wurde, erbaute man bei der Höhle ein prachtvolles Gotteshaus. Auf diesem Monte Sant' Angelo in der Landschaft Gargano erschien der Erzengel noch dreimal.

100 Jahre später wütete die Pest in Rom. Papst Gregor I. ordnete Bittprozessionen gegen das Übel an. Und wie von den inständigen Gebeten gerufen erschien plötzlich über dem Grabmal des Kaisers Hadrian die Riesengestalt des Erzengels in den Wolken und steckte vor aller Augen sichtbar und bedeutsam sein Schwert in die Scheide. Die Seuche verschwand jäh. Aus dem Grabmal des Hadrian wurde die *Engelsburg.*

Von da an wuchs der Kult des Erzengels (sein Name bedeutet »Wer ist wie Gott«) unablässig im ganzen Okzident, seine Anrufung bewirkte unzählige Wunder. In der großen Abwehrschlacht gegen die Ungarn auf dem Lechfeld vor Augsburg 955 ließ Kaiser Otto das Banner des Erzengels entfalten. Er soll mit der eingelegten Heiligen Lanze an der Spitze der verbündeten deutschen Stämme gegen den Feind geritten sein. Er zierte auch früher die deutsche Reichsfahne, weshalb man vom »deutschen Michel« spricht. Später erwählten auch Frankreich und andere Staaten Michael zu ihrem Schutzpatron.

A: *als gewappneter Engel mit Helm, Schild und Flammenschwert, den Teufel in die Tiefe stürzend; mit Waage in Darstellungen des Jüngsten Gerichts; Wächterengel (Kirchentüren, Paradiesdarstellungen); mit Kreuzfahne oder Speer, einen Drachen durchbohrend.*
P: *des ehemaligen Heiligen Römischen Reichs Deutscher Nation; von Bayern, England, Frankreich, Galizien, des Kirchenstaats, der Lombardei, der Normandie, von Portugal, Spanien und Ungarn; von Amsterdam, Andernach, Benevent, Beromünster, Brüssel, Einsiedeln, Florenz, Schwäbisch Hall, Hildesheim, Horn, Jena, Konstantinopel, Luzern, Madrid, Neapel, Pavia, Pesaro, Puy, Salerno, Salzburg, Sibenik, Thorn, Treviso, Urbino, Zeitz, Zug, Zwolle; der Bäcker, Bader, Bankangestellten, Bleigießer, Böttcher, Drechsler, Eichmeister, Fechter, Gewichtemacher, Glaser, Hutmacher, Käsehändler, Kaufleute, Krämer, Maler, Pastetenbäcker, Papierfabrikanten, Radiofachleute, des Ritterstandes, Scherenschleifer, Schneider, Schwertfeger, Soldaten, Spezereienhändler, Tuchmacher, Vergolder, Vogelkäfigmacher, Waagenhersteller, Waffelbäcker, Waffenmeister, Walker und Zinngießer; der Sterbenden, der armen Seelen im Fegefeuer; für guten Tod; der Friedhofskapellen und Kirchhöfe; der Presse; gegen Blitz und Unwetter, gegen alle bösen Mächte.*
F: *auch 8. Mai.*

30. September

Hl. Hieronymus

Kirchenlehrer, um 347–420

Der aus Bosnien oder Dalmatien stammende wissensdurstige Hieronymus zog als Jüngling nach Rom, um alle Seiten der Gelehrsamkeit und Rhetorik kennen zu lernen. Die Lehren der heidnischen Professoren und die Verlockungen der Weltstadt ließen die Grundsätze seines christlichen Elternhauses verblassen. Hieronymus war von Natur aus zu starker Sinnlichkeit veranlagt und die Leidenschaften, vor allem die Fleischeslust, überwältigten ihn. Bald hatte er seine Unschuld in den Armen schöner Römerinnen verloren und teilte seine Tage zwischen Philosophenrunde und Lotterbett. Dass er nicht völlig in den Fluten der Wollust versank, verdankte er seinem Wissenstrieb, der ihn immer wieder in den Bibliotheken der Ewigen Stadt nach Erkenntnis suchen ließ.

Nach Vollendung seiner Studien besuchte er Gerichtssäle, um von der Beredsamkeit der Advokaten zu lernen. Aber früh ergriff ihn dabei der Ekel, stets nur von Elend und Bosheit zu hören. Er verließ Rom, um berühmte Lehrer und Schulen zu besuchen. Tag und Nacht arbeitete Hieronymus nun an der Vervollständigung seines Wissens. Er las des Tages Cicero und des Nachts Plato. Doch in einem Traum war ihm, als stünde er vor Gottes Richterstuhl. Auf die Frage: »Wer bist du?«, antwortete er: »Ein Christ.« Da donnerte der Herr: »Du lügst, ein Ciceronianer bist du; denn wo dein Schatz ist, da ist auch dein Herz.« Daraufhin bekam er heftige Backenstreiche und begann bitterlich zu weinen. Am nächsten Morgen erwachte er mit Spuren schwerer Züchtigung am ganzen Körper.

Nun schlug seine gesamte Sinnesrichtung um. Er schrieb die Schriften des hl. Hilarius ab und beschloss, sein künftiges Leben der Religion zu widmen.

Mit seinem Freund Heliodor brach er in die Wüste Syriens auf und gab sich ganz der Abtötung der Leidenschaften hin. Die sengende Sonne schwärzte seine Haut und verdorrte sie zu Pergament. Große Drangsal litt er durch die Anfechtungen der Mächte der Finsternis. In verlockendsten Bildern gaukelten sie ihm die reizenden Frauengestalten seiner Vergangenheit vor, die rauschhaften Feste, die er besucht hatte. Hieronymus schrieb darüber: »Das rebellische Fleisch bändigte ich mit wochenlangem Fasten. Nicht selten schrie ich unaufhörlich ganze Tage und zerschlug meinen Leib. Oft suchte ich einsame Felsschluchten auf und züchtigte mich dort so lange, bis sich der Sturm ausgetobt hatte.«

Trotz seines Eremitendaseins hielt Hieronymus brieflich Kontakt mit den hervorragenden Geistern der christlichen Welt. Daneben lernte er von einem alten Einsiedler in vier Jahren Hebräisch. Wegen seiner Gelehrsamkeit berief ihn Papst Damasus schließlich als Geheimschreiber nach Rom.

In jener Zeit sammelte Hieronymus einen Kreis frommer Frauen um sich, von denen später einige, wie Marcella, Paula und ihre Tochter Eustochium, ebenfalls Heilige wurden. Die Welt gab diesem Umgang die gehässigsten Deutungen. Deshalb übersiedelte Hieronymus nach Bethlehem, wo er ein Männerkloster und drei Klöster für Frauen gründete, deren Leitung er selbst übernahm. Hier übersetzte er das Alte Testament aus dem Hebräischen ins Lateinische und verbesserte die Übersetzungen des Textes des Neuen Testaments. Diese Ausgabe der Hl. Schrift, die »Vulgata«, galt lange Zeit in der katholischen Kirche als einzig autorisierte Fassung.

A: *mit Kardinalshut (obwohl er keiner war); als Eremit mit Totenkopf und Kerze, die Hl. Schrift lesend; als Gelehrter am Pult schreibend; mit Posaune, die über ihm schwebt; mit Löwen; nackt in Dornen kniend; mit drei Nymphen um sich; mit gebrochenen Säulen (gestürztes Heidentum).*
P: *von Dalmatien, Lyon; der Gelehrten, Lehrer, Schüler, Studenten, Theologen, Übersetzer; der Bibelgesellschaften, Schulen und theologischen Fakultäten; gegen schwache Augen.*
F: *auch 9. Mai.*

Hl. Remigius (Saint-Remi)

Bischof, um 440–535

Der mit großer Wunderkraft, Beredsamkeit und Weisheit begnadete Bischof Remigius von Reims gilt als der Apostel der Franken. Auf seinen Rat hin gelobte König Chlodwig I. im Krieg gegen die Alemannen, er werde im Falle des Sieges zum Christentum übertreten – und tatsächlich gewann er die entscheidende Schlacht.

Als er sich bei Remigius zur Taufe einfand, fehlte das Salböl für die Zeremonie. Doch plötzlich öffnete sich der Himmel, eine Taube flog herab und brachte im Schnabel ein Fläschchen mit Chrisam. Das Glas wird noch heute im Münster von Reims aufbewahrt.

Der dankbare Chlodwig schenkte Remigius Land, und zwar soviel, als dieser während des königlichen Mittagsschlafes umschreiten könne – wunderbarerweise wurde es eine lange Ruhe und dadurch eine beträchtliche Fläche. Auf diesem neu gewonnenen Kirchengrund lag auch eine Mühle und der Müller wollte dem Bischof den Zugang verwehren. Remigius versuchte ihn zu besänftigen und fragte: »Warum sollen wir die Mühle nicht zusammen haben?« Aber der Müller blieb starrsinnig. Da drehte sich das Mühlenrad plötzlich in der verkehrten Richtung. Den Geizhals packte die Reue und er bot dem Heiligen an: »Also gut, lass uns die Mühle zusammen haben.« Aber Remigius beschied ihn jetzt mit den kurzen Worten: »Weder mir noch dir.« Und alsbald tat sich die Erde auf und verschlang die Mühle.

Einmal sah der Heilige eine große Hungersnot vorher und legte in einem Dorf Speicher an. Betrunkene Bauern spotteten jedoch darüber und setzten sie in Brand. Remigius eilte herzu und wärmte sich die Hände an dem Feuer, denn es war sehr kalt. Dann aber sprach er: »Alle Männer und ihre männlichen Nachkommen sollen hinfort als Strafe dafür an Hodenbruch leiden. Die Frauen aber und ihre Töchter und deren Töchter sollen Kröpfe haben.« Und so geschah es.

A: *als Bischof mit Taube, die ihm das Ölfläschchen bringt; mit einem Ungeheuer mit Menschenkopf (Symbol des Heidentums); oder Teufel austreibend.*
P: *von Reims und der Abtei Saint-Remi; gegen Versuchungen des Teufels, religiöse Gleichgültigkeit, Verzagtheit, für die Gnade des guten Gebetes; gegen Schlangen; Epidemien, Fieber, Halsweh.*
F: *auch 13. und 15. Januar, 29. März, 30. Dezember.*

2. OKTOBER

Hl. Ositha (Osgyth)

Jungfrau und Märtyrerin, † um 870

Die Prinzessin aus Mercia wurde unter den Augen ihrer gottesfürchtigen Tante Editha zur Frömmigkeit erzogen. Sie gelobte dem Heiland ewige Jungfräulichkeit, wurde aber von ihren Eltern mit Gewalt gezwungen, dem König der Ostangeln das Jawort zu geben. Am Tag der Trauung musste jedoch der Bräutigam vom Altar weg ins Feld eilen, um einen feindlichen Angriff abzuwehren.

Ositha nutzte die Gelegenheit zur Flucht in ein Kloster, ließ sich die Haare scheren und nahm den Schleier. Den König rührte ihre Entschlossenheit. Er entsagte allen Ansprüchen auf sie und schenkte ihr das Schloss Chich in Essex, wo sie ein Kloster errichten ließ.

Im Jahr 870 fielen die Dänen in England ein. Sengend, mordend und plündernd drangen sie bis zum Kloster vor. Betört von Osithas Schönheit, wollte sie der Häuptling der Barbaren sogleich als Weib besitzen. Sie aber widerstand dieser frechen Zumutung mit Entschiedenheit und so zückte der erbitterte Däne das Schwert und schlug ihr das Haupt ab.

P: *gegen Feuer.*
F: *auch 27. April, 3. Juni, 7. Oktober.*

3. Oktober

Hl. Dionysius von Paris (Saint-Denis)

Bischof und Märtyrer, † um 250

Dionys wurde vom Papst mit sechs anderen Bischöfen nach Gallien gesandt und missionierte von Paris aus. Zur Ehre des dreieinigen Gottes baute er die erste christliche Kirche in Paris und bekehrte eine Menge Ungläubiger. Darüber empörten sich die Heidenpriester und zeigten ihn an. Er wurde erst mit Ruten gepeitscht, dann über einen glühenden Rost gelegt. Da er unverletzt blieb, warf man ihn den wilden Tieren vor. Diese legten sich aber nur friedlich zu seinen Füßen und so wurde er zuletzt enthauptet. Dionys aber erhob sich wieder und trug seinen Kopf auf den Händen noch zwei Stunden weit weg vom Ort seines Martyriums. Erst als ihm die fromme Matrone Catulla begegnete, brach er zusammen und wurde an dieser Stelle, dem heutigen Saint-Denis, ehrenvoll bestattet.

Neben Paris beansprucht auch St. Emmeram in Regensburg, einen vollständigen Körper des Heiligen zu besitzen. Außerdem gibt es noch zwei Häupter von ihm – eins in Prag, eins in Bamberg – sowie eine Hand in München.

A: *als Bischof mit abgeschlagenem Kopf in der Hand.*
P: *von Paris und Frankreich; der Schützen; der französischen Könige; Bewahrer des königlichen Banners; in Kämpfen; gegen Prüfungsangst, Kopfweh und Tollwut; zählt zu den 14 Nothelfern.*
F: *9. Oktober.*

4. Oktober

Hl. Ammon

Eremitenabt in der nitrischen Wüste, † um 350

Der hl. Ammon war als Jüngling gegen seinen Willen verheiratet worden. Er überredete aber in der Hochzeitsnacht seine Braut zu ewiger Keuschheit und lebte mit ihr 18 Jahre im selben Haus geschwisterlich zusammen. Danach schenkte er ihr alles Hab und Gut und zog in die nitrische Wüste. Wegen seiner Frömmigkeit kamen viele Schüler zu ihm, die er zur Abtötung des Leibes erzog. Es sollen zwischen 2 000 bis 5 000 gewesen sein. Als er einst mit seinem Jünger Theodor den Fluss Lykus durchschreiten musste, scheute er sich, seine Kleider abzulegen, denn er wollte sich nicht nackt vor seinem Begleiter zeigen. Da befand er sich plötzlich am anderen Ufer – vollständig bekleidet und ohne auch nur einen Fuß auf eine Schiffsplanke gesetzt zu haben.

Als er hochbetagt starb, sah der hl. Antonius, wie seine Seele von Engeln in den Himmel getragen wurde.

A: *als Eremit; Antonius schaut den von Engeln getragenen Leichnam.*

5. Oktober

Hl. Ebba die Jüngere

Äbtissin von Coldingham, Märtyrerin, † 869

Fast 200 Jahre nach der hl. Ebba der Älteren war eine andere Ebba Äbtissin in Coldingham. Als die Dänen Britanniens Küste verheerten und sich der Abtei näherten, rief sie alle Nonnen zusammen. Sie stellte ihnen die Gewalttätigkeit der Barbaren vor Augen und fragte sie, ob sie alles tun wollten, ihre Keuschheit dennoch zu bewahren. Ihre Mitschwestern gelobten einstimmig, für die Jungfräulichkeit auch in den Tod zu gehen. Da schnitt sich Ebba die Nase und die Oberlippe ab und alle Nonnen folgten ihrem Beispiel. Als die Dänen das Kloster stürmten und die Bewohnerinnen so verstümmelt sahen, erschraken sie im Innersten und eilten überstürzt davon. Anderntags jedoch kehrten sie wieder und steckten das Kloster in Brand. Alle Frauen kamen in den Flammen um.

A: *mit abgeschnittener Nase und Oberlippe.*
F: *auch 2. April und 25. August.*

Hl. Bruno

Ordensstifter der Kartäuser, um 1030–1101

Bruno, der alten Kölner Familie Hardefust entstammend, war bereits in jungen Jahren einer der glänzendsten geistlichen Lehrer seiner Zeit. Eine große Laufbahn schien ihm vorgezeichnet, aber als Kanzler des Erzbischofs von Reims nahm sein geradliniger Aufstieg unvermutet eine gänzlich andere Richtung.

Während für einen berühmten Kollegen die Totenmesse gehalten wurde, erhob sich plötzlich der Verstorbene im offenen Sarg und sprach: »Man ruft mich vor Gericht.« Danach sank er wieder zurück, während das Volk entsetzt aus der Kirche stob. Am nächsten Tag begann man wieder die Messe zu lesen, doch diesmal rief der Tote: »Ich werde gerecht gerichtet!« Abermals flüchteten die Gläubigen. Am dritten Tag vernahm eine ungeheure Menschenmenge die verzweifelten Worte des Toten: »Ich bin verdammt.«

Nach diesem Erlebnis verließ Bruno die Stadt seiner Triumphe und zog mit sechs Gefährten in die Gebirgswildnis Grande Chartreuse bei Grenoble.

Ein hoher Besucher, der Abt Petrus von Cluny, beschrieb staunend ihre Lebensweise: »Sie sind die Ärmsten unter allen Mönchen und schon ihr Anblick erschreckt alle Leute. Sie hausen jeder für sich in einer Zelle, tragen ein hartes Bußkleid, fasten ununterbrochen und essen nur Kleienbrot. Von Fleisch wissen sie nichts, auch Fisch kaufen sie nicht, allerdings genießen sie ihn, wenn er ihnen angeboten wird. Am Sonntag und Donnerstag leben sie von Eiern und Käse, Dienstag und Samstag von Kräutern, die übrigen Tage gibt es nur Wasser und Brot. Sie nehmen täglich nur eine Mahlzeit, außer an Festtagen. Mit dem Abschreiben vieler Bücher und mit Handarbeit gewinnen sie ihren Lebensunterhalt. « Bei alledem pflegten sie strengstes Stillschweigen; man verständigte sich nur durch Zeichensprache.

Der Ruf von Brunos Heiligkeit war bald so groß, dass sogar der Papst seinen Rat suchte. Das Beispiel der schweigenden Mönche bewegte viele zur Nachahmung und der Orden wuchs bis zu Brunos Tod zu beachtlichem Umfang an.

Der Leichnam des Heiligen wurde 1515 noch unverwest im Grab

vorgefunden. Wegen der anerkannten zahlreichen Wunder wurde auf eine förmliche Heiligsprechung verzichtet.

A: *die Erdkugel zu Füßen (als Zeichen seiner Weltverachtung); mit Ölzweig, Kreuz oder Palme; im Ordenshabit, Stern auf der Brust; mit Totenkopf in der Hand oder sich selbst ein Grab schaufelnd.*
P: *von Köln, des Kirchenstaates; gegen die Pest.*

7. Oktober

Hl. Gerold

Pilger und Märtyrer, 1201–1241

Der arme Pilger Gerold aus Köln wallfahrte durch ganz Europa. Auf dem Weg ins Heilige Land geriet er bei Cremona in einen finsteren Wald. Räuber spähten ihn aus und vermuteten unter dem schlichten Gewand große Schätze. Sie erwarteten ihn in einer Schlucht und stellten sich bei seiner Annäherung, als ob sie in wildem Streit begriffen wären. Kaum sah Gerold die scheinbar Kämpfenden, eilte er herbei und redete auf sie ein, derlei sündhaftes Treiben im Namen Christi einzustellen. Sie aber stürzten sich auf ihn und quälten ihn zu Tode.

Landleute fanden die Leiche und bei ihr eine Aufzeichnung, aus der die Geschichte des Pilgers hervorging. An seinem Grab ereigneten sich große Wunder, worauf man seine Gebeine in eine prunkvolle Marmorgruft umbettete, die bald Scharen von Wallfahrern anzog. 400 Jahre danach schenkte der Papst den Bürgern von Köln einige Reliquien des Heiligen, die seither in der Jesuitenkirche seiner Vaterstadt ruhen.

A: *als Pilger von einer Lanze durchbohrt oder mit Palme.*
P: *gegen Räuber und Diebe.*

Hl. Thais

Büßerin, 4. Jahrhundert

Die Schönheit der Dirne Thais verblendete viele Jünglinge, so dass sie oft Hab und Gut verschleuderten und in Armut gerieten oder sich in ihrer Eifersucht bis aufs Blut bekämpften. Dem Abt Paphnutius kam dies zu Ohren, er zog ein weltliches Gewand an, nahm einen Beutel Geld und suchte sie auf. Er gab ihr Goldstücke und tat so, als wolle er mit ihr sündigen. Da führte sie ihn zu einem breiten Bett mit kostbaren Decken und Polstern. Er aber fragte sie, ob es noch ein verborgeneres Gemach gebe, und sie nahm ihn mit tiefer in ihre Gemächer, doch er sagte stets, er fürchte gesehen zu werden.

Als sie schließlich eine ganz abgelegene Kammer betreten hatten, sprach sie zu ihm: »Hier kommt gar niemand hin, aber wenn du Gott fürchtest, da gibt es keinen Ort, der ihm verborgen ist.« Als das der Abt vernahm, fragte er sie überrascht, ob sie denn von Gott etwas wisse. Da antwortete sie, dass sie sehr wohl über Gott, das Jenseits und die Belohnung der Guten sowie die Bestrafung der Bösen Bescheid wisse. Er erhob seine Stimme und sprach: »Und warum hast du dann so viele Seelen verdorben, wenn du weißt, dass du dereinst nicht nur für dich, sondern auch um jene Rechenschaft ablegen musst?«

Thais erschütterten diese Worte und tiefe Reue über ihre Taten stieg in ihr auf. Sie weinte, umfasste die Füße des Abtes und bat ihn, ihr einen Weg zur Buße zeigen. Er verabredete mit ihr einen Treffpunkt. Thais trug indessen alles Gut, das sie mit dem Laster erworben hatte, auf den Marktplatz und zündete es an. Sie rief: »Kommt alle, die ihr mit mir zusammen gesündigt habt, und seht, wie der Lohn der Sünde brennt!«

Dann begab sie sich dem kleinen Nonnenkloster, wo der Abt sie erwartete. Er schloss sie in eine kleine Zelle ein, versiegelte die Tür mit Blei und ließ ihr nur eine winzige Öffnung, durch die man ihr Nahrung reichen konnte. Und er ordnete an, dass sie täglich nichts anderes als ein Stückchen Brot und einen Becher Wasser erhalten sollte. Als er sich verabschieden wollte, fragte ihn Thais, wo sie denn ihre Notdurft verrichten solle. Er antwortete: »In die Zelle, so wie du es wert bist.« Und sie fragte weiter: »Wie soll ich Gott anrufen?« Und er sagte: »Du bist nicht würdig, seinen Namen zu nennen noch deine Hände zu ihm zu erheben, denn deine Lippen sind voll Bosheit und deine Hände voll von Unreinheit. Deshalb wirf dich zu Boden, blicke nach Osten und sprich: ›Der du mich erschaffen hast, erbarme dich meiner.‹«

Nach drei Jahren fühlte Paphnutius Erbarmen mit der Büßerin und fragte den hl. Antonius, ob Gott ihr die Sünden vergeben habe. Dieser erzählte es den anderen Einsiedlern in der thebaischen Wüste, und sie beteten alle um ein Zeichen Da sah eines Nachts Paulus, der Eremit, im Himmel ein kostbar bezogenes Bett, das drei Jungfrauen bewachten. Und Paulus dachte, es sei dem Antonius bereitet. Aber eine Stimme von oben sprach: »Diese Jungfrauen heißen Furcht vor Strafe, Scham über die Sünde und Liebe zur Gerechtigkeit. Sie warten nicht auf Antonius, sondern auf die Büßerin Thais.«

Und Paphnutius holte sie aus der Zelle und sie lebte noch 15 Tage und verschied danach in Frieden.

A: *als Dirne; ihre Kleider verbrennend; in der Klause im Gebet.*
P: *der reuigen Dirnen.*

9. Oktober

Hl. Gunter (Günther)

Einsiedler in Niederaltaich, 955–1045

Aus höchstem Adel stammend, Vetter Kaiser Heinrichs II. und Schwager König Stephans von Ungarn, lebte Gunter lange Jahre allen weltlichen Dingen zugetan in Saus und Braus. Der Einfluss des hl. Abtes Godehard bewirkte jedoch einen Sinneswandel. Ein heftiger Drang nach Buße erfasste ihn und er pilgerte nach Rom und ins Hl. Land. Zurückgekehrt, verschenkte er seine Habe an die Armen und die Kirche und trat in das Kloster Niederaltaich ein.

Doch weil Gunter bisher weder Armut noch Not kennengelernt hatte, kam er oft mit zeitlichen Sorgen zum Abt und bat um Rat und Hilfe. Dieser fürchtete angesichts des unbeständigen Sinnes Gunters einen völligen Umschlag und suchte ihn bald durch Trost, bald durch liebevolle Ermahnung zu gewinnen. Manchmal allerdings beschwor und rügte er auch den Klosterneuling und so kam es öfters zu Wortstreit und sogar zu ernsten Verstimmungen. Als Gunter einmal wieder dem Abt mit Klagen zusetzte, ging dem Manne Gottes die Galle über. Er gab den Bescheid, entweder solle Gunter nun ordentlich Gehorsam nach seinem Gelübde üben oder sein Ordenskleid wieder ablegen. Er könne jederzeit zu den Eitelkeiten der Welt zurückkehren. Der Abt teilte die ganze Angelegenheit auch heimlich dem Kaiser Heinrich mit, worauf dieser seinen Vetter zu sich zitierte und in einem milden Gespräch zur Einsicht bewegte.

Von nun an unterwarf er sich ganz dem Abt und demütigte sich noch über die Vorschriften der Regel hinaus. Sein strenger Lebenswandel ließ ihn im Laufe der Zeit zu einem Vorbild für viele werden und sein Ruf verbreitete sich bald weit über die Landesgrenzen hinaus.

Auch der frischbekehrte Ungarnkönig Stephan hörte von dem erstaunlichen Wandel seines Schwagers und bat schließlich um dessen Entsendung an seinen Hof als geistlicher Berater. Gunter sträubte sich lange, weil er die abermalige Verstrickung in weltliche Dinge fürchtete. Aber schließlich gelang es Godehard und seinen Mitbrüdern, ihn zur Annahme des Angebotes zu bewegen.

Auch am ungarischen Hof blieb Gunter seinen Gelübden treu. Selbst als Gast an der königlichen Tafel etwa war er nicht zum Genuss von Fleischspeisen zu überreden. Einmal wurde ein gebratener Pfau serviert, das Leibgericht Stephans, und der König war über Gunters Weigerung verstimmt. Er steigerte sich rasch in einen solchen Ärger, dass er dem Mönch den herrscherlichen Befehl gab, von dem köstlich duftenden Braten zu kosten. Gunter sah sich in die Enge getrieben und nahm seine Zuflucht zu einem Stoßgebet. Da hob der tote Vogel den Kopf, stand auf und flog mit einem dankbaren Schrei davon.

Derartige Vorkommnisse verleideten jedoch dem Mönch den Hof. Mit Erlaubnis seines Abtes zog er von dannen und begab sich in den tiefsten Böhmerwald, wo er sich eine Klause und eine Kapelle baute. Des Nachts schlief er stets auf einem harten Felsen, welcher sich mit der Zeit erweichte und dem Körper angepasste Vertiefungen bildete. 37 Jahre lebte Gunter so in strenger Askese, ging mit den Tieren des Waldes in vertrauter Weise um und heilte Kranke und Besessene. In das einstmals abgeschiedene Tal strömten freilich im Lauf der Jahre immer mehr Bewunderer und viele blieben. So entstand schließlich eine Klosterniederlassung, die Gunters Sehnsucht nach Stille und

Beschauung nicht mehr entsprach. Er zog sich noch einmal zurück, um sich auf den Tod vorzubereiten.

Im Nordwald verbrachte er die letzten fünf Jahre seines Lebens. Aber auch hier gelang ihm nicht der völlige Rückzug aus der Welt, denn sein Rat wurde von Edlen und Niederen gesucht – zumal Gunter die Gabe besaß, bei den bitteren Streitigkeiten zwischen Tschechen und Deutschen besänftigend zu wirken.

Als er 90-jährig starb, wurde sein Leichnam ins Kloster Breznov bei Prag überführt. An seinem Grab geschahen sogleich derart viele Wunder, dass seine Verehrung als Heiliger bald allgemein wurde.

A: *als Einsiedler, der dem Bischof Severus in Gegenwart des Herzogs Bratislaus die hl. Hostie reicht; als Mönch mit Buch.*
P: *des Böhmerwaldes.*

10. Oktober

Hl. Cerbonius

Bischof von Populonia, † 575

Der Bischof Cerbonius übte gerne Gastfreundschaft. Einmal nahm er einige flüchtige oströmische Soldaten auf und versteckte sie vor einer Schar marodierender Goten. Deren König Totila erhielt davon Kunde und geriet in großen Zorn. Er ließ den Bischof verhaften und beabsichtigte, mit ihm ein öffentliches Spektakel zu veranstalten.

In einer Arena wurde Cerbonius unter großem Andrang Schaulustiger einem riesigen Bären vorgeworfen. Als das Tier aus seinem Zwinger gelassen wurde, stürzte es sich zunächst grimmig brüllend auf sein Opfer, aber mit einem Mal beugte es den Nacken und leckte dem Bischof die Füße. Da fiel das Volk in ehrfurchtsvolle Bewunderung und sogar der Barbarenkönig zeigte sich beeindruckt. Er entließ den Bischof wieder in die Freiheit.

In späteren Jahren musste der Bischof vor den Langobarden nach Elba flüchten. Doch bevor er starb, gab er die Anweisung, ihn nachts wieder nach Populonia zu bringen, zu begraben und sofort zurückzukehren. Das Schiff geriet in ein Unwetter mit Blitz, Donner und

Wolkenbruch, aber der Transport blieb davon unberührt. Sicher kamen die Getreuen an, bestatteten den Heiligen auf dem Friedhof von Populonia und verließen das Festland schnell wieder. Kaum hatten sie ihr Fahrzeug bestiegen, marschierte der grausame Langobardenkönig in der Stadt ein. Hätten sie nicht die Weisung des Heiligen befolgt, wären sie des Todes gewesen.

A: *mit einem Bären zu Füßen.*
F: *auch 12. und 20. Oktober.*

⁕

Hl. Franz von Borgia (Francisco de Borja)

Ordensgeneral der Jesuiten, 1510–1572

Obgleich Urenkel väterlicherseits jenes Borgia, der als Alexander VI. das Papsttum in nie vermutete Tiefen geführt hatte, und mütterlicherseits des Königs Ferdinand von Aragon, ging Franz einen völlig verschiedenen Lebensweg. Er schlug zunächst die ihm bestimmte Laufbahn ein; der junge Herzog ging an den prächtigen Hof Kaiser Karls V., wo er alle gebotenen Standespflichten ausübte, ohne die Bescheidenheit im Herzen zu verlieren. Er wurde mit der Hofdame Eleonore von Castro verheiratet, aus welcher Ehe acht Kinder hervorgingen. Mitten in all dem Glanz bewahrte der junge Herzog einen strengen und frommen Lebenswandel. Wenn er mit schönen Frauen zu tun hatte, trug er einen schmerzhaften Bußgürtel um die Lenden. Das übliche Spielen um Geld war ihm zuwider. Er pflegte darüber zu sagen: »Man verliert vier Edelsteine: Zeit, Geld, Frömmigkeit und oft auch ein gutes Gewissen.«

Im Jahre 1539 wurde Kaiserin Isabella in der Blüte ihrer Jahre von einem heftigen Fieber befallen und innerhalb weniger Tage starb sie. Da sich die Gruft der spanischen Herrscher in Granada befand, wurde Franz, als höchste Hofherr, beauftragt, die Überführung der Toten zu leiten. Als man an der letzten Ruhestätte angekommen war, wurde bei der feierlichen Übergabe an die örtliche Behörde vorschriftsmäßig der bleierne Sarg geöffnet. Der Leichenführer musste schwören, dass dies wirklich die Leiche der Kaiserin sei. Seit ihrem Verscheiden waren sieben Tage verstrichen; Isabella aber hatte vor ihrem Tode aus Schamhaftigkeit verlangt, dass man ihren Leib nicht einbalsamiere. Als nun der Herzog den Schleier von der Toten zog, blickte er in ein fürchterlich entstelltes und grässlich anzusehendes Antlitz. Der verwesende Körper verbreitete einen derart unausstehlichen Gestank, dass die Umstehenden vor Abscheu und Entsetzen zurückwichen. Nur Franz hielt dem Schauspiel stand. Zehn Jahre lang hatte er täglich diese so schöne Frau gesehen und innerhalb von sieben Tagen war sie zum Abscheulichsten geworden, das er je gesehen hatte. Er beschrieb später, was er dachte: »Sind dies jene Augen, die jeden glücklich machten, wenn sie ihn anschauten? Alle Hoffnungen und Pläne, alle Verdienste und Mühen, die sich um ihre Person drehten, sind mit ihr gestorben und begraben. Und der Monarch wird ebenso dereinst von Würmern zerfressen wie der Bettler; der eine in Lumpen, der andere in Gold. Welch erbärmlicher Unterschied. Ich will mit dieser Welt nichts mehr zu tun haben!«

Bestärkt wurde diese Stimmung noch durch die Leichenrede, die Juan de Avila am folgenden Tage hielt. Zurück in Toledo teilte Franz dem Kaiser mit, dass er sich einem geistlichen Leben weihen wolle. Doch Karl erklärte seine Dienste für unentbehrlich und ernannte ihn zum Statthalter von Katalonien.

Franz gehorchte und verwaltete das Amt mit äußerster Pflichterfüllung. Gleichzeitig führte er jedoch ein Leben der strengsten Askese. Er schlief nur wenige Stunden und stand täglich um zwei Uhr früh auf. Dann verwendete er mehrere Stunden auf die Andacht; jeden Sonn- und Feiertag empfing er die Kommunion, was damals gar nicht üblich war. Wenn er seinem Stand entsprechend Gastmähler geben musste, so nahm er selbst nichts zu sich als ein Glas Wasser und ein wenig Gemüse. Überhaupt ging er so rigoros mit seinem Leibe um, dass er ganz mager wurde, während er früher so dick gewesen war, dass drei Männer in seinen Kleidern Platz gehabt hätten. Äußerlich kleidete er sich seinem Amt gemäß, trug jedoch auf der bloßen Haut ein härenes Bußkleid.

Nach der Gewissenserforschung, die er täglich abends hielt, geißelte er sich bis aufs Blut. Er achtete auch darauf, dass seine Kinder und die Dienerschaft ein sittsames Leben führten. So stand er oft mitten in der Nacht auf und ging mit einem Licht in die Zimmer des Gesindes, um zu wachen, ob dort auch alles ehrbar zugehe.

Als sein Vater, der Herzog von Gandía, starb, wurde Franz endlich aus den kaiserlichen Diensten entlassen und übernahm die Regierung in den väterlichen Landen. Doch als ihm drei Jahre später der Tod die Gemahlin nahm, da machte er mit seinem lange gehegten Vorsatz ernst. Er bat Ignacio de Loyola um die Aufnahme in den Jesuitenorden. Dieser hielt es für ratsam, dass Franz vorerst nur heimliches Mitglied werde und zunächst sein Herzogtum bestelle: Seine Kinder sollten ein wohl geordnetes Erbe übernehmen.

Vier Jahre dauerte es, bis der älteste Sohn in der Lage war, die Nachfolge anzutreten. Dann pilgerte Francisco nach Rom, verbrachte einige Monate mit Ignacio und trat nach seiner Rückkehr öffentlich der Gesellschaft Jesu bei. Bald wurde er belohnt: In einer Vision hörte er die Stimme Gottes, die ihm offenbarte, dass kein Jesuit in die Hölle käme. Dies werde für die nächsten 300 Jahre gelten. Mit unermüdlichem Eifer errichtete er mit einigen anderen zusammen ein kleines ärmliches Kloster, in dem er selbst die niedrigsten Dienste verrichtete: Er half in der Küche, trug das Essen auf oder rutschte während des Essens auf den Knien von einem zum andern, bat um Verzeihung für seine Sünden und küsste jedem die Füße. Einmal musste er in einer Herberge übernachten und das einzige freie Bett mit einem alten, engbrüstigen Pater teilen, der an Schwindsucht litt. Francisco legte sich jedoch auf den Boden auf einen Strohsack. Die ganze Nacht hindurch hustete der Pater im Schlaf und spuckte vor sich hin, so dass er damit unwillentlich jedes Mal seinen Mitschläfer auf den Rücken oder ins Gesicht traf, ohne dass der etwas sagte. Am anderen Morgen geriet der Pater in Bestürzung, doch Borja beruhigte ihn mit den Worten: »Betrübe dich nicht, denn du hättest im ganzen Zimmer keinen besseren Platz zum Ausspucken finden können als mein Gesicht.« Je mehr er suchte, verachtet zu werden, desto mehr wurde er geehrt. Wo er mit dem Bettelsack auftauchte, um Almosen für das Kloster heranzuschaffen, da drängte sich das Volk um ihn. Die Menschen suchten seinen Segen und sein gutes Wort, die Kranken berührten in der Hoffnung auf Heilung seine Kleider. Ignacio hörte von der wachsenden Beliebtheit des heiligmäßigen Herzogs. Er schrieb ihm, er sei nun berufen, den vielen einen Weg zum Heil zeigen. Franz gehorchte und reiste durch ganz Spanien und Portugal, wo er eine riesige Zahl von Bekehrungen bewirkte. Während einer Woche etwa trat er fünfmal in Pamplona auf, und danach schien die ganze Stadt sich nur noch auf Tod und Gericht vorzubereiten. Bei seiner Abreise gründete sich eine Bruderschaft von angesehenen Männern zur Ausrottung des Fluchens und Schwörens. Ähnliche Wirkungen zeigten sich in anderen Städten: Verhärtete, in Wollust alt gewordene Sünder, hartherzige Wucherer, grimmige Todfeinde, alle Gattungen des Lasters wurden durch Borjas Worte und Beispiel umgewandelt zu Bußfertigkeit.

1565 wurde er trotz heftigen Sträubens von Papst Pius IV. zum dritten General der Jesuiten nach Loyola und dem früh verstorbenen Laynez bestimmt. Unter seiner Führung wurde der Orden zu einer der mächtigsten Institutionen der Kirche im Abendland. Sein Grab ist in der Jesuitenkirche von Madrid.

A: *mit Fürstenhut, auch als Jesuit in Kardinalstracht (obgleich er diese Würde stets ausgeschlagen hat).*
P: *von Gandía; gegen Erdbeben; gegen wütende Stiere.*
F: *auch 1. und 30. Oktober.*

11. Oktober

Hl. Guntmar (Gummarus)

Einsiedler, † um 774

Der fromme Ritter Guntmar wurde mit der schönsten und reichsten Jungfrau des Landes vermählt. Doch in der Ehe erwies sie sich als die eitelste, herrschsüchtigste und eigensinnigste Frau des ganzen Landes. Als Guntmar König Pippin auf einem Feldzug begleiten musste, führte sie die Verwaltung sämtlicher Güter. Stolz und übermütig betrachtete sie die kleinen Leute als Lastvieh, drangsalierte sie bis aufs Blut und nahm ihnen soviel Pacht ab, dass sie gerade noch Wasser und Brot hatten. Denn auch alles Vieh beschlagnahmte sie, wenn einer nicht zahlen konnte. Statt der Ochsen und Pferde spannte sie die Armen wie Sklaven vor den Pflug.

Erst nach acht Jahren kehrte Guntmar heim. Als er das jämmerliche Los seiner Untergebenen sah, brach er in Tränen aus, bereitete eine große Mahlzeit für alle und erließ ihnen alle ausstehenden Steuern. Dann verließ er sein grausames Weib, gründete ein Kloster zu Lier und lebte bis zu seinem Tode als Büßer in einer Klause bei Nivesdonck (Ledo).

P: *aller holzbearbeitenden Berufe; der Handschuhmacher; bei Auflösung oder Annullierung der Ehe; gegen böse Weiber.*

12. Oktober

Hl. Eduard der Bekenner (Edward)

König von England, 1003–1066

Der junge Thronfolger Eduard wurde in der Normandie erzogen, denn England war zu Beginn des neuen Jahrtausends ständig von räuberischen Überfällen der Dänen bedroht. Durch den Einfluss des Grafen von Kent, Godwin, konnte der Prinz nach vielen inneren Wirren 1042 den Thron besteigen. Der Gönner riet ihm dazu, seine Tochter Editha zu heiraten. Sie zeichnete sich durch Bildung und Tugend aus und war so schön, dass sie die Chronisten mit einer Rose verglichen, die unter Dornen blüht. Eduard, von überaus frommer Gesinnung, hatte allerdings schon lange insgeheim Keuschheit gelobt und zögerte deshalb mit seiner Zustimmung. Er bewog Editha zu einer Zusammenkunft, auf der er ihr sein Gelübde offenbarte. Sie erklärte sich sofort bereit, einen geschwisterlichen Bund fürs Leben einzugehen, und 1044 wurden die beiden vermählt.

Es traf die junge Königin tief, dass der Ruf ihrer Familie bald schwer beschädigt wurde. Ihr Bruder Sven war zu einem nichtsnutzigen Lotterbuben herangewachsen und trieb das Laster damit auf die Spitze, dass er der Äbtissin Edgiva von Leominster Gewalt antat. Vom König geächtet, wandte er sich der Seeräuberei zu und ermordete zu allem Überfluss auch noch seinen Vetter Beorn. Godwin selbst überfiel mit seinem Gefolge normannische Freunde von Eduard und verweigerte anschließend jede Sühne. Im Gegenteil, er schmähte Eduard und zog schließlich mit einem Heer unter der Führung seiner Söhne Sven und Barold zu Felde. Eduard war bis zuletzt bereit, dem Beleidiger zu vergeben. Der plötzliche Tod Godwins wurde allgemein als Gottesurteil angesehen. Außer Sven, den er auf Lebenszeit verbannte, vergab der König allen.

Mit friedlichen Werken vollendete dieser letzte angelsächsische König der Briten seine Regierungszeit. Er baute Kirchen, spendete den Armen und Kranken, machte weise Gesetze und half den Verfolgten. Zu gern wäre er zum Grab des hl. Petrus nach Rom gepilgert, aber auf päpstlichen Rat verwandte er das Reisegeld für eine fromme Stiftung und renovierte damit die alte, damals verfallene Abtei St. Peter, die unter dem Namen Westminster eine der glänzendsten der gesamten Christenheit werden sollte.

Eduard wurde gegen Ende seiner Regierungszeit auch die Gabe der Wunderheilung zuteil. Er konnte die damals weitverbreitete Skrofulose – Halsdrüsengeschwüre, die mit vielfältigen chronischen Entzündungen der Nasenschleimhaut, der Augenlider und der Bindehaut einhergingen – durch ein frommes Ritual heilen. Dabei schlug er über das Geschwür das Kreuzzeichen, berührte die kranken Partien und benetzte sie mit Weihwasser. Innerhalb weniger Tage war das Leiden verschwunden. Diese Fähigkeit zur Skrofelheilung übertrug sich sogar auf alle englischen Könige bis ins 17. Jahrhundert. Als etwa nach dem Ende der revolutionären Cromwellherrschaft mit Charles II. wieder das Haus Stuart auf den Thron zurückkehrte, übte dieser das althergebrachte Zeremoniell mit solchem Erfolg, dass die Zahl der Heilungen in die Zehntausende ging. Untersuchungen von modernen Historikern ergaben für seine Regierungzeit (1660 bis 1685) über 100 000 Kranke, die am königlichen Heilritual teilnahmen.

Eduards Chronist schrieb über des frommen Königs Verhältnis zu Macht und Gewalt: »Er besaß keine jener glänzenden Eigenschaften, welche Bewunderung erregen, während sie doch nur eine Quelle des Unglücks sind. Er konnte sich nicht rühmen, Siege erfochten und Eroberungen gemacht zu haben; allein er opferte seine persönlichen Interessen, um sich ganz dem Glück seines Volkes zu weihen. England genoss unter ihm einen so langen Frieden, wie es ihn ein halbes Jahrhundert lang vor ihm nicht mehr gehabt hatte.«

A: *mit königlichen Insignien; einen Kranken tragend; mit Ring oder Taube.*
P: *Englands; der englischen Könige; gegen Skrofeln.*
F: *auch 5. Januar.*

Hl. Koloman

† um 1012

Der hl. Koloman war ein irischer Pilger, der auf der Reise ins Heilige Land im Orte Stockerau bei Wien Rast machte. Damals war man in dieser Gegend durch Raubzüge der Böhmen beunruhigt. Der Reisende erregte durch sein fremdländisches Aussehen und die mangelhafte Kenntnis der Landessprache Argwohn. Die Einheimischen rotteten sich zusammen, ergriffen ihn und warfen ihn ins Gefängnis. Am folgenden Tage versuchte man durch barbarische Torturen ein Geständnis aus ihm herauszupressen, aber Koloman beteuerte immer wieder seine Unschuld. Es nützte nichts, er endete sein Leben an einem abgedorrten Baum mit einem Strick um den Hals.

Wunderbare Ereignisse bezeugten bald, dass er wahr gesprochen hatte: Anderthalb Jahre blieb der Leichnam unversehrt hängen. Als man für einen Gichtbrüchigen ein Stück Fleisch davon abschnitt, floss frisches Blut hervor und der Kranke war bald genesen. Überdies begannen der verdorrte Baum und sogar die Schlinge im nächsten Frühling zu ergrünen. Dies öffnete den Verblendeten die Augen. Sie bestatteten seine Gebeine ordentlich und bauten ein Kapellchen darüber, später eine Kirche und ein Kloster. Viele Wunder verherrlichten den Ort.

A: *als Pilger mit Strick um den Hals; an einem Baum hängend; auch mit Zange und Rute.*
P: *Landespatron von Österreich bis 1663 (seither Leopold); der zum Strang Verurteilten; des Viehs; gegen Krankheit, Pest, Gewitter und andere Schäden.*

Hl. Fortunatus

Bischof von Todi, 6. Jahrhundert

Bischof Fortunat von Todi war ein solch begnadeter Exorzist, dass er manchmal ganze Legionen von Teufeln aus den Besessenen austrieb. Eine vornehme Matrone hatte eine Schwiegertochter, die – gegen die damaligen Vorschriften – in der Nacht vor der Einweihung der Kirche des hl. Sebastian der Fleischeslust erlag: Sie konnte sich ihres Mannes nicht enthalten. Schlechten Gewissens wohnte sie am folgenden Tag der Zeremonie bei, doch in dem Moment, da die Gebeine des Märtyrers vorbeigetragen wurden, ergriff sie ein böser Geist und peinigte sie. Ein Priester wollte ihr beistehen, aber auch in ihn fuhr ein Dämon. Man trug die Frau nach Hause und ihre Angehörigen suchten Rat bei einigen Magiern. Diese führten verschiedene Beschwörungen durch und tauchten die Besessene ins Wasser, aber jedes Mal, wenn ein Dämon ausgetrieben wurde, fuhr eine ganze Schar in sie hinein. Sie wurde hin- und hergerissen, kreischte und schrie in so vielen Stimmen, wie Geister in ihr waren.

Schließlich wandten sich die Angehörigen an Fortunat, gestanden, was geschehen war, und baten um Hilfe. Es wurde ein gewaltiger Kampf. Viele Tage und Nächte betete der Bischof gegen das Heer der bösen Geister, das sich in der Frau verborgen hielt. Unter Aufbietung all seiner Kräfte gelang es ihm, die Frau zu heilen, und des Priesters Dämon ergriff schon bei der Annäherung Fortunats die Flucht.

P: *gegen böse Geister.*

Hl. Theresia von Jesus (Teresa von Avila)

Ordensgründerin, 1515–1582

Theresia ist eine der größten Mystikerinnen der Weltgeschichte. In den Jahren schwerster Krankheit erreichte sie eine wunderbare Vertrautheit mit Jesus, der sie zahlreicher Erscheinungen würdigte. Oft sprach er mit ihr und setzte in das hölzerne Kreuz ihres Rosenkranzes fünf Edelsteine, die allerdings nur sie allein sehen konnte. Auch sandte er ihr einen Engel, der ihr einen goldenen Pfeil mit feuriger Spitze ins Herz bohrte.

Bis zu ihrem Tode gründete sie 60 reformierte Klöster für den Zweigorden der Unbeschuhten Karmelitinnen, schrieb viele Werke, die zu den Perlen christlicher Mystik gehören, und tat viel Gutes für Arme und Kranke.

Unmittelbar nach ihrem Tode trieb ein Baum vor der Zelle, der schon Jahrzehnte abgestorben war, neue Blätter und Blüten. Ein ungemein wohlriechender Duft nach Lilien, Jasmin und Veilchen durchdrang das gesamte Kloster. Man bestattete die Heilige in einem schlichten Holzsarg in feuchter Erde. Zwei Jahre später öffnete man das Grab. Holz und Kleidung waren verfault, mit Ausnahme des völlig unversehrten Unterkleides. Der Leib selbst war mit Moos und grünlichem Schlamm bedeckt, jedoch ohne Anzeichen der Verwesung, das Fleisch weich, glänzend weiß, duftend und biegsam. Aus allen Gliedern floss tropfenweise ein wunderbares Öl. Ein damit getränkter Gürtel bewirkte viele Wunder. Man trennte die linke Hand ab, um sie nach Avila zu bringen. Dann bestattete man sie wieder, öffnete jedoch nach einen Jahr abermals das Grab und fand alles so wie beim ersten Mal. Diesmal schnitt man den linken Arm ab und schenkte ihn dem Kloster Alba.

Erneut wurde das Grab am 1. Januar 1586 geöffnet. Der Leib war mit Ausnahme des Fehlenden noch immer unversehrt und von himmlischem Duft. Die Knochen hingen so gut zusammen, die Sehnen und Nerven waren untereinander so gut verbunden, dass sich der Körper ohne Stütze aufrecht hielt. Das Fleisch senkte sich, wenn man den Finger darauf legte, und hob sich wieder, wenn man ihn entfernte, als ob die Heilige leben würde. Bis 1604 wurde Theresia mehrmals umgebettet und jedes Mal weiter verstümmelt. Abgeschnittene Teile und davon wieder getrennte kleinste Partikel dienten dem frommen Drang des Volkes als Reliquien. Einige Jahre nach ihrem Tode hatte eine arme Laienschwester die Kühnheit, die Brust der Heiligen mit einem gewöhnlichen Messer zu öffnen. Sie nahm ohne Mühe das Herz heraus und versteckte es in ihrer Zelle. Die frischen Blutstropfen und die himmlischen Ausdünstungen verrieten die Schuldige. Sie wurde streng bestraft. Wunderbar aber war das Aussehen des Herzens. Eine Wunde der Durchbohrung teilte es in horizontaler Richtung und spaltete es fast in zwei Hälften. Rings um die Wunde sah man noch die Versengungen des geheimnisvollen Feuers, welches an der Spitze des seraphischen Pfeils gebrannt hatte.

1604 und 1616 wurde der Schrein wieder geöffnet, um die Fortsetzung des Wunders der Unverweslichkeit zu bestätigen. Dabei entnahm man dem Körper eine Rippe, den rechten Fuß und mehrere Fleischstücke. 1750 fand eine abermalige Öffnung statt. Der heilige Leib war noch im gleichen Zustand, in dem er nach dem Protokoll von 1616 beigesetzt worden war. Zwei Tage wurde die Heilige öffentlich ausgestellt. Danach bettete man sie in der verschönten und reich ausgestatteten Kirche von Alba in einer Marmorgruft zur Ruhe. Ein letztes Mal bestätigte sich das Wunder der Unversehrtheit bei der Öffnung des Schreins am 14. Oktober 1760. Man stellte den heiligen Leichnam mit unverhülltem Gesicht am Chorgitter eine Nacht lang aus. Seit dieser Zeit blieb das Grab verschlossen.

A: *im Ordenskleid der Karmelitinnen, mit flammendem Herz und IHS-Emblem; vor dem Kruzifix kniend; mit Engel, der ihr einen feurigen Pfeil ins Herz sticht; mit Buch und Schreibzeug; mit Taube und Spindel.*
P: *von Alba de Tormes, Avila, Spanien; des Karmeliterordens; der Bortenwirker; der Gnade, gut beten zu können.*

Hl. Gallus

Missionar und Klostergründer, um 550–641 oder 645

Der Ire Gallus war ein Schüler des hl. Columban. Ihm folgte er vom Kloster Bangor auf eine Missionsreise nach Gallien. Nach ihrer Vertreibung von dort versuchten sie die heidnischen Helvetier zwischen dem oberen Zürichsee und Bregenz zu bekehren. Sie fanden nur wenig Gehör, nicht zuletzt weil Gallus, von Glaubenseifer ergriffen, die Statuen der lokalen Gottheiten in den See geworfen hatte. Derlei machte die Einheimischen noch halsstarriger und führte dazu, dass die Mönche oft nichts zu essen hatten. Einmal aber öffnete sich der Himmel und es regnete drei Tage lang gebratene Wachteln. Endlich konnten alle wieder richtig essen.

Beim nächtlichen Angeln hörte Columban einmal die Unterhaltung zwischen dem Dämon des Gebirges und dem des Sees.

»Komm mir zu Hilfe«, forderte der Berggeist, »gegen diese Fremdlinge, die mich aus meinem Tempel vertrieben haben«. Der Seegeist aber antwortete: »Einer von ihnen fischt immer hier, ohne dass es mir gelang, seine Netze zu zerreißen. Wir werden seiner nicht Herr.« Gallus kehrte eilends zurück und erzählte die Geschichte. Da versammelten sich die Brüder zum mitternächtlichen Gebet und kaum hatte der Psalmengesang begonnen, da hörte man von den Gipfeln ringsumher ein furchtbares Geheule und Gebrüll der Dämonen, das sich nach und nach in der Ferne verlor.

Die Streitigkeiten mit den ansässigen Alemannen nahmen jedoch immer mehr zu und schließlich wurden sogar zwei Mönche erschlagen. Columban beschloss, die Mission abzubrechen, und zog nach Italien, Magnus und Theodor blieben bei Gallus zurück. Wiederhergestellt, suchte dieser nach einem geeigneten Ort für eine Klause. Ein befreundeter Diakon wies sie zur Gegend der Steinachquelle – eine von dichtem Wald umgebene Ebene, wo Bären, Wölfe und Wildschweine hausten. Bei der Erkundung des Ortes fiel Gallus in einen Dornbusch und während ihm sein Führer zu Hilfe eilen wollte, sagte er: »Lass mich, dies ist der Ort, an dem ich künftig wohnen will.« Mit Magnus und Theodor begann er bald darauf mit der Rodung. Die wilden Tiere erwiesen sich als zutraulich. Einem winselnden Bären zog der Heilige einen Dorn aus der Tatze, worauf sich dieser dadurch bedankte, dass er den Brüdern Holz brachte. Weniger angenehmes Getier wie Schlangen vertrieb Gallus durch das Kreuzzeichen.

Der Herzog Gunzo von Überlingen beschenkte den Heiligen reichlich, als dieser seine Tochter Fridburga von einem bösen Geist heilte. Er schickte Werkleute, so dass bald große, feste Gebäude und eine Kirche errichtet waren. Damit begann die Geschichte des Klosters St. Gallen, dessen Bibliothek noch heute weltberühmt ist.

A: *als Einsiedler mit Pilgerstab und Brot; mit Bären, der ihn bedient.*
P: *der Diözese St. Gallen; der Gänse und Hühner.*

17. Oktober

Hl. Margareta Maria Alacoque

stigmatisierte Nonne, 1647–1690

Mit 24 Jahren trat Margareta in das Salesianerinnenkloster Paray-le-Monial ein. Bereits nach zwei Jahren erschien ihr Jesus in einer flammenden Vision. Er öffnete seine Brust, nahm sein Herz heraus und zeigte es ihr. Es war mit einer Dornenkrone umgeben und ein Kreuz wuchs daraus hervor. Er gab ihr zu verstehen, berichtet sie selbst, »dass vom ersten Moment seiner Menschwerdung dieses Kreuz sozusagen in sein Herz gepflanzt war«. Das große Verlangen, von den Menschen vollkommen geliebt zu werden, sagte er ihr weiter, habe »ihn bewogen, sein Herz zu zeigen, damit all jene, die ihm die vollständige Liebe erweisen wollten, verschwenderisch mit den göttlichen Schätzen bereichert würden, deren ergiebige und unversiegbare Quelle es ist«. Dann verlangte er nach Margaretas Herz. Sie bot ihm ihre Brust und er nahm es heraus, legte es in die eigene geöffnete Brust, »wo es sich wie in einem glühenden Ofen verzehrte«. Nun zog er es als herzförmige Flamme wieder hervor, tat es an seinen alten Platz und sprach: »Obgleich ich die Wunde in deiner Brust schließe, soll doch der Schmerz für immer bleiben. Bisher warst du meine Sklavin, jetzt ernenne ich dich zur Jüngerin.«

Tagelang war Margareta wie berauscht und konnte weder schlafen noch essen. Hinfort zeigte sich ihr das Herz Jesu an jedem ersten Freitag im Monat als leuchtende Sonne, deren Strahlen senkrecht in ihr Herz fielen. Und einmal sagte der Heiland ihr traurig: »Die Menschen haben nur Kälte und Zurückweisung für all meine eifrigen Bestrebungen, ihnen Gutes zu tun. Mach wenigstens du mir die Freude und biete mir Ersatz für diesen Undank, so gut du kannst.« Er beauftragte sie, für die Einführung des Herz-Jesu-Festes zu wirken. Margareta fiel nach solchen Visionen immer in ein schweres und anhaltendes Fieber. Insgesamt sind über 60 Anfälle berichtet. Kurz vor ihrem Tod empfing sie eine weitere unvergleichliche Gnade. Es zeigten sich ihr die drei Personen der Dreifaltigkeit. Der Vater gab ihr ein Kreuz und Marterwerkzeuge und Christus heftete sie an das Holz. Der Hl. Geist verkündete ihr, er werde sie mit Liebe durchglühen. Margareta wurde auf der Stelle von einer schweren Krankheit niedergestreckt, während der sie die spitzen Nägel fühlte und die den ganzen Karneval über bis Aschermittwoch andauerte.

Margareta starb im Rufe großer Heiligkeit. Der Siegeszug der Herz-Jesu-Verehrung in der neuzeitlichen Kirche beginnt mit ihrem Wirken und Leiden. Papst Pius IX. führte das Herz-Jesu-Fest als allgemeines Kirchenfest (am Freitag nach dem 2. Sonntag nach Pfingsten) ein.

A: *mit Jesus, der ihr sein Herz zeigt.*

18. Oktober

Hl. Lukas

Evangelist, † um 86

Der hl. Lukas, von Beruf Arzt, gehörte seiner Geburt nach wahrscheinlich dem gebildeten Heidentum an. Er wurde vom Apostel Paulus zum Christentum bekehrt und begleitete ihn auf seinen Missionsreisen. Auch während der Gefangenschaft des hl. Paulus in Rom blieb er in dessen Umgebung. Sein Evangelium und seine Apostelgeschichte sind Bestandteile des Neuen Testaments. Im Alter von 84 Jahren wurde er wegen seines Glaubens an einem Ölbaum in Patras aufgehängt.

Lukas wurde aber auch schon früh als Maler der Gottesmutter verehrt. Von der hl. Jungfrau, die er persönlich noch kennen gelernt haben soll, fertigte er sieben Porträts an. Als 590 die Pest in Rom wütete, ordnete Papst Gregor eine dreitägige Prozession an. Dabei wurde das berühmteste Gemälde des Evangelisten, einst Besitz der hl. Kaiserin Pulcheria, von der Kirche Santa Maria Maggiore aus durch die Straßen getragen.

Am dritten Tag ertönte aus den Lüften ein himmlischer Gesang, der Maria verherrlichte, und von da an erlosch die Seuche. Andere aber erzählen, erst Papst Pius V. habe das Gemälde in der Borghesischen Kapelle von Santa Maria Maggiore aufstellen lassen.

A: *mit Stier, zuweilen geflügelt, bzw. Ochsen (weil sein Evangelium vorzüglich von Priestertum und Opfer handelt), Buch und Feder.*
P: *der Ärzte, Maler, Bildhauer, Buchbinder, Chirurgen, Metzger, Notare, Sticker; des Viehs; des Wetters.*

19. Oktober

Hl. Fredeswitha (Frideswide)

Äbtissin, 680–735

Ein König namens Algar begehrte die Tochter eines Fürsten, aber diese weigerte sich zu heiraten. Als Algar versuchte, sie mit Gewalt zu holen, floh Fredeswitha. Am Ufer der Themse schien ihr Weg zu Ende, da trottete ein Ochse herbei und bot ihr seinen Rücken. Mutig setzte sie sich auf das Tier und dieses überquerte mit ihr sicher den Fluss. Sie lief bis zum Rande eines tiefen Waldes und verbarg sich in einem mit Efeu bewachsenen ehemaligen Schweinestall. Algar und ein Haufen roher Gesellen verfolgten ihre Spur zu Fuß. Schon schien ihre Entdeckung unvermeidbar, da flehte Fredeswitha zur hl. Katharina und augenblicks wurde Algar mit Blindheit geschlagen. Weil aber der raue Herrscher sein Verhalten bereute, heilte ihn das Gebet der Jungfrau.

Fredeswitha gründete nun mit Hilfe ihres Vaters das Kloster Oxford, wo sich eine große Zahl angelsächsischer Jungfrauen unter ihre Leitung stellte.

Schon zu Lebzeiten wurde ihre Heiligkeit durch mannigfache Wunder offenbar. Einmal begegnete ihr des Weges ein Aussätziger. Sobald er sie von Weitem erblickte, rief er ihr zu: »Im Namen Christi, küss mich.« Die Jungfrau näherte sich ihm, überwand ihren Ekel, schlug ein Kreuz und drückte ihm einen zärtlichen Kuss auf die eitrigen Lippen. Bald darauf fiel der Schorf von der Haut des Aussätzigen und »sein Fleisch wurde gesund und frisch wie das eines Kindes«.

A: *thronend vor Blume und offenem Buch; die Themse auf dem Rücken eines Ochsen überquerend.*
P: *von Stadt und Universität Oxford.*

*

Hl. Pedro de Alcántara

Ordensreformer, 1499–1562

Obwohl er aus einer sehr angesehenen Familie in Alcántara stammte und eine glänzende Ausbildung erhalten hatte, schloss sich Pedro schon mit 16 dem Bettelorden der Franziskaner an. Heimlich hatte er das Elternhaus verlassen und im Kloster Majarez, das in den Grenzgebirgen zwischen Kastilien und Portugal liegt, Aufnahme gefunden. Er fing sein neues Leben mit der strengsten Buße an, beobachtete andauerndes Schweigen und ging stets mit gesenkten Augen, so dass er nach drei Jahren seine Mitbrüder nur von der Stimme, nicht aber von Angesicht her kannte. Manchmal wurde er deswegen getadelt, wenn er etwa im Refektorium kein Obst auftrug, das er nicht gefunden hatte, weil es an einem Haken in der Küche oberhalb seines Gesichtskreises hing.

Mit der Zeit riss der Eifer des Jüngeren auch viele Ältere mit sich. Er warnte jedoch schwächere Naturen, seine Strenge nachzuahmen; denn er aß nur jeden dritten Tag ein wenig, schlief während seines ganzen Ordenslebens nie mehr als anderthalb Stunden stehend an einem Pfahl oder sitzend, den Kopf an ein Holzbrett gelehnt. Auch bei glühender Sonne trug er unter dem Habit einen Bußpanzer aus Blech und geißelte sich noch täglich für die Sünden seiner Zeitgenossen.

Als er Prior wurde, gab es in seinem Kloster in Bajadoz nur einmal in der Woche einen Topf Bohnen oder Erbsen, die täglich aufgewärmt wurden. Pedro erkannte früh, dass in einer Zeit, da fast alle, auch viele Kirchenleute, von den Schätzen Amerikas träumten, nur eine große Reform des Ordenslebens, sowie eine Rückkehr zu den Idealen von Armut, Askese und Gehorsam schlimme geistliche Entwicklungen verhindern konnte. Er musste viele Anfeindungen erdulden, bis ihm nach 15 Jahren unermüdlichen Werbens Papst Paul IV. die Vollmacht erteilte, so viele Klöster mit der neuen strengen Regel zu gründen wie er könne. Doch auch jetzt ruhten seine Gegner nicht. Pedro konnte zwar ein Kloster seiner Regel in Pedrosa stiften, aber die Intrigen und Wirren nahmen kein Ende.

»Eines der schwersten Kreuze auf Erden ist die Feindschaft der Gutgesinnten«, lehrte er seine Schülerin Teresa von Avila. Dieser diente er den Rest seines Lebens als Seelenführer. Ihre Visionen und Entzückungen konnte er als Beichtvater aus eigenen Erfahrungen beurteilen. Teresa erzählte, dass er ihr auch noch nach seinem Tod erschienen sei und ihr nützlicheren Rat als zu Lebenszeit gegeben habe. Einmal sei ihr auch Christus erschienen und habe ihr gesagt, er verweigere keine Bitte, die man im Namen Pedro de Alcántaras an ihn richte.

A: *in Ordenstracht mit Kruzifix; mit Geißel und Bußgeräten; Taube am Ohr (weil er die Gabe der Weissagung und der Sprachen besaß).*
P: *der Nachtwächter; gegen bösartiges Fieber und Malaria.*
F: *auch 28. April.*

20. Oktober

Hl. Wendelin

Abt von Tholey, † um 617

Der hl. Wendelin soll ein Bruder der hl. Oranna gewesen sein. Sein Name stammt möglicherweise vom gälischen *Findanlán.* Er stammte wie sie aus einer irischen Königsfamilie – ob aus dem Mutterland oder dem von Iren besiedelten Westschottland ist unbekannt. Die Iren beider Länder wurden bis ins 12. Jahrhundert in ganz Europa *Scoti* genannt.

Erzogen wurde er gewiss an einer der berühmten irischen Klosterschulen, denn mit seinem Wissen erwies er sich später allen anderen Klerikern in der Fremde überlegen. Gemeinsam mit seinen Geschwistern Fiacrius, Oranna und Cyrilla war er aus seiner Heimat aufgebrochen, um im Dienste Gottes in Gallien zu missionieren. Aus unbekannten Gründen trennten sich aber die vier Glaubensboten vor Ort.

Über Wendelin berichtet die Legende: Einst begegnete in der Gegend von Trier ein Gutsherr einem jungen Klausner, der ihn anbettelte. Jener verweigerte ein Almosen, bot ihm jedoch an, in seinen Dienst zu treten, wenn er sein Brot mit ehrlicher Arbeit verdienen wolle. Der fromme Einsiedler – es war der irische Prinz Wendelin, der unerkannt in der Fremde Gott diente – willigte ein. Zuerst hütete er die Schweine, dann anderes Vieh und schließlich die Schafe. All seinen Pflichten oblag er getreulich, aber er versäumte es nicht, bei Tag auf einsamen Weiden und des Nachts in seiner Kammer zu beten und gegen die heftigen Versuchungen zu kämpfen – vor allem das Heimweh drohte ihn in seinem Weg zu beirren.

Die ihm anvertraute Herde blieb von jedem Unfall verschont und wuchs schnell. Als ihn andere Knechte einmal verleumdeten und sich sein Dienstherr überzeugen wollte, fand er Wendelin kurz vor Sonnenuntergang im Gebet versunken vor. Er schalt ihn, dass die Herde nicht mehr rechtzeitig in den Stall komme, aber der Hirte hieß ihn ruhig zurückgehen, es werde alles in rechter Weise vor sich gehen. Missmutig ritt der Herr nach Hause. Kaum nahte er sich jedoch dem Stall, da hörte er schon laut die Schafe darin blöken. Dies brachte ihn zu der Einsicht, dass sein Diener zu Höherem berufen sei. Er baute ihm eine Klause beim Benediktinerkloster Tholey, dessen Mönche Wendelin bei Ableben ihres Abtes zum neuen Vorsteher erwählten.

20 Jahre leitete er das Kloster in vorbildlicher Weise. Tholey wurde bald wegen seiner Ordenszucht weit im Lande berühmt. Erst auf dem Sterbebett offenbarte Wendelin dem Bischof von Trier seine wahre Herkunft. Nach seinem Tod weigerte sich der Leichnam auf wunderbare Weise, in ein klösterliches Grab gebettet zu werden. Morgen für Morgen fand man ihn neben dem Sarkophag liegend. Schließlich hatten die Mönche ein Einsehen und spannten zwei Ochsen vor einen Karren, legten den Leichnam darauf und ließen den Zugtieren freien Lauf. Diese trotteten mit dem Leichengefährt bis zur alten Klause des Heiligen. Hier fand der Heilige seine letzte Ruhe.

Ob die Einsiedelei wirklich bei der Wendelinuskapelle in St. Wendel oder eher bei der Wendalinusbasilika war, darüber streiten die Gelehrten bis heute.

Alle zehn Jahre begeht die Pfarrei St. Wendalin das »Wendelsjahr«. Dabei wird der Grabkasten, der in einem gläsernen Sarg das fast vollständig erhaltene Skelett des Heiligen enthält, geöffnet und eine Woche lang für die Pilger zur Schau gestellt. Das nächste Wendelsjahr ist 2020.

Die Wendelinuskapelle ist jedoch der bevorzugte Wallfahrtsort. Vor ihr steht der weithin bekannte Wendelsbrunnen. Er zieht heute noch Gläubige aus nah und fern an, denn dem »Wendelswasser« werden wunderwirkende Heilerfolge zugeschrieben.

Der heilige Wendel wird außerhalb des Saarlandes und des Bistums Trier auch sehr in der Schweiz, in Bayern und in der Pfalz verehrt. In Brasilien gründeten saarländische Emigranten im Bundesstaat Rio Grande do Sul den Ort São Vendelino, der bis heute ein florierendes Zentrum der regionalen Viehwirtschaft ist.

A: *mit Hirtenstab als Mönch, Abt oder junger Prinz; Lämmer, Rinder oder Schweine hütend.*
P: *der Bauern, Hirten, Landleute, Schäfer; für Flur und Vieh.*
Bauernregel: *»Sankt Wendelin, verlass uns nie, schirm unsern Stall, schütz unser Vieh.«*

21. Oktober

Hl. Ursula und die elftausend Jungfrauen

Märtyrerinnen, † um 238, 386 oder 453

Ein frommer christlicher König von Britannien, so berichtet die *Goldene Legende* des Jacobus de Voragine mit etwas verwirrenden Orts- und Zeitangaben, ein gewisser Nothus oder Maurus, hatte eine Tochter mit Namen Ursula. Von deren ehrbarem Wandel, ihrer Schönheit und Klugheit hörte auch der König von England, ein mächtiger Herr mit vielen Völkern unter seiner Herrschaft. Er wollte sie seinem Sohn zur Frau geben und sandte Boten nach Britannien, die geschickt schmeicheln, aber nötigenfalls auch drohen sollten. Während der Vater in Furcht geriet, weil er seine Tochter keinesfalls einem Heiden zur Frau geben wollte, willigte diese scheinbar ein. Sie forderte allerdings, der Engländer solle ihr tausend Mägde stellen, außerdem zehn Hofdamen mit ebenfalls je tausend Mägden. Dann brauche sie drei Jahre Brautzeit zur Vorbereitung und während dieser Frist solle sich der Bräutigam taufen lassen.

Überraschenderweise nahmen die Engländer die Bedingungen sofort an. Jungfrauen aus den verschiedensten Ländern kamen an Ursulas Hof und als sie vollzählig waren und alle zum Christentum bekehrt, da gab Ursula den Befehl zum Aufbruch. Sie segelten auf vielen Schiffen durch Gallien, kamen nach Köln und fuhren auf dem Rhein nach Basel. Von dort zogen sie zu Fuß nach Rom zum Heiligen Vater. Dieser bereitete ihnen einen überaus freundlichen Empfang, segnete sie und ehrte sie sogar durch seine persönliche Begleitung auf der Rückreise. In einer Vision war ihm nämlich die Weisung zuteil geworden, sich der frommen Schar anzuschließen, um mit allen gemeinsam den Märtyrertod zu erleiden. Gegen den Willen der Kleriker in Rom hatte er deshalb einen Vertreter eingesetzt und aus diesem Grunde wurde sein Name aus der Reihe der Päpste getilgt.

Als sich ihre Schiffe Köln näherten, fanden sie die Stadt von den Hunnen belagert. Kaum hatten diese die Jungfrauen erblickt, da stürzten sie sich in wilder Gier auf sie, um ihnen Güter und Ehre zu rauben. Bereit, eher zu sterben, als ihre Unschuld entweihen zu lasen, fielen alle Mädchen dem barbarischen Gemetzel zum Opfer. Nur vor Ursula wichen die Würger scheu zurück. Ihr Fürst Julius sah ihre Schönheit und entbrannte in Liebe zu ihr. Er versuchte, sie über den Tod ihrer Gefährtinnen zu trösten, und bot ihr an, sie zum Weibe zu nehmen. Ursula jedoch wies seinen Antrag mit Abscheu zurück. Da zog der Gedemütigte einen Pfeil aus seinem Köcher und schoss ihn der Heiligen in die Brust. Ein plötzlicher Schrecken ergriff nun aber die wilde Horde und trieb sie in die Flucht. Die Bürger Kölns begruben die edlen Leichname und errichteten an dieser Stelle eine Kirche.

A: *Pfeil in der Hand, mit Palme, Kreuzfahne, Krone, Mantel über die Jungfrauen breitend; Schiff neben sich; von Jungfrauen umgeben bei der Landung.*

P: *des Ursulinenordens, der Jugend, der Universitäten Wien und Paris,* *des Ehestandes, der Lehrerinnen, Tuchhändler; für günstige Heirat, seligen Tod; in Kriegszeiten; gegen Kinderkrankheiten; gegen die Qualen des Fegefeuers.*

⁕

Hl. Stylite Wulfila (Wulflaik, Wulfilaicus, Ulfilaicus, Walfredus, Vulfus, Wolf, Walfroy, Ouflay)

† um 600

Zu Zeiten des hl. Bischof Magnerich von Trier kam ins Bistum ein Lombarde namens Wulfila, der den noch heidnischen Bauern das Evangelium predigen wollte. Seine besondere Verehrung für den hl. Martin hatte ihn bewogen, in Tours dessen Grab aufzusuchen und sich für sein Vorhaben geistlich zu stärken. Dann war er ins Trierer Gebiet gekommen, wo ihm Magnerich persönlich die Diakonatsweihe erteilt hatte. Als Prediger und Missionar bereiste er die Ardennen, deren Bewohner noch hartnäckig an ihren paganen Traditionen festhielten. Auf einem Berg wurde noch ein altes heidnisches Heiligtum mit einer großen prächtigen Statue der Göttin *Dea Arduina* (vielleicht die römische Diana) verehrt. Wulfila zerstörte das Idol und blieb entgegen der Erwartung der herbeigeeilten abergläubischen Waldbauern völlig unversehrt. Damit bewies er ihnen augenfällig die Überlegenheit der christlichen Botschaft. In moderner Zeit allerdings schalt man die Tat als christlichen Vandalismus.

Wulfila errichtete nach Art der orientalischen Styliten eine hohe Säule, auf der er sich niederließ. Wie seine östlichen Vorbilder harrte er bei Wind und Wetter, bei Kälte und Hitze auf seinem Platz aus. Er lebte nur von Brot und Wasser, das ihm von frommen Leuten vorbeigebracht wurde. Sein Ruf drang auch an den Bischofshof und man nahm Anstoß an dem aufkommenden Spektakel, das die bizarre Aufführung des Eremiten bewirkte. Bischof Magnerich reiste zu Wulfila und bat ihn, angesichts der rein weltlichen Neugierde und Schaulust, die das Säulenstehen im Volke geweckt habe, seinen Glaubenseifer auf andere Weise fruchtbar werden zu lassen. Widerstrebend, aber von einer nächtlichen Vision verschreckt, die ihm die Gefahren des Hochmutes vor Augen führte, beugte sich der Heilige schließlich dem

Drängen des Bischofs. Er gründete ein kleines Ardennenkloster bei Carignon (früher Ivoix) und starb dort, am Ort der Ermitage de Saint Walfroy, die seinen Namen trägt.

A: *als betender Mönch am Boden ausgestreckt.*
P: *von Carignon.*

⁕

Hl. Hilarion von Gaza

Einsiedler und Abt, † um 371

Hilarion stammte aus dem Flecken Tabatha bei Gaza in Palästina. Seine Eltern hatten ihn zum Studium der Wissenschaften nach Alexandria geschickt. Er verfiel nicht den Verlockungen der Metropole, sondern lebte mitten in der volkreichen und vergnügungssüchtigen Stadt wie ein Einsiedler, denn sein ganzes Trachten wandte sich den geistlichen Dingen zu. Da drang der Ruf des hl. Antonius zu ihm; er wollte ihn sehen und kennenlernen. Zwei Monate lang hielt er sich bei ihm auf und empfing Unterricht im geistlichen Leben. Als aber ohne Unterlass Leute zu dem Heiligen pilgerten, um bei ihm Rat zu erbitten, beschloss Hilarion dem Vorbild zu folgen und selbst Einsiedler zu werden. Er begab sich in die Heimat zurück, wo inzwischen seine Eltern gestorben waren. Sogleich gab er das ihm zugefallene Erbteil zur Hälfte seinen Brüdern und zur Hälfte den Armen, für sich selbst behielt er nichts. Dann begab er sich in eine der abscheulichsten Wüsteneien von ganz Palästina, die auf der einen Seite vom Meere auf der andern von Sümpfen begrenzt war. Dort begann er ein ganz außerordentliches Büßerleben. Räuber, welche ihn in seiner Einöde fanden, fragten ihn, was er tun würde, wenn sie ihn überfielen. Er erwiderte: »Ein armer und von Allem entblößter Mensch fürchtet keine Räuber.« »Aber sie können dir das Leben nehmen«, entgegneten sie. »Wohl wahr, aber ich fürchte sie doch nicht, weil ich stets zu sterben bereit bin.« Seine Lebensweise war ganz auf die äußerste Abtötung aller weltlichen Begierden gerichtet. Die Haare schnitt er sich jährlich nur einmal, um Ostern, und legte seinen Rock nur ab, wenn er gänzlich abgenützt war. Sechs Jahre lang bestand seine tägliche Kost aus vier Feigen, die er nach Sonnenuntergang genoss. Wenn er Versuchungen zu überwinden hatte, aß er drei bis vier Tage gar nichts. Fühlte er sich sehr entkräftet, so nahm er einige dürre Feigen und etwas Kräutersaft. Dabei arbeitete er sehr streng, aber stets unter Gebet und Lobgesang, entweder im Garten oder auf freiem Felde oder er flocht, wie die ägyptischen Mönche, Körbe. Einen großen Teil der Heiligen Schrift wusste er auswendig und machte täglich einige Stellen aus derselben zum Gegenstand seiner Betrachtungen. Seine Zelle glich mehr einem Grabe als einer Wohnung. Sie war etwas länger als er groß war, so dass er darin liegen konnte. Nach der Feigenkost folgten einige Jahre, in denen er seine Tageskost auf eine Handvoll Linsen umstellte, die er in kaltes Wasser tauchte. Die nächsten drei Jahre nahm er nur trockenes Brot mit Salz und Wasser zu sich. Darauf aß er bis in sein 31. Jahr nur wilde Kräuter und ungekochte Wurzeln; dann bis in sein 35. Jahr täglich sechs Unzen Gerstenbrot und etwas ohne Fett gekochtes Gemüse; von da an gebrauchte er auch etwas Öl dazu. Vom 64. bis 80. Jahr aß er endlich gar kein Brot mehr, sondern machte sich aus Mehl und kleingehacktem Gemüse sein Mahl. Dieser Diät wird das hohe Alter, welches er erreichte, zugeschrieben.

Eine große Zahl Schüler, die sich um ihn versammelten, ehrten und liebten ihn als ihren Lehrmeister und Vater. Wunder aller Art gaben zu erkennen, dass Gott mit ihm sei. Seine einfachen Mittel waren Gebet, Weihwasser, Kreuzzeichen und Handauflegung. Sein erstes Wunder wirkte er an einer Frau, die wegen Unfruchtbarkeit von ihrem Manne misshandelt worden war; sie erhielt auf sein Gebet die Gnade, im folgenden Jahre Mutter zu werden. Bald darauf heilte er drei Kinder des Präfekten von Gaza von einer tödlichen Krankheit. Auf den Ruf dieser Wunder erfolgte natürlich großer Volkszulauf. Auch die Zahl seiner Schüler wurde größer. Diese Umstände beeinträchtigten immer stärker seine Wünsche nach Einkehr und Beschauung. Deshalb beschloss er, seinen Aufenthalt zu ändern und nach Ägypten zu gehen. 40 von ihm ausgewählte Brüder begleiteten ihn. Es begann damit aber ein unstetes Wanderleben, denn kaum hatte er sich irgendwo niedergelassen, verbreitete sich sein Ruf und schon strömten die Heilsuchenden zu dem Ort. So ging es beim Berg des hl. Antonius und verschiedenen Klöstern, in Alexandria und in einer Oase in Oberägypten, wohin ihn nur zwei Jünger begleiteten. Aber bald wurde auch dieser Ort bekannt und es wiederholte sich die Geschichte. Entnervt schiffte er sich nach Sizilien ein. Danach ging es nach Epidaurus – heute Cavtat bei Dubrovnik in Dalmatien. Hier wirkte er nach dem Zeugnisse des hl. Hieronymus, eines seiner größten Wunder. Die Stadt drohte nämlich während eines Erdbebens vom Meer überflutet zu werden. Man lief zu dem Heiligen und führte ihn ans Ufer, als wäre er ein Damm, den die Wogen nicht überschreiten könnten. Hilarion machte drei Kreuze mit der Hand in den Sand, und plötzlich hielten die Wellen inne und fluteten zurück. Bald darauf wechselte der Heilige seinen Wohnsitz aufs Neue und schiffte sich nach Zypern ein. Dort lebte er noch fünf Jahre in einer Hütte inmitten eines Gärtchens, das ihm ein wohlhabender Christ zur Verfügung stellte. Eines Tages fand er einen Mann, welcher am ganzen Leibe gichtkrank war, vor seiner Tür. Er fragte seinen Schüler Hesychius, wer es wäre. »Es ist der gewesene Verwalter des Herrn«, gab dieser zur Antwort, »dem unser Gärtchen gehört, und der nicht weit von hier eine Villa hat.« Da weinte Hilarion und sprach: »Im Namen unseres Herrn Jesu Christi steh auf und wandle.« Noch hatte er diese Worte nicht vollendet, als der Kranke sich gesund fühlte und aufstand. Kurze Zeit vor seinem Tode lud ihn der fromme Bischof Epiphanius zum Mittagessen ein. Er bekam etwas Geflügel vorgesetzt. »Verzeih mir, mein Vater«, sprach Hilarion, »seit ich dieses Kleid trage, habe ich nie mehr Geschlachtetes gegessen.«

»Und ich,« erwiderte Epiphanius, »habe, seit ich dieses Kleid trage, niemanden zur Ruhe gehen lassen, der gegen mich etwas hatte«. Der hl. Hilarion, welcher die Heiligkeit seines Freundes anerkannte, fügte sich und aß ausnahmsweise ein Stückchen Huhn.

Bald darauf erkrankte er, und die Schwäche seines Leibes nahm so überhand, dass alle natürliche Wärme aus demselben entwich. In seiner letzten Stunde überkam ihn doch eine Furcht vor Gottes Gericht. Er beruhigte sich aber bald und sagte: »Zieh hin, meine Seele, warum fürchtest du dich? 70 Jahre beinahe hast du deinem Erlöser gedient, und der Tod sollte dir schrecklich sein?« Kaum hatte er so geredet, als er den Geist aufgab, ungefähr 84 Jahre alt. Hesychius brachte seinen Leichnam heimlich nach Palästina, um ihn im Kloster von Majuma, dem Hafen Gazas, zu bestatten. Sowohl hier als auf der Insel Zypern blieb er in größter Ehre. Auf seine Fürbitte ereigneten sich an beiden Orten große Wunder; doch größere in seinem Gärtchen zu Zypern, wahrscheinlich, weil dieses sein Lieblings-Aufenthalt war.

A: *als Einsiedler, mit einem Felle bekleidet und einen Drachen neben sich, weil er nach einen Drachen tötete oder mit dem Kreuzzeichen verjagte. Pferde siegen im Wettlaufe, wenn man sie mit Wasser aus dem Kruge des hl. Hilarion besprengt.*
P: *von Gaza und Zypern.*

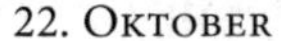

22. Oktober

Hl. Cordula

Märtyrerin, † um 238, 386 oder 453

Eine Jungfrau aus der Schar der hl. Ursula verbarg sich voller Furcht die Nacht über in den unteren Schiffsräumen. Am Morgen aber schämte sie sich ihrer Ängstlichkeit und lieferte sich selbst den Hunnen aus. Diese schlachteten sie mit derselben Grausamkeit ab wie ihre Gefährtinnen.

Da ihr Fest jedoch nicht mit den anderen zusammen gefeiert wurde, erschien sie einer Klausnerin und tat ihr kund, dass man ihr Fest am Tage nach dem der hl. Ursula begehen sollte.

Es war vielleicht Cordula, deren Leichnam ein Kölner Abt von einer Äbtissin als Geschenk erhielt. Der Geistliche hatte versprochen, die hl. Reliquien in einem silbernen Schrein beizusetzen. Doch ein Jahr lang ließ er sie stattdessen in einem Holzsarg auf dem Altar liegen. Da geschah es während einer Frühmette, dass der Sargdeckel von innen geöffnet wurde, die Jungfrau leibhaftig vom Altar stieg und zwischen den erschrockenen Mönchen hindurch von dannen ging. Nun bereute der Abt seine Nachlässigkeit. Demütig gelobte er der Äbtissin, er werde sofort den Silberschrein in Auftrag geben, wenn er diese oder eine andere der Gefährtinnen zurückerhalte. Doch die Oberin verweigerte ihm die Bitte.

A: *mit kleinem Schiff oder Pfeil in der Hand; mit Lanze, Palme, Krone.*

*

Hl. Ingbert (Ingobertus)

Einsiedler, † 650

In der Mitte des 7. Jahrhunderts gab es eine ganze Reihe von Einsiedlern in den Landschaften des Großbistums Trier. Bekannt aus den Schriften des Abtes Eberwein von St. Martin sind insbesondere die Namen Banto, Beatus, Carilef, Disibod, Wendelin und Wulfialich. Einer dieser mehrheitlich von weither eingewanderten Glaubensboten war der Eremit Ingbert. Über ihn ist nur bekannt, dass er zu diesen so bezeichneten »Männern von großer Heiligkeit« gehörte, und dass seine Klause auf dem Gebiet der nach ihm benannten Gemeinde St. Ingbert im heutigen Saarland lag. Damals führte daran die wichtige Römerstraße Metz-Saarbrücken-Worms vorbei. So konnte sich sein Ruf rasch verbreiten. Heimatforscher vermuten auf Grund seines germanischen Namens, dass es sich bei ihm um einen Angehörigen des burgundischen oder lothringischen Adels gehandelt habe.

A: *als Einsiedler vor einer Höhle oder einem Kreuz.*
P: *von St. Ingbert.*

23. Oktober

Hl. Ignatius

Patriarch von Konstantinopel, 798–878

Als Kaiser Michael III. von Byzanz ins Mannesalter kam, ergab er sich den größten Ausschweifungen. Noch schlimmer war sein Günstling Bardas, der die Gewalt im Reiche an sich riss und sich weder um Gesetz noch um Billigkeit scherte. Zu alldem verstieß der Abenteurer auch noch seine Frau und lebte mit seiner Schwiegertochter in blutschänderischer Sünde zusammen.

Der Patriarch Ignatius verweigerte ihm deshalb während der Messe die hl. Hostie. Bardas geriet darüber so in Wut, dass er nur durch die vielen Gläubigen davon abgehalten wurde, sich mit dem Schwert auf den Bischof stürzen. Stattdessen hetzte er beim Kaiser und stachelte ihn mit Erfolg an, den Patriarchen auf eine Insel zu verbannen.

Photius, der neuernannte Verweser des Bischofsstuhles, zeichnete sich durch glänzende Geistesgaben und schlechte Sitten aus. Gemeinsam mit Bardas intrigierte er, um die endgültige Amtsenthebung des Ignatius zu erreichen. Man brachte die Verleumdung in Umlauf, der Patriarch stünde mit Reichsfeinden in Verbindung, und Ignatius wurde gefesselt und unter brutalen Misshandlungen in die Hauptstadt zurückgebracht. Photius organisierte eine Kirchenversammlung mit bestochenen Kreaturen, und diese erfüllten ihren Auftrag und setzten den Patriarchen ab. Ignatius hatte nun Schreckliches zu erleiden. Er wurde in eine Totengruft eingesperrt, rücklings mit Armen und Beinen auf dem kalten Steinboden ausgespannt und grausam geschlagen. Danach musste er an eine Säule gefesselt sieben Tage lang aufrecht stehen. Und schließlich spreizten ihn die Schergen nackt über einen giebelförmigen Sarg, wobei sie ihm schwere Steine an die Füße hängten. In einer öffentlichen Verurteilung in der Apostelkirche sollte der Patriarch erst feierlich abgesetzt, dann geblendet und an den Gliedmaßen verstümmelt werden. Bis dahin wurde er unter Hausarrest gestellt. Durch die Pflege seiner Getreuen kam er rasch wieder zu Kräften und schlüpfte als Wasserträger verkleidet unbehelligt durch die Wachen. Fortwährend wechselte er nun seinen Aufenthaltsort und so gelang es ihm, den polizeilichen Nachforschungen zu entgehen.

Der Kaiser geriet aber in diesen Jahren mit Bardas in Streit, ließ ihn ermorden und nahm, da er sich allein zu schwach fühlte, den Makedonier Basilius als Mitregenten an. Das bereute er jedoch bald, denn dieser war ein rechtschaffener Mann, der nicht zögerte, am lasterhaften und verschwenderischen Lebenswandel Michaels Kritik zu üben. Dieser plante ihn dafür auf der Jagd hinterhältig meucheln lassen, aber Basilius erfuhr davon. Seine empörten Gefolgsleute erstachen den Kaiser, als er gerade berauscht bei seinen Konkubinen lag.

Das Volk jubelte dem neuen Herrscher zu, der sich schon einen guten Ruf wegen seiner Gerechtigkeit erworben hatte. Photius wurde in ein Kloster verbannt und aus der Kirche ausgeschlossen, Ignatius aber in seine Würde wieder eingesetzt. Er starb, von den Gläubigen verehrt, in seinem 80. Lebensjahr.

A: *in bischöflicher Würde, bartlos, in mittlerem Alter.*

Sel. Armella Nicolas

1606–1671

Schon als Kind hatte Armella ein großes Mitleid mit den armen Seelen im Fegefeuer. Wenn sie im Sommer Schafe hütete, setzte sie sich der brennenden Sonne aus und stellte sich dies als Opfer zugunsten der armen Seelen vor. Oft fastete sie auch für sie oder versagte sich kleine Freuden. Zur Jungfrau herangewachsen, konnte sie den Geselligkeiten der Dorfjugend nichts abgewinnen, weshalb sie häufig als Betschwester verlästert wurde. Schließlich nahm sie in der Stadt eine Stelle als Kindermädchen an, um den Werbungen der Burschen auszuweichen und um leichter die Kirche besuchen zu können.

An der Tafel ihrer Herrschaft war es Brauch, dass jeden Abend nach dem Essen aus den Heiligenlegenden vorgelesen wurde. Als einmal die Geschichte vom Leiden Christi an der Reihe war, geriet Armella vor Mitleid außer sich und konnte fortan nichts anderes mehr denken. Gleichzeitig wurde ihr Herz von einem schmerzhaften innerlichen Feuer erfasst. Da sie sich diesen Zustand nicht erklären konnte, vertraute sie sich einem Karmeliterpater an. Er befand, dass in ihr der Hl. Geist am Werke war, und mahnte sie zu Demut und Gehorsam. Da sie oft geistig abwesend und von dem beständigen inneren Brennen sehr ermattet war, fiel ihr die Verrichtung ihrer Haushaltspflichten immer schwerer. Die Herrin hatte dafür kein Verständnis und schalt sie faul und närrisch. Einmal musste sich Armella vor Schwäche zu Bett legen, aber die Herrin holte sie sofort wieder heraus und befahl ihr, mit Eimern die Jauchegrube auszuschöpfen. Dabei musste die fromme Magd nach der damaligen Gewohnheit die vollen Kübel stets auf dem Kopf tragen. Zwei Tage lang litt sie die schrecklichsten Schmerzen, wie wenn ihre Haare lauter Dornen wären, die man ihr mit Gewalt in den Kopf drücke. Doch Armella wehklagte nicht, sondern forderte von Jesus noch mehr zu leiden. Sie fühlte immer seine Gegenwart und dachte bei allem an ihn. Wenn sie einen Hund sah, dann sann sie über vorbildhafte Treue nach; erblickte sie Lämmer, dachte sie an die Sanftmut, mit der sich Jesus zur Schlachtbank führen ließ; wiegten sich Bäume im Wind, zog sie daraus die Absicht, sich ganz dem Wehen des Hl. Geistes auszusetzen;

wenn sie speiste, so dünkte es sie, alle Bissen seien in Jesu Blut eingetaucht.

In einer Vision offenbarte ihr Jesus, wie sehr er durch lasterhafte Taten beleidigt werde und wie schrecklich das Elend sei, in welches sich solche Seelen unbedacht hineinstürzten. Fortan erfüllte die Nachricht über jedwede Schandtat Armella mit tiefster Angst und heftigster Pein. Einmal war sogar ihr Bruder eines Schwerverbrechens angeklagt. Eingedenk dessen, was seine Seele erwartete, sagte sie voller Mitleid: »Ich wollte ihn gern am Galgen hängen sehen, wenn Gott dadurch versöhnt würde.«

Nach einigen Jahren erkannten die Herrschaften ihren wahren Charakter und behandelten sie besser. Jahrzehnte blieb sie die treue, aufopfernde Magd, bis sie im 65. Lebensjahr den Tod nahen fühlte. Sie litt an entsetzlichen Hals- und Leibschmerzen, die von Tag zu Tag zunahmen. Als der Beichtvater sie einmal mit der Bemerkung aufmuntern wollte, sie habe noch eine Zeit zu leben, sagte sie: »Gott sei gelobt, dann habe ich noch länger Zeit zu leiden.« Doch es waren ihre letzten Worte – kurz danach verschied sie.

⁕

Hl. Erzengel Raphael

Raphael ist einer der sieben Engel, »die beim Herrn stehen« und gehört neben Michael, Gabriel, Uriel zu den vier Erzengeln. Er regiert die Sonne, was ihm auch ein sonniges, fröhliches, menschenfreundliches Gemüt beschert.

Im alttestamentlichen Buch Tobit wird die verwickelte Geschichte des erblindeten Tobit und seines Sohns Tobias erzählt, der unter Führung des verkleideten Raphael zu seinen Vater reist, um ihm bei schwierigen Geldfragen zu helfen. Für hilfreich halten es die Eltern, wenn Tobias die Stammesgenossin Sara heiratete. Doch da gibt es Schwierigkeiten. Sara ist eine siebenfache Witwe. Alle ihre Ehemänner wurden jeweils in der Hochzeitsnacht von einem Dämon namens Aschmodai getötet.

In ihrer Verzweiflung hatte Sara schon Gott darum gebeten, sie von dieser Schmach zu erlösen oder sterben zu lassen. Auch ihre Eltern scheuten vor einer weiteren Verehelichung der Tochter zurück. Sie wollten nicht einen weiteren toten Schwiegersohn. Doch dem Engel gelang es, die Eltern und Sara davon zu überzeugen, das die Heirat diesmal glücklich enden wird.

Für die Hochzeitsnacht gibt Raphael Tobias den sonderbaren, aber wirksamen Rat, im Schlafzimmer eine Fischleber zu braten, sich außerdem in den ersten beiden Nächten des ehelichen Verkehrs zu enthalten und erst in der dritten Nacht die Ehe zu vollziehen. Das Verfahren erweist sich als probat. Aschmodai ist gegen diese Vorkehrungen machtlos, wird von Raphael überwältigt und in der Wüste Oberägyptens an einen Fels gekettet. Tobias vollkommenes Glück kehrt in der ganzen Familie ein, als sich nicht nur alle finanziellen Probleme lösen, sondern sich sogar ein Heilmittel gegen die Blindheit seines Vaters findet.

Im Verlauf der jüdischen und christlichen Geschichte zeigt Raphael viele Facetten seiner Menschenfreundlichkeit. Er wird erfolgreich als Helfer gegen Dämonen angerufen, gegen Krankheiten, und auch als Schutzengel, der Glück und Erfolg bringt. Diverse magische Manuskripte empfehlen ihn als mächtigen Ansprechpartner für Liebeszauber. Solche Auffassungen sind selbstverständlich nicht rechtgläubig.

A: *mit Tobias und einem großen Fisch, mit Sara und Tobias, als großgeflügelter Engel*
P: *der Kranken, Apotheker, Reisenden, Pilger, Auswanderer, Seeleute, Dachdecker und Bergleute; insbesondere gegen Augenleiden, Krankheiten allgemein und Pest*

Hll. Crispinus und Crispianus

Märtyrer, † 287

Die christlichen Brüder Crispin und Crispianus waren von vornehmem Stand und kamen aus Rom nach Soissons, um dort den Glauben zu verbreiten. Um eine Tarnung in jenen feindlichen Zeiten zu haben, verlegten sie sich auf das Schuhmacherhandwerk. Da sie genügsam und fleißig waren, erlangten sie rasch große Meisterschaft in ihrem Handwerk und Kunden strömten in die Werkstatt. Man hörte ihnen gerne zu, denn sie waren immer zu einem Scherz aufgelegt und wussten hübsche Geschichten zu erzählen. Geschickt mischten sie darin Beispiele, die zeigten, wie närrisch und abscheulich die Vielgötterei ist. Bald ließen sich Menschen aus hohem und niederem Stand für die Taufe gewinnen und bildeten eine Gemeinde.

Der stetige Erfolg rief jedoch die Götzenpriester auf den Plan, die das Treiben der beiden dem Präfekten anzeigten. Die Brüder wurden ergriffen und vor Gericht geführt, wo sie mutig ihren Glauben bekannten. Das Martyrium folgte auf dem Fuße: Man trieb ihnen Schusterahlen unter die Fingernägel und in das Fleisch und schnitt aus der Rückenhaut Riemen. Dann wurden sie gegeißelt, in einen Kessel mit siedendem Blei getaucht und schließlich den wilden Tieren vorgeworfen. Ihre Leichname barg nachts ein frommer Christ unversehrt und bestattete sie.

Darüber baute man in späteren Zeiten die Kirche von Soissons. Die Verehrung der Heiligen wurde im 17. Jahrhundert durch den Schustergesellen Heinrich Buch volkstümlich, der eine fromme Bruderschaft von Schuhmachern gründete und als Patrone Crispin und Crispianus wählte.

A: *mit Hautstreifen, Schustergeräten.*
P: *von Osnabrück und Soissons; der Gerber, Handschuhmacher, Lederarbeiter, Sattler, Schuster, Schneider und Weber.*
F: *auch 8. Februar, 6. und 8. März, 20. Juni, 27. August.*

Hl. Amandus

Bischof von Tornay, 594–684

Fünfzehn Jahre lang lebte Amandus eingeschlossen in eine Zelle an der Stadtmauer von Bourges, in Beschauung und Askese. Er nährte sich nur von Wasser und Gerstenbrot. Als er auf diese Weise seine Sinnlichkeit überwunden hatte, pilgerte er nach Rom, wo ihm eine Stimme die Weisung gab, unter den immer noch heidnischen Volksschichten in Gallien den Glauben zu verkünden.

König Chlotar II. erkannte die Gaben des Missionars und stattete ihn mit der Bischofswürde aus. Mit mehreren Gefährten, meist Angelsachsen, die er auf den Sklavenmärkten losgekauft hatte, missionierte er im Gebiet des heutigen Gent unter dem heidnischen Volk, an dessen hartem Gemüt jedoch alle Belehrungen abglitten. Mehrfach wurde Amandus in die Schelde geworfen, beschimpft und misshandelt, und endlich verzagte sein Gefolge und verließ ihn. Amandus errichtete sich daraufhin eine Zelle an der Stadtmauer von Tournay und nahm sein altes Eremitenleben wieder auf. Einmal bat er für einen zum Tode Verurteilten, aber dieser wurde dennoch gehängt. Da schnitt ihn der Bischof des Nachts vom Galgen, schaffte ihn in seine Zelle und betete bis zum Morgen. Beim ersten Lichtstrahl kam wieder Leben in den Toten, er begann zu atmen und verließ bald gesund die Zelle. Dieses Ereignis machte großen Eindruck auf das Volk und von nun an wurden die Bekehrungen zahlreicher.

F: *auch 6. Februar; der Heilige ist nicht zu verwechseln mit Amandus, Bischof von Worms, dessen Fest ebenfalls am 26. Oktober gefeiert wird.*

Hl. Ivo Helory

Seelsorger und Anwalt der Armen, † 1303

Die fromme Mutter erzählte dem Knaben viele Heiligenlegenden und sagte oft zu ihm: »Ivo, du musst auch ein Heiliger werden.« Der Vater aber flößte ihm tiefes Mitleid für die Armen ein und ermunterte ihn zu vielen Werken der Barmherzigkeit. Ivo erhielt die beste Ausbildung und konnte schon mit 14 Jahren die Universität von Paris besuchen.

Hier gab es viele verderbte Jünglinge, die es darauf abgesehen hatten, den unschuldigen Knaben zu verführen. Doch stets bewahrte ihn die Erinnerung an die Worte der Mutter im letzten Moment vor dem Straucheln in die Sünde. Als Priester kehrte er in seine Heimat, die Bretagne, zurück, wurde Vorstand des geistlichen Gerichts in Rennes, Seelsorger in verschiedenen Gemeinden und schließlich Pfarrer von Louannec. Weil er sich besonders der Rechte der Armen annahm, die Schwachen und Niedrigen schützte und sie oft unentgeltlich verteidigte, erhielt bald den Ehrennamen »Anwalt der Armen«.

Sein Pfarrhaus war immer Herberge für Fremde und den Armen ein unerschöpflicher Getreidespeicher. Als ihm einmal jemand riet, mit dem Verkauf der Ernte noch zu warten, antwortete er: »Weiß ich denn, ob ich dann noch leben werde!« Und als ihm derselbe nach einiger Zeit berichtete, er habe durch Zurückhalten der Ware ein Fünftel mehr gewonnen, sagte Ivo: »Ich durch schleunigen Verkauf das Hundertfache, denn was man den Armen tut, belohnt Gott hundertfach.« Einst kam ein Aussätziger und bettelte. Ivo hieß ihn sofort an seinem eigenen Platz zu Tisch sitzen und bewirtete ihn. Plötzlich leuchtete der Fremde hell wie ein Stern auf und verschwand mit den Worten: »Friede sei mit dir.« Alle aber erkannten, dass der Gast niemand anderes als Jesus gewesen sein konnte. So befolgte Ivo den Wunsch seiner Mutter und wurde schon zu Lebzeiten als Heiliger verehrt.

A: *von Armen Gesuche (Papierrollen) annehmend; auch in Bischofstracht (fälschlich) auf Lehrstuhl; mit Strick (Geißel) in der Hand.*
P: *der Bretagne, von Rennes und Treguier, der Universität Nantes; der Advokaten, Gerichtsdiener, Ministerialbeamten, Notare, Pfarrer und*

Rechtsgelehrten, der Drechsler; der Armen und Waisen; der juristischen Fakultäten; für guten Ausgang eines Prozesses.
F: *auch 19. und 22. Mai, 1. August, 17. und 29. Oktober.*

28. Oktober

Hl. Simon der Eiferer (Zelotes) und Hl. Judas Thaddäus
Apostel

Der Gerber Simon und der Zimmermann Judas Thaddäus (im Unterschied zum Verräter Judas Iskariot) waren Brüder des Jacobus Minor und hatten zu Eltern Maria, des Kleophas Tochter, und den Alphäus, der ein leiblicher Bruder des hl. Joseph gewesen sein soll. Jesus nahm seine Vettern unter die Zwölfe auf.

Nach dem Tod des Herrn predigte Judas in Mesopotamien, Arabien und Ponthus, Simon in Ägypten. Dann reisten sie zusammen nach Persien. Dort stand gerade der Feldherr Baradach im Begriffe, gegen Indien in den Krieg zu ziehen. Während er die Götzen über den Ausgang befragte, kamen die beiden Apostel in den Tempel und hörten die Prophezeiung, es würden in großen Schlachten viele Soldaten sterben. Die Apostel aber lachten dazu laut. Baradach stellte sie zur Rede, und sie sprachen zu ihm: »Fürchte dich nicht, mit uns ist der Friede hier eingezogen. Morgen werden die Boten der Inder kommen und sich deiner Gewalt freiwillig unterwerfen.« Die Götzenpriester erhoben ein Geschrei und beschuldigten die beiden Fremden als Agenten des Feindes. Diese aber sagten zum Feldherrn: »Du musst nicht einen Monat, sondern nur einen Tag warten, und morgen bist du ohne einen Tropfen vergossenen Blutes der Sieger.« Der Feldherr folgte ihrem Rat, ließ sie jedoch bewachen. Anderntags erschienen die Gesandten aus Indien und boten, wie geweissagt, die Unterwerfung des Landes an. Baradach ehrte nun die Apostel und wollte ihre Gegner auf dem Scheiterhaufen verbrennen lassen. Aber die beiden sprachen: »Wir sind nicht gesandt, die Lebenden zu töten, sondern die Toten lebendig zu machen.« Dies verwunderte den Feldherrn, und er ließ sich mit vielen anderen taufen. Die Götzenpriester aber hörten nicht auf, das Volk gegen die beiden Apostel aufzureizen, und brachten es endlich so weit, dass Judas mit dem Beil enthauptet, Simon mit einer Säge in zwei Hälften geschnitten wurde.

Die Verehrung des hl. Judas als Helfer in verzweifelten Lagen wurde besonders von den Jesuiten gefördert, weshalb er manchmal scherzhaft ihr Finanzminister genannt wird.

A (Judas): *mit Buch und Keule; auch umgekehrtes Kreuz, Hellebarde oder Weihrauchbecken; mit Bild Jesu auf der Brust (wegen seiner Ähnlichkeit mit ihm); mit Beil und Winkelmaß.*
A (Simon): *mit Säge; manchmal mit Lanze; auch mit Spruchband: »Gemeinschaft der Heiligen, Ablass der Sünden.«*
P (Judas): *für verzweifelte Anliegen.*
P (Simon): *von Goslar, Köln und Magdeburg; der Färber, Gerber, Lederarbeiter, Maurer, Sägearbeiter, Weber; gegen böse Frauen, welche den Mann (sie!) spielen.*
F (Judas): *auch 21. August.*
F (Simon): *29. April, 10. Mai.*

29. Oktober

Hll. Abraham und Maria von Kiduna

Einsiedler und Büßerin, † um 355

Der hl. Abraham lebte 50 Jahre lang unermüdlich fastend und sich kasteiend in der Wüste. Als sein Bruder starb und ein siebenjähriges Töchterlein als Waise hinterließ, nahm Abraham sie zu sich und richtete ihr in der äußeren Zelle seiner Felsenklause ein Lager ein. Er hauste in der inneren Zelle, verließ diese sehr selten und belehrte seine Nichte durch ein Fenster zwischen den beiden Räumen über die Hl. Schrift. Nach seiner Anleitung unterzog sie sich schon in zartem Alter allen möglichen Bußübungen. Ihr stattliches Erbe ließ Abraham an die Armen austeilen, damit sie nie auf weltliche Gedanken kommen sollte. Und er schien Erfolg zu haben.

20 Jahre lebte sie bei ihm und erblühte zu einer wunderschönen Jungfrau. In der Nähe wohnte jedoch ein junger Mönch, dem beim Anblick ihrer anmutigen Erscheinung das Blut in heftigste Wallung

geriet. Zuerst kämpfte er dagegen, aber wie ein Magnet zog ihn die Klause von Abraham und Maria an. Ein Jahr lang fand er sich fast täglich unter allen möglichen Vorwänden in der Nähe ein, um seine Augen an der Schönheit des Mädchens zu weiden. Eines Tages kam er bis ans Fenster, begann ein Gespräch mit ihr und verlockte sie durch fröhliche Reden herauszukommen. Unter dem Vorwand, mit ihr eine besondere Art des Betens üben zu wollen, brachte er sie dazu, sich ihres Kleides zu entledigen, und schließlich gelang es ihm, sie zu verführen und ihrer Unschuld zu berauben.

Kaum war es geschehen, stürzte Maria in tiefe Verzweiflung. Sie weinte, zerschlug sich das Gesicht und wollte sich selbst ersticken. Da sie es nicht wagte, ihrem Oheim noch ins Gesicht zu sehen, entfloh sie. In eine große Hafenstadt verschlagen, fand sie dort wegen ihrer schönen Gestalt Arbeit in einer zweifelhaften Schenke; und bald war es soweit, dass sie von der Hingabe ihres Körpers lebte.

Ihr Oheim flehte zwei Jahre lang Tag und Nacht zu Gott, er möge ihm ihr Schicksal offenbaren. Als er endlich von einem Reisenden erfuhr, wo sie sich aufhielt, zog er eine Soldatenrüstung an, lieh sich ein Pferd und ritt in die Stadt. Er nahm in der Schenke Herberge. Nur mit großer Mühe beherrschte er seine Gemütserregung, als er Maria im schamlosen Aufzug einer feilen Dirne erblickte, und gab ihr zu verstehen, dass er zu ihr ins Schlafgemach wolle. Als er endlich mit ihr allein war, umarmte er sie, entblößte sein Haupt und rief unter Tränen: »Erkennst du mich, Maria?« Vor Bestürzung verlor sie auf der Stelle die Sprache und lag wie ein kalter Stein an seiner Brust. Er aber redete lange zu und versicherte ihr ein ums andere Mal, dass er ihre Sünde auf sich nehme. Schließlich löste sich ihre Zunge. Sie beklagte ihre Verfehlungen und folgte ihm zurück in die Einöde. Hier führten beide ihr früheres Leben fort, er nun der Äußeren, sie in der inneren Zelle. Sie überlebte ihren Oheim um fünf Jahre. Bis zu ihrem Tod blieben die Vorübergehenden oft stehen, um erschüttert ihre lauten Wehklagen zu hören und über die eigenen Sünden zu weinen.

A: *als Greis mit spitzem, langem Bart, zusammen mit seiner Nichte.*
P: *der reuigen Dirnen.*

Hl. Dorothea von Montau

Witwe, 1347–1394

Mit sieben Jahren fiel sie in einen Kessel mit kochendem Wasser. Von diesem Zeitpunkt an schätzte sie die Welt gering und setzte alle Hoffnung auf den Himmel. Beizeiten begann sie ihr Fleisch mit harter Kasteiung zu quälen, verbrannte sich oft mit siedendem Wasser oder glühenden Eisen. An ihren Knien entstanden eitrige Schwären, da sie häufig auf harten Brettern oder scharfen Spänen kniete. In die Verletzungen tat sie Nesseln oder Salzlake, damit sie nicht heilten.

Mit 17 wurde sie an einen Handwerker verheiratet. Ihre Ehe dauerte 26 Jahre und sie waren für Dorothea ein einziges Martyrium. Sie hielt sich in solcher Keuschheit, dass sie dem Geiste nach Jungfrau blieb. Mit Unterstützung ihres Beichtvaters entzog sie sich den ehelichen Umarmungen, so oft sie nur konnte. Als ihr endlich eine Tochter geboren wurde, gelang es ihr, den Gemahl zum Verzicht auf seine ehelichen Rechte zu bewegen. Die Tochter wurde später Nonne.

Besonders erbitterte es den Ehemann, wenn sie während der Hausarbeit von Verzückungen überrascht wurde. Wenn er sie anrief und sie nicht antwortete, als ob sie in einem Traum sich befände, so schüttete er ihr kaltes Wasser über. Sie aber merkte es erst etliche Zeit danach, wenn sie sich nass fand, aber nicht wusste, woher.

Zuweilen setzte sie sich in einem zerrissenen Mantel und mit verhülltem Haupt unter die Bettler vor die Kirchentüre. Wenn sie dort ein Stück Brot empfing, dann empfand sie solche Lust daran, dass ihr keine Leckerei so süß und so wohl geschmeckt hätte. Ihr Mann geriet darüber manchmal so in Zorn, dass er sie tagelang ins Haus einsperrte und mit Ketten fesselte. Einmal sollte sie auf dem Markte Zwirn kaufen, war jedoch in der Kirche gewesen und hatte bei der Rückkunft ganz vergessen, weswegen sie losgegangen war. Ein andermal stillte sie ihr weinendes Töchterlein nicht, weil sie plötzlich von einer großen Verzückung heimgesucht wurde. Da schlug sie ihr Mann heftig mit dem Stuhl auf den Kopf, was sie noch Jahre danach spürte. Das aber trug sie frohen Sinnes.

Ihr Mann kaufte ein Haus, in dem sie ein eigenes Zimmer hatte. Da saß sie Nächte hindurch am offenen Fenster und war entzückt in großer hitziger Liebe zum himmlischen Bräutigam. Manchmal verschwand sie einfach hinter einer Türe oder in einem Winkel und wurde sofort entrückt. Wenn der Mann sie dann fand, schlug er sie bisweilen oder beschuldigte sie vor anderen, sie sei träge und schläfrig. Öfter kochte sie Fische ungeschuppt oder nicht ausgenommen und bemerkte es gar nicht.

Ab 1378 empfing sie so genannte Liebeswunden, die sich im Geiste vollziehen, aber auch körperlich spürbar sind. Sie erlebte fast täglich, wie ihr himmlischer Bräutigam sie verwundete, indem er »bald mit Liebesdornen, bald mit Pfeilen, bald mit Lanzen und Speeren in ihr Herz schoss«. Ihr Uterus schien während der Durchbohrungen sehr groß zu werden, wie bei einer Frau vor der Geburt, schwoll aber wieder ab, nachdem der Heiland die Spieße wieder herausgezogen hatte. Sie wurde von Pfeilen, Lanzen und Strahlen verwundet, und dies bald täglich. Um 1390 empfing sie eine »herzbrechende Wunde«, ein tiefes Loch in der Brust, was sich bis an ihr Lebensende an Ostern wiederholte.

Nach dem Tode ihres Mannes trat sie in das Kloster Marienwerder ein. Während der Profess hatte sie eine Erscheinung, in welcher Christus sie ihrem Beichtvater in geistlicher Ehe antraute.

»Ihr sollt einander Sorge tragen, dass ihr zum ewigen Leben kommen könnt, und du sollst wissen, dass kein Mensch deinem Beichtvater so hoch anbefohlen wurde wie du.« 1392 ließ sich Dorothea in der Kirche als Reklusin einmauern und der Erlöser bestätigte ihr in ihrer letzten Lebenszeit, dass sie nun wirklich seine Braut geworden sei.

A: *mit dem Buch ihrer Offenbarungen, Laterne, Rosenkranz und fünf Pfeilen.*
P: *von Preußen.*
F: *auch 25. Juni.*

Hl. Wolfgang

Bischof von Regensburg, 924–994

Der hl. Wolfgang war ein begnadeter Erzieher. An den bischöflichen und klösterlichen Knabenschulen von Trier und Einsiedeln wirkte er mit solchem Erfolg, dass sie im ganzen Reiche berühmt wurden. Als aussichtslos erwies sich hingegen die Unternehmung des Heiligen, mit einigen Gefährten die Ungarn zu missionieren. Schon der Bischof Pilgrim von Passau hatte sich vergeblich abgemüht, die heidnische Rohheit dieses Volkes zu überwinden. Um Wolfgangs Begabung sinnvoller einzusetzen, empfahl er ihn Kaiser Otto II. für den vakanten Bischofsstuhl von Regensburg. Dort zeichnete er sich durch Gerechtigkeit und kluge Verwaltung aus.

Als der Bayernherzog Heinrich der Zänker gegen Kaiser Otto II. aufbegehrte, entzog sich Wolfgang den politischen Wirren. Auf dem Falkenstein im Salzburgischen, nahe dem Obersee, baute er sich eine Klause. Als ihn sein Gefährte wegen der Unbill der Natur verließ, bestieg er einen benachbarten Berg und warf sein Beil ins Tal. Er fand es nahe des Sees, der später ihm zu Ehren Wolfgangsee benannt wurde, und errichtete sich eine kleine Zelle, die heute noch in der Kirche St. Wolfgang zu besichtigen ist.

Ein Jäger entdeckte ihn in der Einöde und erkannte ihn, und weil die Regensburger nun nicht nachließen in ihren Bitten, kehrte er 978 unter großem Jubel des Volkes zurück. Einmal predigte er im Dom, da war plötzlich fürchterliches Krachen und Stürmen um die Kirche zu vernehmen. Der Tag verdunkelte sich, und die Gläubigen gerieten in größte Angst. Zuletzt stürzten alle hinaus – nur Wolfgang nicht. Er betete zu Christus und rief ihn gegen die Umtriebe Satans an. Kaum hatte er geendet, beruhigte sich der Sturm, es wurde wieder hell, und alles Volk eilte in die Kirche zurück.

Wegen seiner Heiligkeit gab ihm der im Alter friedfertig gewordene Herzog seine vier Kinder zur Erziehung. Wolfgang prophezeite ihnen oft: »Du, Heinrich wirst ein König; du, Bruno, ein Bischof; du, Gisela, eine Königin und du, Brigida, eine Äbtissin.« Und so geschah es. Heinrich wurde deutscher König und nachher römischer Kaiser, Gisela Königin von Ungarn – beide werden als Heilige verehrt. Bruno, als Bischof von Augsburg, und Brigida, als Äbtissin von St. Paul in Regensburg, starben im Ruf der Seligkeit. Nach dem Tode Wolfgangs im Jahre 994 wurden sein Herz und die Eingeweide in der Klosterkirche St. Othmar im oberösterreichischen Pupping, seine Gebeine aber in St. Emmeram in Regensburg beigesetzt. Beide Orte sowie die Kirchen auf dem Falkenstein und am Wolfgangsee zogen Wallfahrer aus allen deutschen Landen an. Hunderte Wunder sind seither bezeugt.

A: *als Bischof mit Kirchenmodell; mit Schlachtbeil (weil er die Ungarn die Beilherstellung lehrte); auch mit Teufel.*
P: *von Bayern und Regensburg; der Hirten, Zimmerleute, Bildhauer, Köhler und Schiffer; bei Augenkrankheiten, Bauchweh, Blutfluss, Fußleiden, Gicht, Kreuzweh, Lähmungen, Ruhr, Schlaganfall, Hautjucken am After bzw. rektales Wundsein (»Wolf«).*

Sel. Adalbert und Sel. Ottokar (Otgarius)

Stifter des Klosters Tegernsee, † 804

Die Brüder Adalbert und Ottokar stammten aus der herzoglichen Familie der Agilolfinger. Als die Langobarden Rom bedrohten, kämpften die beiden tapfer im Dienste des Papstes. Nach ihrer Rückkehr aus Italien gründeten sie auf ihren Ländereien das Kloster Tegernsee, dessen erster Abt Adalbert wurde. Ottokar trat als Laienbruder ein. Papst Zacharias schenkte ihnen als Reliquienschatz für ihr Kloster die Gebeine des hl. Quirinus, dem ein kostbarer Altar in der Kirche errichtet wurde. Auch die beiden Brüder fanden dort unter einer Marmorplatte ihre letzte Ruhestätte.

Einst kam ein vom bösen Geiste Besessener in die Kirche und setzte sich auf das Grabmal. Sogleich fühlte er sich von seiner Plage befreit. Er lief hinaus und erzählte von seiner wunderbaren Heilung. Die Leute wollten dem hl. Quirin dafür danken und führten den Geheilten zum Reliquienaltar des Heiligen. Jener aber erklärte, er sei nicht an dieser Stelle gesund geworden. Er sah sich in der Kirche um, bis er schließlich die Marmorplatte wieder erkannte. Da wussten alle, dass nun auch die beiden Klosterstifter unter die Seligen aufgenommen waren.

A: *Adalbert als Abt, Ottokar im Benediktinerhabit, beide mit Klostermodell.*
F: *auch 26. Februar, 4. März.*

Hl. Willibold

Graf von Calw, Pilger, 1207–1230

Am 2. November 1230 schleppte sich in das Dorf Berkheim im Illertal ein ausgemergelter Jüngling. Er trug ein ärmliches Pilgerkleid und bat im Gasthof »Zur Krone« um Herberge, aber der hartherzige Wirt wies ihm die Tür. Sterbensmüde schaffte es der Fremde noch bis zu einer Scheuer und brach tot auf einem Heuhaufen zusammen.

Plötzlich fingen alle Glocken in der Kirche an zu läuten. Die Leute stürzten verstört ins Freie und liefen umher, bis sie um die Scheuer einen wunderbaren Lichtglanz bemerkten. Alles strömte zu dem Ort, wo der entseelte Körper des unbekannten Jünglings lag. Ein himmlischer Wohlgeruch ging von dem Leichnam aus und als man ihn aufhob, erschallte aus den Lüften ein Engelsgesang von unbeschreiblicher Harmonie.

Man fand heraus, dass es sich bei dem Pilger um den jungen Grafen von Calw aus dem berühmten Geschlecht der Beutelbacher handelte. Er hatte das ererbte Schloss, Ruhm und Ehre, Geld und Gut verlassen, das Pilgergewand angezogen und war heimlich ins Hl. Land aufgebrochen. Um unbekannt zu bleiben, hatte er den Namen Willibold angenommen. Was er auf seiner Reise erlebt hatte, war nicht zu ergründen, aber an seinem Grab geschahen so viele Wunder, dass ihn das Volk über die Jahrhunderte hindurch als Heiligen verehrte.

P: *des Illertales in Oberschwaben.*
F: *auch 7. Juli, 26. November.*

Hl. Hubertus

Bischof von Lüttich, um 655–727

Wie die meisten seiner Standesgenossen aus dem aquitanischen Hochadel hatte Hubert von Jugend an nichts als Waffenspiel und Jagen im Sinn. Als ihn an einem Sonntag wieder die Jagdleidenschaft in den Wald trieb, während sich die frommen Christen zum Kirchgang aufmachten, traf er plötzlich im Gehölz auf einen Hirsch, der im Geweih ein leuchtendes Kreuz trug. Und von oben vernahm er eine Stimme, die ihm zurief: »Wenn du dich nicht wahrhaft bekehrst, wirst du bald zur Hölle fahren.« Hubert ritt sofort im Galopp zurück und eilte in hl. Messe, wo er Buße und Einkehr gelobte.

Sieben Jahre führte er in den Ardennen ein raues Einsiedlerleben, da erschien ihm ein Engel und forderte ihn auf, nach Rom zu pilgern. Der Papst empfing ihn freundlich, lernte ihn bald schätzen und bestellte ihn schließlich zum Nachfolger des hl. Bischofs Lambert von Maastricht. Bei der Einkleidung fehlte die Stola. Da stieg ein Engel vom Himmel und reichte Hubert eine schöne golddurchwirkte Stola. In der Nacht vor seinem Aufbruch weckte den neuernannten Bischof eine feste Hand: Es war der hl. Petrus, der ihm einen goldenen Schlüssel überreichte.

In seinem Bistum verlegte Hubert den Bischofssitz nach Lüttich, nachdem ihm der hl. Lambert in einer Vision aufgetragen hatte, seine Gebeine dorthin zu überführen. Damit legte er den Grund für die spätere Größe der Stadt, die bis dahin nur ein unbedeutender Flecken gewesen war.

Hubert wurde nachweislich schon im 10. Jahrhundert als Heiliger der Jagd und der Hunde verehrt. Von tollwütigen Tieren Gebissenen legte man mit wunderbarem Erfolg die hl. Stola auf und brannte die Wunde mit dem Schlüssel aus. Auch Jagdhunden wurde gegen Wasserscheu mit dem Hubertusschlüssel ein Mal auf die Stirn gebrannt.

A: *in Bischofs- oder Jägertracht, mit Hirsch, der ein Kreuz im Geweih trägt; mit Buch, auf dem der Kopf des Hirsches abgebildet ist; mit Jagdhorn oder Pfeilen; mit Engel, der ihm eine Stola bringt.*

P: *der Förster, Jäger und Hunde; von Augsburg, der Ardennen, von*

Jülich und Lüttich; der Drechsler, Futteralmacher, Gießer, der Hersteller mathematischer Geräte, der Kürschner, Metallarbeiter, Metzger, Optiker, Schellenmacher; gegen Tollwut und Schlangenbisse, Irrsinn und Wasserscheu.
F: *auch 29. April, 30. Mai, 30. September.*

4. November

Hl. Winifred (Wenefrida, Guenvreda, Guenwera)

Jungfrau, † um 660

Winifred stammte aus höchstem englischem Adel und gelobte unter dem Einfluss ihres Onkels, des hl. Beuno, ewige Keuschheit. Ihre Eltern verweigerten ihr nicht den Segen, als sie in ein von ihm geleitetes kleines Kloster zog. Später übersiedelte sie nach Clwyd oder Holywell.

Caradoc, der Sohn des Landesfürsten, entbrannte in sündiger Begierde zu der schönen Jungfrau und wollte sie verführen. Sie aber blieb standhaft und flüchtete schließlich vor ihm in die Kirche ihres Onkels Beuno. Da kehrte sich des Prinzen Leidenschaft in Wut: Er stürmte in das Gotteshaus, zerrte die Jungfrau heraus und schlug ihr mit seinem Schwert das Haupt ab. Er überlebte seine Untat nicht lange, denn jäh öffnete sich der Boden und Caradoc verschwand auf immer in einer Erdspalte. Der hl. Beuno aber setzte das Haupt seiner Nichte wieder an seine Stelle und betete eine ganze Nacht. Im Morgengrauen begann Winifred zu atmen und bald war sie völlig gesund. Nur eine rote Narbe am Halse blieb ihr zeitlebens. An der Stelle jedoch, wohin ihr abgeschlagenes Haupt gefallen war, entsprang eine Quelle, deren Boden von rotgeädertem Gestein bedeckt ist.

Unzählige Wunder geschahen durch diese Quelle bei Holywell. Beglaubigt ist neben vielen anderen etwa die Heilung des Sir Roger Bodenharn von einem grässlichen Aussatz. Aus Dank kehrte er zur katholischen Kirche zurück, ebenso wie der Quäker Roger Whetstowne, der durch das Eintauchen in die Quelle von einer schweren Lähmung geheilt wurde.

A: *als Nonne mit Schwert und Buch; mit abgeschlagenem Haupt zu Füßen.*
F: *auch 22. und 24. Juni, 19. und 20. September, 3. und 5. November.*

5. November

Hl. Emerich (Imre, Heinrich)

königlicher Prinz in Ungarn, † 1031

Emerich war der erstgeborene Sohn des Königs von Ungarn, des hl. Stephan, und seiner frommen Gattin, der sel. Gisela. Schon als Knabe zeichnete er sich durch außergewöhnliche Frömmigkeit aus. Einmal nahm ihn der Vater zu einem Klosterbesuch mit und schickte Emerich voraus, um an seiner statt den Begrüßungszeremonien beizuwohnen. Die Mönche bezeugten dem Prinzen ihre große Ergebenheit und er küsste sie alle der Reihe nach. Allerdings verhielt er sich nicht gleichmäßig, sondern gab unterschiedlich viele Küsse. Einen Bruder aber, mit Namen Maurus, küsste er sogar sieben Mal. Stephan verwunderte das Benehmen seines Sohnes, doch Emerich erklärte ihm, er habe einfach nach dem Grade der Tugend und Reinheit geküsst. Maurus aber übertreffe darin alle anderen.

Stephan wollte genau wissen, ob das Kind einen übernatürlichen Sinn habe, und kehrte zwei Tage später ins Kloster zurück. Verhüllt wohnte er der Mitternachtsmesse bei. Da fiel ihm auf, dass manche Brüder nach der Beendigung der Messe in ihre Zelle verschwanden, um zu schlafen, andere aber blieben noch länger betend in der Kirche. Diese aber waren es, denen Emerich mehr Küsse gegeben hatte. Der König gab sich nun zu erkennen und die frommen Männer unterbrachen ihr Gebet und begrüßten ihn. Nur einer, Maurus, kehrte sich nicht um den Besucher, sondern verharrte schweigend in seiner Andacht. Sogar als ihm der König ernstlich drohte, zeigte er keine Regung. Am anderen Tag machte Stephan vor den versammelten Mönchen dem Maurus schwere Vorwürfe wegen seines Verhaltens. Dieser nahm ohne ein Wort der Verteidigung den Tadel demütig an. Nun war der König überzeugt, dass Emerich vom Hl. Geist erleuchtet sei. Er klärte die Brüder über den Zweck seines Besuches auf, lobte den

Maurus vor allen und machte ihn nach einiger Zeit zum Bischof von Fünfkirchen.

Emerich verheiratete sich auf Wunsch seiner Eltern, aber er lebte mit seiner Gemahlin geschwisterlich zusammen. Er hatte sie davon überzeugt, dass es besser wäre, eine an Tugenden denn an Kindern fruchtbare Ehe zu führen. Früh starb der junge Prinz, aber das Land und die Eltern trösteten sich damit, dass Emerich ihnen im Himmel noch mehr Segen bringe als auf Erden. Seine Heiligkeit bezeugte sich in der Tat bald in zahlreichen Wundern.

A: *als junger Ritter mit Krone und Lilie.*
F: *auch 3. und 4. November.*

6. November

Hl. Leonhard

Eremit und Abt, † um 550

Leonhard stammte aus einem vornehmen altfränkischen Geschlecht und war zum Weltmann und Waffendienst bestimmt. Er konnte jedoch das wüste, zügellose Treiben am merowingischen Hofe nicht ertragen und zog sich als Einsiedler in einen finsteren Wald bei Limoges zurück. Bei einer Jagd entdeckte ihn dort König Theodebert von Lothringen, der für sich und seine Frau, die gerade vor einer schweren Geburt stand, seinen Segen erflehte. Dank Leonhards Fürbitte entband die Königin glücklich und Theodebert schenkte dem Heiligen den Wald zum Eigentum. Leonhard baute darin eine Kapelle und langsam entstand eine große geistliche Genossenschaft, Zufluchtsort für Unglückliche, Geängstigte und Bedrängte. Leonhards besondere Liebe aber galt den Ärmsten der Armen, den Gefangenen, die in jenen Zeiten der Willkür größtenteils schuldlos in den Kerkern und Verliesen schmachteten.

Sein Grab in der von ihm gebauten Kapelle wurde zum Zufluchtsort für viele Kranke. Besondere Bedeutung gewann er auch als »Stallheiliger«. Wegen seiner Wunderkraft wurden ihm lebende – später eiserne – Pferde und Rinder geopfert. In vielen Gegenden bildete sich der

Brauch des »Leonardi-Ritts« heraus, einer berittenen Prozession, bei der die geschmückten Pferde und Rinder gesegnet werden.

Das bekannteste Wunder Leonhards geschah im 14. Jahrhundert. Der Ritter Martel von Bacqueville war mit anderen französischen Kampfgefährten in türkische Gefangenschaft geraten und sollte hingerichtet werden. In seiner Not rief Martel die Hilfe des hl. Leonhard an und gelobte, im Falle seiner Rettung eine Kirche zu bauen. Erschöpft vom langen Gebet schlief er ein, doch als er erwachte, fand er sich am Rande des Walds von Bacqueville, die Ketten noch an Händen und Füßen.

Im 15. und 16. Jahrhundert war St. Leonhard, inbesondere seine Kirche im oberbayrischen Inchenhofen, auch Ziel zahlreicher Nacktwallfahrten. Wie die Mirakelbücher aus jenen Tagen verzeichnen, gelobten nicht wenige Pilger wegen eines dringenden Anliegens oder wegen einer schweren Bußverpflichtung »nackent, mit ausgespannten Armen, sprachlos« zur Kirche des Heiligen zu wallen. Doch der Heilige hatte in schwierigen Fällen auch ein Einsehen. So half er etwa 1520 einer Elisabeth Pentlhauserin aus Alteglofsheim, die sich gedrängt fühlte, eine Nacktwallfahrt zur »Schönen Maria« von Regensburg zu unternehmen, aus dem ihr peinlichen Gelöbnis. Leonhard erschien ihr gemeinsam mit der hl. Katharina und verlangte von der schönen Maria, »dass sie nit nackend her lauffen« mußte.

A: *mit aus dem Fußblock befreiten Gefangenen, gesprengten Ketten, auch mit Ochsen, Pferden und anderem Vieh.*
P: *der Bauern und Stallknechte, der Bergwerkskumpel, Böttcher, Butterhändler, Obsthändler, Schlosser, Schmiede; der Wöchnerinnen, der Gefangenen und Geisteskranken; des Viehs, der Pferde; gegen Kopfweh, Kindersiechtum, Syphilis.*

Hl. Herculanus

Bischof von Perugia, Märtyrer, † um 548

Herculanus, der Bischof von Perugia, war ein Mann von heiligmäßigem Rufe. Zur Zeit des irrgläubigen Königs Totila belagerte ein Gotenheer sieben Jahre lang die Stadt. Viele Bürger waren schon wegen der Hungersnot geflohen, da gelang es den Feinden, in die Mauern einzudringen. Totila befahl dem Anführer, dem Bischof erst aus der Haut einen Riemen vom Scheitel bis zur Sohle zu schneiden und ihn dann zu enthaupten. Das übrige Volk solle er einfach niedermetzeln.

Der Gotenherzog erkannte aber in Herculanus einen ehrwürdigen Mann und ließ ihn zuerst enthaupten, dann in seine Haut Einschnitte machen, damit es aussähe, als wären tatsächlich Riemen ausgeschnitten worden. Den Leichnam warf man über die Stadtmauer. Von den Einwohnern töteten die Goten nicht wenige, aber viele konnten doch entkommen. Des Nachts bargen fromme Gläubige ihren Bischof und bestatteten ihn zusammen mit einem Knaben, den man tot neben ihm aufgefunden hatte. Aus Schicklichkeit legten sie das abgeschlagene Haupt an den Hals.

40 Tage nach dem Blutbad befahl Totila allen Überlebenden, in die Stadt zurückzukehren, und sicherte ihnen Schonung zu. Langsam füllte sich Perugia wieder mit Menschen, und einige suchten nach dem Grab des Herculanus. Als sie es gefunden hatten, machten sie sich daran, seinen Leichnam in die Kirche zu überführen. Sie öffneten den Sarg und erschraken: Der mitbeerdigte Knabe war bereits in Verwesung übergegangen und voll von Würmern, der Leib des Bischofs aber befand sich in einem Zustand, als wäre er gerade erst gestorben. Sein Haupt war mit dem Körper verbunden, als wäre es nie abgetrennt gewesen, und auch von den anderen Verletzungen fand sich nicht mehr die geringste Spur.

A: *als Bischof mit Stab und Schwert.*
P: *von Perugia.*
F: *auch 1. März, 5. und 7. Mai.*

Hl. Willehad

Bischof von Bremen, Apostel der Sachsen, um 745–789

Willehad stammte wie Bonifatius aus England und eilte auf die Nachricht von dessen Ermordung, sehnsüchtig das Martyrium begehrend, nach Friesland. Beim Grab des Blutzeugen schlug er seinen Sitz auf und taufte in kurzer Zeit viele reumütige Heiden. Danach reiste er im Land umher und zerbrach Götzenbilder, wo immer er sie antraf.

Doch sein Eifer stieß zunehmend auf den Widerstand der heidnischen Stämme. Im Gau Hugmerke wollte man ihn gar umbringen, aber zuvor warf man das Los über ihn, in welcher Weise er den Göttern geopfert werden solle. Das Los jedoch fiel so günstig aus, dass die abergläubischen Götzendiener ihn freigeben mussten.

Einmal wurde Willehad von wütenden Kriegern angefallen und einer versetzte ihm einen gewaltigen Schwertstreich. Die Reliquienkapsel an seiner Halskette aber fing den Schlag auf und er blieb unverletzt. Dies machte großen Eindruck auf die Wilden, denn sie glaubten nun, dass eine höhere Macht den Missionar schütze.

Während des Sachsenaufstandes gegen Karl den Großen zog sich Willehad ins Kloster Echternach zurück, wo er sich mit Studien und dem Abschreiben von Büchern beschäftigte. Nach der Wiederherstellung des Friedens bat ihn Karl, seine Missionstätigkeit aufs Neue zu beginnen, und ernannte ihn zum Bischof der Sachsen mit Sitz in Bremen. Mit ihm begannen der Aufstieg der Stadt und auch ihr Wohlstand, weshalb er bis zur Reformation als Schutzheiliger Bremens verehrt wurde. Die rastlose Arbeit für den Glauben wie auch seine strenge Lebensweise hatte jedoch die Gesundheit Willehads so zerrüttet, dass er schon nach zwei Jahren starb. Er wurde im Dom zu Bremen bestattet, viele Wunder zeugten von seiner Heiligkeit.

A: *als Bischof mit Modell einer Kirche; Götzenbilder zerstörend; von Kriegern angegriffen; Neubekehrte taufend.*
P: *von Stadt und Bistum Bremen.*
F: *auch 10. und 13. Juli, 9., 16. und 27. November, 22. Dezember.*

Hl. Malachias O'Morgair

Erzbischof von Armagh, 1095–1148

Als Sohn einer gottesfürchtigen Mutter zeigte schon der Knabe Malachias die guten Sitten eines Greises – wie der hl. Bernhard von Clairvaux in seiner Lebensgeschichte des Freundes schreibt. Er lernte fleißig, mied Spiele und brachte es in allen Wissenschaften sehr weit. Dem Erzbischof Celsus von Armagh gefiel sein gottgefälliger Wandel und er unterstützte ihn bei der früh gewählten geistlichen Laufbahn. Er wurde nach Lismor und Bangor geschickt und, erst 30 Jahre alt, zum Bischof von Connor und Down geweiht.

Die Bewohner seines neuen Bistums glichen in ihrer Zügellosigkeit wilden Tieren. Er fand fast nur Namenchristen vor, die an Lasterhaftigkeit schier die Heiden übertrafen. Aufruhr, blutige Fehden, Raub und Mord gehörten zum Alltag. Gleichwohl war Malachias fest entschlossen, keine Mühe zu unterlassen, um einen Wandel zu christlicher Gesittung zu fördern. Er predigte, wie der hl. Bernhard später von ihm berichtete, »mit apostolischem Freimut, wobei er den wohlbedachten Ernst mit kluger Sanftheit milderte«. Fand er keine Zuhörer in den Kirchen, so suchte er sie auf den Straßen und in ihren Behausungen. Zu Fuß erschien er bei den Landleuten in den entlegensten Siedlungen und wildesten Einöden. Geduldig ertrug er Strapazen, aber auch vielerlei Hohn und Niedertracht. Die höheren geistlichen Würden wurden als das Erbe einflussreicher Familien betrachtet, die Priester scherten sich nicht um das Keuschheitsgelübde und teilten mit ihren Verwandten die Einkünfte des Bistums untereinander auf.

Malachias ließ sich von diesen Zuständen jedoch nicht beirren und rastete nicht, »bis er diese Wölfe in fromme Lämmer umgewandelt« hatte. In den Städten sammelte er fromme junge Priester um sich und versuchte, das unbändige Volk für Gott zu gewinnen. Schon begann überall in Stadt und Land christliche Zucht zu erblühen, da wurde Connor vom König von Ulster erobert. Malachias zog mit 150 Mönchen nach Munster und zog sich in das Kloster Ibrac zurück, dessen genauer Ort umstritten ist. Dort lebte er mehrere Jahre, als Erzbischof Celsus von Armagh von einer tödlichen Krankheit befallen wurde und nach Malachias als Nachfolger verlangte. Celsus stammte aus einer vornehmen Familie, die seit 200 Jahren den Bischofsstuhl von Armagh besetzt hatte. Obwohl der größte Teil des Klerus ebenso wie das Volk Malachias forderten, gelang es nach dem Tode des Celsus seinem Anverwandten Maurice, den Heiligen fünf Jahre von Armagh fernzuhalten und weiterhin die Einkünfte des Bistums für die eigene Familie zu reservieren. Man beschloss sogar die Ermordung des Heiligen. Auf dessen Gebet aber – er wusste von den Plänen – sandte Gott ein fürchterliches Unwetter. Tags darauf fand man den Anführer und drei seiner Spießgesellen. Vom Blitz getroffen, hingen sie verkohlt an einem Baum. Auf dieses grauenvolle Ereignis hin lieferte Maurice die beiden kostbarsten Reliquien des Erzbistums aus, das Evangelienbuch des hl. Patrick und den Stab Jesu, und Malachias konnte endlich für drei Jahre das Amt in Armagh antreten. In dieser Zeit regelte er alle kirchlichen Angelegenheiten, dann kehrte er wieder in sein früheres Bistum zurück.

Auf einer Reise nach Rom besuchte er auf dem Hin- und Rückweg Clairvaux. In Bernhard fand er einen Freund in Christo und am liebsten wäre er bei ihm geblieben. Doch die Pflicht – er war in Rom zum päpstlichen Legaten bestimmt worden – rief ihn nach Irland zurück, wo er mit Feuereifer an die Reformation der geistlichen Sitten ging. Es entstanden neue blühende Klöster der Zisterzienser, die seine Bemühungen nach Kräften unterstützten. Ein zweites Mal unternahm er 1148 den Weg nach Clairvaux, wo er, von Fieber ergriffen, in den Armen seines Freundes Bernhard starb.

1595 wurden unter dem Namen des Heiligen Weissagungen über die künftigen Päpste veröffentlicht. In 141 kurzen Sätzen werden die Päpste seit 1143 bis zum Weltende charakterisiert.

Wiewohl die Echtheit des Textes früh angezweifelt wurde, erwiesen sich viele Mottos auf spätere Päpste als durchaus passend, so *peregrinus apostolicus* auf Pius VI., *aquila rapax* auf PiusVII. – er führte den Adler im Wappen –, *lumen in coelo* auf Leo XIII. – in dessen blauem Wappenbild ein leuchtender Stern steht. Für die Päpste des 20. Jahrhunderts bleiben 10 Titel: *ignis ardens*; *religio depopulata*; *fides intrepida*; *Pastor angelicus*; *Pastor et nauta* (Johannes XXIII.); *de meditate lunae* (Paul VI.); *de labore solis* (Johannes Paul I.); *gloria olivae* (Johannes Paul II.). Der letzte Name lautet nach Malachias *Petrus secundus*, der zweite Petrus. Demnach stünde in seiner Amtszeit – je nach Deutung – das Ende der Welt oder der Untergang der Kirche bevor. Wie alle bisherigen Weltuntergangsvorhersagen mit Ablaufdatum hat sich mit dem Amtsantritt Papst Bergoglios, Franziskus I., die Prophetie des Malachias in dieser Hinsicht als irrig erwiesen …

F: *auch 3. November.*

10. November

Hl. Theodistis von Paros (Theoktistis)

Jungfrau, 5. Jahrhundert

Auf der Insel Lesbos wuchs in der Stille eines Landgutes die Jungfrau Theodistis auf. Sie war früh verwaist und ihre um vieles ältere Schwester führte die Wirtschaft und sorgte für Erziehung und Frömmigkeit der jüngeren. Einst brach um Mitternacht eines der fürchterlichsten Unwetter seit Menschengedenken über die Insel herein. In ihrer Not liefen die beiden Schwestern ans Ufer, beteten, so wie sie es in der Hl. Schrift gelernt hatten, und alsbald beruhigten sich die tobenden Elemente. Gott für die Rettung preisend, machten sich die Jungfrauen auf den Heimweg, da drang Geschrei an ihr Ohr. Ganz nahe war ein Seeräuberschiff gelandet und an der Pforte des Landgutes rüttelten schon verwegene Gesellen. Kaum erblickten sie die beiden Frauen, rannten sie unter lüsternem Gejohle herbei. Theodistis sank ohmächtig zu Boden, während ihre Schwester in die Nacht entfloh.

Als Theodistis wieder zu sich kam, fand sie sich umringt von der wilden Schar, die lautstark um die Beute stritt. Die Jungfrau schickte ein verzweifeltes Stoßgebet zum Himmel und im nächsten Augenblick trat der Piratenhäuptling hinzu und erhob seinen alleinigen Anspruch auf sie. Er versicherte ihr, dass sie keine Angst vor ihm zu haben brauche. Er werde sie in seine Heimat mitnehmen und sie vielleicht sogar heiraten. Theodistis schwieg und folgte dem Räuber aufs Schiff, zuversichtlich, dass Gott sie nicht verlassen werde.

Auf der Insel Paros machte man Halt, um das geraubte Gut zu teilen. Der Jungfrau aber gelang es, unbemerkt vom Verdeck ins Schilf zu springen und durch Dornengestrüpp und Felsenschluchten zu entfliehen.

35 Jahre verbrachte Theodistis auf dem menschenleeren, öden Eiland; nährte sich von Beeren und Kräutern und wob sich jedes Jahr von einem Palmenbaum ein Blätterkleid. Als sie spürte, dass ihre Zeit sich neigte, flehte sie zum Himmel, er möge ihr vor dem Tode noch ein Mal einen Priester senden. Am selben Tag landete ein Jäger an der Küste, der von Euböa herübergekommen war, um seltenes Wild zu finden. Er erschrak beim Anblick der Jungfrau, denn er hielt sie für einen Geist, aber sie bat ihn in Jesu Namen zu bleiben. Staunend hörte er ihre Geschichte und als sie ermattet aufs Moos sank, eilte der Jäger zurück, um ihren Wunsch zu erfüllen. Bald darauf kam er mit dem ersehnten Priester. Theodistis empfing die langentbehrte hl. Hostie, schleppte sich mit letzter Kraft auf einen Felsen, wo sie ein Kreuz aufgestellt hatte, umarmte es, und verschied.

A: *(in russischen Ikonen) als Nonne.*

11. November

Hl. Martin

Mönch und Bischof von Tours, um 316–397

Als junger römischer Legionär begegnete Martin einmal einem halbnackten Bettler, dem die Vorübergehenden kein Almosen gaben. Da er sonst nichts zu verschenken hatte, zerschnitt er mit dem Schwert seinen Soldatenmantel und schenkte dem Armen die eine Hälfte. Seine Kameraden lachten ihn dafür aus, aber in der Nacht sah er im Traum Christus mit dem Tuch, der zu den Engeln sprach: »Der, der noch nicht getauft ist, hat mich bekleidet.« Martin ließ sich daraufhin taufen und wollte den Dienst quittieren, aber sein Oberst beschuldigte ihn der Feigheit, denn eine Schlacht gegen die Germanen stand bevor. Da versprach Martin, der Legion im Kampf voranzuschreiten – mit einer Kreuzstandarte, aber unbewaffnet. Er wurde zunächst in Ketten gelegt, doch am nächsten Morgen erschienen Boten des feindlichen Heeres und erklärten sich zum Frieden bereit. Der Oberst sah darin das Wirken des Himmels und entließ Martin aus dem Dienst.

Er zog sich auf eine kleine Insel bei Genua zurück, führte ein

Einsiedlerleben nach dem Vorbild der ägyptischen Mönche und nährte sich nur von Wurzeln und Kräutern. Schließlich holte ihn der hl. Hilarius nach Poitiers und Martin gründete dort das erste Mönchskloster in Gallien. Auf die Bitten der Gemeinde von Tours übernahm er auch das dortige Bischofsamt. Zunächst freilich wollte er der Berufung in einem Versteck entgehen, wurde aber durch das Geschrei einer Gans verraten. In seinem neuen Amt widmete er sich der Ausrottung der heidnischen Sitten auf dem Lande, zerstörte Götzenbilder und Kultstätten, heilte Kranke, erweckte Tote, trieb Dämonen aus und befreite Gefangene, weshalb seine Kirche in Tours später zu einem berühmten Asylort wurde.

Es gibt wenige Heilige, deren Leben so reich an Wundern ist. Martin verkehrte mit Engeln und Teufeln wie mit alltäglichen Menschen. Die bösen Geister erkannte er stets trotz ihrer tausendfachen Verkleidungen. Aus Ärger darüber spielte ihm der Teufel manchen Streich. Eines Tages, als der Heilige in seiner Zelle betete, erschien ihm ein König im Purpurgewand, ein Diadem von Gold und Edelsteinen auf dem Haupt und golddurchwirkten Schuhen. Sein Antlitz war gewinnend, die Züge drückten lautere Liebe aus. Die Gestalt fragte: »Martin, erkennst du mich?« Dieser schwieg. »Ich bin Christus und wollte mich dir zeigen.« Immer noch sagte Martin kein Wort. »Wie kannst du zweifeln?« fragte ihn die Gestalt. Da antwortete Martin: »Christus kehrt nicht im Purpur wieder. Ich glaube dir nur, wenn du mir deine Wundmale weist.« Da verschwand das Gespenst; Rauch und Schwefeldampf erfüllten die Zelle und offenbarten, wer der Besucher gewesen war.

Martins Schüler Sulpitius Severus berichtet in seiner Vita von einem Streit des Teufels mit Martin, wonach dieser am Ende ausrief: »Wenn du Elender endlich aufhören würdest, die Menschen zu versuchen, und am Tag des Gerichtes deine Verbrechen bereuen würdest, so hätte ich Gottvertrauen genug, durch meine Fürbitte Christi Verzeihung für dich zu erlangen.« Und der Biograph fügte hinzu: »Was für ein unerhörtes Vertrauen, etwas zu versprechen, was nicht einmal Christus versprochen hat.«

Als seine letzte Stunde nahte, rief er die Brüder zu sich, um Abschied zu nehmen. Diese flehten ihn an, sie noch nicht zu verlassen, und schließlich erklärte er sich aus Mitleid bereit zu bleiben, wenn dies in Gottes Willen stehe. Sie dankten ihm überschwänglich, aber Gott berief ihn doch zur vorherbestimmten Stunde ab.

Unzählige Wunder geschahen auch an seinem Grab und den ihm geweihten Stätten. Die Merowinger bewahrten an ihrem Hof ein Kleidungsstück des hl. Martin auf, um für alle Zeiten seine wundertätige Kraft zu genießen. Es war dies die »Cappa«, für welche die Hofgeistlichen verantwortlich waren. Daraus entwickelte sich schließlich der Name »Kaplan«.

Der Geschichtsschreiber der Merowingerzeit, Gregor von Tours, erzählt, dass er selbst Wasser getrunken habe, dem er Erde vom Grabe des Heiligen beigemischt hatte: Seine Schmerzen seien sehr gelindert worden.

A: *als Ritter auf weißem Ross (Winterbeginn, im Gegensatz zu Georg auf braunem Ross, dessen Fest in die Saatzeit fällt); eine Hälfte seines Mantels einem Bettler reichend; auch als Bischof mit Hostie als feuriger Kugel über dem Haupt oder mit Gans; Kranke heilend oder Tote erweckend.*
P: *von Frankreich und Ungarn; Altdorf, Amberg, Amiens, Avignon, Beuron, Biberach, Bingen, Braga, Brenkhorst, Castiglione, Chur, Cleve, Colmar, Düren, Erfurt, Ettlingen, Geldern, Groningen, Hall, Heiligenstadt, Heydt, Idstein, Kaiserslautern, Kassel, Landshut, Leutkirch, Lucca, Magdeburg, Mainz, Memmingen, Montserrat, Northumberland, St. Omer, Paris, Piacenza, Erzbistum Salzburg, Kantone Schwyz, Unterwalden und Uri, Utrecht, Wangen, Worms, Ypern; der Ausrufer, Bettler, Böttcher, Bürstenbinder, Fayencefabrikanten, Gerber, Großhändler, Hirten, Hoteliers, Hufschmiede, Müller, Panzerhemdhersteller, Reiter, Schneider, Soldaten, Tuchhändler, Waffenschmiede, Weber; der Antialkoholiker; der Reisenden; der katholischen Armeen, Kavallerie; der Pferde, der Gänse und Haustiere im Allgemeinen; für Fruchtbarkeit im Allgemeinen und der Felder im Besonderen; gegen Ausschlag, Blattern, Rotlauf und Wolf; gegen Schlangen.*
F: *auch 4. Juli.*

Hl. Johannes der Almosengeber (der Armenpfleger)

Patriarch von Alexandria, † 619

Johannes stammte aus reichem zyprischem Hause und heiratete eine vermögende Frau, mit der er einige Kinder hatte. Aber der Tod beraubte ihn mit einem Schlag seiner gesamten Familie. Da verschenkte er all sein Hab und Gut an die Armen und zog nach Alexandria.

Wegen seines heiligmäßigen Wandels wurde er nicht lange danach schon zum Bischof der Stadt gewählt. Er versammelte die Diakone der Kirche und sprach zu ihnen: »Das Wichtigste vor allem anderen ist der Dienst an Christus unserem Herrn. Geht in die Stadt und zeichnet mir alle meine Herren auf, keinen ausgenommen.« Als sie nun erstaunt fragten, um welche Herren es sich da handle, antwortete er: »Die ihr Bettler und Arme nennt, die halte ich für meine Herren, denn sie können uns ins Himmelreich helfen.«

Ein reicher Herr hörte, dass der Bischof nachts sich nur mit einer alten Wolldecke einhülle. Da sandte er ihm eine prächtig verzierte warme Decke, die 36 Goldstücke gekostet hatte. Johannes gebrauchte sie nur eine Nacht, denn er konnte nicht schlafen. Immerzu dachte er: »Soll man sagen, der Bischof ruhe unter einer Decke, die 36 Goldstücke gekostet hat, während die armen Brüder Christi frieren?« Am nächsten Tag ließ er die Decke auf dem Markt verkaufen. Als der reiche Herr das hörte, erstand er die Decke und sandte sie dem Johannes aufs Neue. Dieser schickte sie wieder zum Markt, der Herr erstand sie zum dritten Mal und übergab sie dem Heiligen. Da sprach dieser: »Wir wollen doch sehen, wer zuerst müde wird: du oder ich.« Auf diese Weise gewann Johannes dem reichen Herrn viel Geld ab.

Als der Heilige verschied, sah ein frommer Mann namens Sabinus in einer Vision, wie Johannes seine bischöfliche Wohnung verließ und wie ihn eine majestätische Jungfrau empfing, die heller glänzte als die Sonne. Ihr Haupt war mit Ölzweigen bekränzt.

A: *in bischöflicher Kleidung, mit einem Beutel in der Hand.*
P: *der Armen, Notleidenden und Kranken.*
F: *auch 30. Januar.*

Hl. Maurus

Abt, 510–584

Ein junger Mönch in einem Kloster des hl. Benedikt von Nursia fiel einmal ins Wasser. Er wurde von der Strömung fast einen Pfeilschuss weit weggetrieben und drohte zu ertrinken. Benedikt aber wurde seine Not in einer Vision offenbar und er sandte eilends den Bruder Maurus zur Rettung. Dieser lief zu dem Jüngling und zog ihn aus dem Wasser. Am Ufer bemerkte er, dass er über den Fluss wie auf festem Land geschritten war. Benedikt aber sprach: »Das ist nicht mein Verdienst, sondern der Lohn deines Gehorsams.«

Als man den hl. Benedikt bat, Mönche für die Gründung von Klöstern in Gallien bereitzustellen, schickte er seinen Lieblingsjünger Maurus an der Spitze von vier Genossen. Unterwegs heilte dieser mehrere Kranke mit einem Splitter des Kreuzes, den ihm der Abt in einer Kapsel mitgegeben hatte. In Gallien angekommen, stellten sich die Mönche unter den Schutz des Königs Theodebert und erklärten ihm, dass ihre Ansiedlung vor allem »ungestörte Ruhe und Sicherheit« erfordere. Maurus konnte auf geschenkten Ländereien das Kloster Glanfeuil gründen, das später seinen Namen erhielt: St. Maur-sur-Loire.

40 Jahre stand er an der Spitze der Abtei und versuchte in meist vergeblichen Anstrengungen, die von Brudermord, Inzest, Meineid, Vielweiberei und Aberglauben verdorbenen Sitten des fränkischen Adels zu heben. Häufig wurde er in den Streitigkeiten der Edlen um Rat und Vermittlung gebeten, nicht wenige gaben ihm ihre Söhne zur Ausbildung. Zwei Jahre vor seinem Tod zog er sich in eine einsame Zelle zurück, wo ihm in einer Vision eine bevorstehende Heimsuchung des Klosters offenbart wurde. Er mahnte die Brüder zu aufrichtiger Buße, denn viele müssten sich bald vor dem Herrn verantworten. Binnen fünf Monaten starben an einer Seuche 116 Mönche, nur 24 überlebten. Maurus selbst verschied, in einem Bußkleid vor dem Altar des hl. Martin auf dem Boden liegend.

Köln besitzt das Haupt, wenigstens aber einen Teil der Hirnschale des Heiligen unter seinen Reliquienschätzen.

A: *als Abt auf dem Wasser wandelnd, mit Buch, Stab und Kreuz; einen Mönch aus dem Wasser ziehend.*
P: *von Badajoz; der Köhler, Kupferschmiede, Lastträger, Laternenanzünder, Lichterzieher, der belgischen Schneider und Schuster; gegen Gicht, Heiserkeit, Kopfweh, Lähmung, Rheumatismus, Schnupfen, Skrofeln; (Maurus-Segen: Krankensegen mit einer Kreuzpartikel unter Anrufung des Heiligen).*
F: *auch 2., 15. und 19. Januar, 5. Februar, 12. März, 10. Juni.*

⁕

Hl. Martin I.

Papst von 649–653, † 655

Die Wahl des Umbriers Martin zum Papst war eine Kampfansage des lateinischen Westens gegen die Hierarchie des griechischen Ostens. In Rom wartete man nicht, wie üblich, zu seiner Weihe die Bestätigung des kaiserlichen Hofes in Konstantinopel ab. Martin selbst lud umgehend zu einer großen Synode nach Rom, in der über die damals grassierende und im christlichen Orient verbreitete »monotheletische« Häresie der Stab gebrochen werden sollte. Der Kaiser hatte jedes öffentliche Sprechen über die Streitpunkte (wie es sich mit dem göttlichen und dem menschlichen Willen in Christus genau verhalte) verboten. Im Oktober trat die Synode zusammen: Sie fand zu einem wenig überraschenden Ergebnis – der Verurteilung der Häresie.

Originell war die Argumentation der Synode. Wenn jede Rede über die Streitpunkte »Willen« und »Energie« bei Strafe untersagt sei, dann spreche man faktisch Christus jedweden Willen ab. Damit mache man ihn zu einem leblosen heidnischen Götzen. Die Synode verfluchte zum Finale alle gefügigen Konstantinopeler Patriarchen und die einschlägigen kaiserlichen Erlasse. Die Akten wurden mit einem Begleitbrief an den Kaiserhof geschickt. Darin hieß es, nach dem Vorbild der heiligen drei Könige schenke die Versammlung der Bischöfe dem Kaiser das Gold des reinen Bekenntnisses, den duftenden Weihrauch der Theologie und die Myrrhe der wahren Lehre, die das Böse auszutreiben vermöge.

Kaiser Konstans II. entbrannte in Wut und entsandte den Exarchen Olympius nach Italien mit dem Auftrag, alle Kleriker zur Unterschrift unter seine Erlasse zu bewegen und den Papst zu verhaften. Im »Buch der Päpste« wird zu den Ereignissen erzählt: Da die städtische Miliz treu zum Papst stand, hatte der Exarch den Plan gefasst, Martin ermorden zu lassen. Er sollte, während er Olympius die Kommunion reichte, hinterrücks von einem Spathar erdolcht werden. Aber Gott selbst griff ein und blendete den Mordbuben, der Martin nicht mehr sah und blind in der Kirche herumtappte. Da durchfuhr es Olympius wie ein Blitz – er durfte sich nicht mit Gott persönlich anlegen. Er musste die Unversehrtheit des Papstes achten.

Offenbar hatte der Kaiser den falschen geschickt. Der Exarch verbreitete die abenteuerliche Geschichte, um die Milizen auf seine Seite zu ziehen. Wichtiger aber: Großzügig in Byzanz mit Mitteln ausgestattet, konnte er großzügig zu den Soldaten sein. An der Spitze der italischen Truppen proklamierte er sich zum Gegenkaiser. Das Imperium war in diesem Augenblick im Westen handlungsunfähig, versuchte es sich doch im Osten und Süden der islamischen Expansion zu erwehren. Olympius behauptete sich fast drei Jahre; erst 652 verlor er das Leben in einer Abwehrschlacht gegen die Araber, die damals zum erstenmal in Sizilien erschienen.

Nun konnte der Kaiser endlich seine Gewalt in Italien wieder herstellen. Ein neuer Exarch bewog die Milizen, zum kaiserlichen Banner zurückzukehren. Martin wurde festgenommen und ohne Gepäck und Gefolge nach Konstantinopel verschifft. Nach 93 Tagen in strenger Einzelhaft wurde ihm ein Hochverratsprozess gemacht. Reihenweise traten Gefolgsleute des Olympius auf und beschuldigten Martin als Hauptschuldigen der Insurrektion. Damit kauften sie sich selbst von Anklagen frei. Martin wurde zum Tod verurteilt und nur die Bitten des sterbenden Patriarchen Paulus um Milde für seinen Amtsbruder bewogen den Kaiser, Martin auf die Krim zu verbannen. Einsam und von allen verlassen schrieb er einen letzten traurigen Brief nach Rom, wo schon ein neuer Papst gewählt war: »Ich wundere mich über die unbarmherzige Gleichgültigkeit meiner Freunde und Nächsten, daß sie meiner im Unglück so ganz vergessen haben, und gar nicht mehr wissen wolle, ob ich lebe oder nicht. « Wenige Tage danach erlöste ihn der Tod.

F: *11. und 12. April, 16. September.*

Hl. Philippus

Apostel

Philippus war gebürtig in Bethsaida am See Genezareth, wo er das Fischerhandwerk betrieb. Er hatte mehrere Töchter, die wegen ihrer Tugendhaftigkeit und Heiligkeit von einigen alten Schriftstellern »Asiens Lichter« genannt wurden. Ihr gottgefälliger Wandel rührte nicht zuletzt von der Frömmigkeit des Vaters her, der sich von Alltags- und Familiensorgen nie daran hindern ließ, das mosaische Gesetz und die Propheten zu studieren. Es waren diese Betrachtungen, die ihn veranlassten, in Jesus den Messias zu sehen und sich ihm ohne Verzug anzuschließen.

Philippus feierte die Hochzeit von Kana mit, wurde unter die Zwölf aufgenommen und sollte später dem Erlöser während des letzten Abendmahls Gelegenheit geben, seine Stellung zu Gottvater zu erläutern. Philippus bat nämlich: »Zeig uns deinen Vater!« Jesus erwiderte: »Wer mich sieht, der sieht auch den Vater; denn ich bin in dem Vater, und der Vater ist in mir.«

Als die Apostel nach der Himmelfahrt des Herrn den Erdkreis unter sich aufteilten, predigte Philippus in Phrygien, wo er eine große Anzahl Heiden bekehrte. Besonders beeindruckte er sie mit seiner Fähigkeit, Giftschlangen mit dem Kreuz zu bändigen. In hohem Greisenalter wurde er wegen seines Glaubens in den Kerker geworfen, öffentlich gegeißelt und, mit dem Haupt zur Erde hängend, ans Kreuz genagelt. Als man ihn noch lebend herabnehmen wollte, bat er darum, am Holz sterben zu dürfen. Man gewährte ihm seine Bitte, beschleunigte aber den Tod mit Steinwürfen. Seine Reliquien ruhen in der Zwölf-Apostel-Kirche in Rom, ein Armknochen wird in Florenz aufbewahrt.

A: *trägt ein T-Kreuz; mit Vollbart; mit dem Kopf nach unten am Kreuz; häufig zusammen mit Jakob dem Jüngeren, mit dem er auch verschiedene Patronate teilt.*

P: *von Dieppe und Friesland; der Hutmacher, Krämer, Pastetenbäcker und Tuchwalker.*

Hl. Albert der Große (Albertus Magnus)

Kirchenlehrer und Bischof, 1193–1280

Der 1193 in Lauingen/Schwaben geborene Rittersohn Albert trat 1223 dem Dominikanerorden bei. Er wirkte als Lehrer an den Ordensschulen von Hildesheim, Freiburg, Straßburg, Regensburg und Köln, wo Thomas von Aquin zu seinen Schülern zählte. Später hielt er an der Universität Paris Vorlesungen, die er wegen der großen Zahl der Zuhörer ins Freie verlegen musste. Er genoss die seltene Ehre, von zeitgenössischen Gelehrten als Autorität zitiert zu werden. Von 1260 bis 1262 amtierte er als Bischof von Regensburg. Dann zog er in päpstlichem Auftrag durch Deutschland und Böhmen, um für einen neuen Kreuzzug zu predigen. Die äußere Gestalt Alberts beschreibt die Geschichte, wie er dem Papst vorgestellt wurde. Dieser hatte ihn zuvor noch nie gesehen und sprach freundlich: »Erhebe dich.«
»Herr Papst, ich stehe schon«, antwortete Albert.

Seine Schriften ergeben ein Gesamtwerk von etwa 50 Bänden, jeder so dick wie ein Lexikon. Er kommentierte den Aristoteles und machte ihn im Abendland wieder bekannt. Wegen seines ungeheuren Wissens auf allen Gebieten der Theologie, Philosophie und Naturwissenschaften wurde Albert von seinen Zeitgenossen *Doctor universalis* genannt.

Besonders bewunderte – und verdächtigte – man seine okkulten Forschungen. Man glaubte, er könne den Lauf der Jahreszeiten ändern und den Teufeln befehlen, Brücken zu bauen oder ihn selbst durch die Lüfte zu transportieren. Er selbst aber wies auf dem Totenbett den Vorwurf zurück, je ein Schwarzmagier gewesen zu sein, und bat darum, dass man sein Grab nach drei Tagen öffne. So geschah es und man fand ihn nicht liegend, sondern kniend in seinem Sarkophag vor.

Es wird auch erzählt, Albert habe mit Alexander dem Großen die ganze Welt durchwandert, worauf er einem ihm gesandten Engel erklärte: »Jetzt kenne ich alles außer dem Fegefeuer. Lass es mich zehn Tage lang erforschen.« Manche glauben, Albert habe sich jahrelang als Frau verkleidet, um als Hebamme die Beschaffenheit und Krankheiten des weiblichen Körpers genau untersuchen zu können. Aber diese Geschichte beruht wahrscheinlich auf einer Verwechslung: Man schrieb ihm nämlich allgemein, aber fälschlicherweise die Autorschaft an einem weit verbreiteten »Hebammenbuch« zu.

Zwei Jahre vor seinem Tod verlor der Heilige sein Gedächtnis und seine Kenntnisse entschwanden ihm plötzlich alle in der Art, wie man mit einem Schwamm eine Kreideschrift löscht. Da erklärte er seinen Studenten, dass er immer in allen Punkten die Lehre der katholischen Kirche vertreten habe, aber nicht für das haften wolle, was er von nun an äußere. Bis zu seinem Tod besuchte er täglich sein ihm zugedachtes Grab in der Kölner Andreaskirche. Seine Hirnschale wird in der Stadtpfarrkirche von Lauingen aufbewahrt.

A: *als Dominikaner oder Bischof, mit Schreibfeder bzw. Buch in der Hand.*
P: *der Naturwissenschaftler.*

⁕

Sel. Helena von Ungarn

Dominikanernonne, † 1270

Die Dominikanernonne Helena war im Kloster Vesprin sieben Jahre lang die Erzieherin der Prinzessin Margarete von Ungarn. Es war nicht zuletzt ihr Verdienst, dass ihre Schülerin wegen ihres heiligmäßigen Wandels später ebenfalls unter die Schar der Heiligen aufgenommen wurde. Die geistlichen Gaben der begnadeten Lehrerin wirkten tief auf das empfängliche Gemüt der jungen Königstochter.

Als Helena einmal in die Betrachtung der Leiden des Heilands vertieft war, sahen ihre Mitschwestern einen goldenen Kreis über ihrem Haupte schweben, mit einer schneeweißen Lilie in der Mitte. Die tief in ihre Andacht Versunkene blickte zum Kreuz auf und erschrak, als ein blutiger Strahl herab in ihre rechte Hand traf und in stechendem Schmerz das Wundmal des Herrn darin aufklaffte. Ihr erster Gedanke war seliger Stolz, ihr zweiter Angst vor Hochmut. Laut flehte sie den Heiland an, das Stigma unsichtbar zu machen und ihr nur den Schmerz zu lassen. Und ihr Wunsch ging in Erfüllung. Doch nur dies eine Mal. Später wurden ihr alle Wundmale eingedrückt.

Während einer anderen Verzückung schwebte ein Kreuz aus Erz vom Altar auf sie hernieder und legte sich in ihre Hände. Als sie wieder zu sich kam, kehrte es von selbst an seinen alten Platz zurück. Mehr als einmal kamen ihr beim Beten die Bilder der Gottesmutter und der Heiligen durch die Luft entgegen. Eines Nachts weckte ein lautes Geräusch die Schwestern. Sie eilten in die Kapelle und fanden Helena vor, die reglos am Boden lag – an der Brust ein messingnes Bild des Gekreuzigten. Es war der Verzückten zugeflogen und konnte erst nach Stunden aus ihren Armen gelöst werden. Trotz solcher Geisteszustände war Helena eine praktische und umsichtige Person, weshalb man sie auch als Priorin wählte. Ihrem hohen Zögling brachte sie alle Grundsätze der Haushaltsführung, des Rechnens und der klugen Vorratshaltung bei. Das ganze Land weinte, als zu Beginn des Jahres 1270 erst Margarete, im November Helena starb.

16. November

Hl. Edmund Rich

Erzbischof von Canterbury, um 1180–1240

Als Kanonikus und Schatzmeister der Kathedrale von Salisbury wurde er von Papst Gregor IX. beauftragt, zur Unterstützung des Kreuzzugs gegen die Sarazenen aufzumuntern. Dies tat er mit solchem Erfolg, dass sich auch die verstocktesten Sünder bekehrten und für die Befreiung des Heiligen Landes spendeten. Einmal predigte er im Freien, als sich ein fürchterlicher Sturm erhob. Doch so weit seine klingende Stimme reichte, blieben die Zuhörer von der Naturgewalt verschont.

Sein Lebenswandel galt bis ins ferne Rom als vorbildlich. Da er von angenehmem Äußeren und gewandtem Auftreten war, verliebte sich einst eine junge Dame der Gesellschaft in ihn. Edmund widerstand ihrer außerordentlichen Schönheit wie auch all ihren Verführungskünsten. Schließlich konnte er sich ihrer Zudringlichkeiten nicht mehr anders denn durch eine List erwehren. Er stellte sich, als ergäbe er sich ihren Absichten, und lud sie in seine Kammer ein. Dort veranlasste er sie, sich zu entkleiden, aber anstatt sie zu berühren, griff er nach einer

Peitsche und züchtigte sie bis aufs Blut. Noch lange Zeit danach waren die dick geschwollenen Striemen auf ihrer zarten Haut zu sehen.

Einstimmig zum Erzbischof von Canterbury gewählt, führte er einen unerbittlichen Kampf gegen das Laster, gegen Ämterkauf durch Kleriker und gegen die allgemeine Sittenverderbnis der weltlichen Herren. Besonders nahm er sich mittelloser junger Mädchen an, für die er eine eigene Anstalt gründete, um sie vor Gefahren zu bewahren.

Als König Heinrich III. die durch Verschwendung erschöpften Staatsfinanzen aufbessern wollte, indem er seine Hand auf die Einkünfte der Kirche legte, setzte ihm Edmund entschiedenen Widerstand entgegen.

Schließlich musste er sich vor den Nachstellungen des Monarchen ins Exil nach Frankreich flüchten, wo er in Soissy 1240 starb. Schon 20 Jahre später sprach ihn Innozenz IV. heilig.

A: *als Bischof, dem das Jesuskind und die Muttergottes erscheinen.*

⁕

Hl. Otmar

Abt von St. Gallen, (689–759)

Der aus edlem Hause stammende Otmar wurde schon in jungen Jahren zum Priester an der Florinkirche von Chur geweiht. Sein Ruf als frommer, sittenreiner und gelehrter Gottesmann verbreitete sich im Alemannischen. Der Graf Waltram, in dessen Herrschaftsgebiet einst der hl. Gallus eine Einsiedlerkolonie gegründet hatte, bat Otmar, dort aus den einzelnen Klausen ein Kloster zu schaffen und dessen Abt zu werden.

Otmar trat sein Amt mit Tatkraft und Geschick an. Es entstanden unter seiner Leitung rasch geeignete Baulichkeiten – Unterkünfte, Gebets- und Arbeitsräume, Stallungen und Magazine. Sein selbstloser Eifer und seine freundliche Art bewogen manch Höhergestellten zu reicher Spende. So gedieh das erneuerte St. Gallen schnell und beherbergte bald zahlreiche Mönche, die nach dem Vorbild ihres Abtes mit Arbeitsfleiß, Hingabe und schlichter Lebensführung zum schnellen

Aufblühen der Abtei beitrugen. Einst schloss ein Bauer mit dem Kloster einen Vertrag über die jährliche Lieferung an Bier. In der bis heute erhaltenen Urkunde kommt erstmals in der Sprachgeschichte das lateinische »cerevisia« für Bier vor.

Otmar war ein großer Anhänger der Sparsamkeit, er fastete nicht nur an den kirchlich gebotenen Tagen, sondern nutzte – nach den Worten des Hagiographen – »diese Waffe als Schild gegen die Geschosse der Versuchungen«.

Durch unermüdliches Gebet verscheuchte er die Ausschweifungen der Phantasie. Notwendige Reisen unternahm er auf dem Rücken eines armseligen Esels. In Klosternähe ließ er Wohnungen für Arme errichten sowie ein Siechenhaus, in dem auch Aussätzige aufgenommen wurden, die sonst von den übrigen Menschen getrennt leben mussten. Oft verließ er in den Nachtstunden seine Zelle, um nach den Kranken zu sehen. Er reinigte ihre Köpfe und Füße, säuberte die eiternden Wunden mit eigenen Händen und versorgte die Schwachen mit Speis und Trank.

Als Otmar einst den König Pippin besuchte, beschenkte ihn dieser mit siebzig Pfund Silber zum Besten der Mönche. Aber schon an den Toren des Palastes begann er an die Armen, denen er begegnete, das Geld zu verteilen. Bei seiner Rückkehr war ihm nur noch wenig für seine Mitbrüder übriggeblieben.

Bald danach begann für Otmar und die Abtei eine düstere Zeit. Der Bischof Sidonius von Konstanz wollte St. Gallen seinem Bistum unterstellen und verbündete sich mit den Grafen Warin und Ruodhard. Diese waren von Pippins Bruder Karlmann gegen die aufsässigen Alemannen eingesetzt worden, aber nutzten ihre Stellung in rabiater Weise dazu, sich große Teile der klösterlichen Liegenschaften und andere kirchliche Ländereien des Gebiets anzueignen. Sie ließen den auf das gesatzte Recht pochenden Abt von ihren Bütteln ergreifen und in ein dunkles Verließ werfen. Ein abtrünniger Mönch namens Lampert fand sich bereit, gegen seinen Oberen auszusagen und ihn der Schlemmerei zu bezichtigen. Und er behauptete ein Weib zu kennen, das von Otmar genotzüchtigt worden sei. Man drang in den Heiligen, der lange schwieg, sich zu den Vorwürfen zu äußern. Schließlich sprach er: »Ich bekenne, dass ich übermäßig in vielen Stücken gesündigt habe, gegen die Anschuldigung dieses Verbrechens aber rufe ich Gott, der in mein Innerstes schaut, zum Zeugen an.« Bald darauf ergriff den Lampert die göttliche Rache. Durchglüht vom Fieber schwand seine Körperkraft, er wurde lahm, seine Glieder verloren ihre Form und der Kopf neigte sich nach Art der vierfüßigen Tiere zur Erde. Doch obwohl er reuig seine Lügen bekannte, ließen die parteiischen Richter den Heiligen nicht frei. Einem reichen frommen Mann namens Gozbert gelang es, wenigstens eine Milderung der Verurteilung zu erreichen und Otmars Haft auf die Rheininsel Werd in ein Landhaus zu verlegen. Der Heilige nahm sein trauriges Geschick ergeben hin und ging schon nach kurzer Zeit in die ewige Ruhe ein. Im folgenden Jahr starb auch der ränkevolle Bischof Sidonius nach langwierigem elenden Siechtum unter schweren Gewissensqualen.

Zehn Jahre später wurden die Mönche St. Gallens durch eine himmlische Vision daran gemahnt, den heiligmäßigen Klostergründer an seine alten Wirkungsstätte heimzuholen. Elf Brüder und etliche Bedienstete fuhren zu Schiff in geheimer Mission zu der Insel. Verstohlen schlichen sie des Nachts an seine Ruhestätte und öffneten das Grab. Sie fanden den Körper fast unversehrt, nur der Teil eines Fußes war verdorrt. Die Brüder erhoben den Leichnam ehrfurchtsvoll und brachten ihn auf das Schiff, wo sie ihn aufbahrten. An Haupt und Füssen entzündeten sie große Wachskerzen. Während sie mit ihrer kostbaren Ladung davon ruderten, erhob sich ein gewaltiges Unwetter, in dem das Schiff zu kentern drohte. Nur der Schutz des Heiligen rettete sie vor einer Katastrophe. Eine andere Erklärung gab es nicht, denn rings um das Schiff entstand völlige Windstille und ruhiges Wasser. Sogar den Flammen der Kerzen vermochte der Sturm nichts anzuhaben.

Als das Unwetter sich endlich gelegt hatte, steuerten die Mönche, ermüdet von der Anstrengung, das Schiff ans Ufer, um sich durch Nahrung und Trank zu stärken. Aber sie mussten feststellen, dass nur noch ein kleines Fässchen mit Wein an Bord übriggeblieben war. Zu wenig, um aller Durst zu löschen. Einer der Brüder erinnerte an die Wunder Jesu und setzte beherzt den Spund an die Lippen. Und siehe da, das Fässchen wurde trotz des großen Durstes der elf Mönche und der übrigen Schiffsbesatzung nicht leer. Erst als sie nicht mehr trinken konnten und Gott für das Wunder dankten, ging der Inhalt zur Neige.

In St. Gallen bettete man Otmar in einen Sarkophag nahe dem Altar des hl. Johannes. An diesem Grabmal geschahen in den nächsten Jahrzehnten noch viele weitere Wunder. Taube fanden ihr Gehör, Kerzen brannten ohne Erneuerung des Wachses wochenlang, Blinde konnten wieder sehen und Lahme wieder gehen. Beim Umbau der Kirche stürzte eine Mauer über einem Arbeiter zusammen, und alle hielten ihn für tot. Doch nachdem man den Schutt beiseite geräumt hatte, erhob sich jener ganz unverletzt.

Nach 105 Jahren kanonisierte der Konstanzer Bischof Salomon I. den von seinem Vorgänger so übel behandelten Abt als Heiligen. Otmars Reliquien werden bis heute in der Domkirche von St. Gallen aufbewahrt und verehrt.

A: *mit Weinfässchen und Bischofsstab*
P: *der Winzer; gegen Kinderkrankheiten und Krankheiten allgemein*
F: *16. November / 15. April / 25. Oktober*

17. November

Hl. Gregor Thaumatourgos (der Wundertäter)

Bischof, um 213–270

Gregor war der Sohn heidnischer Eltern, erkannte aber bald die Nichtigkeit des Götzendienstes und wurde vom berühmten Kirchenvater Origenes zum Christentum bekehrt. Er studierte nun in Alexandria, das ebenso reich an großen Geistern wie an schlimmen Sitten war. Gregor mied besonders das Laster der Unkeuschheit, wodurch er zum Gespött vieler Gleichaltriger wurde. Einige beschlossen, dem Tugendsamen einen Streich zu spielen, und bestachen eine Dirne, dass sie Gregor in der Öffentlichkeit beschuldige, er habe ihr den Lohn für Liebesdienste vorenthalten. Die Zeugen des peinlichen Auftrittes stießen das freche Weib empört zur Seite, aber Gregor bat unbefangen einen Gefährten, ihr zu geben, was sie verlange. Sie waren nämlich gerade inmitten eines theologischen Disputs und er wollte die strittige Frage zu Ende bringen. Kaum hatte die Dirne das geforderte Geld erhalten, da trat ihr Schaum vor den Mund, sie wälzte sich im Schmutz und raufte sich die Haare. Gregor erkannte, dass es sich um einen bösen Geist handelte, betete zum Himmel und der Dämon fuhr unter gotteslästerlichem Fluchen wieder aus. Sie aber bekannte nun laut seine Unschuld und so ward er glänzend gerechtfertigt.

Nach seinem Studium kehrte Gregor in seine Heimat Ponthus zurück und nicht lange darauf bestimmte ihn der Metropolit zum Bischof von Neucäsarea. Diese große Stadt war noch ganz von heidnischem Geist durchdrungen. Gerade 17 Köpfe zählte die christliche Gemeinde. Mit der Macht seiner Rede und vor allem mit seiner außerordentlichen Wundertätigkeit änderte Gregor diesen Zustand. Mit dem Kreuzzeichen heilte er alle Arten von Gebrechen, bannte Unwetter, ja brachte Erdbeben ebenso zum Einhalt wie feindliche Heere. Die Erzählung aller Taten des Heiligen würde zahllose Bücher wie das vorliegende füllen und für ihre Wahrhaftigkeit bürgen Zeugen wie der hl. Basilius oder der hl. Gregor von Nyssa. Als der hl. Bischof seine Augen für immer schloss, da lebten in der Stadt nur noch 17 Heiden.

A: *zumeist Teufel aus Menschen oder Götzenbildern austreibend.*
P: *in verzweifelten Situationen; gegen Überschwemmung.*
F: *auch 3. Juli.*

18. November

Hl. Vincentius von Lérins

Priester und Mönch, † um 450

In jungen Jahren war der hl. Vincentius ein erfolgreicher, hoch angesehener Kriegsmann. Nach langen Jahren aber erkannte er die Hinfälligkeit alles Irdischen und verließ die Welt. Er wurde Mönch in einem Kloster auf den Lerinischen Inseln vor der Küste der Provence. Damals wurde die Kirche von vielen Häresien bedroht und Vincentius litt heftig unter der Uneinigkeit zwischen den Christen. So verfasste er 434 sein berühmtes *Commonitorium*, eine Warnschrift vor den Irrlehren. Aus Demut verschwieg er seinen Namen und setzte auf das Titelblatt als Verfasser das Pseudonym Peregrinus, also Fremder oder Pilger, da er sich als Fremdling auf der Erde ansah.

Vincentius stellte eine für seine Zeitgenossen einleuchtende Grundregel auf, welcher bei strittigen Glaubensfragen immer entschieden werden solle. Als allgemeine (»katholische«) Glaubenslehre habe zu gelten, »was an allen Orten, zu allen Zeiten und von allen geglaubt worden ist«. Nach Vincentius sollte keinem das Ohr geliehen werden, der eine bisher unbekannte Lehre vortrage. Wer sich unterstehe, einen einzigen Glaubensartikel umzustoßen, neige dazu, bald andere bezweifeln und am Ende alles in Frage zu stellen. Über die Irrlehrer schreibt er: »Sie geben sich den Schein, überall die Schrift zur Schützerin zu haben; man findet kaum eine Stelle in ihren Büchern, wo kein Schrifttext steht. Allein sie gleichen darin Marktschreiern, die, um ihre Quacksalbereien an den Mann zu bringen, unfehlbare Heilungen versprechen.«

Erst im 16. Jahrhundert wurde die Bedeutung des Werks von Vincentius wieder entdeckt. Während es zuvor fast vergessen war, urteilte nun der von Katholiken hochgeschätzte Theologe Mabillon: »Dieses Buch ist ein ewiges Verteidigungsmittel gegen alle Irrlehren, alte, neue und zukünftige.«

F: *auch 24., 26. und 28. Mai.*

19. November

Hl. Elisabeth von Thüringen

Witwe und Wohltäterin, 1207–1231

Als Tochter des Königs von Ungarn wurde Elisabeth als 14-jähriges Mädchen mit dem zehn Jahre älteren Landgrafen Ludwig von Thüringen verheiratet. Obwohl seine Verwandtschaft die junge Gräfin mit Missgunst verfolgte, wurde ihre Ehe sehr glücklich. Elisabeth begleitete den Gemahl, wohin immer es möglich war. Zog er aber in den Krieg, legte sie ein einfaches Witwenkleid an und schmückte sich erst bei seiner Heimkehr wieder mit den fürstlichen Gewändern. Da sie gemeinsam aufgewachsen waren – Elisabeth lebte seit ihrem vierten Lebensjahr am Thüringischen Hof –, nannten sie sich stets »Bruder« und »Schwester«. Dennoch führten sie keine Ehe nach der Art des hl. Joseph, sondern hatten zusammen drei Töchter und einen Sohn.

Nur Ludwig rechenschaftspflichtig, übte sie, oft zum Verdruss ihrer Umgebung, eine verschwenderische Mildtätigkeit gegen Arme. Während einer Hungersnot ließ Elisabeth eine ungeheure Geldsumme und sämtliche fürstlichen Getreidevorräte verteilen. Einst trug sie für die

Notleidenden unter ihrem Mantel Fleisch, Butter und Eier den Burgberg hinunter, als sie ihren Gemahl traf. Er griff nach ihrem Mantel, um zu sehen, was sie darunter verborgen habe, und fand einen Strauß weißer und roter Rosen.

Einen Aussätzigen, den sie gewaschen und verbunden hatte, legte sie einmal ins Ehebett, da sie Ludwig nicht mehr für die Nacht erwartete. Doch er kehrte vorzeitig zurück und wurde von den aufgebrachten Verwandten sofort über den Vorfall unterrichtet. Als der Graf die Decke aufschlug, erblickte er anstelle des Kranken ein Kruzifix. Da sagte er: »Solche Gäste, liebe Schwester, sollst du mir viele ins Bett legen.«

Das eheliche Glück fand ein jähes Ende, als Ludwig sich dem Kreuzzug anschloss und an einer Seuche starb. Elisabeths Schmerz war so groß, dass sie ausrief: »Nun ist mir alle Welt tot.« Ihr Schwager Heinrich, der so schnell wie möglich an die Macht kommen wollte, verwies sie mitsamt ihren vier Kindern des Landes. Mit Schimpf wurde die erst 20-jährige Witwe von der Wartburg in die beißende Winterkälte hinausgejagt und niemand wagte es, sie aufzunehmen, auch nicht die Armen, denen sie so viele Wohltaten erwiesen hatte.

Nach verschiedenen Wirrnissen übersiedelte sie nach Marburg und trat dem Dritten Orden des hl. Franz bei. Dieser soll ihr seinen Mantel gesandt haben, den sie immer trug, wenn sie betete. Die Haare wurden ihr abgeschnitten, mit einem Strick gürtete sie ein grobes graues Kleid und ging von nun an stets barfuß. Schon auf der Wartburg hatte Elisabeth mit Zustimmung ihres Gemahls dem Meister Konrad unbedingten geistlichen Gehorsam gelobt. Dieser war ein asketischer Priester, Kreuzzugsprediger und einer der ersten Inquisitoren, der den Bettelmönchen freundlich gesonnen war, den Häretikern aber ewige Feindschaft geschworen hatte. »Lieber hundert Unschuldige verbrennen, als einen Ketzer laufen lassen«, war sein Grundsatz.

Der Papst persönlich hatte Konrad die Sorge für die Gräfin übertragen, da er deren Anlage zur Heiligkeit ahnte. Konrad behandelte Elisabeth mit unerbittlicher Strenge. Schon beim kleinsten Ungehorsam wurde sie unbarmherzig bestraft. Sie musste sich entblößen und wurde bis aufs Blut gegeißelt. Ihre Dienerin berichtete später, drei Wochen lang die Striemen einer solchen Züchtigung festgestellt zu haben. Er nahm ihr auch ihre trauten Dienerinnen weg und gab ihr zwei Weibspersonen ins Haus, von denen die eine grob und abgrundtief hässlich, die andere taub und tückisch war. Es wurde ihr untersagt, Aussätzige zu küssen und Armen mehr als einen Pfennig zu geben. Als Konrad einmal feststellte, dass sie nicht gehorcht hatte, ohrfeigte er sie. Sie aber sprach dazu: »Gern müssen wir das erdulden, sind wir doch wie Schilf am Ufer. Wenn das Wasser steigt, tauchen wir unter, wenn es wieder fällt, so wächst das Schilf fröhlich weiter.« Als sie, durch Askese und aufopferungsvolle Krankenpflege geschwächt, sterbenskrank darniederlag, verbreitete sie dennoch eine kindliche Heiterkeit. Ihre Habseligkeiten verschenkte sie an die Armen. Kurz darauf trug man sie zu Grabe. Sie war erst 24 Jahre alt.

Zeuginnen bestätigten später beim Heiligsprechungsprozess, dass es während der vier Tage der Aufbahrung »keinen penetranten Leichengestank« von ihrem Körper gegeben habe, »wie man es bei anderen gewohnt sei«. Stattdessen »entströmte ihm ein aromatischer Duft, der eine belebende Wirkung hatte«. Viele Kondolierende seine in Andacht entflammt worden, hätten ihr Teile der Totentücher, Haare, Fingernägel abgeschnitten, »manche Frauen schnitten ihr Stücke aus den Ohren, andere schnitten ihr die Brustwarzen ab und verwahrten sie für sich als Reliquien«. In kurzer Zeit wurden über 100 durch ihre Anrufung bewirkte Wunder verzeichnet werden, darunter neun Totenerweckungen. So konnte sie schon vier Jahre nach ihrem Tod heiliggesprochen werden.

Konrad aber wurde bald darauf von einigen Rittern überfallen und, obwohl er um sein Leben bettelte, gnadenlos abgeschlachtet. Dieser Mord setzte der Inquisition in Deutschland ein Ende.

A: *Almosen verteilend; in fürstlichem Gewand Armen die Füße waschend oder mit Korb und Weinkrug; mit drei Kronen, eine auf dem Haupt, zwei in den Händen; mit Modell einer Kirche, zur Rechten ein Bettler; mit Rosen in ihrem Mantel.*
P: *von Hessen, Isny, Marburg, Thüringen; der Bäcker, Bettler und Spitzenmacherinnen; der Barmherzigen Schwestern, Elisabethinen, des Deutschen Ordens, der Franziskanerterziarinnen; gegen schwere Krankheiten.*

Hl. Edmund

König der Angelsachsen, Märtyrer, 840–870

Mit 15 Jahren bestieg Edmund den Thron seiner Väter und 15 Jahre lang regierte er gerecht, friedfertig und in Frömmigkeit. In seinem 30. Lebensjahr aber fielen die Dänen ins Land ein. Unter ihren Häuptlingen Hinguar und Hubba verbreiteten die grausamen Wikinger Angst und Schrecken über England, zerstörten Kirchen und Klöster und schändeten die Nonnen. Edmund stellte sich an die Spitze seiner Krieger und besiegte die Dänen in der Schlacht von Thetford. Doch als immer neue Schiffe aus dem Osten landeten, musste er vor der beutegierigen Übermacht fliehen und geriet schließlich in die Gewalt seiner Feinde.

In Ketten wurde er vor Hinguar und Hubba geführt, die ihm das Leben versprachen, wenn er dem Christentum abschwöre. Aber Edmund wies dieses Ansinnen mit Abscheu von sich. Da ließen ihn die Barbarenhäuptlinge an einen Baum fesseln und mit Ruten bis aufs Blut peitschen. König Edmund ertrug diese Marter ohne einen Schmerzensschrei. Nachdem sie ihn als Zielscheibe für ein Pfeilschießen benutzt hatten, töteten sie ihn mit dem Schwert und warfen sein abgeschlagenes Haupt in den Wald. Dort bewachte es ein Bär, nach anderen Berichten ein Wolf, bis es unversehrt von Christen aufgefunden wurde. Das Tier begleitete sie, bis Edmund ins Grab gelegt war, und trottete dann wieder in den Wald zurück.

A: *im königlichen Schmuck, an den Baum gefesselt und von Pfeilen gespickt; mit Bär oder Wolf, das abgeschlagene Haupt bewachend.*
P: *des englischen Königshauses; gegen Pest.*

Hl. Kolumban (auch: Columba, Columbanus)

Glaubensbote, Ordensstifter und Abt von Bobbio, um 543–615

Von Kindheit an schon in den Wissenschaften unterrichtet, hatte Kolumban auch frühzeitig gegen die Versuchungen des Fleisches zu kämpfen. Seine außerordentliche Schönheit setzte ihn, wie sein Biograph Jonas schreibt, »den frechen Lockungen schamloser Irländerinnen aus«. In seiner Not besuchte er eine fromme Klausnerin, die ihm den Rat gab: »Fliehe, junger Mann, wenn du dich retten willst.« Im Kloster Bangor fand er Zuflucht, Beispiel und Gleichgesinnte.

Nach Jahren harter Askese und bedingungslosen Gehorsams fühlte Kolumban eine unabweisbare Berufung zur *peregrinatio propter Christum*, zur Pilgerschaft und Heimatlosigkeit um Christi willen. Mit dem Verlassen von örtlichen Bindungen, der Aufkündigung verwandtschaftlicher und stammesmäßiger Rücksichtnahmen suchten in jenen Zeiten nicht wenige keltische Mönche die Freiheit eines eigenen Weges zu Gott. Weniger um der Mission an sich willen als um die Wahrheit Christi in der Fremde zu finden, begaben sie sich auf eine lebenslange Pilgerschaft.

Kolumban schiffte sich also mit zwölf Gefährten ein und landete in der Bretagne. Von dort zogen sie weiter ins Innere Galliens, nach Mitteln spürend, wie sie das fast ins Heidentum zurückgefallene Volk wieder auf den rechten Pfad zurückführen könnten. Durch andauernde Kriege und Wirren, aber auch durch die Nachlässigkeit der örtlichen Bischöfe, war der christliche Glaube fast aus dem Lande verschwunden. Übriggeblieben war ein vages Bekenntnis, aber die Begierde nach weltlichen Gütern, den bösen Freuden gewaltsamen Beutemachens und nach den Lüsten des Fleisches übertraf bei Weitem die Sehnsucht nach einem gottgefälligen.

Die Keltenmissionare predigten gezielt den Edlen des Landes, stifteten Frieden zwischen Streitparteien und ihre glänzende Beredsamkeit, ihr frommer Eifer blieb zusammen mit ihrem tugendhaften Betragen nicht ohne Eindruck. Der Merowingerkönig Sigisbert hörte vom segensreichen Wirken der Mönche aus Irland. Er bot ihnen Ländereien, Schutz und Wirkungsmöglichkeiten an. So konnte Kolumban in Annegray, in den Südvogesen, zunächst ein kleines Kloster mit schlichten

Zellen gründen. Bald wurde der Zustrom gottbegeisterter Jünglinge so umfangreich, dass in Luxeuil ein großes Kloster entstehen konnte. Ihm folgte bald Fontaines als »Kornspeicher« Luxeuils. Dieses avancierte rasch zum geistlichen Zentrum des Frankenreiches.

Kolumban führte in seinen Klöstern ein strenges Regiment. Alle, ob reich oder arm, mussten ackern, säen, Holz fällen und bauen. Sogar von Kranken verlangte er, dass sie zur Tenne gehen und dreschen sollten. Er verabreichte eigenhändig ein Dutzend Schläge auf das nackte Hinterteil, wenn er Mönche bei der geringsten Nachlässigkeit ertappte. Wer vergaß, ein Kreuzzeichen über den Löffel zu machen, bevor er ihn benutzte, erhielt sechs Schläge. Ein Punkt seiner Regel schreibt dem Mönch vor, er solle erst zu Bette gehen, wenn seine Müdigkeit so groß geworden sei, dass er bereits beim Gang zum Lager schlafe, und aufstehen, bevor er ausgeschlafen habe.

Er selbst suchte jedoch immer wieder das einsame Zwiegespräch mit Gott. Häufig entfernte er sich von seinen Jüngern und durchstreifte die wildesten Einöden. Die Tiere liebten ihn. Vögel und Eichhörnchen ließen sich von ihm liebkosen, hungrige Wölfe verschonten ihn. Eine Höhle, die er sich als Zelle eingerichtet hatte, war ihm von einem Bären überlassen worden.

Mit den gallischen Bischöfen geriet der Heilige in heftigen Zwist, da er den irischen Termin des Osterfestes gegen den römischen durchsetzen wollte. Leidenschaftliche Appelle an den Papst, sich auf seine Seite zu stellen, fruchteten nichts. Streit gab es schließlich auch mit dem regierenden Haus. Da Kolumban nicht nachließ, das lasterhafte Treiben der Königin Brunhilde und ihres Enkels Theoderich zu rügen, wurde er schließlich des Landes verwiesen. Er missionierte mit seinem Schüler Gallus am Bodensee, im Raum Bregenz, wo sie heidnische Götterstatuen zerstörten und ins Wasser warfen. Dies zog ihnen die Feindschaft der Bevölkerung zu, weshalb Kolumban nach einem Zerwürfnis mit Gallus, der zurückblieb, nach Italien weiterzog. Er fand Zuflucht beim Langobardenkönig Agilulf und schloß eine Seelenfreundschaft mit dessen Gemahlin, der hl. Theodelinde. Die Herrscher schenkten ihm Ländereien bei Bobbio und Kolumban gründete dort sein letztes Kloster, das zu einem geistlichen Hort gegen arianische und andere Irrlehren wurde. Er versuchte auch den Papst durch eifrige Briefe zu belehren – sie sind in so leidenschaftlichem Stil verfasst, dass sich Kolumban dafür mit Verweis auf seine irische Herkunft entschuldigte.

Die letzten Tage seines Lebens verbrachte der Heilige in einer verborgenen Höhle, wo er der Jungfrau Maria eine Kapelle einrichtete. Sie wurde nach seinem Tode zu einem berühmten Wallfahrtsort.

Papst Pius IX. nannte Kolumban einen »Pionier der Zivilisation Westeuropas«.

A: *mit Bär; neben sich eine Quelle und über seinem Haupt oder auf seiner Brust eine strahlende Sonne (nach einem Traum seiner Mutter, bevor sie ihn gebar); mit Taube auf der Schulter.*
P: *von Irland; gegen Überschwemmungen; gegen Geisteskrankheiten.*

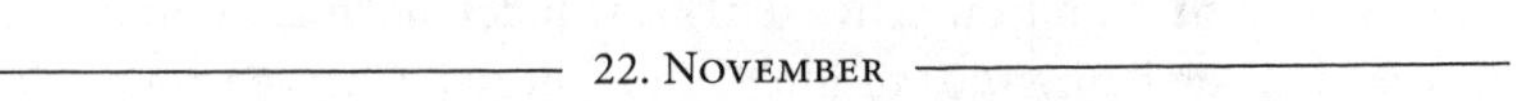

Hl. Cäcilia

Jungfrau und Märtyrerin, † zwischen 180 und 230

Die fromme Jungfrau Cäcilia war nicht nur außerordentlich schön, sondern beherrschte auch verschiedene Musikinstrumente, auf denen sie ihre liebliche Singstimme selbst meisterhaft zu begleiten pflegte. Ebenso war ihr die Gabe der Dichtkunst verliehen. Die Harmonie ihrer Lieder war so vollkommen, dass die Engel herabkamen, um zu lauschen.

Eines Tages verlobten ihre Eltern sie ohne ihre Einwilligung dem edlen Jüngling Valerian. In der Nacht vor der Hochzeit klärte sie ihn darüber auf, dass ihre Keuschheit von einem Schutzengel bewacht werde. Misstrauisch verlangte Valerian, den Engel zu sehen. Da schickte Cäcilia ihn zunächst zum Papst Urban, der sich in einem geheimen Unterschlupf vor den Verfolgern der Christen verbarg, und dieser taufte ihn. Als Valerius in einem reinen weißen Gewand zurückkehrte, fand er Cäcilia betend vor, und neben ihr stand ein leuchtender Engel. Er überreichte dem Brautpaar zwei Kränze aus Lilien und Rosen und ermahnte es, allzeit die Unschuld zu bewahren. Bis zu ihrer beider Martyrium lebten sie daher ohne fleischliche Gemeinschaft zusammen. Der Neubekehrte bat darum, dass auch sein Bruder Tiburtius den Weg zu Christus finde. Der Engel versprach dies und verhieß ihm, er werde bald zusammen mit seinem Bruder das Martyrium erleiden.

Und so geschah es. Tiburtius bekehrte sich ebenfalls zum neuen Glauben und erlitt kurz darauf zusammen mit Valerian einen grausamen Tod. Ihre Standhaftigkeit rührte jedoch den Henker Maximus so sehr, dass er selbst, seine Familie und die anderen Schergen sämtlich von Urban die Taufe erbaten. Und auch sie erlitten alle das Martyrium.

Nun schlug die Stunde für Cäcilia. Da der Präfekt wegen ihres vornehmen Standes eine öffentliche Hinrichtung vermeiden wollte, schickte er zwei Schergen auf ihr Landgut, die sie in einer Badestube einsperrten und den Ofen gewaltig anheizten, so dass sie binnen kurzer Zeit im Dampf hätte ersticken müssen. Aber am nächsten Morgen lebte sie immer noch. Daraufhin versuchte sie ein Henkersknecht mit dem Schwert zu töten, aber seine Hand war unsicher und auch nach dem dritten Streich saß ihr Haupt trotz schwerer Halswunden noch am Rumpf. Der Scherge ließ sie bewusstlos in ihrem Blute liegen. Christen verbanden ihre Wunden und hofften sie gesund zu pflegen. Doch am Morgen verschied sie in den Armen von Papst Urban. 1599 fand man den heiligen Leichnam unversehrt unter der ihr geweihten Kirche auf.

A: *mit ihrem Verlobten und einem Engel; mit Blumenkranz, Rosen im Haar; mit Dampfkessel; mit Schwert und Wunde am Hals am Boden liegend; mit Musikinstrumenten, meist Orgel; singend oder dem Gesang der Engel lauschend.*

P: *der Musik; von Alby, Blois, Neckarsteinach und Verden; der Dichter, der Geigen- und Instrumentenbauer, Musiker, Sänger; der Orgeln.*

23. November

Hl. Clemens

Papst und Märtyrer, † 100

Clemens war ein Jünger des hl. Petrus und nach Linus und Anaklet sein dritter Nachfolger als Bischof von Rom. Als Kaiser Trajan die Christen verfolgen ließ, wurde Clemens zur Fronarbeit auf die Halbinsel Chersones (Krim) verbannt. Dort litten schon mehr als 2000 Christen in den Marmorsteinbrüchen, gequält von unablässigem Durst. Clemens aber folgte einem Lämmlein zu einem Platz und stieß seinen

Stab in den Boden. Da öffnete sich eine Quelle und alle konnten sich erquicken.

Nach einer gewissen Frist wurde Clemens jedoch zum Tode verurteilt. Man setzte ihm eine glühende Sturmhaube auf, hängte ihm einen Anker an den Hals und warf ihn ins Meer. Die Christen aber beteten, dass ihnen der Leib des Märtyrers gezeigt werden möge. Da wich das Meer drei Meilen weit zurück und sie konnten trockenen Fußes zu einem marmornen Tempel schreiten. Dort fanden sie Clemens' Leichnam in einer Arche liegend. Einer höheren Eingebung folgend, ließen sie den Heiligen an dieser Stelle ruhen und jedes Jahr an Clemens Todestag gab das Meer den Zugang für die Pilger frei.

Einmal kam ein Weib mit ihrem Söhnlein und während der Feier schlief dieses ein. Als aber das Rauschen der zurückkehrenden Wellen zu vernehmen war, vergaß die erschrockene Mutter ihr Kind und eilte ans Ufer. Dort fiel ihr der Knabe wieder ein, und sie weinte und flehte zum Himmel, doch er blieb verschwunden. Ein Jahr lang trauerte sie um ihren Sohn, dann kam sie wieder an den Ort. Da fand sie das Knäblein im marmornen Haus, unversehrt, wo sie es zurückgelassen hatte. Wegen der Sünden der Menschen aber verging eines Tages das Wunder der Öffnung des Meeres. Clemens' Gebeine und der Anker wurden viele Jahre später von frommen Christen gefunden und nach Rom gebracht. Seither liegen sie in der Kirche seines Namens.

A: *mit Anker; auch mit Lamm und Quelle.*
P: *von Aarhus, Compiegne, der Krim, von Sevilla; der Hutmacher, Marmorarbeiter, Mosthändler, Schiffer und Seeleute; der Kinder; gegen Gewitter, Stürme, Schiffbruch.*

24. November

Hll. Flora und Maria

Jungfrauen und Märtyrerinnen, † 851

Floras muslimischer Vater war früh gestorben und so wurde sie nur von ihrer christlichen Mutter erzogen. Obgleich sie zu einer liebreizenden Jungfrau heranwuchs, mied sie alle sinnlichen Vergnügungen.

Besonders hart kasteite sie sich beim Essen. Während der Fastenzeit genoss sie selten mehr als ein paar Kräuter und trocken Brot. Auch im übrigen Jahr reichte sie fast alle Speisen den Armen weiter. Dies tat sie so heimlich, dass ihr strenges Fasten lange auch ihrer Mutter verborgen war. Nachdem sie es jedoch entdeckt hatte, brauchte es viel Mühe, die fromme Tochter zu überreden, wenigstens so viel zu essen, dass sie nicht bei lebendigem Leibe verhungerte.

Als um das Jahr 850 die Araber die Christen mit hohen Abgaben bedrückten, wollte Flora angesichts der Not der Armen nicht mehr leben. Sie hatte erfahren, dass es Priester wie den hl. Eulogius gab, die es für ihre christliche Pflicht hielten, den Glauben öffentlich gegen die Eroberer-Religion zu vertreten. Sie entfloh von zu Hause und bekannte öffentlich ihre Liebe zu Jesus.

Man führte sie vor Gericht, wo sie so fürchterlich geschlagen wurde, dass man an ihrem ganzen Leib die bloßen Knochen sehen konnte. Fast zerfleischt übergab man sie ihrem muslimischen Bruder, der sie Frauen seiner Religion übergab. Diese pflegten sie gesund, aber versuchten sie mit Schmeicheleien und Verheißungen zum Glaubensabfall zu bewegen.

In einer Kirche hatte Flora die Bekanntschaft einer gleichaltrigen Jungfrau namens Maria gemacht, deren Bruder sich schon durch das Martyrium ausgezeichnet hatte. Diese tat sich mit Flora zusammen, um mir ihr nach Cordoba zu fliehen. Dort verkündeten sie beide gemeinsam, dass Christus der wahre Gott und Mohammed ein Betrüger sei. Die Mauren warfen sie ratlos in den Kerker und versuchten sie umzustimmen. Der hl. Eulogius aber bestärkte sie mit einer Mahnschrift in ihrer Standhaftigkeit. So gingen sie gemeinsam freudig in den Tod. Sie starben 851 unter dem Schwert des Henkers.

*

Hl. Portian

Abt in der Auvergne, † 540

Die Klöster dienten in den Wirren des 6. Jahrhunderts vielen als Zuflucht vor Elend oder Unterdrückung. Auch Sklaven fanden manchmal in den Mauern der Abteien Schutz – so der auvergnische Sklave Portian, der vor den Misshandlungen seines Herrn floh. Dieser verfolgte ihn und drang in die geweihte Stätte ein, um ihn davonzuschleppen. Doch auf dem Rückweg überfiel den Herrn eine jähe Blindheit. Der Schrecken gab ihm den Gedanken ein, Portian mit eigener Hand ins Kloster zurückzubringen, und tatsächlich gewann er durch das Kreuzzeichen, das sein Sklave über ihn schlug, sein Augenlicht wieder.

Portian kam bei den Mönchen durch seinen strengen Lebenswandel zu großem Ansehen. Im Sommer, wenn sein Gaumen vor Hitze vollständig ausgedörrt war, pflegte er Salz zu kauen, womit er zwar das Zahnfleisch anfeuchtete, aber auch seinen Durst ins kaum mehr Erträgliche steigerte. Trotz seiner niederen Herkunft wurde Portian später sogar zum Abt bestimmt. Als der Frankenkönig Theoderich die Auvergne verheerte, trat ihm Portian mutig entgegen und bewegte durch sein würdevolles Auftreten den Herrscher, das Land zu verschonen. Das Kloster nahm ebenso wie die darum gewachsene Stadt in späteren Zeiten Portians Namen an: St. Pourçain.

P: *gegen Augenleiden; der Hinkenden, Krüppel und Siechen.*

25. NOVEMBER

Sel. Beatrix

Kartäuserin, † 1309

Als Kartäuserin in Parmenie war Beatrix Mitglied des strengsten Ordens in der Geschichte der Christenheit. Von der Außenwelt völlig geschieden, führten die Nonnen ein striktes Einsiedlerleben zwischen Gebet und Handarbeit. Im Ausmaß ihres Fastens und der Abtötung des Körpers überboten sie alle vergleichbaren Regeln anderer Gemeinschaften.

In dieser Umgebung bedingungsloser Hingabe ragte Beatrix durch eine fast übermenschliche Opferbegierde heraus. Täglich konzentrierte sie ihr Denken und Sinnen auf das Leiden Christi. Sie kasteite ihren Leib durch ständiges Tragen eines Bußgürtels und blutige Selbstgeißelungen, sie fastete noch unermüdlicher als alle anderen, ging mit nackten Füßen durch Schnee und Eis und trug glühende Kohlen mit bloßer Hand, ohne deren Hitze zu spüren. Mit einem Hammer trieb sie sich stumpfe Nägel durch beide Hände, um ihrem himmlischen Bräutigam auch nach außen ähnlich zu sein. Durch ihr freiwilliges Martyrium erhob sie sich so sehr über die alltägliche Welt, dass sie zutreffende Prophezeiungen ausstieß und Besuche des Heilands erlebte, der sich oft zu ihrer Rechten aufhielt. Bei der Messe erblickte sie ihn als Kind in der Hostie. Als einmal teuflische Anfechtungen ihren Geist erschütterten, erschien ihr Maria und sprach ihr: »Ich bin die Mutter des allmächtigen Königs, dessen Braut du bist. Ich nehme deine Seele und deinen Leib unter meinen Schutz.« Von da an wurde sie von keinerlei Versuchungen mehr heimgesucht.

Beatrix starb als Priorin des von ihr gegründeten Klosters von Eymieux. Wegen der zahllosen Wunder nach ihrem Tod begann das Volk sie sogleich als Heilige zu verehren. Sie wurde jedoch erst 1869 von Pius IX. seliggesprochen.

⁕

Hl. Katharina von Alexandria (Karin, Käthe)

Jungfrau und Märtyrerin, † um 308

Katharina war eine reiche Erbin aus Alexandria, die schon mit 18 Jahren neben unermesslichem Reichtum über einen scharfen Verstand, große Bildung und außerordentliche Schönheit verfügte. In einem Traum erschien ihr die Jungfrau Maria und sprach: »Du bist noch nicht wirklich schön, weil du noch nicht getauft bist.« Da zögerte die Jungfrau nicht länger, das Sakrament zu empfangen. Die nächste Nacht erschien ihr Maria wieder, mit dem Jesuskind auf dem Arm, und dieses steckte ihr lächelnd einen goldenen Ring an den Finger zum Zeichen, dass sie nun seine Braut sei. Als Katharina erwachte und den Ring tatsächlich an ihrem Finger glänzen sah, gelobte sie ihrem göttlichen Bräutigam ewige Jungfräulichkeit.

Eines Tages weilte Kaiser Maximin, der Christenfeind, in Alexandria. Nach einem Tempelbesuch sprach Katharina den Kaiser am Portal an und schalt ihn für seinen Götzendienst. Der Herrscher war höchst erstaunt über das sprachgewandte Mädchen, auch beeindruckt von ihrer Schönheit, und ließ 50 gelehrte Männer versammeln, damit sie mit ihr über die Religion streiten möchten. Vor einer ungeheuren Menge Volkes fand der Disput statt. Die Jungfrau sprach so ergreifend über die Erhabenheit des christlichen Glaubens, dass alle 50 Philosophen am Ende ihre Niederlage eingestanden und sich zum Christentum bekehrten. Maximin geriet in großen Zorn. Er ließ die Philosophen allesamt auf dem Scheiterhaufen verbrennen.

Katharina sprach ihnen Trost zu und stärkte sie im Geiste so sehr, dass sie standhaft blieben und mit dem Worte »Jesus« auf den Lippen starben. Die Jungfrau versuchte der Kaiser zunächst durch Schmeicheleien vom Glauben abzubringen. Doch seine Lockungen blieben fruchtlos und Katharina ging den Weg ihres Martyriums. Man riss ihr die Kleider vom Leibe und peitschte sie mit Ochsensehnen. Die schamlose Entblößung bereitete der keuschen Jungfrau mehr Qual als die Schläge. Dann zerfleischten die Folterknechte ihren Körper zwei Stunden lang mit eisernen Kämmen. Als auch dies Katharinas Standhaftigkeit nichts anhaben konnte, warf man sie in einen finsteren Kerker, um sie dem Hungertod preiszugeben. Aber ein Engel heilte ihre Wunden, tröstete sie und versorgte sie mit Speise und Trank.

Nach zwölf Tagen besuchte sie der Kaiser im Verlies und fand sie wohlbehalten und schön wie zuvor. Noch einmal versuchte er sie durch Versprechungen für sich zu gewinnen, aber Katharina verachtete seine Drohungen. Da ließ er vier mit spitzen Nägeln beschlagene Räder bringen, die ihren Leib zerfleischen sollten. Schon war die Heilige an die Räder gebunden, als ein Engel erschien und die Mordwerkzeuge zertrümmerte. Dies beeindruckte den gesamten Hof, auch die Kaiserin. Sie trat vor, verwies ihrem Gemahl die Grausamkeit und bekannte sich zu Christus. In grenzenloser Wut ließ Maximin auf der Stelle seiner Frau und Katharina das Haupt abschlagen. Als deren Kopf vom Rumpfe fiel, floß statt Blut Milch aus der Wunde. Und damit gottlose Hände nicht ihren Leichnam entehrten, trugen ihn Engel auf den Berg Sinai und bestatteten ihn dort. Kaiser Justin ließ über dem Grab eine prächtige Kirche bauen, die bis heute ein berühmter Wallfahrtsort ist. Heinrich von Braunschweig brachte 1331 von einer Pilgerreise eine Ampulle mit Öl mit nach Hause, das er aus dem Grab der hl. Katharina aufgesammelt hatte.

Katharina wurde im Abendland zur Schar der 14 Nothelfer gezählt und besonders häufig zusammen mit Barbara und Margareta dargestellt. Der Volksmund nennt sie die *dreiheiligen Madl*: *»Margareta mit* *dem Wurm / Barbara mit dem Turm / Katharina mit dem Radl / das sind die drei heiligen Madl.«*

A: *mit zerbrochenem Rad; mit Buch, Schwert, Palme oder Krone; Brautring (mit Christus).*
P: *der Buchdrucker, Friseure, Gerber, des Lehrstandes, der Müller, Notare, Philosophen, Rechtsgelehrten, Redner, Schuster, Schüler, Seiler, Spinnerinnen, Tuchhändler, Wissenschaftler; der Jungfrauen und chen; der Universitäten, Bibliotheken; bei Migräne, Zungenkrankheiten; zur Auffindung Ertrunkener; für Beharrlichkeit bis zum Tode.*

26. NOVEMBER

Hl. Genovefa

Jungfrau, um 422–512

Als der hl. Bischof German einst in Nanterre Rast machte, bemerkte er ein siebenjähriges Mädchen, dessen künftige Heiligkeit sich ihm in einer göttlichen Eingebung mitteilte. Er wandte sich an die kleine Genovefa und fragte sie: »Meine Tochter, möchtest du als makellose Braut Christi geweiht werden?« Genovefa gestand ihm freudig überrascht, dass dies tatsächlich ihr sehnlicher Wunsch sei. German gab ihr darauf ein kleines Kupferkreuz: Nie solle sie anderen Schmuck tragen, weder Gold und Silber noch Edelsteine und Perlen, dann werde ihr Wunsch in Erfüllung gehen. Seit dieser Zeit hatte sie keine andere Begierde mehr, als in den Gottesdienst zu gehen und die hl. Sakramente zu empfangen. Die Mutter, der es mit dem Kirchengehen zu viel wurde, gab Genovefa einmal sogar eine Maulschelle, doch musste sie dafür schwer büßen: Sie fiel in eine Blindheit, die 20 Monate währte und erst wieder durch das Waschen mit einem Wasser wich, das Genovefa mit dem Kreuzzeichen gesegnet hatte.

Nach dem Tode ihrer Eltern lebte Genovefa in größter Zurückgezogenheit. Oft überkamen sie grausame Anfälle und Lähmungen, aber einmal geriet sie dabei in eine Verzückung, in der ihr die himmlischen Dinge ganz klar offenbart wurden. Ihre von allen Frommen bewunderte Tugendhaftigkeit erzeugte auch Neider. Man verleumdete sie als

Zauberin, Betrügerin, Heuchlerin und Schandweib, das sich im Geheimen ungeheuerlichen Lastern hingebe. Zwei große Wunder retteten ihre Ehre. Als der Hunnenkönig Attila 451 in Frankreich einfiel und mordend, brennend und sengend Richtung Paris zog, wollten die Bürger vor Schrecken fliehen. Aber Genovefa prophezeite: »Nach Paris wird er nicht kommen, wohl aber in die Gegend, in die ihr fliehen wollt.« Und in der Tat änderten Attilas Horden ihre Richtung und marschierten in die von ihr bezeichnete Gegend.

Einige Zeit danach belagerte der Frankenkönig Childerich die Stadt und Tausende wurden durch Hungersnot dahingerafft. Genovefa besorgte aus der Umgebung Lebensmittel und brachte elf schwer beladene Schiffe glücklich durch die fränkischen Linien. Als Paris aber trotzdem eingenommen wurde, ließ sich der Sieger von Genovefa zur Milde stimmen. Bestattet wurde sie in der nachmalig St. Geneviève genannten Kirche. Von ihrem Grab gingen unzählige Wunder aus. In der Französischen Revolution allerdings wurde der silberne Schrein, in dem sie ruhte, eingeschmolzen, und ihre Reliquien wurden öffentlich verbrannt.

A: *als Schäferin mit Hirtenstab; mit Wachskerze; mit gebundenem Teufel zu ihren Füßen; mit einem Schaf; mit Spindeln; mit zwei Schlüsseln (der Stadt Paris).*
P: *von Paris und Frankreich; gegen Augenleiden, Aussatz, Blatternrose, Dürre und Pest; der Frauen, Hirten, Hutmacher, Wachszieher und Weingärtner.*
F: *auch 3. Januar.*

27. November

Hl. Virgil

Bischof von Salzburg, Apostel von Kärnten, † 780

Der irische Mönch Virgil machte sich schon als Jüngling auf, das Evangelium zu verkünden. Zwei Jahre weilte er bei Pippin, dem späteren Frankenkönig, der ihn wegen seiner Gelehrsamkeit hochschätzte. Während dieser Zeit bekam Virgil aber großen Streit mit dem hl.

Bonifatius. Dieser erklärte einmal eine Taufe für ungültig, weil der Priester die Taufformel unrichtig ausgesprochen hatte. Virgil erhob Einspruch und der Papst gab ihm recht für den Fall, dass jener die Formel nur aus Unkenntnis falsch gesprochen habe. Ein anderer Streit ging um Virgils Ansicht, die Erde sei eine Kugel und auf der entgegengesetzten Seite der Erde gebe es auch Menschen – Antipoden, Gegenfüßler. Bonifatius hielt diese Lehre für ketzerisch und Virgil musste sich in Rom rechtfertigen. Wie er dies tat, ist nicht überliefert, aber 745 wurde Virgil Bischof und Abt des Klosters St. Peter in Salzburg, was er als Ketzer schwerlich hätte werden können.

Hunderte von Werkleuten bauten unter seiner Leitung die neue viertürmige Kirche. Anfangs reichte ihnen der Bischof selbst den Lohn, doch wurde ihm dies auf Dauer zu lästig. Da stellte er einfach eine Schüssel Geld vor sie hin und jeder nahm seinen Anteil. Wie durch eine höhere Macht in Schranken gehalten, tat keiner einen tieferen Griff, als ihm zustand. Virgil kümmerte sich auch um das weltliche Wohlergehen seines Bistums. Unter seiner Regierung wurden die heiltätigen Quellen in Gastein entdeckt, alte Erzgruben wieder in Abbau genommen und viele Schulen errichtet.

Die Nachricht vom segensreichen Wirken Virgils drang bis zu den heidnischen Slawen in Kärnten. Deren Herzog Chetimar suchte in Salzburg um christliche Lehrer an, welche die Sitten in seinem barbarischen Lande heben sollten. Virgil schickte seinen irischen Landsmann Modestus und der christliche Glaube machte Fortschritte. Nach dem Tode des Herzogs kam es jedoch zu einem blutigen Aufstand, die Priester wurden verjagt und die Kirchen niedergebrannt. Nun rückten die Bayern in Kärnten ein und schlugen in der mörderischen Schlacht am Lurnfeld die Heiden vernichtend. In einem erneuten Versuch gelang es diesmal Virgil selbst, wie sein Biograph schreibt, »die starren Gemüter der Kärntner durch das Evangelium zu erwärmen«.

A: *als Bischof mit Kirchenmodell in der Hand; mit Geldschüssel oder Erdkugel.*
P: *der Bistümer Salzburg und Graz-Seckau.*
F: *auch 26. September.*

Hl. Anna

Witwe und Märtyrerin

Hl. Stephanus

Abt und Märtyrer

† 767

Der Abt Stephanus vom Auxentiuskloster in Chalcedon trat mutig dem vom Kaiser in Konstantinopel entfachten Bildersturm entgegen. Um die Tugend des Heiligen bei den Rechtgläubigen anzuschwärzen, verleumdete man ihn, er habe mit der frommen Witwe Anna aus dem benachbarten Nonnenkloster schändlichen Umgang. Falsche Zeugen wurden aufgeboten, aber Anna beteuerte unentwegt ihrer beider Unschuld: »Stephanus ist ein Heiliger.« Da beraubte man sie vor allem Volk ihrer Kleider und geißelte sie so scharf, dass sie kurz darauf starb.

Stephanus wurde nach demütigenden Misshandlungen auf eine Insel verbannt, wo er in einer Felsenhöhle hauste. Bald folgten ihm seine Mitbrüder, auch Mutter und Schwester. Wunderbare Heilungen vor einem Marienbild machten die Insel zu einem Wallfahrtsort für das einfache Volk. Als der Kaiser dies hörte, befahl er, Stephanus nach Konstantinopel zurückzuholen. Dort wurde er zunächst ins Gefängnis geworfen und, als er immer noch standhaft blieb, dem Mob ausgeliefert. Die Meute schleppte ihn in Ketten durch die Straßen, und ein Rohling erschlug ihn mit einem Feuerhaken. Sogar der Leichnam wurde noch misshandelt und am Ende lagen alle Glieder und Eingeweide zerstreut umher.

A: *Stephanus als Abt mit Marienikone.*

Hl. Findanus (Fintan)

Rekluse auf Rheinau, 800–878

Findan stammte aus edlem irischem Hause und zeigte früh seine Berufung zum geistlichen Stand. Als Jüngling fiel er räuberischen Wikingern in die Hände und wurde auf einem Schiff in die Fremde entführt. Während eines Halts bei den Orkneyinseln gelang es ihm zu entfliehen und sich in einem hohlen Felsen zu verbergen. Es dauerte lange, bis die Nordmänner wieder in See stachen, und Findan war völlig erschöpft. Doch der seltsame Anblick von Meeresungetümen und ungeheuren Delphinen, die friedlich entlang der Küste spielten, stärkte seinen Mut. Er gelobte, nach Rom zu pilgern, wenn er überlebte, und stürzte sich ins Meer. Da wurden seine Kleider so starr, dass sie ihn wie ein Kahn trugen und heil nach Schottland brachten.

Er wallfahrte nach Rom und zu anderen heiligen Orten und trat schließlich ins Kloster Rheinau ein. Dort ließ er sich nach einigen Jahren in eine Zelle einschließen, wo er noch 22 Jahre lebte und Tausenden ein Ratgeber, Lehrer und Tröster war. Er wurde gleich nach seinem Tode als Heiliger verehrt.

A: *als Mönch; mit Herzogshut in der Hand; auf seinem Mantel auf dem Wasser stehend.*
F: *auch 15. und 25. November.*

30. November

Hl. Andreas

Apostel

Der Fischer Andreas war ein leiblicher Bruder des Petrus und ein Schüler Johannes des Täufers. Auf die Worte Jesu, der sie bei der Ausübung ihres Handwerks ansprach, ließen sie ihre Netze im Stich und folgten ihm, um »Menschenfischer« zu werden. Nach der Himmelfahrt verkündete Andreas das Evangelium in Griechenland und in den

Ländern um das Schwarze Meer. In der russischen Kirche glaubt man, er habe bis in die Gegend von Kiew gepredigt.

Das Weib eines Mörders war schwanger und wollte das Kind nicht gebären. Sie hieß ihre Schwester zu Diana gehen und um einen Zauber bitten. Der Teufel aber sprach aus der Dianastatue: »Geh zu Andreas, der wird dir helfen.« Also ging sie zum Apostel und brachte ihn zu ihrer Schwester. Andreas sprach: »Es geschieht dir recht, denn du hast in Arglist empfangen und jetzt den Teufel angerufen. Wenn du jedoch Buße tust und an Christus glaubst, so wird dir geholfen.« Sie glaubte, gebar ein totes Kind, und aller Schmerz wich von ihr.

Andreas wurde in Patras in Griechenland gekreuzigt, und zwar an einem Kreuz, das die Form eines X hat. Von da predigte er noch zwei Tage lang den Ungläubigen und warnte sie vor der ewigen Verdammnis.

Den Gebeinen des Toten entquollen Öl und Manna, die von den Gläubigen begierig aufgesammelt wurden. Die Reliquien des hl. Andreas gehörten im Mittelalter zu den begehrtesten Heiligtümern. Dies führte zu einer sonderbaren Vermehrung seiner Gliedmaßen – allein 17 Armreliquien sind von ihm bekannt. Ein Arm des Apostels gelangte im Mittelalter nach Paris, wo er in einem goldenen Reliquiar in Notre Dame aufbewahrt wurde. Im 16. Jahrhundert wurde der heilige Schmuck eingeschmolzen, um den Krieg gegen die Hugenotten zu finanzieren.

A: *mit dem Andreaskreuz (x).*
P: *von Deutschland, Griechenland, Luxemburg, Niederlande, Österreich, Preußen, Russland, Schottland, Sizilien und Spanien; von Agde, Avanches, Bithynien, Bordeaux, Braunschweig, Brescia, Brügge, Burgund, Clausen, Flandern, Halberstadt, Hannover, Hennegau, Hohenstein, Holstein, Lavant, Limburg, Lippe, Lüneburg, Mantua, Minden, Moers, Neapel, Orange, Pesaro, Pontus, Rochester, Schleswig, Schwarzburg, WeH, Wolfenbüttel; der Bergleute, Fischhändler, Metzger, Seiler, Wasserträger; der alten Jungfern (die ihn am Abend seines Gedenktages um einen Mann bitten); des Ordens vom Goldenen Vlies; in Kämpfen und Schlachten; gegen Gicht, Halsweh und eheliche Unfruchtbarkeit.*

Hl. Eligius (Eloi, Loy)

Bischof von Noyon, von 588–660

König Chlotar II. gab dem Goldschmied Eligius den Auftrag, einen prachtvollen Thronsessel aus Gold und Edelsteinen zu fertigen. Zu seiner Überraschung erhielt er von dem braven Handwerker zwei Sessel, den Thron und ein Stück, das dieser nur aus den verbliebenen Überresten gefertigt hatte. Solche unübliche Redlichkeit erstaunte den Herrscher und er ernannte Eligius nach weiteren Arbeiten schließlich zum Münzmeister, welches Amt dieser auch unter dem Nachfolger, König Dagobert, vorbildlich ausübte.

Eligius war nicht nur ein treuer Diener des Hofes, sondern auch ein Freund des Glaubens und der Armen. Alles Gut, das er geschenkt erhielt, legte er zugunsten der Kirche an. So gründete er ein Frauenkloster in Paris und ein Benediktinerkloster in Solignac bei Limoges. Wenn jemand nach ihm fragte, erhielt er zur Antwort: »Er wohnt in dem Haus, vor dem die vielen Armen sind.«

Mildtätigkeit paarte sich aber bei ihm auch mit Strenge gegen die Sittenlosigkeit. Obschon er nur Laie war, wurde er im Jahre 639 zum Bischof von Noyon gewählt und führte einen harten Kampf gegen heidnische Götzen und barbarische Vergnügen. In der Gegend von Nimes hingen die Leute leidenschaftlich an Tanz und Spiel, die sie mit abergläubischen Exzessen verbanden. Eligius' Predigten stießen auf taube Ohren und schließlich bedrohte man ihn sogar mit dem Tod. Der Heilige betete zu Gott und alsbald wurden 50 der Ärgsten vom Teufel besessen und gequält. Darüber gerieten die anderen so in Schrecken, dass sie Gehorsam gelobten. Nach einem Jahr besprengte Eligius die Besessenen mit Weihwasser und erlöste sie aus ihrem Jammer.

A: *als Bischof mit Goldschmiedewerkzeug; silbernes Hufeisen schmiedend; mit Pferd.*

P: *der Bauern, Bergleute, Eisendreher, Gold- und Silberschmiede,*

Knechte, Metallarbeiter, Pächter, Schlosser, Tierärzte, Uhrmacher, Sattler; gegen Pferdekrankheiten, Epidemien, Geschwüre.

2. Dezember

Hl. Bibiana (Viviana)

Jungfrau und Märtyrerin, um 363

Die schöne Jungfrau Bibiana hatte durch die Verfolgung der Christen unter Kaiser Julian Apostata, der das Heidentum wieder einführen wollte, schon Vater Flavian (Gedenktag 22. Dezember), Mutter Dafrosa (Gedenktag 4. Januar) und die jüngere Schwester Demetria (Gedenktag 21. Juni) verloren. Der Präfekt Apronian sperrte die standhafte Jungfrau zu Irren und Epileptikern in den Kerker und, als dies nichts bewirkte, in ein Bordell. Sie sollte, wenn nicht um ihren Glauben, so doch wenigstens um ihre Unschuld gebracht werden. Aber ihr beharrliches Gebet schützte sie wunderbar gegen alle Versuchungen. Da ließ Apronian der keuschen Jungfrau alle Kleider vom Leibe reißen, sie an eine Säule binden und sie so lange mit bleibeschwerten Geißeln peitschen, bis sie leblos zusammensank. Der Henker stieß ihr noch einen Dolch in die Brust und warf ihren Leichnam wilden Hunden zum Fraß vor. Diese rührten jedoch den Leib der Märtyrerin nicht an.

A: *an einer Säule, Dolch in der Brust, Palme in der Hand.*
P: *der Epileptiker, Trinker; gegen Kopfweh, Krampf, Unfälle.*

3. Dezember

Hl. Franz Xaver

Apostel Indiens und Japans, 1506–1552

Franz Xaver gehörte zu den ersten sechs Jüngern Ignatius von Loyolas. Er stammte aus dem Hochadel Portugals und als der König des Landes bei dem neugegründeten Jesuitenorden um einen Missionar für

Indien anfragte, wurde Franz auserwählt. 1542 landete er in Goa und begann sofort mit der apostolischen Arbeit. Mit einem Glöckchen zog er durch die Straßen und gewann dadurch die Herzen der Kinder. Die Zuneigung, die er für diese bekundete, öffnete ihm auch den Sinn der Erwachsenen. Hunderttausende bekehrte und taufte er, so dass er oft seine rechte Hand vor Müdigkeit nicht mehr heben konnte. Er reiste wieder nach Ceylon, Malakka, auf die Molukken und hinterließ überall christliche Gemeinden; selbst in Japan gelangen ihm unter widrigsten Umständen Missionserfolge.

Seine Sehnsucht aber galt China. Ein Handelsschiff sollte ihn hinbringen, aber das Reich der Mitte war damals so abgeschlossen, dass kein Fremder es betreten durfte. Man setzte ihn auf der unbewohnten Insel Sancian vor Kanton ab, wo er versuchen wollte, heimlich das Festland zu erreichen. Doch die Strapazen seines harten Reiselebens waren zu viel gewesen. Er erkrankte an einem schweren Fieber und starb 46-jährig im Anblick seines Zieles.

Seinen Leichnam brachten Ordensbrüder nach Goa, wo er lange unverwest ruhte. Sein rechter Arm wurde nach Rom übertragen.

A: *predigend oder sterbend mit Kreuz in der Hand; mit zwei Fackeln in der Hand vom Himmel herabsteigend; mit Flammen, die aus seiner Brust hervorschlagen; Inder taufend; mit Seekrebs, der ein ins Wasser gefallenes Kruzifix bringt.*
P: *von Navarra, Ostindien und Portugal; von Bastia, Bologna, Cremona, Goa, Macao, Pamplona, Parma, Piacenza; der Jesuiten und Missionare; gegen die Pest; gegen Hagel und Sturm; der Seereisen.*

4. Dezember

Hl. Barbara

Jungfrau und Märtyrerin, † 237

Nach der Überlieferung wurde Barbara im bithynischen Nikomedien geboren. Sie war die einzige Tochter des reichen Heiden Dioscorus. Seine väterliche Eifersucht ließ ihn auf die sonderbare Idee verfallen, Barbara in einem hohen, festen Turm einzuschließen, wohin nur er und eine alte Magd Zutritt hatten. Dennoch fand die zu vollendeter Schönheit aufgeblühte Tochter Wege, um sich im christlichen Glauben zu unterrichten. Als ihr Vater längere Zeit verreisen musste, erbat sie sich von ihm als Abschiedsgeschenk den Einbau eines Badezimmers.

Nach seiner Rückkehr stellte er fest, dass Barbara entgegen seinem Bauplan drei statt zwei Fenster hatte einsetzen lassen. Außerdem hing an der Wand ein Kreuz. Empört erfuhr er aus ihrem Mund, dass sie eine Christin geworden war und mit den drei Fenstern ständig das Geheimnis der Dreifaltigkeit vor Augen haben wollte. Wutentbrannt zückte er sein Schwert und ging damit auf das eigene Kind los. Barbara konnte jedoch fliehen. Während er ihr nacheilte, öffnete sich auf ihrem Weg ein Felsen und schloss sich vor dem Verfolger.

Ein Hirte verriet aber ihr Versteck. Dioscorus drang in die Höhle ein und schleppte seine Tochter an den Haaren nach Hause. Als Drohungen und Hunger nichts gegen ihre Standhaftigkeit vermochten, lieferte er sie persönlich dem Richter aus. Dieser ließ sie fürchterlich geißeln, aber nachts im Kerker erschien ihr ein Engel, stärkte sie mit dem Kelch und der Hostie und heilte ihre Wunden. Am nächsten Tag fanden die Schergen sie anmutiger denn je vor. Nun befahl der Richter, ihr nach den grauenvollsten Foltern die Brüste abzuschneiden. Eine andere Gottesfürchtige namens Juliana sah das Martyrium Barbaras und es ergriff sie das Verlangen, ebenfalls für Christus zu leiden. Laut bekannte sie sich zu ihrem Glauben. Der Richter ließ sie ohne Umstände ebenfalls sofort geißeln und ihr die Brüste abschneiden. Dann wurden die beiden Jungfrauen dem Volk wie Tiere zur Schau vorgeführt und zum Tode verurteilt. In diesem Augenblick trat der Vater vor und bat, selbst die Tochter richten zu dürfen. Und so geschah es: Dioscorus hieb Barbara mit dem Schwert das Haupt ab. Kurz danach aber wurde er an derselben Stelle von einem Blitz erschlagen.

A: *mit Palme, Schwert, Turm mit drei Fenstern oder Kelch.*
P: *der Architekten, der Artillerie, Bauarbeiter, Bergleute, Dachdecker, Feuerwehr, Gefangenen, Hutmacher, Köche, Totengräber, Zimmerleute, des Wehrstandes; der Untergrundbahn, Festungen, Türme; gegen Blitz, Gewitter, Feuer, Fieber, Pest; gegen jähen Tod, für glückliche Sterbestunde; zählt zur Schar der 14 Nothelfer.*

Hl. Sabbas

Abt, 439–532

Als Jüngling verzichtete Sabbas auf sein bedeutendes Vermögen, wurde Lieblingsschüler des hl. Euthymius und bereitete sich auf dessen Rat mit der demütigen Verrichtung niederer Tätigkeiten in einem Kloster auf das Leben eines Einsiedlers vor. Als es so weit war, zog er sich in die Wüste Palästinas zurück. Jede Woche fertigte er 50 Körbe und brachte sie ins Kloster.

Neun Jahre lang kämpfte er so gegen die unablässigen Versuchungen des bösen Feindes, dann wählte er eine Höhle auf einem hohen Felsenberge, an dessen Fuß der Bach Cedron fließt. Um Nahrung und Wasser zu holen, musste er jedes Mal mühsam an einem Seil herunterklettern. Einmal fand er zu seiner großen Freude einen Apfelbaum mit reifen Früchten und pflückte einige davon. Kurz vor dem ersten Biss in die seltene Köstlichkeit wurde ihm bewusst, dass noch längst nicht Essenszeit war, und warf, entrüstet über seine Begierde, die Äpfel weg.

Nach einiger Zeit entdeckten ihn Bewohner der Gegend und brachten ihm an bestimmten Tagen Brot, Käse und Datteln. Schüler wurden vom Ruf seiner Heiligkeit angezogen und errichteten Zellen in seiner Nähe. Der Patriarch von Jerusalem machte ihn zum Vorsteher aller Einsiedler. Aber das strenge Regiment, das er einführte, stieß bei vielen auf Ablehnung. Sie empörten sich und kündigten ihm den Gehorsam.

Aus Liebe zum Frieden entwich Sabbas in die Wüste Skytopolis und übernachtete in einer Höhle. Um Mitternacht fühlte er sich plötzlich sanft am Saum seines Gewandes gezogen. Ein Löwe, dessen Behausung der Heilige ahnungslos gewählt hatte, war im Begriff, ihn aus der Höhle zu schleppen. Sabbas aber sprach freundlich: »Geschöpf Gottes, die Höhle ist doch groß genug für uns beide.« Da schaute ihn der Löwe lange an, kehrte schweigend um und entfernte sich auf Nimmerwiedersehn.

Mit den Jahren fanden sich wieder – diesmal gehorsame – Schüler, das Ansehen des Heiligen wuchs und sogar am Hofe von Byzanz hörte man auf sein Wort. Hochbetagt und von allen Gläubigen verehrt, starb er 532 zu Mar Saba. Seine Gebeine gelangten nach Venedig, wurden aber 1965 zurückgeleitet.

A: *als Einsiedler mit Löwen, Apfel in der Hand.*

6. Dezember

Hl. Nikolaus

Bischof von Myra, † um 345

Nachdem Nikolaus' Eltern von der Pest dahingerafft worden waren, setzte der Jüngling sein reiches Erbe zur Linderung der allgemeinen Not ein. Ein verzweifelter Nachbar wollte seine drei Töchter als Dirnen ausschicken, um vom Lohn ihrer Sünde die Seinigen vor dem Hungertod zu retten. Nikolaus hörte davon, band einen Klumpen Gold in ein Tuch und schob ihn nachts heimlich durch das halboffene Fenster. Am Morgen fand der Mann das Gold, dankte Gott und richtete seiner ältesten Tochter die Hochzeit aus. Nikolaus überraschte den Nachbarn noch zweimal mit einem solchen Geschenk, aber beim letzten Mal erwachte der Mann beim Geräusch des fallenden Beutels, eilte hinaus und erwischte den Davoneilenden. Als er Nikolaus erkannte, warf er sich vor ihm zu Boden und wollte ihm die Füße küssen. Der Jüngling aber hinderte ihn daran und nahm ihm das Versprechen ab, nie darüber zu sprechen, solange er lebe.

Nikolaus wurde seiner Tugendhaftigkeit wegen auf den Bischofsstuhl von Myra erhoben. Eine Frau, der er viele Wohltaten erwiesen hatte, eilte auf die Nachricht freudig erregt in die Kirche und ließ dabei ihr kleines Kind am offenen Feuer liegen. Als sie zurückkam, fand sie es jämmerlich verbrannt. Klagend trug sie den toten Säugling in die Messe und legte ihn zu Füßen des Bischofs. Dieser segnete das Kind und gab es ihr lebendig wieder.

Der Ruf des Wundertäters verbreitete sich mit den Jahren von Myra aus über das ganze Reich. Er rettete Schiffer vor Meeresstürmen, gepeinigte Kinder aus den Händen ihrer Bedränger und Myra vor der Hungersnot, indem er einem Getreideschiffer mittels eines Traumgesichts befahl, die Stadt anzufahren.

Kaiser Konstantin hatte einst auf Grund von Verleumdungen drei Hauptleute ungerechterweise zum Tode verurteilt. Im Kerker flehten sie zu Gott, dass er ihnen den berühmten Bischof von Myra als Retter schicken solle. In derselben Nacht hatte Konstantin einen Traum, in dem ihm ein ehrwürdiger Greis mit weißem Bart im Bischofsornat erschien und das Strafgericht Gottes androhte, wenn er drei Unschuldige hinrichten lasse. Zitternd und schweißgebadet erwachte der Kaiser und ordnete an, die drei Verurteilten auf der Stelle freizugeben.

Sogar die Gabe der Totenerweckung war Nikolaus verliehen. Ein abartiger Metzger hatte drei Schüler geschlachtet und in Fässer eingepökelt. Nikolaus segnete die Fässer und die Knaben entstiegen ihrem Gefängnis lebendig und unversehrt. Seither gilt der Bischof von Myra als besonderer Freund der Kinder.

Die Verehrung des Nikolaus als Heiliger begann gleich nach seinem Tode. Die Gebeine wurden 1087 vor den Sarazenen gerettet und nach Bari gebracht. Man errichtete ihm zu Ehren eine große Kirche, in der die Reliquien in einem kostbaren Schrein ruhen. Aus einer Öffnung darin fließt eine balsamähnliche Feuchtigkeit, der viele wunderbare Wirkungen beigemessen werden.

Im Jahre 1100 stürmten venezianische Seesoldaten Myra, weil man in Venedig nicht an die Echtheit der Reliquien von Bari glaubte. Von Wohlgerüchen geleitet, fanden sie die ihrer Meinung nach richtigen Gebeine und transportierten sie in ihre Heimat. Im Kloster S. Niccolo di Lido haben sie seither manches Wunder verursacht. Wegen des heilsamen Mannas, das die Reliquien von Bari spenden, geben jedoch die meisten Gläubigen diesen den Vorrang.

Bei der Eroberung Konstantinopels durch ein Kreuzfahrerheer, 1204, tauchten noch weitere Überreste des hl. Nikolaus auf: ein Teil eines Arms, mehrere Finger und Zehen, Zähne sowie reichlich Haare.

A: *mit Anker; Almosen an drei Mädchen verteilend; Buch mit sechs aufgezeichneten Kugeln in der Hand, auch mit drei Broten oder drei goldenen Kugeln auf einem Buch; mit drei Kindern, die aus einem Kübel schauen, oder mit Taufbecken; mit Schiff.*

P: *von Amiens, Ancona, Antwerpen, Bari, Berlin, Enghien, Feldkirch, Fribourg, Greifswald, Griechenland, Kalkar, Kampen, Korfu, Laibach, Lothringen, Lüttich, Meran, Moskau, Neapel, New York, Paris, Pritzwalk, Russland, Sizilien, Stendal, Stralsund, Überlingen, Venedig,*

Wismar, Znaim; der Apotheker, Bäcker, Bandmacher, Bierbrauer, Böttcher, Diebe, Fährleute, Feuerwehrleute, Fischhändler, Flößer, Geistlichen, Grundschullehrer, Kaufleute, Knopfmacher, Kornhändler, Krämer, Leinwandhändler, Lichterfabrikanten, Matrosen, Metzger, Müller, Rechtsanwälte, Reeder, Schiffer, Spezereihändler, Spitzenhändler, Steinbrucharbeiter, Tuchscherer, Wachszieher, Weber und Weinhändler; der Chorknaben, Kinder, heiratslustigen Mädchen, Schüler; der Pilger und Reisenden; für Befreiung der Gefangenen, gegen irrige Urteile; gegen Gefahren des Wassers, Meeres, Sturmes; für Wiedererlangung gestohlener Sachen; gegen eheliche Unfruchtbarkeit; zählt zu den 14 Nothelfern.
F: *auch 9. Mai, 27. Juni.*

7. Dezember

Hl. Ambrosius

Bischof von Mailand und Kirchenlehrer, um 339–397

Ambrosius war der Sohn des Präfekten von Rom. Als Kind in der Wiege wurde er einst in den Garten des Palastes gestellt. Da flog ein Bienenschwarm daher und ließ sich auf seinem Gesicht nieder, so dass es ganz bedeckt war. Die Bienen krabbelten zu seinem Mündchen ein und aus, als wäre es ein Bienenstock. Danach flogen sie so hoch, dass man sie mit den Augen nicht mehr erkennen konnte. Der Vater erschrak, als er das sah, und sprach: »Aus dem Kind wird Großes werden.«

Ambrosius wurde Erzbischof von Mailand, Berater dreier Kaiser und einer der großen Kirchenlehrer. Er bekämpfte die Irrlehrer und taufte den hl. Augustinus.

Einmal reiste er nach Rom und nahm unterwegs Herberge bei einem reichen Mann. Den fragte er nach seinem Leben aus. Der Reiche erzählte, er besitze unermessliche Schätze, gebiete über zahllose Knechte und Mägde, es sei ihm stets alles nach Wunsch ergangen. Da ergriff ein Schrecken den Heiligen und er sprach zu seinen Gefährten: »Schnell, steht auf und lasst uns fliehen, so schnell wir können. Denn der Herr ist nicht an diesem Ort.« Und sie machten sich eilig davon. Kaum waren sie eine kleine Strecke weit gekommen, da tat sich die

Erde auf und verschlang den Reichen und alles, was mit ihm war. Der Bischof aber sprach zu den Seinen: »Seht ihr, wie gut es Gott meint, wenn er in diesem Leben Widrigkeiten schickt, und wie fürchterlich er zürnt, wenn er allzeit Glück gibt.«

A: *mit Buch und Bischofsornat; mit Geißel (wg. Züchtigung Kaiser Theodosios I. mit öffentlicher Kirchenbuße); mit Bienenkorb; manchmal mit Gebeinen in der Hand (weil er die Reliquien von Gervasius und Protasius fand).*
P: *von Bologna und Mailand; der Bienenzüchter, Lebkuchenbäcker und Wachszieher; der Bienen, der Gänse und aller Haustiere.*

8. DEZEMBER

Hl. Zeno

Bischof von Verona, † um 372

Zeno war von Geburt Afrikaner und taufte als Bischof von Verona Tausende von Heiden. In 93 Traktaten widerlegte er die verschiedensten Irrlehren seiner Zeit.

Als etwa 200 Jahre nach seinem Tode die Etsch Hochwasser führte und große Teile der Stadt überschwemmte, geschah ein Wunder. Obwohl die Türen der Kirche, in der Zeno begraben ist, weit offenstanden, drang das Wasser doch nicht ein. Allmählich stieg das Wasser bis zu den obersten Kirchenfenstern knapp unter dem Dach. Im Innern der Kirche befand sich viel Volk, dem kein Ausweg blieb. Da sie Angst hatten zu verhungern und zu verdursten, gingen sie zur Türe, wo das flüssige Element wie eine Mauer stand, und schöpften vom Wasser zum Trinken. Es ließ sich schöpfen, konnte aber nicht fließen. Erst nach 24 Stunden kehrte der Fluss wieder in sein Bett zurück.

A: *mit Bischofsstab, an dem ein Fisch hängt, oder mit Angelrute.*
P: *von Pistoia und Verona; für das Sprechen und Gehen lernen der kleinen Kinder; gegen Hochwasser und Überschwemmungen.*
F: *auch 12. April, 21. Mai, 6. Dezember.*

9. Dezember

Hl. Leocadia

Jungfrau und Märtyrerin, † um 305

Die christliche Jungfrau Leocadia aus Toledo geriet in die Verfolgung des Diokletian. Ohne eine Klage erduldete sie die schrecklichsten Martern. Ihr Leib wurde gegeißelt, mit eisernen Haken zerfleischt und mit Fackeln gebrannt. Aus vielen Wunden blutend, wurde sie in ein Verlies geworfen. Hier zeichnete sie mit ihrem Blut ein großes Kreuz an die Wand, bevor sie darunter liegend verschied.

Ihre Reliquien wurden beim Einfall der Mauren nach Oviedo gerettet; angesichts des weiteren Vorrückens des Islam brachte man sie in die Niederlande. 1587 ließ Papst Sixtus V. sie zurückführen und ordnete an, dass man diese Heimführung durch ein jährliches Fest begehen solle.

A: *in einem Turm (Gefängnis).*
P: *von Toledo; gegen Pest.*

10. Dezember

Hl. Sabinus

Bischof von Canosa, † 566

Im hohen Alter hatte der Bischof Sabinus aus Canosa in Apulien sein Augenlicht verloren. Der Gotenkönig Totila hörte die Weisheit des Greises rühmen, aber er glaubte nicht daran. Als er in die Gegend kam, lud man ihn zu Sabinus' Tafel. Totila setzte sich zur Rechten des Gastgebers. Als nun der Diener dem Bischof Wein einschenken wollte, ergriff Totila geräuschlos den Kelch und reichte ihn dem Blinden; denn er wollte feststellen, ob Sabinus den Unterschied bemerkte. Dieser nahm den Becher und sprach: »Diese Hand soll leben.« Der König freute sich über den Ausspruch und war nun überzeugt von der Weisheit des Bischofs. Dem Archidiakon währte das Leben des Sabinus zu lange, weil er selbst nach dem Amte drängte. Er mischte also Gift in den Wein. Als der bestochene Mundschenk den Kelch reichte, sprach der blinde Greis: »Trinke nur selber, was du mir da geben willst.« Der Diener fing an zu zittern, aber lieber wollte er sterben als entdeckt zu werden, und führte den Becher an die Lippen. Im letzten Moment ließ ihn der Bischof einhalten und sprach: »Gib her, ich werde doch trinken. Aber melde dem, der den Trank gemischt hat: Du wirst nicht Bischof werden!« Damit machte er das Kreuzzeichen und trank den Giftbecher leer, ohne Schaden davonzutragen. Der Mundschenk eilte zu dem Archidiakon und richtete ihm die Botschaft aus. Im selben Augenblick begann dieser sich in Krämpfen zu winden und starb. Es war, wie wenn das Gift durch des Bischofs Mund in die Eingeweide des Archidiakons eingedrungen wäre.

P: *von Canosa und Bari.*
F: *auch 8., 9., 12. und 17. Februar, 30. Juni, 1. August.*

11. Dezember

Hl. Sabinus

Bischof von Piacenza, † um 420

Sabinus war Bischof von Piacenza und eng mit dem hl. Ambrosius befreundet. Eines Tages meldete ihm sein Diakon, dass der Po über die Ufer getreten sei und zahlreiche Ländereien überschwemmt habe. Sabinus erwiderte: »Geh hin und befiehl ihm in meinem Namen, er soll wieder in sein Bett zurückkehren.« Der Diakon lachte nur spöttisch, aber Sabinus rief seinen Notar, um das folgende Schreiben zu diktieren: »Ich, Sabinus, befehle dir, Fluss Po, im Namen Christi wieder in dein Bett zurückzukehren und das Land der Kirche künftig nicht mehr zu schädigen.« Dann trug er dem Notar auf, den Brief in den Fluss zu werfen. Und der Po befolgte den Befehl, zog sich in sein Bett zurück und schädigte fortan die Ländereien der Kirche nicht mehr.

A: *als Bischof mit Buch.*
P: *von Piacenza; gegen Überschwemmungen des Po.*
F: *auch 17. Januar, 3. Dezember.*

Hl. Franz von Assisi

Stifter des Ordens der Minderbrüder (Minoriten, Franziskaner), 1182–1226

Franz war ein Sohn aus reichem Kaufmannshaus und sollte dereinst des Vaters Erbe antreten. Von Kindheit an hatte er eine Abscheu vor den Aussätzigen. Wenn ihm einer begegnete, hielt er sich die Nase zu. Einmal jedoch überwand er seinen Ekel, stieg vom Pferd, gab einem Kranken eine Münze und küsste seine Hand. Da verwandelte sich ihm, wie er später in seinem Testament schrieb, »das Bittere in Süßigkeit der Seele und des Leibes«. Noch stärkeres Glück empfand er, als er mit einem Aussätzigen, der blutende Wunden an den Fingern hatte, aus derselben Schüssel aß. Und ein Jahrzehnt später heilte er einen Mann, der an einem scheußlichen Krebsleiden im Gesicht erkrankt war, durch den Kuss auf das Geschwür.

Franz begann nun, häufig seine Kleider mit Bettlern zu tauschen und Geld zu verschenken. Darüber kam es zu einem heftigen Streit mit seinem Vater, der ihn beschuldigte, Geld gestohlen zu haben. Es endete damit, dass Franz sich nackt auszog, das restliche Geld und die Kleider dem Vater vor die Füße warf und davonlief. Er wollte nun nichts anderes mehr tragen außer einer Unterhose, einer Kutte und einem Strick und er beschloss, nie mehr Geld zu besitzen. Wenn er bettelte, weigerte er sich stets, Münzen zu nehmen. Auch in seiner späteren Ordensregel untersagte er den Brüdern, jemals Münzen anzunehmen. Ein Gefährte, der einen gespendeten Beutel Gold in eine Fensternische gestellt hatte, versündigte sich nach Franz' Auffassung, weil er die Hände dazu benutzte und sich so verunreinigte. Er befahl ihm, den Beutel mit dem Mund auf den Misthaufen zu befördern.

Sein Hang zur Buße war außerordentlich. Selten aß er etwas Gekochtes und er trank nur Wasser. Erst auf dem Sterbebett bat er um einen Mandelkuchen. Gegen Regungen der Sinnlichkeit geißelte er sich unbarmherzig und als er sich einmal nach einer blutigen Selbstzüchtigung im Schnee wälzte, fühlte er von da an nie mehr eine fleischliche Versuchung. Schon bald sammelten sich um Franz einige jüngere Leute aus Assisi. Zusammen mit einem Gefährten zog er, nur mit einer Unterhose bekleidet, in die Sonntagsmesse, stieg auf die Kanzel und rief die Kirchenbesucher zur Umkehr auf. Er erntete allgemeines Gelächter. Dennoch wuchs die Zahl der ihm folgenden Bettelbrüder unaufhaltsam an. Bald kamen unter der Führung der hl. Clara Schwestern hinzu.

Bevor er an die Gründung des Ordens der Minderbrüder, der Clarissinnen und des Dritten Ordens für Laien ging, wurde Franz von schweren Zweifeln befallen, ob er sich nicht nur noch dem Gebet widmen solle. Da bat er Clara und den Bruder Sylvester, in einer Andacht Gottes Willen darüber zu erforschen. Beide aber erfuhren, dass es seine Bestimmung sei, in der Welt zu wirken.

Entschlossen machte sich Franz nun auf den Weg und predigte gleich vor der ersten Burg. Zuvor hieß er die zwitschernden Schwalben schweigen und sie gehorchten ihm, bis er geendigt hatte. Als er weiterzog, durchwanderte er eine Strecke, wo eine schier unermessliche Zahl von Vögeln auf den umliegenden Bäumen saß. Und er hielt an und begann den Vögeln zu predigen. Sogleich flogen die weiter entfernten herbei, um ihn besser zu hören. Sie harrten unbeweglich, bis er ihnen seinen Segen erteilt hatte. Und als er mit den Worten endete: »Hütet euch vor der Sünde der Undankbarkeit und lobt allzeit den Schöpfer!«, da schlugen sie mit den Flügeln und bezeugten mit lautem Gesang ihre Zustimmung. Vergeblich allerdings versuchte Franz in späteren Jahren, vom Kaiser ein Verbot der Tötung von Singvögeln zu erreichen. Er sprach gerne mit den Tieren, redete Zikaden und Schwalben mit »Schwester«, Hasen, Lämmer und einen Fasan, den er vor dem Bratspieß rettete, mit »Bruder« an.

Kühler war sein Verhältnis zu Schweinen. Als einmal ein Schwein ein Lämmlein totbiss, verfluchte er das Tier und drei Tage danach war es tot. Ein andermal hatte ein erkrankter Bruder Appetit auf einen leckeren Schweinsfuß und sagte es dem wegen seiner Derbheiten bekannten Bruder Ginevro. Dieser holte sich ein Messer, marschierte in den Wald, wo viele Schweine zur Eichelmast gehütet wurden, warf sich auf eines und schnitt ihm den Fuß ab. Gekocht und gut gewürzt servierte er dem Kranken den Fuß und erzählte fröhlich die Geschichte vom jämmerlich quiekenden Schwein. Als der Besitzer sich wütend bei Franz meldete, schalt dieser den Ginevro einen Dieb und befahl ihm, sich zu entschuldigen. Der Bruder weigerte sich zunächst, denn er glaubte eine gute Tat vollbracht zu haben, die Gott gewiss billige. Schließlich gehorchte er und warf sich dem Mann zu Füßen. Dieser beschimpfte ihn wüst, aber Ginevro küsste ihn, erklärte, es sei nur aus Liebe geschehen, und bat ihn um den Rest des Schweines. Da überwältigte den Mann die Rührung, er warf sich seinerseits dem Bruder zu Füßen und bat ihn um Verzeihung. Dann schlachtete er das Schwein, briet es und brachte es den Brüdern an den Tisch.

Als immer mehr Anhänger zu Franz strömten, pilgerte er nach Rom, wo er in der Wandelhalle des Laterans Innozenz III. begegnete. Franz unterbreitete ihm demütig seine Vorstellung von evangelischer Armut, aber der Papst sprach zu ihm: »Sicher findest du ein paar Schweine, die dich in ihrem Stall aufnehmen. Ihnen solltest du predigen. Einem Schwein gleichst du jedenfalls mehr als einem Menschen.« Jedoch fand der Kardinal Colonna an Franz Gefallen. Er sprach zum Papst: »Wenn wir diesen Menschen, der ein Leben nach dem Evangelium führen will, zurückweisen, wir es für ein mühseliges und gänzlich unerprobtes Unterfangen halten, so nehmen wir Anstoß an Jesus. Wenn einer sagt, die Befolgung des Evangeliums widerspreche der Erfahrung und dem gesunden Menschenverstand, so lästert er Christus, Urheber des Evangeliums.« Der Papst zeigte sich diesem Argument zugänglich und erlaubte Franz, als Bußprediger durch die Lande zu ziehen.

Zehn Jahre später folgten schon 5 000 Mönche der franziskanischen Regel, Sendboten missionierten in ganz Europa und Afrika und Franz selbst begleitete ein Kreuzfahrerheer nach Palästina, wo er mit dem Sultan zusammentraf und lange Glaubensgespräche führte.

Zurückgekehrt, fand er große Missstände in seinem Orden vor, setzte eine neue Leitung ein und zog sich auf den Berg Alverna zurück. Dort fastete er 40 Tage zu Ehren des Erzengels Michael. In einer Ekstase erschien ihm ein gekreuzigter Mann mit sechs Seraphsflügeln und während er auf dessen Wunden schaute, spürte er einen ungeheuren Schmerz in Brust, Händen und Füßen. Zugleich begannen sich an diesen Stellen Wundmale zu bilden, aus denen Blut floß.

Zwei Jahre danach wurde dem letzten Wunsch gemäß sein Leichnam nackt auf der bloßen Erde ausgestellt. Er sah nach den Worten eines Augenzeugen aus, »als sei er frisch vom Kreuz herabgekommen, als seien seine Hände und Füße von Nägeln durchbohrt und die rechte Seite wie von einer Lanze verwundet.«

A: *in Ordenshabit, mit Gekreuzigtem, mit Seraphsflügeln, die Strahlen aus dessen Wunden treffen Herz, Hände und Füße von Franz; betend mit*

Kreuz, Nägeln, Geißel, Rosenkranz und Totenschädel; mit Erdkugel zu Füßen; mit einstürzendem Haus, das er stützt (Symbol der Kirche); mit Wolf und Lamm, den Vögeln und Fischen predigend; mit Totenkopf auf Buch.
P: *Hauptpatron Italiens; von Assisi, Basel, Bologna, Castiglione, Ferrara, Gubbio, des Kirchenstaats, von Livorno, Mantua, Modena, Palermo, Pesaro, Piacenza, Umbrien, Urbino, Val-di-Taro; der Fremdsprachenkorrespondenten, Kaufleute, Posamentierer, Schneider, Tapetenhändler, Tuchhändler, Weber; der Armen; der Sozialarbeit; des Umweltschutzes; gegen Kopfweh, Pest.*
F: *auch 4. Oktober (Hauptfest), 17. und 25. September.*

13. Dezember

Hl. Lucia

Jungfrau und Märtyrerin, † um 303

Die schöne Jungfrau Lucia war bei den Jünglingen von Syracus begehrt wie keine andere. Sie aber wies alle ab. Einer jedoch tat sich besonders hervor. Er machte ihr ihre schönen Augen zum Vorwurf, in die er sich auf den Tod verliebt habe. Da riss sich Lucia die Augen aus und sandte sie ihm auf einem Teller. Bestürzt ließ er von seiner Werbung ab; Lucia aber erhielt von der Muttergottes ein noch viel schöneres Augenpaar.

Als ihre Eltern sie schließlich doch verlobten, verschenkte sie ihr Gut unter den Armen verminderte dadurch ihre Mitgift. Der Bräutigam erzürnte darüber und verklagte sie bei einem Richter. Dieser lud sie vor und forderte sie als Erstes auf, den Göttern zu opfern. Da sie sich weigerte, verurteilte er sie zur öffentlichen Schändung in einem Freudenhaus. Die Kraft des Hl. Geistes machte Lucia aber mit einem Mal so schwer, dass weder die vereinten Kräfte von tausend Männern noch ein Ochsengespann sie vom Fleck bewegen konnten. Da der Richter Zauberei vermutete, ließ er sie mit Urin begießen, denn man glaubte, dadurch den Bann lösen zu können. Aber es half nichts. Lucia blieb wie angewurzelt.

Nun versuchte man sie mit Pech und Schwefel anzuzünden, aber das Feuer fügte ihr nicht den geringsten Schaden zu. Da stießen sie ihr endlich ein Schwert in die Kehle.

Vor der gregorianischen Kalenderreform war der 13. Dezember der kürzeste Tag mit der längsten Nacht. Im germanischen Kulturkreis begann damit das Neue Jahr, das mit Völlerei und reichlichem Biergenuß gefeiert wurde. In Norwegen waren die langen Luciennächte gefürchtet, weil an ihnen die *wilde Jagd* der Toten durch die Wälder brauste und Menschen mitnahm. Als Schutzmittel wurde Bier über die Bäume geschüttet, nach dem die Gespenster dürsteten. Ähnliche Vorstellungen gab es in Bayern, Böhmen, Kroatien und Ungarn. Das Christentum zähmte die überschießenden Elemente solcher Bräuche, die gelegentlich zu Orgien ausarteten, und bot stattdessen Familienbräuche, die dem Nikolaus- oder Weihnachtsfest ähnelten. Verbreitet war auch der Brauch von Klosterspeisungen: In Kremsmünster z.B. bekam bis 1773 jede Person ein halbes Pfund Ochsenfleisch und einen Zweipfünder Schwarzbrot. Zwischen 15 000 und 30 000 Personen fanden sich alljährlich beim Stift ein, wo im äußeren Klosterhof die Spendung vor sich ging. Später sparte man allerorten an den Fleischgaben und ersetzte sie durch die sogenannten Lucienbrote, die oft tierischen Gliedmaßen nachgebildet waren.

A: *mit vier Ochsen; mit Halswunde und Schwert; mit Buch; mit Augen auf einem Teller; in Kessel über Feuer; mit Lampe; mit Palme und Schwert; mit Doppelkreuz.*
P: *von Mantua, Syrakus, Toledo, Venedig; der Bauern, der reuigen Dirnen, Glaser, Kutscher, Messerschmiede, Notare, Pedelle, Sattler, Schiffer und Seefahrer, Schneider, Schreiber, Türhüter, Weber; des Augenlichts; gegen Blindheit (auch im geistigen Sinn) und Augenkrankheiten; gegen weibliche Blutflüsse; gegen Armut.*

14. Dezember

Hl. Johannes vom Kreuz (Juan de la Cruz)

1542–1591

Die Witwe eines Webers namens Yepes hatte einen kleinen Sohn, der zu keinem Handwerk nutze war. Alles, was er versuchte – Zimmermann, Schneider, Maler, Steinmetz –, missriet ihm. Schließlich nahm sich der Spitalvorsteher seiner an, bildete ihn zum Pfleger aus und ließ ihn nebenher am Jesuitenkolleg studieren. Er hoffte in Juan Yepes einen tüchtigen Kaplan gefunden zu haben. Doch mit 18 Jahren trat Juan in den strengsten Zweig des Karmeliterordens ein und erhielt den Beinamen »de la Cruz«. Es fügte sich, dass er bald Teresa von Avila kennen lernte und es begann die Geschichte einer lebenslangen Seelenfreundschaft.

Das erste Kloster der »unbeschuhten Karmeliten« in Durvelo war ein windschiefes, heruntergekommenes Bauernhaus. Die Zelle, die Juan mit seinem Gefährten Pater Antonio teilte, war so niedrig, dass sie sich nur liegend oder sitzend darin aufhalten konnten.

Die Leute aus der Gegend konnten sich nicht erklären, wovon die Padres lebten, denn sie lehnten stets alle angebotenen Mahlzeiten ab. Als es ein Ordensbruder einmal merkwürdig fand, dass Juan sich oft zwischen einsamen Felsen aufhielt, antwortete dieser: »Wenn ich mit den Felsen verkehre, habe ich weniger zu beichten, als wenn ich mit den Menschen umgehe.« Oft fiel er, wenn er allein war, in Verzückungen, die er vor seiner Umgebung geheim hielt. Aus ihnen entstanden später, niedergeschrieben während seiner Haft in Toledo, die mystischen Werke: »Der Aufstieg zum Berge Karmel« (*Subida del monte Carmelo*), »Die dunkle Nacht der Seele« (*Noche oscura dei Alma*), »Der geistliche Gesang« (*Canticoespiritual*), »Die lebendige Liebesflamme« (*Flama de amor viva*).

Man sagte über Juan: »Dieser Mann ist so arm, dass man ihm nichts nehmen kann, und so tugendhaft, dass man ihm nichts geben kann.« Er erwies sich jedoch als hervorragender Organisator und kämpfte gemeinsam mit Teresa für eine umfassende Ordensreform. Fünf Jahre lang diente er ihrem Kloster La Encarnación als Beichtvater.

Die Reformgegner innerhalb des Ordens erwählten sich jedoch neben Teresa vor allem Juan als Zielscheibe. Unter falschen Anschuldigungen wurde er vom Konvent in Toledo neun Monate lang in ein enges, stinkendes Dachverlies gesperrt, wo er der unerträglichsten Hitze und der bittersten Kälte schutzlos ausgesetzt war. Oft wurde er geschlagen und bekam so wenig zu essen, dass er selbst zu vermuten begann, man wolle ihn langsam verhungern lassen. In einer dunklen Nacht gelang es ihm mittels zusammengeknoteter Tücher zu fliehen. Er entkam nach Andalusien, wo er – drei Jahre ausgenommen – in Segovia den Rest seines Lebens zubrachte.

Pius V. und Gregor XIII. bestätigten den Orden der barfüßigen Karmeliten beiderlei Geschlechts. Juan wurde als Rektor des Kollegs in Baënza und später in Granada der geistige Inspirator der »unbeschuhten Karmeliten«. Und abermals geriet er wegen der Strenge seiner Auffassungen in Missgunst. Auf einem neuerlichen Konvent wurde ihm kein Amt mehr übertragen. Man versetzte ihn trotz seiner schwächlichen Gesundheit nach Amerika. Allein auf dem Weg bekam er heftiges Fieber und eine gefährliche Beinentzündung. Der Kranke wurde ins Kloster Ubeda gebracht, wo der Prior ein deklarierter Feind Juans war. Er peinigte ihn mit dem Vorwurf, er verursache nur unnötige Kosten, während Juan am Fuß fünf Wunden hatte, aus denen unaufhörlich Eiter floß. Er wurde nicht gepflegt und erhielt nur das Allernötigste zu essen. Um gelegentlich die Lage zu verändern, hatte Juan einen Strick an der Decke befestigt, an dem er sich mühsam hochziehen konnte. Während sich die Geschwüre über den ganzen Körper verbreiteten, leiteten seine Feinde eine Untersuchung ein, die selbst seinen Freunden Angst machte, so dass sie jeglichen Kontakt zu ihm abbrachen und sogar seine Briefe verbrannten. Vier Monate litt Juan Entsetzliches, dann erlöste ihn der Tod. Am Sterbebett hatte er noch einmal alle Brüder und auch den Prior um Verzeihung gebeten für allen Verdruss und alles Ungemach, das sie seinetwegen gehabt hätten. Fröhlich starb er dann um Mitternacht. Sein unverwester Leib ruht in Segovia.

A: *als Karmelit mit braunem Habit und weißem Mantel, mit Federkiel und Buch; Adler zu Füßen mit Feder im Schnabel; Christus erscheint ihm mit Kreuz; mit Statue oder Bild Mariens in der Hand.*
F: *auch 29. November.*

*

Hl. Spiridion

Bischof, † um 348

Spiridion wuchs als armer Schafhirte auf der Insel Zypern heran, aber seine frommen Eltern hatten ihn das Lesen gelehrt und so lernte er auf den Weiden das ganze Evangelium auswendig. Unter der

Christenverfolgung des Maximin stach man ihm ein Auge aus, schnitt die Sehne des linken Knies durch und verurteilte ihn zur Arbeit im Bergwerk.

Nach dem Tode des Kaisers kehrte er in die Heimat zurück. Bald stand er dort wegen seiner Wunderkräfte in hohem Ansehen; so beendete sein Gebet einmal eine große Dürre. Als der Bischofsstuhl frei wurde, wählten ihn die Gläubigen daher zu ihrem Hirten.

Indessen wurde Kaiser Konstantius in Byzanz gefährlich krank. Eines Nachts erschien ihm ein Engel und zeigte ihm eine glänzende Versammlung von Bischöfen. Er deutete auf zwei dem Kaiser unbekannte Männer und sagte: »Diese beiden werden dich heilen.« Der Kaiser ließ also am nächsten Tag ein Konzil einberufen, in der Hoffnung, dabei auf seine Retter zu treffen.

Mittlerweile hatte auch Spiridion durch einen Traum von der Krankheit des Kaisers erfahren und eilte mit seinem Schüler Triphylius nach Antiochia. Erst wollte man sie wegen ihrer abgerissenen Kleidung gar nicht in den Palast einlassen, aber schließlich erkannte man doch in ihnen die Amtsträger und führte sie zum Kaiser. Als die beiden das Gemach des Kranken betraten, erblickte Konstantius sie mit freudigem Schreck, denn es waren die Männer aus seinem Traum. Spiridion kniete nieder und berührte das Haupt des Kaisers – und augenblicklich wurde dieser gesund.

A: *als Bischof mit Hirtenmütze oder stehend in einem Sarg; mit Stachel zum Augenausstechen in der Hand.*
P: *der Waisen; gegen Überschwemmung.*

15. Dezember

Hl. Christina

Sklavin, Anfang des 4. Jahrhunderts

Die hl. Christina wurde als Sklavin an einen wilden Bergstamm im Kaukasus verkauft, dessen grausamer Fürst dem Götzendienst sehr ergeben war. Eines Tages heilte Christina das todkranke Kind einer Nachbarin, indem sie es auf ihr härenes Bußkleid legte und zu Christus betete. Die Nachricht von diesem Wunder erreichte auch die Gemahlin des Herrschers, die samt ihrem kleinen Sohne mit einem schmerzhaften Leiden darniederlag. Und abermals wurden die beiden Kranken durch die Berührung mit dem Bußkleid und das Gebet Christinas gesund. Dies machte die Fürstin dem Christentum sehr geneigt und sie drang in ihren Gemahl, den wahren Glauben anzunehmen. Doch dieser befürchtete Aufstände seiner heidnischen Untertanen und ließ sich nicht dazu bewegen.

Eines Tages verirrte er sich im Gebirge auf der Jagd und große Angst ergriff ihn, an Hunger, Kälte oder durch wilde Tiere sterben zu müssen. Vergeblich schrie er nach seinen Dienern und ebenso vergeblich blieb die Anrufung seiner Götzen. Da versuchte er es mit dem Gott der Sklavin Christina. Er gelobte, wenn er gerettet würde, wolle er nur ihn allein anbeten. Kaum war dieser Schwur getan, da lichtete sich der Nebel, die Sonne zeigte ihm den Weg und er fand wohlbehalten nach Hause. Er hielt sein Versprechen und ließ sich im Glauben unterrichten und seine Untertanen folgten seinem Beispiel.

16. Dezember

Hl. Adelheid

deutsche Kaiserin, 931–999

Die burgundische Prinzessin Adelheid wurde mit dem Langobardenkönig Lothar vermählt. Aber drei Jahre später war sie bereits Witwe, denn ihr Gemahl fiel einem Giftanschlag zum Opfer. Der Usurpator Berengar warf Adelheid in das Verlies eines Turmes im Gardasee und ließ sie dort misshandeln. Ein treuer Hofkaplan half ihr jedoch, mitsamt ihrer Dienerin zu entfliehen.

Um nicht entdeckt zu werden, mussten die beiden Frauen den See durchschwimmen und sich einen ganzen Tag und eine Nacht ohne Nahrung im Wasser verborgen halten. Als sie schon, vor Kälte erstarrt, zu ertrinken drohten, kam ein Fischer des Weges und zog sie an Land. Er machte ein großes Feuer und briet einen Fisch und währenddessen fand sich der ebenfalls geflüchtete Kaplan ein mit der Nachricht, dass König Ottos Soldaten nach ihr suchten. So wurde Adelheid in höchster

Not gerettet. Otto aber besiegte den Berengar, setzte die rechtmäßige Königin wieder ein und heiratete sie schließlich, womit er den Thron der Langobarden erwarb.

Kurz danach wurde Otto I. vom Papst zum Kaiser, Adelheid zur Kaiserin gekrönt. Doch auch der zweite Gemahl starb viel zu früh und Adelheid ward erneut Witwe. Ihr Sohn bestieg als Knabe den Thron und die Mutter musste die Angelegenheiten des Reichs besorgen. Die jugendliche Gemahlin des Kaisers, die byzantinische Prinzessin Theophania, intrigierte jedoch gegen ihre Schwiegermutter. Zeitweise hörte Otto II. auf ihre und anderer Schmeichler Einflüsterungen. Er verbannte seine Mutter sogar vom Hofe und sie musste Zuflucht bei ihrem Bruder, dem König von Frankreich, suchen.

Erst durch ihre Abwesenheit lernte man sie wirklich schätzen. Es war, als ob der gute Engel die Regierung verlassen hätte, denn viel Wirrnis und Zwietracht erschütterte nun das Reich. Der hl. Abt Majolus von Cluny trat vor den Kaiser und hielt ihm sein Unrecht vor. Diese Rede öffnete Otto endlich die Augen. Aufrichtig in Reue, rief er seine Mutter zurück. Es war fast zu spät für ihn, denn kurz danach starb er.

Der neunjährige Otto III. wurde zum König gekrönt. Wieder gerieten Theophania und Adelheid aneinander. Die Griechin wurde Regentin und drohte der alten Frau mit der Faust: »Wenn ich noch ein Jahr lebe, wird diese Frau nicht einmal mehr über eine Handvoll Erde herrschen.« Vier Wochen nach diesem Hassausbruch war Theophania tot und Adelheid die Regentin. Sie hätte sich an allen Feinden rächen können. Aber ihre Rache bestand darin, ihnen Gutes zu tun und bald verehrten sie alle ihrer früheren Gegner. Adelheid gründete und beschenkte Kirchen und Klöster und teilte so viele Almosen unter die Armen aus, dass der hl. Odilo, Abt von Cluny, ihre grenzenlose Freigebigkeit unter die Wunder rechnete. Als sie kurz vor der Jahrtausendwende starb, trauerte ganz Europa um sie.

A: *in königlichen Gewändern mit Krone; auf einem Schiff fliehend oder kleines Schiff in der Hand haltend; Almosen austeilend.*
F: *auch 17. Dezember.*

17. DEZEMBER

Hl. Honoratus

Abt von Fondi, 6. Jahrhundert

Schon als Knabe zeichnete sich Honoratus durch Enthaltsamkeit und Demut aus. Seine Eltern, Pächter eines Landgutes in den samnischen Bergen, gaben einst für Nachbarn ein Gastmahl, auf dem viel gebratenes Fleisch gereicht wurde. Honoratus aber verweigerte den Genuss, denn er wollte fasten. Da sagten sie zu ihm: »Iss schon, bei uns hier oben gibt es eben keinen Fisch.« Während allgemein über den Knaben gelacht und gespottet wurde, ging bei Tisch das Wasser aus. Doch als ein Sklave aus der Felsenquelle Wasser holte, schwamm ein großer Fisch in seinen Eimer hinein. Nun herrschte große Verwunderung und das Gespött hatte ein Ende.

Honoratus wurde je älter desto frömmer und in seinen Mannesjahren gründete er bei Fondi ein Kloster, in dem er über 200 Mönchen als Abt vorstand. Eines Tages löste sich von dem Berg, der das Kloster hoch überragte, ein Felsstück und rollte mit Getöse herab, alles unter sich zermalmend. Als Honoratus den Stein kommen sah, rief er mehrmals hintereinander den Namen des Herrn an, machte das Kreuzzeichen und der Brocken blieb an der steilen Berglehne haften.

A: *als Abt mit Stab und Stadtmodell.*
P: *von Fondi.*
F: *auch 16. Januar, 30. April, 10. Oktober.*

18. DEZEMBER

Hl. Ignatius

Bischof von Antiochia, Märtyrer, † um 110

Wegen seiner Gelehrsamkeit erhoben die Apostel Ignatius, den Schüler des heiligen Evangelisten Johannes, zum Bischof von Antiochia. 40 Jahre lang stand er in Weisheit, Frömmigkeit und Unermüdlichkeit seiner Kirche vor. Während der Christenverfolgung des Domitian hielt er seine Gemeinde zu Vorsicht und Zurückhaltung an, wodurch er ihr größere Bedrängnisse ersparen half.

Doch unter Kaiser Trajan verschärfte sich die Lage der Christen weiter. Er besaß zwar viele gute Eigenschaften, hing jedoch auch manchem schändlichen Laster an. Vor allem wollte er die unbedingte Geltung der heidnischen Götter wahren. Als er einmal in Antiochia weilte, musste er feststellen, dass schon ein beträchtlicher Teil der Bevölkerung dem Christusglauben anhing, was der Kaiser mit Ungnade zur Kenntnis nahm. Da man ihm Ignatius als christliches Oberhaupt angegeben hatte, ließ er diesen zu sich rufen und schalt ihn sogleich: »Du also bist der böse Dämon, welcher den Göttern trotzt, die uns zum Siege verhelfen!« Der Bischof antwortete ruhig: »Du meinst die Teufel, die du Götter anbetest? Es gibt nur einen einzigen Gott.«

Da ergrimmte der Kaiser und ordnete an, den Heiligen gefesselt unter strenger Bewachung nach Rom zu senden und ihn dort den wilden Tieren vorzuwerfen. Während seiner Reise in den Tod fand er gleichwohl noch die Gelegenheit, seine berühmten sieben Briefe an die hinterbliebenen christlichen Gemeinden zu übermitteln.

Am letzten Tag der Spiele kam Ignatius in Rom an, wo ihn sogleich viele Christen in Trauer über das bevorstehende Martyrium empfingen. Er aber beschwor sie, nichts zu seiner Freilassung zu tun, sondern ihn der Gnade des Leidens zu überlassen. Als er das Brüllen der Löwen hörte, rief er aus: »Ich bin der Weizen des Herrn, ich muss von den Zähnen dieser Tiere zermalmt werden, um ein reines Brot Christi werden.« Kaum hatte er diese Worte gesprochen, da stürzten sich zwei Löwen auf ihn und verschlangen ihn in einem Augenblick.

Nichts blieb von seinem Leibe übrig als einige der größten und härtesten Knochen. Diese wurden heimlich nach Antiochien gebracht, wo man sie als unschätzbares Kleinod aufbewahrte. Der hl. Chrysostomus empfahl später den Gläubigen dringend, die Gebeine des hl. Märtyrers zu besuchen, und beschrieb die vielen Vorteile, die sich aus ihrer Verehrung ergeben könnten.

A: *als Bischof, auf dem Boden liegend, von zwei Löwen angefallen; auch mit IHS oder »Jesus« aus goldenen Buchstaben auf seinem Herzen.*
P: *gegen Halsweh und Grind.*
F: *auch 1. Februar, 17. Dezember.*

Hl. Pelagia

Büßerin, 4. Jahrhundert

Alexandria war während des ganzen Altertums berüchtigt wegen seiner selbstbewussten Dirnen, die hier schöner, zahlreicher und in den Künsten der Verführung erfahrener waren als irgendwo sonst auf der Welt, mit Ausnahme vielleicht Antiochiens. Hier saßen einst einige Mönche des Bischofs Nonnos vor der Kirche und lauschten seinen Belehrungen. Plötzlich kam die erste Schauspielerin und schönste Tänzerin am Theater mit einem großen Gefolge vorbei. Ihre bloßen Beine waren mit Perlenschnüren und Goldtressen dicht umwunden, Kopf und Schultern trug sie unbedeckt bis auf den reichen Diamantschmuck. Es umgab sie der Wohlgeruch kostbarer Duftöle.

Als sie vorüber war, fragte der Bischof die Brüder: »Hat euch eine so hohe Schönheit nicht Wohlgefallen bereitet?« Sie aber schwiegen. »Ich habe sie mit Freuden gesehen«, fuhr er fort, »denn Gott wird sie uns am Tag des Jüngsten Gerichts zeigen.« Und er erzählte ihnen, er habe sie in einem Traum als über und über besudelte Taube geschaut, die durch das reinigende Wasser der Taufe schneeweiß geworden und zum Himmel aufgestiegen sei.

Pelagia kamen die Worte des Bischofs zu Ohren und es dauerte nicht lange, da erschien sie tief erschüttert bei Nonnos und ließ sich von ihm taufen.

Hierauf verteilte sie all ihre Reichtümer an die Armen, begab sich nach Jerusalem und ließ sich, als Mann verkleidet, unter dem Namen Pelagius in eine enge Eremitenzelle am Ölberg einschließen. Vier Jahre danach erkannte sie der Diakon Jakob von Edessa, der Zeuge des Ereignisses gewesen war, nicht mehr wieder, so sehr hatten Fasten und Bußstrenge sie entstellt. Ihr Gesicht war totenbleich, ihre verweinten Augen lagen tief in den Höhlen. Wenig später starb sie.

A: *als reiche Dame vor Nonnos; als Büßerin in Zelle.*
F: *auch 2. und 8. Oktober.*

Hl. Philogonius

Bischof von Antiochia, † 324

Der Rechtsanwalt Philogonius aus Antiochia übernahm nie die Verteidigung einer ungerechten Sache und kämpfte oft ohne Lohn für die Armen, Witwen und Waisen. Zudem führte er ein vorbildliches Familienleben und erzog seine einzige Tochter zu einer christlichen Jungfrau. Die Gemeinde machte 318 einstimmig Philogonius zu ihrem Bischof, obgleich er nie zuvor ein geistliches Amt ausgeübt hatte. Er bekämpfte die Lehre des Arius, der die Göttlichkeit Christi leugnete, so standhaft und beredsam, dass jener selbst erklärte, der Bischof von Antiochia sei sein stärkster Gegner.

Die Gläubigen verehrten ihn nach seinem Tod sogleich als Heiligen.

P: *der Rechtsanwälte.*

21. Dezember

Hl. Thomas

Apostel

Den Apostel Thomas entmutigte die Kreuzigung seines Meisters so sehr, dass er gar nicht an die Auferstehung glauben wollte. Als Jesus ihm aber erschien und ihn seine Hände in die Wunden legen ließ, gewann Thomas seinen Glauben wieder. Er predigte in Äthiopien, Turkestan und bei den Parthern.

Nach einer weiteren Erscheinung, in der ihm der Herr mitteilte, dass man am indischen Hof einen Baumeister suche, machte er sich auf den Weg, um dort das Evangelium zu verkünden. Er zeigte dem König einen wunderbaren Bauplan für einen neuen Palast, von dem der Herrscher so angetan war, dass er Thomas einen großen Schatz übergab, bevor er für zwei Jahre in ferne Provinzen reiste. Thomas zog in dieser Zeit durch die Lande, verteilte den Schatz unter die Armen und bekehrte viel Volk zum Glauben. Als der Herrscher zurückkam und hörte, wo das Gold geblieben war, ließ er Thomas in den Kerker werfen. Bei lebendigem Leib sollte er gehäutet und anschließend verbrannt werden. In dieser Zeit starb jedoch des Königs Bruder und ein prächtiges Begräbnis wurde vorbereitet. In der Nacht zuvor erschien der Tote dem Herrscher und sprach: »Thomas ist ein Freund Gottes. Die Engel zeigten mir im Paradies einen wunderbaren Palast aus Gold und Edelsteinen. Ich bat, darin Pförtner sein zu dürfen, aber sie sandten mich zurück, um dir das verbrauchte Geld dafür anzubieten, wenn du den Baumeister freigibst.« Da holte der König den Apostel aus dem Gefängnis und ehrte ihn.

Die Heidenpriester aber zürnten über seine Erfolge und als mehrere hohe Frauen um der Reinheit willen nicht mehr bei ihren Männern schlafen wollten, nutzten jene die Unruhen und erstachen ihn.

A: *seine Hand in Jesu Seitenwunde legend; mit Lanze und Winkelmaß; mit Maria, die ihm ihren Gürtel reicht.*
P: *von Goa, Indien, des Kirchenstaats, von Parma, Portugal, Riga, Urbino; der Architekten, Bauarbeiter, Feldmesser, Maurer, Steinhauer, Zimmerleute; gegen Rückenschmerzen und Augenkrankheiten; gegen Ungläubigkeit.*
F: *21. Mai, 3. Juli, 6. Oktober.*

22. Dezember

Sel. Jutta von Sponheim

Reklusin, * um 1092 auf Burg Spanheim, heute Burgsponheim bei Bad Kreuznach in Rheinland-Pfalz, † 22. Dezember 1136 auf dem Disibodenberg bei Bad Kreuznach in Rheinland-Pfalz

Jutta, Tochter des Grafen Stephan von Spanheim, war als Kind schwer erkrankt und widmete ihr Leben dann zum Dank für die unerwartete Heilung Gott. Jutta war ein hochbegabtes Mädchen, dass in kurzer Zeit Lesen und Schreiben, die alten Sprachen, Naturkunde und Musikinstrumente erlernte.

Mit 14 Jahren erklärte sie ihrem Vater kategorisch, dass sie jede Verheiratung ablehne und sich allein dem Dienst Christi widmen wolle. Die Grafenfamilie sah die Zwecklosigkeit von Umstimmungsversuchen ein und bat den Mainzer Erzbischof Ruthard, ihr die Jungfrauenweihe zu spenden. Jutta begann neben geistlichen Übungen auch Mädchen und Jungfrauen aus den Adelsgeschlechtern des Umlandes zu unterrichten. 1206 brachte der Edelfreie Hildebrecht von Hosenbach seine achtjährige Tochter Hildegard nach Sponheim, wo sich Jutta bereitwillig des talentierten Mädchens annahm.

Zwei Jahre später begann auf dem Disibodenberg der Bau einer großen Klosteranlage. Für Jutta und ihre Schützlinge wurde vor den Mauern eine Klause errichtet. An 1. November 1112 ließen sich Jutta, Hildegard und eine weitere Jungfrau mit Namen Jutta feierlich als Reklusinnen einmauern. Ihre asketische Lebensform verhinderte nicht die intensivste Beschäftigung mit den heiligen Schriften, mit Wissenschaften, Naturkunde und Medizin. Der Ruf der gelehrten jungen Frauen gewann ständig an Ansehen. Die Zuwendungen frommer Spender ermöglichten die Vergrößerung des reinen Männerkloster zu einer Doppelklosteranlage, in der die Nonnen unter dem Priorat Juttas ihren Verrichtungen nachgehen konnten.

Jutta verstarb 22. Dezember 1136 und wurde in der Klosterkirche zu Disibodenberg beigesetzt. Schon bald ereigneten sich nach dem Zeugnis ihrer Schülerin Hildegard an der Grabesstätte zahlreiche Wunder. Disibodenberg wurde zu einer vielbesuchten Wallfahrtsstätte. Von den Benediktinern wird Jutta als Selige verehrt.

Ihre Nachfolgerin in der Leitung des Klosters wurde Hildegard.

A: *als Benediktinerin, zwei Engel, Lampe*

⁕

Hl. Phokas der Gärtner

Märtyrer, † um 303

Phokas aus Sinope war Gärtner und ein frommer Christ. Er lebte in Schlichtheit vom Ertrag seiner Arbeit und hatte genug, um auch den Armen Gastgeber sein zu können. Wer immer bei ihm anklopfte, der wurde freundlich aufgenommen.

Als man die Christen verfolgte, wurde er angezeigt und der Präfekt schickte einen Trupp Soldaten los, um ihn gleich bei Ergreifen töten zu lassen. Da es Abend wurde, kamen die vom Marsche Ermüdeten zufällig bei Phokas vorbei und baten um eine kleine Erquickung. Wie üblich hieß jener sie willkommen und setzte ihnen vor, was er hatte. Beim Essen erfuhr Phokas, dass sie auf der Suche nach ihm selbst waren. Er bot an, ihnen bei den Nachforschungen zu helfen, und lud sie ein, bei ihm zu übernachten. Gerne blieben die Soldaten unter diesem freundlichen Obdach. Die Nachtstunden benutzte Phokas, ein Grab auszuheben, seine Angelegenheiten zu ordnen und sich Gott zu empfehlen. Am Morgen trat er vor die Soldaten hin und sagte: »Ich bin jener Phokas, den ihr sucht. Tut, was euch befohlen ist.« Sie standen wie gelähmt und konnten es nicht fassen. Doch Phokas drang in sie: »Die euch schicken, töten mich. Ihr seid nur ihre Werkzeuge und müsst ihren Befehlen gehorchen.« Nach langem Zureden enthaupteten ihn die Soldaten schließlich und senkten seinen Leichnam in das vorbestimmte Grab.

A: *in Gärtnergewand mit Spaten und Schwert.*
P: *der Gärtner und Seeleute.*
F: *auch 5. März, 22. September.*

23. Dezember

Hl. Servulus

Bettler in Rom, † um 590

Servulus war von Kindheit an so schwer gelähmt, dass er sich nicht einmal im Bett aufsetzen konnte. Weder konnte er die Hand zum Mund führen noch sich auch nur auf die andere Seite drehen. Er lag meist auf seiner Bahre im Vorhof der Clemenskirche und wurde von seiner Mutter und seinem Bruder bedient, die auch Almosen für ihn sammelten. Vieles davon, was er erhielt, ließ er aber wieder an die Armen weiterverteilen.

Er hatte nie lesen gelernt, kaufte sich aber die Bücher der Hl. Schrift und ließ sich von Besuchern daraus vorlesen. Auf diese Weise kannte er sich in der Bibel so gut aus wie ein Schriftgelehrter, ohne je einen einzigen Buchstaben zu kennen.

Als der Schmerz von seinen Glieder auf die inneren Teile schlug, merkte er, dass seine Stunde gekommen war. Er begann zu singen und bat auch die anwesenden Pilger und Gäste, in den Psalmengesang einzustimmen. Doch plötzlich unterbrach er den Gesang mit den Worten: »Seid still, hört die Lieder, die im Himmel klingen.« Während er auf die nur ihm vernehmbaren Gesänge lauschte, verschied er. Gleichzeitig verbreitete sich um ihn ein unbeschreiblich angenehmer Wohlgeruch. Bis zu seinem Begräbnis blieb dieser Duft erhalten.

A: *auf einer Bahre; Almosen verteilend.*
P: *gegen Lähmung.*

24. Dezember

Hl. Irmina

Äbtissin, † um 708

Irmina war die Tochter des Königs Dagobert von Lothringen, an dessen Hof viele fromme Männer verkehrten. Obwohl sie keine Neigung für die Ehe fühlte, widersprach sie doch nicht dem Wunsch ihrer Eltern, sie mit einem französischen Edelmann zu verheiraten. An dem Tag aber, da das Hochzeitsaufgebot bestellt war, meldete man den plötzlichen Tod des Bräutigams. Bestürzt umringten die Hofleute die Jungfrau, um sie zu trösten, sie aber ergab sich heiter und ruhig in den Verlust und beschloss nun, ihre Jungfräulichkeit zu bewahren. Mit Zustimmung ihres Vaters nahm sie den Schleier. Er schenkte ihr das Schloss Oeren bei Trier, wo sie Nonnen nach der Regel des hl. Benedikt um sich sammelte.

Einmal brach eine schreckliche Seuche unter den Frauen aus. Irmina verdoppelte die Bußstrenge, teilte reichliche Almosen aus und betete ganze Nächte hindurch. Doch die Krankheit breitete sich nur noch mehr aus. Da besuchte auf ihre Bitte hin der hl. Willibrord das Kloster. Er segnete die Nonnen, sprengte überall Weihwasser aus und gab den Frauen davon zu trinken. Alsbald genasen sie alle und das Übel verschwand. Irmina schenkte Willibrord dafür verschiedene Ländereien, worauf dieser das Kloster Echternach gründete.

A: *Almosen austeilend; Jesuskind mit zwei Engeln über ihrem Haupt; als Nonne, auf das Kruzifix weisend, mit Urkundenrolle, Kirchenmodell.*

25. Dezember

Hl. Petrus Nolascus

Stifter des Ordens der hl. Maria von der Erlösung der Gefangenen (Mercedarier), um 1188–1256

Am Anfang des 13.]ahrhunderts gab es in den von Arabern eroberten Ländern viele tausend armer Christensklaven, die in grenzenlosem Elend leben mussten. Über ihr Los erzählten aus Afrika zurückgekehrte Reisende Schreckliches. Beinahe nackt, an den Füßen schwere Ketten, müssten sie den Pflug ziehen und bei unerträglicher Hitze auf dem Felde arbeiten. Schimmeliger Hirsebrei sei ihre Nahrung, stinkendes Wasser ihr Trank, halbverfaultes Stroh und ein harter Stein ihr Lager. Die Schädel ihrer verstorbenen Genossen dienten als Trinkgefäße. Wenn sie vor Schwäche nicht mehr zupacken könnten, würden sie gepeitscht bis aufs Blut; würden sie krank, lasse man sie ohne Pflege und werfe sie noch lebend den wilden Tieren zum Fraß vor. Alte und Gebrechliche würden gnadenlos getötet, aber am fürchterlichsten sei, dass die Sarazenen alle Mühe aufwendeten, die Gefangenen ihrem christlichen Glauben abtrünnig zu machen.

Das hörte ein frommer Franzose, Petrus Nolascus, und ward davon aufs Tiefste ergriffen. Er war 29 Jahre alt und gedachte, sein beträchtliches Vermögen zum Loskauf dieser Armen zu verwenden. Eines Nachts erschien ihm die Jungfrau Maria und sagte zu ihm: »Gott will, dass du einen Mönchsorden zur Befreiung der Gefangenen gründest.« Petrus war nicht leichtgläubig und fragte seinen Beichtvater um Rat, den hl. Raimund von Peñafort. Dieser erzählte dem Petrus zu dessen Verwunderung, dass auch ihm in der vergangenen Nacht die Gottesmutter erschienen sei und ihm befohlen habe, er solle seinem Beichtkind bei dem Vorhaben Mut zusprechen.

Beide gingen zum König von Aragonien und sprachen mit ihm über die Angelegenheit. Wie staunten sie, als auch er ihnen entdeckte, dass ihm die Heilige Jungfrau erschienen sei und ihm über die Pläne ausführlich berichtet habe.

So entstand der Orden der Mercedarier, die neben den drei Gelübden der Armut, Keuschheit und des Gehorsams noch ein viertes zur Regel hatten: nämlich die Verpflichtung, zur Befreiung eines Sklaven wenn nötig die eigene Person hinzugeben. Die Mercedarier sammelten in ganz Spanien Almosen und kauften viele Sklaven frei. Petrus selbst geriet in Gefangenschaft und wurde in Ketten gelegt, aber seine Brüder konnten ihn wieder befreien. 31 Jahre stand er dem Orden vor und erlöste tausende Gefangene, bis er hochgeehrt von seinen Ordensbrüdern das Zeitliche segnete.

A: *im weißen Ordenskleid, ein Schild mit dem Wappen der Könige von Aragon auf der Brust, von befreiten Sklaven umgeben; manchmal auch mit Ketten und mit Fahne mit rotem Kreuz.*
P: *der Gefangenen und Sklaven; von Barcelona.*
F: *auch 31. Januar.*

26. Dezember

Hl. Stephanus

Erzmärtyrer, † 34

Stephan, von griechischer Abkunft, gehörte zu den ersten Christen Jerusalems. Sein Lebenswandel war so untadelig, dass ihm die Apostel die Armenpflege in der Gemeinde übertrugen. Zugleich predigte er das Evangelium mit solchem Erfolg, dass er selbst jüdische Priester zu dem neuen Glauben bekehrte. Dies schuf ihm jedoch auch viele Feinde. Er wurde im siebten Monat nach Jesu Kreuzigung vor den Hohen Rat zitiert und angeklagt, Gott gelästert und Moses beschimpft zu haben.

Er aber pries die Herrlichkeit Gottes, sprach beredt von Moses' Größe und schloss mit den Worten: »Ihr rühmt euch der Beschneidung und seid an Herz und Ohren unbeschnitten; ihr habt das Gesetz von Moses erhalten, aber nicht gehalten; eure Väter verfolgten die Propheten, die den Messias verkündeten, und ihr habt den Messias getötet.«

Dies erregte die Wut der Versammlung. Sie knirschten mit den Zähnen, stießen ihn ohne weiteres Verhör aus dem Saal und steinigten ihn. Seine letzten Worte aber waren: »Herr, rechne ihnen diese Sünde nicht an.« Die Gläubigen sammelten die von Blut geröteten Steine auf und bestatteten den Leichnam. Sowohl S. Sebastiano wie S. Lorenzo-fuori-le-mura in Rom besitzen noch heute je einen Stein.

Im Jahre 417 wurde dem Presbyter Lucian in Jerusalem durch einen dreimaligen Traum das Grab Stephans und anderer heiliger Männer gezeigt. Als man an dem bezeichneten Ort grub, verbreitete sich sofort ein süßer Duft, von dem nicht weniger als 70 Kranke gesund wurden. Die Gebeine des Heiligen wurden gefunden, in einem Schrein aufbewahrt und später nach Konstantinopel übertragen. 557 sollten nach verschiedenen wundersamen Vorkommnissen Stephans Reliquien gegen die des Laurentius in Rom getauscht werden.

Unterwegs baten die Bewohner Capuas um einen Arm des Erzmärtyrers und erhielten ihn auch. Als Stephans Gebeine aber in der Kirche S. Lorenzo ankamen, erwies sich der Sarg des Laurentius trotz aller Anstrengungen der Träger als viel zu schwer. Stattdessen rückte sein Leichnam auf die Seite, wie um dem Neuankömmling Platz zu machen. Und so blieb Laurentius zusammen mit Stephan in Rom.

A: *mit Palme und Steinen; im Levitengewand, predigend.*
P: *von Bayern, Frankreich, Lothringen, Ostfriesland, Pfalz, Serbien; von Arles, Auxerre, Bellinzona, Bourges, Breisach, Brixen, Cahors, Châlons-sur-Marne, Chalon-sur-Saône, Diepholz, Dijon, Gandersheim, Halberstadt, Helmstedt, Karlsruhe, Kotor, Leitmeritz, Limoges, Lindau, Lyon, Marsala, Metz, Mulhouse, Nimwegen, Noyon, Paris, Bistum Passau, Pavia, Perigueux, Regensburg, Bistum Speyer, Toulouse, Bistum Verdun, Wien; der Böttcher, Kutscher, Maurer, Schneider, Steinmetzen, Weber, Zimmerleute; der Schulknaben; der Pferde (ältester und hervorragendster Patron), der Tiere überhaupt; gegen Seitenstechen, Steinleiden; für guten Tod.*
F: *auch 7. Mai, 3. August.*

Hl. Johannes

Apostel und Evangelist, † um 101

Johannes, der Lieblingsjünger Jesu, wird als der jüngste der Apostel angesehen. Er verließ seine Braut in dem Augenblick, als er Hochzeit halten sollte, und folgte dem Ruf des Herrn, ohne sich umzusehen. Seine Taten sind durch die Hl. Schrift, die er selbst um ein Evangelium und eine Offenbarung vermehrte, allen Gläubigen bekannt. In der Verfolgung des Domitian wurde er verhaftet, nach Rom geschafft und vor der Lateinischen Pforte in einen Kessel siedenden Öls gesteckt. Aber was als Folter gedacht war, erwies sich als Jungbrunnen: Johannes entstieg unverletzt und wieder zum Jüngling geworden.

In seinen alten Tagen hielt er sich ein zahmes Rebhuhn, mit dem er zu seiner Erholung zu spielen pflegte. Er ließ es auf sich herumhüpfen und liebkoste es, um ihm seine Zuneigung zu zeigen. Dabei beobachtete ihn einmal ein mit Pfeil und Bogen bewaffneter Jäger, der den berühmten Apostel besuchen wollte. Er näherte sich dem unbekannten Greis und fragte ihn nach dem Aufenthalt des Johannes. Dieser gab sich zu erkennen und bemerkte die Betroffenheit des Jägers, der offensichtlich das freundliche Spiel des Alten mit seinem Huhn für einen Anflug von Wunderlichkeit hielt. Da fragte ihn Johannes, warum er seinen Bogen abgespannt trage. »Ganz einfach«, antwortete der Jäger, »weil er seine Kraft verlöre, wenn er immer gespannt wäre.«

»Und aus demselben Grund lasse ich meinen Geist ruhen und sich erholen, damit er wieder Kraft gewinnt.«

Als er 95 Jahre alt geworden war, mussten ihn wegen seiner Gebrechlichkeit die Jünger stets in die Kirche führen. Er aber sprach immer nach ein paar Schritten: »Kindlein, liebet einander.« Sie verwunderten sich über die ständige Wiederholung dieser Worte und sahen sich hinter seinem Rücken zweifelnd an. Er aber merkte das sehr wohl und sprach zu ihnen: »Das ist das Gebot des Herrn, wer das erfüllt, der tut genug.«

Johannes starb zu Ephesus, wo auf seinem Grab eine prächtige Kirche erbaut wurde. Nach einigen Zeugnissen wurde er 99, nach anderen über 100 Jahre alt.

A: *mit Adler; als Jüngling mit Ölkessel, doch* im *Ölkessel als Greis; mit Kelch, dem eine Schlange entsteigt; Maria die Hostie spendend; als Prophet, die Apokalypse schreibend; eine Frau vom Tod erweckend; in Abendmahlsszene, unter dem Kreuz, bei der Grablegung.*
P: *der Schriftsteller und der Freundschaft; von Cleve, Dillenburg, Langres, Lyon, Mecklenburg, Montserrat, Pesaro, Sizilien und Spoleto; der Alchimisten, Bilderhändler, Buchbinder, Buchdrucker, Buchhändler, Flaschner, Glaser, Graveure, Kerzenmacher, Kistenmacher, Koffermacher, Kopisten, Korbmacher, Lampenmacher, Lithographen, Maler, Notare, Notenlinierer, Papierfabrikanten, Pappenmacher, Sattler, Schreiber, Schriftgießer, Spiegelmacher, Theologen, Winzer; gegen Epilepsie, Fußleiden, Vergiftung und Brandwunden; für Fruchtbarkeit der Felder und gegen Hagel.*

F: *auch 6. Mai.*

28. Dezember

Hll. Unschuldige Kinder

Märtyrer, † 1 a. D.

Als König Herodes von den drei Weisen aus dem Morgenland erfuhr, dass der Messias geboren sei, erschrak er aus Furcht um seinen Thron. Er bat sie, ihm den Aufenthaltsort mitzuteilen, wenn sie ihn fänden, und entließ sie mit falscher Freundlichkeit. Nachdem die Weisen dem Christuskind in der Krippe gehuldigt hatten, wollten sie wie versprochen an den Herrscherhof zurück, aber Gott befahl ihnen in einem Traum, sofort in ihre Heimat zurückzukehren.

Als sie ausblieben, geriet Herodes in Angst und Zorn. Doch er ersann einen grausamen Ausweg: Er bestellte alle Mütter von Bethlehem, die Säuglinge hatten, in seinen Palast. Alle außer Elisabeth, die sich mit ihrem Söhnlein Johannes, dem späteren Täufer, in den Bergen verbarg, und Maria, die mit Joseph nach Ägypten floh, folgten der Einladung. Als die Frauen versammelt waren, ließ der Tyrann die unschuldigen Kinder aus ihren Armen reißen und vor ihren Augen abschlachten.

Doch bald darauf ereilte Herodes die Strafe. Es befiel ihn eine scheußliche Krankheit, bei der menschliche Hilfe versagte. Innere

Hitze verzehrte seine Eingeweide und erzeugte in ihm einen unaufhörlichen Brand. Ein unerträgliches Jucken verbreitete sich über seinen ganzen Leib; an den einzelnen Gliedern brachen die ekelhaftesten Geschwüre aus. Ein fürchterlicher Heißhunger vermehrte seine Pein, denn je mehr er in sich hineinschlang, desto heftiger wurden seine Qualen. Seine Füße schwollen und aus seinem in Fäulnis geratenen Unterleib krochen überall Würmer hervor, so dass er schon bei lebendigem Leibe zur Speise derselben wurde. Aus seinem Mund atmete er einen Gestank aus, der für ihn selbst und alle Anwesenden unerträglich war. Er hätte sich selbst das Messer in die Kehle gestoßen, wäre er von Dienern nicht daran gehindert worden.

Zu der Krankheit kam ein bohrender Argwohn, der ihn immer mehr gegen seine eigene Familie aufbrachte. Fünf Tage vor seinem Tode ließ er daher seine treue Gemahlin samt den drei Söhnen hinrichten. Herodes' letzte Tage waren grauenvoll: Tag und Nacht schwebten die ermordeten Kindlein vor seinen Augen und brachten ihn zu völliger Verzweiflung und Raserei, in welchem Zustand er endlich qualvoll verstarb.

Die Unschuldigen Kinder aber wurden durch die Bluttaufe zu den ersten Märtyrern des neuen Glaubens.

A: *in Szenen mit mordenden Soldaten.*
P: *der Chorknaben, Findelkinder und Kinder in Gefahr; gegen Ehrgeiz und Eifersucht.*

29. Dezember

Sel. Winthir

Einsiedler, † um 800

In Bayern wird seit unvordenklicher Zeit der sel. Winthir verehrt. Obwohl von edler Geburt, hatte er sich als Maultiertreiber bei Missionaren verdingt und war mit ihnen aus England nach Deutschland gekommen. In der Gegend des heutigen München ließ er sich nieder und verdiente seinen Unterhalt als umherziehender Krämer. Dies gab ihm Gelegenheit, den Landbewohnern Unterricht in der christlichen Lehre zu erteilen.

Wegen seiner Freundlichkeit und Freigebigkeit verehrten ihn die Leute sehr und fragten ihn bei allen Widrigkeiten um Rat. Die Bauern stellten fest, dass in ihrer Gegend kein Blitz mehr einschlug, und dies sollte bis zum Tode Winthirs so bleiben. Ebenso konnte man sich während seiner Lebzeit an keine ansteckende Krankheit oder Seuche mehr erinnern, sei es bei Menschen oder Tieren. Nach seinem Tod wurde er in der Kirche von Neuhausen begraben.

P: *von Neuhausen; gegen Unwetter und Seuchen.*

30. Dezember

Hl. Sabinus

Bischof von Assisi

Hll. Exuperantius, Marcellus und Venustianus und Angehörige

Märtyrer

† 303

Diokletians Mitkaiser Maximian war berüchtigt wegen seiner Ausschweifungen und Verschwendungssucht. Obwohl er keine persönliche Abneigung gegen Christen hegte, übernahm er doch ohne Zögern den Befehl zur Verfolgung der Gläubigen. Er forderte die Präfekten in den westlichen Reichsteilen zu unbedingter Strenge auf und bald waren Italien und Afrika mit dem Blut der Märtyrer getränkt.

In Assisi wurde der Bischof Sabinus mit seinen Diakonen Exuperantius und Marcellus vor den Präfekten Venustianus geführt. Dieser forderte die Gläubigen auf, vor einer Jupiterstatue zu opfern. Doch unter dem Gebet des Sabinus zerfiel das Götzenbildnis zu Staub. Der Präfekt befahl erzürnt, dem Bischof die Hände abzuhauen, und ließ vor seinen Augen die Diakone langsam zu Tode foltern. Sabinus wurde blutend in den Kerker geworfen, aber einer frommen Frau gelang mit ihrer blinden Enkelin der Zutritt. Der Bischof streckte seine Armstümpfe über das Mädchen und es wurde sofort sehend.

Von diesem Wunder hörte der Präfekt, der selbst an einer

schmerzhaften Augenkrankheit litt. Er ließ Sabinus in sein Haus bringen, und dieser unterrichtete ihn und alle seine Angehörigen im christlichen Glauben. Als sie die Taufe empfingen, fühlte sich Venustianus mit einem Schlage von seinem Leiden befreit. Die Nachricht von den Vorgängen in Assisi gelangte rasch zu Maximian und er schickte seinen Tribun in die Stadt mit dem Befehl, den Präfekten samt seiner ganzen Familie zu enthaupten. Sabinus aber wurde nach Spoleto gebracht und an der Geißelsäule zu Tode gepeitscht.

Wie bei allen Verfolgern der Christen blieben auch Maximians Untaten nicht ungesühnt. Mit dem Versuch, den jungen Mitkaiser Konstantin eigenhändig des Nachts in dessen Gemach zu erdolchen, bereitete sich Maximian selbst das Todesurteil. Seine Absicht war Konstantin nicht verborgen geblieben und er hatte einen Eunuchen an seiner statt im kaiserlichen Bett übernachten lassen. Maximian wurde an dessen Leiche mit dem blutigen Dolch in der Hand überrascht und erhielt nur noch die Wahl der Todesart freigestellt. Er erhängte sich an einem Balken im Palast.

A: *mit abgeschlagenen Händen; blindes Mädchen heilend.*
P: *von Assisi, Fermo, Siena und Spoleto.*

31. Dezember

Hl. Silvester (Sylvester)

Papst, † 335

Der Priester Silvester wurde wegen seines vorbildlichen Lebenswandels 314 zum Papst ernannt. Er bekehrte den Kaiser Konstantin durch ein Wunder. Der Herrscher litt nämlich an einem bösartigen Aussatz und die Ärzte empfahlen ihm als Heilmittel ein Bad in frischem Kinderblut. Schon waren 3000 Kinder zusammengeführt, die Mütter flehten mit aufgelöstem Haar um Gnade und die Kleinen schrien herzerweichend. Der Herrscher sah das Elend, das er anzurichten im Begriffe war, und fühlte tiefes Mitleid mit den Armen. Er hielt eine Ansprache an die bereitstehenden Truppen und erklärte, er wolle lieber sterben als zum Mörder an römischen Kindern werden. Voller Freude zogen die Frauen und Kinder davon, die in Angst und Trauer gekommen waren. Des Nachts erschienen dem Kaiser die Apostel Petrus und Paulus, die ihm Heilung durch den Bischof Silvester versprachen. Und so geschah es: Konstantin ließ sich von diesem taufen und ward auf der Stelle vom Aussatz rein wie ein frischgeborenes Kind.

Der Kaiser machte das Christentum zur Staatsreligion und überall entstanden neue Kirchen. Da kam seine Mutter Helena mit 141 jüdischen Gottesgelehrten nach Rom, um mit Silvester zu disputieren. Besonders kritisierten sie die christliche Vorstellung der Dreifaltigkeit Gottes. Silvester aber nahm den Mantel des Kaisers, legte drei Falten darein, glättete ihn wieder und sprach: »Seht ihr, dass es drei Falten sind, aber ein Tuch?« Als sie sahen, dass ihnen keine Gegenreden mehr einfallen wollten, da die Argumente ausgingen, tötete einer der Rabbis mit seinem Wort einen starken Stier. Silvester aber machte das Kreuzzeichen und der Stier erhob sich wieder. Am Ende traten alle zum neuen Glauben über.

Etliche Tage danach eilten aufgeregte Götzenpriester zum Kaiser und erzählten ihm, seit seiner Bekehrung verschlinge ein Drache jeden Tag 300 Menschen. Silvester machte sich daraufhin mit zwei Priestern auf, stieg in den Abgrund hinab, wo das Untier hauste, und rief: »Im Namen Christi befehle ich dir, an diesem Ort bis zum Weltengericht zu verharren.« Dann band er den Rachen des Untieres mit Faden zu und versiegelte ihn mit einem Ring, in dem ein Kreuzzeichen eingraviert war. Von da an blieb der Drache bewegungslos liegen und Silvester kehrte zur Verwunderung der Heiden unversehrt aus der Schlucht zurück. Da wurden sie alle gläubig und ließen sich taufen.

Als er den Tod nahen fühlte, versammelte der Papst die Geistlichen um sich und verkündete ihnen als Vermächtnis drei Bitten: dass sie stets einander lieben, dass sie fleißig sein und die Herde vor Wölfen behüten sollten.

A: *mit Papstkreuz und Tiara, Engeln und Buch; mit neben ihm liegendem Stier; Konstantin taufend; Drachen fesselnd; das von Kaiserin Helena aufgefundene Kreuz Christi verehrend; mit Olivenzweig.*
P: *der Haustiere; für gutes Futterjahr.*
F: *auch 2. Januar (in der griechischen Kirche).*

Wie wird man heilig?
Ein Nachwort

Kontroversen

»Seit einigen Jahrzehnten«, formulierte Pius XII. in einer erst nach seinem Tod veröffentlichten Rede, »kann man eine Bewegung beobachten, die sich bemüht, so weit als möglich die Bilder der Heiligen aus den Kirchen zu entfernen und auch ihre Verehrung einzuschränken. Die Kirchen, die nach dieser Einstellung erbaut und eingerichtet werden, tragen den Stempel ›eines kalten Bildersturmes‹ und erscheinen uns kahl und stumm.« Und der bei fast allen progressiv Denkenden als Reaktionär verrufene Vorgänger des glanzvollen Konzilpapstes Johannes XXIII. bewertete diese Entwicklung erwartungsgemäß außerordentlich negativ: »An der Wurzel dieser Richtung haftet etwas Ungesundes, das sich zum Schaden des christlichen Lebens und der christlichen Traditionen auswirkt.«[1]

Das vorliegende Buch hat keine theologischen Absichten, weshalb es die angeführte päpstliche Meinung nur hinsichtlich ihrer Diagnose teilen kann: Die katholische Welt war unleugbar früher viel bunter und hatte dem Herzen und der Phantasie weitaus mehr zu bieten.

Die vorliegenden Kalendergeschichten sollen ein wenig als Schaukabinett für jene dahinschwindenden Traditionen dienen. Mitzubringen in die Vorstellung wären nur Staunen, Neugier und Vergnügen an lehrreicher Unterhaltung, die manchmal auch erheitert und oft angenehm schaudern macht. Selbstverständlich hätte dieser Titel kein bischöfliches Imprimatur erhalten. Denn über den jeweiligen Stand der Heiligenfesttage entscheidet nach wie vor niemand anderes als die päpstliche Ritenkongregation. Da aber von allen christlichen Konfessionen und Denominationen allein die römisch-katholische Kirche »Heilige« in einem justiziablen Sinn kennt und sie in einem langwierigen, komplizierten Verfahren erst als solche kanonisiert, wäre das Titelattribut »immerwährend« eine mehr als bedenkliche Anmaßung, würde damit irgendein formeller Geltungsanspruch erhoben.

Der Titel soll allerdings einen Abstand zu dem seit 1.1.1970 eingeführten Römischen Generalkalender deutlich machen, der einen gewaltigen Bruch mit der Tradition markierte. Die vom 2. Vatikanischen Konzil initiierte Kalenderreform der Ritenkongregation nahm derart rabiate Streichungen und Festtagsänderungen vor,[2] dass es weltweit nicht nur Proteste empörter Katholiken hagelte, sondern sogar protestantische Theologen wie der Heiligenforscher Walter Nigg von »Bilderstürmerei«[3] sprachen.

Seit der Kanonisierungspraxis des polnischen Papstes hat sich der Wind gedreht – die Zahl der Heilig- und Seligsprechungen erreichte sogar einen historischen Rekord (siehe Vorwort) –, aber die Widerstände und freiwilligen Beschränkungen (Begrenzung der geforderten Wunderbezeugungen auf medizinisch nicht erklärbare Heilungen) zeigen, dass sich die Entwicklung nicht einfach umkehren lässt.

Insbesondere die jahrtausendealte Volksfrömmigkeit mit ihren tiefen heidnischen Wurzeln ist in den christlichen Zentren am Austrocknen (sogar in den Ausnahmeländern Polen und Irland schwinden die religiösen Bindungen). Und ob Rom in der Lage (und willens) ist, Macumbakulte oder außereuropäische Schamanentraditionen nach dem Muster verflossener Missionserfolge aufzugreifen und umzuformen, um die Säkularisierungsverluste auszugleichen, daran gibt es trotz mancher multikulturellen Auflockerung in der Schar kirchlicher Würdenträger begründete Zweifel. Wohl kaum einem Religionswissenschaftler würde es heute einfallen, über den Katholizismus ähnlich wie Friedrich Heiler im Jahre 1923 zu schreiben: »Alle religiösen Ideen und Empfindungen, alle Kult- und Frömmigkeitsformen, die je in der Menschheit lebendig gewesen sind, lassen sich im Katholizismus wieder finden. Der Katholizismus hat alles, er gibt alles, er nimmt und gebraucht alles. Wer zunächst diese verwirrende Fülle widersprechender religiöser Erscheinungen auf sich wirken lässt, der [...] befindet sich bald in einem wilden Urwald mit wucherndem Unkraut, dann wieder in einem wundersamen Lustgarten mit wohlgepflegten Blumenbeeten. Sein Auge schaut immer Neues, Wunderbares und Hässliches, Himmlisches und Dämonisches, Erhebendes und Erschütterndes.«[4] Heute müsste Heiler seinen Gegenstand wahrscheinlich anhand eines Kirchentages anschaulich machen, wo gesittete Angehörige der Mittelschicht in Symposien, Foren und Diskussionen unter Anwesenheit des Bundespräsidenten und anderem politischen und akademischen

Personal viele wohlgesetzte Reden geduldig ertragen, therapeutisch geschulte Animateure für mannigfaltige Gruppenerlebnisse sorgen und verschiedene folkloristische Darbietungen ein kosmopolitisches Flair verbreiten. Um im Bild zu bleiben: alles in allem mehr ein Freizeitpark für die ganze Familie denn ein wilder Dschungel.

»Heilig« – Was ist das?

»Seid heilig, weil ich heilig bin«, spricht der Herr in Leviticus[5] und zielt damit wahrscheinlich auf die theologische Aussage von der Ebenbildlichkeit des Menschen, der folgerichtig nach Vollkommenheit streben soll, »wie euer Vater im Himmel vollkommen ist«.[6] In diesem Sinne nennt Paulus die Mitglieder der Gemeinde sämtlich »Heilige«.[7] Die Mormonen reklamieren die gleiche Bedeutung des Wortes, wenn sie sich als »Heilige der letzten Tage« bezeichnen.

Dass man stets denen, die dem Guten, der Vollkommenheit, der Tugend besonders nahe kamen, Verehrung entgegenbrachte, versteht sich von selbst. Ebenso, dass man Verstorbener ehrend gedachte, die sich durch einen »heiligmäßigen« Lebenswandel oder durch eine heroische Glaubenstat ausgezeichnet hatten. In diesem Sinn, etwa als Verehrung der Märtyrer der Christenverfolgungen, unterschied sich das Christentum nicht wesentlich von den anderen Religionen und Kulten der römischen Kaiserzeit.

Die Hagiographie hat aber stets etwas anderes mit ihrem Gegenstand verknüpft. Einer ihrer hervorragendsten Vertreter im 19. Jahrhundert (J. E. Stadler) formuliert das präzise so: »Um in der triumphierenden Kirche (also im Himmel, A.C.S.) heilig zu sein, genügt die treue, bis zum Tode ausharrende Beobachtung der Gebote Gottes; um aber in der streitenden Kirche (also auf Erden, A.C.S.) als heilig anerkannt zu werden, sind neben dem ausgezeichnet heiligen Leben eines wahrhaft frommen Dieners Gottes nach seinem Tode auch noch Zeichen und Wunder erforderlich, welche Gott auf seine Fürbitte wirkt und wodurch er seinen Willen manifestiert, dass er diesen seinen Diener und Freund auch auf Erden als heilig anerkannt und verehrt wissen wolle.«[8]

Die Heiligen als Hofstaat Gottes, die als Anwälte der noch auf Erden Wandelnden ihren Einfluss zu deren Gunsten einsetzen, die den

Gläubigen schützend, helfend, ermutigend bei ihren Alltagsangelegenheiten zur Seite stehen – diese die Volksfrömmigkeit und mit ihr die Hagiographie und die Ikonographie beherrschende Vorstellung verbreitet sich allgemein erst im 4. Jahrhundert, als das Christentum unter Konstantin Staatsreligion geworden ist. Damit »beginnt für den Märtyrerkult die Zeit seines intensivsten Wachstums. Aus der Verborgenheit tritt er an das helle Licht der Öffentlichkeit. Hohe und Niedrige, Kleriker und Laien wetteifern in seiner Pflege. Kunst, Poesie und Beredsamkeit stellen sich in seinen Dienst. Getragen von der Gunst der Zeit, bürgert er sich in allen Kreisen der Gesellschaft ein, bildet im Laufe weniger Dezennien beinahe alle Formen aus, innerhalb welcher er sich in den folgenden Jahrhunderten bewegen sollte, und wird vielerorts zu einer Art von Volksreligion, durch die das kirchliche Christentum zwar nur selten verdrängt, um so öfter aber überwuchert worden ist.«[9]

Die Märtyrer als Prototypen der Heiligengestalt

Die großen hagiographischen Leistungen verdanken ihre Imaginationskraft auch einem Mangel. Aus der Zeit der Verfolgungen waren allenfalls ein paar Dutzend Geschichten namentlich identifizierter Märtyrer schriftlich fixiert worden. Und dies war begreiflicherweise dem Verehrungsdrang der in die siegreiche neue Staatskirche strömenden Gläubigen zu wenig. Zudem waren die echten Akten der Märtyrerprozesse für den Geschmack des nach Helden und Vorbildern lechzenden breiten Publikums zu karg. »Nicht zuletzt vermisste man in ihrer Geschichte die sicheren Beweise dafür, dass Gott zu ihren Gunsten eingegriffen und durch Wunder, die er für sie und durch sie gewirkt, sie als Streiter für seine Sache dargetan hatte. Unter derartigen Umständen schien es keinem Zweifel zu unterliegen, dass die aus der schriftlichen Überlieferung bekannten Märtyrer nicht die Einzigen und zumal nicht die typischen Blutzeugen sein konnten. Gewiss hatte es neben ihnen viele Tausende gegeben, die ungleich Größeres erduldet, länger gestritten und dem Feinde dadurch größere Niederlagen beigebracht hatten. Wenn von dem Leiden und Sterben dieser Vielen sich nur eine mangelhafte Kunde erhalten hatte, ja mitunter selbst ihre Namen der Nachwelt entschwunden waren, so war dies noch kein Grund, sie der Vergessenheit zu überlassen.«[10]

Die Legendenerzähler verwerteten alle Elemente und Motive, die sich aus noch so vagen Überlieferungen gewinnen ließen. Die Namen boten sich als Wegweiser für die Art des Martyriums an. Hippolyt wird von Pferden zerrissen, Agnes stirbt rein wie ein Lamm, und dass glorreiche, wenn auch zuvor nicht namhafte Bekenner nun Victor und Victorinus heißen, ist verständlich.[11]

Gern verwendete Vorlagen lieferte die jüdische apokryphe Literatur, insbesondere das 2. Makkabäerbuch: Mütter, die ihre Kinder zur Standhaftigkeit bei der Folter anhalten; den heroischen Trotz, mit dem das Ausschneiden der Zunge, das Abziehen der Kopfhaut, das langsame Rösten beantwortet werden. Aber auch die Geschichten von den drei Jünglingen im Feuerofen, von Daniel in der Löwengrube und vom Tod des Jesaia regten manche Legendenverfasser an.[12]

Neben den jüdischen Vorlagen spielen die seit dem 2. Jahrhundert beliebten apokryphen Apostelgeschichten eine wichtige Rolle. Vor allem der Topos der keuschen, durch Wunder geschützten Jungfrau (Thekla, Agnes, Julitta, Julia u. a.) findet hier seine Vorbilder. Auch häufig wiederkehrende Motive wie die Verschonung der Märtyrer durch Feuer und wilde Tiere, die Unwirksamkeit von siedendem Öl und von Giften, das wunderbare Zusammenstürzen von Götzenstatuen und Heidentempeln sowie die Umstrahlung mit himmlischem Licht sind in den Apostellegenden längst vorgefertigt.[13]

Auch verschiedentliche Entlehnungen aus der antiken Sage sind nachgewiesen, etwa bei der Hippolytuslegende und der Geschichte von Cyprian und Justina, einer Variation des antiken Faustst offes.[14]

Die Kirchenväter des 4. Jahrhunderts, Ephräm, Gregor von Nazianz, Basilius und Augustinus, fügen der Märtyrerlegende noch den Aspekt der erquickenden Schmerzen hinzu. Chrysostomus etwa lässt Satan klagen, dass die Märtyrer über glühende Kohlen gingen, als wären es Rosenblätter, und Feuer so köstlich empfänden wie ein frisches Bad. Der Spanier Prudentius lässt den halbverkohlten Laurentius auf seinem glühenden Rost lange über die Unterschiede zwischen Heidentum und Christentum philosophieren, und Romanus, dessen Leib eine einzige Wunde ist, hält noch Reden von insgesamt 410 Versen, bis er endlich stirbt.[15]

Die geradezu behaglichen Folterqualen riefen danach, ins Gigantische vergrößert zu werden, einerseits um die Bösartigkeit der von Satan inspirierten Verfolger, andererseits die Glorie der von Gott oder seinen Engeln unterstützten Helden ins grellste Licht zu rücken. So entstanden guten Gewissens verwegene Produktionen sadistischer und masochistischer Imagination, die an schwarzer Phantasie und teilweise an pornographischer Deutlichkeit der modernen Literatur (und dem Film) dieser Genres in nichts nachstehen.[16]

Es verwundert nicht, dass die Märtyrer mit der besseren »Actionstory« jene Realdulder mit echten Akten, die nun einmal »langweiliger« sein mussten, in der Gunst des Publikums ausstachen. Reine Fantasy-Gestalten wie Hippolytus, Cyprian von Antiochia und seit dem 6. Jahrhundert der hl. Georg stellten historische Märtyrer wie Polykarp, Justin oder Apollonius bei weitem in den Schatten. An Geschmacklosigkeit tat sich in der Geschichte der Hagiographie aber am meisten das Barock hervor. Da entstanden gelegentlich Heiligenviten, die gibt es Erzählungen,

Trotz all dieser Imaginationsleistungen der Legende fehlte zur Abrundung des Heiligenstandards jedoch das wunderbare Nachleben. Nur unter dieser Voraussetzung konnten der antike Götterhimmel und das Reich der Dämonen erobert werden. Erst die Kommunikation mit den Toten und deren Eingreifen in die Geschicke der Lebenden konnten die Heiligen in ihrer vollendeten Form schaffen. Er wertete zudem das Jenseits mit seinen verheißenen Freuden gegenüber dem leidvollen Diesseits auf und machte die Nöte der Welt erträglicher.

Die postmortale Wirksamkeit der Heiligen

Das letzte fehlende Element brachte der ebenfalls seit dem 4. Jahrhundert aufstrebende Reliquienkult bei. Aus der Verehrung der Gräber wurde zunächst im griechischen Osten langsam eine sakrale Aufwertung der Gebeine der Märtyrer. Man ließ sie nicht mehr in ihren Gräbern, sondern erhob sie (*elevatio*) und überführte sie (*translatio*) in Kirchen oder heidnische Heiligtümer, die dadurch christianisiert wurden. Der erste bekannte Fall ist die Translation des hl. Babylas nach Daphne zu dem dortigen Apollotempel (351). Im Westen beginnt sich der Reliquienkult mit der Auffindung der Gebeine der bis dahin unbekannten Märtyrer Gervasius und Protasius durch Bischof Ambrosius in Mailand zu verbreiten. Es wird Brauch, hl. Gebeine unter dem Altar zu verwahren, und auf dem 2. Konzil von Nicäa (787) wird diese Gepflogenheit schließlich zur allgemeinen Vorschrift.

Jetzt, wo der himmlische Heilige seine postmortale Wirksamkeit dinglich und räumlich-lokal bezeugen kann (im Gegensatz zum etwas an Popularität verlierenden Engel, der trotz mancher Michaels-»Reliquien« doch in der Hauptsache reines Geistwesen bleibt), wird die Vermischung des Kirchenglaubens mit dem ganzen Reichtum spätantik-heidnischer Religiosität möglich (apologetisch formuliert: die didaktische Heranführung der Heiden zu christlicher Frömmigkeit). Das Tragen von Amuletten gegen bösen Blick, Dämonenabwehr, Totenbeschwörungen, Hausgötterverehrung (Genien, Laren, Penaten), Wunderheilungen an religiösen Kurorten (wie den Asklepiusheiligtümern von Epidaurus und der Insel Kos), Wetter- und Feldzauber und geheime Mysterien, Prozessionen gegen Seuchen und Naturkatastrophen, die unterschiedlichsten Sorten von Magie, dieses ganze bunte Heidentreiben (dieses vorweggenommene New-Age-Kalifornien könnte man spotten), wird nun über den Märtyrerkult in das Christentum eingebunden. Einige besonders blutige Opferriten und sexuelle Exzesse bei traditionellen Mysterienfeiern werden ausgeschieden, aber ansonsten kann sich bis hin zur Astrologie fast jede »esoterische« Praxis, jeder regionale oder ethnische Sonderbrauch in der einen oder anderen Form in die neue Staatskirche einschmiegen.[17]

Die weitere Entfaltung des Heiligenkosmos

Mit dem Ende der Verfolgungen versiegte der Märtyrerstrom. Dafür erschien ein neuer Typus Heiliger in der Geschichte des Christentums: der Mönch.

Genau besehen hatte mit Konstantins Bekehrung eine Revolution stattgefunden, zwar keine soziale und streng genommen auch keine politische, doch in der Tat eine kulturelle. Während an der Basis der Bewegung eine wilde Vermischung der alten religiösen Kultur mit den neuen christlichen Elementen stattfand, trieben die »Kader« das alte Spiel aller erfolgreichen Revolutionäre. Die einen versuchten die Reinheit der Idee gegen den prinzipienlosen Mansch der Geschichte zu retten, die anderen redeten der Realpolitik das Wort – und darüber geriet man bald fürchterlich aneinander.

Das Ergebnis ist bekannt, und christliche Schriftsteller aus allen folgenden Zeiten klagten herzergreifend darüber. Ein meisterhaftes Beispiel dieses Lamento-Genres findet sich etwa in der Mönchsgeschichte des französischen Hagiographen und monarchistischen Politikers Montalembert: »Wahrlich, wenn es in den Jahrbüchern der Grausamkeit und sittlichen Fäulnis nichts Verworfeneres gibt als das Römische Reich von Augustus bis Diokletian, so findet sich doch noch etwas Unglaublicheres und aufs tiefste Betrübendes, und das ist das Römische Reich, nachdem es christlich geworden. [...] Mit verzweiflungsvollem Schmerze müssen wir sehen, wie sich die Mehrzahl der Christen in schmachvoller Hast in die Wollüste des Heidentums stürzt. Die zügellose Leidenschaft für die blutigen oder schmutzigen Schauspiele, die Gladiatorenkämpfe, die circensischen Spiele, alle schändlichen Nichtswürdigkeiten, alle Exzesse, alle unsittlichen Greuel des alten christenverfolgenden Roms bestürmen und unterjochen die Neubekehrten, die Söhne der Märtyrer. Der politische Sieg des Christentums, weit entfernt, den Triumph der christlichen Prinzipien in der Welt herbeigeführt zu haben, hat vielmehr ein neues Aufflammen aller der Laster hervorgerufen, die der christliche Glaube vernichten soll.«[18]

Wenn es aber für die nachgeborenen Frommen etwas noch Entsetzlicheres gab, dann war dies der nun ebenfalls sofort anhebende politische und ideologische Auftritt der großen Irrlehren, der Arianer, Manichäer, Donatisten und Pelagianer, Apollinaristen und anderer »ungeheuerlicher«, aber vergessener Häresien, deren Skandalqualität uns Heutigen nicht mehr zugänglich ist, da ihre Lehren mit der Asche der Papyri, auf denen sie festgehalten waren, im Wind der Geschichte zerstoben sind.

Den allergrässlichsten Abgrund in diesem irdischen Inferno stellte jedoch in den Augen der Frommen die Parteinahme der scheinbar »bekehrten« Staatsmacht für eben jene Häretiker dar. Schon Konstantin selbst wandelte auf irrgläubigen Pfaden, mit seinem Sohn Konstantius aber wurde gar die Lehre des Erzketzers Arius mit ihrer Leugnung der Göttlichkeit Christi zum herrschenden Dogma. Die Rechtgläubigen wurden wieder verfolgt und zu allem Überfluss in der Regel nicht einmal – wie zu Zeiten der Heidenkaiser – mit ehrlichem Martyrium bedroht. Vom Imperator Valens schreibt Bossuet, einer der großen Apologeten der Kirchengeschichte, er sei »noch viel grausamer« als seine Vorgänger gewesen, weil er den Verfolgten nicht die Chance des Martyriums gab, sondern sie nur in die Verbannung schickte.[19]

Als auch noch ein Papst, Liberius, sich – in der Verbannung mürbe geworden – dem Kaiser unterwarf und ein arianisches Glaubensbekenntnis unterschrieb, dass nämlich der Sohn dem Vater wesensähnlich (*homoiusios*) sei und nicht wesensgleich (*homousios*) sei, da schien die römische Interpretation der christlichen Lehre mit ihrem Latein am Ende.

Es war der streitbarste und schmähsüchtigste in der langen Reihe der Kirchenväter, der das Ruder herumriss – Athanasius, der Patriarch von Alexandria. Sein schließlich erfolgreicher Widerstand rettete nicht nur die Kirche vor der Unterjochung durch einen sich abzeichnenden Cäsaropapismus, einer absoluten Herrschaft des Kaisers über die Religion. Er bewahrte der Theologie auch die Entwicklungsmöglichkeit wunderbarer dogmatischer Artefakte,[20] und leitete einen der mächtigsten religiösen Ströme der Antike in das katholische Flussbett um, indem er dem ägyptischen Mönchtum den Rang beispielhafter Heiligkeit zumaß. Mit einem hagiographischen Bestseller, der propagandistisch meisterhaften Lebensbeschreibung des koptischen Anachoreten Antonius, besiegelte er nebenbei das Bündnis mit den Wüstenmönchen, seinen alten kirchenpolitischen Freunden. Sie hatten ihm dreimal Zuflucht gewährt, als er vom Kaiser (insgesamt fünfmal) verbannt worden war. Athanasius fügte der Gestalt des christlichen Heiligen ein bis dahin fremdes Element hinzu, die radikale Askese, die »heroische Tugendübung«, die im weiteren Verlauf der Heiligenverehrung mit dem Martyrium gleichgesetzt wurde.

Radikale Askese hatte sich in den heidnischen Religionen[21] und in der hellenistischen »Philosophie« entwickelt, die mehr Lebensstil als Theoriearbeit war;[22] im Judentum tauchte sie erst nach der Begegnung mit dem Hellenismus auf; am bekanntesten wurden die Essener mit ihrem Zentrum in Qumran und die »Therapeuten« von Alexandria.[23] Das Christentum hatte von Anfang an gemäßigte Formen der Askese kultiviert (sexuelle Enthaltsamkeit der Bischöfe, später teilweise auch der Priester und Wanderprediger). Allerdings gerieten mit der Zeit radikalere Formen in Häresieverdacht, da sie oft im Gefolge rigoristischer sektiererischer Abweichungen auftauchten (Marcioniten, Enkratiten, verschiedene andere gnostische Strömungen, Valentinianer, Novatianer, Montanisten und noch Zeiten des Athanasius die Eustathianer).

Clemens von Alexandrien (um 212), der wie später Athanasius in der griechisch-koptisch-jüdischen Metropole alle Spielarten des antiken Asketismus kennenlernte, den frommen Verheirateten über den einsamen Asketen, weil jener »sich in der Ehe und beim Aufziehen von Kindern und in der Fürsorge für das Hauswesen unbeeinflusst von Freud und Leid bewährt hat und trotz der Mühe, die die Sorge der Familie mit sich bringt, von der Liebe zu Gott ungeschieden geblieben und siegreich aus allen Proben hervorgegangen ist, die durch seine Kinder und sein Weib, durch seine Diener und durch seinen Besitz an ihn herankommen«.

Die Ehe ist daher für Clemens geradezu ein »Abbild der wahren Vorsehung«.[24] Selbst der radikalste Befürworter der Askese unter den Kirchenvätern, des Clemens Schüler Origenes, der sich in seiner Jugend selbst entmannt hatte, lehnte eine Bedingung des späteren Mönchtums noch entschieden ab: Die äußere Trennung von der Welt ist ihm sogar eine zu bekämpfende Versuchung.[25]

Auf diesem Hintergrund wird die radikale Bedeutung der athanasianischen Intervention deutlich. In der ägyptischen Wüste hatten sich seit dem ausgehenden 3. Jahrhundert immer mehr Weltflüchtlinge in Anachoretenkolonien (als deren charismatischer Meister Antonius galt) und zu Beginn des 4. Jahrhunderts schon in ersten Klöstern gesammelt, deren Leiter der mit Athanasius befreundete Pachomius war. Im Kampf gegen Kaiser und Arius hatten die Mönche den bedrängten Patriarchen unterstützt, der sich dafür nach dem Ableben des Antonius, mit jener berühmten Biographie »revanchierte«.

Das Buch, schreibt Campenhausen, »machte die neue Erscheinung mit einem Schlage in der Kirche bekannt und regte allenthalben zur Nachahmung und Nacheiferung an. Noch in der Geschichte der Bekehrung Augustins (der nach seiner Taufe ein priesterliches Mönchsleben wählte; A.C.S.) spielt die Vita Antonii eine Rolle, und unzählige griechische Heiligenviten sind nach ihrem Vorbild entworfen«.[26] Zu ähnlichem Erfolg gelangen eine Vita Pachomii, ebenfalls aus dem Umkreis des Athanasius stammend, und schließlich die für den Westen so wichtige, weil stilbildende Martinsbiographie des Sulpicius Severus, die den Typus des aktivistischen Mönchsbischofs, der Askese, Mission und Gemeindeleitung in souveräner Weise verbindet, zu einem neuen Ideal erhebt.

Eine abseitige extremistische Bewegung wird durch sakrale Glorifizierung gezähmt und zum Energiespender für einer schon an Dekadenzerscheinungen krankenden Institution. Von nun an sollte sich dieser Vorgang immer aufs Neue wiederholen, über die keltischen Mönchsmissionare, die cluniazensische Reform, die religiöse Frauenbewegung des Mittelalters und die Bettelorden, schließlich die Jesuiten und die anderen Schul-, Propaganda- und Pflegeorden der Gegenreformation.

In der Darstellung des Athanasius wird Antonius zum Prototyp einer neuen Heiligengestalt, die das Erbe der Märtyrer antritt. Mit apologetischem Unterton, aber sachlich doch treffend, schreibt Campenhausen: »In seinem asketischen Eifer bewirkt der Anachoret die größten Dinge, er empfängt Erleuchtungen und wird bis ins Leibliche seines Wesens zum Träger überirdischer Kräfte. So tritt das asketische Ideal dem Gebildeten wie dem Ungebildeten als eine neue und lockende Lebensmöglichkeit in den Blick und bleibt doch eindeutig auf Christus und auf die rechte Lehre der Kirche begründet. In diesem Sinne hat Athanasius das Mönchtum und die nicänische (antiarianische) Rechtgläubigkeit zu verbinden gesucht und beide in der Tiefe des Volksempfindens und des kirchlichen Bewusstseins miteinander verbunden.«[27] Er hat aber damit ebenso die leibfeindlichen und weltflüchtigen heidnischen Traditionen endgültig im Christentum verankert. Auch hier wird der Katholizismus zum Haupterben der spätantiken Religiosität.

Die Botschaft des Athanasius wird nicht zuletzt im Westen des Reiches begeistert aufgenommen. Allerorten bricht man in die Einsamkeit auf, Damen aus höchstem römischem Adel gründen die ersten Frauenklöster. Hieronymus schreibt über seine Seelenfreundin, die hl. Paula, die ihre fünf Kinder zurückließ, um im Heiligen Land der Welt zu entsagen: »So vergaß sie ihre Mutterschaft, um sich als Dienerin Gottes zu bewähren. Ihre Eingeweide drehten sich um, wenn sie mit dem Schmerz kämpfte. Doch ein absoluter Glaube kann dies gegen die Gesetze der Natur ertragen, die Seele freut sich sogar und wünscht es sich und verachtet die Liebe zu den Kindern aufgrund einer größeren Liebe zu Gott.« Es dauerte nur eine kleine historische Zeitspanne, da wurde paradoxerweise die radikale Weltflucht – begünstigt vom Niedergang des Reiches und dem Einbruch der Barbaren – zum Charakteristikum gerade der aktivistischen Strömungen im Christentum. Von Irland bis in die arabischen Wüsten, von Armenien bis nach Nordafrika entstehen Eremitenkolonien und klösterliche Gemeinschaften. Vor der »magischen« Kraft der Mönchsmissionare strecken auch die

Anführer und Gebieter wilder Völkerschaften die Waffen, was sie nicht davon abhält, das Imperium zu verwüsten und am Ende zu erobern. Aber die Neuchristen kommen nicht ohne Gepäck in der neuen Religion an. Mit der Bekehrung der Franken, der Langobarden, der Kelten, Sachsen und Baiern wandern auch deren Quell-, Wald-, Wetter-, Fruchtbarkeits-, Berg- und Höhlengötter in das Christentum ein, und sie werden über die charismatischen Mönche, Äbte und Bischöfe, die man oft schon zu Lebzeiten als Heilige verehrt, gezähmt und eingemeindet.[28]

Diesen Prozess darf man sich nicht als einen »sanften« Kulturwandel vorstellen. Die mönchischen Missionare aus Irland und Schottland sind hartgeschnitzte Männer, kommunikativ hochbegabte Frauen, klug, und mit einem Charisma ausgestattet, das die tonangebenden Schichten Galliens und Germaniens für die neue universale Idee gewinnt, die Druiden und Priester der alten Stammesreligionen in die mentale Defensive drängt. Die heiligen Männer und Frauen verfügen über Redegewalt und oft über die Gabe der Prophezeiung. Ihre Pioniertugenden erinnern an die Innovationsenergie der amerikanischen Pilgrim Fathers, an Quäker, Mennoniten oder Mormonen. Sie predigen unerschrocken, beharrlich und hartnäckig gegen barbarische Stammesriten wie die Praxis des Menschenopfers, schaffen mit ihren Kirchen geschützte Asylorte für Verfolgte, intervenieren versöhnend und mildernd in die ewigen Händel der Feudalen. Geniale Äbte und Äbtissinnen gründen rastlos Klöster, erzeugen damit Inseln des Wissens und der Bildung in Regionen, die sich wie Gallien seit dem Untergang des Imperium Romanum im zivilisatorischen Rückwärtsgang befunden haben. Dies hat im Gefolge auch ganz allgemeine praktische Vorteile: Über das Netzwerk der Klöster und Bistümer verbreiten sich ertragreichere Methoden der Landwirtschaft und der Viehzucht, des Weinbaus, des Kelterns, des Bierbrauens und der Imkerei.

Dieser kulturelle Umbruch geht nicht ohne gewalttätige Formen vor sich. Die Missions- und Aufbauarbeit trifft nicht selten auf blutigen Widerstand der am Althergebrachten Hängenden. Zu der Schar der Märtyrer der römischen Christenverfolgungen stoßen nun die Blutopfer der Mission – wie Bonifatius oder Kilian. Umgekehrt geschieht die Christianisierung der Völkerstämme und der bäuerlichen Bevölkerung nicht selten durch Eroberung und Krieg – erinnert sei nur an die Sachsenkriege Karls des Großen.

Christus auf dem Königsthron und Richterstuhl wird nun zum Sinnbild siegreicher Herrschaft, aber die sakralen Kräfte aus heidnischer Zeit sterben nicht ab. Sie durchlaufen eine Metamorphose und manifestieren sich nun in den vormals heidnischen Herrschern in christlichen Formen. Sie erlangen außer ihrer Realexistenz im Stande des Regierens einen »zweiten Körper« (Ernst Kantorowicz), neuere Arbeiten betonen die sakrale Qualität dieses zweiten (Giorgio Agamben, 1995) oder sogar dritten »Körpers« (Kristin Marek, 2009)[29]. Schon zu Lebzeiten heilen mehr oder weniger fromme Könige wie Guntram Kranke. Im 11. Jahrhundert begründet sich eine erstaunliche Tradition der englischen und französischen Könige. Sie besitzen eine Wundergabe qua Amt, die sie befähigt, die schlimme und in den Unterschichten weithin verbreitete Mangelkrankheit Skrofulose zu heilen. Dieses Sakralcharisma (das aus ihnen in den wenigsten Fällen anerkannte Heilige machte) erhielt sich bis zum Beginn des 18. Jahrhunderts. Der königliche Lebemann Karl II. von England (1660–1685) etwa empfing in seiner Regierungszeit an die 100.000 Kranke in dafür eingerichteten Audienzen (da jedem eine Medaille geschenkt wurde, worüber die Finanzbeamten peinlich genaues Protokoll führten, kann man den Vorgang präzise quantifizieren). 1924 begründete Marc Bloch mit seiner berühmten Studie *Die wundertätigen Könige* (deutsche Ausgabe erst 1998) über die königlichen Heiler die historische Mentalitätsforschung. Solche Heilkraft des Herrschers erlosch allerdings mit dem Tod und ging dann nach dessen Inthronisation auf den legitimen Nachfolger über.

Bei »wirklichen« Heiligen ist das anders. Aus den Gräbern heraus und durch ihre Reliquien entfalten sie oft eine größere Wundermacht als zu Lebzeiten, nachzulesen etwa in den Viten Radegundes, Oswalds, Stephans und Kasimirs – um nur einige zu nennen.[30]

Die alte Ärzteweisheit »Wer heilt, hat Recht« gilt ebenso für die bevorzugten himmlischen Ansprechpartner der Volksfrömmigkeit.

Von den Gläubigen als überirdisch empfundene Kräfte wirken bei vielen Klausnern, die zunächst asketisch und einsam in Höhlen oder Wäldern hausen. Heilen durch Gebet, Handauflegen oder Kreuzschlagen verweist auf jenseitige Unterstützung, die Vertrautheit mit wilden Tieren verbreitet Schauer der Ehrfurcht. Nicht selten können sich die Einsiedler vor enthusiasmierten Besuchern nicht mehr retten und fügen sich schließlich in die ungeliebte Verantwortung für eine Klostergründung. Wenn solche Fähigkeiten sich noch mit der Gabe der Weissagung verbinden wie bei manchen Buß- und Erweckungspredigern oder bei den mit Entzückungen und Erleuchtungen begnadeten Mystikerinnen, dann sind die gewöhnlichen Gläubigen schnell bereit, sie als Heilige zu verehren.

Mit Franz von Assisi kommt dazu noch als pittoreske Kategorie die Schar der Stigmatisierten, der Träger und Trägerinnen der Wundmale Jesu.[31] Er gehört zu einem neuen Typus der Heiligengestalt, die untrennbar mit der aufstrebenden städtischen Kultur des Hohen Mittelalters verbunden ist. Die Tugend der freiwilligen Armut rückt ins Zentrum des religiösen Verständnisses. Zurück zum Evangelium heißt das Ideal – die Nachfolge Jesu nicht als Weltflucht, sondern mitten im Treiben der Volksmassen zu suchen.

Mit Franziskus und Dominikus und den von ihnen gestifteten Bettelorden werden die Impulse der aufrührerischen Ketzerbewegungen aufgenommen und mit dem kirchlichen Institutionengefüge versöhnt. Das hat solche sozialreligiösen Rebellionen nicht verhindert – ob Katharer, Albigenser, Lollarden oder Hussiten. Diese erschütterten, aber veränderten auch die religiösen und staatlichen Institutionen. Ihre Weltkritik an Habsucht, Hoffart und Gewalt stärkte den Wunsch – besonders in Zeiten der Not, der Pest, der Kriegswirren – nach einer Heiligung des Lebens. Die Kirche ist in ihrer institutionellen Evolution im Hohen Mittelalter zu einem vielfältig ausdifferenzierten, komplexen System geworden, das auf die Alltagsnöte der Menschen und die gesellschaftlichen Konflikte mit einem vielfältigen religiösen Angebot reagieren kann – zentral, regional und lokal.

In unserem Zusammenhang ist bemerkenswert der rapide wachsende religiöse Bedarf an lebenden und toten Heiligen. Zahllose Wallfahrtsorte entstehen und mit ihnen zugleich die Konkurrenz unter ihnen. Pilgerschwärme durchziehen Europa und suchen die wirkmächtigsten, segensreichsten Sakralorte, deren Namensgeber reale oder mythische Heilige sind. Reliquienschreine beherbergende Kirchen machen sich den Ruf um die besten Heilerfolge mit abgelegenen Waldkapellen streitig; Städte, Klöster, Zünfte, Staaten unterstellen sich dem Schutz von hl. Patronen.

Dass in diesem Aufblühen der Volksfrömmigkeit auch sehr seltsame Blüten zum Vorschein kommen, verwundert eigentlich außer gestrengen Theologen und akademischen Pedanten niemanden. Die bemerkenswerteste Kuriosität unter unzähligen Sonderbarkeiten31 ist sicher die zeitweilige Verehrung eines hl. Hundes, auf welche zumindest die protestantische und die Aufklärungsliteratur gerne zu sprechen kommt. Karl von Hase etwa, Leipzigs großer liberaler Kirchenhistoriker, schildert sie mit den nachsichtigen Worten: »Die Naivetät des Volks in Südfrankreich hat den Hund, der im Walde das schlafende Kind seines Herrn gegen eine große Schlange beschützt, und nachdem er sie getötet sich aus seinen Wunden blutend über das Kind hingestreckt hatte, den der Vater als er kam, für den Mörder des Kindes gehalten und im Jähzorn erschlagen hatte, als Sanct Guinefortis zum Märtyrer und Kinderheiligen gemacht, den die Mütter besonders für schwächliche Kinder anriefen.«[32]

Die Heilig- und Seligsprechung

Derart phantastischer Wildwuchs verärgerte auf Dauer die Hierarchie und schrie nach Kontrolle. Schließlich ging es neben theologischen Ärgernissen auch um viel Geld und Ruhm. Strengere Überprüfungen wurden eingeführt. Zuerst nahmen dies die Bischöfe für ihre Diözesen in Angriff. »Als aber im Laufe der Zeit einige Bischöfe es mit der Aufnahme in das Verzeichnis der Heiligen etwas zu leicht nahmen und auch das Volk durch seine Wallfahrten einige als Heilige verehrte, die ohne jegliches Merkmal der Heiligkeit verstorben waren, da fing man an, Canonisationen nur mehr auf allgemeinen Concilien vorzunehmen.«[33]

Schon im Gefolge der großen Bilderstürme des 8. und 9. Jahrhundert im Bereich der Ostkirche wurde, nicht zuletzt unter der verständigen Formulierungshilfe Karls des Großen, der Status des Kultes, der den Heiligen zukommt, näher präzisiert. Nach der bis heute gültigen Formel werden Heilige, wie auch ihre Bilder und Reliquien verehrt (lat. *venerare*, griech. *dulein*, weshalb man vom »dulischen« Kult spricht), wohingegen Maria die *Hyperdulie* und dem Dreieinigen Gott allein die Anbetung (lat. *adoratio*), zuerkannt wird. Der oder die Heilige wird auch nicht um ein Wunder aus eigener Machtvollkommenheit angerufen, sondern um Fürbitte bei Gott, dass dieser ein Wunder geschehen lasse.

Die erste päpstliche Kanonisation ist die Heiligsprechung des Bischofs Ulrich von Augsburg auf Bitte Kaiser Ottos III. durch Papst Johannes XV. (993). Da sie jedoch auf einer römischen Synode vorgenommen wurde, ist sie formell eine Entscheidung der Bischofsversammlung unter dem Vorsitz des Papstes.[34]

Mit dem Dekretale *Audivimus* Alexanders III. (1159–1181), das allerdings erst 1234 durch die Veröffentlichung einer leicht veränderten Fassung in den Dekretalen Gregors IX. formelle Gültigkeit erlangte, wurde der päpstliche Alleinanspruch auf die Kanonisation erhoben. Es sollte nicht zu einer Inflationierung des Heiligentitels kommen. Dennoch waren damit die Verhältnisse längst nicht geklärt. Gelegentlich prallten die Gegensätze noch harsch aufeinander, wie das Vorgehen Bonifaz VIII. (1294–1303) zeigt, der einen unerlaubt als heilig verehrten Ermanno aus Ferrara kurzerhand exhumieren und seinen Leichnam verbrennen ließ.[35]

Vor allem die Schwelle der Wunderanerkennung wurde angehoben – durch die Vorschrift der Beiziehung beeidigter Zeugen. Im Prozess um die Heiligsprechung des Nikolaus von Tolentino unter Papst Eugen IV. (1431–1447) vernahm man schon 371 Zeugen.[36] Das Verfahren diente immer noch hauptsächlich dazu, die Rechtmäßigkeit der öffentlichen Verehrung eines bestimmten »Dieners Gottes« zu bestätigen. Da auch die Bischöfe auf dem Recht beharrten, weiterhin für »Diener Gottes« einen öffentlichen Kult zu gestatten, bildete sich allmählich der Unterschied heraus zwischen »selig« (was die Bischöfe in einer »Beatifikation« deklarieren konnten), und »heilig« (was im päpstlichen Kanonisationsverfahren testiert wurde).

Mit dem Breve *Coelestis Hierusalem* von Papst Urban VIII. (1634) trat ein entscheidender Wandel ein, und zwar in zweierlei Hinsicht. Der spontanen Volksfrömmigkeit wurde ein starker Damm entgegengesetzt mit der Bestimmung, dass die öffentliche Verehrung erst nach einem kirchengerichtlichen Prozess einsetzen dürfe. Dies bedeutete juristisch, dass eine nicht lizensierte Verehrung (worunter im einzelnen auch die Ausstattung von Bildern der »Kandidaten« mit Heiligenscheinen und Strahlen zu verstehen ist, oder die Veröffentlichung von Lebensbeschreibungen, die nicht vorher vom Apostolischen Stuhl genehmigt sind, sowie das Aufstellen von Votivtafeln oder Kerzen am Grab) geradezu kontraproduktiv für eine reguläre Kanonisation wurde.

Der radikale Bruch mit der bisherigen Praxis ließ sich jedoch nicht mit einem Schlag realisieren. So wurden jene Fälle von den neuen Bestimmungen ausgenommen, in denen ein »unvordenklicher« (präzisiert: ein über hundertjähriger) Kult vorlag. Damit durften alle Heiligen, deren Kult schon vor 1534 bestand, auch ohne päpstliche Genehmigung weiter verehrt werden. Die zweite Bestimmung reservierte die Zuerkennung des Titels »Heiliger« oder »Seliger« allein dem Papst. Der ursprüngliche Unterschied von universaler und von regionaler Verehrung blieb jedoch erhalten.

Urbans Konzeption wurde von dem großen Gelehrten Prosper Lambertini, der als Benedikt XIV. (1740–1758) selbst den Hl. Stuhl bestieg, weiter ausgestaltet und verfeinert, später mit leichten Modifikationen in das seit 1917 bestehende kirchliche Gesetzbuch, den *Codex Iuris Canonici* (C.I.C.) übernommen. Trotz mancher Änderungen seit dem II. Vaticanum[37] und durch Johannes Paul II. (*Divinus Perfectionis Magister,* 1983) blieb das waltende Prinzip doch erhalten.

Das Prozessverfahren von Urban VIII. bis Johannes Paul II.

Vorbedingung der Heiligsprechung ist die Seligsprechung eines »Dieners (einer Dienerin) Gottes«. Eine weitere Voraussetzung des Verfahrens ist, dass mindestens fünf Jahre nach dem Tod verflossen sein müssen.[38]

1. Der Prozess beginnt auf der Ebene der Diözese. Ein Aktor, der früher auch *Promotor* hieß (einzelne Gläubige oder Zusammenschlüsse von Gläubigen, Priester, Laien oder Orden bzw. andere kirchliche Vereinigungen) beauftragt einen *Postulator* mit der Führung der *causa.* Der Postulator wird in der Regel ein theologisch versierter Anwalt oder ein kirchenrechtlich beschlagener Theologe oder Kirchenhistoriker sein. Auf seinen Antrag hin tritt unter Leitung des Bischofs nun ein Gerichtshof zusammen, der neben dem Postulator aus einem *Promotor justitiae* (einem amtlichen »Bedenkenträger«), verschiedenen Sachverständigen und einem Notar besteht. Der Promotor justitiae trug früher den Namen *Promotor fidei* und wurde im Volksmund scherzhaft »Teufelsadvokat« (*advocatus diaboli*) genannt, weil es seine Aufgabe war und immer noch ist, alle moralischen, sittlichen oder theologischen Zweifel vorzutragen, die gegen einen Kandidaten

bestehen. In einem ersten Schritt werden veröffentlichte und unveröffentlichte Schriften des Kandidaten geprüft, ob sie Verstöße gegen die Glaubens- und Sittenlehre enthalten. Dann ist festzustellen, ob der Diener Gottes im Ruf der Heiligkeit gestorben ist und die christlichen Tugenden im heroischen Grad geübt oder gar ein Martyrium erlitten hat; außerdem, ob ungewöhnliche Gebetserhörungen, also Wunderberichte, vorliegen. Dazu werden alle erreichbaren Zeugen aus dem Familien- oder Bekanntenkreis, aus Berufs- oder Amtsumfeld, sowie alle Personen befragt, die über wunderbare Vorgänge zu berichten haben. Letzter Schritt dieser Phase ist die Klärung der Kultfrage, also ob einem Kandidaten noch keine amtliche Verehrung zuteil wurde (die gegebenen Falles sofort untersagt werden muss). Bei günstigem Entscheid wird das bischöfliche Erhebungsverfahren abgeschlossen und an die neugebildete Hl. Kongregation für die Heiligsprechungen (bis 1983 an die »Ritenkongregation«) nach Rom weitergeleitet. Es beginnt der eigentliche Prozess.

2. Den Vorsitz führt ein Kardinalpräfekt, dessen operative Aufgaben einer *causa* ein voll stimmberechtigter Sekretär vertritt. Dieser wird von einem Untersekretär unterstützt, dessen Aufgabe es ist, die korrekten Verfahrensabläufe zu überwachen sowie die Kommission der medizinischen Sachverständigen zur Prüfung ungewöhnlicher Heilungen zu berufen.

Der C.I.C. von 1917 verlangte für die Seligsprechung zwei Wunder von Augenzeugen (*testes a videntibus*), aber drei, wenn nur Zeugen vorhanden waren, die ihrerseits über die Wunder nur von Augenzeugen gehört hatten. Vier Wunder schließlich waren erforderlich, falls nur noch schriftliche Zeugnisse vorlagen. Für eine Heiligsprechung verlangte das C.I.C. von 1917 zwei nach der Seligsprechung gewirkte Wunder. Die seit 1983 gültige Ordnung, die auf Beschleunigung des Verfahrens setzt, fordert für die Seligsprechung nur ein ordnungsgemäß approbiertes Wunder, für die Heiligsprechung ein weiteres, das sich nach der Seligsprechung ereignen muss.

Bis 1983 fanden die Verhandlungen im Wesentlichen als Streitsache zwischen einem von den Postulatoren beauftragten *Prokurator* und dem Glaubensanwalt (*Promotor fidei*) statt. Nach dem nun gültigen Verfahren wird die *causa* einem Kollegium von *Relatoren* übergeben, die von einem *Generalrelator* geleitet werden. Sie studieren die Angelegenheit zusammen mit den auswärtigen Mitarbeitern, die vor Ort sind und bereiten eine *positio* über den heroischen Tugendgrad oder das Martyrium vor. Dazu gehört auch die Erstellung kritischer hagiographischer Untersuchungen bei historischen oder schon länger anhängigen Fällen.

Der Glaubensanwalt, der zum *Praelatus Theologus* umbenannte Promotor fidei, beruft eine Theologenkommission ein, die wie schon auf der unteren Ebene die Schriften und Tugenden des Kandidaten noch einmal überprüft.

Wenn das Gutachten der Mediziner, der Theologen und der Historiker unter mehrfacher Prüfung von Konsultatoren aus den entsprechenden Gebieten erarbeitet ist, legt der Glaubensanwalt die Angelegenheit der Kongregation der vom Papst ernannten Kardinäle und Bischöfe vor. Diese entscheidet über die *causa* in der Vollversammlung ihrer Mitglieder *affirmative*, also positiv nur mit Zweidrittelmehrheit.

Eine *causa* gilt als abgelehnt, wenn mehr als ein Drittel *negative* stimmt. Möglicherweise werden weitere Gutachten in Auftrag gegeben – dann ist das Urteil *suspensive* – wonach sich der Vorgang so lange wiederholt, bis das Kollegium eine Entscheidung trifft.

3. Letzter Schritt ist die päpstliche Entscheidung. Der Sekretär fertigt einen Bericht über die Ergebnisse des Verfahrens an den Papst, »dem allein das Recht zusteht, darüber zu befinden, ob den Dienern Gottes in der Kirche eine amtliche Verehrung erwiesen werden darf«.

Eine seliggesprochene Person kann innerhalb einer Teilkirche (Diözese, Nation, Region, Ordensgemeinschaft) öffentlich, d. h. auch liturgisch verehrt werden. Auf Bildern steht ihr nicht der flächige Heiligenschein (Nimbus), sondern nur der Strahlenkranz (Gloriole) zu.

4. Der Heiligsprechungsprozess verläuft ähnlich. Nach erneuter Überprüfung sämtlicher bisheriger Ergebnisse und dem Vorliegen eines nach der Seligsprechung erfolgten Wunders verkündet der Papst öffentlich die Kanonisierung.

Die heiliggesprochene Person darf uneingeschränkt in der ganzen Kirche öffentlich verehrt werden (Messe, Brevier, Reliquien, Weihe von Kirchen und Altären). Sie trägt auf Bildern den flächigen Heiligenschein (Nimbus).

Die Heiligsprechung geschieht in besonders feierlicher Form, nach der festen Formel: »Im Namen der Heiligen und Ungeteilten Dreifaltigkeit, zur Mehrung des katholischen Glaubens und zur Förderung des christlichen Lebens, in der Autorität unseres Herrn Jesus Christus, der Apostel Petrus und Paulus und Unserer eigenen, nach vorhergehender gehöriger Abwägung und Überlegung und oftmaliger Anrufung des göttlichen Beistandes, wie auch unter Beiziehung des Rates vieler Unserer Brüder, erklären und definieren Wir, dass N. N. ein Heiliger ist. Wir schreiben ihn in das Verzeichnis der Heiligen ein und bestimmen, dass er in der ganzen Kirche unter den Heiligen mit geziemender Andacht verehrt werden soll. Im Namen des Vaters und des Sohnes und des Heiligen Geistes. Amen.«

1 Aus einer Rede zum Gedenken von Papst Benedikt XIV., die im November 1958 gehalten werden sollte. (*Osservatore Romano*, 9. April 1959)

2 Eine übersichtliche Darstellung der Verschiebungen findet sich in Reclams *Lexikon der Heiligen und der biblischen Gestalten*, 12. Auflage (2010). Als kleine Beispiele seien nur die beiden Thomasänderungen genannt: der Apostel vom 21. Dezember auf den 3. Juli und der Kirchenlehrer Thomas von Aquin vom 7. März auf den 28. Januar; die meisten Streichungen wie die des hl. Georg, der hl. Barbara und des hl. Christophorus hat man freilich auf dem Umweg über Regionalfeste inzwischen wieder rückgängig gemacht.

3 Walter Nigg, *Die Heiligen kommen wieder*, Freiburg 1973, S. 9f.

4 Friedrich Heiler, *Der Katholizismus*, München 1923, S. 161.

5 Lev. II, 44 und 19, 2.

6 Matth. 5, 48.

7 Röm. 1,7; Eph. I, I.

8 Joh. Ev. Stadler in Stadler/Heim: *Vollständiges Heiligen-Lexikon*, 5 Bde., Augsburg 1858 ff., Einleitung

9 Ernst Lucius, *Die Anfänge des Heiligenkults in der christlichen Kirche*, Tübingen 1904, S. 75f. Der Darstellung des liberalen Straßburger Kirchenhistorikers wurde von katholischer Seite empört widersprochen; allerdings betrafen die Einwände weniger das reich ausgebreitete Material als seine theologische These, der Heiligenkult sei ein Erbe des Heidentums. Besonders H. Delehaye (*Les origines du culte des martyrs*, Brüssel 1912) und P. Dörfler (*Die Anfänge der Heiligenverehrung nach den römischen Inschriften und Bildwerken*, München 1913) wiesen die »Paganismus«-Behauptung zurück und argumentierten, es seien zwar Ähnlichkeiten und Analogien vorhanden, dennoch habe der christliche Heiligenkult originäre Wurzeln, nämlich im Kult der Märtyrergräber. Unstrittig ist jedoch, dass die Heiligenverehrung in der nachkonstantinischen Phase ihren eigentlichen Formenreichtum entfaltet und zahlreiche Elemente der religiösen Umwelt integriert.

10 Lucius, ebd.

11 Im Mittelalter identifiziert die deutsche Volksfrömmigkeit in einem vergleichbaren Vorgang den Valentin als Patron gegen Fallsucht und Augustinus als Helfer gegen Augenkrankheiten.

12 Lucius, S. 82.

13 Ebd.

14 Lucius, ebd.

15 Ebd., S. 86.

16 Für rational denkende Gelehrte wie Lucius sind diese Elemente noch »tolle Ausgeburten der Phantasie«. »Die Beschreibung jener grauenhaften Henkerszenen«, stellt er reserviert fest, »war ganz dazu angetan, das Gefallen von Geschlechtern zu erregen, die ihre höchste Freude an Zirkusspielen und Tierhetzen fanden und denen noch zu Anfang des 5. Jahrhunderts blutige Gladiatorenkämpfe als Schauspiel geboten werden konnten.« Ebd., S. 102f.

17 Der gleichzeitige Einbau sowohl der antiken Mutterkulte über die Marienverehrung wie die Integration jüdischer und gnostischer Engelsvorstellungen ist nicht unser Thema, gehört aber natürlich in denselben Zusammenhang.

18 Charles Forbes René Graf von Montalembert, *Die Mönche des Abendlandes vom hl. Benedikt bis zum hl. Bernhard,* Regensburg 1860, Bd. 1, S. 4ff.

19 Jacques-Benigne Bossuet (1627–1704), wegen seiner glänzenden Schriften als »Adler von Meaux« gerühmt, Gegner der Jesuiten und der päpstlichen Unfehlbarkeit, in *Cinquième avertissement aux Protestants,* zit. nach Montalembert, Band I, S. 10.

20 Ohne die Durchsetzung der Wesensgleichheit wären etwa das Dogmvon der Zweinaturenlehre, der Zweiwillenlehre, ja die Dreieinigkeit und vor allem die dogmatischen Scharfsinnigkeiten Maria betreffend nicht denkbar gewesen.

21 Fasten hat im antiken Heidentum einerseits apotropäischen Charakter, d. h., es soll Dämonen abwehren, so das Verbot, Bohnen zu essen, andererseits ist es die Voraussetzung für mantische und magische Praktiken. Vgl. Bernhard Lohse, *Askese und Mönchtum in der Antike und in der alten Kirche*, München/Wien 1969, S. 18ff.

22 Lohse führt die Orphiker an (Vegetarismus und Bohnenverbot), die Pythagoräer (Verzicht auf Wein, Vegetarismus, Geschlechtsverkehr nur zu Zeugungszwecken), die Stoa (Armutsideal, Fastenpraktiken, auch z. T. Ablehnung der Ehe, Kampf »gegen die Begierden«), Apollonius von Tyana (sexuelle Enthaltsamkeit, freiwillige Armut, sein Anhänger lebten z. T. in Gütergemeinschaft) sowie den Neuplatonismus (Leibfeindlichkeit).

23 Vgl. Lohse, 5. 79ff.: Die Rekabiter und Nasiräer kennen zwar das Verbot des Weingenusses, das Gebot, in Zelten zu wohnen und [...] ihr Haar frei wachsen zu lassen, aber erst Qumran und die Essener praktizieren Askese im eigentlichen Sinn (Zölibat, Armut, Gehorsam). In der Umgebung von Alexandria wirken die »Therapeuten«, die Familie und Besitz verlassen haben und nun in einer losen Siedlung eine Mischung aus Einsamkeit und Gemeinschaftsleben realisieren. Sie essen nur nach Sonnenuntergang, enthalten sich des Weins und des Geschlechtsverkehrs. Sechs Tage studiert und arbeitet jeder für sich, am siebten treffen sie sich zur Feier des Gottesdiensts. Unter den Therapeuten gibt es auch Frauen – bei den Feiern sind sie durch Sichtblenden von den Männern getrennt. Alle sieben Wochen allerdings wird eine gemeinsame Vigilie begangen. »An dem Fest nehmen auch Frauen teil, von denen die meisten betagte Jungfrauen sind, welche die Keuschheit nicht gezwungenermaßen, wie einige der griechischen Priesterinnen, sondern freiwillig bewahrt haben, aus großem Verlangen nach der Weisheit; um mit ihr zusammenzuleben, haben sie keine Rücksicht auf die leiblichen Freuden genommen, tragen auch nicht nach sterblichen, sondern nach unsterblichen Nachkommen Verlangen.« (Philo, *De vita contemplativa*, zit. nach Lohse, S. 99.)

24 Lohse, S. 99.

25 Ebd., S. 173.

26 Hans Freiherr von Campenhausen, *Griechische Kirchenväter*, Stuttgart 1955, S. 83 f.

27 Hans Freiherr von Campenhausen, ebd., S. 84

28 Für die Franken weist dies anschaulich die brillante Monographie von Carl Albrecht

Bernoulli, *Die Heiligen der Merowinger*, Tübingen 1900 (Nachdruck Hildesheim 1981) nach.

29 Ernst H. Kantorowicz: The King's Two Bodies. A Study in Mediaeval Political Theology, Princeton 1957 (Deutsche Ausgabe: Die zwei Körper des Königs. Eine Studie zur politischen Theologie des Mittelalters, München 1994)/ Giorgio Agamben: Homo sacer. Il potere sovrano e la nuda vita, Turin 1995 (Deutsche Ausgabe: Homo sacer. Die souveräne Macht und das nackte Leben, Frankfurt/M. 2002)/ Kristin Marek: *Die Körper des Königs. Effigies, Bildpolitik und Heiligkeit*, Paderborn 2009/ Marc Bloch: *Die wundertätigen Könige*, München 1998

30Für Deutschland gibt es das Standardwerk von Stephan Beissel S.J., *Die Verehrung der Heiligen und ihrer Reliquien in Deutschland*, Freiburg, 1890.

Einen bunt bebilderten Wegweiser durch die Volksfrömmigkeit bietet Manfred Brauneck, *Religiöse Volkskunst. Votivgaben, Andachtsbilder, Hinterglas, Rosenkranz, Amulette.* Köln 1978.

Einen neueren informativen Bildband hat Alfred Läpple mit *Reliquien. Verehrung, Geschichte, Kunst*, Augsburg 1990, vorgelegt. Zahlreiche Abbildungen von Reliquien, Votivgaben, Altarschreinen und Gräbern sowie reiches Informationsmaterial und viele Heiligenbildnisse enthält *Heilige und Namenspatrone im Jahreslauf* von Vera Schauber und Hanns Michael Schindler, Augsburg 1992.

31 Vgl. Johannes Maria Höcht, *Träger der Wundmale Christi*, 4. Auflage, Stein am Rhein 1966. Der Autor führt über 50 Namen auf.

32Karl Hase, *Handbuch der Protestantischen Polemik gegen die Römisch-Katholische Kirche*, 7. Auflage, Leipzig 1900, S.296.

Die größte Materialsammlung von in antiklerikaler Perspektive dargestellten Skandalen und Kuriositäten der Kirchengeschichte ist natürlich Karlheinz Deschners Monumentalwerk *Kriminalgeschichte des Christentums*, deren 3. Band einschlägige Kapitel über »Wunder und Reliquienbetrug«, »Wallfahrtsschwindel« und »Ausbruch des christlichen Geisterwahns« enthält. (Reinbek bei Hamburg/1990.)

33 Stadler, op. cit. S. 4 f. (Einleitung).

34 Bernhard Kötting, »Entwicklung der Heiligenverehrung und Geschichte der Heiligsprechung«, in: Die Heiligen in ihrer Zeit, hrsg. von Peter Manns, 3. Auflage, Mainz 1967, S. 27.

35 Winfried Schulz, *Das neue Selig- und Heiligsprechungsverfahren*, Paderborn 1988, S. 30.

36 Stadler, op. cit., S. 6.

37 Hauptsächlich die Verbesserung der historisch-kritischen Überprüfung, die Straffung des Verfahrens sowie die Zulassung so revolutionärer Hilfsmittel wie Schreibmaschine und Fotokopiergeräte betreffend.

38 Die Darstellung folgt, wenn nicht weiter angegeben, den Ausführungen von Winfried Schulz, op. cit. und Otto Wimmer/Hartmann Melzer, *Lexikon der Namen und Heiligen*, Innsbruck/Innsbruck/Wien 1984.

Register der Heiligen

Kursivierungen bezeichnen Heilige, die wegen ihrer Patronate von Bedeutung sind, aber nicht eigens im Kalender behandelt werden.

Hl. Damian 27. Sept. (1. Juli, 17. Okt., 1. Nov.)
Hl. David, König 29. Dez.
Denis *siehe* Dionysius
Hl. Desiderius 23. Mai
Diego *siehe* Jakob
Dietbald *siehe* Theobald
Dionysius 3. Okt. (9. Okt.)
Hl. Dioscoros 18. Mai
Sel. Dodo von Hasch 30. März
Hl. Dominikus 6. Aug. (4. Aug., 8. Aug.)
Hl. Dominikus von Silos 20. Dez.
Hl. Donatian 24. Mai
Dora, Doris, Dorit *siehe* Dorothea
Hl. Dorothea 6. Feb.
Hl. Dorothea von Montau 30. Okt. (25. Juni)
Hl. Dula 25. März
Hl. Dunstan 19. Mai
Hl. Dwynwen 25. Jan.
Hl. Dympna 15. Mai

Eadbert *siehe* Edbert
Hl. Ebba die Ältere 25. Aug.
Hl. Ebba die Jüngere 5. Okt. (2. April, 25. Aug.)
Hl. Eberward 3. Mai
Hl. Edbert 6. Mai
Edeltraud *siehe* Audrey
Hl. Edgar der Friedfertige 8. Juli (24. Mai)
Sel. Edigna 26. Feb.
Ediltrudis *siehe* Audrey
Hl. Editha 16. Sept.
Hl. Edmund 20. Nov.
Hl. Edmund Rich 16. Nov.
Hl. Eduard der Bekenner 12. Okt. (5. Jan.)
Efraid *siehe* Brigida
Egil *siehe* Eigil
Sel. Eigil 6. Aug. (28. Nov.)
Hl. Elias, Patriarch 20. Juli
Hl. Eligius 1. Dez.
Hl. Elisabeth von Thüringen 19. Nov.
Elisabeth *siehe* Isabella
Elke *siehe* Adelheid
Elmo *siehe* Erasmus
Hl. Elphegus 19. April
Elsa, Elsa *siehe* Elisabeth
Hl. Emerich 5. Nov. (3. u. 4. Nov.)
Emilie *siehe* Amalia
Hl. Emma von Niedersachsen 19. April
Sel. Englmar 14. Januar
Enrico *siehe* Heinrich
Hl. Equitius 11. Aug. (7. März)
Hl. Erasmus 3. Juni (2. Juni)
Ermo *siehe* Erasmus
Etienne *siehe* Stephan
Etheldreda *siehe* Audrey
Hl. Eulalia 12. Feb.
Hl. Eulogius von Toledo 11. März
Hl. Euphrasia 13. März
Hl. Eustachius 20. Sept.
Hl. Eustasius 29. März
Hl. Exuperantius 30. Dez.

Hl. Febronia 25. Juni
Hl. Felix in Pincis 14. Jan.
Hl. Felix von Nola 14. Jan.
Hl. Ferdinand III. 30. Mai
Hl. Fiacrius 30. Aug.
Hl. Fina 12. März
Hl. Findanus 29. Nov. (15. Nov., 25. Nov.)
Hl. Fintan von Clonenagh 17. Feb.
Hl. Flavia Domitilla 7. Mai (12. Mai)
Hll. Flora und Maria 24. Nov.
Hl. Florian 4. Mai
Hl. Fortunatus 14. Okt.
Francisco de Borja *siehe* Franz von Borgia

Register der Patronate ohne Länder, Städte und Regionen

der Barbiere: Kosmas und Damian, Patrick
der Barfüßerorden: Maria Magdalena dei Pazzi
der Barmherzigen Schwestern: Elisabeth von Thüringen, Martha
der Bauarbeiter und -handwerker: Barbara, Mathias, Thomas
gegen Bauchweh: Agapitus, Wolfgang
der Bauern: Amalia, Antonius von Ägypten, Eligius, Friardus, Georg, Isidor von Madrid, Leonhard, Lucia, Margareta, Notburga, Rochus, Walburga, Wendelin
der Baumgärten: Urban
für Beharrlichkeit bis zum Tode: Katharina von Alexandria
für gute Beichte: Ägidius
der Beichtväter: Johannes Nepomuk
gegen Beinleiden: Ludanus Peregrinus
für Bekehrung verstockter Sünder: Joseph von Copertino
der Benediktiner und Benediktinerinnen: Scholastika
des Bergbau: Anna, Helena, Rupert
der Bergleute: Andreas, Antonius von Padua, Barbara, Benedikt von Nursia, Crescentia, Eligius, Leonhard, Modestus, Patrick, Erzengel Raphael, Vitus
der Berufswahl: Aloysius von Gonzaga
gegen Beschimpfungen: Georg
der Besenbinder: Anna
der Besessenen: Dympna, Gerbert
gegen Besessenheit: Crescentia, Eustasius, Johannes Gualbertus, Mauritius, Modestus, Petrus, Vinzenz Ferrer, Vitus
der Bettler: Ägidius, Alexius, Elisabeth von Thüringen, Martin, Thomas von Villanueva
gegen Bettnässen: Crescentia, Modestus, Vitus
der Bewahrer des königlichen Banners: Dionysius
der Bibelgesellschaften: Hieronymus
der Bibliothekare und Bibliotheken: Katharina von Alexandria, Laurentius
der Bienen(-züchter): Ambrosius, Bernhard von Clairvaux, Valentin zu Terni
der Bierbrauer: Augustinus, Bonifatius, Bonifatius von Tarsus, Crescentia, Dorothea, Florian, Laurentius, Modestus, Nikolaus, Vitus
der Bilderhändler: Johannes Evangelist
der Bildhauer: Lukas, Martha, Wolfgang
gegen Blähungen: Blasius
gegen Blattern: Elias, Martin, Mathias
gegen Blatternrose: Genovefa
der Bleigießer: Maria Magdalena, Erzengel Michael, Vinzenz Ferrer
der Bleistiftfabrikanten: Thomas von Aquin
gegen Blindheit: Clara von Assisi, Crescentia, Eustasius, Lucia, Mechthild von Hackeborn, Modestus, Salaberga von Laon,Vitus
gegen Blitz und Gewitter: Agape, Agatha, Barbara, Chionia, Clemens, Crescentia, Irene, Kastulus, Koloman, Erzengel Michael, Modestus, Paulus, Scholastika, Thomas von Aquin, Vitus
der Blumengärtner: Dorothea
gegen Blutfluss: Fiacrius, Martha, Sabina, Serapia, Wolfgang
der Bogenschützen: Ägidius, Christina (Märt.), Christophorus
der Bortenwirker: Theresia von Jesus

der Boten: Erzengel Gabriel
der Böttcher: Florian, Georg, Johannes der Täufer, Leonhard, Maria Magdalena, Martin, Erzengel Michael, Nikolaus, Patrick, Stephanus
gegen Brandwunden: Johannes Evangelist, Laurentius
der Bräute: Dorothea
der Briefmarkensammler: Erzengel Gabriel
der Briefträger: Erzengel Gabriel
der Brotverwalter: Vinzenz von Saragossa
gegen Bruchleiden: Konrad von Piacenza
der Brückenbauer: Petrus
gegen Brückeneinsturz: Johannes Nepomuk
der Brunnen: Gangolf
gegen Brustkrankheiten: Agatha
der Buchbinder: Bartholomäus, Christophorus, Johannes Evangelist, Lukas
der Buchdrucker: Augustinus, Johannes Evangelist, Johannes von Gott, Katharina von Alexandria, Ludwig der Heilige
der Buchhalter: Matthäus
der Buchhändler: Bonifatius, Johannes Evangelist, Thomas von Aquin
der Büchsenmacher: Antonius von Ägypten, Georg, Sebastian
der Katholischen Burschenvereine: Konrad von Parzham
der Bürstenbinder: Antonius von Ägypten, Martin, Rochus, Sebastian
der Büßer: Petrus
der Büßerinnen: Margareta von Cortona, Maria von Ägypten
der Butterhändler: Leonhard
der Camaldulenser: Romuald
der Chirurgen: Kosmas und Damian, Lukas, Rochus
gegen Cholera: Rochus
der Chorknaben: Nikolaus
der Clarissen: Clara von Assisi

der Dachdecker: Barbara, Erzengel Raphael, Vinzenz Ferrer, Vinzenz von Saragossa
gegen Dämonen und böse Geister: Christophorus, Cyriacus, Fortunatus
des Deutschen Ordens: Elisabeth von Thüringen
des Deutschen Ritterordens: Georg
der Dichter: Cäcilia, Gregor von Nazianz
gegen Diebe: Petrus
aller Dienenden: Anna, Notburga
der Dienstmägde: Basilides, Blandina, Dula, Heraklides, Heron, Martha, Marzella, Plutarchus, Potamiäna, Rhais, Serenus, Zita
der reuigen Dirnen: Abraham und Maria von Kiduna, Afra, Lucia, Margareta von Cortona, Maria von Ägypten, Maria Magdalena, Thais
der Dominikaner: Thomas von Aquin
der Drechsler: Anna, Erasmus, Hubertus, Ivo Helory, Erzengel Michael
der Drogisten: Jakobus der Ältere, Kosmas und Damian, Maria Magdalena
gegen Drüsenkrankheiten: Kosmas und Damian
gegen Dürre: Ägidius, Florian, Genovefa, Isidor von Madrid

gegen Ehebruch: Gangolf

der Eheleute: Anna, Antonius von Padua, Joseph, Vinzenz Ferrer
gegen Ehrgeiz: Unschuldige Kinder
der Eichmeister: Erzengel Michael
gegen Eifersucht: Unschuldige Kinder
der Einsiedler: Franz von Paula, Onuphrius
der Einwanderer: Franzisca Cabrini
der Eisendreher: Eligius
der Eisenhändler: Petrus, Sebastian
der Elisabethinen: Elisabeth von Thüringen
der Emigranten: Franzisca Cabrini, Erzengel Raphael
der englischen Könige: Eduard der Bekenner, Oswald
des englischen Königshauses: Edmund
für glückliche Entbindung: Antonius von Padua, Dominikus von Silos
gegen Epidemien: Eligius, Kosmas und Damian, Remigius, Rochus
gegen Epilepsie: Ägidius, Antonius von Ägypten, Johannes Evangelist, Johannes Chrysostomus, Johannes der Täufer, Petrus, Valenin zu Terni, Vinzenz Ferrer
gegen Erdbeben: Agatha, Francisco Solano, Franz von Borgia, Pedro Gonzalez, Philipp Neri
der Erdbeerverkäufer von Rom: Antonius von Padua
für Erhaltung des ehrlichen Namens: Goar
für gute Ernte: Gregor von Nazianz, Markus
der Erstkommunikanten: Pankratius
der Erzieher: Gerardus Sagredo
der Esperantisten: Hildegard von Bingen
der Essigbrauer: Vinzenz von Saragossa
aller eucharistischen Vereinigungen und Bruderschaften: Paschalis Baylon
der Exerzitienhäuser: Ignatius von Loyola

der Fährleute: Nikolaus
gegen schweren Fall: Georg
der christlichen Familie: Joseph
bei traurigen Familienschicksalen: Eustachius
der Färber: Christopherus, Helena, Mauritius, Simon der Eiferer
der Fayencefabrikanten: Antonius von Padua, Martin
der Fechter: Erzengel Michael
gegen die Qualen des Fegefeuers: Antonius von Ägypten
der Feilenhauer: Bonifatius, Theodosius
der Feldfrüchte: Gertrud von Nivelles, Walburga
der Feldmesser: Thomas
der Fellhändler: Bartholomäus
des Fernsehens: Clara von Assisi
der Festungen: Barbara, Christophorus
gegen Feuer: Agape, Agatha, Ägidius, Barbara, Benedikt von Aniane, Chionia, Florian, Germanus, Irene, Laurentius, Ositha, Urban
der Feuerwehr: Anna, Barbara, Florian, Laurentius, Nikolaus
gegen Fieber: Antonius von Padua, Barbara, Clara von Assisi, Desiderius, Dominikus, Friardus, Germanus, Godoleva, Hugo, Ignatius von Loyola, Laurentius, Maria von Ägypten, Otto von Bamberg, Pedro de Alcántara, Petrus, Praejectus, Radegunde, Remigius, Servatius, Theobald

der Gelehrten: Papst Gregor I., Hieronymus
für gutes Gelingen: Servatius
der Geometer: Isidor
der Gerber: Bartholomäus, Blasius, Crispianus und Crispinus, Gangolf, Martin, Sebastian, Simon der Eiferer, Theobald
der Gerichtsdiener: Ivo Helory
gegen Geschlechtskrankheiten: Fiacrius, Regina
der Geschmeidemacher: Agatha
gegen Geschwüre: Eligius, Kosmas und Damian, Radegunde
der Gesellenvereine: Clemens Maria Hofbauer
gegen Gesichtskrankheiten: Margareta
der Gewichtemacher: Erzengel Michael
gegen Gewissenbisse: Blasius, Ignatius von Loyola
gegen Gicht: Andreas, Papst Gregor I., Kilian, Mauritius, Maurus, Philipp Neri, Papst Urban I., Valentin zu Terni, Wolfgang
der Gießer: Hubertus
der Gipser: Bartholomäus
gegen Glasbruch: Odilo
der Glaser: Clara von Assisi, Johannes Evangelist, Laurentius, Lucia, Erzengel Michael, Petrus
der Glasmaler: Clara von Assisi, Mauritius
gegen religiöse Gleichgültigkeit: Remigius
gegen Gliederkrankheiten: Philipp Neri
der Glockengießer: Agatha
der Glöckner: Antonius von Ägypten
für die Gnade des guten Gebetes: Remigius, Theresia von Jesus
der Gold- und Silberschmiede: Anna, Dunstan, Eligius, Januarius
der Graveure: Johannes Evangelist
gegen Grind: Ignatius von Antiochia, Regina
der Großhändler: Martin
der Grundschullehrer: Nikolaus
der Gürtelmacher: Alexius

gegen Hagelschlag: Christophorus, Franz Xaver, Johannes Evangelist, Johannes der Täufer, Paulus, Urban
gegen Halsweh: Andreas, Blasius, Ignatius von Antiochia, Remigius
gegen Hämorrhoiden: Fiacrius
der Handelsmakler: Karl der Große
der Handschuhmacher: Antonius von Ägypten, Bartholomäus, Crispianus und Crispinus, Guntmar, Maria Magdalena
der Handwerker: Joseph
gegen Harn- und Blutfluss: Gervasius, Protasius
der Hausfrauen: Anna, Martha, Sabina, Serapia
der Haushälterinnen: Anna, Verena, Zita
der Häuslichkeit: Martha
der Haustiere: Ambrosius, Antonius von Ägypten, Antonius von Padua, Crescentia, Erasmus, Felix von Nola, Hermippus, Hermokrates, Hermolaos, Martin, Modestus, Pantaleon, Silvester, Vitus
gegen Hautkrankheiten: Antonius von Ägypten
der Heere: Georg, Mauritius
für gute Heirat: Ursula, Valentin zu Terni
der heiratslustigen Mädchen: Nikolaus

gegen Heiserkeit: Bernhardin von Siena, Maurus
der Hersteller mathematischer Geräte: Hubertus
für reiche Heuernte: Anna
der Heumacher: Gervasius, Protasius
gegen Heuschrecken: Hermippus, Hermokrates, Hermolaos, Pantaleon
gegen Hexenschuß: Laurentius
der Hinkenden, Krüppel und Siechen: Crescentia, Modestus, Portian, Servatius, Vitus
der Hirten: Antonius von Ägypten, Ägidius, Cuthbert, Genovefa, Martin, Paschalis Baylon, Symeon, Stylites des Ältere, Wendelin, Wolfgang
der Höhlenforscher: Benedikt von Nursia
gegen die Hölle: Patrick
der Holzfäller: Joseph, Heinrich von Treviso, Vinzenz Ferrer, Vinzenz von Saragossa
aller holzbearbeitenden Berufe: Guntmar
der Hospitalverwalter: Martha
der Hoteliers: Abraham der Patriarch, Martha, Martin
der Hufschmiede: Dunstan, Martin
der Humoristen: Philipp Neri
der Hunde: Hubertus
gegen bissige Hunde: Walburga
gegen Hungersnot: Agatha, Christophorus, Severin
gegen Husten: Blasius, Walburga
der Hutmacher: Barbara, Christophorus, Clemens, Genovefa, Jakobus der Ältere, Jakobus der Jüngere, Mauritius, Erzengel Micheal, Philippus
gegen Hysterie: Crescentia, Modestus, Vitus

der Infanterie: Mauritius
gegen Infektionskrankheiten: Rochus
gegen Insekten: Dominikus von Silos
gegen Irrsinn: Ägidius, Eustasius, Hubertus

der Jäger: Ägidius, Eustachius, Hubertus, Konrad von Piacenza
der Jesuiten: Franz Xaver, Ignatius von Loyola
gegen Juckreiz: Antonius von Ägypten, Laurentius
der Jugend: Aloysius von Gonzaga, Crescentia, Joseph, Kasimir, Modestus, Ursula, Valentin zu Terni, Vitus
der verwahrlosten Jugendlichen: Hieronymus Aemiliani
der alten Jungfern: Andreas
der Jungfrauen: Agnes, Blandina, Joseph, Katharina von Alexandria, Petrus
der juristischen Fakultäten: Ivo Helory

gegen Kälte: Sebald
der Kaminkehrer: Florian, Johannes der Täufer
der Kammmacher: Maria Magdalena
im Kämpfen und Schlachten: Andreas, Dionysius, Kasimir, Mauritius und Thebäische Legion, Stanislaus
der Karmeliter: Andreas Corsini, Theresia von Jesus
der Karrenführer: Rochus
der Käsehändler: Erzengel Michael
der ganzen katholischen Kirche: Joseph
der katholischen Armeen: Martin
der Kaufleute: Franz von Assisi,

Homobonus, Erzengel Michael, Nikolaus
der Kavaliere: Georg, Martin
der Kerzenmacher: Johannes Evangelist, Maurus
der Kesselschmiede: Crescentia, Modestus, Vitus
der Kettenschmiede: Jakobus der Ältere
gegen Ketzerei und Religionsfeinde: Georg, Kasimir, Sebastian
der Keuchheit: Agnes, Crescentia, Joseph, Kasimir, Modestus, Thomas von Aquin
der Kinder: Clemens, Gervasius, Ignatius von Loyola, Joseph Calasanza, Kunigunde, Nikolaus, Protasius
der Kinder in Gefahr: Unschuldige Kinder
der kranken Kinder: Agapitus, Brigida von Kilgare, Mauritius
der schwächlichen Kinder: Christophorus
für Kinder, die schwer gehen lernen: Hilarius, Maria Magdalena, Sabina, Serapia, Wilhelm
der unehelichen Kinder: Brigida von Kilgare
gegen Kinderkrämpfe: Rupert von Salzburg
gegen Kinderkrankheiten: Johannes der Täufer, Leonhard und Ursula, Otmar
der Kinderschutzvereine: Philipp Neri
der Kirchenrechtler: Raimund den Penafort
der Kistenmacher: Johannes Evangelist
der Knechte: Eligius
bei schweren Knechtsarbeiten: Syriacus
gegen Knieschmerzen: Rochus
der Knopfmacher: Nikolaus
der Köche: Barbara, Laurentius, Paschalis Baylon
der Köchinnen: Martha
der Koffermacher: Johannes Evangelist
der Köhler: Maurus, Theobald, Wolfgang
gegen Kolik: Agapitus
des Königreichs Navarra: Raimund von Penafort
gegen Kopfweh: Antonius von Ägypten, Athanasius, Bibiana, Dionysius, Franz von Assisi, Katharina von Siena, Leonhard, Maurus, Pankratius, Petrus Damiani, Vinzenz Ferrer
der Kopisten: Johannes Evangelist
der Korbmacher: Antonius von Ägypten, Johannes, Markus, Paulus, Paulus von Theben
für Gedeihen des Korns: Jakobus der Ältere
der Kornhändler: Nikolaus, Sebastian
der Kornträger: Bartholomäus
gegen Körperschwäche und Krankheiten der Eingeweide: Vinzenz von Saragossa
der Krämer: Anna, Eustachius, Jakobus der Jüngere, Kosmas und Damian, Mauritius, Erzengel Michael, Nikolaus, Philippus, Rochus
gegen Krämpfe: Bibiana, Johannes der Täufer, Pankratius, Paulus
der Kranken: Camillus, Johannes der Almosengeber, Johannes von Gott, Lidwina, Erzengel Raphael
der Krankenhäuser: Georg, Rochus
aller in der Kranken- und Krüppelpflege Arbeitenden: Johannes von Gott, Camillus

gegen Krankheit: Koloman, Erzengel Raphael
gegen Krankheiten allgemein: Otmar
gegen schwere Krankheiten: Aratius, Elisabeth von Thüringen, Praejectus
gegen Krätze: Antonius von Ägypten, Markus, Radegunde, Regina, Rochus
gegen Krebs: Adelgundis, Ägidius, Beatus
der Kreuzfahrer: Oswald
gegen Kreuzweh: Wolfgang
der Krieger: Georg, Ignatius von Loyola, Jakobus der Ältere
gegen Kriegsgefahr: Georg, Isabella, Ursula
gegen Kropf: Blasius
der Küfer: Vinzenz von Saragossa
der Kunsthändler: Rochus
der Kunsttischler: Anna
der Kupferschmiede: Benedikt von Nursia, Eulogius von Toledo, Maurus
der Kürschner: Hubertus, Johannes der Täufer
der Kutscher: Lucia, Stephanus

gegen Lähmungen: Maurus, Servulus, Wolfgang
der Lampenmacher: Johannes Evangelist
der Landleute: Wendelin
der Landstreicher, Bettler und Heimatlosen: Benedikt-Josef Labre
der Lastträger: Christophorus, Jakobus der Ältere, Maurus
der Laternenzünder: Maurus
der Laternenmacher: Markus
der Latrinenreiniger: Papst Julius I.
der Lautenmacher: Arnold
der Lebkuchenbäcker: Ambrosius
der Lederarbeiter: Bartholomäus, Crispianus und Crispinus, Simon der Eiferer
der Lehrer: Benedikt von Nursia, Papst Gregor I., Hieronymus, Karl der Große
des Lehrstandes: Katharina von Alexandria
der Leichenträger: Sebastian
der Leinwandhändler: Nikolaus
der Leinweber: Severin
der Lichtfabrikanten: Nikolaus
der Liebenden: Antonius von Padua
der Liebenden von Wales: Dwynwen
der Lithographen: Johannes Evangelist
der Luftschiffer: Patriarch Elias
des Luftverkehrs: Christophorus

der Mädchen: Katharina von Alexandria, Philipp Neri, Rosa von Viterbo (katholisches Mädchen in Italien)
gegen Malaria: Pedro de Alcántara
der Maler: Johannes Evangelist, Lukas, Martha, Erzengel Michael
der Marine: Pedro Gonzalez
der Matrosen: Pedro Gonzalez, Nikolaus
der Mattenmacher: Markus, Paulus von Theben
der Maurer: Blasius, Papst Gregor I., Johannes der Täufer, Markus, Petrus, Simon der Eiferer, Stephanus, Thomas
gegen Mäuse: Gertrud von Nivelles, Magnus
der medizinischen Fakultäten: Kosmas und Damian
des Meeres: Christophorus, Nikolaus
gegen Meineid und falsches Zeugnis: Felix von Nola, Pankratius

gegen zu Menstruationsbeschwerden: Fiacrius
der Messerschmiede: Johannes der Täufer, Lucia, Mauritius
der Metallarbeiter: Eligius, Hubertus
der Metzger: Andreas, Antonius von Ägypten, Bartholomäus, Hubertus, Lukas, Mathias, Nikolaus
gegen Migräne: Katharina von Alexandria, Petrus Damiani
für die Erlangung von Milch: Comgall
der Ministerialbeamten: Ivo Helory
der Missionare: Franz Xaver
der Mosthändler: Clemens
der Müller: Anna, Christina (Märt.), Johannes Nepomuk, Katharina von Alexandria, Martin, Nikolaus, Verena
der Musik: Cäcilia
der Musiker: Arnold, Cäcilia (auch der Instrumentenbauer), König David, Dunstan, Papst Gregor I., Johannes der Täufer
der Mütter und der christlichen Müttervereine: Monika
der stillenden Mütter: Ägidius

für Nachkommenschaft: Franz von Paula
des Nachrichtendienstes: Erzengel Gabriel
der Nachtwächter: Pedro de Alcántara
der Nadler: Helena, Sebastian
der Nagelschmiede: Helena
der Näherinnen: Anna, Dominikus
der Naturwissenschaftler: Albert der Große
der Negermissionen: Petrus Claver
gegen Nervenkrankheiten: Bartholomäus
der Neuvermählten: Dorothea
gegen Niedergeschlagenheit: Arbogast
gegen Nierenleiden: Friardus, Juan Facundo
der Notare: Ivo Helory, Johannes Evangelist, Katharina von Alexandria, Lucia, Lukas, Markus, Nikolaus
bei allen Nöten: Konrad von Parzham
gegen alle Nöte der Landwirtschaft: Notburga
der Notenlinierer: Johannes Evangelist
der Notleidenden: Johannes der Almosengeber

der Obsthändler: Christophorus, Leonhard
gegen Ohnmachten: Valentin zu Terni
gegen Ohrenleiden: Mauritius, Thomas
der Optiker: Hubertus
des Ordens vom goldenen Vlies: Andreas
der Organisten: Arnold
der Orgeln: Cäcilia

der Pächter: Antonius von Ägypten, Eligius
der Packpferde: Blasius
der Panzerhemdhersteller: Martin
der Papierfabrikanten: Johannes Evangelist, Erzengel Michael
der Papierhändler: Petrus
der Papiermüller: Johannes von Gott
der Pappenmacher: Johannes Evangelist
der Parfüm- und Puderfabrikanten: Maria Magdalena
der Pastetenbäcker: Jakobus der Jüngere, Erzengel Michael, Philippus
der Pedelle: Lucia
gegen Pest: Agatha, Ägidius, Aloysius von Gonzaga, Barbara, Bruno,

Christophorus, Cuthbert, Cyprian von Karthago, Edmund, Franz von Assisi, Franz von Paula, Franz Xaver, Genovefa, Papst Gregor I., Juan Grande, Kasimir, Katharina von Siena, Koloman, Leocadia, Maria Magdalena, Martha, Rosalia von Palermo, Sebastian, Valentin zu Terni, Walburga
der Pferde: Leonhard, Martin, Mauritius, Stephanus
gegen Pferdediebe: Kastulus
der Pferdehändler: Ägidius
gegen Pferdekrankheiten: Eligius, Kosmas und Damian (speziell gegen Druse)
der Pflasterer: Rochus
der Pförtner: Konrad von Parzham
der Philologen: Hildegard von Bingen
der Philosophen: Katharina von Alexandria
der Physiker: Kosmas und Damian
der Piaristen: Joseph von Calasanza
des piemontesischen Königshauses: Amadeus IX.
der Pilger: Alexius, Brigitta von Schweden, Jakobus der Ältere, Nikolaus, Petronilla
der Piloten: Christophorus
der amerikanischen Piloten im Zweiten Weltkrieg: Joseph Copertino
der Plätterinnen: Laurentius
der Politik: Johanna von Orléans
der politischen Frauen: Johanna von Orléans
der Posamentierer: Franz von Assisi
der Postbeamten: Erzengel Gabriel
der Prämonstratenser: Norbert
der katholischen Presse: Franz von Sales, Erzengel Michael, Paulus
für guten Ausgang eines Prozesses: Ivo Helory
der Prüfungskandidaten: Joseph von Copertino

gegen Qualen: Markus
gegen die Qualen des Fegefeuers: Antonius von Ägypten, Franziska von Rom, Ursula
der Quellen: Crescentia, Modestus, Vitus

des Radios: Johanna von Orléans
der Radiofachleute: Erzengel Michael
der Raketenmacher: Rochus, Sebastian
gegen Räuber und Diebe: Gerold
gegen Räude: Regina
gegen Rattenplagen: Gertrud von Nivelles
gegen Raupen: Magnus
der Rechtsanwälte: Philogonius, Nikolaus
der Rechtsgelehrten: Ivo Helory, Katharina von Alexandria
der Redner: Katharina von Alexandria
der Reeder: Nikolaus
für Regen: Eulalia von Barcelona, Honoratus von Arles, Isidor, Paulus, Scholastika
gegen Regen: Agatha, Honoratus von Arles
der Reisenden: Antonius von Padua, Eulalia, Gertrud von Nivelles, Joseph, Martin, Nikolaus, Petronilla, Erzengel Raphael, Valentin zu Terni
der Reiter: Georg, Martin
gegen rektales Wundsein: Agatha, Martin, Wolfgang
der Restaurateure: Johannes der Täufer
gegen Rheumatismus: Jakobus der Ältere, Kilian, Maurus

der Rinder- und Schweinehirten: Blasius
der Ritter: Georg, Erzengel Michael, Paulus
der Rotgießer: Benedikt von Nursia
gegen Rotlauf: Antonius von Ägypten, Kastulus, Martin, Rupert, Servatius
gegen Rückenschmerzen: Laurentius, Thomas
gegen Ruhe: Eulalia, Wolfgang

der jungen Saat und der Blüten: Pankratius
der Sägearbeiter: Simon der Eiferer
der Salbenbereitung: Maria Magdalena
der Salbenhändler: Maria Magdalena
der Salzarbeiter: Rupert von Salzburg
der Salzträger: Bartholomäus
der Sänger: Cäcilia, Papst Gregor I.
gegen die Macht Satans: Georg
der Sattler: Crispianus und Crispinus, Eligius, Georg, Johannes Evangelist, Johannes der Täufer, Paulus
gegen Schädlingsplagen: Gertrud von Nivelles
der Schatzgräber: Christophorus
der Schauspieler: Crescentia, Modestus, Vitus
der Schellenmacher: Hubertus
der Scherenschleifer: Erzengel Michael
der Schiffer: Anna, Christophorus, Clemens, Erasmus, Goar, Johannes Nepomuk, Lucia, Nikolaus, Pedro Gonzalez, Petrus, Wolfgang
gegen Schlaganfall: Wolfgang
gegen Schlangen und Schlangenbiss: Crescentia, Hilarius, Hubertus, Magnus, Martin, Modestus, Paulus, Petrus, Remigius, Vitus
der Schleifer: Ägidius
der Schleppenträger der Kardinäle: Anna
der Schlosser: Baldomer, Dunstan, Eligius, Leonhard, Petrus
der Schmiede: Leonhard, Longinius, Mathias, Patrick, Petrus
der Schneider: Anna, Bartholomäus, Blasius, Bonifatius, Crispianus und Crispinus, Franz von Assisi, Fridolin, Johannes der Täufer, Lucia, Martin, Mathias, Maurus (Belgien), Erzengel Michael, Stephanus
der Schneiderinnen: Dominikus
der Schnitter: Oswald
gegen Schnupfen: Maurus
der Schreiber: Johannes Evangelist, Lucia, Markus
der Schreiner: Joseph, Petrus, Rochus
der Schriftgießer: Johannes Evangelist
der Schriftsteller: Johannes Evangelist, Franz von Sales
der Schuhmacher: Bartholomäus, Gangolf, Theobald
der Schulen: Papst Gregor I., Hieronymus
der Schüler: Benedikt von Nursia, Papst Gregor I., Hieronymus, Katharina von Alexandria, Laurentius, Maria Magdalena, Nikolaus, Vinzenz von Saragossa
der Schulknaben: Mathias, Stephanus
der Schuster: Blasius, Crispianus und Crispinus, Joseph von Copertino, Katharina von Alexandria, Maurus (nur in Belgien)
der Schützen: Dionysius, Sebastian
der Schwangeren: Agapitus, Anna, Eulalia, Johannes der Täufer, Kunigunde, Margareta
der Schweine: Antonius von Ägypten, Blasius

Clemens, Franz Xaver, Nikolaus, Thomas von Aquin
der Sünder: Bartholomäus
gegen Syphilis: Leonhard

gegen Tanzwut: Johannes der Täufer
der Tapetenhändler: Franz von Assisi
gegen Taubheit: Crescentia, Modestus, Paulus, Vitus
des Telefon- und Fernmeldewesens: Erzengel Gabriel
der Teppichknüpfer: Paulus
gegen teuflische Mächte: Antonius von Padua
der Theologen: Hieronymus, Johannes Evangelist, Paulus
der theologischen Fakultäten: Hieronymus
der Tierärzte: Eligius
der Tiere: Stephanus
gegen Todesangst: Achatius, Servatius
gegen Tollwut: Crescentia, Dionysius, Hubertus, Modestus, Otto, Petrus, Rochus, Vitus, Walburga
der Töpfer: Goar, Petrus, Radegunde, Sebastian
der Totengräber: Antonius von Ägypten, Barbara, Rochus
der Totgeborenen: Hilarius
gegen Totgeburten: Ignatius von Loyola
der Trinitarier: Agnes
der Trinker: Bibiana
gegen Trunkenheit: Papst Urban I.
der Tuchhändler: Eustachius, Franu von Assisi, Katharina von Alexandria, Martin, Ursula
der Tuchmacher: Blasius, Erzengel Michael, Sebastian
der Tuchscherer: Antonius von Ägypten, Nikolaus
der Tuchwalker: Erzengel Michael, Jakobus der Jüngere, Philippus
der Tuchweber: Mauritius, Petrus
der Türhüter: Lucia
der Türme: Barbara

gegen Überschwemmung: Kolombanus, Gregor Thaumatourgos, Margareta von Ungarn, Spiridion, Zeno
der Übersetzer: Hieronymus
der Uhrmacher: Eligius, Petrus
des Umweltschutzes: Franz von Assisi
gegen Unfälle: Bibiana
gegen Unfruchtbarkeit: Antonius von Padua, Crescentia, Modestus, Vitus
gegen Unfruchtbarkeit der Felder: Florian, Urban
gegen eheliche Unfruchtbarkeit: Ägidius, Andreas, Erzengel Gabriel, Mathias, Nikolaus
gegen ungesunde Säfte: Kosmas und Damian
gegen Ungeziefer und andere Schädlinge auf den Feldern: Magnus
gegen Ungläubikeit: Thomas
gegen Unglück jeglicher Art: Agatha, Ägidius, Brigida von Kildare, Eulalia, Georg, Honoratus von Arles, Rochus, Vinzenz Ferrer
der Universitäten: Katharina von Alexandria
gegen Unsittlichkeit: Vinzenz Ferrer
der Untergrundbahn: Barbara
gegen Unwetter: Christophorus, Crescentia, Erzengel Michael, Modestus, Winthir, Vitus
der Ursulinen: Angela Merici, Ursula
gegen irrige Urteile: Nikolaus

der Verbannten: Joseph

gegen Verfolgung: Brigida von Kildare
gegen Vergiftung: Johannes Evangelist
der Vergolder: Clara von Assisi, Erzengel Michael
der Verlobten: Agnes, Valentin zu Terni
der Verschwiegenheit: Johannes Nepomuk
gegen Versuchungen des Teufels: Remigius
der Verwalter: Laurentius
gegen Verzagtheit: Remigius
in verzweifelten Situationen: Eustachius, Gregor Thaumatourgos, Joseph, Judas, Thaddäus, Rita von Cascia
des Viehs: Ägidius, Brigida von Kildare, Eustasius, Georg, Koloman, Leonhard, Lukas, Onuphrius, Oswald, Patrick
gegen Viehseuchen: Antonius von Ägypten, Antonius von Padua, Erasmus, Rochus, Sebastian
der Vogelkäfigmacher: Erzengel Michael
der christlichen Volksschulen: Joseph von Calasanza
der Volksschullehrer: Kassian
gegen Völlerei: Urban
gegen Vulkanausbrüche: Agatha, Januarius
der Wagenhersteller: Erzengel Michael
der Wachszieher: Ambrosius, Bernhard von Clairvaux, Genvefa, Jakobus der Ältere, Kosmas und Damian, Nikolaus
der Waffelbäcker: Erzengel Michael
der Waffenmeister: Erzengel Michael
der Waffenschmiede: Georg, Martin, Mauritius
der Wagenschmiede: Dunstan
der Wagner: Joseph
der Weisen: Hieronymus, Aemiliani, Ivo Helory, Spiridion
des Waldes: Ägidius
gegen Warzen: Antonius von Ägypten
der Wäscherinnen: Clara von Assisi, Katharina von Siena, Laurentius, Martha, Mauritius
gegen Wassergefahr: Christophorus, Florian, Johannes Nepomuk, Nikolaus
gegen Wasserscheu: Hubertus
der Wasserträger: Andreas
der Weber: Agatha, Antonius von Ägypten, Anna, Blasius, Crispianus und Crispinus, Franz von Assisi, Johannes der Täufer, Lucia, Martin, Nikolaus, Onuphrius, Paulus, Radegunde, Simon der Eiferer, Stephanus
der Wechsler: Matthäus
des Wehrstandes: Barbara
der Winzer: Otmar